國際陽明學研究

第叁卷

中國社會科學院歷史研究所　　國際陽明學研究中心主辦
餘　姚　市　人　民　政　府

上海古籍出版社

圖書在版編目(CIP)數據

國際陽明學研究. 第叄卷 / 國際陽明學研究中心主辦.
—上海：上海古籍出版社，2013.10
ISBN 978-7-5325-7000-3

Ⅰ.①國… Ⅱ.①國… Ⅲ.①王守仁(1472～1528)
—哲學思想—研究 Ⅳ.①B248.25

中國版本圖書館 CIP 數據核字(2013)第 206008 號

責任編輯　張旭東
封面設計　格子工作室
技術編輯　富　强

國際陽明學研究(第叄卷)

國際陽明學研究中心　主辦
上海世紀出版股份有限公司
上　海　古　籍　出　版　社　出版
(上海瑞金二路 272 號　郵政編碼 200020)
(1)網址：www.guji.com.cn
(2)E-mail：guji1@guji.com.cn
(3)易文網網址：www.ewen.cc
上海世紀出版股份有限公司發行中心發行經銷
上海商務聯西印刷有限公司印刷
開本 787×1092　1/16　印張 31.25　插頁 2　字數 496,000
2013 年 10 月第 1 版　2013 年 10 月第 1 次印刷
印數 1—1,300
ISBN 978-7-5325-7000-3
B·840　定價：88.00 元
如發生質量問題,讀者可向承印公司調換

目　録

陽明學研究

陽明學文獻研究

海外陽明學

姚江人物研究

思想史研究

學術講座

＊　＊　＊　＊　＊　＊　＊　＊　＊

Contents

Wang Yangming Studies

Literature of Wang Yangming Studies

Overseas Wang Yangming Studies

The Assessments of Mo-tse in the Neo Confucianism of the Song and

Studies of the Figures along the Yao River

Studies of History of Chinese Thought

Academic Lectures

陽明學研究

變 與 不 變

——王守仁與湛若水的交往與論學

夏長樸[*]

【摘　要】王守仁與湛若水兩人同為開啟明代中葉思想變化的大家,也是相交莫逆的好友。在心學發展成長的過程中,兩人的講學授徒對變化風氣、轉移學術方向都有著莫大貢獻。當心學大盛,王守仁儼然成為一代宗師;相對的,湛若水的學術與思想影響卻逐漸式微,以至罕為人知。今日論述明代學術時,經常以王守仁逕接陳獻章,目之為心學正宗,卻忽略了在心學的發展過程中,身為陳獻章高足的湛若水,事實上也曾開宗立派,引領一時風騷,與王守仁雙峰並峙,扮演過積極活躍的角色。不僅如此,雙方在長期的交往過程中,彼此切磋琢磨,經常有程度不同的學術辯論,透過長期的質疑問難,彼此也適度修正自己的論點,促進了各自思想的變化與成長。

本文之作,不在全面比較王、湛二人學術的異同,重點放在觀察二人多年的交往中,本於學以求是的認知,彼此如何砥礪互勉,敦促雙方論點的深入與思想的圓融,進而使得二人各自成就一家之學。在長期的論學過程中,王、湛兩人異常珍惜得來不易的友誼,不使學術的爭論影響到彼此之間的持續交往,因而維持了二十多年不變的交情,成為學術史上難得的諍友。

---

* 夏長樸,臺灣大學中文系兼任教授。

一、前　　言

　　王守仁(陽明,1472—1528)與湛若水(甘泉,1466—1560)同為明代中期的大儒,彼此交往甚歡,學術走向也大致相同,雖皆以倡明周敦頤(濂溪)、程顥(明道)的學術為己任,但在為學修養上,仍不免存在若干差異。因而從雙方認識開始,彼此切磋琢磨時,經常有程度不同的辯論,透過長期的論辯,雙方對彼此學術觀點的異同,都有相當程度的理解,有時也適度修正自己的論點。雖說兩人都有學以求同的傾向,但並不因此而放棄自己的基本觀點。各有堅持的結果,使得明代中期學術呈現王、湛之學雙峰並峙的局面,也使得心學逐步取代流傳已久的程朱理學,開創出明代學術的新氣象。

　　本文之作,用意不在全面比較王、湛二人學術的異同,重點放在觀察二人多年的交往中,本於學以求是的認知,彼此如何砥礪互勉,敦促雙方論點的深入與思想的圓融,進而使得二人各自成就一家之學。在長期的論學過程中,王、湛兩人異常珍惜得來不易的友誼,不使學術的爭論影響到彼此之間的持續交往,因而維持了二十多年不變的交情,成為學術史上難得的諍友。

二、王守仁與湛若水的交往

　　王守仁與湛若水的交往開始於明孝宗弘治十八年乙丑(1505),這一年守仁三十四歲,若水四十歲,二人同在京師。① 當時守仁任兵部武選清吏司

---

　　① 　王守仁、湛若水訂交的時間有二說:黃綰《陽明先生行狀》、錢德洪編《王陽明先生年譜》作明孝宗弘治十八年乙丑(1505),而湛若水《贈別應元忠吉士敘》、《奠王陽明先生文》、《陽明先生墓誌銘》、《潮州宗山精舍陽明王先生中離薛子配祠堂記》則作“歲在丙寅”,即明武宗正德元年丙寅(1506)。黎業明《湛若水年譜》,上海世紀出版股份有限公司/上海古籍出版社2009年版以湛若水為當事人,多次言及訂交之事均云在“正德丙寅”,故採用湛說。但王、湛訂交之事,黃綰與王守仁既為師弟又兼姻親,關係極為密切,所記亦當可信;而湛若水正德十六年(1521)撰《答陽明王都憲論格物》云:“僕獲交於兄十有七年矣,所云正與弘治十八年乙丑(1505)時間相符;再則湛若水於弘治十八年春天中進士,其後選為翰林院庶吉士,而王守仁於次年(正德元年丙寅,1506)二月即因上封事觸怒宦官劉瑾,下詔獄,貶謫貴州龍場驛丞。王、湛遲至正德元年丙寅始相識,幾乎沒有足夠時間相交往,進而發展出深厚友誼。相較之下,黃綰《陽明先生行狀》說似較合情理,今從之。

主事,湛若水為翰林院庶吉士。《王陽明先生年譜》載:"是年先生門人始進。學者溺於詞章記誦,不復知有身心之學。先生首倡言之,使人先立必為聖人之志。聞者漸覺興起,有願執贄及門者,至是專志授徒講學。然師友之道久廢,咸目以為立異好名,惟甘泉湛先生若水時為翰林庶吉士,一見定交,共以倡明聖學為事。"①湛若水《奠王陽明先生文》亦云:"嗟惟往昔,歲在丙寅。與兄邂逅,會意交神。同驅大道,期以終身。渾然一體,程稱識仁。我則是崇,兄亦謂然。"②兩人能一見如故,③共同以倡明聖學為事的主要原因,可能是所學路數相近,加以雙方志趣相合,重視立志,熱心講學,都以發揚道學為己任,也都有學為聖人、優入聖域的遠大抱負。④ 從初識訂交開始,一直到世宗嘉靖七年戊子(1528),王守仁在江西南安因病逝世,這段友情維持了二十三年之久,雖然各自標舉宗旨有所出入,但雙方切磋琢磨,信函往來,不因學術上的歧異而彼此誤解,始終維持互信互諒的情誼。

　　明武宗正德元年丙寅(1506)二月,守仁上封事救戴銑、薄彥徽等,觸怒劉瑾,下詔獄,尋謫龍場驛丞。⑤ 次年閏正月,守仁離開京師之前,湛若水特地寫了九首詩為其送別,在《九章贈別並序》中,他說:

　　　　九章,贈陽明山人王伯安也。山人為王道之學,不偶於時,以言見譴,故首之以"窈窕";窈窕比也,然而譴矣,終不忘乎愛君,故次之以"遲遲";譴而去也,其友惜之,故次之以"黃鳥";惜之非但已也,爰有心期,故次之以"北風";道路所經,不無弔古之懷,故次之以"行行";行必有贈與處,故次之以"我有";贈非空言也,必本乎道義,故次之以"皇

---

　　① 吳光等編校:《王陽明全集》卷三十三,《年譜一》,上海古籍出版社 1992 年版,第 1226 頁。

　　② 湛若水:《湛甘泉先生文集》卷三十,莊嚴文化事業公司《四庫全書存目叢書》1997 年版,第 219—220 頁;又吳光、錢明等編:《王陽明全集》(新編本),浙江出版聯合集團/浙江古籍出版社 2010 年版,第 2028 頁。

　　③ 《湛甘泉先生文集》卷三十二,羅洪先:《湛甘泉先生墓表》云:"會陽明先生於金臺,論學者須先識仁,仁者渾然與天地萬物為一體。陽明先生嘆曰:'予求友於天下,三十年來未見此人。'"第 242—245 頁。

　　④ 《王陽明全集》卷二十六,《教條示龍場諸生》即以"立志、勤學、改過、責善"四事為治學目標,第 974 頁;卷二十七,《寄張世文》亦說:"區區於友朋中,每以立志為說。亦知往往有厭其煩者,然卒不能舍是而別有所先。誠以學不立志,如植木無根,生意將無從發端矣。自古及今,有志而無成者有之,未有無志而能有成者也。"第 1002 頁。而湛若水在翰林院時,也先後作《學說》、《責志論》及《學顏子之所學論》等文,足見兩人治學方向相同,均不同於當時追求功名利祿的習氣。

　　⑤ 《王陽明全集》卷三十三,《年譜一》,第 1227 頁。

天";皇天明無為也,無為則虛明自生,無朋從之思而道義出矣,故次之以"窮索";窮索非窮索也,無思而無不思也。無為立矣,虛明生矣,道義出矣,然後能與天地為一體,宇宙為一家。感而通之,將無間乎離合,雖哀而不傷也,故次之以"天地"終焉。於呼!山人將索我於形骸之外者,言語焉乎哉?丁亥閏正月朔日。

其中的七、八、九三首,充分表明了以道相許的殷殷心境:

皇天常無私,日月常盈虧。聖人常無為,萬物常往來。何名為無為,自然無安排。勿忘與勿助,此中有天機。(其七)

窮索不窮索,窮索終役役。若惟不窮索,是物為我隔。大明無遺照,虛室亦生白。至哉虛明體,君子成諸默。(其八)

天地我一體,宇宙本同家。與君心已通,離別何怨嗟。浮雲去不停,遊子路轉賒。願言崇明德,浩浩同無涯。(其九)①

對於好友的贈詩九章,王守仁則報之以答詩八首,除了感激湛若水"期我濂洛間"的期許之外,也對若水"勿忘與勿助,此中有天機"的見解,表達了自己的看法,他說:

器道不可離,二之即非性。孔聖欲無言,下學從泛應。君子勤小物,蘊蓄乃成行。我誦《窮索》篇,於子既聞命。如何圜中士,空谷以為靜?(其五)

靜虛非虛寂,中有未發中。中有亦何有?無之即成空。無欲見真體,忘助皆非功。至哉玄化機,非子孰與窮!(其六)

憶與美人別,贈我青琅函。受之不敢發,焚香始開緘。諷誦意彌遠,期我濂洛間。道遠恐莫致,庶幾終不慚。(其七)②

可見此時王守仁對湛若水這位學術上的諍友,始終抱持堅定不渝的支持態

---

① 《湛甘泉先生文集》卷三十,《九章贈別並序》,第 163—164 頁。

② 《王陽明全集》卷十九,《陽明子之南也其友湛元明歌九章以贈崔子鍾和之以五詩於是陽明子作八詠以答之》,第 677—679 頁。

度,更特別的是他還再三囑咐徐愛、蔡宗兗、朱節等三位同舉鄉貢的學生,在進京應試時,務必要去拜訪這位同道好友:"增城湛原明宦於京師,吾之同道友也,三子往見焉,猶吾見也矣。"①可見他對這位朋友是何等的推崇與欽佩了。

除了答詩《八詠》之外,王守仁正德丁卯年赴謫貴陽龍場驛所作的《赴謫詩五十五首》,另有《南遊三首》、《夢與抑之昆季語湛崔皆在焉覺而有感因記以詩三首》、《夜泊江思湖憶元明》②,也都是思念湛若水之作。

武宗正德五年庚午(1510),王守仁結束了三年的貶謫生涯,陞為江西廬陵縣知縣。三月至廬陵,在縣七個月,冬十一月即奉命返京入覲。③

這次入京,王守仁不僅認識了黃綰,並介紹黃綰與湛甘泉認識,三人意氣相投,更訂下了終身共學的約定。④ 同年十二月,守仁陞任南京刑部四川清吏司主事,為了有更多相聚論學的機會,湛若水與黃綰請求時任塚宰的楊一清設法調整他的職務,讓守仁有機會留在京師聚會。次年正月,守仁改調吏部驗封清吏司主事,三人又能共聚一堂,時相討論。正德六年(1511)九月,朝廷任命湛若水往封安南國王,迄至七年二月七日,湛氏正式啟程離京赴安南為止,雖然中間有所周折,但王、湛二人終能"比鄰而居",退朝之後,飲食與共,相論心性之學,切磋討論,⑤前後達一年又三月之久,這是二人相知相識二十三年中,共處最久的一段時光。這段相處經歷,不僅使二人交情更為深厚,雙方也對彼此學術上的論點,有了更深入的瞭解。就在湛若水接獲朝廷出使安南的消息之後不久,王守仁感觸至深,"先生懼聖學難明而易惑,人生別易而會難也,乃為文以贈",因而寫出《別湛甘泉序》一文,文中明言:

> 某幼不問學,陷溺於邪僻者二十年,而始究心於老、釋。賴天之靈,因有所覺,始乃沿周、程之說求之,而若有得焉,顧一二同志之外,

① 《王陽明全集》卷七,《別三子序》,第1227—1228頁。
② 均見《王陽明全集》卷十九,《外集一》。
③ 《王陽明全集》卷三十三,《年譜一》,第1231頁。
④ 《湛若水年譜》:"正德五年十一月"條,第41頁。《王陽明全集》卷三十八,黃綰:《陽明先生行狀》,第1409頁。
⑤ 《湛甘泉先生文集》卷三十,《奠王陽明先生文》:"聚首長安,辛壬之春。兄復吏曹,於我卜鄰。自公退食,坐膳相以。存養心神,剖析疑義。我云聖學,體認天理。天理問何? 曰廓然爾。兄時心領,不曰非是。言聖枝葉,老聃釋氏。予曰同枝,必一根柢,同根得枝,伊尹夷惠。佛於我孔,根株咸二。"第219—220頁。又《王陽明全集》(新編本)卷五十一,《附錄一》,第2028—2029頁。

莫予冀也，岌岌乎僕而後興。晚得友於甘泉湛子，而後吾之志益堅，毅
然若不可遏，則予之資於甘泉多矣。甘泉之學，務求自得者也。世未
之能知其知者，且疑其為禪。誠禪也，吾猶未得而見，而況其所志卓爾
若此。則如甘泉者，非聖人之徒歟！多言又烏足病也！夫多言不足以病
甘泉，與甘泉之不為多言病也，吾信之。吾與甘泉友，意之所在，不言而
會；論之所及，不約而同；期於斯道，斃而後已者。今日之別，吾容無言。
夫惟聖人之學難明而易惑，習俗之降愈下而益不可回，任重道遠，雖已無
俟於言，顧復於吾心，若有不容已也。則甘泉亦豈以予言為綴乎？①

他坦承通過與湛若水的交往，自己終於堅定了歸向周、程聖人之學的決心，
並說明若水的"自得之學"不僅不是世俗懷疑的異端"禪學"，而若水本人更
是典型的聖人之徒。他更強調自己與若水是相知摯友，兩人"意之所在，不
言而會；論之所及，不約而同"，共同願意為聖人之學獻身，至死方已。這段
文字言簡意賅，是守仁對好友的真心告白，也具體表明了二人對儒家聖人
之學的一心嚮往與追求，在明代學術的發展上，有著不容忽視的意義。

京師分別之後，王、湛二人雖有正德九年(1514)的滁陽之會、正德十年
(1515)的南京龍江關之會②與嘉靖元年壬午(1522)的西樵之會，由於三次

---

①　《王陽明全集》卷七，《別湛甘泉序》，第230頁。按：標題下原注"壬申"，即武宗正德七年
(1512)，然《陽明年譜》繫於正德六年辛未(1511)十月，黎業明《湛若水年譜》據《增城沙堤湛氏族
譜》卷二十七所錄此序，文末標注"正德辛〔未〕九月晦日拜手書"，定為辛未，即正德六年作，第44
頁。今從之。次年(正德七年，1512)二月，湛若水離開北京赴安南時，王守仁又寫了《別湛甘泉二
首》以贈別，詩中充滿離情別愁，文繁不錄，請參《王陽明全集》卷二十，《京師詩二十四首》，第
724頁。

②　日本學者志賀一朗著：《湛甘泉之研究》，風間書房1980年版，《研究編》第241頁及《湛甘
泉與王陽明之關係》，風間書房1985年版，第72頁。謂湛若水赴安南三年，正德十年(1515)五十歲
那年，因母喪返回廣東增城，歸途與王守仁會於江西龍江，因而有二人之間的"格物"討論，當時守
仁弟子陳九川在場聽聞。謹按：據黎業明《湛若水年譜》所引湛若水《交南賦序》云："予奉命往封
安南國王〔目周〕。正德七年(1512)二月七日出京，明年(八年，1513)正月十七日始達其國，睹民物
風俗，點陋無足異者，怪往時相傳過實，託三神參訂，而卒歸之於常，作《交南賦》。"第48頁；又《龍
州修復觀音堂記》云："正德癸酉(八年，1513)二月，適予奉使安南還，過龍州，其守相以牧民之意，
來請予記之。"則若水當以正德七年二月離京出使，八年一月十七日抵安南，二月即啟程返國，便道
並奉母入京，使安南並無三年之久。再則正德十年乙亥(1515)正月三十日湛母在京病卒，二月若
水即丁憂扶柩南還。據《陽明年譜》，此時守仁為南京鴻臚寺卿，人在南京，逆弔於南京龍江關，因
而有辯論"格物"之事，第1236—1238頁。而《湛甘泉先生文集》卷三十，《奠王陽明先生文》云："分
手南北，我還京圻。遭母大故，扶柩南歸。迓弔金陵，我戚兄悲。"第219—220頁。明謂"金陵"，則
此"龍江"應為南京龍江關而非江西龍江。志賀說疑誤。

見面或者時間短暫（滁陽之會），或者弔喪（後二者），所談亦都為學術異同問題，再也沒有昔日"比鄰而居"朝夕與共、把臂言歡的機會。雖然如此，兩人依然魚雁往返，互通音信，相互關心。目前可得而見的資料中，這一段時間裏，王守仁致湛若水的書信有：《答甘泉己卯》、《答甘泉庚辰》、《答甘泉辛巳》、《答甘泉丙戌》①、《與湛甘泉書一》、《與湛甘泉書二》②，另有《贈翰林院編修湛公墓表》、《湛賢母陳太孺人墓碑》③及《題甘泉居》、《書泉翁壁》二詩④。而湛若水致王守仁的則有：《與陽明鴻臚》⑤、《與王陽明先生鴻臚》⑥、《寄陽明王先生》⑦、《寄陽明》⑧、《答王陽明書》⑨、《寄陽明都憲》⑩、《寄王陽明都憲》（若水頓首啟）⑪、《寄王陽明都憲》（十月初及郭總戎行）⑫、《答陽明都憲》⑬、《答王陽明》⑭、《答陽明》⑮、《答陽明王都憲論格物》⑯，另有王守仁《平寇錄序》⑰。這些殘存的資料中，湛若水致王守仁的書信遠多於王陽明致湛若水，原因何在？難以確知。除了可能是錢德洪、王畿、羅洪先等人在整理守仁著作時過於謹慎，刪除了過多守仁與人來往的書信之外，另一可能的原因是，王守仁始終珍惜這段友誼，覺得通過文字進行學術討論，"書不盡言"，很難表達得清楚完整，稍一不慎，極有可能造成雙方不必要的誤解，在《答方叔賢》（己卯）信中，他曾明言：

---

① 以上見《王陽明全集》，《文錄》。
② 以上見《王陽明全集》（新編本）卷四十五，《補錄七》，第1833—1834頁。
③ 《王陽明全集》卷二十五，《外集七》，《贈翰林院編修湛公墓表》（壬申），第939—940頁；卷二十五，《外集七》，《湛賢母陳太孺人墓碑》（甲戌），第942頁。
④ 《王陽明全集》卷二十，《外集二》，第799頁。
⑤ 《湛甘泉先生文集》卷七，第560頁。
⑥ 《甘泉先生文集》嘉靖本外編卷七，第2頁。轉引自《湛若水年譜》，第52頁。
⑦ 《甘泉先生文集》嘉靖本外編卷七，第3頁。轉引自《湛若水年譜》，第52頁。
⑧ 《湛甘泉先生文集》卷七，第561頁。
⑨ 《甘泉先生文集》嘉靖本外編卷七，第7—8頁。轉引自《湛若水年譜》，第57頁。
⑩ 《甘泉先生文集》嘉靖本外編卷七，第8頁。轉引自《湛若水年譜》，第61頁。
⑪ 《甘泉先生文集》嘉靖本外編卷七，第9—10頁。轉引自《湛若水年譜》，第61頁。
⑫ 《甘泉先生文集》嘉靖本外編卷七，第11頁。轉引自《湛若水年譜》，第62頁。
⑬ 《湛甘泉先生文集》卷七，第565頁。
⑭ 《湛甘泉先生文集》卷七，《答陽明》，第568—569頁。《甘泉先生文集》嘉靖本內編卷十七，第4—5頁，則作《答陽明》。轉引自《湛若水年譜》，第67—68頁。
⑮ 《湛甘泉先生文集》卷七，第567頁。
⑯ 《湛甘泉先生文集》卷七，第571頁。
⑰ 《湛甘泉先生文集》卷十七，第726頁。《王陽明全集》（新編本）卷五十三，第2226頁。

　　古人之學,切實為己,不徒事於講說。書劄往來,終不若面語之能盡,且易使人溺情於文辭,崇浮氣而長勝心。求其說之無病,而不知其心病之已多矣。此近世之通患,賢知者不免焉,不可以不察也。[①]

陽明的學生錢德洪亦曾說:

　　先師在越,甘泉官留都,移書辨正良知天理同異。先師不答,曰:"此須合併數月,無意中因事指發,必有沛然融釋處耳。若恃筆劄,徒起爭端。"[②]

守仁致湛若水的論學書信不多,原因可能在此。上述這些書信雖以論學為主,但在嚴肅的討論文字中,彼此仍不時流露出對摯友的關心與期盼,可知兩人的交情並不因時空的隔閡而漸趨淡泊,反而因學術意見的交換而顯現出"善與人同"的真心關切,歷久而彌新、恆久而不變。這由世宗嘉靖七年(1528)守仁五十七歲以抱病之身奉命經略兩廣,道經廣東增城,祀增城先廟,過若水舊廬,所留下的最後兩首詩,就清楚地表現出來。《題甘泉居》:

　　我聞甘泉居,近連菊坡麓。十年勞夢思,今來快心目。徘徊欲移家,山南尚堪屋。渴飲甘泉泉,饑餐菊坡菊。行看羅浮雲,此心聊復足。

《書泉翁壁》:

　　我祖死國事,肇禋在增城。荒祠幸新復,適來奉初蒸。亦有兄弟好,念言思一尋。蒼蒼蒹葭色,宛隔環瀛深。入門散圖史,想見抱膝吟。賢郎敬父執,童僕意相親。病軀不遑宿,留詩慰殷勤。落落千百載,人生幾知音。道通著形跡,期無負初心。[③]

相同於守仁,事隔多年之後,湛若水提起這段珍貴的友誼時,也情不自禁

<hr />

① 《王陽明全集》卷四,《文錄一》,第174頁。
② 《明儒學案》卷十一,《浙江王門學案一》,錢德洪《會語》,《黃宗羲全集》冊七,浙江古籍出版社1992年版,第259—260頁。
③ 二詩並見《王陽明全集》卷二十,第798頁。

地說：

> 吾與陽明，斯文共起，有如兄弟，異姓同氣。天理良知，良知天理，相用則同，二之則異。①

可見學術宗旨儘管有所出入，彼此也各自堅持個人的觀點。雖門下弟子之間互分浙宗、廣宗，紛紛擾嚷無已，②但二人的深厚情誼卻始終如一，不因外界影響而有任何變化，陽明所謂"落落千百載，人生幾知音。道通著形跡，期無負初心"，應即是最好的寫照。

三、王、湛二人的論學

在認識湛若水以前，王守仁本人的思想曾有數次變化，"初溺於任俠之習；再溺於騎射之習；三溺於辭章之習；四溺於佛氏之習。正德丙寅，始歸正於聖賢之學"；"一宗程氏仁者渾然與物同體之旨"。③ 此時二人同以周敦頤、程顥的聖人之學為歸宿，思想上尚未有明顯的差異，這由湛若水《奠王陽明先生文》所說的"聚首長安，辛壬之春。兄復吏曹，於我卜鄰。自公退食，坐膳相以。存養心神，剖析疑義。我云聖學，體認天理。天理問何？曰廓然爾。兄時心領，不曰非是。"④可以得到印證。由於此時湛若水已揭櫫"隨處體認天理"為學術宗旨，⑤"勿忘勿助"正是他大力標榜的修養工夫。王守仁此時則尚未建立明確的為學宗旨，因此也並未反對他的看法。

---

① 《湛甘泉先生文集》卷三十，《奠歐陽南野文》，第222—223頁。
② 《增城沙堤湛氏族譜》卷二十六，《文簡公傳》："時號陽明之派曰浙宗，甘泉之派曰廣宗，學者遂分王、湛之學。"第12—19頁。轉引自《湛若水年譜》。
③ 《王陽明全集》卷三十八，《陽明先生墓誌銘》，第1401—1406頁。
④ 《湛甘泉先生文集》卷三十，《奠王陽明先生文》，第219—220頁。
⑤ 《甘泉先生文集》嘉靖本內編卷十七，《上白沙先生書啟》云："門生湛雨頓首百拜尊師白沙老先生函丈執事：自初拜門下，親領尊訓，而發之已無在無不在之要。歸而求之，以是持循，久未有落著處。一旦忽然若有聞悟，感程子之言'吾學雖有所受，天理二字卻是自家體認出來'，李延平云：'默坐澄心，體認天理'。愚謂'天理'二字，千聖千賢大頭腦處，堯舜以來至於孔孟，說'中'、說'極'、說'仁義理智'，千言萬語，都已該括在內。若能隨處體認，真見得，則日用間參前倚衡，無非此體，在人涵養以有之於己耳云云。"第28—29頁。此事《湛若水年譜》繫於"弘治十年丁巳，冬十月一日"，第15頁。足見早在此時，湛若水即已建立"隨處體認天理"的為學宗旨。

　　明武宗正德三年(1508)的龍場之悟,是王守仁思想轉變的關鍵時刻,徹底改變了他的學術態度,從此完全拋棄了求理於外的陳說,專以"格物致知"為論學重點。① 正德五年(1510)十一月,王守仁由江西回返北京,與湛若水、黃綰等人朝夕相處,相定共學之盟,問學論政,相處甚歡。正德六年(1511)九月,湛若水接獲出使安南的朝命,王守仁特撰《別湛甘泉序》,為若水送行,自述為學"資之於甘泉多矣",内容著重在彼此的交誼,以及兩人相知相惜,共期以聖人之學為終身職志,思想亦未出現分歧。及至湛若水從安南使還後,情勢開始有所轉變,最明顯的是,兩人在討論學術用力方向時經常出現差異,這些意見保存在雙方來往的書信中,不時迸發出智慧的火花,成為研究王、湛二人思想發展與變化的珍貴文獻。以下即以這些書信中涉及的問題為主,探討二人關心的幾個關鍵問題。

(一) 儒、釋之辨

湛若水《陽明先生墓誌銘》曰:

> 明年(正德七年,1512),甘泉子使安南。後二年(正德九年,1514),陽明公遷貳南太僕,聚徒講學。甘泉子還,期會於滁陽之間,夜論儒、釋之道。②

王、湛所討論的儒、釋之道内容為何? 已不能確知。湛甘泉的《奠王陽明先生文》中,保存了如下的敘述:

> 奉使安南,我行兄止。兄遷太僕,我南兄北。一晤滁陽,斯理究極。兄言迦、聃,道德高博,焉與聖異? 子言莫錯? 我謂高廣,在聖範圍,佛無我有,中庸精微。同體去根,大小公私,斁敘彝倫,一夏一夷。夜分就寢,晨興兄嘻,夜談子是,吾亦一疑。③

---

① 《王陽明全集》卷二十六,《王陽明先生年譜》:"武宗正德三年戊辰,春,至龍場。先生始悟格物致知。"第974頁。

② 《湛甘泉先生文集》卷三,第231—234頁。黎業明《湛若水年譜》:"正德九年甲戌(1514),甘泉四十九歲。春,與陽明先生會於滁陽之間,夜論儒釋之道。"

③ 《湛甘泉先生文集》卷三十,《奠王陽明先生文》,第219—220頁。《王陽明全集》(新編本)卷五十一《附錄一》,第2028—2029頁。

據此看來,雙方辯論的重點是儒、釋同異的問題。據若水的敘述,似乎守仁肯定釋、老道德高博,主張儒、釋相同。這個觀點為若水所反對,他指出:所謂釋、老道德高廣,其實全在儒家聖人範圍之內,釋、老並無超出儒家之處。儒家主張實有,而佛、老追求空無,遠不及儒家的中庸之道精微合理;再則以釋、老與儒家同一根柢,是根本的錯誤。他強調儒、佛根本差異在於儒家重視人倫,主張為公去私,效用廣大;佛家則但求個人的修行,出家滅欲,不顧人倫,為的是一己之私,效用窄小,兩者天差地別,反映的是蠻夷與華夏的差異。① 王、湛二人對儒、釋之別意見不同,其實早在正德七年兩人同在北京任官時即已出現,當時守仁主張儒與釋、老根柢相同,只是枝葉有所差異。若水對此觀點則大不以為然,他強調若是枝葉相同,必然同一根柢,孟子說的伊尹、伯夷、柳下惠雖各有所偏,與孔子同為聖人,他們可說是來自同一根柢,只是枝葉發展不同。相較於此,老聃、釋氏與孔子完全不同,根本是不同的根株,不能說根柢相同,這個類比並不妥當。②

正德十一年丙子,湛若水有《寄陽明》一信,繼續就儒、釋之辨這個問題,與王守仁進行討論。他說:

> 昨叔賢(方獻夫)到山間,道及老兄,頗訝不疑佛、老,以為一致,且云到底是空,以為極致之論。若然,則不肖之惑滋甚。此必一時之見耶? 抑權以為救弊之言耶? 不然,則不肖之惑滋甚。不然,則不肖平日所以明辨之功未至也。上下四方之宇,古今往來之宙,宇宙間只是一氣充塞流行,與道為體,何莫非有! 何空之云? 雖天地弊壞,人物消盡,而此氣此道亦未嘗亡,則未嘗空也。道也者,先天地而無始,後天

---

① 《湛甘泉先生文集》卷十七,《太史張秀卿歸省贈別》中,若水即曾說明自己對儒、釋差異的看法,他說:"槎湖張子與甘泉子同守太史,相善。張子將歸省,求贈言。湛子曰:'司封陽明夫子曰:"夫贈言者,莫大乎講學矣。"'張子曰:'學孰為大?'對曰:'辨為大。'曰:'辨孰為大?'對曰:'儒、釋為大。'曰:'孰為儒?'曰:'知釋知所以為釋,則知儒矣。'曰:'孰為釋?'曰:'知儒之所以為儒,則知釋矣。'曰:'請問所以。'曰:'儒有動靜,釋亦有動靜。夫儒之靜也體天,其動也以天,是故寂感一矣。夫釋之靜也滅天,其動也違天,是故體用二矣。故聖人體天地萬物而無我,釋者外四體六根而自私。是故公私大小判矣。'張子曰:'然。'湛子曰:'然則可以別矣。'遂拜而別之。正德辛未八月口日。"第701—702頁。

② 《湛甘泉先生文集》卷三十,《奠王陽明先生文》:"聚首長安,辛壬之春。兄復吏曹,於我卜鄰。自公退食,坐膳相以。存養心神,剖析疑義。我云聖學,體認天理。天理問何? 曰廓然爾。兄時心領,不曰非是。言聖枝葉,老聃、釋氏。予曰同枝,必一根柢,同根得枝,伊尹夷惠。佛於我孔,根株咸二。"第219—220頁。又《王陽明全集新編》卷五十一,《附錄一》,第2028—2029頁。

地而無終者也。夫子川上之嘆,子思鳶魚之說,顏子卓爾之見,正見此爾。此老兄平日之所潛心者也。叔賢所聞者,必有為而發耶? 此乃學最緊關處,幸示教以解惑。①

其後,正德十二年(1517)夏天,湛若水有《答王陽明書》,又提到儒、釋之辨,他說:

不肖孤適在禪除之際,忽接手諭,此心悲喜交集。……前葉以嘉來,手諭中間不闢佛氏及到底皆空之說,恐別有為。不肖頑鈍,未能領高遠之教。雖若小有異同者,然得於吾兄者多矣。此一節宜從容以候,他日再會,或有商量處也。②

《奠王陽明先生文》也說:

及逾嶺南,兄撫贛師。我病墓廬,方子來同,謂兄有言,學竟是空,求同講異,責在今公。予曰:"豈敢不盡愚衷。" 莫空匪實,天理流行。兄不謂然,校勘仙佛,"天理" 二字,豈由此出? 予謂學者,莫先擇術,孰生孰殺,須辨實物。③

若水前後兩次去信守仁,主要是方獻夫、葉以嘉先後面告,守仁來信亦言不闢佛、老,並且有 "到底是空" 的言論,讓他大感訝異,懷疑這是否守仁不得已而說的權宜言論,因此希望未來有機會當面釐清。同時,他也義正詞嚴地表達了自己對佛家所謂 "空" 的堅定立場,他強調宇宙之間只是一氣充塞流行,道為本體,即使天地崩壞,萬物消失,也不能改變道氣存在的這個事實。既然道亙久長存,無始無終,則佛家所謂 "四大皆空" 之說自不可能

---

① 《湛甘泉先生文集》卷七,《寄陽明》,第 561 頁。按:本信未注年月,黎業明《湛若水年譜》採黃敏浩《湛甘泉的生平及其思想》(第 37—38 頁及第 73—74 頁注 88)說,繫於正德九年七月葬母之後。陳來《中國近世思想史研究》,《善本〈甘泉先生文集〉及其史料價值》(第 571 頁)則繫於正德十一年丙子。今從之。

② 按本信未注年月,繫年據陳來《中國近世思想史研究》,《善本〈甘泉先生文集〉及其史料價值》,第 571 頁。

③ 《湛甘泉先生文集》卷三十,第 219—220 頁。

成立。

　　從上述的論述中可以看出，湛若水與王守仁對儒、釋之辨的基本立場有明顯的歧異，若水絕對排斥釋、老，視之為異端，除了理論上的理由外，還有夷、夏之辨的民族立場。相較於湛若水，王守仁畢竟有浸潤佛、老二十餘年的經驗，對佛、老理論較為深入，瞭解二氏之學的優缺點，①因此也較能包容，他經常主張"二氏之學，其妙與聖人只有毫釐之間，故不易辨，惟篤志聖學者始能究析其隱微，非測憶（臆）所及也"。②　因此也極易為時人誤會，認為其學同於禪學。在回答門人張元沖問"為學是否應兼取二氏之長"時，王守仁曾明確表達不可，他說：

　　　　說兼取，便不是。聖人盡性至命，何物不具，何待兼取？二氏之用，皆我之用，即吾盡性至命中完養此身謂之仙；即吾盡性至命中不染世累謂之佛。但後世儒者不見聖學之全，故與二氏成二見耳。譬之廳堂三間共為一廳，儒者不知皆吾所用，見佛氏，則割左邊一間與之；見老氏，則割右邊一間與之；而己則自處中間，皆舉一而廢百也。聖人與天地民物同體，儒、佛、老、莊皆吾之用，是之謂大道。二氏自私其身，是之謂小道。③

守仁強調聖人之學無所不包，即使釋、老的性命之學也涵括在內，後世儒者不瞭解聖學之廣大周全，將聖學與釋、老截然二分，這是舉一廢百的錯誤觀念。他主張聖人既與天地萬物同體，當然具有儒、釋、道各家之長，這纔是所謂的"大道"。聖人之學普及萬物、天下為公，不似釋、老只謀一己之私，所見其小。④　王守仁這種見解基本植基於程顥的"仁者渾然與物同體"與張

---

　　①　《王陽明全集》卷一，《傳習錄上》："蕭惠好仙、釋，先生警之曰：'吾亦自幼篤志二氏，自謂既有所得，謂儒者為不足學。其後居夷三載，見得聖人之學若是其簡易廣大，始自嘆悔錯用了三十年氣力。大抵二氏之學，其妙與聖人只有毫釐之間。汝今所學乃其土苴，輒自信自好若此，真鴟鴞竊腐鼠耳！'"第36頁。

　　②　《王陽明全集》卷三十五，《年譜三》，"正德九年五月"條，第1289頁。

　　③　《王陽明全集》卷三十五，《年譜三》，"世宗嘉靖二年十有一月"條，第1289頁。

　　④　湛若水也不同意這種類比，《湛甘泉先生文集》卷八，《新泉問辨錄》第42條的言論，似乎即針對"三間說"而來："近來有為儒釋之辨者，遂有三間之說，謂儒居其中，而異端亦得竊其左右間而處之，其亦以無累相同，而謂論其同而異者乎？""其儒、釋無累，亦已自不同，何得在三間之內？是皆講學不精之故也。"第611頁。

載的《西銘》,所見其大,能包容並泯除了儒、釋、道的藩籬,但卻難以見容於觀念較保守的傳統儒者,生前死後都一再受到其學近禪的質疑與抨擊,其實是可以想見的。

儒、釋之辨是王守仁與湛若水交往過程中始終存在的一個問題,至守仁過世都沒有徹底解決。值得注意的是,昔日王守仁在《別湛甘泉序》中大力為若水辨別甘泉非禪學,其後湛若水也曾有類似為守仁辯護的舉措。①而此處若水則一再質疑守仁對釋、老的立場不明,這是相當弔詭的現象,也是兩人所建立的明代心學揮之不去的陰影。王、湛書信往來一再討論,恰也反映出這個問題的關鍵性。

(二)"格物"之辨

"格物"究竟該如何解釋? 其內涵究竟為何? 是宋代二程兄弟標榜《大學》以來,學界始終纏訟的一個公案,至今難有一致的見解。東漢鄭玄(127—200)注云:"格,來也。物猶事也。其知於善深,則來善物;其知於惡深,則來惡物。言事緣人所好來也。"②這是從人事上加以解釋,並無太大思想意義。南宋朱熹上承程頤"格,至也。窮理而至於物,則物理盡"的說法,③注解《大學》"格物"云:"格,至也。物,猶事也。窮至事物之理,欲其極處無不到也。"④並且將《大學》分為經一章傳十章,還補上了著名的《格物補傳》。朱熹之學大顯之後,《四書章句集注》因之成為元明以下士子必讀的著作,朱熹的"格物說"自然而然變成讀書人耳熟能詳的定說,影響既深且遠。

由於年輕時有極不愉快的格竹子經驗,因此當學問有成之後,王守仁成為明代大力反對朱熹"格物說"與《格物補傳》的先導,他指出:"先儒解

---

① 《湛甘泉先生文集》卷二十三,《語錄》:"一條論陽明公之學雲:'或議陽明公之學,亦從蔥嶺借路過來。'此言似是而非,豈惟吾儒不借禪家之路,禪家亦自不借吾儒之路。昔香嚴童子問為山從來意。為山曰:'我自說我的,不干你事。'終不加答。後因擊竹証悟,始禮謝。當時若與說破,豈有今日? 故曰:'丈夫自有沖天志,不向如來行處行。'豈惟吾儒不借禪家之路,吾儒亦自不借佛儒之路。今日良知之說,人孰不聞,卻須自悟始得。夫吾人借路之弊,則誠有之。然此路自是古今公共之路,得到歸宿,即亦我之路矣。陽明公蔥嶺之借,斯亦何害! '今日未堪欺老衲,昔人取善及陶漁。'千里毫釐,其所證悟去取,在觀者當自識之。"第143 頁。
② 《禮記正義》卷六十,《大學》,藝文印書館《十三經注疏》1965 年版,第983 頁。
③ 程顥、程頤:《二程集》,《河南程氏遺書》卷二上,里仁書局1982 年版,第21 頁。
④ 朱熹:《大學章句》,引自《四書章句集注》,大安出版社1986 年版,第4 頁。

'格物'為格天下之物,天下之物如何格得? 且謂一草一木亦皆有理,今如何去格? 縱格得草木來,如何反來誠得自家意?"①因此,王守仁改弦更張,完全拋棄朱熹說法,另闢新解,對《大學》"格物"提出迥異於前的解釋,他說:"'格物',如《孟子》'大人格君心'之'格',是去其心之不正,以全其本體之正。"又說:"'格'者,正也。正其不正,以歸於正也。"②更批評朱熹的"即物窮理"說為"是就事事物物上求其所謂定理者也。是以吾心而求理於事事物物之中,析'心'與'理'而為二矣"。③ 這種破除舊解的嶄新詮釋,正面挑戰了朱熹的權威,也對謹守朱熹說法的湛若水,形成了極大的衝擊。《湛若水年譜》載:

> 正德十年乙亥(1515)二月,丁母憂。先生扶柩南歸,陽明先生逆弔於南京龍江關,兩人辯論格物。④

《傳習錄下》亦載:

> 正德乙亥(十年,1515),(陳)九川初見先生(陽明)於龍江,先生與甘泉先生論"格物"之說,甘泉持舊說。先生曰:"是求之於外了。"甘泉曰:"若以格物理為外,是自小其心也。"九川甚喜舊說之是。⑤

這次辯論究竟誰先提出不得而知,但"格物"畢竟是講求心性修養上的關鍵問題,所以當守仁批評朱熹舊說以窮理解格物是"求之於外"時,若水自然不能沈默不語。返回增城之後,雖在居喪中,湛若水仍然提筆回應了這個質疑,他說:

> 不肖孤稽顙,別來無任哀戀。昨承面論《大學》"格物"之義,以物為心意之所著,荷教多矣。但不肖平日所以受益於兄者,尚多不在此也。兄意只恐人捨心求之於外,故有是說。不肖則以為,人心與天地

---

① 《王陽明全集》卷三,《傳習錄下》,第 119 頁。
② 《王陽明全集》卷一,《傳習錄上》,第 6 頁。
③ 《王陽明全集》卷二,《傳習錄中》,第 44—45 頁。
④ 《湛若水年譜》,第 51 頁。
⑤ 《王陽明全集》卷三,《傳習錄下》,第 90 頁。

萬物為體,心體物而不遺,認得心體廣大,則物不能外矣。故格物非在外矣,格之致之之心又非在外也。於物若以為心意之著見,恐不免有外物之病,幸更思之。老兄仁者之心,欲立人達人甚切,故不免急迫,以召疑議。在《易》之"咸",以無心感物,物之感也深。九四:"貞吉悔亡,憧憧往來,朋從爾思";其上六:"咸其輔頰舌","騰口說也"。感人以心且不可,況以頰舌乎? 此不肖與老兄當共戒之。①

王守仁主張"無心外之理,無心外之物"。物是心意之所在,他強調心是一身之主宰,心之所發便是意,意之所在便是物。此意在於事親,則事親便是一物;當意在於事君、在於仁民愛物、在於視聽言動時,則事君、仁民愛物、視聽言動便是一物。② 湛若水並不同意王守仁這種"以物為心意之所著"的新見解,他雖然謹守"格物即窮理"的說法,但卻認為"人心與天地萬物為體",既然心體廣大,體物而不遺,本於孟子"萬物皆備於我矣"的基本立場,他強調"蓋此心,原與天地萬物同體,亦與天地萬物同大,洋洋乎! 優優乎!隨感而發育、擴充之耳,原無內外心事之判"。③ 心與萬物同體,本無內外之別,當然就不能說格物是在外了。他更直言勸守仁立說要謹慎,以免遭人誤解,滋生更多疑義。

　　湛若水的意見,王守仁應該有所答覆,由於文獻缺乏,其詳不得而知。可以確定的是,王守仁並不同意湛若水的觀點,依然堅守自己的見解。兩人之間對這個問題書信往來,討論了許久。

　　正德十三年戊寅(1518)七月,王守仁刊刻了古本《大學》與《朱子晚年定論》;④八月,門人薛侃又重刻《傳習錄》,正式樹立旗幟,對朱熹的《大學》改本表達了鮮明的反對立場。此前龍場一悟之後,王守仁即已衝破朱子學束縛,建立自己"心即理"的新學說,強調知行合一,並批評朱熹對"格物"的

---

　　① 《湛甘泉先生文集》卷七,《與陽明鴻臚》,第 560 頁。參看陳來:《中國近世思想史研究》,《善本〈甘泉先生文集〉及其史料價值》,第 569—570 頁。

　　② 《王陽明全集》卷一,《傳習錄上》,第 6 頁。

　　③ 《湛甘泉先生文集》卷二十三,《語錄》,第 112 頁。

　　④ 《王陽明全集》卷三十三,《王陽明年譜》:"正德十三年戊寅(1518)七月,刻古本《大學》,刻《朱子晚年定論》。先生在龍場時,疑朱子《大學章句》非聖門本旨,手錄古本,伏讀精思,始信聖人之學簡易明白。其書止為一篇,原無經傳之分。格致本於誠意,原無缺傳可補。以誠意為主,而為致知格物之功,故不必增一敬字。以良知指示至善之本體,故不必假於見聞。至是錄刻成書,傍為之釋,而引以敘。"第 1253—1254 頁。

解釋不妥,但基本上僅限於師友之間的討論,並未公開提出自己的《大學》版本,凸顯其與朱熹的對立。此次在江西刊刻古本《大學》,並分贈師友,①不僅顯示一己學術體系的成熟,也無異公然挑戰了朝廷認可的朱熹改本,其意義自然非同小可。

在收到王守仁的來信與贈書之後,湛若水先則致信王氏,②表達對《朱子晚年定論》內容的不滿,他說:

> 楊仕德到,並領諸教,忽然若拱璧之入手,其為慰沃可量耶?諸所論說,皆是嶄新自得之語。至《朱子晚年定論》一編,似為新見,第前一截則溺於言語,後一截又脫離於言語,似於孔子所謂"執事敬"、"內外一致"者,兩失之耳。承獎進之意極厚,至讀《與叔賢書》,又不能無疑。謂宇宙性分,與張子《西銘》、程子《識仁》同一段,皆本吾心之體,"見大者謂之大,見近者謂之近",恐未可以大小遠近分也。凡兄所立言,為人取法,不可不精也。③

其後,又針對古本《大學》所涉及的"格物"問題,提出自己的看法,他說:

> 小僮歸,承示手教,甚慰。衡嶽之約,乃僕素志,近興益濃,然以煙霞山居未完,又以老兄方有公事,皆未可遽遂也。老兄事竣,就彼地上疏,不復返府,是亦一機會也。"格物"之說甚超脫,非兄高明,何以及此!僕之鄙見大段不相遠,大同小異耳。鄙見以為"格"者至也,"格於文祖"、"有苗"之格。"物"者,天理也,即"言有物"、"舜明於庶物"之"物",即道也。"格"即造詣之義,"格物"者即造道也。知行並造,博學、審問、慎思、明辨、篤行,皆所以造道也。讀書親師友酬應,隨時隨處皆求體認天理而涵養之,無非造道之功。意、身、心一齊俱造,皆一

---

① 羅欽順《困知記》《三續》云:"庚辰春,王伯安以《大學古本》見惠,其序乃戊寅(正德十三年,1518)七月所作。"中華書局1990年版,第95—96頁。羅氏乃朱學大儒,亦獲贈此書,則守仁師友如湛若水等人,定必早已見得。據俞樟華《王學編年》:"正德十三年戊寅(1518),楊仕德自贛州歸潮州,經西樵,攜王陽明與湛若水、方獻夫書及《朱子晚年定論》。"吉林大學出版社2010年版,第102頁。《朱子晚年定論》與古本《大學》同刻於是年七月,則古本《大學》當亦同時贈與湛若水。

② 《湛若水年譜》"正德十四年己卯(1519)"條云:"去年底或是年初,湛甘泉在收到陽明先生書信及《朱子晚年定論》後,有《答陽明都憲》。"第66頁。

③ 《湛甘泉先生文集》卷七,《答陽明都憲》,第565頁。

段工夫，更無二事。下文誠正修功夫皆於格物上用了，其家國天下皆即此擴充，不是二段，此即所謂止至善。故愚嘗謂止至善則明德親民皆了者，此也。如是方可謂之知至。若夫今之求於聞見之末，謂之知至可乎？知至即孔子所謂聞道矣，故其下文以修身釋格物，而此謂知之至，可徵也。故吾輩終日終身只是格物一事耳。孟子"深造以道"即格物之謂也，"自得之"即知至之謂也，"居安資深逢原"即修齊治平之謂也。近來與諸同志講究，不過如此，未審高明以為何如？①

此處湛若水分別就"格物"的訓詁與《大學》的章句文義，做了更具體的解釋，他認為"格者至也"，與《尚書》的"格於文祖"、"格於有苗"字義相同；而所謂的"物"即是天理，與"言有物"、《尚書》"舜明於庶物"的用法相同。因之，他進一步引申，將"格物"解釋為"造道"，這依然是程頤（1033—1107）釋格物的路數②。同時，他又結合《中庸》的"博學之、審問之、慎思之、明辨之、篤行之"，強調這種修養工夫的終極目的，即在於造道。透過這種推論，他試圖說服王守仁"格物"當作修身的工夫解釋，方可以縮合修齊治平，達致明德親民止於至善的最後目標。湛若水的論證，乍看之下似乎合於傳統治經"以經解經"的方式，其實訓詁上頗有問題，與王守仁的說法同樣有以經就我的弊病，只是程度上有所差別罷了。這種說明，自然未能說服理論完整，早有定見的王守仁。③ 值得注意的是，湛若水此處提出"止至善則明德親民皆了者"一語，用"親民"而不取朱熹改本"新民"之說，看似偶然，其

---

　　①　《湛甘泉先生文集》卷七，《答陽明》，第568—569頁。此信未繫年月，志賀一朗《湛甘泉與王陽明之關係》，繫於正德十四年己卯（1519）；黎業明《湛甘泉年譜》亦繫於正德十四年己卯（1519）。陳來：《中國近世思想史研究》，《善本〈甘泉先生文集〉及其史料價值》，第572頁，則疑當在正德十三年戊寅（1518），今從陳說。

　　②　程顥、程頤著《二程集》，《河南程氏遺書》卷二上，程頤云："'致知在格物。'格，至也，窮理而至於物，則物理盡。"第21頁。又同書卷二十五，程頤云："格猶窮也，物猶理也，猶曰窮其理而已也。窮其理，然後足以致之，不窮則不能致也。格物者適道之始，欲思格物，則固已近道矣。"第316頁。

　　③　對於自己不依訓詁，強經就我的問題，王守仁其實心裏相當清楚，《王陽明全集》卷三十四，《王陽明年譜》"正德十六年辛巳（1521）"條載："庚辰（正德十五年，1520）春，甘泉湛先生避地髻履塚下，與霍兀厓韜、方叔賢同時家居為會。先生聞之曰：'英賢之生，何幸同時同地，又可虛度光陰，失此機會耶？'是秋，兀厓過洪都，論《大學》，輒持舊見。先生曰：'若傳習書史，考正古今，以廣吾見聞則可；若欲以是求得入聖門路，譬之採摘枝葉，以綴本根，而欲通其血脈，蓋亦難矣。'"第1280頁。可見他認為傳統的治經方法，頂多只能考證古今，增廣見聞。至於要藉此求得入聖之途，非得另闢蹊徑不可，因此他不惜採取"六經注我"的方式，以建構入聖的工夫。

實已隱約透露出轉向古本《大學》的徵兆,這與湛若水讀過王守仁致贈的古本《大學》應有密切的關聯。王守仁《傳習錄》上有一段陳九川的言論,明確注為己卯年(正德十四年,1519),據其內容來看,所敘述的就是湛若水改採古本《大學》此事:

> 己卯歸自京師,再見先生於洪都。先生兵務倥傯,乘隙講授。……又問:"甘泉近亦信用《大學》古本,謂'格物'猶造道。又謂'窮理'如窮其巢穴之窮,以身至之也。故'格物'亦只是隨處體認天理,似與先生之說漸同。"先生曰:"甘泉用功,所以轉得來。當時與說'親民'字不須改,他亦不信。今論'格物'亦近,但不須換'物'字作'理'字,只還他一'物'字便是。"①

可知湛若水在上信中會有"'格物'之說甚超脫,非兄高明,何以及此! 僕之鄙見大段不相遠,大同小異耳"。這樣肯定的話語,必然是讀過新刻出的《大學》古本纔會有的反應,這種轉變對原本篤信朱子改本的湛若水而言,是思想上的一個轉折。

對於湛若水一改此前尊信朱熹《大學》改本的一貫態度,轉而接受古本《大學》的轉向,王守仁自然極為欣喜,隨即覆信表達了對老友此一轉變的歡迎,他說:

> 旬日前,楊仕德人來,領手教及《答子莘書》,具悉造詣用功之詳。喜躍何可言! 蓋自是而吾黨之學歸一矣。此某之幸! 後學之幸也! 來簡勤勤訓責僕以久無請益,此吾兄愛僕之厚,僕之罪也。此心同,此理同,苟知用力於此,雖百慮殊途,同歸一致。不然,雖字字而證,句句而求,其始也毫釐,其末也千里。老兄造詣之深、涵養之久,僕何敢望? 至共嚮往直前,以求必得乎此之志,則有不約而契、不求而合者。其間所見,時或不能無小異,然吾兄既不屑屑於僕,而僕亦不以汲汲於兄者。正以志向既同,如兩人同適京都,雖所由之途間有迂直,知其異日之歸終同耳。向在龍江舟次,亦嘗進其《大學》舊本及"格物"諸說,兄時未以為然,而僕亦遂置而不復強聒者,知兄之不久自當釋然於此也。

---

① 《王陽明全集》,《傳習錄下》,第90頁。

> 乃今果獲所願,喜躍何可言!崑崙之源,有時而伏流,終必達於海也。
> 僕簍人也,雖獲夜光之璧,人將不信,必且以謂其為妄為偽。金璧入於
> 猗頓之室,自此至寶得以昭明於天下,僅亦免於遺璧之罪矣。雖然,是
> 猶喻二也。夜光之璧,外求而得也;此則於吾所固有,無待於外也,偶
> 遺忘之耳;未嘗遺忘也,偶蒙翳之耳。……兩承楚人之誨,此非骨肉,
> 念不及此,感刻!①

有感於老友的幡然轉向,守仁期盼"自是而吾黨之學歸一矣",愉悅之情,躍
然紙上,如在眼前。

　　湛若水之所以會有此一轉變,並非偶然。王守仁的《大學》古本推翻了
朱熹《大學》改本強分經傳並補入《格致補傳》的做法,強調《大學》本以"誠
意"為主,文義自足,沒有分經分傳求理於外的必要。在讀過古本《大學》之
後,湛若水發覺此一調整與朱熹改本以窮理解格物有所不同,重點已轉為
以修身釋格物,②他肯定這種轉變更為切近聖人的原意,因而斷然做出改採
古本《大學》的決定。③ 由於王守仁的啟發,就在這年,湛若水開始整理古本
《大學》、《中庸》,並撰作《古大學測》、《中庸測》。④

　　正德十五年庚辰(1520),湛若水完成了《古大學測》、《中庸測》二書,
自覺有得於心,於是將二書分送友好。次年(正德十六年辛巳,1521),⑤王

---

　　① 《王陽明全集》卷四,《答甘泉一》(己卯),第173頁。黎業明《湛甘泉年譜》認為此信應作
於正德十三年戊寅之下半年,而非"己卯"年,第63—64頁。陳來《有無之境:王陽明哲學的精
神》,亦以為此書當作於戊寅秋冬,第357頁。

　　② 《湛甘泉先生文集》中此類言論極多,如卷七,《答聶文蔚侍御》:"程子曰:'格者至也,物者
理也,至其理,乃格物也。'故《大學》古本以修身說'格物'。"第573—574頁。又卷七,《答黃孟
善》:"《大學》古本好處,全在以修身釋'格物'。……後世學者少讀古《大學》,雖見之,亦以膠於章
句成說,不復能疑,安望其有悟!今孟善理會至此,可謂能疑矣。"第577頁。又卷四,《大科訓規·
大科書堂訓》第五十條(正德庚辰作):"諸生讀《大學》,須讀文公《章句》應試,至於切己用功,更須
玩味古本《大學》。《大學》一書,是古人入道階梯,其要下手,只在止至善,止之之功在知行,故'知
止'以至'能得',即知行之功也。'格物'者,程子曰:'至其理也',格之之功,即上知行是也。《大
學》古本好處,全在以修身釋格物至(致)知,使人知所謂'格物'者至其理,必身至之,而非聞見想像
之粗而已,此其為益甚大。其他節節,皆有條理。"第558頁。

　　③ 《湛甘泉先生文集》卷十七,《古大學測序》云:"或曰:'子之必主乎古本,何也?'曰:'古本
以修身申格致,其教人也,力身之也,非口耳之也。學者審其詞焉,其於道斯過半矣。是故其書完,
其序嚴,其文理,其反覆也屢,其義盡。大哉!博矣約矣,其道也其至矣乎!'"第690頁。

　　④ 《湛若水年譜》,"正德十四年己卯(1519)"條,第65頁。

　　⑤ 《王陽明全集》卷三十四,《王陽明年譜》,"正德十六年辛巳"條,第1280—1281頁。

守仁即收到陳世傑帶來的贈書。在回信中,王守仁明確表達了自己讀後的心得,他說:

> 世傑來,承示《學、庸測》,喜幸喜幸! 中間極有發明處,但於鄙見尚大同小異耳。"隨處體認天理",是真實不誑語,鄙說初亦如是,及根究老兄命意發端處,卻似有毫釐未協,然意終當殊途同歸也。修齊治平,總是格物,但欲如此節節分疏,亦覺說話太多。且語意務為簡古,比之本文,反更深晦,讀者愈難尋求,此中不無亦有心病? 莫若明白淺易其詞,略指路徑,使人自思得之,更覺意味深長也。高明以為何如? "致知"之說,鄙見恐不可易,亦望老兄更一致意,便間示知之。此是聖學傳心之要,於此既明,其餘皆洞然矣。意到懇切處,不得不直,幸不罪其僭妄也![1]

王守仁固然同意湛若水所揭示的"隨處體認天理"與自己的為學宗旨"致良知"殊途同歸,但卻指出兩人論學在命意發端處仍有毫釐未協,這是兩人始終有所爭議的關鍵所在。他認為湛若水所謂"修齊治平即是格物"的觀點雖與己相同,問題出在湛氏的論述方式過於注重細節。語意簡古,節節分疏的結果是說話太多,過於繁瑣,反而使讀者不易瞭解。不如明白淺顯指點路徑即可,讓人透過自思以得之。至於"格物致知"的解釋,他仍堅持自己"無心外之理,無心外之物"的觀點,強調"格物,如孟子'大人格君心'之'格',是去其心之不正,以全其本體之正。但意念所在,即要去其不正,即無時無處不是存天理,即是窮理"。[2] 他認為這是"聖學傳心之要",不可能有絲毫妥協退讓的餘地。[3]

　　王守仁的回信坦誠"直言",讓湛若水極為失望,在《答陽明王都憲論格

---

①　《王陽明全集》卷五,《答甘泉》(辛巳,1521),第 181 頁。

②　《王陽明全集》卷一,《傳習錄上》,第 6 頁。

③　在同時稍後寄給方獻之的信中,王守仁也同樣表達了堅持論學宗旨的信念,《王陽明全集》卷五,《答方叔賢》(辛巳,1521)云:"君子論學,固惟是之從,非以必同為貴。至於入門下手處,則有不容於不辯者,所謂毫釐之差千里之謬矣。'致知格物',甘泉之說與僕尚微有異,然不害其為大同。若吾兄之說,似又與甘泉異矣。相去遠,恐辭不足以達意,故言語直冒,不復有所遜讓。近與甘泉書,亦道此,當不以為罪也。"第 184 頁。

物》這封信中，①他也直言不諱地指出王守仁的"格物"說有"不敢信者四"，而自己主張的"格物"說"可採者五"，相較之下，王氏的說法"考知本章既如此，稽之往聖又如彼，吾兄確然自信而欲人以必從，且謂聖人復起不能易者，豈兄之明有不及此？蓋必有蔽之者耳"。而自己的說法則"五者可信，而吾兄一不省焉，豈兄之明有不及此？蓋必有蔽之者耳"。因此他再次重申反對王守仁訓"格"為"正"、訓"物"為"念頭之發"的解法，認為這樣解釋將使得"下文誠意之意，即念頭之發也，正心之正即格也，於文義不亦重複矣乎"？再則所謂的"正念頭"也很難判定，釋、老、楊、墨皆自以為正，夷、惠、伊尹之流於隘與不恭，問題都出在"無講學之功"，而自以為正念頭之上。② 因此他難以無法同意王守仁的"正念頭"說，並再次強調格物即是"至其理"，這是本之程子的說法，其權威性自無可疑。"至其理"，引而言之就是"體認天理"，天理渾然無內外之分，所以"體認天理"是兼知行、合內外的圓融理解。③ 這是湛若水對王守仁批評的直接答覆。王守仁對這封措詞激烈的信並未答覆，④兩人之間關於"格物"問題的討論也到此為止。

（三）支離與內外之辨

所謂"支離與內外"之辨，其實來自王守仁對湛若水"隨處體認天理"主張的質疑。由於"隨處體認天理"是湛氏論學的宗旨，王守仁既懷疑"隨處體認天理"有"支離"之嫌，不啻對若水論學的根本做了批評。為了回應王氏的疑慮，湛若水在《答陽明》這封信做了言簡意賅的答覆，他說：

> 西樵兩承遠慮，非骨肉之義，何以及此！……所事前此支離之憾，恐兄前此未相悉之深也。夫所謂"支離"者，二之之謂也，非徒逐外而忘內謂之支離，是內而非外者亦謂之支離，過猶不及耳。必體用一原，

---

① 《答陽明王都憲論格物》未署著作年月。黎業明：《湛若水年譜》，第73頁；陳來：《中國近世思想史研究》，《善本〈甘泉先生文集〉及其史料價值》，第572—573頁，均繫於正德十六年辛巳（1521），今從之。

② 以上引文均見《湛甘泉先生文集》卷七，《答陽明王都憲論格物》，第571—573頁。

③ 《湛甘泉先生文集》卷七，《答陽明王都憲論格物》："僕之所以訓'格'者，至其理也。'至其理'云者，體認天理也。'體認天理'云者，兼知行、合內外言之也。天理無內外也。"第571—573頁。

④ 《湛甘泉先生文集》卷三十，《奠王陽明先生文》："我居西樵，格致辨析，兄不我答，遂爾成默。"第219—220頁。又《王陽明全集新編》卷五十一，《附錄一》，第2028—2029頁。

顯微無間，一以貫之，乃可免此。僕在辛壬之前，未免有後一失，若夫
前之失，自謂無之，而體用顯微，則自癸甲以後自謂頗見歸一，不知兄
之所憾者安在也？[1]

湛若水認為，王守仁在沒有反躬自省本身學說是否合理的情況下，一再質
疑自己主張的"隨處體認天理"有偏外支離之嫌，不是公正客觀的論學態
度，對此他頗不以為然。針對此一指摘，湛若水嚴正指出，所謂的"支離"不
能作選擇性的片面解釋，而應持平理解。"逐外而忘內"固然可說是支離，
反過來，"是內而非外"又何嘗不是支離！就此而言，避免"支離"的為學之
道應是力求中正，無過無不及，唯有"體用一原，顯微無間"方能避免支離此
一弊病。他坦誠自己過去的確有"是內而非外"的問題，但絕無守仁所懷疑
的偏外支離之病。[2]　在《送楊少默序》中，他也曾表達了相同的意見：

　　　　楊少默遊煙霞一載，將歸潮，詣於甘泉子。甘泉子曰："嗚呼楊子，
　　一爾心，毋支離爾學矣。曷謂'支離'？曰：或偏則外，或偏則內，二之
　　皆支離也。人知偏外者之支離矣，而未知偏內者之為支離矣。偏外故
　　忘本，忘本則跡；偏內故惡物，惡物則寂。二者皆支離之疾也。……君
　　子之學，內外合一，動靜合幾，體用合原，物我合體。……是故內外動
　　靜一矣，體用物我一矣。孔、顏之後，離而二之者漸矣。千有餘年而後
　　有周、程。故程子曰'一原'，曰'無間'。周、程之後，離而二之者甚矣。
　　嗚呼！一之者其誰乎？是故內外分而動靜判，動靜判而體用離，體用
　　離而物我間。夫天之生物一本也，夫道一本者也，知不二本，又何有於
　　內外？故一之而後可以入道，道無二也。"[3]

此處他重申偏內或偏外都是支離，並分別說明了二者的弊病所在。強調一

---

[1]　《湛甘泉先生文集》卷七，《答陽明》，第567—568頁。此信黎業明《湛若水年譜》繫於正德
十五年庚辰（1520），第71頁；陳來《中國近世思想史研究》，《善本〈甘泉先生文集〉及其史料價
值》，則以為作於正德十三年戊寅冬至正德十四年己卯夏之間，第572頁。

[2]　岡田武彥著，吳光、錢明、屠承先譯：《王陽明與明末儒學》，上海古籍出版社2000年版，第
98頁，注1，岡田武彥即認為："王、湛二家對支離之弊的看法多少有些不同，陽明主要在朱子學那裏
看到支離之弊，甘泉則主要在楊慈湖心學那裏看到支離之弊。"

[3]　《湛甘泉先生文集》卷十七，《送楊少默序》，第700頁。

般人只注意到偏外為支離,卻忽略了偏內其實也是支離,偏內偏外,都不是中正之道。理想的君子之學,應是合內外、動靜、體用、物我為一,不分彼此,渾然為一,這是孔、顏以來的"一本"之學,唯有掌握"體用一原,顯微無間"訣竅的周、程,纔真正體會了這種聖人之學。他自己的治學途徑,走的即是此一路數。

正德十五年庚辰(1520),在《答陽明王都憲論格物》中,針對"格物"這個概念,湛若水曾直截了當地指出王守仁的格物說有"不敢信者四",而自己的格物說有"可採者五"。同時,也對王守仁始終堅持"隨處體認天理"說是求之於外的論調不以為然,他說:

> 陳世傑書報,吾兄疑僕"隨處體認天理"之說為求於外,若然,不幾於"義外"之說乎? 求即無內、外也。吾之所謂"隨處"云者,隨心、隨意、隨身、隨家、隨國、隨天下,蓋隨其所寂所感時耳,一耳。寂則闃然大公,感則物來順應,所寂所感不同,而皆不離於吾心中正之本體。本體即實體也、天理也、至善也、物也,而謂求之外,可乎?"致知"云者,蓋知此實體也、天理也、至善也、物也,乃吾之良知良能也,不假外求也。但人為氣習所蔽,故生而蒙、長而不學則愚。故學、問、思、辨、篤行諸訓,所以破其愚、去其蔽、警發其良知良能者耳,非有加也,故無所用其絲毫人力也。如人之夢寐,人能喚之惺耳,非有外與之惺也。故格物則無事矣,大學之事畢矣。若徒守其心,而無學、問、思、辨、篤行之功,則恐無所警發,雖似正實邪,下則為老、佛、楊、墨,上則為夷、惠、伊尹是也①

對於守仁這位老友一而再、再而三地懷疑自己的為學宗旨是求之於外的看法,湛若水相當無奈,也再次做了說明。他強調自己以"隨處體認天理"解格物,此處所謂的"隨處"並非一般理解的向外追求,所指的是"隨心、隨意、隨身、隨家、隨國、隨天下",換言之,即是"隨其所寂所感時耳"。不論所感所寂為何,基本上都"不離於吾心中正之本體",此一本體(物)就是天理、至善,也就是良知良能,這些都不是外物。既然如此,當然沒有內、外之別,自然不能說是求之於外。同時,他指出學為聖人不能過於簡易,若僅"徒守其

---

① 《湛甘泉先生文集》卷七,《答陽明王都憲論格物》,第 571—573 頁。

心"而不講究修養工夫,不僅不能提陞一己德行,甚至有流入異端的可能,因此學、問、思、辨、篤行之功夫絕對是不可或缺的。湛若水的基本預設是孟子的"萬物皆備於我"與程顥"仁者渾然與物同體",這些都與王守仁的理念相同無二,因此他覺得王氏過於執著,誤解了他的理論。在這種情形下,湛若水一再強調:"夫學以救偏者也。如其不偏,何俟講學?故'學'者,大公之道也,每見程氏兄弟說文不同,而張、朱訂論不容少貸。昔者夫子憂學之不講,夫講必有必不同、不必同,所以求其同也,然後義理生焉。如彼二磨,其齒不齊,然後粟米出焉,故天地之所以能化生萬物者,以陰陽變合之不齊也。兄其無嫌於小不齊之間,不直以教我,而或論說於人,無益也,惟兄其擇焉。"①

湛若水期盼甚深,希望王守仁能正面回應他的問題。次年(正德十六年辛巳,1521),王守仁也回了一封信,在《答甘泉》中,他說:

> "隨處體認天理",是真實不誑語,鄙說初亦如是,及根究老兄命意發端處,卻似有毫釐未協,然意終當殊途同歸也。②

他承認自己原本也曾同意"隨處體認天理"這種修養方式,但在深入探究之後,發覺此說仍有"毫釐未協",並非他理想中的修養工夫,因之他沒有繼續標舉。但即使如此,王守仁還是肯定兩人的修養方式有可能殊途同歸,達到入聖的最終目標。

王守仁的回應雖然相當委婉,沒有直接否定湛氏的主張,但卻不如湛

---

① 《湛甘泉先生文集》卷七,《寄陽明》,第 576—577 頁。對於湛若水的質疑,王守仁並未回應。其後黃宗羲在編纂《明儒學案》,論述湛氏學術時,於卷三十七《文簡湛甘泉先生若水傳》中,則就此做了分疏,他說:"先生與陽明分主教事。陽明宗旨'致良知',先生宗旨'隨處體認天理'。學者遂以良知之學,各立門戶。其間為之調人者,謂天理即良知也,體認即致也,何異何同?然先生論格物,條陽明之說四不可。陽明亦言隨處體認天理為求之於外。是終不可強之使合也。先生大意,謂陽明訓格為正,訓物為念頭,格物是正念頭也,苟不加學問思辨行之功,則念頭之正否未可據。夫陽明之正念頭,致其知也,非學問思辨行,何以為致?此不足為陽明格物知說病。先生以為心體萬物而不遺,陽明但指腔子裏以為心,故有是內而非外之誚。然天地萬物之理,不外於腔子裏,故見心之廣大。若以天地萬物之理即吾心之理,求之天地萬物以為廣大,則先生仍為舊說所拘也。天理無處而心其處,心無處而寂然未發者其處。寂然不動,感即在寂之中,則體認者亦唯體認之於寂而已。今曰隨處體認,無乃體認於感?其言終覺有病也。"《黃宗羲全集》冊八,浙江古籍出版社 1992 年版,第 140—141 頁。

② 《王陽明全集》卷五,《答甘泉》(辛巳,1521),第 181 頁。

若水的預期。失望之餘,在稍後的《答楊少默書》中,湛若水對兩人論學未能完全相合的原因有所反省,並提出了自己的看法,他說:

> 靜言思之,吾與陽明之說不合者,有其故矣。蓋陽明與吾看"心"不同:吾之所謂"心"者,體萬物而不遺者也,故無內、外;陽明之所謂"心"者,指腔子裏而為言者也,故以吾說為外。①

這個觀察是否正確不得而知,也無從知道王守仁是否知悉湛氏這個批評。但從王守仁世宗嘉靖五年丙戌(1526)所寫的《寄鄒謙之》這封信提道:

> "隨處體認天理"之說,大約未嘗不是,只要根究下落,即未免捕風捉影,縱令鞭辟向裏,亦與聖門"致良知"之功尚隔一塵。若復失之毫釐,便有千里之謬矣。②

以及同年的另一信《寄鄒謙之五》(丙戌)所云:

> "隨處體認天理",即戒慎恐懼工夫,以為尚隔一塵,為世之所謂事事物物皆有定理而求之於外者言之耳。若"致良知"之功明,則此語亦自無害,不然即猶未免於毫釐千里也。來喻以為恐主於事者,蓋已深燭其弊矣。③

可知他雖同意湛若水標舉的"隨處體認天理",雖也是戒慎恐懼的修養工夫,但卻認為此一修養工夫與自己的"致良知"相較,仍然尚隔一塵。原因即在前者求理於外,依然擺脫不了程朱以"窮理"解"格物"的窠臼,仍有捕風捉影之嫌。所以他一再強調二者之間有"毫釐千里"差異存在。次年(嘉靖六年,丁亥)在《與毛古庵憲副》書中,王守仁又再次表達了同樣的看法:

> 凡鄙人所謂"致良知"之說,與今之所謂"體認天理"之說,本亦無

---

① 《湛甘泉先生文集》卷七,《答楊少默書》,第570—571 頁。
② 《王陽明全集》卷六,《寄鄒謙之》(丙戌),第201 頁。
③ 《王陽明全集》卷六,《寄鄒謙之之五》(丙戌),第206—207 頁。

大相遠,但微有直截迂曲之差耳。譬之種植,"致良知"者,是培其根本之生意而達之枝葉者也;"體認天理"者,是茂其枝葉之生意而求以復之根本者也。然培其根本之生意,固自有以達之枝葉矣;欲茂其枝葉之生意,亦安能捨根本而別有生意可以茂之枝葉之間者乎?①

此處他直接以"致良知"與"隨處體認天理"來做比較,指出兩者表面上似無太大差異,但在工夫上仍有直截與迂曲的區別。他自己主張的"致良知"直截簡易,是培本以茂末的修養方式;相對的,湛若水力主的"隨處體認天理"恰好相反,不僅迂曲煩瑣,而且是茂末以求固本。二者相較,孰為根本之學,不言可喻。換言之,除了堅持自己的一貫主張之外,王守仁仍然無法支持湛若水的修養方式。

四、王、湛二人的交往對雙方學術的影響

王、湛二人在北京初識,雙方一見如故,交往密切。其後加上黃綰,三人昕夕往來,談道論學,同以倡導周、程以來的心性之學為己任,相期共研並發揚光大聖人之學。這一時期,湛若水的"隨處體認天理"宗旨已經成熟,②相較於湛氏,王守仁雖然嚮往周敦頤、程顥的思想,但卻尚未明確建立自己的為學宗旨。二人思想上最大的交集,應是共同推崇程顥"仁者渾然與物同體"的觀點,這由下列文獻可以看出:

> 歲在丙寅,與兄邂逅,會意交神。同驅大道,期以終身。渾然一體,程稱識仁。我則是崇,兄亦謂然。③
> 正德丙寅(1506),始歸正於聖賢之學。會甘泉子於京師,與人曰:"守仁從宦三十年,未見此人。"甘泉子與人亦曰:"若水泛觀於四方,未

---

① 《王陽明全集》卷六,《與毛古庵憲副》,第218—219頁。

② 湛若水早在陳獻章門下受學時,即已提出"隨處體認天理"為個人治學宗旨,《湛甘泉先生文集》卷三十二,羅洪先《湛甘泉先生墓表》云:"從游江門,得自然之教,取所給部檄焚之,絕意仕途。深思力詣,悟隨處體認天理之旨。白沙先生喜曰:'著此一鞭,何患不到古人佳處?'"第242—245頁。

③ 《湛甘泉先生文集》卷三十,《奠王陽明先生文》,第219—220頁。

見此人。"遂相與定交講學。一宗程氏"仁者渾然與天地萬物同體"之指。①

因此,湛若水相當懷念這段雙方論學融洽無間的歲月,也一再強調王守仁同意自己的學術觀點:

> 自餘之志於斯道也,倡天理之學於斯道衰微之餘,一時在朋友之列者,同聲相應,若和而隨之,若翼而飛之,若或合而離之。終始無違者幾何人? 斯乃吾於金台得陽明王子焉,吾於金陵得古庵毛子焉。而餘昔與陽明究此天理於長安之邸,陽明曰:"如是,如是。"繼余與古庵究此天理於新泉之涘,古庵曰:"唯唯,唯唯。"②

王守仁雖不似湛若水那麼肯定此時兩人的論學意見一致,至少沒有刻意突顯雙方觀點不同或有所差異。不僅如此,透過與湛若水的切磋問學,王守仁對湛氏之師陳獻章之學,也應有相當深入的瞭解與體會。③ 這從王守仁貶謫龍場時,湛若水贈《九章》,王守仁答以《八詠》的內容,可以大致觀察得出來。其後湛若水奉命赴安南,王守仁特撰《別湛甘泉序》,明言"某幼不問學,陷溺於邪僻者二十年,而始究心於老、釋。賴天之靈,因有所覺,始乃沿周、程之說求之,而若有得焉,顧一二同志之外,莫予冀也,岌岌乎僕而後興。晚得友於甘泉湛子,而後吾之志益堅,毅然若不可遏,則予之資於甘泉多矣"。④ 這應是王守仁的肺腑之言,也是此時兩人思想相近的確證。

---

① 《湛甘泉先生文集》卷三十一,《明故總制兩廣將西湖廣等處地方提督軍務奉天翊衛推誠宣力守正文臣特進光祿大夫柱國少保兼太子太保新建伯南京兵部尚書兼都察院左都御史陽明先生王公墓誌銘》,第231—234 頁。

② 《甘泉先生文集》嘉靖本內編卷十八,《奠黃門毛古庵先生文》,第24—26 頁。轉引自《湛若水年譜》,第215 頁。

③ 王守仁著作中甚少提及陳獻章,但其學術路數接近陳氏,曾受其影響則是事實。扮演中介角色的人物有二:一是許璋,另一則是湛若水,二人都是陳獻章的弟子,也都與王守仁有頗為密切的交往。王守仁與許璋的交往見張履祥《楊園先生全集》中《近古錄三》引耿天臺《先進遺風》,中華書局 2002 年版,第1293—1294 頁。

④ 《王陽明全集》卷七,《別湛甘泉序》,第230 頁。由此可見,湛若水在王守仁"歸正於聖賢之學"的過程中,扮演的角色是堅定其走向聖賢之學的決心,而非促進其由"五溺"轉向聖人之學。參看錢明:《陽明學的形成與發展》,江蘇古籍出版社 2002 年版,第87 頁。

　　明武宗正德三年戊辰（1508）的龍場之悟，徹底改變了王守仁的思想，建立起個人獨特的觀點，這使得他與湛若水思想的差異逐漸明朗化，此時二人思想上最明顯的差距在於"格物"的解釋上。王守仁不僅擺脫了朱熹的影響，而且徹底推翻了朱熹以"窮理"解釋"格物"的說法，反對向外窮理，提出"心即理也。天下又有心外之事，心外之理乎"，[①]主張"格者，正也。正其不正，以歸於正也"。[②] 這種絕對以心為主的觀念，自不為當時猶謹守朱熹《大學》改本的湛若水所接受。針對這個問題，二人在正德十年乙亥（1515）二月，湛若水丁母憂扶柩南歸，王守仁逆弔於南京龍江關時，正面展開辯論。王守仁批評湛氏所持的說法是"求之於外"，湛若水大不以為然，認為"以格物理為外，是自小其心也"。[③] 兩人話不投機，幾乎不歡而散。回到增城老家，處理完母親喪事後，湛若水迫不及待地寫了《與陽明鴻臚》一書，[④]對自己的看法做了比較完整的解釋。王守仁似乎沒有回覆這封信，看來他並不接受湛若水的解釋，依然反對所謂"格物舊說"。

　　正德十三年戊寅（1518）七月，王守仁刊刻出版了古本《大學》，隨即贈送給湛若水。這部書的出現，改變了湛若水對《大學》這部書的看法，此前他篤信朱熹的《大學》改本，也對朱熹的"格物即窮理"的解釋深信不疑，並且不遺餘力地為之辯護。但仔細研讀古本《大學》之後，湛若水頗有體會，毅然決然地放棄了朱熹的《大學》改本，改而接受了王守仁的古本《大學》。具體的例證是此後棄"新民"改從"親民"，同時開始重視並整理古本《大學》、《中庸》，進行《古大學測》、《中庸測》的撰寫工作，可以明顯看出王守仁對他的影響。[⑤] 至於關鍵性的"格物"問題，雖然在《答陽明》信中態度有所軟化，恭喜守仁"格物之說甚超脫，非兄高明，何以及此"，並且謙說"僕之鄙見，大段不相遠，大同小異耳"。[⑥] 事實上對於"格物"的詮釋，他的說法是將"格"字訓為至，將"物"字解為天理，即是道。所謂"格物"，也就是"造

---

①　《王陽明全集》卷一，《傳習錄上》，第 2 頁。

②　《王陽明全集》卷一，《傳習錄上》，第 25 頁。

③　《王陽明全集》卷三，《傳習錄上》："正德乙亥，（陳）九川初見先生於龍江，先生與甘泉先生論格物之說，甘泉持舊說。先生曰：'是求之於外了。'甘泉曰：'若以格物理為外，是自小其心也。'"第 90 頁。

④　《湛甘泉先生文集》卷七，《與陽明鴻臚》，第 560 頁。

⑤　《湛若水年譜》，第 65 頁。

⑥　《湛甘泉先生文集》卷七，《答陽明》，第 568—569 頁。

道"之意,他認為這個解釋,切合於孟子"君子深造之以道"的真諦。① 這個調整依然未脫程頤的路數,並不符合王守仁的期盼,所以王守仁沒有接受。其後二人雖然魚雁往返,繼續就"格物"進行辯論,但彼此都更加堅持自己的主張,互不相讓,誰也無法說服對方。

"格物"問題之外,"儒釋之辨"與"內外支離之辨"方面,王守仁與湛若水都各有自己既定的立場,幾乎沒有甚麼交集,也看不出彼此相互的影響。可以說,在王、湛交往的二十三年中,除了京師共處的一段時間,湛若水對王守仁的思想產生若干影響,雙方共同信從程顥"仁者渾然與物同體"此一信念,沒有太大的異同之外。往後分處南北,聚少離多,分別發展各自的事業,深化本身的學術理念,所到之處講學授徒,傳授聖人之學,卓然各成一家之言。儘管學術走向相同,同屬心學一脈,也共同開創了以心學取代程朱理學的新局面,但王守仁與湛若水在學術宗旨上卻各有所主,無法一致。湛若水堅持"隨處體認天理",始終如一;王守仁則由標舉"心即理"而"知行合一",以至"致良知",主張"心外無理,心外無事",②"心外無物",③是絕對的唯心論者。因此,王守仁力主湛氏的"隨處體認天理"說,是"求之於外",④儘管湛若水一再要求,希望他能就此說法有所調整,王守仁始終堅持自己的觀點,沒有絲毫妥協的跡象。⑤

在王、湛二人的各自堅持之下,此後雖然兩人的學術體系愈趨完善,也各成一家之言,蔚為當代大家。但是就學術思想的發展而言,已經看不出兩人密切的交往對彼此的思想與主張有何影響。

---

① 《湛甘泉先生文集》卷七,《答陽明》,第568—569頁。

② 《王陽明全集》卷一,《傳習錄上》,第15頁。

③ 《王陽明全集》卷一,《傳習錄上》,第24頁。

④ 《湛甘泉先生文集》卷七,《答楊少默書》,第570—571頁。

⑤ 王守仁態度如此堅定,一方面是對自己的觀點深具信心,絕無懷疑;另一方面,可能是他認為這位老友太過好勝,處處爭強,唯恐後人。為了珍惜雙方的友情,堅持自己立場即可,沒有必要與之辯論計較。這由下述言論可以看得出來,《王陽明全集》卷六,《寄鄒謙之五》(丙戌)說:"寄示甘泉《尊經閣記》,甚善甚善! 其間大意亦與區區《稽山書院》之作相同。《稽山》之作,向嘗以寄甘泉,自謂於此學頗有分毫發明。今甘泉乃謂'今之謂聰明知覺,不必外求諸經者,不必忽而能覺'之類,則似急於立說,而未暇細察鄙人之意矣。後世學術之不明,非為後人聰明識見之不及古人,大抵多由勝心為患,不能取善相下。明明其說之已是矣,而又務為一說以高之,是以其說愈多而惑人愈甚。凡今學術之不明,使後學無所適從,徒以致人之多言者,皆吾黨自相求勝之罪也。……甘泉之意,未必由此,因事感觸,輒漫及之。蓋今時講學者,大抵多犯此癥,在鄙人亦或有所未免,然不敢不痛自克治也。"第206頁。

五、結　語

　　王守仁與湛若水兩人同為開啟明代中葉思想變化的大家,在心學由萌芽、發展、確立以至茁壯、昌盛的過程中,兩人的講學授徒對變化風氣、轉移學術方向都有著莫大貢獻,尤以王氏為盛。當心學大盛,陽明儼然成為一代宗師之後,相對的,湛若水的學術與思想影響也逐漸式微,以至黯然少為人知。今日論述明代學術時,經常以王守仁逕接陳獻章,目之為心學正宗,卻忽略了在心學的發展過程中,身為陳獻章高足的湛若水,事實上也曾開宗立派,引領一時風騷,與王守仁雙峰並峙,扮演過積極活躍的角色。在研究探討明代學術史時,這是不能輕易忽視的一頁。

　　在湛若水與王守仁二十三年的交往中,從雙方認識開始,即互相切磋琢磨,在闡揚周、程聖學的共同理念下,彼此交換學習心得,論辯異同,開展思考,逐步建立起各自的思想體系。大致而言,交往初期階段,王守仁自言受益良多,從湛若水的身上學習到周、程學說的精要,堅定了鑽研儒家聖人之學的信心。龍場一悟之後,王守仁思想豁然貫通,徹底了悟,從而棄外向內,逐步建構起個人的心學體系。此時二人書札往來頻繁,交換個人的學習所得,文字中也開始出現意見不一致的現象,這主要表現在對“格物”的解釋與儒、佛異同的理解上。其後雖經長期的溝通與論辯,始終無法化解這些問題,主要的關鍵在於王、湛二人已有各自的為學宗旨,學術路數也出現本質上的差異,難以放棄己見,從而達成一致的見解。在這段書信論學的過程中,王守仁始終謹守自己的“心即理”立場,不為湛氏的勸說所動。相較之下,湛若水則受到守仁的影響,主動放棄了朱熹的《大學》改本,轉而接受王守仁的古本《大學》,但這只是湛若水的局部轉變,基本為學宗旨則沒有任何鬆動。

　　相較於思想學說上的反復論難,王守仁與湛若水的交情卻不受任何影響,歷久而彌篤,從未改變,這也極為罕見。湛若水經常氣勢凌厲,咄咄逼人地要求王守仁答覆他的質疑,王氏則選擇低調回應或婉轉迴避,從不正面對抗。主要原因即在於王守仁極為珍惜這份難得的友誼,嘉靖七年(1528)十月的最後兩首詩:《書泉翁壁》、《題甘泉翁居》,即是最具體的寫照。與此相應,湛若水卻經常抱怨“兄不謂然”、“兄不我答”、“不還一墨”,

其至有時還嚴詞責怪守仁刻意迴避問題。儘管如此，但他始終以王守仁為自己唯一的知己，甚至說："某平生與陽明公同志，他年當與同作一傳矣。人言非區區者，必波及陽明。昨聞周子文規大興陽明公之學，則區區亦與有慶焉。"①王、湛二人的交情之深、互信之篤，於此可見。

---

① 《湛甘泉先生文集》卷七，《答王汝中兵曹》，第579頁。

論王陽明山東鄉試文的思想內容與論證特色

華建新[*]

【摘　要】王陽明的山東鄉試文,其命題與陳文的重點在經世致用上。旨在引導考生針對明王朝在重大國策上存在的問題展開論證,在批評的基礎上提出治國的對策,有的放矢。王陽明站在歷史的高度,縱觀流變,審視得失。山東鄉試文在內容上可分為五個方面:即論君主之道、論天道與人道、論禮樂、論風俗、論治國實務。山東鄉試文始終貫穿著一條主線,即以儒家的治國理想和治國方略為綱,緊密結合現實問題命題與陳文,以檢驗考生對儒家經典的全面把握以及對治國之道和人生理想的認識水準。文中對治國根本性問題提出了切實可行的對策,體現出作為主考官的王陽明匡正時弊強烈的政治熱情以及參與國家政治的使命意識。儘管鄉試文是考題與陳文,但能對當朝政治能起到指導作用,並具有為國挑選經世之才的效用。就陽明本身而言,他在以後的仕途生涯中能做到忠心盡職,秉公守則,直言敢諫,選賢任能,不徇私枉法,不趨炎附勢,敢與惡勢力作鬥爭,知行合一,不能不說與踐行山東鄉試文所確立的宗旨有關。山東鄉試文在論證上善用對比、比喻、排比、引證等方法闡明事理,說理透徹縝密,以史鑒今,直指本心,體現了王陽明政論文務實、犀利的論證風格。

積極入世,是作為儒者的人生價值選擇。在經過長時間的研習、體驗

---

* 華建新,餘姚市東海城市文化研究院院長、首席研究員。

和判斷,王陽明對諸多學說的指歸有了較清醒認識。最終,他毅然選擇將儒學作為畢生的研究方向和實踐門徑。明弘治十七年(1504),王陽明結束在越養病返京履職,欲在仕途上一展宏圖,以實現平生志向。七月,途徑徐州,因友人朱朝章欲修黃樓,作《黃樓夜濤賦》以明志。是年秋,王陽明應巡按山東監察御史陸偁之聘,①主考山東鄉試。王陽明當仁不讓,不負重託,手錄全部試題與陳文。《山東鄉試錄》編成後,陽明又先後為此作序。王陽明所出試題、陳文和兩篇序言,②是針對明王朝的現狀,全面、系統地闡發了儒家的治國之道,是王陽明思想探索過程的重要路標。王陽明在仕途中並不想在"體制內"安安穩穩地過日子,走陞官發財的路子。他的"成聖賢"理想以及耿直的性格,決定了他重思想創設和實踐探索的品格。當歷史的機遇垂青於他時,王陽明借命題和陳文以弘道,主考山東鄉試是他一生中唯一以國家考試名義闡發"用世"理念的一件大事。在主試山東鄉試後,王陽明隨即投入復興儒學的大業,在京師結友倡學,收徒授業。然而,歷史的發展往往難遂心願。明正德改元,王陽明義不容辭地投入到嚴酷的"反閹黨"鬥爭之中。由於鬥爭的失敗,王陽明遭受了出仕以來最嚴峻的生死考驗,人生的命運由此改變。從躊躇滿志、意氣風發的京官剎那間成為階下囚,逐出京城,貶謫瘴癘之地;但王陽明為實現山東鄉試文所確立的志向無怨無悔,義無反顧地前行。

一、鄉試文的背景與形式

　　王陽明親身歷經過明代科舉的全過程,對舉業有深刻的認識,深知鄉試對於國家選拔人才的重要意義。同時,陽明也十分看重主考山東鄉試的

---

　　① 陸偁(1457—1540),字君美,號碧洲,鄞縣(今寧波市鄞州區)人。明弘治六年(1493)進士,授監察御史,歷官福建按察使、巡按山東監察御史。
　　② 據《王陽明年譜・附錄一》載:明嘉靖二十九年(1550),"重刻先生《山東甲子鄉試錄》。《山東甲子鄉試錄》皆出師手筆,同門張峰判應天府,欲翻刻於嘉義書院,得吾師繼子正憲氏原本刻之"。(見王陽明著,吳光等編校:《王陽明全集》,第1340頁。)又明李樂在《見聞雜記》(卷六)曰:"王陽明先生弘治十七年以刑部主事主山東鄉試,人言一部《試錄》,俱出先生手筆。前序文古簡絕,與今年體格不同。五策,餘少嘗誦讀久而失其本。"李樂,字彥和,號臨川,浙江桐鄉人。隆慶二年(1568)進士,任江西新淦(今新幹)知縣。歷官廣西參議。從《山東鄉試錄》的試題與陳文看,其命題思想均與王陽明此期間的認識相一致,故筆者認為《山東鄉試錄》應為王陽明手錄。

機會。他在《山東鄉試錄序》中說："山東,古齊、魯、宋、衛之地,而吾夫子之鄉也。嘗讀夫子《家語》,其門人高弟,大抵皆出於齊、魯、宋、衛之葉,固願一至其地,以觀其山川之靈秀奇特,將必有如古人者生其間,而吾無從得之也。今年為弘治甲子,天下當複大比。山東巡按監察御史陸偁輩以禮與幣來請守仁為考試官。……而守仁得以部屬來典試事於茲土,雖非其人,寧不自慶其遭際!"①孔孟聖地,山川靈秀,賢人輩出,是陽明的神往之地。今由他主考鄉試,選拔俊彥,自然感到欣喜和自豪。文中又說:"又況夫子之鄉,固其平日所願一至焉者;而乃得以盡觀其所謂賢士者之文而考校之,豈非平生之大幸歟! 雖然,亦竊有大懼焉。夫委重於考校,將以求才也。求才而心有不盡,是不忠也;心之盡矣,而真才之弗得,是弗明也。不忠之責,吾知盡吾心爾矣;不明之罪,吾終且奈何哉!"②鄉試,從學術的角度而言,是對一省三年來考生科業水準的整體性檢驗,以反映一省的教育水準。從選拔人才的角度看,也是對主考官學術思想、治國理念和選材水準的綜合性檢驗。因此,王陽明對主考山東鄉試既高興又深感責任之重。所以用"不忠"、"不明"來告誡自己須慎重行事。從中可以看出王陽明赴山東主考鄉試是有備而來,精心製作命題和撰寫陳文是深思熟慮的結果,並對取得這次鄉試的成功寄予厚望。這在他的《山東鄉試錄後序》中可得到證明:

　　夫山東天下之巨藩也,南峙泰岱,為五嶽之宗,東匯滄海,會百川之流;吾夫子以道德之師,鍾靈毓秀,挺生於數千載之上,是皆窮天地,亙古今,超然而獨盛焉者也。然陟泰岱則知其高,觀滄海則知其大,生長夫子之邦,宜於其道之高且大者有聞焉,斯不愧為邦之人矣! 諸君子登名是錄者,其亦有聞乎哉? 夫自始學焉,讀其書,聚而為論辯,發而為文詞,至於今,資藉以階尺寸之進,而方來未已者,皆夫子之緒余也;獨於道未之聞,是固學者之通患,不特是邦為然也。然海與岱,天下知其高且大也,見之真而聞之熟,必自東人始,其於道,則亦宜若是焉可也。且道豈越乎所讀之書與所論辯而文詞之者哉? 理氣有精粗,言行有難易,窮達有從違,此道之所以鮮聞也。夫海岱云者,形勝也;

①　王陽明著,吳光等編校:《王陽明全集》,上海古籍出版社 1992 年版,第 839 頁。
②　王陽明著,吳光等編校:《王陽明全集》,第 840 頁。

夫子之道德也者,根本也;雖若相參並立於天地間,其所以為盛,則又有在此而不在彼者矣。鼎實陋於聞道,幸以文墨從事此邦,冀所錄之士,有是人也,故列東藩之盛,樂為天下道之。①

在後序中,王陽明以泰山之崇高、東海之浩瀚為喻,勉勵山東眾舉子"為學以道為大"。陽明以有形之海、岱與無形之道相比較,蘊含道之高、道之深,絕非有形之物可比,以此啟發眾舉子勿驕勿躁,學無止境。王陽明認為孔子的道德境界纔是根本,反映了王陽明對儒學的敬重,以及"為學成聖,為學兼濟天下"的儒者理想,並期望山東有"鉅子"出現,無損於"孔子之邦"的靈秀之氣。文中還鄭重誡告眾舉子不要將"登科"作為"資藉以階尺寸之進"的榮身法寶。王陽明所謂的"道",即是指孔子的"儒道"。這在王陽明手錄的《山東鄉試錄》中有具體的體現。王陽明同邑後學施邦曜評此文:"言之真至。醜士之文,近日濫觴靡蔓已極。先生此序,勸勉真切,久而若新。"②

　　明清鄉試專取"四書"和"五經"命題。因此,主考官在命題和陳文是受到思想限制的,但試題出什麼,對試題陳文,即破題和對試題內涵的陳述則是由主考官決定的,以明示考生,考生在此範圍內自主發揮,智者見智,仁者見仁,有較大地發揮空間。命題和陳文怎麼製作,則取決於主考官的學術思想、治國方略和學識修養。王陽明所出的山東甲子鄉試試題和陳文分三個部分:一為四書五經;二為論、表;三為策。在四書五經部分,王陽明於《四書》中出三題:"所謂大臣者以道事君不可則止"、"齊明盛服非禮不動所以修身也"和"禹思天下有溺者由己溺之也,稷思天下有饑者由己饑之也"。於《五經》中每經出二題,《易經》出"易先天而天弗違後天而奉天時"和"河出圖洛出書聖人則之"。《書經》出"王懋昭大德建中於民以義制事以禮,制心垂裕後昆予聞曰能自得師者王"和"繼自今立政其勿以憸人其惟起士"。《詩經》出"詩不遑啟居玁狁之故"和"孔曼且碩萬民是若"。《春秋》出"楚子入陳(宣公十一年)楚子圍鄭。晉荀林父帥師及楚子戰於邲,晉師敗績,楚子滅蕭。晉人宋人衛人曹人同盟於清丘(俱宣公十二年)"和"楚子蔡侯陳侯許男頓子沈子徐人越人伐吳(昭公五年)"。《禮記》出"君子慎

<hr>

① 王陽明著,吳光等編校:《王陽明全集》,第 870 頁。
② 施邦曜輯:《陽明先生集要·理學篇》,中華書局 2008 年版,第 813—814 頁。

其所以與人者"和"心好之身必安之君好之民必欲之"。在論、表部分,王陽
明出論題為:"人君之心惟在所養";表出題為:"擬唐張九齡上千秋金鑒錄
表(開元二十四年)"。在策問部分出五題:一為王者功成作樂;二為佛老
為天下害;三為志伊尹之所志,學顏子之所學;四為風俗之美惡,天下之治
忽關焉;五為明於當世之務者。皆為心性學說和用世之題,反映了王陽明
學術思想鮮明的傾向性。

《王陽明年譜》對陽明主試山東鄉試以及試錄有記載:"弘治十七年
(1504)秋,巡按山東監察御史陸偁聘主鄉試,試錄皆出先生手筆。其策問
議國朝禮樂之制:老佛害道,由於聖學不明;綱紀不振,由於名器太濫;用人
太急,求效太速;及分封、清戎、禦夷、息訟,皆有成法。錄出,人占先生經世
之學。"①這一史料至少說明三點:一是點明鄉試的具體時間;二是點明鄉
試試錄全由王陽明出題和陳文;三是點明鄉試錄的重點在策問部分,反映
出陽明的"用世"思想已昭然於世。但縱觀《山東鄉試錄》,它是一個嚴密的
體系,各部分之間相互聯繫,全錄體現出王陽明以儒家之道治國的經世思
想,具有明顯的時代性、針對性和務實性。從全錄的主題思想和內容分析,
都是涉及治國的基本理念和基本國策。而《王陽明年譜》對鄉試錄中所反
映的心性學說未加概括性表述。

二、鄉試文的主要內容

王陽明在山東鄉試中所出題目和陳文,在內容上可為五個方面:一是論
君主之道,二是論天道與人道,三是論禮樂,四是論風俗,五是論治國實務。

(一) 論君主之道

在中國古代社會生活中,君主之道為"五倫"之首。孔孟以及後儒對此
有許多精闢的論述,是古老的政治思想和治國之道的重大問題。隨著時代
的發展,君主的內涵也在不斷地發生變化,因此也是一個具有活力的政治
論題。王陽明為山東鄉試命題和所作陳文,首題就考"君主之道",這對應
試考生來說,是第一要務必須明辨的。王陽明的所謂"君主之道"具體又從

---

①　王陽明著,吳光等編校:《王陽明全集》,第 1226 頁。

君臣觀、君民觀和養心觀三方面進行論證:

第一,君臣觀。在《四書》部分,王陽明據《論語·先進》命題:"所謂大臣者以道事君不可則止。"首先,在論君主之道問題上從"為大臣"切入,闡明何謂"大臣"。王陽明認為:

> 彼其居於廟堂之上,而為天子之股肱,處於輔弼之任,而為群僚之表帥者,大臣也。夫所謂大臣也者,豈徒以其崇高貴重,而有異於群臣已乎? 豈亦可以奔走承順,而無異於群臣已乎? 必其於事君也,經德不回,而凡所以啟其君之善心者,一皆仁義之言,守正不撓,而凡所以格其君之非心者,莫非堯、舜之道,不阿意順旨,以承君之欲也;必繩愆糾繆,以引君於道也。夫以道事君如此,使其為之君者,於吾仁義之言說,而弗繹焉,則是志有不行矣。其可拙身以通道乎? 於吾堯、舜之道,從而弗改焉,則是諫有不聽矣;其可枉道以徇人乎? 殆必奉身而退,以立其節,雖萬鐘有弗屑也;固將見機而作,以全其守,雖終日有弗能也。是則以道事君,則能不枉其道,不可則止,則能不辱其身,所謂大臣者,蓋如此;而豈由、求之所能及哉?①

王陽明從正反兩方面深刻闡述了所謂"大臣"之道,即"以道事君,則能不枉其道,不可則止"。文中,陽明不僅對孔子的思想作了詮釋,同時對"道"的內涵做了深化,使之更加具體化,概括為"德"、"善心"、"仁義"、"守正"等基本概念,強調以"道"佐君,不在位尊。陽明還通過例舉的辦法,指出非"道"的表現:"阿意順旨"、"承君之欲"、"枉道徇人"。

陽明在論述中緊扣臣輔君的原則,即以"道"為標準,而不以君之是非為是非,對"大臣"的人格獨立作了理論上的定位。王陽明的"大臣觀",雖言出於孔子,但對孔子之論作了獨特的發揮,使得問題簡切明瞭,直達為臣之道。其次,王陽明的這一思想由來已久,他在歸越養病期間所寫的有關文章,較多地論述了"為官之道",前後思想一脈相承。王陽明將論大臣之職放在首題,說明大臣之責任在其心目中的地位至高、至重。反過來,從君主的角度而言,王陽明認為:明君必視大臣為師。在"王懋昭大德,建中於民,以義制事,以禮制心,垂裕後昆。予聞曰:能自得師者王"一題中,王陽

---

① 王陽明著,吳光等編校:《王陽明全集》,第841—842頁。

明充分論證了為君者必"得師"的道理:

　　大臣告君,即勉其修君道以貽諸後,必證以隆師道而成其功。夫
君道之修,未有不隆師道而能致者也;大臣之論如此,其亦善於告君者
哉!吾想其意,若謂新德固所以屬人心,而建中斯可以盡君道,吾王其
必勤顧諟之功,以明其德,求此中之全體,而自我建之,以為斯民之極
也;操日躋之敬,以明夫善,盡此中之妙用,而自我立之,以為天下之準
也。然中果何自而建邪? 彼中見於事,必制以吾心之裁制,使動無不
宜,而後其用行矣;中存於心,必制以此理之節文,使靜無不正,而後其
體立矣;若是,則豈特可以建中於民而已邪? 本支百世,皆得以承懿範
節於無窮,而建中之用,綽乎其有餘裕矣。子孫千億,咸得以仰遺矩於
不墜,而建中之推,恢乎其有餘地焉。然是道也,非學無以致之。蓋古
人之言,以為傳道者師之責,人君苟能以虛受人,無所拂逆,則道得於
己,可以為建極之本,而王者之業,益以昌大矣;考德者師之任,人君果
能願安承教,無所建拒,則德成於身,足以為立準之地,而王者之基,日
以開拓矣。是則君道修,而後其及遠;師道立,而後其功成;吾王其可
以不勉於是哉!①

此題語出《書‧仲虺之誥》。王陽明闡述了為君之道務在"得師":首先,要
明白"尊師"之道。此中的"師",即以輔助君王的"大臣"為師。此道不明,
難以為君。其次,君王心中要發現善良的道德本體,弘揚聖明的德性,持敬
明善,節制於禮,以師為尊,成為百姓的道德榜樣。如此推及萬民,子孫後
代。道得于己,德成於身,立準之地,王者之基,日以開拓,已成為君之道。
所謂"能自得師",即在"懋德建中,允執厥中;制心制事,制外養中"上下工
夫。王陽明關於"得師"是為君之道的觀點,實則反映了他的政治理想,以
及對君王本質的認識。語中已經蘊含了關於"君道本體論"的思想,即"君
心"與"臣心"、"民心"之間的關係。在王陽明看來,"君道"、"師道"、"天
道"都是相通的,只是表現的形式不同罷了。君道修,而後其及遠;師道立,
而後其功成。王陽明關於君主"得師"的觀點,是對先秦儒家"得師觀"的超
越,體現了他的"群治"思想,其豐富的思想是對君主專制的一種否定,具有

---

① 　王陽明著,吳光等編校:《王陽明全集》,第846—847頁。

積極的民主啓蒙思想。這一思想也被陽明的同邑後學黃宗羲所繼承,黃宗羲在《明夷待訪錄》中,有關論述"君臣關係"的觀點可以在王陽明的上述思想中找到影子。

第二,君民觀。君民關係,是儒家學說的重要內涵。經典的論述,則為孟子的"君輕民貴"論,以及先秦以來的所謂"載舟覆舟"論。王陽明在鄉試命題中,借這一古老的話題又作了重新發揮。陽明據《五經·禮經》出"心好之,身必安之;君好之,民必欲之"之題,語出自《禮記·緇衣》。陽明在陳文中,對"君民一體"的觀念作了具體的分析:

> 內感而外必應,上感而下必應。夫君之于民,猶心之於身也;雖其內外上下之不同,而感應之理何嘗有異乎?昔聖人之意,謂夫民以君為心也,君以民為體也,體而必從夫心,則民亦必從夫君矣。彼其心具於內,而體具於外,內外之異勢,若不相蒙矣;然心惟無好則已,一有所好,而身之從之也,自有不期然而然。如心好夫采色,則目必安夫采色;心好夫聲音,則耳必安夫聲音;心而好夫逸樂,則四肢亦惟逸樂之是安矣;發於心而慊於己,有不勉而能之道也;動於中而應於外,有不言而喻之妙也。是何也?心者身之主,心好於內,而體從於外,斯亦理之必然歟!若夫君之于民,亦何以異於是?彼其君居於上,而民居於下,上下之異分,若不相關矣;然君惟無好則已,一有所好,而民之欲之也,亦有不期然而然,如君好夫仁,則民莫不欲夫仁,君好夫義,則民莫不欲夫義,君而好夫暴亂,則民亦惟暴亂之是欲矣;倡於此而和於彼,有不令而行之機也;出乎身而加乎民,有不疾而速之化也。①

文中,王陽明對先儒的君民觀作了具體的發揮,提出了君民"和合論"。陽明通過舉例,論證了君民關係的互動性,君的所思所行都會對民產生直接的影響,以說明君心之"仁"、之"義"、之"善"、之"好"對於安民的重要意義。在"君民關係"這對矛盾的統一體中,陽明以"內感而外必應,上感而下必應"的感應關係論證了君民之道的客觀存在。文末以孔子"君以民存,亦以民亡"作結,將歷史觀與君民觀有機地統一於"君民之義"中。這與前述"君臣"觀的本質意義是一致的,即君、臣、民之間的互動性與和合性,纔是

---

① 王陽明著,吳光等編校:《王陽明全集》,第853—854頁。

君民之道。王陽明關於君民和合的思想,既是對傳統君民觀的繼承,又是對"君貴民輕"的封建專制思想的否定,具有強烈的時代性和現實性,反映了明代中期民本思想的再度高漲。因而,王陽明對孟子的"民本"思想有獨特的見解。陽明據《孟子》出"禹思天下有溺者,由己溺之也"一題,在陳文中,並沒有僅僅停留在"推己及人"、"將心比心"的認識層面上,而是獨闢蹊徑,著重論證君主應當承擔的社會責任:

> 聖人各有憂民之念,而同其任責之心。夫聖人之憂民,其心一而已矣。所以憂之者,雖各以其職,而其任之於己也,曷嘗有不同哉?……雖然,急於救民者,固聖賢憂世之本心,而安於自守者,又君子持己之常道,是以顏子之不改其樂,而孟子以為同道于禹、稷者,誠以禹、稷、顏子莫非素其位而行耳。後世各徇一偏之見,而仕者以趨時為通達,隱者以忘世為高尚,此其所以進不能憂禹、稷之憂,而退不能樂顏子之樂也歟![1]

此命題語出自《孟子·離婁下》。王陽明認為,作為君主必須具備高度的"責任心",方能進入"憂民所憂","樂民所樂"的仁道境界。文中,在吸納孟子的"將心比心"思想的基礎上,通過舉例論證的方法,用"大禹治水"、"後稷稼穡"之典故,闡述了以民為本,必出於心的道理。此心必在為天下百姓謀生存、謀安樂之責任心。因天下之大,故責任無邊;有如之心,纔會"三過其門而不入",憂心忡忡。此文在論證上很有論辯色彩,圍繞大禹治水,後稷教稼穡的傳說,將論題層層推進,揭示了責任心的表現形態是"急民之所急"。假若君主有此心,則天下必太平的深刻道理。同時,王陽明以大禹、後稷之責任心與那些"趨時為通達"的為官者,或"以忘世為高尚"的隱者作了對比,顯露了用世"必憂天下萬民"的宏大志向。在陽明的論述中,已經將"心"作為一個重要的理論命題加以分析,並緊密聯繫思想理論問題和社會現實問題充分論證,是非常值得注意的。

第三,養心觀。"養心"是儒學的一個基本觀點,也是作為君主的日用功夫。王陽明在鄉試命題"論"的部分,據朱熹《孟子集注》出題為"人君之心惟在所養"。此題是對考生政治觀點、治國之道、經史辯證等綜合性能力

---

① 　王陽明著,吳光等編校:《王陽明全集》,第843頁。

的考察。"論"作為一種文體,主要是檢驗考生分析闡明事理的能力。王陽明在所作陳文中對"人君之心惟在所養"這一觀點,作了精闢地闡釋,並作了充分的發揮。運用孟子的"性善論"、荀子的"性惡論"為理論依據,圍繞君主應養什麼,怎麼養的問題,展開論證:

> 人君之心,顧其所以養之者何如耳?養之以善,則進于高明,而心日以智;養之以惡,則流於汙下,而心日以愚;故夫人君之所以養其心者,不可以不慎也。天下之物,未有不得其養而能生者,雖草木之微,亦必有雨露之滋、寒暖之劑,而後得以遂其暢茂條達;而況於人君之心,天地民物之主也,禮樂刑政教化之所自出也,非至公無以絕天下之私;非至正無以息天下之邪;非至善無以化天下之惡;而非其心之智焉,則又無以察其公私之異、識其邪正之歸、辯其善惡之分,而君心之智否,則固系於其所以養之者也,而可以不慎乎哉?君心之智,在於君子之養之以善也;君心之愚,在於小人之養之以惡也;然而君子小人之分,亦難乎其為辯矣。人心惟危,道心惟微,堯、舜之相授受而所以叮嚀反復者,亦維以是;則夫人君之心,亦難乎其為養矣。而人君一身,所以投間抵隙而攻之者,環於四面,則夫君心之養,固又難乎其無間矣。是故必有匡直輔翼之道,而後能以養其心;必有洞察機微之明,而後能以養其心;必有篤確精專之誠,而後能以養其心;斯固公私之所由異,邪正之所從分,善惡之所自判,而君心智愚之關也。①

王陽明在論證中緊扣"善"與"惡"這對範疇,突出君主養心在於養善的觀點。善則進于高明,效果是"心日以智";相反,養之以惡,則流於汙下,其後果是"心日以愚"。通過善惡結果的對照,陽明認為:人君養其心須慎獨。而要做到"慎獨",必以持恒,"苟欲其心之智,則賢人君子之養,固不可一日而缺也",言其緊迫性。而"善"的內涵陽明界定在"君主當為至公先天下",以到達以公絕私、以正息邪、以善化惡的目的。"養心"的途徑,貴在"自養"。陽明認為:"人君之心,惟在所養,範氏之說,蓋謂養君心者言也,而愚之論,則以為非人君有洞察之明專一之誠,則雖有賢士君子之善養,亦

---

① 　王陽明著,吳光等編校:《王陽明全集》,第854—855頁。

無從而效之，而猶未及於人君之所以自養也。① 然必人君自養其心，而後能有洞察之明專一之誠以資夫人，而其所以自養者，固非他人之所能與矣，使其勉強於大庭昭晰之時，有放縱於幽獨得肆之地，則雖有賢人君子，終亦無如之何者，是以人君尤貴於自養也。"此論表面上看起來是一個老話題，但陽明能從常言中發掘出新意，君主治國之道在養心，而養心則重在"自養"，從而否定了"天理"的絕對性，以及君主替天行道，受命於天的"天命論"。其論之精闢，超越了朱熹的本義。文中，王陽明不僅對人的意識主宰作用做了深刻地論證，而且論證了社會環境與君主政治倫理之間的關係問題，說明王陽明對為君之道的把握已達到了"通古今之變"的程度，觀點之鮮明、論證之嚴密，寓大道于平凡，足見其思想之宏富、行文之神化。

（二）論"天人合一"

所謂"天道"，即為宇宙的運行規律。然而，在中國古代哲學中，往往從"天人關係"的角度來論證天道，因此有了自己的特色。所謂"聖道"，即指上古時代那些先知先覺的聖人對"天道"的把握；以及進行思想和文化的創設，以教化百姓的思想理論體系。儒道學說都認為"天道"與"人道"為之合一，故又稱"天人合一"，成為中國古代哲學的核心精神。王陽明在鄉試命題中，據《易經》出"先天而天弗違後天而奉天時"一題，在陳文中論述了天道與聖道合二為一的辯證思想。陽明認為：

> 自其先於天者言之，時之未至，而道隱於無，天未有為也；大人則先天而為之，蓋必經綸以造其端，而心之所欲，暗與道符，裁成以創其始，而意之所為，默與道契；如五典未有也，自我立之，而與天之所敘者，有吻合焉；五禮未制也，以義起之，而與天之所秩者，無差殊焉；天何嘗與之違乎？以其後於天者言之，時之既至，而理顯於有，天已有為也，大人則後天而奉之，蓋必窮神以繼其志，而理之固有者，只承之而不悖；知化以述其事，而理之當行者，欽若之而不違；如天敘有典也，立為政教以道之，五典自我而敦矣；天秩有禮也，制為品節以齊之，五禮自我而庸矣；我何嘗違於天乎？是則先天不違，大人即天也；後天奉

---

①　王陽明著，吳光等編校：《王陽明全集》，第856—857頁。

天,天即大人也;大人與天,其可以二視之哉?①

王陽明在論證"天人關係"是立足於人的角度,是人對"天道"的體悟和把
握,突出了人的主宰性。因而,聖人的境界是體悟天道,按天道行事,即"大
人于天,默契其未然者,奉行其已然者"。② 也就是說,"大人"即"聖人",至
大至聖,在於能先人而悟天道,具有把握天道能力,具有很高的道德修養。
王陽明所論證的"天道"或謂之"天理",其內涵是指宇宙規律和社會規律性
的本體問題,即"形有不同,道則無異"。"道"是無形的,然聖人能發其端
倪。王陽明關於"天道"與"聖道"合二為一觀點,實際是在論說聖人對道
的領悟與道在萬事萬物中的顯現。無論是預測未來,還是面對現實,只有
道是貫穿始終的,而道則在"聖人"的把握之中,將深奧的哲學精義用通
俗的語言加以表達。並啟發考生欲達"聖人"之境界,就必須對"天道"有
正確的認識,絕不能把"為聖人"與"存天理"兩者對立起來,甚至當作兩
件事加以支離。文末用反問句作結:"大人與天,其可以二視之哉?"其結
論具有無懈可擊的邏輯力量。顯然,王陽明對《易經》關於"先天"與"後
天"的認識,源於儒家的天道觀念,但陽明在陳文中大大深化了,別出新
見。"天道"與"聖道"的內在關係,將"天人合一"的哲學思想引入人的
道德世界,化奧義為簡明,體現了王陽明易學思想的簡切明達。陽明的
《易》學思想,是具有現實針對性的,他不同意人為地割裂"天道"與"聖
道"的關係,將所謂的"天道"絕對化。由於世俗對各種名利、欲望的渴
求,凡人發現"天道"的能力被弱化,心體被遮蔽,就難以進入合乎天道的
道德的世界。因而,陽明啟發考生正確把握《易經》的真諦,即以"人道"
合"天道",而得道者必須去除私欲的蒙蔽,"求其放心",達到"天人合
一"的道德境界。在《易經》"河出圖,洛出書,聖人則之"一題中,③王陽
明仍延續了這一思想。通過河圖、洛書與八卦之間的關係,論證了萬物的
統一性問題。從傳說的角度論證的"天道"與"人道"的同一性問題,兩者存
在內在的一致性。

---

① 王陽明著,吳光等編校:《王陽明全集》,第 844 頁。
② 王陽明著,吳光等編校:《王陽明全集》,第 844 頁。
③ 王陽明著,吳光等編校:《王陽明全集》,第 844 頁。

（三）論修身與樂境

立志修身,是王陽明人生態度的重要方面,也是他思想探索的重要內容。在山東鄉試命題中,王陽明將"修身"作為一個重要的問題考察考生。陽明據《中庸》出"齊明盛服非禮不動所以修身也"。在陳文中,陽明闡述了修身的關鍵在於"盡持敬之功"。指出《九經》之本在於"修身",①又將修身分為"內修"與"外修",以孔子告哀公之問政一事借題發揮:

> 《九經》莫重于修身,修身惟在於主敬;誠使內志靜專,而罔有錯雜之私,中心明潔,而不以人欲自蔽,則內極其精一矣;冠冕佩玉,而穆然容止之端嚴,垂紳正笏,而儼然威儀之整肅,則外極其檢束矣;又必克己私以複禮,而所行皆中夫節,不但存之靜也,遏人欲于方萌,而所由不睽于禮,尤必察之於動也;是則所謂盡持敬之功者。如此,而亦何莫而非所以修身哉? 誠以不一其內,則無以制其外;不齊其外,則無以養其中;修身之道未備也。靜而不存,固無以立其本,動而不察,又無以勝其私;修身之道未盡也。今焉制其精一於內,而極其檢束於外,則是內外交養,而身無不修矣。行必以禮,而不戾其所存,動必以正,而不失其所養,則是動靜不違,而身無不修矣。是則所謂端《九經》之本者,如此,而亦何莫而不本於持敬哉? 大抵《九經》之序,以身為本,而聖學之要,以敬為先,能修身以敬,則篤恭而天下平矣。②

上述,王陽明將"內修"定義為"主敬",而"主敬"則是"內志靜專"、"中心明潔",將"修身"與"修心"聯繫起來。從另一個角度說即"不以人欲自蔽"。他又將"外修"定義為:"穆然容止之端嚴","儼然威儀之整肅",認為人的儀容儀錶"端莊"具有"克己復禮"之約束力。將"內修"與"外修"統一起來,動靜結合,即能存靜遏欲,合乎於禮。修身之道,以身為本,以敬為先,以實現天下太平和合社會之理想。陽明將修身與治國之間的辯證關係做了較透徹的論證。考其思想源頭,是對《尚書·堯典》"克明俊德,以親九

---

① 　凡"九經"之說,歷代有不同的分類。明代郝敬《九經解》,以《易》、《書》、《詩》、《春秋》、《禮記》、《儀禮》、《周禮》、《論語》、《孟子》為"九經"。《中庸》中的"九經"內涵:是用中庸之道來治理國家以達到天下太平和合的九項具體工作,即修養自身,尊重賢人,愛護親族,敬重大臣,體恤眾臣,愛護百姓,勸勉各種工匠,優待遠方來的客人,安撫諸侯。

② 　王陽明著,吳光等編校:《王陽明全集》,第842—843頁。

族,九族既睦,平章百姓,百姓昭明,協和萬邦"與《大學》"大學之道,在明明德、在親民、在止於至善"的太平和合思想是完全一致的。修身的關鍵在於立志,這也是王陽明人生態度和思想探索的重要方面。王陽明在策問中據《中庸》出"古人之言曰:志伊尹之所志,學顏子之所學。諸君皆志伊學顏者,請遂以二君之事質之"。在陳文中,陽明將古代聖賢伊尹之志和顏子之學有機地結合起來,著重闡明瞭人生的最高境界是"簞瓢之樂":

> 蓋簞瓢之樂,其要在於窮理,其功始於慎獨。能窮理,故能擇乎中庸,而複理以為仁;能慎獨,故能克己不貳過,而至於三月不違。蓋其人欲淨盡,天理流行,是以內省不疚,仰不愧,俯不怍,而心寬體胖,有不知其手舞足蹈者也。退之之學,言誠正而弗及格致,則窮理慎獨之功,正其所大缺,則於顏子之樂,宜其得之淺矣。嗟乎! 志伊尹之志也,然後能知伊尹之志;學顏子之學也,然後能知顏子之學;生亦何能與於此哉? 顧其平日亦在所不敢自暴自棄,而心融神會之餘,似亦微有所見。[1]

王陽明認為,要成為具有高尚品德的仁人,關鍵在於自己的"慎獨"。只有通過內心的修養,纔能達到內聖,只有做到內聖,方能夠治國安邦,達到外王的目的。因此,王陽明十分推崇孔門弟子顏回的"內聖"精神:"敏於事而慎於言",以及"一簞食,一瓢飲,在陋巷,人不堪其憂,回也不改其樂"的人生境界。為人謙遜好學,"不遷怒,不貳過"。同時,王陽明也敬仰商初大臣伊尹的聖人才德。無論處在什麼樣的地位,以修身養德為要,內具聖道,外施王道,師範天下。陽明將伊尹之志和顏子之學作為楷模,體現了道德觀與政治觀的統一,"修己"與"治人"的結合。王陽明的這一思想也體現了《大學》綱領的基本要求。相對而言,在"內聖"和"外王"的關係上,陽明更推崇"簞瓢之樂"的人生境界;在"修己"與"治人"的關係上,陽明更推崇"見細微於平常"的大道之顯。王陽明關於"修身"的思想,是其思想探索的重要內容,更是他立身的準則。明弘治十五年(1502),王陽明在《題湯大行殿試策問下》中關於"修身"的思想已有明顯地體現:

---

[1]   王陽明著,吳光等編校:《王陽明全集》,第865頁。

……夫伊尹之所以告成湯者數言,而終身踐之;太公之所以告武
王者數言,而終身踐之。推其心也,君其志于伊、呂之事乎?夫輝榮其
一時之遭際以誇世,君所不屑矣。不然,則是制也者,君之所以鑒也。
昔人有惡形而惡鑒者,遇之則將掩袂卻走。君將掩袂卻走之不暇,而
又烏揭之焉日以示人?其志于伊、呂之事奚疑哉?君其勉矣!①

在上述題辭中,王陽明十分強調為官者當有"伊、呂"之志,必須做到"言行
一致","以言為鑒",即以自己所言對照自己所行,摒棄那種口是心非,知行
二分的"偽君子"行為。可見,王陽明在鄉試文中所闡明的"修身觀"其實早
已形成,這不過在鄉試文中又作了進一步的闡述和完善而已。

(四)論治世之道

王陽明在鄉試中,出題的重點在經世致用上。其所出試題與陳文主要
是針對明王朝在重大國策上存在的問題展開論證,在批評的基礎上提出了
一系列治國的對策,有的放矢。具體內容可分為以下五方面:

首先,"以禮治國"思想。禮治思想雖源于孔儒,然而,王陽明將禮制與
社會的和諧聯繫起來,賦予了"禮"以新的思想內涵,表達了王陽明希望以
儒文化為立國之本,體現其文治思想。陽明據《詩·魯頌·閟宮》出"孔曼
且碩,萬民是若"一題。王陽明在解讀此句時有自己的新見。詩以魯僖公
築閟宮為素材,歌頌了僖公的文治武功,表達魯民希望恢復周初時尊長地
位的強烈願望。閟宮,亦即詩中提到的"新廟",是列祖列宗所在之處,也是
國家的重要文化場所。"蓋以周公皇祖,德洽下民,而廟之弗稱,固其所願
改作也;今之孔曼,亦惟民之所欲是從耳。澤流後世,而廟之弗緝,固其所
願修治也。今之孔碩,亦惟吾民之所願是順耳。"②閟宮僅為魯文化的象徵
性標記,但魯民對修建文化工程表現出極大的參與熱情,因其活動場所的
修建順乎民心,體現出一個民族期待重構禮文化的心理。在王陽明看來,
修廟的意義僅在於:"廟制修於上,而民心順於下,則其舉事之善,於此可
見,而魯公之賢,亦可想矣。抑考魯之先君,自伯禽以下,所以懷養其民人
者,無非仁愛忠厚之道,而周公之功德,尤有以衣被而漸漬之,是以其民久

---

① 王陽明著,吳光等編校:《王陽明全集》,第910頁。
② 王陽明著,吳光等編校:《王陽明全集》,第849頁。

而不忘,雖一廟之修,亦必本其先世之澤而頌禱焉;降及秦、漢干戈之際,尚能不廢弦誦,守禮義,為主死節,而漢高不敢加兵。聖人之澤,其遠矣哉!"①修廟,祭祀先祖之功德,以示不忘本;並非是為了祭鬼神。作為治國的禮儀思想,直接影響到社會的安定與民風的淳樸,其意義不言而喻。禮儀治國必興,反之必敗。陽明又從歷史的經驗的角度論證禮儀的現實性。在據《春秋》"楚子入陳(宣公十一年),楚子圍鄭。晉荀林父帥師及楚子戰於邲,晉師敗績,楚子滅蕭。晉人宋人衛人曹人同盟於清丘(俱宣公十二年)"一題中,從反面論證非禮的結局:

> 楚莊之假仁,晉景之失策,不待言說,而居然於書法見之,此《春秋》之所以為化工歟!抑又論之:仗義執言,桓、文之所以制中夏者也;晉主夏盟,雖世守是道,猶不免為三王之罪人,而又並其先人之家法而棄之,顧汲汲於會狄伐鄭,而以討陳遺楚,使楚得風示諸侯於辰陵,則是時也,雖邲之戰不敗,清丘之盟不渝,而大勢固已屬之楚矣。嗚呼!孔子沐浴之請,不用於哀公而魯替;董公縞素之說,見用於高帝而漢興,愚於是而重有感也。②

文中,王陽明以"禮"作為裁定紛繁複雜、風雲際會的春秋歷史之基本尺度,反映出王陽明不以"霸道"論英雄的歷史觀。同時,王陽明還認為,"禮"不僅是處理諸侯國之間的基本準則,也是移風易俗,教化百姓的重要手段。無論是周公制禮樂,還是孔子對禮樂的豐富和發展,其共同點在於融入時代精神,使禮成為百姓喜聞樂見的俗事,以禮行事,以禮化民,以達到社會和諧之目的。王陽明認為:

> 夫魯,吾夫子之鄉,而先王之禮樂在焉。夫子之言曰:"吾學周禮,今用之,吾從周。"斯固魯人之所世守也。諸士子必能明言之。聖人之制禮樂,非直為觀美而已也;固將因人情以為之節文,而因以移風易俗也。夫禮樂之說,亦多端矣,而其大意,不過因人情以為之節文,是以禮樂之制,雖有古今之異,而禮樂之情,則無古今之殊。《傳》曰:"知禮

---

① 王陽明著,吳光等編校:《王陽明全集》,第849—850頁。
② 王陽明著,吳光等編校:《王陽明全集》,第851頁。

樂之情者能作,識禮樂之文者能述。"①

"禮"源於世俗人情的需要,後儒家將其發展成為治國的一個基本原則。由於"禮"具有世俗性,在日常生活中得到廣泛地應用,成為"移風易俗"最有效的手段,特別是"禮樂"對陶冶人的性情具有不可替代的作用,聖人制禮樂的目的就在這裏。儘管歷代禮樂的具體形式在不斷地改變,但禮樂的基本功能並不會發生根本的改變。在王陽明看來,"禮樂"的教化功能和審美功能兩者是合一的,"禮樂"不在於形式的完美,而在於使人的心靈世界得到淨化。如此,方能形成風俗之美。在策問四中,王陽明出題:"風俗之美惡,天下之治忽關焉":

> 蓋今風俗之患,在於務流通而薄忠信,貴進取而賤廉潔,重價狡而輕樸直,議文法而略道義,論形跡而遺心術,尚和同而鄙狷介;若是者,其浸淫習染既非一日,則天下之人固已相忘於其間而不覺,驟而語之,若不足以為患,而天下之患終必自此而起;泛而觀之,若無與於鄉願,而徐而察之,則其不相類者幾希矣。愚以為欲變是也,則莫若就其所蔥者而振作之。何也?今之所薄者,忠信也,必從而重;所賤者,廉潔也,必從而貴之;所輕者,樸直也,必從而重之;所遺者,心術也,必從而論之;所鄙者,狷介也,必從而尚之;然而今之議者,必以為是數者未嘗不振作之也,則亦不思之過矣。大抵聞人之言,不能平心易氣,而先橫不然之念,未有能見其實然者也。②

此論,王陽明對社會世態與"禮樂"間的內在關係分析十分透徹。當社會世態背棄"禮樂"的根本精神而滑向浮華、虛偽之時,潛在的社會危機就會發生。因此,風俗的美惡,實則關係到天下的治亂。在"美"與"惡"的對比分析中,陽明所推崇的是一種"忠信、廉潔、樸直、心術、狷介"的社會風尚;而摒棄那種媚俗趨時、八面玲瓏的"鄉願"心態。從中可以看出,王陽明所處的那個時代,"鄉願"之風已成"風俗"之患,陽明以"禮樂"之題試考生是有現實針對性的。

---

① 王陽明著,吳光等編校:《王陽明全集》,第858—859頁。
② 王陽明著,吳光等編校:《王陽明全集》,第866—867頁。

其次,提出了"用吉士"的國策。王陽明認為國之道重在"用人"。據《周書·立政》出題"繼自今立政,其勿以憸人,其惟吉士"。① 在國家用人問題上提出了君王為政"勿以憸人其惟吉士"的用人之策。在陳文中,採用比較的方法論證"憸人"與"吉士"的區別。所謂"憸人"即小人,其表現"行偽而堅,而有以飾其詐,言非而辯,而有以亂其真者也"。對待這些人應採用,"不有以遠之,將以妨吾之政矣;必也嚴防以塞其幸入之路,慎選以杜其躁進之門,勿使得以戕吾民,壞吾事,而撓吾法焉"。所謂"吉人",即善良之人。吉士的品行,"守恆常之德,而利害不能怵,抱貞吉之操,而事變不能搖者也"。對待吉人,君王應"不有以任之,無以成吾之治矣;必也,推誠信而彼此之不疑,隆委託而始終之無間,務使得以安吾民,濟吾事,而平吾法焉"。在王陽明看來,治國的關鍵是用"吉士"而遠"憸人":

> 大臣勉賢王之為治,惟在嚴以遠小人,而專于任君子也。蓋君子小人之用,舍天下之治忽系焉,人君立政,可不嚴於彼專於此哉?周公以是而告成王,意豈不曰,立政固在於用人,而非人適所以亂政?彼起士之不可舍,而憸人之不可用,蓋自昔而然矣。繼今以立政,而使凡所以治其民者不致苟且而因循,則其施為之詳,固非一人所能任也,而將何所取乎?繼此以立政,而使凡所謂事與法者,不致懈怠而廢弛,則其料理之煩,亦非獨力所能舉也,而將何所用乎?必其於憸人也,去之而勿任;于吉士也,任之而勿疑;然後政無不立矣。……嚴以去之,則小人無以投其釁;專以任之,則君子有以成其功;國家之治也,其以是歟!②

王陽明關於用"吉士"而遠"憸人"的觀點,這與諸葛孔明在《前出師表》中"親賢臣、遠小人,此先漢所以興隆也"的歷史結論同出一轍。但王陽明更強調君主對"賢士君子"要誠信、要專一,如此纔能防止小人、邪佞的挑撥離間、陰謀詭計。王陽明說:"故夫人君之于賢士君子,必信之篤,而小人不得以間;任之專,而邪佞不得以阻。並心悉慮,惟匡直輔翼之是資焉,夫是之謂篤確專一之誠,而所以養其心者,不至於有鴻鵠之分,不至於有一暴十寒

---

① 王陽明著,吳光等編校:《王陽明全集》,第847頁。
② 王陽明著,吳光等編校:《王陽明全集》,第847—848頁。

之間;夫然後起居動息,無非賢士君子之與處,而所謂養之以善矣。"①因此,作為君主只有對正直的大臣給予充分地信任,方能以絕其奸,是謂君子養心之道。

再次,"加強邊務"思想。王陽明入仕後一直關注北方的邊務問題,利用山東鄉試命題機會,深刻闡述自己的戰爭防務思想。他據《詩經》出題"不遑啟居,獫狁之故",此題出自《詩經·小雅·采薇》。王陽明關於"加強邊務"的思想,是從《詩經》戍邊詩的內涵上發掘出來,以兩種不同的戰爭觀,即正義戰爭與非正義戰爭的劃分,來區分了兩種不同的戰爭性質,將戍邊將士英勇奮戰的獻身行為上陞到民族的正義戰爭高度:

> 然此豈上人之故欲困我乎? 豈吾君之必欲勞我乎? 誠以獫狁猾夏,則是舉本以衛夫生靈,而義不容於自已耳。彼其侵擾疆場之患雖亦靡常,而憑陵中國之心實不可長,使或得肆猖獗,則腥膻之憂,豈獨在於廊廟? 如其乘間竊發,則塗炭之苦,遂將及於吾民。是我之不遑休息者,無非保義室家,而獫狁之是備也;我之不暇啟居者,無非靖安中國,而外寇之是防也。②

王陽明認為,將士為保衛自己的家園而犧牲自己,並非是君主的個人意願。為了正義的戰爭,君主派將士戍邊,捍衛自己國家的領土,打擊侵略者具有正義性。正因為如此,將士們為了正義而戰,也是為自身和子孫後代而戰,就樂意犧牲自己的利益。所以,王陽明認為,這些抒發戍邊將士情感的詩歌,表達了將士們對戍邊意義的認識和理解,所以纔會不辭辛勞,自覺履行保衛國土的義務。也說明將士的英勇之舉並非是為了好戰,而是為國家的安危而戰。王陽明還認為,詩歌所描述的戍邊生活,也是對君主的一種警示,在邊務問題上為百姓計要做到有備纔無患,方能使國家長治久安。從一首詩中發掘出深刻的戰爭思想,提煉出戰爭的防禦思想,這是王陽明對邊務問題長期思考的結果。正因為他的思想中有一種經世的意識,纔可能觸類旁通,別出新見。王陽明就《詩經》一詩命題,具有很強的針對性,即告誡當朝統治者要高度重視加強邊務,嚴防夷狄的入侵。這一思想與王陽明

①　王陽明著,吳光等編校:《王陽明全集》,第856頁。
②　王陽明著,吳光等編校:《王陽明全集》,第848頁。

《上邊務疏》的觀點是一脈相承的。王陽明關於正義戰爭與非正義戰爭的思想也是他評斷歷史上出現過的各類戰爭的理論標準。他據《春秋》出"楚子蔡侯陳侯許男頓子沈子徐人越人伐吳（昭公五年）"。王陽明在陳文中說："《春秋》紀外兵而特進夫遠人，以事有可善，而類無可絕也。蓋君子與人為善，而世類之論，亦所不廢也；然則徐、越從楚伐吳，而《春秋》進之者，非以此哉！"①王陽明以《春秋》紀事唯"善惡"作為判斷戰爭性質、是非曲直的標準。王陽明以善、正義為標準剖析錯綜複雜的春秋歷史，寄寓了他的社會政治理想，也為他以後的軍事生涯奠定了思想基礎。

第四，"融匯佛道"思想。在山東鄉試策問題中，王陽明提出了關於如何對待佛老學說的重要問題。其題目設問極具啟發性和思辨性。"佛老為天下害，已非一日，天下之訟言攻之者，亦非一人矣，而卒不能去，豈其道之不可去邪？抑去之而不得其道邪？將遂不去，其亦不足以為天下之患邪？夫今之所謂佛老者，鄙穢淺劣，其妄初非難見，而程子乃以為比之楊、墨，尤為近理；豈其始固自有說，而今之所習者，又其糟粕之餘歟？"佛老學說為何有如此之生命力，王陽明通過逆向思維啟發考生善於分辨佛道學說的演變與真偽。王陽明為何如此出題？首先，是針對當時社會思想潮流對佛道學說的成見；其次，是王陽明對佛道學說進行長期研究的體悟。

從《王陽明年譜》記載的史實看，陽明自少年時代開始就接觸佛道。相對而言，王陽明在入仕前後，對道教的思想探討更深入一些。王陽明經過較長時間對佛道精義和流變的探索，以及通過與儒學的比較，於明弘治十五年（1502）對佛道的認識發生了重大的轉變。是年八月，王陽明疏請告歸養病。明年，遂移疾錢塘西湖，陽明"漸悟仙、釋二氏之非"，復思用世，往來杭州南屏、虎跑諸剎，對已坐關三年的禪僧即用儒家愛親本性論之，指引和尚還俗。上述史實說明，王陽明在主考山東鄉試時，已完全確立了儒家的"用世"思想。但王陽明與一些堅決反佛道的士人不同，他對佛道的理論、思想流變有全面地、較深地認識，在態度上並不完全排斥佛道的思想，而是對佛道的思想作歷史的分析。王陽明認為："今夫二氏之說，其始亦非欲以亂天下也；而卒以亂天下，則是為之徒者之罪也。夫子之道，其始固欲以治天下也，而未免於二氏之惑，則亦為之徒者之罪也。何以言之？佛氏吾不得而知矣；至於老子，則以知禮聞，而吾夫子所嘗問禮，則其為人要亦非庸

---

① 王陽明著，吳光等編校：《王陽明全集》，第 851 頁。

下者,其修身養性,以求合于道,初亦豈甚乖于夫子乎?"①佛道之說,從其理論本原而言於世並非有害,他用道家與儒家之間的關係舉例闡述。儒家的祖師孔子曾問學於老子,儒學的核心理論"禮"即來自老子的思想。也就是說在理論淵源上,儒道是有相通之處。至於道家的理論後發展為道教的教義而欺世惑眾,陽明則認為是道教的繼承者背棄了道家的真諦所致。反觀儒學,其後來的繼承者也受到佛道邪說的迷惑,陽明同樣認為儒學的一些後繼者也背棄了孔儒的根本所致。為此,王陽明提出如何正確對待佛道學說的問題:

> 故夫善學之,則雖老氏之說無益於天下,而亦可以無害於天下;不善學之,則雖吾夫子之道,而亦不能以無弊也。今天下之患,則莫大於貪鄙以為同,冒進而無恥。貪鄙為同者曰:"吾夫子固無可無不可也。"冒進無恥者曰:"吾夫子固汲汲于行道也。"嗟乎!吾以吾夫子之道以為奸,則彼亦以其師之說而為奸,顧亦奚為其不可哉!今之二氏之徒,苦空其行,而虛幻其說者,既已不得其原矣;然彼以其苦空,而吾以其貪鄙;彼以其虛幻,而吾以其冒進;如是而攻焉,彼既有辭矣,而何以服其心乎?孟子曰:"經正則庶民興,庶民興,斯無邪慝矣。"今不皇皇焉自攻其弊,以求明吾夫子之道,而徒以攻二氏為心,亦見其不知本也夫!生復言之,執事以攻二氏為問,而生切切於自攻者,無豈不喻執事之旨哉?《春秋》之道,責己嚴而待人恕;吾夫子之訓,先自治而後治人也。②

王陽明認為,在治國的思想學說方面必須辯證地對待佛道學說,也包括正確對待儒家學說。對每一種學說,要正本清源,善於吸收其精華,去其糟粕。同時,陽明認為,無論對待佛道之說,還是對待儒學,必須有一個正確的態度,即誠心。這樣纔能正確地做到判別學說真假、防止以假亂真,以邪伐正;如此,學術纔會大明。陽明以"《春秋》之道,責己嚴而待人恕;吾夫子之訓,先自治而後治人"的古訓,告誡考生如何正確地對待思想學說。實則是如何對待儒、道、佛三家學說的問題,即"三教"如何融會貫通的問題,學

---

① 王陽明著,吳光等編校:《王陽明全集》,第861—862頁。
② 王陽明著,吳光等編校:《王陽明全集》,第862頁。

術思想只有包容,方能成其大。王陽明對待佛道學說的正確態度,為其心學的創建提供了豐富的思想資源。在王陽明的人生經歷中,儘管選擇的是儒家之道;但他對佛道的學說是取其精華,為我所用,在其心學思想理論體系中借鑒了不少佛道的思想和學術術語。這也是陽明心學充滿活力的重要原因之一。同時,他與眾多的僧人、道士有廣泛的交誼,也從另一個角度說明王陽明對儒道學說是採取了融合的態度。故陽明在山東鄉試策問中將這一個重要的學術問題作為考題,用啟發性的論證方式,引導考生正確地對待佛道學說,善於分辨佛道學說中的正源與邪說問題。

第五,"振肅朝綱"思想。在山東鄉試五道策問題中,如果說前四題偏向務虛的話,那麼最後一題則是偏向檢驗考生分析和解決社會現實問題的實務題。王陽明將當朝政治和社會現狀的主要弊端歸納為八大問題:

> 明於當世之務者,惟豪傑為然,今取士於科舉,雖未免于記誦文辭之間,然有司之意,固惟豪傑是求也。非不能鉤深索隱以探諸士之博覽,然所以待之淺矣,故願相與備論當世之務。夫官冗矣而事益不治,其將何以釐之? 賦繁矣而財愈不給,其將何以平之? 建屏滿於天下而賦祿日增,勢將不掉,其將何以處之? 清戎遍於海內而行伍日耗,其將何以籌之? 蝗旱相仍,流離載道,其將何以拯之? 獄訟煩滋,盜賊昌熾,其將何以息之? 勢家侵利,人情怨詻,何以裁之? 戎、胡窺竊,邊鄙未寧,何以攘之? 凡此數者,皆當今之急務,而非迂儒曲士之所能及也,願聞其說。①

題中,王陽明所歸納的八大問題:即官冗,賦繁,建屏滿於天下,清戎遍於海內,蝗旱,獄訟煩滋、盜賊昌熾,勢家侵利,戎胡窺竊、邊鄙未寧。問題涉及當朝國事的主要方面,針對性極強,說明王陽明對當朝政治存在的種種弊端瞭若指掌。在提問以後,王陽明還要求考生暢所欲言,答此問不必拘泥於科考陳規,"願相與備論當世之務",以打消考生的思想顧慮,達到為國家選拔具有真才實學人才之目的。說明王陽明在一定程度上突破了鄉試的某種規矩,具有一定的解放思想束縛之作用,引領了思想潮流。王陽明在陳文中,則系統地闡明了自己的"用世"思想和革除弊政的各種對策。王陽

---

① 王陽明著,吳光等編校:《王陽明全集》,第847—848頁。

明將當朝八大問題的癥結歸納為"天下之患,莫大於紀綱之不振":

> 　　夫自古紀綱之不振,由於為君者垂拱宴安於上,而為臣者玩習懈弛於下。今朝廷出片紙以號召天下,而百司庶府莫不震慄悚懼,不可謂紀綱之不振;然而下之所以應其上者,不過簿書文墨之間,而無有於貞固忠誠之實,譬之一人之身,言貌動止,皆如其常,而神氣恍然,若有不相攝者,則於險阻煩難,必有不任其勞矣,而何以成天下之亹亹哉?故愚以為當今之務,莫大於振肅紀綱,而後天下之治可從而理也。①

王陽明在論述中,不避時諱,將批評的鋒芒直指當朝皇帝和輔佐大臣。筆鋒直指君臣:"為君者垂拱宴安於上,而為臣者玩習懈弛於下","朝廷出片紙以號召天下,然而下之所以應其上者,不過簿書文墨之間,而無有於貞固忠誠之實"。文牘成風,朝政萎靡。為此,王陽明指出"當今之務,莫大於振肅紀綱"。在剖析八大問題中,陽明也不是面面俱到,而是重點剖析了其中最主要的四個問題:

一是關於官冗問題。王陽明認為:

> 　　夫官冗而事不治者,其弊有三:朝廷之所以鼓舞天下而奔走豪傑者,名器而已。孔子曰:"惟名與器,不可以假人。"今者不能慎惜,而至或加之於異道憸邪之輩,又使列于賢士大夫之上,有志之士,吾知其不能與之齒矣;此豪傑之所以解體,而事之所以不治者,名器之太濫也。至於陞授之際,不論其才之堪否,而概以年月名次之先後為序,使天下之人皆有必得之心,而無不可為之慮,又一事特設一官,或二人而共理一職,十羊九牧,徒益紛擾。至於邊遠疲弊之地,宜簡賢能特加撫緝,功成績著,則優其遷擢,以示崇獎,有志之士,亦亦無不樂為者,而乃反委之於庸劣,遂使日益凋瘵,則是選用太忽之過也。天下之治,莫急守令,而令之于民,尤為切近,昔漢文之時,為吏者長子孫居官,以職為氏,今者徒據紙上之功績,亟於行取,而責效於二三年之間,彼為守令者,無是亦莫不汲汲於求去,而莫有誠確久遠之圖,此則求效太速之使

---

①　王陽明著,吳光等編校:《王陽明全集》,第 868 頁。

　　然耳。①

　　在王陽明看來,當朝政治最大的弊端為"官冗"。主要原因是朝廷設官位太
濫,"異道憸邪之輩",直奔"名器"而來,混跡於官場,有的甚至還列于"賢
士大夫之上",造成"有志之士"恥於為伍,導致官僚隊伍日益瓦解。科舉授
官又不以"德才"為依據,而以"年月名次之先後為序",冗官越來越多。由
於官位氾濫,又造成"一事一官"、"十羊九牧",內耗紛擾,行政效率極其低
下。"官冗"主要集中在中央機構,而朝廷又輕視地方官隊伍建設,特別是
疏於對邊遠地區地方官的選用、考察和獎勵,造成地方官員能力素質低下,
辦事"求效太速",搞短期行為。地方官員在地方任職,僅僅是"鍍金"而已,
眾多官員千方百計謀求陞官,調離基層職位。長此以往,官冗問題積重難
返。王陽明剖析"官冗"問題,目光犀利,一針見血,意義深遠。
　　二是關於建屏問題。王陽明認為:

　　　　至於建屏之議,尤為當今之切務,而天下之人莫敢言者,欲求善後
　　之策,則在於朝廷之上,心於繼志,而不以更改為罪;建議之臣,心於為
　　國,而不以獲罪自阻,然後可以議此;不然,雖論無益矣。蓋昔者漢之
　　諸侯,皆封以土地,故其患在強大而不分,分則易弱矣;今之藩國,皆給
　　以食祿,故其患在眾多而不合,合則易辦矣。然晁錯一言,而首領不
　　保,天下雖悲錯之以忠受戮,其誰復敢言乎?②

建屏,即藩王問題。對這一十分敏感的問題,王陽明並沒有直接提出改革
的措施,而是從廣開言路切入,這也許是王陽明的政治策略。然後陽明指
出:藩國之多,皆給以食祿,其患在多而不合。因此,陽明認為"藩國之
多",徒增百姓負擔,更嚴重的是埋下了政治隱患,尤為當今之切務,勢必改
革。但當今朝廷以祖宗成法為由,拒絕納諫,後果可想而知。王陽明還以
西漢晁錯的《削藩策》為歷史根據,③告誡當朝統治者納諫削藩。王陽明的
政治預見,後即被明正德朝南昌藩王朱宸濠的叛亂事件所證實,可謂先見

―――――――――

　　①　王陽明著,吳光等編校:《王陽明全集》,第868—869頁。
　　②　王陽明著,吳光等編校:《王陽明全集》,第869頁。
　　③　晁錯(前200—前154),漢景帝時為內史,後陞御史大夫。晁錯上《削藩策》,主張加強中
央集權、削減諸侯封地。吳、楚等七國叛亂時,晁錯被景帝錯殺。

之明。

三是關於清戎問題。王陽明認為：

> 清戎之要，在於因地利而順人情。蓋南人之習于南，而北人之習於北，是謂地利；南之不安於北，而北之不安于南，是謂人情。今以其清而已得者就籍之於其本士，而以其清而不得者之糧，饋輸之於邊，募驍勇以實塞下，或亦兩得之矣。①

對於軍隊的駐防問題，王陽明提出要"因地利而順人情"解決好南軍北用，北軍南用的問題。從而減輕百姓的負擔。招募驍勇的將士充實塞下邊關，這樣纔能達到清戎的目的。

四是關於防務問題。王陽明認為：

> 胡戎窺竊而邊鄙未寧，則在於備之不預，而畏之太深之過也。夫戎虜之患，既深且久，足可為鑒矣；而當今之士，苟遇邊報稍寧，則皆以為不復有事，解嚴弛備，恬然相安，以苟歲月，而所謂選將練兵，蓄財養士者，一旦置之度外，縱一行焉，亦不過取具簿書，而實無有於汲汲皇皇之意；及其一旦有事，則愴惶失措，若不能以終日。蓋古之善禦戎狄者，平居無怠忽苟且之心，故臨事無紛張繆戾之患，兢惕以備之，談笑以處之，此所以為得也。②

關於"胡戎窺竊而邊鄙未寧"的問題，王陽明認為主要原因在於"備之不預，而畏之太深"之故。邊防將士思想上麻痹輕敵，戰備鬆懈，對上敷衍了事。然而，一旦胡人來犯，愴惶失措，終日不安。因此，善禦戎狄，防範在平日。這一思想是王陽明在明弘治十二年(1499)上《邊務疏》基礎上的發展。

王陽明所出的策問題與陳文，以儒家的"仁政"思想為指導，將視角投向社稷安危、國計民生等一系列重大社會問題上，重點抓住當朝政治中的癥結問題，即"體制性"的問題展開論證。在策問的命題上頗具政治家的洞察力，在策問的陳文上對問題的剖析不顧及當朝統治者的臉面，單刀直入，

---

① 王陽明著，吳光等編校：《王陽明全集》，第869頁。
② 王陽明著，吳光等編校：《王陽明全集》，第869—870頁。

切中要害。同時也反映出弘治晚期政治已從"中興"走向衰落。但儘管如此，在弘治朝孝宗執政期間，政治上還算開明，士大夫在言論上也較自由，政治環境比較寬鬆。這與其後繼者正德朝政治環境形成了正反對比格局。但是，王陽明對當朝的政治潛在的腐敗，已有所警惕，看到了孝宗朝統治時期已潛伏著各種尖銳的社會矛盾，因此要求考生結合實際加以闡述，足見王陽明有獨立的政治見解和不屈從權貴的膽識。這就奠定了日後發生的為救南京科道官戴銑等人而抗疏的思想基礎。

王陽明在策問中提出的對策措施具體而切實可行，體現出作為主考官的王陽明匡正時弊的政治熱情以及參與國家政治的強烈意識。至於其他四個問題：蝗旱、獄訟繁滋盜賊昌熾、賦繁和勢家侵利，王陽明則點到為止，並未充分展開討論，讓考生自己思考。王陽明所製策問儘管是考題，但對當朝政治能起到現實的指導作用。同時，也顯示了王陽明治國方略的遠見性。就陽明本身而言，在以後的仕途生涯中，他能做到忠心盡職，秉公守則，直言敢諫，選賢任能，不徇私枉法，不趨炎附勢，敢與惡勢力作鬥爭，言行一致，不能不說與踐行山東鄉試策問中所確立的宗旨有關。

三、鄉試文的論證特色

鄉試命題與陳文除了其形式上的規制性外，其命題與陳文的主題思想最能反映主考的思想傾向性和寫作風格。王陽明的山東鄉試文始終貫穿著一條主線，即以儒家的治國理想和治國方略為綱，緊密結合現實問題命題與陳文，以檢驗考生對儒家經典的全面把握以及對治國之道和人生理想的認識水準，堪為傑出的政論文，其論證的特色主要表現在以下幾方面：

第一，歷史與現實的融匯，以史鑒今，以今溯源是王陽明鄉試文最鮮明的論證特色。王陽明在山東鄉試的考題與陳文中，常以歷史為經，以現實為緯，闡明他的治國之道。

首先，採用古今對比的方法論證治國之道。諸如，在策問四中，陽明在論證移風易俗與治國之間的關係是，就以古今風俗的演變歷史與現實生活中風俗的種種弊端加以對比，從中得出結論：

　　古之善治天下者，未嘗不以風俗為首務，武王勝殷，未及下車，而封黃帝、堯、舜之後；下車而封王子比干之墓，釋箕子之囚，式商容之閭；當是時也，拯溺救焚之政，未暇悉布，而先汲汲於為是者，誠以天下風俗之所關，而將以作興其篤厚忠貞之氣也。故周之富強不如秦，廣大不如漢，而延世至於八百年者，豈非風俗之美致然歟！今天下之風俗，則誠有可慮者，而莫能明言之，何者？西漢之末，其風俗失之懦；東漢之末，其風俗失之激；晉失之虛；唐失之靡；是皆有可言者也。若夫今之風俗，謂之懦，則復類於悍也；謂之激，則復類於同也；謂之虛，則復類於瑣也；謂之靡，則復類於鄙也；是皆有可慮之實，而無可狀之名者也。生固亦有見焉，而又有所未敢言也。雖然，聖天子在上，賢公卿在位，於此而不直，是無所用其直矣。①

　　以上，王陽明通過對周武王化風俗強國的歷史與後世風俗之對比，論述了風俗的本質性問題。並高度概括了自周以來歷代風俗之變與治亂之間的互動關係，揭示了古之"武王勝殷"，蓋因"風俗之美"之故；今之風俗可慮，蓋因風俗不直的道理。改變風俗是時代的必然要求，事關國家之治、百姓安樂，體現了王陽明以"儒家"思想治國的政治理想。歷史猶如一面鏡子，對治國的整體性、根本性問題，王陽明總能站在歷史的高度，縱觀流變，審視得失。

　　其次，透過紛繁複雜的歷史現象，採用詮釋的方法直指本質。諸如出於《詩經》的"不遑啟居，獫狁之故"一題，王陽明通過對此詩本義的分析，引導考生從詩中發現周王役民戍邊的良苦用心，即從善德的角度分析問題的實質，而不被現象所迷惑。王陽明認為："觀此詩之遣戍，不獨以見周王重於役民，惻惻哀憐不容已之至情，而亦可以見周之防禦獫狁於平日者，蓋亦無所不至。故獫狁之在三代，終不得以大肆其荼毒。後世無事懈弛，有事則張惶，戎之不靖也，有由然哉！"②詩發乎情，而情則必與現實生活相聯繫。士卒戍邊固然艱苦，隨時要作出犧牲。然而，為國戍邊，理在其中。透過士卒戍邊詩所抒發的種種情感上矛盾的心理，揭示周王的治國之道，以此暗喻當朝統治者重視邊務問題，說明王陽明善於將《詩經》戍邊詩與現實邊務

---

①　王陽明著，吳光等編校：《王陽明全集》，第 866 頁。
②　王陽明著，吳光等編校：《王陽明全集》，第 849 頁。

問題聯繫起來,從貌似無關實相關中,發現詩的本質意義,可謂解詩的獨到之見。

　　第二,通過多種論證方法闡述"心體"與治國之間的內在聯繫。在山東鄉試文中,王陽明十分注意將儒家的心性理論反映在命題與陳文中,並作了充分的論證。

　　首先,通過因果關係論證君主"養心"與治國的關係。"善惡"是心體的基本問題。諸如在論"人君之心惟在所養"一題中,王陽明在陳文中鮮明地提出:"養之以善,則進于高明,而心日以智;養之以惡,則流於汙下,而心日以愚;故夫人君之所以養其心者,不可以不慎也。""君心之智,在於君子之養之以善也;君心之愚,在於小人之養之以惡也;然而君子小人之分,亦難乎其為辯矣。"①通過分析心體"善"與"惡"所帶來的截然不同後果加以對照,又以"智"與"愚"兩種不同結果內在根源的分析,深刻地揭示出"君子與小人"的區分,根本在於心體之善惡。說明王陽明此時已十分關注心體這一本原性的問題,以及對人生、對社會的重要意義。十分有力地得出結論:"人君必養心,養以慎獨。"這種因果論證法,簡潔明瞭地揭示出現象與本質之間的內在聯繫,具有無容爭辯的邏輯力量。

　　其次,通過直接引證孔孟學說闡明心體與治國之間的關係。任何學術思想不可能孤立地存在,理論上必然有其淵源關係,心性學說的源頭出於孔孟。因此,王陽明在鄉試陳文中常以引證孔孟的觀點,作為闡述自己治國思想的論據,以增強論證的說服力,從而引導考生對儒家思想的正確把握。諸如在策問二"佛老為天下害,已非一日……"一題中,論證"天下之道"的問題。王陽明認為"天下之道一而已矣,而以為有二焉者,道之不明也",②並引孔子語作為自己觀點的支撐:"道之不明也,我知之矣,知者過之,愚者不及也;道之不行也,我知之矣,賢者過之,不肖者不及也。"③孔子認為"道之不明",原因在"知者過之,愚者不及"、"道之不行,賢者過之,不肖者不及"。王陽明通過引孔子語,分析"道之不明"的原因,對現實中的"知者"、"愚者"、"不肖者"作了委婉的批評,具有較強的說服力。又如王陽明在策問五"明於當世之務者……"一題中,論證"誠"與天下興亡的關係

---

①　王陽明著,吳光等編校:《王陽明全集》,第854—855頁。

②　王陽明著,吳光等編校:《王陽明全集》,第861頁。

③　王陽明著,吳光等編校:《王陽明全集》,第848頁。

時,引孟子語:"伯夷,聖之清者也;柳下惠,聖之和者也;故聞伯夷之風者,頑夫廉,懦夫有立志;聞柳下惠之風者,鄙夫敦,薄夫寬。"①孟子對柳下惠非常推崇,曾把柳下惠和伯夷、伊尹、孔子並稱四位大聖人。王陽明通過引孟子語揭示出歷史上的先賢以"清"、"和"處世,實質上就是"誠"的表現這一深刻道理。然後運用歸納推理,層層推論,從中引出結論:"夫夷、惠之風所以能使人聞於千載之下而興起者,誠焉而已耳。"②體現王陽明為人處世的人生志向。其推論邏輯嚴密,環環相扣。

　　再次,通過多種語言修辭手法論證心性問題。王陽明對一些深奧的心性之論,一是採取比喻論證的方法啟發考生的思路,以形象的語言來表達深刻的哲理。諸如在論"人君之心惟在所養"的陳文中,以自然現象喻"君主養心"之理:"故夫人君之所以養其心者,不可以不慎也。天下之物,未有不得其養而能生者,雖草木之微,亦必有雨露之滋,寒暖之劑,而後得以遂其暢茂條達。"③用萬物生長需有"雨露之滋,寒暖之劑"方能"暢茂條達"設喻,由此喻證人君之心惟在所養的深刻道理。由於比喻性論證更富於形象性,用一個簡單的自然現象作比,將抽象而深奧的心性觀念和治國之道具體化、形象化,達到引導考生準確地理解題意的目的。二是在論證句式上,善於運用排比句式說理,且排比的句式多樣化。諸如,用句子成分排比:"人君之心,不公則私,不正則邪,不善則惡。"④用"公與私"、"正與邪"、"善與惡"的對立,用否定詞構成排比句,說明國君心體若出現問題,將會導致嚴重的後果。言近旨遠,說理得充分透徹,語言節奏和諧。用分句構成排比,諸如:"夫然後可以絕天下之私,可以息天下之邪,可以化天下之惡,可以興禮樂修教化。"⑤用四個"可以",構成分句排比闡明人君養心的作用非同小可,說明了複雜的道理,增強了語言的氣勢和表達效果。用多重複句構成排比句,諸如:"私者克而心無不公矣,邪者消而心無不正矣,惡者去而心無不善矣;公則無不明,正則無不達,善則無不通,而心無不智矣。"⑥用"私邪惡"與"公正善"的對立關係,用遞進複句構成排比,精煉簡約,語義深

---

① 王陽明著,吳光等編校:《王陽明全集》,第 867 頁。
② 王陽明著,吳光等編校:《王陽明全集》,第 867 頁。
③ 王陽明著,吳光等編校:《王陽明全集》,第 854—855 頁。
④ 王陽明著,吳光等編校:《王陽明全集》,第 856 頁。
⑤ 王陽明著,吳光等編校:《王陽明全集》,第 856 頁。
⑥ 王陽明著,吳光等編校:《王陽明全集》,第 856 頁。

入淺出,加強了語勢效果。再如:"必有匡直輔翼之道,而後能以養其心;必有洞察機微之明,而後能以養其心;必有篤確精專之誠,而後能以養其心。"①用並列複句論證智與養心之間的關係。用排比與反問構成綜合句式,諸如:"流於私,而心之智蕩矣;入於邪,而心之智惑矣;溺於惡,而心之智亡矣;而何能免於庸患之歸乎?"②前面部分為單句排比句式,最後是反問句。這種以排比句作為推論的前提,最後由反問句作結,語言精練,邏輯嚴密,收到條理分明的論證效果。

另外,在山東鄉試文中,王陽明善於用簡短的詞語構成警句,用來陳述深刻的道理。如:"靜而不存,固無以立其本;動而不察,又無以勝其私。"用靜動關係來說明心體如何克制私欲的道理。又如:"行必以禮,而不戾其所存;動必以正,而不失其所養。"③用"禮"與"正"來說明人格修養的基本準則。再如:"剛大之氣,足以消其邪心;正直之論,足以去其噁心。"闡明養心在於以"剛"克"邪",以"直"去"惡",言簡意賅,詞約義豐。可以說,在王陽明的山東鄉試文中類似的警句比皆是,俯首可拾,有的幾乎整段都由警句格言構成,說明王陽明對事理有很強的感悟力與高超的語言表達能力,這與王陽明長期研讀經典之文相關,旁徵博引,信手拈來,而且翻出新意,充滿生機。

從總體上說,王陽明的山東鄉試文在論證上縱橫闔闢,說理縝密,筆鋒犀利,勢如破竹,以史鑒今,直指本心,以文理、文氣征服人,體現了王陽明政論文務實、犀利的論證風格;在語言表達上具有精煉簡約,深入淺出,文字典雅,音節協調,行如流水的風格;在寫作手法上,善於變化,緊扣闡明道理的需要,嫻熟運用多種修辭方式,使得文章層次分明,結構緊湊,波瀾突起,增強了論證的表達效果,富有說服力和感染力,能引起考生的注意,有助於考生的思考,真正起到了鄉試陳文的典範作用。

---

① 王陽明著,吳光等編校:《王陽明全集》,第 855 頁。
② 王陽明著,吳光等編校:《王陽明全集》,第 856 頁。
③ 王陽明著,吳光等編校:《王陽明全集》,第 842 頁。

王陽明家庭事項考辨

——與錢明先生商榷

王傳龍*

【摘　要】關於王陽明的家庭狀況,傅振照、諸煥燦、陳來、王詩棠等若干學者都曾先後進行過探究,其中尤以錢明先生用力頗多,影響頗大。筆者因對陽明心學的諸類原始文獻加以研讀,深感錢明先生對於陽明家庭事項誤讀、誤斷處甚多,故撰寫本文,對王陽明一家遷居山陰的時間、族內兄弟的排行、婚姻狀況等事項加以詳細考證,並提出自己的觀點,希望能與錢明先生相討論商榷。此外,文中還涉及對《續修四庫全書》所影印《重刻心齋王先生語錄》的版本考證,期望能對王艮的相關研究有所助益。

王守仁,字伯安,明代"陽明心學"創始人,當世學者咸尊稱其為"陽明先生"。陽明心學掀起有明一代思想之大波瀾,影響波及東亞日、韓等國,一直為當代學者研究之熱點。關於王陽明的家庭狀況,傅振照、諸煥燦、陳來、王詩棠等若干學者都曾先後進行過探究,其中尤以錢明先生用力頗多,不但尋訪王學史跡、王氏後人,還曾彙編陽明全集、搜羅未刊佚文,成果豐碩。筆者近期因研究需要,曾對陽明心學的諸類原始文獻加以研讀,卻深感錢明先生對於陽明家庭事項誤讀、誤斷處甚多,故不揣冒昧,以就教于諸位方家。

---

* 王傳龍,北京大學中文系古典文獻學博士。

一、遷居山陰考辨

　　王陽明的先祖在山陰、餘姚定居者皆有若干代。王陽明隨父親王華出生于餘姚,後來又曾長期在山陰居住講學,其伯爵府也最終選址營建於山陰,故而王陽明與餘姚、山陰的關係就成了當代學者熱衷探討的問題。其幕後的推動力,恐怕不僅是陽明心學研究日益深入的結果,還包含了許多學術領域之外的旅遊經濟、城市形象等方面的複雜因素。關於王陽明一家究竟於何時徙居山陰,也就隨之成了爭論最多的焦點話題,錢明甚至稱之為"牽扯到陽明學之發端的重大學理問題",[①]並先後撰寫《王陽明史跡論考》、《王陽明遷居山陰辨考——兼論陽明學之發端》等論文,對此問題進行辨析,最終得出了他自己的結論。錢明在前篇中聲稱:"筆者的推測是,成化十七年(按:錢明於括弧内標 1484,誤,應為 1481),王華'自布衣魁天下'(《石龍集》卷二十四《祭寶翁先生文》),遂退還莫氏住宅,舉家北遷,在交通十分便利的越城興建新居。此時陽明剛滿十歲,便隨父遷居山陰。"[②]在後篇的提要部分宣稱:"王陽明與餘姚、紹興的關係多年來一直是經常引起兩地學者爭論的問題。歷史的實相應該是:陽明十歲就隨父遷居山陰,……從某種意義上說,紹興的地域文化對陽明學派的形成與發展具有更直接的催化作用。"[③]錢明的文章刊出後,影響甚廣,以至於余樟華的《王學編年》在"憲宗成化十七年 辛丑 1481 年"條下,就標稱"王陽明十歲,隨父由餘姚遷居山陰",並直接引用了錢明的後一段文字作為依據。[④] 而實際上,錢明的這個結論並不可靠,其論證過程也有頗多可以商榷的地方。(按:儘管錢明在兩篇論文中的語氣發生了明顯的變化,從"推測"變成了"歷史的實相",但核心部分的考證文字基本雷同,故本文中所摘引文字皆以後者為准。)

---

① 錢明:《王陽明遷居山陰辨考——兼論陽明學之發端》,《浙江學刊》2005 年第 1 期,第 92 頁。

② 錢明:《王陽明史跡論考》,《國學研究》第十一卷,北京大學出版社 2003 年版,第59 頁。

③ 錢明:《陽明遷居山陰辨考——兼論陽明學之發端》,《浙江學刊》2005 年第 1 期,第 91 頁。

④ 余樟華:《王學編年》,吉林大學出版社 2010 年版,第 15—16 頁。

　　應當指出,"成化十七年遷居山陰說"並非錢明首創,這點他也是坦然承認的。錢明在文中列舉了前人的三種說法:一為傅振照、王詩棠的成化十七年說;二為諸煥燦的正德十六年(1521)說;三為陳來的弘治十二年(1499)或弘治十六年(1503)說。錢明認為"傅、王二先生都未提出其他有力證據來充分證明","諸煥燦先生之說明顯有誤","陳來先生的推論雖有個別論據之支持……但論據略顯單薄,甚至有個別誤讀之處"。① 因此,錢明在文中針對諸煥燦正德十六年說的論據進行了逐條批駁,並在論證過程中順帶提出了自己支持成化十七年說的證據。錢明所提論據看似很多,但絕大多數為批評諸先生所認定時間之不確,真正支撐起自己"成化十七年遷居說"的關鍵論據,實僅錢德洪《後瑞雲樓記》一條:

> 　　瑞雲樓者,吾師陽明先生降辰之地也。樓居餘姚龍山之北麓,海日公微時,嘗僦諸莫氏以居其父竹軒公與母太夫人岑。……及先生貴,鄉人指其樓曰"瑞雲樓"。他日公既得第,先子復僦諸莫氏居焉。弘治丙辰,某亦生於此樓。及某登進士,樓遂屬諸先子。②

　　文中"海日公"指王陽明之父王華,"竹軒公"為王華之父、王陽明之祖父王倫,"先子"指錢德洪之父錢蒙,而"他日公既得第",則謂王華于成化十七年中狀元之事。錢明據此認定:

> 　　從瑞雲樓租賃人及所有人的變換中,我們更清楚地看到,王華登第前後即舉家遷居山陰的推斷恐怕最貼近史實。這即使從《陽明年譜》弘治二年(1489)至弘治十年(1497)條的記載中也能窺見一斑:弘治二年十二月,陽明"夫人諸氏歸餘姚"(按:應理解為洪都婚後回娘家省親);"明年龍山公以外艱歸姚"(按:應理解為王華因父死而回姚奔喪),命陽明與四位叔姨"講析經義";五年陽明"在越"(按:應理解為在越城里第);明年春"歸餘姚,結詩社龍泉山寺";十年"寓京師"。因當時越城已是陽明的居處,故用"在";而餘姚是陽明的故

---

　　① 錢明:《王陽明遷居山陰辨考——兼論陽明學之發端》,《浙江學刊》2005 年第 1 期,第92 頁。
　　② 《餘姚縣誌》卷十四《古跡》,光緒二十五年(1899)本,第14—15 頁。

鄉,故用"歸"。筆者認為,這就是何故《年譜》凡說姚者皆用"歸",而凡涉越者皆用"在"的原因之所在。據上所述,我們可作出以下推定:成化十七年,王華"自布衣魁天下",遂退還莫氏住宅,舉家北遷,在交通十分便利的越城購樓居十數間。此時陽明剛滿十歲,便隨父遷居山陰。①

錢明論文中的這段核心考證,不但對所據文獻之原文進行了過度闡述,其中邏輯錯亂處亦不在少數。據《陽明年譜》:"先生諱守仁,字伯安,姓王氏。其先出晉光祿大夫覽之裔,本琅琊人,至曾孫右將軍羲之,徙居山陰;又二十三世迪功郎壽,自達溪徙餘姚;今遂為餘姚人。……父諱華,字聽輝,別號實庵,晚稱海日翁,嘗讀書龍泉山中,又稱龍山公。成化辛丑,賜進士及第第一人,仕至南京吏部尚書,進封新建伯。龍山公常思山陰山水佳麗,又為先世故居,復自姚徙越城之光相坊居之。"②則陽明一家遷居山陰,實為王華之意,其緣由為王華"常思山陰山水佳麗,又為先世故居"。今考王家幾代貧困,自王倫之父去世時,"環堵蕭然,所遺惟書史數篋",王倫又"居貧,躬授徒以養母。母性素嚴重,而於外家諸孤弟妹,憐愛甚切至。先生每先意承志,解衣推食,惟恐弗及;而于妻孥之寒餒,弗遑恤焉"。③王倫又有"弟粲幼孤,為母所鍾愛",也需要他一力撫養(按:直到王華官翰林後,這種撫養也未中斷,王倫還是將王華所給的贍養費分一半與弟王粲)。④可想而知,這種家貧的狀況,到王華出生,繼而成年娶妻,仍然會一直維持不變,甚至隨著家口變多會有每下愈況的情形。因家居簡陋,成親後不便侍奉父親、祖母,故王華纔不得不租借莫氏的瑞雲樓"以居其父竹軒公與母太夫人岑"。貿然認定在王華剛中第的當年,王家即有財力在"越城購樓居十數間",進而舉家遷居,未免太過粗率。況且,王華因中狀元被選為翰林院修撰,照例要三年後始能散館,所以纔有《陽明年譜》所載成化十八年"龍山公迎養竹軒翁,因攜先生如京師"之舉。⑤ 若成化十七年之說成立,則王

① 錢明:《王陽明遷居山陰辨考——兼論陽明學之發端》,《浙江學刊》2005 年第 1 期,第95 頁。
② 王陽明著,吳光等編校:《王陽明全集》,上海古籍出版社 2011 年版,第 1345 頁。
③ 王陽明著,吳光等編校:《王陽明全集》,第 1530 頁。
④ 王陽明著,吳光等編校:《王陽明全集》,第 1530 頁。
⑤ 王陽明著,吳光等編校:《王陽明全集》,第 1346 頁。

華非但擅離翰林院職守,有資財購豪宅於山陰,舉家搬遷後,卻又購宅不居,返回京師,並於次年迎養其父王倫及其子王陽明於京師,未免太過與事理相悖。

錢明既已站在了"成化十七年遷居說"的立場上,故不得不對《陽明年譜》中與此有所違背的記載進行扭曲,從而對"夫人諸氏歸餘姚"、"明年龍山公以外艱歸姚"的理解也出現了偏差。弘治元年(1488),王陽明于岳父江西布政司參議諸養和處成親,並於次年年底攜夫人諸氏自南昌返歸餘姚,《陽明年譜》所載甚明確。錢明認為"應理解為洪都婚後回娘家省親",恐未得其理。諸養和雖然與王陽明同為餘姚人,但他此時居於南昌府衙,陽明與其女成親于南昌,岳母例無不在之理。諸氏次年返餘姚,是婚後與陽明一起返夫家(按:陽明祖父王倫此時病重在床,不久後去世。筆者認為,不能排除陽明選擇此時攜妻返家兼有探視病情之意),又豈是回娘家省親?錢明既認為此時王家已徙居山陰,不在餘姚,故不得不為此怪論。將"明年龍山公以外艱歸姚"理解為"王華因父死而返回故居奔喪",其荒謬之處與此正同。王倫病重,時在京師的王華已然得訊,雖值遷官之時,卻閉門不應。《海日先生行狀》記載此事甚詳:

> 己酉,秩滿九載,當遷。聞竹軒疾,即移病不出。當道使人來趣,親友亦交勸之且出遷官,若凶聞果至,不出未晚也。先生曰:"親有疾,已不能匍匐歸侍湯藥,又逐逐奔走為遷官之圖,須家信至,幸而無恙,出豈晚乎?"竟不出。庚戌正月下旬,竹軒之訃始至,號慟屢絕。即日南奔,葬竹軒於穴湖山,遂廬墓下。①

可知《陽明年譜》所謂"龍山公以外艱歸姚",實為王華自京師返餘姚家中經營父親的喪事,並非自紹興新宅返舊址奔喪。若此時王家果已遷居紹興,則當作"龍山公以外艱歸越",在餘姚諸位王華兄弟當赴越奔喪,而非反之。錢明至謂"因當時越城已是陽明的居處,故用'在';而餘姚是陽明的故鄉,故用'歸'。筆者認為,這就是何故《年譜》凡說姚者皆用'歸',而凡涉越者皆用'在'的原因之所在",邏輯尤為舛謬。《陽明年譜》中用"在"者不知凡幾,"在京師"、"在貴陽"、"在吉"、"在贛"云云,比目皆是,豈得皆援此

---

① 王陽明著,吳光等編校:《王陽明全集》,第 1548 頁。

為據？且錢明搜考之未詳，《陽明年譜》中用“歸越”處凡兩見，是以子之矛攻子之盾矣。

筆者認為，王華舉家遷居山陰，當在其致仕之後。以年份論，約在正德五年（1510）前後。理由如下：

首先，如前所述，王家曾幾代貧困，自王華中狀元後，家境始逐漸好轉。王華官居翰林修撰時，迎養父親王倫並其子陽明，自成化十八年至二十二年皆寓居京師。此時餘姚之家人始有能力改善處境、擴建居所，退租瑞雲樓。此後王華翰林期滿散館，任彌封官，三年後充會試同考官。弘治改元，王華與修憲宗實錄，充經筵官。次年，王華秩滿九載，因聞父病重，遂閉門不出，至弘治三年正月下旬聞父喪之訃，返歸餘姚家中結廬守孝三年。此前王華皆寓居京師，固無因“思山陰山水佳麗，又為先世故居，復自姚徙越城之光相坊”之事。服闋後，陞右春坊右諭德，充經筵講官，此後一路宦海沉浮，多不離京師左右。王華既無閒暇縱情山水，更無法擅離職守，營建新居，乃至舉家搬遷山陰。至武宗正德改元，劉瑾弄權，王華因觸怒劉瑾，於正德二年遷南京吏部尚書，旋被勒令致仕。據《海日先生行狀》：“先生既歸，即息意邱園，或時與田夫野老同遊共談笑，蕭然形跡之外。人有勸之，宜且閉門養威重者。先生笑曰：‘汝豈欲我更求作好官邪？’……嘗構樓居十數楹，甫成而火，貲積為之一蕩。親友來救焚者，先生皆一一從容款接，談笑衎衎如平時，略不見有倉遽之色。”[1]據此，則王華遊賞山水當在其致仕之後，“構樓居十數楹”亦在此時（按：錢明斷章取義，將此購樓之事移至成化十七年）。日本九州大學所藏王陽明正德七年《上大人書一》拓片云：“杭州差人至，備詢大人起居遊覽之樂，不勝喜慰。……伏惟大人年近古稀，期功之制，禮所不逮，自宜安閒愉懌，放意林泉，木齋雪湖詞老，時往一訪；稽山鑒湖諸處，將出一遊；洗脫世垢，攝養天和；上以增祖母之壽，下以垂子孫之口慶。”[2]拓片所載，與《海日先生行狀》事蹟相符，可知王華致仕之後的確放意林泉，其“思山陰山水佳麗，又為先世故居，復自姚徙越城之光相坊”之事，固當在此前後。明代過庭訓《本朝分省人物考》卷四十九有王華小傳，稱“正德初，逆瑾專政，……尋傳旨令致仕。晚思山陰為先世故居，又自

---

① 王陽明著，吳光等編校：《王陽明全集》，第 1553 頁。

② 王陽明著，吳光等編校：《王陽明全集》，第 1332 頁。

姚徙越城光相坊居焉”，①可為確證。

其次，現存王陽明的書信中，明確提到了餘姚析產之事。國家博物館所藏正德六年五月三日王陽明《寓都下上大人書》云：“男邇來精神氣血殊耗弱，背脊骨作疼已四五年，近日益盛。欲歸之計，非獨時事足慮，兼亦身體可憂也。聞欲起後樓，未免太勞心力，如木植不便，只蓋平屋亦可。餘姚分析事，不審如何？畢竟分析為保全之謀耳。”②正德七年《上大人書一》拓片云：“聞餘姚居址亦已分析各人管理，不致荒廢，此亦了當一事。”③因王華自餘姚徙居光相坊，原餘姚居址產業隨之分析族內叔伯兄弟管理。按：王陽明於正德六年五月在京師聞得餘姚析產事，則王華徙居光相坊當在此前不久。考慮到營建新居及書信來往都會有所延時，將王華舉家遷居山陰的時間劃在正德五年前後，是頗為合適的。此時王陽明因“時事足慮”、“身體可憂”，早有欲歸之意，王華因之“欲起後樓”，則越城新居的後期營建已接近收尾之時。錢明誤讀《上大人書一》的這段文字，稱其“說明陽明隨父遷居紹興的時間很早，以至到正德六年，已出現餘姚居所荒廢的跡象，不得已纔分別由居姚諸叔伯兄弟代為管理”。④實際上陽明原文的“不致荒廢”，指此時分配“了當”，故而未來不會出現荒廢狀況。錢明似將“不致荒廢”誤認為“不再荒廢”，又加以反推，故而愈推愈錯。

還應該強調一點的是，王陽明並非如錢明所說，是隨父王華遷居山陰。恰恰相反，弘治十五年，王陽明就一度在山陰築陽明洞，修道家導引之術，事在王華徙居山陰之前。此時的陽明“思離世遠去，惟祖母岑與龍山公在念，因循未決”，故此“漸悟仙、釋二氏之非”，決意向儒。⑤陽明洞對於王陽明有極為特別的意義，這不僅是他人生的轉捩點，也是他後來講學的主要場所之一。直到陽明晚年，他還對陽明洞念念不忘，發出了“縱未能遂歸田之願，亦必得一還陽明洞，與諸友一面而別”的感慨。⑥王華對於其子的這

①　過庭訓：《本朝分省人物考》卷四十九，《續修四庫全書》第534冊史部傳記類，上海古籍出版社2002年版，第337頁。
②　錢明主編：《陽明學新探》，中國美術學院出版社2002年版，第289頁。
③　王陽明著，吳光等編校：《王陽明全集》，第1333頁。
④　錢明：《王陽明遷居山陰辨考——兼論陽明學之發端》，《浙江學刊》2005年第1期，第94頁。
⑤　王陽明著，吳光等編校：《王陽明全集》，第1351頁。
⑥　王陽明著，吳光等編校：《王陽明全集》，第1462頁。

種志向顯然是清楚的,正德七年秋他與門人陸深游南鎮諸山,休於陽明洞
天之下,就曾執陸深手命之曰:"此吾兒之志也。大業日遠,子必勉之。"①聯
繫前文所述正德六年《寓都下上大人書》中的文字,可知"吾兒之志"指陽明
此時早有辭官歸隱、終老陽明洞之念頭。王華選在正德五年前後舉家遷徙
山陰,或亦有成全其子苦心的一層考慮。

二、兄弟排行考

薛侃《同門輪年撫孤題單》:"先師陽明先生同祖兄弟五人:伯父之子
曰守義、守智,叔父之子曰守禮、守信、守恭。同父兄弟四人:長為先師,次
守儉、守文、守章。"②錢明認為:"薛侃此文是為處理陽明過世後如何'保孤
安寡'之事宜而撰,所以顯然不會包括陽明已故的同祖兄弟。後世凡治王
學者,對此文未及深究,遂以薛侃'同祖兄弟五人'說為定論,從而使有些問
題變得撲朔迷離起來。比如應如何解釋陽明書中稱呼'九弟、十弟'或'餘
姚八弟'等現象? 又應如何解釋古人取名一般有規律可循,然陽明同祖、同
父兄弟之名卻只有'仁、義、禮、智、信、恭、儉、文、章'九字,而明顯違背儒家
道德標準之整體性的問題?"③既然錢明揪出了問題,當然要加以解決。他
的解決之道,就是表態"完全同意王詩棠關於'守'字輩氏名的排位元順序
可能是按照'仁、義、禮、智、信、溫、良、恭、儉、讓、文、章'這十二字排列的推
斷",並做了若干條"更正和說明"。④ 對於平白多出來的守溫、守良、守讓,
錢明推斷他們的排位分別是第六、第七和第十,且守溫應屬陽明伯父王榮
之子,而薛侃之所以不記載他們的名字,"也許因為他(她)們當時已是身故
之人,故被薛侃忽略,實屬正常","另一種可能,就是未見文獻記載的守良
和守讓是兩位女性。陽明歿後的家庭'內政',已出嫁的妹妹們自然無權過
問。"⑤如此這般,錢明不但替三位文獻所不載的陽明兄弟(姐妹)安排好了

---

① 　王陽明著,吳光等編校:《王陽明全集》,第 1554 頁。

② 　王陽明著,吳光等編校:《王陽明全集》,第 1649 頁。

③ 　錢明:《王陽明史跡論考》,《國學研究》第十一卷,北京大學出版社 2003 年版,第60 頁。

④ 　錢明:《王陽明史跡論考》,《國學研究》第十一卷,北京大學出版社 2003 年版,第
60—61 頁。

⑤ 　錢明:《王陽明史跡論考》,《國學研究》第十一卷,北京大學出版社 2003 年版,第61 頁。

歸宿,而且連陽明的七妹、徐愛妻子的名姓都考證出來了——她就是十二字中排行第七的王守良。

　　王詩棠曾經根據陽明信中文字猜測,陽明十弟應是守文,但缺少實際的證據,而筆者已找到了切實的證據來支持王詩棠的這一論斷。徐愛去世後,王陽明曾使王守文代為祭奠,其祭文收在《衡山遺集附錄》中:"維正德十二年七月十五日,寓贛州左僉都御史王守仁,使十弟守文,具清酌之奠,哭告于都水司郎中妹婿徐曰仁之柩曰……"①由此可知,守文排行第十為確定無疑之事。既然"文"字排行第十,則十二字排行說不證自偽。當初錢明為了應對王詩棠的這種猜測,曾提出了兩種推論,對自己的說法進行修正:一是調整王守良的性別,認為他不再是陽明的七妹,而應是陽明早逝的七弟;二是認為女子均不在兄弟排位之列,陽明所稱的"七妹"只是姊妹中的排行第七,名叫王守讓(按:其說肇始于王詩棠),故陽明跳過她直接稱呼守文為十弟。錢明的兩點推論,看似順理解決了"十弟守文"的矛盾,實際上因為死抱著十二字排行說不放,只能製造出更大的悖論:王陽明所稱的"八弟、九弟、十弟",錢明認定是同祖兄弟中排行,則"七妹"當與此同理。即便陽明之七妹、徐愛之妻真的名為王守讓,從而為"十弟守文"順利騰出位置,但七妹既然在同祖姊妹中排行第七,其六個姐姐又當各為何名? 排在十二字中的何處?

　　筆者認為,實際上問題原本很簡單,甚至根本都算不上問題。陽明所謂"八弟、九弟、十弟"云云,指的是整個餘姚家族兄弟中的排名,其中不但包括了同祖的兄弟,也包含了從祖祖父(王倫的弟弟王綮)一支的兄弟。"七妹"的排行,與此同理。古人習慣將同族子、女區別開,各自排列順序,不會出現女兒夾在兒子之間排行的做法。如晚唐的"三十六體",就是因為段成式、李商隱、溫庭筠三人在家族中均排行十六而得名。何況從常理上推斷,每次生育性別為男、女的幾率各佔一半,出現同祖兄弟十一人(佔據十二字排行的前九字和第十一、十二字),而只有一名同祖妹妹(佔據十二字排行的第十字)的機會也微乎其微。

　　將"八弟、九弟、十弟"理解為在整個餘姚家族兄弟中的排名,不但符合古人的排行習慣,也同時解釋清楚了族內"守第、守身、守度、守悌、守城"等

---

①　錢明編校整理:《徐愛 錢德洪 董沄集》,鳳凰出版社 2007 年版,第 97 頁。

其他守字輩兄弟的名字。又，陽明在《與諸弟書》中提到"廿一叔書一封"，①在給胤子正憲的信中提到"廿二叔忠信好學"，②此類稱呼甚多。按此，可知"廿一叔"、"廿二叔"與"餘姚八弟"相類，皆為其父輩同族兄弟之排行。"十二字排行說"非但與事實不符，數量恐怕也會很不夠用。守溫、守良、守讓云云，即使真的碰巧存在這幾個名字，也應當是同族兄弟的姓名，且其中不可能有女性。陽明之七妹名為"王守良"或"王守讓"云云，純係一廂情願，不值一駁。而之所以陽明同族兄弟的名字沒有出現在薛侃的《同門輪年撫孤題單》中，正是由於前文所述，在王華徙居山陰之時，餘姚舊址已析分田產，非同祖兄弟留在了餘姚（按：除"餘姚八弟"等稱呼可佐證之外，正德十三年王陽明《與諸弟書》明確提到了"伯叔母在餘姚皆納福，弟輩亦平安"、"歸與諸弟相樂有日……俟我于舜江之滸"、"族中諸叔父集諸弟不能盡書，皆可一一道此意"等語，③亦可為證）。他們既沒有隨之遷徙山陰，血緣關係又很疏遠，對於保孤安寡事宜自然無從置喙（按：同祖兄弟亦有後來淡出此事者，如守文等）。

三、婚姻狀況考

關於王陽明的婚姻狀況，《王陽明全集》僅提到陽明於十七歲時迎娶夫人諸氏，後因諸氏無所出又在嘉靖四年（1525）正月去世，陽明遂於此年續娶張氏夫人，次年得子正聰（後改名正億）。遍索陽明存世文字，其中並無迎娶其他姬妾的記載。而錢明卻先後在其著作《儒學正脈——王守仁傳》及論文《王家衰落的過程及其成因——王陽明家事辨考》中，提出"至嘉靖四年諸氏去世時，五十四歲的陽明儘管已娶了六房妻妾，其中有姓氏可考的除諸氏外，還有吳氏和陳氏，但都未使陽明生子。嘉靖五年（1526），已歸越調養五年多的陽明在新娶張氏後不久，終於喜得貴子，此即後來的王正億。然在陽明的幾房妻妾中，張氏屬晚輩且為小妾，更無顯赫的家庭背景，故王艮等人遂建議立年齡最長的吳氏為主婦，以彌補諸氏

---

① 錢明主編：《陽明學新探》，第 295 頁。
② 王陽明著，吳光等編校：《王陽明全集》，第 1087 頁。
③ 錢明主編：《陽明學新探》，第 294—295 頁。

去世後王家無主婦的尷尬無序局面。然此建議卻被陽明以'德性未定，未可輕立'為由而拒之，後雖經王艮等人'請至再三，先師不以為然'。陽明歿後，其弟子們又'不究先師淵微之意、遠慮之道，輕立吳夫人以為諸母之主'。"①錢明先生的這一論斷可謂石破天驚，假如所述為真，則陽明非但別有姬妾，而且實不在少數，對於研究其婚姻狀況極具價值。遺憾的是，錢明的這一結論也是徹頭徹尾的誤讀文獻，且誤讀之處五花八門，遠非一點。

誤讀之一：張氏為小妾

《陽明年譜》謂張氏為"繼室"，歷來無異說。陽明歿後，黃宗明作《處分家務題冊》，背景為"因送先生葬回，太夫人及親疏宗族子弟四方門人俱在，將先生一應所遺家務逐一稟請太夫人與眾人從長計處，分析區畫"，其中也明確稱"嘉靖丙戌，繼室張氏生子名正聰"。② 可見張氏為陽明繼室，是毋庸置疑的事實。繼室指元配死後續娶的妻子，多為明媒正娶，間亦有由妾室扶正者。無論為何種情況，繼室都與妾室不同，身份為妻不為妾。更何況張氏既為新娶，則由妾扶正的可能性實際上並不存在。萬曆楊博《會議復爵疏》中云："今據浙江布政使司諮呈據紹興府申據餘姚縣申，內開勘據該圖里鄰呂本隆等結，稱王正億見年四十三歲，原係南京兵部尚書都察院左都御史新建伯王守仁繼妻張氏于嘉靖五年十二月十二日所生嫡長親男，……案呈到部，看得浙江布政使司查勘過見在錦衣衛副千戶王正億委係新建伯王守仁嫡長親男，並無違礙。"③則張氏為繼妻，正億為嫡長子，皆鑿鑿自明。錢明顯然誤讀"繼室"為"側室"，這纔得出了"張氏屬晚輩且為小妾"的荒唐結論。

誤讀之二：陽明有六房妻妾

拋開被錢明誤認為妾的張氏不計，錢明聲稱陽明五十四歲時"已娶了六房妻妾"，這也是一樁冤枉官司。錢明的論斷依據，來自王艮《與薛中離》一文：

---

① 錢明：《王家衰落的過程及其成因——王陽明家事辨考》，《浙江學刊》2007 年第 6 期，第 68—69 頁。

② 王陽明著，吳光等編校：《王陽明全集》，第 1648 頁。

③ 王陽明著，吳光等編校：《王陽明全集》，第 1677—1678 頁。

　　故向嘗請先師立夫人以為眾婦之主,師曰:"德性未定,未可輕立。"請至再三,先師不以為然者,其微意有所在也。正恐諸母生子壓於主母而不安,則其子之不安可知矣。我輩不究先師淵微之意、遠慮之道,輕立吳夫人以為諸母之主,其性剛無容,使正億之母處於危險之地,無由自安。母固如此,億弟又何以安哉? 遂使億弟陷於五夫人之手。當時太夫人、伯顯因汪白泉懲戒之後,誓不入先師門內。……後陳、吳二夫人送歸,各得其所矣。其後吳夫人只可還歸原職,蓋三從之道,姑叔門人不與焉。①

　　錢明先認定吳氏、陳氏為陽明之妾,再根據"五夫人"逆推,加上正妻諸氏,也就有了"六房妻妾"的結論。遺憾的是,這個關鍵的"五夫人"恰恰靠不住,乃是"丑夫人"的文字訛誤。錢明所依據之版本,為江蘇教育出版社2001 年所整理的《王心齋全集》本,其底本為宣統二年(1910)袁承業所編《明儒王心齋先生遺集本》(以下簡稱"袁本")。袁本為據嘉慶《淮南王氏三賢全書》本(以下簡稱"嘉慶本")而重新編輯排序而成,而嘉慶本則是在萬曆耿定力、丁賓《重鐫心齋王先生全集》(以下簡稱"重鐫本")的基礎上,又增多王一庵、王東厓兩人的集子合刻而成。重鐫本實為今整理本之最終源頭,故重鐫本誤作"五夫人",則此系列諸本皆相沿以誤。

　　今考重鐫本封面有"鐫心齋王先生全集"、"萬曆丙午冬南京兵部右侍郎耿、操江都御史丁重梓"字樣,單魚尾之上題"心齋王先生全集",而其卷一末尾附有"謀梓遺集尺牘",對於本集的刊刻過程有詳細反映,且附有歷次刊刻王艮遺集的版本、板藏地、參與刻錄者姓名。② 據此可考知,在"五刻今集"(按:指重鐫本)之前,按時間先後順序排列,已有初刻譜錄、刻粹語、初刻遺錄于江浦、繼刻(遺錄)於義陽書院、重刻年譜語錄、三刻遺錄、四刻譜錄總共七次刊刻王艮遺作的活動。《續修四庫全書》曾影印出版《重刻心齋王先生語錄》(以下簡稱"續修四庫本"),題為"據明刻本影印"。經筆者考證,續修四庫本實即為上述之"重刻年譜語錄"本。續修四庫本卷首有序,序文中稱"靜不敏,聞言而未悟",卷末署名"隆慶二年己巳歲孟秋之望

---

　　① 王艮:《王心齋全集》,江蘇教育出版社 2001 年版,第 60 頁。
　　② 王艮:《重鐫心齋王先生全集》,萬曆三十二年(1604)耿定力、丁賓刊本,北京大學圖書館藏。

門人吉永豐□□□□□".① 經與重鐫本所附諸本刊刻人名對比,知作序人為聶靜,籍貫亦與"吉永豐"相符。筆者查得袁本卷一收有《聶靜原序》一篇,袁氏謂"原集(按:指嘉慶本)無斯序,今于王氏族譜中錄出",在將其與續修四庫本卷首序對比之後,知實為同一篇文字,唯續修四庫本之序不全,殘去開頭一葉兩百餘字,恰恰這部分殘缺文字對於刊刻經過敘述頗詳:"先生既歿,斯錄乃傳,初刻于江浦,繼刻于漳南,記憶稍訛,傳寫或謬,而讀者疑焉。今年夏,先生仲子宗順攜先生年譜,過永豐而梓焉。又將語錄三復讎校,正訛去謬,與年譜並刻,而是錄為完書也。"②文中所謂"斯錄""初刻于江浦,繼刻于漳南",即前述之"初刻遺錄于江浦、繼刻於義陽書院",則續修四庫本實即為"重刻年譜語錄"本,確然無疑。從這段文字中還可以得知,年譜、語錄一直單行,並未與遺錄合併,所以直到王宗順與聶靜等人將年譜、語錄校訂刻印之後,遺錄纔能包納它們進去而成為完書。

　　錢明作為關鍵證據的那篇《與薛中離》書,即見於續修四庫本下卷的"尺牘補遺"中,"五夫人"處正作"丑夫人"。③ 丑為醜字的俗體字,明清以來常見,《宋元以來俗字譜》亦有收錄。續修四庫本非但刊刻時間遠在重鐫本之前,而且是重鐫本語錄部分的直接源頭。另外,語錄的前兩次刊刻,聶靜均為最主要的參訂人之一,且在第二次刊刻時"三復讎校,正訛去謬",而遺錄卻一早就出現了"傳寫或謬"的狀況,可想而知,至第五次重鐫本付梓之時,類似的誤字現象只怕會更為嚴重。又,"丑夫人"為確,"五夫人"為訛,還可以從行文語氣上判斷。前謂吳夫人"性剛無容",迫害正億母子,則謂"陷於丑(醜)夫人之手"自然順理成章。若作"五夫人",則前稱"吳夫人",後面忽然更換稱呼,又無法體現王艮的悔恨憤懣之情,語氣不免為之一滯。要之,"五夫人"之說既不成立,則王陽明的六房妻妾自然成了空穴來風。

　　誤讀之三: 吳氏為陽明之妾

　　錢明將吳氏、陳氏皆解讀為陽明之妾,以湊足無中生有的"五夫人"之

---

① 參見《重刻心齋王先生語錄》卷首序,《續修四庫全書》第 938 冊子部儒家類,上海古籍出版社 2002 年版,第 319—320 頁。

② 王艮:《明儒王心齋先生遺集》卷一,宣統二年(1910)袁承業刊本,北京大學圖書館藏。

③ 王艮:《重刻心齋王先生語錄》卷下,《續修四庫全書》第 938 冊子部儒家類,上海古籍出版社 2002 年版,第 356 頁。

數,也頗值得商榷。陳氏資料太少,不詳其人,姑且不論。吳氏則顯然並非
陽明之妾,理由有三：首先,張氏既非錢明所謂的身份卑微的小妾,而是續
娶的繼室,則吳氏若為陽明小妾,身份相差懸殊,恐極難淩駕于繼妻之上。
陽明的弟子門人,處處以維護先師幼子為念,更不可能讓一個小妾擔任眾
婦之主,這在禮法森嚴的社會現實下是不可想像的。其次,王艮稱吳氏為
吳夫人,即使悔恨憤懣,也不過指其為"丑夫人",可知"夫人"一詞的確符合
吳氏身份。今日"夫人"雖已成為通用稱呼,但在當時,小妾例不得尊稱"夫
人",更何況尊稱者為對其不滿之人。其三,王艮原文明確提及"吳夫人只
可還歸原職,蓋三從之道,姑叔門人不與焉"。可見吳夫人身份為"姑叔門
人"之一,故而沒有"夫死從子"的義務和權利,不得名言正順的賴在陽明家
中不走。合此三點,則吳氏的真實身份已呼之欲出,她或者為陽明族內兄
弟之妻,或者為陽明族內叔伯之妻。故此,退一步講,即使較早刻本上的
"丑夫人"靠不住,"五夫人"是對的,那也應是族內諸夫人排行第五,而非陽
明妻妾中排行。王家是個大家族,田產豐厚,義男眾多(按：錢明誤將"義
男"解為"陽明義子",實際上陽明所謂"義男"為奴僕之別稱①),親友來投
靠者不知凡幾(按：早在陽明寓京師為官時,即有族內兄弟之妻來投靠生活
者。正德七年陽明《上大人書一》："守城妻無可寄託,張妹夫只得自行送
回。"②),故需要從眾叔伯、兄弟的夫人中選擇一名主母,以管理家族的日常
事務。至於陽明是否曾納妾,妾室共幾人,陽明去世後她們各自去向又如
何,筆者認為言之過早,尚需等待更確切的資料出現。

---

①　錢明：《王家衰落的過程及其成因——王陽明家事辨考》,《浙江學刊》2007 年第 6 期,第
66 頁註腳 3。
②　王陽明著,吳光等編校：《王陽明全集》,第 1333 頁。

王陽明不是王羲之的子孫

諸煥燦[*]

【摘　要】王氏自古以來就是巨姓豪族,而琅邪臨沂王氏又是王姓大宗。考一般史料及《王文成公全書》中《年譜》、《世德紀》等,大致均認為王陽明是晉王羲之的後裔,各家文中均涉及"三槐堂",一致認為王陽明"先世嘗植三槐於門"。按各種王氏世譜,"三槐堂"實為王羲之伯父王導的二十三世孫王祐的堂號,屬烏衣大房世系(王導為烏衣大房一世祖),與王羲之沒有關係。王陽明既屬"三槐堂"系,則應歸屬于王導的烏衣大房世系,就不是王羲之的後裔。產生這一錯誤之原因,實筆始于國子司業陸深所撰《海日先生(王華)行狀》,沒有按歷史學家所應該具有的嚴謹精神和史料考訂意識予以細考所致。之後錢德洪等編撰《王陽明年譜》時,仍未予以核查深究,照錄不改,自後以誤傳誤,無人再予以查證。

現按餘姚、上虞兩地尚存多種《王氏宗譜》及《三槐堂世系圖》,參互貫通,疏理王氏世系,確知王陽明所歸屬"姚江秘圖山派王氏",上溯至宋代即為"三槐堂"世系,往上追溯即為王導"烏衣大房"系,與王羲之一系脈沒有關係。當兩宋之際,"三槐堂"系的九世孫王道扈駕南渡入浙,居餘杭之仙宅界,其子王補之再遷徙上虞達溪虹橋。王補之的曾孫王季(烏衣第三十三世)由上虞達溪遷居餘姚城內之秘圖山旁,是為"姚江秘圖山派王氏"始祖,即王陽明的十世祖。王陽明為"姚江秘圖山派王氏"第十世孫。王陽明誕生於餘姚城內的瑞雲樓,直至中年一直居住在餘姚。後因

＊ 諸煥燦,餘姚市檔案史料研究會會長。

其父王華留戀鑑湖山水，在王陽明受封"新建伯"，賜建"伯府第"
並竣工之後，即嘉靖元年(1522)，王陽明五十一歲之年，由紹興府
餘姚縣舉家遷居紹興府城內之山陰縣。本文附帶對餘姚城內的
王陽明遺跡進行考核。

王陽明是不是王羲之的子孫，這是凡研究王陽明的學者首先碰到的問
題。然而，歷代研究王陽明的學者都認為"是"，他們所依據的《王文成公年
譜》中就這樣說："先生諱守仁，字伯安，姓王氏。其先出晉光祿大夫覽之
裔，本琅琊人，至曾孫右軍將軍義之徙居山陰，又二十三世迪功郎壽自達溪
徙餘姚，今遂為餘姚人。壽五世孫綱，善鑒人，有文武才。"①從是段記載中
發生三個失誤：王陽明成了王羲之的子孫，王陽明的先祖曾徙居山陰縣，迪
功郎王壽徙居餘姚。

經明、清、民國，直至近，不少學者編纂過有關王陽明的年譜或年表，約
計有四十餘種之多，為歷代名人年譜數量最多的一人。而影響最廣的要數
收錄於《王文成公全書》中的《王文成公年譜》，是譜為王學同門錢德洪、薛
侃、歐陽德、黃弘綱、何性之、王畿、張元沖，以及鄒守益、羅洪先等眾人所編
輯，延時約十多年之久，並未予以嚴格考訂，故而舛誤較多。針對此譜本，
筆者曾專門寫有《王陽明年譜訂誤》，先後刊載於日本《陽明學》1994 年年
刊，又載臺灣《鵝湖月刊》1995 年 2 月號。然而，眾位學人所依據的大都是
這部年譜，對上述所引一段話未能予以考訂，對三個失誤確信無疑。為了
辯證這三個失誤，請允許我細細道來。

王陽明(1472—1529)，名守仁，字伯安，號陽明山人，浙江布政司，紹興
府餘姚縣人，是"姚江秘圖山派王氏"的嫡系子孫。作為一位著名的心學大
師，自他在世時起，直至今天，一直受到歷代人們，尤其是學界的極大關注。
他所創立的"陽明學說"，無論在被推崇時期，或是在被誣陷、壓抑時期，都
是一股具有極大影響的社會思潮，或為眾軍之旗，或為眾矢之的。

任何一位思想家的思想，並不是偶然形成的，有其歷史、地域、家族的
淵源關係。受到出生地社會環境、家庭淵源、血統的遺傳基因、歷代家族人
員的文化素養、居住地變遷等眾多方面的影響。其中大多是在潛移默化之
中形成，不一定被本人所感覺。家族史、家族文化及其釀造的家族精神是

① 《王文成公全書・附錄一・年譜》卷三十二，明隆慶刻本。

中國歷史、民族文化的一個重要內容。尤其是那些在歷史上產生過重大影響的名門望族,其家族的源流、興衰、遷徙,以及豐厚的文化底蘊,在文化史研究中更具有重要價值。官宦大族和文化世家的觀念大有區別,豪門大族和清貧之家的意識極為不同,各以自己的家族特徵對社會歷史造成不同的影響。名門家族的家族文化、家族精神的興衰沉浮,揭示著其背後所蘊含的歷史變遷的資訊。自魏晉時期所形成的王、謝大族,隨著歷史的進展而造成多次變遷,正是造成王、謝大族後人各種思想觀念改變的重要因素。東南沿海同西北內地是大不一樣的,各地有各自的特點,有各自的特殊情況。民族風情的區別,開化程度的大小,同海外關係接觸的多少,朝廷對該地區統治的嚴屬或寬鬆,賦稅的輕重,地方官對地方治理的好壞,都對該地域的人文意識發生極大的幹係。地域政治、經濟、文化的歷史和現狀,都對每一個人,尤其是對思想家,或思想守舊,或意識開放,均有著密不可分的因果關係。「近水樓臺先得月,向陽花木早逢春。」這一諺語同樣適用於地域同人文意識機因的聯繫。特別在明代中期之後,東南地區資本主義萌芽的早發,必然影響到該時該地思想家各種觀念的形成。

　　隨著當前對"陽明學說"研究的深入,對王陽明思想、為人品格的研究、評析也隨之進一步展開。對王陽明籍貫的研究亦關係到對王陽明思想的正確評定。社會環境、家族淵源、文化素養對王陽明的影響,反轉來又是"陽明學說"對社會反作用影響研究的極好參照系。出生於浙東重鎮餘姚的王陽明,自然受到王氏家族世系以及"東南名邑"餘姚特殊環境的影響。故此,對王陽明所屬"姚江秘圖山派王氏"世系的研究,是王陽明研究中必不可少的一項重要內容。本文想就王陽明所屬的"姚江秘圖山派王氏"、晚年遷居山陰縣、王陽明的餘姚遺跡等三個問題作一考索,以求教于方家。

一、姚江秘圖山派王氏

　　王氏自古以來就是巨姓豪族,古詩云:"舊時王謝堂前燕,飛入尋常百姓家。""山陰道上桂花初,王謝風流滿晉書。"而琅邪臨沂王氏又是王姓大宗。考一般史料及《王文成公全書》中《年譜》、《世德紀》等,大致均認為王陽明是晉王羲之的後裔。如編修戚瀾所撰《槐里先生(王傑,王陽明之曾祖父)傳》中說:"王傑,居秘圖湖之後,其先世嘗植三槐於門。"接著仍說"始祖為晉右將軍羲之”,①這裏有一個關鍵性的錯誤。按各種王氏世譜,“三槐堂”實為王羲之的伯父王導的二十三世孫王祐的堂號,屬烏衣大房世系(王導為烏衣大房一世祖),與王羲之沒有關係。王陽明如屬“三槐堂”系,則應歸屬于王導的烏衣大房世系,就不是王羲之的後裔。如是王羲之世系,則與“三槐堂”系無關,兩者只能屬其一。由此看來,王陽明之世系值得商榷。產生這一錯誤之原因,實肇始于王陽明之父王華去世時,由國子司業、門人陸深所撰《海日先生(王華)行狀》中所說:“其先出自光祿大夫覽之曾孫、右軍將軍羲之。”②陸深在撰文稿之時,沒有按歷史學家所應該具有的嚴謹精神和史料考訂意識,對王氏譜牒予以細考,只憑傳聞,故有此誤。當王陽明去世後,後人補撰《世德紀》諸傳時,以及錢德洪等編撰《王陽明年譜》時,仍未予以核查深究,照錄不改,自後以誤傳誤,無人再予以查證之。

王陽明本系所屬《姚江秘圖山派王氏宗譜》現尚未發現,③筆者在餘姚和上虞兩地卻發現了王陽明旁系宗譜,有《姚江開元王氏宗譜》光緒二十九年(1903)存本堂版刻本、《餘姚孝義官人宅王氏宗譜》民國二年(1913)三槐堂版刻本、《餘姚上塘王氏宗譜》民國二十三年嗣槐堂刻本、《虞南達溪王氏宗譜》光緒十五年四修本、《上虞達溪王氏宗譜》民國八年六修本等多種王氏宗譜。現就按上述宗譜中所附《三槐堂世系圖》,參互貫通,疏理一下王氏世系的延續脈絡。

王氏肇始于周靈王太子晉。晉,字子喬,周靈王二十三年(公元前549)以直諫廢為庶人。其子宗敬寓居洛陽,號為王家,因以為氏,以晉為太原王氏始祖。王晉之後裔名王翦者(十六世)為秦將,王翦有曾孫二,長曾孫王元避秦亂遷居琅琊,是為琅琊王氏之始;次曾孫王威遷居太原。至東漢時,琅琊王氏隔五世有王襲的次子王吉給中常侍黃門令王甫為養子,遷居於皋虞(在山東即墨縣東北)。光和二年(179)以罪父子兩人均被逮死獄中,事見《後漢書》卷108《宦者傳》。王吉七世孫王融徙居臨沂,按《世說新語》中即以王融為琅琊臨沂王氏始祖,但在其他多種王氏宗譜大多直溯王吉為臨沂王氏始祖。王融為太原王氏三十世,有子二:王祥、王覽,《晉書·王祥

---

① 　《王文成公全書·世德記》卷三十七,明隆慶刻本。
② 　《王文成公全書·世德記》卷三十七,明隆慶刻本。
③ 　曾任職浙江省科學技術委員會的王書翔先生早年曾從紹興舊居找得《姚江秘圖山王氏宗譜》舊刻本一套,帶至杭州收藏,但在“文革”期間,因其父懼怕家藏古舊書遭禍而燒毀,王書翔至今追悔莫及。按“書”字輩王書翔當為王陽明第十七世孫。

傳》即稱之為"琅琊臨沂人"（王氏傳至此,因關係到王陽明究竟屬於王導一系或屬於王羲之一系之關鍵,請容我細述）。王覽生六子：裁、基、會、正、彥、琛。長子王裁生三子：導、穎、敞。四子王正生三子：廙、曠、彬。王導生六子：悅、恬、洽、協、劭、薈。第三子王洽是王導諸子中最知名者,王洽生子王珣,王珣幼子王曇首生子王僧綽,僧綽生子王儉……這一世系的後裔即追尊王導為烏衣大房一世祖。而王導的族弟王曠即為王羲之之父。王羲之生有七子：玄之、凝之、渙之、肅之、徽之、操之、獻之。

傳至北宋初年,王導後裔、烏衣二十三世孫、臨沂三十二世孫、太原王氏五十五世孫王祐（924—987）,曾植三槐於庭,追尊其祖父王言（869—930,烏衣二十一世孫）為"三槐一世祖"。王祐的曾孫王鞏（1036—1103）與蘇東坡友好,蘇東坡遂為之寫有《三槐堂銘並序》,序中說道："故兵部侍郎、晉國王公（王祐）顯于漢周之際,歷事太祖、太宗,文武忠孝,天下望以為相,而公卒以直道不容於時。蓋嘗手植三槐於庭,曰：'吾子孫必有為三公者。'已而其子魏國文正公（王旦）相真宗皇帝于景德、祥符之間……吾不及見魏公,而見其子懿敏公（王素）,以直諫事仁宗皇帝……懿敏公之子鞏,與吾遊,好德而文,以世其家。"[1]

經過對上述世系的考索可知,王陽明雖不屬"開元王氏系"和"孝義官人宅王氏系",但對王陽明所屬的"姚江秘圖山派王氏",因同屬"三槐堂系"的支派,故此亦有較詳記述,而且都是紀錄至王陽明之子王正億為止。由這些譜牒可以考知,"姚江秘圖山派王氏"上溯至宋代確屬"三槐堂"世系,與《王文成公全書·世德紀》中所載"先世嘗植三槐於門"相合。由"三槐堂"上溯至晉代即為王覽之孫王導烏衣大房世系。"三槐堂"始祖王言的八世孫王俣,即蘇東坡《三槐堂銘》中所提到的王鞏之孫（長孫）,於宋靖康、建炎時期從駕南渡,居餘姚城東,王俣第四子王達又遷居餘姚孝義鄉眉塘官人宅,即為"官人宅派"始祖。王鞏次子之子王銖、王鈢、王鎮三兄弟居餘姚雲樓樂安湖畔。

這裏要請大家注意的是,王鞏之兄王厚無子,就將王鞏之子王奇為嗣子,至王奇之孫王道,亦即王鞏之曾孫王道,即王言"三槐堂"系的九世孫,亦扈駕南渡,贈爵餘杭縣開國男,居餘杭之仙宅界。王道有四子：資之、補之、輔之、翊之。長子王資之,官至廣南提典刑獄,卒於官署,子系仍居餘

---

[1]　《蘇東坡全集》卷二十,北京中國書店1986年影印版,第272頁。

杭,是為餘杭派王氏,並追尊父親王道為餘杭仙宅界派王氏始祖;次子王補
之和弟王輔之於不久即遷居上虞達溪虹橋,在《姚江開元王氏宗譜》卷三
"三槐世系"中有如下紀述:

> 補之,道次子,字咎卿,號全甫,宋太學上舍登第,知紹興府,寶謨
> 閣待制,贈朝列大夫。同弟輔之遷居上虞縣十九都達溪之虹橋,是為
> 虹橋派。子三:元龍、元明、元襃。元龍生子松,松生二子:季、稠。稠
> 贅居餘杭雲樓;季行萬五,號質庵,由上虞達溪遷居餘姚之秘圖山,家
> 焉。葬餘姚開元鄉西禾山西南三台下,是為"姚江秘圖派"之始祖。季
> 生四子,三子俊;子俊生五子,長士元;士元生三子,長綱;綱生四子,長
> 彥達;彥達生四子,長與准;與准生三子,次子傑;傑生二子,長倫;倫生
> 三子,次華;華生子守仁。守仁字伯安,號陽明,明弘治進士,歷都察院
> 左僉都御史,巡撫南贛汀漳等處,平宸濠,封新建伯,特進光祿大夫、柱
> 國,兼南京兵部尚書、參贊機務,贈新建侯,諡文成,崇祀孔廟,著有《陽
> 明文集》,葬山陰花街之南洪溪,湛若水志其墓,黃綰述其行,蕭山毛奇
> 齡述其傳本。乾隆十六年論祭,賜額曰"名世真才"。守仁子正億,號
> 龍陽,襲新建伯。附表:元明之後有餘姚蘭風鄉之上塘派、建德派、安
> 山派;元襃之後仍為仙宅派。
>
> 輔之,道三子,字佐卿,宋四川繼幹諸司糧料院終右宣教郎,同兄
> 補之居上虞十九都達溪之虹橋,亦為虹橋派。翊之,道幼子,字輔卿,
> 宋將仕郎,由餘杭仙宅界贅居東鄉漁山前。①

另外,王補之的四弟王翊之的兒子王元傑遷居松江上海縣,至王元傑
的孫子王明三又由上海遷居餘姚開元鄉,是為"姚江開元派王氏"始祖。

由上述可知,王補之的曾孫王季(烏衣第三十三世。《上虞達溪王氏宗
譜》認為是第五世千四公,暨陽教授,遷居姚江,陽明其十一世孫也。相差
一世。)由上虞達溪遷居餘姚城內之秘圖山旁,是為姚江秘圖山派王氏始
祖,即王陽明的十世祖;王季的曾孫王綱,即是王陽明的七世祖。王綱生王
彥達,彥達生王與准,與准生王傑,傑生王倫,倫生王華,華生王陽明,王陽
明即為烏衣世系的第四十二世孫。由此看來,王陽明實出於王導的烏衣大

---

① 《姚江開元王氏宗譜》,光緒二十九年存本堂刻本。

房系,至宋代又歸屬於"三槐堂"系,後裔遷居餘姚之後,即為姚江秘圖山派王氏一系的第十世孫,與王羲之一系脈沒有關係。姚江王氏中的秘圖山派王氏、官人宅派王氏、開元派王氏,均源出自山東琅琊,自東晉南渡以來,遂成為江南巨族,世系繁衍,遍佈東南郡縣。至宋代時,其中有多支派系先後各自遷居姚江,而上述幾個支派卻又同出自"三槐堂"系,往上追溯即為王導的"烏衣大房"系。待王陽明成名之後,"姚江秘圖山派王氏"支系遂成為浙東望族。

王陽明本人對修譜之事是認真的,他曾認為:"譜之為義大矣,有徵而不書,則為棄其祖;無徵而書之,則為誣其祖……知不知與可徵不可徵,亦有為時地所限焉。或經兵燹之餘,或值播遷之後,既編殘而簡斷,亦人往而風微。近遠難稽,盛衰莫必,則舉廢修墜,往往口耳之諸度,未能衷於一是。"①事實正是如此,由於人、時、地等條件的限制,某些譜志的可信程度是應該打折扣的。然而,由親歷、親見的當時名家所撰寫的譜牒大都是可信的。由上述幾種譜牒看來,所述基本相同,世系清楚,且明確講明王陽明屬旁支即"姚江秘圖山派"系的子孫,並無攀附之意,應屬可信之譜。況且在《姚江秘圖山王氏宗譜》至今尚未見到的情況下,這是僅有的王氏同宗譜牒,從中可以探索到王氏基本世系的發展脈絡,有著較大的參照價值。

在這裏讓我再將王陽明自父至其七世祖王綱的情況簡介如下:

王陽明之父王華(1446—1522),號海日翁,人稱龍山先生,明成化十七年(1481)狀元。生四子一女,嫡長即陽明,餘均為庶出,依次為守儉、守文、守章,一女適徐愛。徐愛是王陽明的主要弟子之一。

王陽明之祖父王倫,字天敘,因生性愛竹,人稱竹軒公。有三子:長王榮、次王華、王袞。江西右布政使魏瀚,亦餘姚人,曾撰有《竹軒先生傳》,其中說到"先生(王倫)與先君菊莊翁訂盟吟社,有莫逆交,瀚自致政歸,每月旦亦獲陪先生杖履游,且辱知于先生。仲子龍山學士(王華)。學士之子守仁,又與吾兒朝端同舉於鄉,累世通家"。② 王倫墓在餘姚城東北十二里的穴湖山。

王陽明之曾祖父王傑,宣德間應貢舉入南雍。餘姚人戚瀾撰有《槐里先生傳》:"先生姓王名傑,字世傑,居秘圖湖之後,其先世嘗植三槐於門,自

---

① 福建師大圖書館藏《王陽明〈重修宋儒黃文肅公家譜序〉》。
② 《王文成公全書·世德記》卷三十七,明隆慶刻本。

號槐里子,學者因稱曰槐里先生。始祖為晉右將軍羲之,曾祖綱、性常,與其弟秉常、敬常俱以文學顯……先生與先君泠川先生友,先君每稱先生所著《易春秋說》、《周禮考正》,以為近世儒者皆所不及。與人論人物,必以先生為稱首。瀾時為童子,竊志之。"①文中說及的"秘圖湖"即餘姚縣衙內秘圖山邊的小湖,1995 年餘姚市政府搬離後纔被填湮。所謂"秘圖湖之後",即"秘圖山派"王氏世居之地,王氏宗祠亦建於此,原有王陽明"新建伯"牌坊立於祠前,至"文革"前期被毀,2005 年重建於王陽明故居之前。王傑生二子,長王倫,次王粲。

王陽明的高祖父王與準,閉門力學,終身不仕。南昌人胡儼撰有《遁石先生傳》:"翁姓王氏,諱與準,字公度,浙之餘姚人,晉右軍將軍羲之之裔也……從四明趙先生學《易》……為人筮,無不奇中,遠近輻輳,縣令亦遣人來邀,後益數數,日或二三至,翁厭苦之……因逃入四明山石室中,不歸者年餘……墜崖傷足……曰:吾非傷于石,將不能遂棲遁之計,石有德於吾,不敢忘也,因自號遁石翁。居秘圖湖蔭。"②有子三,長即王傑。

王陽明的六世祖王彥達(1356—?),因痛父以忠死難,躬耕養母,終身不仕。因居秘圖湖之側,號為"秘湖漁隱"。

七世祖王綱(1302—1371),《明史》有傳,同時的張壹民撰有《王性常先生傳》說:"王綱字性常,弟秉常、敬常,並以文學知名……元末,嘗奉母避兵五泄山中,誠意伯劉伯溫微時常造焉……洪武四年,以文學徵至京師,時性常年已七十……拜兵部郎中。未幾,潮民弗靖,遂擢廣東參議,往督兵糧,攜子彥達以行……回至增城,遇海寇……遂遇害……彥達綴羊革裹屍,負之而出,得歸葬禾山。"③禾山在餘姚縣西北二十里,在今餘姚市馬渚鎮青山境內。

上面所引傳記文中,所述名號、居里等均與"秘圖""三槐"相關,更可明確王陽明歸屬"姚江秘圖山派王氏"子孫,上溯即為"三槐堂"世系。餘姚文獻館至今尚收藏有《王陽明遷姚三祖士元公迄王文成公七代遺像》明代畫像,上有自明曆清至民國多人題字,佔滿該畫像的天地邊幅,均證明和遷姚十世的係數相符合。由此可知,"姚江秘圖山派王氏"自宋代時的王季遷徙

---

① 《王文成公全書·世德記》卷三十七,明隆慶刻本。
② 《王文成公全書·世德記》卷三十七,明隆慶刻本。
③ 《王文成公全書·世德記》卷三十七,明隆慶刻本。

留居餘姚,至王陽明已達十世,歷時可謂久遠矣。

　　這裏亦應明瞭這樣一個問題,即王陽明所屬的"姚江秘圖山派王氏",並非經由山陰縣遷來餘姚。雖然,由明嘉靖時的陸深所撰《海日先生(王華)行狀》中說道:"先生姓王氏,諱華,字德輝,號海日翁……其先出自晉光祿大夫覽之曾孫、右軍將軍羲之,由琅琊徙居會稽之山陰。後二十三代孫迪功壽又自山陰徙餘姚,至先生之四世祖廣東參議性常又五世矣。"①由大學士楊一清撰的《海日先生墓誌銘》中也說:"海日翁嘗讀書龍泉山中,學者稱為龍山先生。上世自琅琊徙居會稽之山陰,又自山陰徙居餘姚,四世祖諱性常,有文武才。"②王陽明的學生、翰林學士黃綰撰《陽明先生行狀》,與此說有所不同:"陽明先生王公諱守仁,字伯安,其先琅琊人,晉光祿大夫覽之後。覽曾孫羲之少隨父曠渡江,家建康,不樂,徙會稽,其後複徙剡之華塘。自華塘徙石堰,又徙達溪。有曰壽者,仕至迪功郎,乃徙居餘姚。六世祖諱綱,字性常,博學,善識鑒,有文武長才。"③上述幾人由於未能分清"三槐堂"世系與王羲之無關,而只依據王羲之在山陰居住,故此都沿用舊說,為了套上同王羲之的關係,都誤認為"姚江秘圖山派王氏"由山陰遷來。然而從現存幾種王氏譜牒綜合分析看來,"姚江秘圖山派王氏"並非經由會稽山陰遷居餘姚,而是直接經由餘杭仙宅界遷至上虞達溪,再由上虞達溪虹橋遷至餘姚城內縣衙後面的秘圖山旁。黃綰所說"自達溪遷徙餘姚"是對的。但是自達溪遷徙餘姚的並非是王羲之的後裔,應是"三槐堂"世系的子孫。王羲之是在東晉時遷居山陰的,而"三槐堂"子孫並未遷徙山陰縣,這在《餘姚官人宅王氏宗譜》中說得很清楚:"(王)正生曠,曠生羲之,字逸之,晉右軍,居山陰。(王)導字茂弘,晉元帝朝大丞相,始興文獻公,居江左。"既然王陽明所屬的"姚江秘圖山派王氏"與王羲之無關,並且從多種王氏譜牒中考索可知,王陽明的先祖王道當兩宋之際纔扈駕南渡入浙,始居餘杭仙宅界,王道之子王補之遷徙上虞達溪虹橋,至王補之的曾孫王季時,又由上虞達溪遷至餘姚城內的秘圖山旁,由此看來,王陽明一系的先祖從未曾到山陰居住過。

　　由於"姚江秘圖山派王氏"與"姚江開元派王氏"、"餘姚官人宅派王

---

①　《王文成公全書・世德記》卷三十七,明隆慶刻本。

②　《王文成公全書・世德記》卷三十七,明隆慶刻本。

③　《王文成公全書・世德記》卷三十七,明隆慶刻本。

氏"同屬"烏衣大房系"、"三槐堂系",故此在世系排行上自烏衣四十二世、三槐二十二世,即王陽明一代始,亦採用了相同的稱謂,據《姚江開元王氏宗譜》卷一"排行引言"說:"古者男生三月而命名,女年二十而適姓,所以重其事也。《孟子》云:'姓所同也,名所獨也。'昔文成公(王陽明)作五言律詩一首,以為行第,使後命名以蟬聯而下,我姚王氏罔弗遵而循之。今追錄之,各房自九世起依次補填行某字樣,非敢強名其祖,只以明世次也。嗣後蘭徵有慶,即當謹依輩數,肇錫嘉名,庶幼不襲長稱,卑不犯尊諱,豆觴齒讓,跂予望之。"接著即列排行稱謂:

> 守正承先業,貽謀裕後昆。忠孝傳家遠,詩書紹澤長。
> 功德千年在,淵源百世宗。熙朝舒泰運,心學誦前芬。[①]

現從餘姚和紹興兩地王姓取名來看,正是依此排行來命名的。

　　王陽明生在餘姚,長在餘姚,死於平息兩廣動亂後的回歸途中。他在餘姚度過了大半輩生涯。王陽明熱愛故鄉,任職在外時,無論政務繁忙,戎馬倥傯,他多次回餘姚省親,祭掃祖墓,在餘姚留下了大量活動史跡,其中最為重要的即是王陽明誕生地——瑞雲樓。瑞雲樓已於 2006 年 6 月陞級為全國重點文物保護單位。

二、何時遷居山陰縣

　　現在我們再來看一下王陽明是何時由餘姚搬遷到紹興府城山陰縣居住的。王陽明在晚年遷居山陰之前,三十一歲時曾一度潛居於會稽山中的陽明洞天,以養病悟道;王陽明五十歲前後,唯由於其父王華留戀鑒湖山水,王陽明一家遷居紹興山陰。至於遷居的時間,歷來眾說紛紜。現據有關原始資料作一考索。

　　"越"之名稱,在廣義上應指包括山陰縣、會稽縣在內的越城,以及轄屬的餘姚、上虞、蕭山、諸暨、新昌、嵊縣,共八縣。由此可知,有時候稱"越",應該包括整個紹興府,王陽明的《居越詩》即包括餘姚在內。歷史上的餘姚

---

① 《姚江開元王氏宗譜·排行引言》卷一。

縣與越有著極深厚的淵源,秦漢時期屬於會稽郡;隋唐、北宋時屬越州;南宋時將越州陞為紹興府,餘姚縣仍屬於紹興府,至明清不變。歷史上的餘姚歸屬會稽郡或紹興府管轄,在習慣上亦可稱之為紹興人,即使著名的"紹興師爺",其中即有不少實是餘姚縣人。再說,越城乃古越之地,越州府治又設於此,作為府(郡)城的越城,由於歷史之久遠及文化經濟之繁榮,即為八邑官民之所聚。餘姚歷代名人亦多喜歡寓居越城,如與王陽明同時或差近的孫燧、徐愛、趙錦、呂本、孫陞、孫鑛、孫如遊、孫鑨、鄭遵謙,及清代的邵廷采等學人,大多在越城都建有住宅。其中如呂本在越城臨近王陽明伯府第建有"呂府十三廳",至今還保存有不少建築群,主體建築"榮恩堂"還完好無損。王華、王陽明父子的寓居越城,亦屬正常,本不值得奇怪。寓居越城的上述眾多名人,他們的餘姚縣籍貫都沒有爭議,獨獨對王陽明的遷居越城發生極多爭議,實屬奇哉怪也。

之所以產生這一爭議,主要原因有三:一是由於王陽明的隆高聲譽,以及附隨著的地方利益;二是由於紹興城簡稱作越,包括八縣的紹興府亦可稱越;三是由於王陽明晚年遷居紹興府山陰縣東光相坊謝公橋。這對王陽明的籍貫、遷居等問題上帶來了一定的麻煩,使問題複雜化。

由於上述三點以及地方利益之趨動,越中人士則由此而引發"王陽明是紹興人"之說。一部《嘉慶山陰縣誌》中,除了將寓居於山陰縣而有點名望的較多餘姚籍人如莫叔光、莫子純、聞人詮、趙錦、孫如法、鄭遵謙等列入山陰《鄉賢》中之外,凡寫到與王陽明相關文字時,均重複加上"王守仁本籍山陰,遷居餘姚,後復還山陰";以及王陽明"公世居山陰,後徙姚江。然則公之不忘山陰,即營邱反葬之誼"[1]等累贅文句。這種強拖外籍人充作本地人、未經認真考索而作出的隨意性推斷,給世人造成極大的迷蒙,貽害後人匪淺。

這一關於王陽明籍貫之爭執,最早發生在清代前期。筆者找到一份出版於民國二十四年的小冊子《餘姚三哲紀念集》(三哲指王陽明、朱舜水、黃梨洲三人),書中記有一則關於爭執王陽明籍貫的故事:

> 從前父老說過,為了王陽明先生籍貫的問題,山陰人同餘姚人,彼此曾發生過激烈的爭執,山陰人說他屬山陰籍,餘姚人說他屬餘姚籍。

---

[1]　見《嘉慶山陰縣誌》卷首《皇言》、卷十四《鄉賢》、卷二十一《壇廟》,清嘉慶八年刻本。

他們爭執的動機,一來,因為陽明先生道德高尚,學問淵博,有功於當世,那麼凡是他的故鄉的人,連帶的有些餘榮;二則因當時朝廷降旨,諭先生入聖廟,配享孔祀;並且就他的縣份裏,可以增加考取秀才的名額。所以,一場爭執陽明先生籍貫的糾紛,便在這個場合而產生了。

山陰人憑藉著陽明先生的祠堂、住宅、事蹟都在山陰,提舉出來,作為重要的證據。我們餘姚人則引指陽明先生的祖先和他自己,都是生長在餘姚的事實作為反證,可是一時更沒有其他強有力的證據。看當時的情形,差不多山陰人要佔優勢了。後來,餘姚人之主其事者,於無意中,偶然經過一所學堂,忽地聽到一個學童朗讀《古文觀止》裏陽明先生所作的《瘞旅文》篇"嗚呼,傷哉! 繄何人? 繄何人? 吾龍場驛丞餘姚王守仁也"的聲浪,乃恍然大悟,高興非常,便提出陽明先生的這首自白,證明他的確是餘姚人。因為出之於陽明先生本人所說的話,這種鐵證,已沒有推翻的餘地;於是陽明先生的原籍在餘姚,論斷已定,他們山陰人也就沒有什麼話可說了。①

針對王陽明的籍貫問題,筆者已在上文說得詳盡明白,無須贅述。② 學術界也已一致公認王陽明祖籍餘姚,出生餘姚,自稱"吾龍場驛丞餘姚王守仁也",③後又始終以餘姚為"家鄉",故後人一般都稱其宗族為"姚江王氏",又因王陽明祖上世居餘姚城裏秘圖山北,故稱"姚江秘圖山派王氏";有稱王陽明為"王姚江",並稱其學派為"姚江學派"。

籍貫問題確定了,時至現今,忽然又有人出來,從王陽明遷居紹興的時間問題上來做文章。例如有人認為:

從瑞雲樓租賃人及所有人的變換中,我們更清楚地看到,王華登第前後即舉家遷居山陰的推斷恐怕最貼近史實。這即使從《陽明年譜》弘治二年(1489)至弘治十年(1497)條的記載中也能窺見一斑:弘治二年十二月,陽明"夫人諸氏歸餘姚"(應理解為洪都婚後回娘家省親);"明年龍山公以外艱歸姚"(應理解為王華因父死而回姚奔喪),

---

① 《餘姚三哲紀念集·雜錄》,民國二十四年版,第 189 頁。
② 諸煥燦:《王陽明與姚江王氏考略》,《浙東文化》,上海古籍出版社 2006 年第一輯。
③ 《王陽明全集·外集·瘞旅文》卷二十五,上海古籍出版社 1992 年版,第 952 頁。

命陽明與四位叔姨"講析經義";五年陽明"在越"(應理解為在越城里第);明年春"歸餘姚,結詩社龍泉山寺"。① 同時認為,"陽明遷居紹興,與其父王華舉業有關"。王華因常思山陰山水佳麗,又為先世故居,複自姚徙越城之光相坊居之。②

另據《王陽明年譜》成化十七年(1484)載:是年,王華"舉進士第一甲第一人",王陽明十歲,"皆在越"。有人據此即認為王陽明十歲時已隨父遷居越城(紹興),想由此來造成王陽明"生在餘姚,長在紹興"的誤導。筆者認為這一說法缺少有力之證據,王陽明隨其父"王華登第前後即舉家遷居山陰的推斷"難以成立,為此不得不辯。

按《王陽明年譜》弘治二年(1489)至弘治十年(1497)條所載:弘治二年十二月,王陽明與"夫人諸氏歸餘姚";"明年,龍山公以外艱歸姚,命從弟冕、階,宮及妹婿牧,相與先生(王陽明)講析經義";"五年壬子,舉浙江鄉試。明年春,會試下第……歸餘姚,結詩社龍泉山寺"③。上述所載正說明王陽明當時家住餘姚,當然得回歸餘姚家中。如果此時已舉家遷居山陰,那就應該寫作"歸越"或"歸山陰"了,這不辨自明。由此證明"王華登第前後即舉家遷居山陰的推斷"不符合史實。

王陽明三十一歲時曾一度潛居於會稽山中的陽明洞天,養病悟道半年餘。後因其父王華留戀鑒湖山水,晚年的王陽明一家即遷居紹興山陰,這是公認的事實。問題在於遷居的時間,歷來眾說紛紜。現據有關原始資料作一考索。

王陽明出生于餘姚城裏龍泉山北麓的瑞雲樓,這已為世所公認,無須再辨。問題在於王陽明一家離開瑞雲樓之後的去向。有人認為已搬遷到了山陰,事實並非如此。曾是王華門生的松江人陸深說:"深,先生(指王華)南畿所錄士也,暨於登朝,獲從班行之末,受教最深。又辱與新建公遊處,出入門牆最久,每當待側講道之際,觀法者多矣。正德壬申秋,以使事之餘,迂道拜先生于龍山里第。"④龍山即餘姚城內的龍泉山,山之北麓正對瑞雲樓正門,約近百米而已。"正德壬申"是正德七年(1512),時王陽明四

---

① 錢明:《王陽明遷居山陰辨考》,《貴陽王陽明研究會會刊》2006 年第三期。
② 《王陽明全集·年譜》卷三十三,1992 年版,第 1220 頁。
③ 《王陽明全集·年譜》卷三十三,1992 年版,第 1222 頁。
④ 《王陽明全集·年譜》卷三十三,1992 年版,第 1225 頁。

十一歲。此年,王陽明復官京師,王華已於早年致仕家居。陸深以“使事之餘”拜訪先生王華于“龍山里第”,說明至少在正德七年時,王陽明一家仍居住餘姚城內,只是由瑞雲樓搬到“龍山里第”而已。但是有人錯誤地認為:此龍山應指紹興城西北部的臥龍山,“龍山里第”即指在山陰縣光相坊的“王府”。並稱引王畿、張元忭、周汝登、陶望齡等曾倡道於臥龍山,就指認王陽明也定然與此龍山相關。① 這僅是想當然的說法,不是學術考證的態度。何況王府的建造遲至嘉靖初年王陽明被封為“新建伯”之後的事,在王陽明尚未封伯爵之前,何得興建伯府第(王府)。按情理推究,三十八歲時的王陽明尚貶官貴州龍場驛,王華考慮到兒子投荒萬里,自身又被魏閹“傳旨令致仕”,王華絕不可能有遷居紹興府城建造王府之意想;第二年,王陽明陞任區區廬陵知縣,四十歲時還是一名小小的清吏司主事,在京忙於公務;王華致仕在家,心有餘悸,處於此情此況,是不可能去考慮舉家遷居府城的。直至正德八年(1513)五月,王陽明“至家即與徐愛同遊台、蕩,宗族親友絆弗能行。五月終……入四明,觀白水,尋龍溪之源;登杖錫,至雪竇,上千丈巖,以望天姥、華頂;欲遂從奉化取道赤城。適久旱,山田盡龜坼,慘然不樂,遂自寧波還餘姚”。② 這裏“還餘姚”三字正告訴了我們:王陽明自餘姚出發進入四明山區遊觀,遊觀結束後即由寧波還歸餘姚家中,證明正德八年、四十二歲時的王陽明一家仍居住在餘姚城內。

　　楊一清的《海日先生墓誌銘》及陸深的《海日先生行狀》中均寫到:弘治三年(1490),王華在京獲悉“竹軒之訃始至,號慟屢絕,即日南奔,葬竹軒公於穴湖山,遂廬墓下”。正德十四年(1519),王陽明祖母岑太夫人去世,附葬於穴湖山。“太夫人已百歲,先生亦壽逾七十矣……及太夫人之歿,寢苦蔬食,哀毀逾節,因以得疾。逮葬,跣足隨號,行數十里,於是疾勢愈增”。③ 時正值王陽明發義兵平宸濠之謀叛,雖多次乞省葬,不允。按《光緒餘姚縣誌·山川》載:“穴湖在縣東一十二里。”④按里程計之,能隨行數十里即抵達穴湖山附葬的,也只能是從餘姚龍山里第出發,決不可能從山陰縣出發。按語言習慣,為了表達王華對母親的孝心,餘姚至穴湖山十多里,可以說成“數十里”。然而,從山陰縣至餘姚城東的穴湖山,那是遠達一百

①　錢明:《王陽明遷居山陰辨考》,《貴陽王陽明研究會會刊》2006 年第三期。

②　《王陽明全集·年譜》卷三十三,1992 年版,第 1235 頁。

③　《王陽明全集·世德記·海日先生行狀》卷三十八,第 1397 頁。

④　《光緒餘姚縣誌·山川》卷二,光緒二十五年刻本。

九十多里,陸深的《海日先生行狀》中必然要寫作"行數百里"了。如果此時王華已舉家遷徙到紹興,他定然會把竹軒公及岑太夫人葬于紹興城南的好山水中,不可能遠葬于餘姚城東的穴湖山。現有時年已九十餘歲的王陽明第十六世孫王詩棠(詩字輩,2011年仙逝),曾對筆者親口說起:"岑太夫人長年居住餘姚,從未離開餘姚,一直到年滿百歲時死在餘姚城裏。岑太夫人也是我們王氏家族中壽命最長的人。"我們再從王華初葬鄭氏夫人來考察:王華初配贈夫人鄭氏,成化二十二年卒,時王陽明十五歲,"初,鄭夫人附葬穴湖,已而改殯郡南石泉山。石泉近有水患,乃卜今地葬公云"。① 正由於王家當時居住餘姚城裏,纔將鄭氏夫人葬于餘姚城東的穴湖。嘉靖元年(1522)二月,王華臨終,纔將鄭氏夫人改殯到紹興城南的石泉山,因發現石泉山有水患,即另行擇地。待"明年秋八月"王華下葬時,"葬公郡東天柱峰之南之原",②纔將鄭氏夫人埋葬于紹興城東的徐山。文中的"殯"與"葬"大有區別,"殯"乃古代臨時停柩之所;"葬"纔是真正的掩埋死者,從中正可辨析出由於到嘉靖初年王家搬到紹興,纔將鄭氏夫人由餘姚遷葬到紹興,先是"殯",後來待落實葬地,纔真正將王華夫妻埋葬。到嘉靖四年,諸氏夫人去世,也就附葬于徐山。由此可以斷定:在正德十四年時、四十八歲的王陽明一家仍然居住在餘姚城內。

至於說《王陽明年譜·正德十六年》載:"八月,至越,九月,歸餘姚省祖塋……訪瑞雲樓。"③有人據此認為是王陽明先回至紹興,再到餘姚。這是將"至"與"歸"兩字理解錯誤了。按"至"字之義是"到達",接著出現"歸餘姚",按字義正說明王陽明僅僅是在八月行程到達紹興,或許在學生、友人家中暫住幾日,"歸餘姚"纔是真正回家。如果此時已舉家遷徙紹興,那麼這裏應該寫作"八月歸越,九月至餘姚省祖塋"了。

正德十六年,王正憲受蔭世襲錦衣衛百戶,同年七月十八日,浙江布政司題送兵部諮呈,內稱:

> 據紹興府申據餘姚縣申蒙本府紙牌,仰縣速將都御史王承蔭子侄應該之人取具,無礙親供,並官吏、里鄰人等,不扶結狀繳報等

---

① 《王陽明全集·世德記·海日先生墓誌銘》卷三十八,第1390頁。
② 《王陽明全集·世德記·海日先生墓誌銘》卷三十八,第1387頁。
③ 《王陽明全集·年譜》卷三十三,1992年版,第1282頁。

因。……合將檄到王冕等供狀一紙，係本縣東北隅五里民籍，有侄，王守仁任江西南贛等處右副都御史，為剿賊成功，欽承蔭子王正憲，世襲錦衣衛百戶，行縣取具里老並本族親供呈繳到部……為此，合行浙江布政司轉行紹興府餘姚縣，著落當該官吏照依本部題奉欽依內事理，即便查取王正憲作速起程，前來赴任。仍將本官起程日期繳報施行。①

由這一件由餘姚縣申蒙上司，最後遞呈到兵部的官方檔，可以說這是證明王陽明嗣子王正憲戶籍的最有力之鐵證。時至正德十六年，因王陽明功業隆高，得以蔭子王正憲（年十七歲）為世襲錦衣衛百戶，即由餘姚縣辦理正式手續，呈報紹興府，再由浙江布政司呈報兵部。據此可以斷定，直至正德十六年（1521）七月，王氏仍闔家居住餘姚。同年十二月，即遇“新建伯”之封。如若王陽明一家已遷居山陰縣，那麼紹興府只要行文到紹興府城裏面的山陰縣即可，何必要行文到餘姚縣辦理。可是有人認為：“該《諮呈》的目的只是為了證明王正憲的戶籍所在地，而與王陽明一家毫無相干。”②這一說法實在怪哉。王正憲本是王陽明的兒子，即是王陽明家庭的一員，子隨父母，戶籍隨人，這是中國歷來最最基本的戶籍制度，怎麼可以說王正憲“與王陽明一家毫無相干”呢？戶籍關係尚在餘姚縣，怎麼可以說是山陰縣人呢？

王陽明於正德十六年（1521）十二月受封“新建伯”，自然要賜建府第。而餘姚作為一個縣城，安不下豪華的“伯府第”，曾隱居於陽明洞天的王陽明，以及鍾情鑒湖山水的王華，趁賜建府第之機而擇地於郡城紹興山陰，此亦附合勳貴們一到名成功就之時，便紛紛湧向高一級城市的心理情態。據此可以推定，王陽明一家，當然包括兒子王正憲，舉家遷居紹興山陰，乃在受封“新建伯”之後。而遷居的具體日期，當在“伯府第”竣工之後，即嘉靖元年（1522），王陽明五十一歲之年。由上述可知，所謂正德十六年、王陽明五十歲之前，王氏一家已遷居紹興的說法不能成立。

當王陽明遷居紹興“伯府第”新居不久，父王華即去世。因已遷居於紹興，纔就近築墓於紹興城南之石泉山，並將原葬于餘姚城東穴湖的王陽明生母鄭氏夫人靈柩遷來殯葬於此。後來發現石泉山墓穴有水患，隨即改

---

①　《王陽明全集·世德記附錄·蔭子諮呈》卷三十九，第 1486—1488 頁。

②　錢明：《王陽明遷居山陰辨考》，見《貴陽王陽明研究會會刊》2006 年第三期。

葬,將父母合葬于城南之天柱峰。① 嘉靖四年,王陽明夫人諸氏卒於紹興。嘉靖五年十一月十七日,繼室張氏生子王正億於紹興。

王陽明死後,由於胤子王正億與嗣子王正憲之間的矛盾,胤子王正億一脈又返居餘姚。這又有明隆慶二年(1568)任吏部尚書的楊博《會議復爵疏》為證:"……今據浙江布政使司諮呈據紹興府申據餘姚縣申內開勘,據該圖里鄰呂本隆等結稱,王正億見年四十三歲,原係南京兵部尚書、都察院左御史、新建伯王守仁繼妻張氏於嘉靖五年十二月十二日所生嫡長親男,向因會伊父先年節次剿平南、贛、樂昌等處山賊,恩蔭一子,世襲錦衣衛副千戶本官。"②同一時期,另有巡按浙江監察御史王得春的《浙江巡撫奏復封爵疏》、《題請會議復爵疏》等呈文中均寫到"原任新建伯王守仁,為浙江餘姚人"。③ 由此可知,由於王陽明親生兒子王正億的返歸餘姚,戶籍關係亦隨同回歸餘姚縣,王正億支系即成為"姚江秘圖山派王氏"的真傳血脈。

結論:王陽明所歸屬"姚江秘圖山派王氏",上溯至宋代即為"三槐堂"世系,往上追溯即為王導的"烏衣大房"系,與王羲之一系脈沒有關係。當兩宋之際,"三槐堂"系的九世孫王道扈駕南渡入浙,贈爵餘杭縣開國男,居餘杭之仙宅界,其子王補之再遷徙上虞達溪虹橋。王補之的曾孫王季(烏衣第三十三世)由上虞達溪遷居餘姚城內之秘圖山旁,是為"姚江秘圖山派王氏"始祖,即王陽明的十世祖。王陽明為"姚江秘圖山派王氏"第十世孫。王陽明誕生於餘姚城內的瑞雲樓,直至中年一直居住於瑞雲樓。後因其父王華留戀鑒湖山水,在王陽明受封"新建伯",賜建"伯府第"並竣工之後,即嘉靖元年(1522),王陽明五十一歲之年,由紹興府餘姚縣舉家遷居紹興府城內之山陰縣。嘉靖七年十一月去世於回歸途中的江西南安府大庾縣青龍鋪,嘉靖八年十一月葬於紹興城南三十里,入蘭亭五里之洪溪。

三、王陽明的餘姚遺跡

王陽明生在餘姚,長在餘姚,在餘姚度過了大半輩生涯。王陽明熱愛故

---

①　見《王陽明全集·年譜》卷三十五,第 1289 頁;《王陽明全集·海日先生行狀》卷三十八,第 1400 頁。

②　《王陽明全集·世德記附錄·會議復爵書》卷三十九,第 1514 頁。

③　《王陽明全集·世德記附錄·浙江巡撫奏復封爵疏》卷三十九,第 1510 頁。

鄉,任職在外時,無論政務繁忙,戎馬倥傯,他多次回餘姚省親,祭掃祖墓,在餘姚留下了大量活動史跡,餘姚一地,雖經"文革"時期大破"四舊"之毀損賤害,至今尚留有不少與王陽明相關的遺跡,略予簡述,以供同仁之探索。

王氏宗祠和新建伯牌軒

王陽明十一世祖王季于兩宋之際由上虞達溪虹橋遷至餘姚城內的秘圖山北,世稱秘圖山派姚江王氏。秘圖山為餘姚縣衙內之座山,山前至姚江北岸即是縣衙所在。秘圖山北是柴行街,街與山之間有河,河上有秘圖橋、金鎖橋、銀鎖橋。多年之後,子孫繁衍,財產積累,即在秘圖山後柴行街北側擇地建造王氏宗祠,前後四進,東西兩側有廂房相連,子孫散居宗祠東西兩側及祠宇後方。再過二百來年,至明景泰、天順年間,因王氏人口增長,部分族人外遷,王陽明祖父王倫即向莫氏租賃武勝門路南端的房屋,率領全家自秘圖山北搬遷於此,即後來稱之為瑞雲樓之處。

直至上世紀五十年代,王氏宗祠改設為柴行街小學。自"文化大革命"運動後,宗祠屋宇被先後拆建、改造、遷移。原柴行街小學亦經多次改名,現定名為陽明小學。至上世紀九十年代末,再次于王氏宗祠舊址整體重建為銀行大樓,陽明小學北移,宗祠屋宇全部拆毀不存。2008年,該址又改戶為中國石化公司。

明正德十六年(1521),王陽明功成名就,被封爵"新建伯",即於嘉靖元年(1522)在王氏宗祠正門前賜建"新建伯"牌軒。王陽明死後雖一度遭受讒言,至明隆慶元年(1567),明穆宗更進而追贈王陽明為新建侯,諡文成。

"新建伯"石牌軒為三間四柱,柱腳前後兩側蹲有兩對栩栩如生的石獅和抱鼓石,支撐著坊柱的穩固。大額坊上由石製斗拱和象鼻狀假昂層層出跳,支撐上部石製歇山頂。明間額坊間的石彌板上深鐫有"新建伯"三個行楷大字。明次間大小額坊上均佈施奔騰的梅花鹿、威武的麒麟、雙龍戲珠等高浮雕。整座牌坊顯得威嚴、壯重。"新建伯牌軒"存在了四百四十多年,直至上世紀六十年代"文革"初起破"四舊"時予以炸毀,石料被填埋於地下。時至上世紀末,因新建銀行大樓挖掘地基時,重新挖出了"新建伯牌軒"的題額石板,被陽明小學校長所保存。到2005年在王陽明故居前仿建"新建伯牌軒"時,就利用了這一原題額石板,使之現在所見的全新的新建伯牌軒中,"新建伯"三大字題額卻是原汁原味的明代嘉靖原物。

瑞雲樓

遷姚王氏隔十代之後,于明成化八年九月三十日,王陽明誕生於餘姚城內龍泉山北麓的瑞雲樓。相傳王陽明降生時，他祖母岑氏夢見神人衣緋佩玉，駕著瑞雲，以鼓樂送子，故世人名之為"瑞雲樓"，以寓仰慕之意。王陽明在此樓度過了他的童年生活。王陽明的十世祖早在宋代時已遷居餘姚，王陽明又誕辰於餘姚城內的瑞雲樓，世皆知王陽明為餘姚人，世無異疑。

瑞雲樓位於餘姚北城，龍泉山北麓，佔地五千餘平方米，是王陽明的祖父王倫租自莫氏（莫氏是宋代聲望顯赫的姚城官宦大族）。其父王華（1446—1522），于成化十七年（1481）考中狀元，為官於京城，遂擇地瑞雲樓近旁的龍山里第構築新居，此樓部分房屋又由莫氏轉租給錢氏。離王陽明誕生二十四年後的弘治九年（1496），王陽明的得意門生、大儒錢德洪（1496—1574）亦降生於此樓，實乃歷史之巧合。王陽明熱愛故鄉，待貴顯之後，在日後戎馬倥傯之暇，每當回餘姚，必指點樓中藏胎衣處，顧念到母親和祖母，因自己軍務繁忙，對祖父、祖母不能夠生養死殮，常常引起長時間的痛哭。[①]

錢德洪曾寫有《瑞雲樓記》。文中寫道："瑞雲樓者，吾師陽明先生降辰之地也，樓居餘姚龍泉山之北麓，海日公微時僦諸莫氏以居。"待王陽明誕生於瑞雲樓，"蓋成化壬辰九月三十日亥時也。竹軒公異之，即以雲命名……及先生（陽明）貴，鄉人指其樓曰'瑞雲樓'。他日，公既得第，先子（指錢德洪之父）復僦諸莫氏居焉。弘治丙辰（弘治九年），某亦生於此樓。及某登進士，樓遂屬諸先子"。[②]

記中所說"公既得第"，應指王陽明中舉事，古人亦有稱中舉為得第的，如白居易《與元九書》："二十七方從鄉試，即第之後，雖專於科試，亦不廢詩。"[③]王陽明中舉在弘治五年（1492）二十一歲時，故"公既得第，先子復僦諸莫氏居焉"，即是說當王陽明中舉之後，瑞雲樓即被退還莫氏，後或再由莫氏租給錢氏。故"弘治丙辰"（弘治九年，1496），錢德洪亦出生於瑞雲樓。

王陽明學友羅洪先在《瑞雲樓遺址記》中亦寫道：

　　瑞雲樓在餘姚龍山北麓，本莫氏居，尚書海日王公（指王陽明父王

---

① 《王文成公全書·附錄一·年譜》卷三十二，明隆慶刻本。
② 《光緒餘姚縣誌·古跡》卷十四，清光緒二十五年刻本。
③ 白居易《長慶集》卷二十八。

華）微時寓焉。而夫人鄭有身,既踰期,母岑太夫人夢緋袍玉帶貴人乘
五色雲,抱兒授之,驚覺,啼聲在耳,果得兒,成化壬辰九月三十日也。
於是以"雲"為名,呼其名,輒不應,亦不復言,如是者五年。一日道士
入庭,指兒謂家人曰:"天機慎勿泄也。"比出門,忽不見,亟易名,兒始
能言,是為陽明先生。先生既貴,鄉人號樓曰"瑞雲"。其後錢心漁翁
僦居之。弘治丙辰(1496),緒山錢子生。錢子登進士,而莫氏以居來
售,於是樓入於錢。嘉靖丙辰(三十五年),錢子索予大書"瑞雲樓遺
址"五字,垂之後記曰……樓入錢氏,今已改築。書遺址,蓋紀實云。①

　　明嘉靖間大學士、餘姚人呂本在《緒山錢公墓誌銘》中也寫道:錢德洪
"父蒙,三歲瞽目,號心漁翁,母馬氏,世居鄧巷,遭回祿,始僦莫氏樓以居。
是樓為陽明公降生之所,曰'瑞雲'"。②
　　至於瑞雲樓的確切位置,錢德洪在《瑞雲樓記》中說"瑞雲樓居餘姚龍
山之北麓",這與《光緒餘姚縣誌·古跡》說法"瑞雲樓在龍泉山北,王文成
所生處也,父華未第時嘗居是樓,一夕夢雲中鼓樂幢蓋送一小兒來,遂誕
公,因名其行曰雲一,其樓曰瑞雲"一致。王陽明也曾寫有詩來讚美明禮部
侍郎、餘姚人倪宗正的清暉佳氣樓,詩中最後的"三十年來同出處,清暉樓
對瑞雲樓",表明了瑞雲樓與倪宗正的清暉佳氣樓同一中軸線前後矗立,相
距不遠。清暉佳氣樓至今亦尚在,座落在餘姚城裏武勝門路 82 號內,樓前
懸掛有"清暉佳氣"木匾,樓之西南隅立有"禮部侍郎倪文節公故祠",落款
為"皇明萬曆三年乙亥正月吉知餘姚縣李時成立"石碑。于此可知,瑞雲樓
古址地處龍泉山北麓,北對清暉佳氣樓,在此尚有明代款式的條石甬道及
石階可尋。
　　瑞雲樓何時毀壞,按成書於明萬曆三十一年(1603)的萬曆《餘姚縣
誌·古跡》,以及修於清康熙三十二年(1693)《餘姚縣誌》均有"瑞雲樓在
龍泉山北,王文成公守仁所生處也"的記載,這說明,至遲於清乾隆年間,瑞
雲樓尚存。又有清代邵家人在一首讚美江南呂本的出生處瑞日樓的詩中
寫道:"均徭均賦士民謳,滿院紅光四百秋。王子(王陽明)夢雲(瑞雲樓)
公(呂本)夢日(瑞日樓),江南江北兩高樓。"該詩作者意在稱頌瑞日樓,但

---

① 《石蓮洞羅先生文集》卷十三,萬曆四十四年刻本。
② 《期齋呂先生文集》卷十二,載《四庫存目從書》集九十九,第 593 頁。

涉及了瑞雲樓。邵家人為清乾隆年間人,由此說明,即作者在清代作該詩時瑞雲樓尚完好留存。就在清朝前期,由於莫氏敗落,纔將瑞雲樓整個建築區塊房居賣給了葉氏,並將大廳改稱為"壽山堂"。

到乾隆四十三年(1778),由邵晉涵等纂修乾隆《餘姚縣誌‧古跡》和光緒二十五年(1899)修的光緒《餘姚縣誌‧古跡》,均在有關瑞雲樓的記載之下注明是引用"萬曆舊志"的話,如當時瑞雲樓還實際存在的話,無須引用他志記載,這就可確證到乾隆四十三年修乾隆《餘姚縣誌》的時候,瑞雲樓已不復存在了。其次可證明的是餘姚龍泉山腰的四先賢故里碑亭,是後人為紀念嚴子陵、王陽明、朱舜水、黃梨洲等四位餘姚鄉賢所建。其中王陽明碑亭由當時餘姚知縣李化楠建於乾隆十九年(1754),其碑亭柱上鎸有楹聯:"曾將大學垂名教,尚有高樓揭瑞雲。"其中"尚有"即是說還存在,"揭"通"楬",即標幟的意思。由此可以斷言,瑞雲樓毀於乾隆十九年建王陽明碑亭之後,即乾隆年間的晚期,一場大火把瑞雲樓燒得精光。

瑞雲樓主樓雖被焚毀,而建築群體中的頭門、儀門、正廳等四周明代建築基本完整。尤其是三間正廳完好無損,用材粗大穩實,房架高敞,附有拱形前廊,具有典型的明代建築風格。後樓火燒場遺址一直留存至今。經筆者等有關人士及中外友人、學者的呼籲,時至 1995 年,由政府出資,分期將瑞雲樓區塊收回,進行了第一期修復工程,借用別處拆遷的明代建築原材料,仍按明代風格,參照故文獻《瑞雲樓記》所述原樣在火燒場遺址之上修復,大致恢復了"瑞雲樓"原貌。2005 年,王陽明故居第二期工程動工,動遷故居整體面積五千平方米範圍內的八十六戶住戶,拆除自民國之後零星披搭隨建的全部雜亂民房。在王陽明故居正門前開闢廣場,按原樣遷建賜封王陽明的"新建伯牌坊",建豎王陽明銅像,至 2007 年 3 月基本竣工,瑞雲樓以它完整的格局呈現在人們面前。與此同時,進行《王陽明生平事蹟》、《王陽明弟子》、《陽明學說的歷史地位》,以及王陽明與其祖、父、兄弟等生活場景的陳列佈置,於 2007 年 4 月中旬全部完成,使之成為今天人們憑弔先哲之處,是追思古賢的聖地。

2006 年 6 月,瑞雲樓陞級為全國重點文物保護單位。

理學舊居

理學舊居位於餘姚北城憲卿第,坐北朝南,東西兩院緊密相連,前後各為兩進,庭院兩側各有翼屋,硬山重簷平房,主人陸恒是一位清貧的學者。按光緒《餘姚縣誌‧列傳八》載:"陸恒,字有常,號拙庵……恒幼號神童,倡道學,邑王華、謝遷、黃珣並推為社長,以弘治九年選貢,授福清訓導,薦知廣東石城縣。"陸恒對程朱理學有著專門研究,被人稱為"姚城名儒"。他與王陽明之父王華、泗門的謝遷、梁弄的黃珣是知心學友,經常切磋學問,並結成會社,共推舉陸恒為社長。成化十一年(1475),謝遷考中狀元;成化十七年(1481),王華也考中狀元,黃珣考中榜眼,均任職京師。而陸恒仍在餘姚城裏以授徒為業。王華考中狀元後,即將年僅十歲的兒子託付於陸恒。王陽明於是拜陸恒為老師,在此接受啟蒙教育。弘治九年(1496),陸恒被推選為貢生,授福清縣訓導,薦任廣東石城縣知縣。嚴懲惡吏,平反冤獄,興文教,建義塾,為地方做了大量好事。當陸恒聽說好友謝遷被封為大學士(閣老)。陸恒因好友入閣為相,為了避嫌,當即告老還鄉。在家居期間,躬修內省,專以"孝悌慈"三訓教育子弟。當王陽明擔任贛南巡撫時,名高天下,但對老師依然尊敬。每當回姚探親之日,必然要到老師府上去拜候。還特意為老師題寫了"理學舊居"四字行楷橫匾贈送,筆調蒼勁古樸,字跡瘦高,擬為王陽明手跡。此匾額在"文化大革命"時期,被有心人用石灰塗掩,纔得以保存下來。1995年,陸恒故居在舊城開發中被拆除。

龍泉山中天閣

中天閣是王陽明在餘姚故鄉的講學之處。明嘉靖元年二月(1522),王陽明父王華去世,王陽明即丁憂在家,往來於紹興、餘姚兩地之間,與學生們聚會于餘姚城內龍泉山南坡的中天閣,講學授業,孜孜不倦。

中天閣,屋簷飛在雲端,南窗洞開,登樓伸手,可攬白雲。睜目遠望,嵐氣在腳底陡騰,松風在耳邊吹拂。松風送入樓閣中,卻似有人在吹塤篪,又好像一陣雨飄過,又送來水激崖石的聲音,有時激越,有時嗚嗚。南天一抹青黛,即四明山也。身在閣中,遙對南天,一覽無餘。古人確實聰明,選擇此地構築樓閣,使之佔據了俯瞰的優勢,獨享浙東美景。可以賞景,可以感慨,可以吟詩,可以遐思,可以舉杯邀明月,可以迎風唱離騷。山在雲端,樓在雲間,登樓足可以使人思接千載,神遊萬里。身在此樓中,極盡山川之韻致,唐代詩人方幹曾賦《題龍泉寺絕頂詩》曰:"未明先見海底日,良久遠雞方報晨。古樹含風長帶雨,寒巖四月始知春。中天氣爽星河近,下界時豐雷雨勻。前後登臨思無盡,年年改換往來人。"①中天閣初建於五代,即取唐人方幹《題龍泉寺絕頂詩》中"中天氣爽星河近,下界時豐雷雨勻"之句,名

---

① 《全唐詩·方幹》,清康熙揚州詩局本,第十函第三冊652卷。

之為中天閣。這裏環境幽靜,綠樹參差掩映,光影斑駁。春月桃花似笑,夏日榴花似火,秋月桂香浮動,冬月臘梅怒放。遙對南天,一覽無餘,確實是一個讀書做學問的佳境。

中天閣東側有一石井,無論天旱少雨,此井清盈盈,常年不枯。且因水面常呈現兩條遊龍波紋,如雙龍戲水,故稱之為"龍泉井",並以此名山,叫作龍泉山。早在北宋時,蘇東坡曾讚此井說"龍泉石井甘勝乳"。時任鄞縣縣令的王安石,應餘姚縣令謝景初之邀請,曾多次來餘姚,登臨龍泉山,曾題石井詩兩首:"山腰石有千年潤,海眼泉無一日乾。天下蒼生待霖雨,不知龍向此中蟠。""人傳此井未嘗枯,滿底蒼苔亂髮粗。四海旱多霖雨少,此中端有臥龍無?"①靖康年間,小康王為躲避金兵的追索,逃經餘姚時亦登龍泉山,飲龍泉之水,認為甘甜爽口。當他登基為帝(宋高宗),建都臨安(杭州)之後,曾派人來餘姚汲取龍泉水,裝了十餘甕運往臨安,供他享用。

明正德年間,先由姚城大儒錢德洪開闢為講堂。正德末年,王陽明歸餘姚省祖塋,被錢德洪、夏淳、范引年、諸陽、柴鳳等七十四人迎請到中天閣,拜王陽明為師。嘉靖初年,王陽明丁父憂家居期間,定會開講於中天閣,規定以每月的初一、初八、十五、廿三日為陽明先生親自開講之日。每逢開講之日,聽講者多達三百餘人。其他日子仍有錢德洪主講,講授王學,學生們稱錢德洪為教授師。王陽明還為學生訂立學規《中天閣勉諸生》,親自書壁,以告誡勉勵學生。在這裏,王陽明培養了徐愛、錢德洪、孫應奎、聞人銓、趙錦等一代王學中堅。他不但親自主講,而且還時刻關注指導著中天閣的講學活動。據《王陽明年譜》記載:"師出征思田,每遺書洪、畿,必念及龍山之會。"在王陽明五十七歲襲破八寨斷藤峽後又寫信"問及餘姚龍山之講"。王陽明亦有《憶龍泉山詩》曰:"我愛龍泉山,山僧頗疏野。盡日坐井欄,有時臥松下。一夕別雲山,三年走車馬。愧殺巖下泉,朝夕自清瀉。"可見,王陽明與中天閣的關係非同一般。錢德洪亦賦詩:"龍山只在蕙江陽,鐘梵悠悠燕雀翔。絕頂龍潛含雨氣,中天山翠接江光。夢回鄉國堂垂白,秋到東籬菊正黃。南望傷心一揮淚,錢塘野渡正蒼茫。"②

明末清初,中天閣日見荒廢,後被尼姑佔據為庵堂。清乾隆二十四年(1759),餘姚知縣劉長城考慮到這裏本是王陽明先生講學之處,理該繼承

---

①　王安石:《王文公文集・律詩》卷六十四,上海人民出版社 1974 年版,第 696 頁。

②　光緒《餘姚縣誌・山川》卷二,光緒二十五年刻本。

王陽明先生講學之風,特重建為書院,高懸"齊雲軒"匾額,延師課士,樓上設王陽明神位,樓下為講學的處所,稱為"龍山書院"。咸豐十一年(1861)九月,太平軍忠王李秀成率部入浙,十月二十二日,佔領餘姚城,佔據中天閣。同治元年(1862)七月初八,太平軍敗退撤離餘姚城,一把大火焚毀了中天閣。光緒五年(1879),知縣高桐募款重建書院,即是現存的建築,五開間兩層樓,古樸穩實。中天閣內,環境幽靜,紅柱青瓦,四周綠樹參差,光影斑駁。據光緒年間的《重建龍山書院碑記》:"考其舊址,為中天閣,固文成講學之地。"

1981年,王陽明先生講學處——中天閣,被列為市級重點文物保護單位。2006年被列為浙江省級重點文物保護單位,現已佈置成王陽明的講堂的形式。

現存五開間兩層樓的中天閣正廳有一副明神宗的御筆楹聯:"智水消心火,仁風掃世塵。"上首,一軸王陽明先生的畫像,廣額高顴,清腰嚴肅,削腮絡須,沉思的眼神,太陽穴上左三右四共七顆黑籽,真正是王陽明先生的本來神態。

"陽明學說"曾遠播東瀛,在日本有著"國學"的崇高地位,東瀛學人鉅子先後西渡,專程蒞姚,登上龍泉山拜謁王陽明。1992年,由筆者請得日本姬路大學古川治教授在中天閣舉行《日本的陽明學》學術講座。

龍泉山二王祠

龍泉山二王祠位處中天閣上方,祭忠臺之下。於嘉靖十四年(1535)由松江籍大學士徐階所創建,以祭祀王陽明及其父親王華。王華(1446—1522),字德輝,號龍山公,明成化十七年(1481)狀元,是王陽明之父。累官至南京史部尚書。

王華祠在東側,又稱海日寺;陽明先生祠在西側,以學生徐愛、錢德洪配享,春秋祭祀。按《王陽明年譜》載:"(明嘉靖)十七年戊戌,巡按浙江監察御史傅鳳翔建陽明祠於龍泉山。"由此看來可能是經由大學士徐階之提議,然後由巡按浙江監察御史傅鳳翔實施。該祠今已無存,其確切位置,可見光緒《餘姚縣誌·龍山書院》所載:"龍泉山又一邑之望……最上為文成祠(陽明先生祠),諸生歲時習禮其間,循祠而下數武,方廣二畝許,繚以周垣,高甍巨桷,則邑侯澧水劉君長城所新建書院(龍山書院)。"[1]據實際位

---

① 光緒《餘姚縣誌·學校》卷十,光緒二十五年刻本。

置,在中天閣縱軸線上的正北山坡上,確有一塊可排列五間房屋的平地,這應是當年"二王祠"祠基。

　　據光緒《餘姚縣誌·典祀》載:"海日祠在新建伯祠東,祀文成父、尚書王華。咸豐十一年(1861)毀,同治初,龍山書院撥資建複。""陽明先生祠,初擬建於龍泉山,未有定址,以公嘗講學於龍泉寺之中天閣,嘉靖十三年乃寓主其所,以祀之。十四年,提學徐階因為建祠有司,春秋祭,以門人徐愛、錢德洪配享。國朝順治八年(1651),知縣胥庭清重修。"①知縣胥庭清所重修的二王祠,格局顯崇。據王爾祿撰《重修陽明先生祠記》云:祠堂明間正中額枋上高懸有"只是良知"、"其道光明"兩塊匾額,兩側楹柱上掛聯,聯曰:"千重鐵壁,非捨死棄生,決不能草草透過;一點珠明,到山窮水盡,乃忽覺頭頭現前。"同治元年(1862)七月初八,太平軍敗退撤離餘姚城時,于焚毀中天閣的同時亦焚毀了二王祠。同闢初,由龍山書院撥款重修二王祠。二十世紀三十年代,二王祠又被火焚毀。民國十六年(1927),北伐革命戰爭勝利,百廢待舉,承北京大學校長蔡元培之推介,堵福詵兩任餘姚縣長,他建議陽明、王華兩祠合建為二王祠,指派史士瑜、邵子傳董其事,酌募經費三千元,加建平屋一幢七間,四周築圍牆,南闢正門,由馬一浮題"二王祠"匾額,各方多贈匾額,祠貌煥然一新。四十年代初,浙東各縣先後淪陷日寇,餘姚慘遭蹂躪,文物無人管理,二王祠即遭毀滅。至今,二王祠舊基已被歲月的風雨吹剩下一片荒涼的空基而已。

　　王氏祖墓

　　王氏祖墓位於餘姚城西北三里的竹山,又名伯山。墓築於山頂,呈小土墩狀,無標記。光緒《餘姚縣誌·山川》:"伯山在風山東南,初亦名竹山,後以新建伯祖墓所在改名。"②此墓應是王陽明七世祖王綱之墓。傳說建此墓時,原已準備好石坊、石翁仲等,後因"風水不利"而未用,現在仍可見石馬遺落在附近池塘內。

　　龍泉寺

　　龍泉寺位於餘姚城區龍泉山南麓,北靠龍泉山南面姚江,正真是獨佳好地。據光緒《餘姚縣誌·典祀》載,龍泉寺始建於東晉咸康二年(336),歷史上毀建多次。唐武則天皇帝天授三年(692)時,曾刻有虞世南書《唐大龍

---

①　光緒《餘姚縣誌·典祀》卷十一,光緒二十五年刻本。
②　光緒《餘姚縣誌·山川》卷二,光緒二十五年刻本。

泉寺碑》,可惜不知毀於何時,文載光緒《餘姚縣誌‧金石》。宋建炎年間,高宗為躲避金兵而南逃,經餘姚時巡遊龍泉寺,待他建都臨安後,即賜金重建,殿閣儼然,背山面水,成為極佳去處。元朝元貞年間重建時規模較大,有彌陀閣、千佛閣、蟠龍閣、羅漢院、上方寺、中天院、東禪院、西禪院、鎮國院、喚仙亭、更好亭、龍泉亭等十多處建築。王陽明父親王華年青時曾讀書龍泉寺中,寺僧對此感到討厭,至深夜,喜好惡作習的寺僧常扮作鬼怪,爬到屋上掀瓦拋磚,大聲呼叫,對王華進行恐嚇。但王華仍是正襟危坐,神氣自若,誦書不止。至天明,寺僧故意問他知否夜裏的事,王華把裝扮成鬼怪的寺僧一一指點出來,寺僧只好認錯賠罪。

《王陽明年譜》載,明弘治九年(1496),二十五歲的王陽明會試下第歸餘姚,曾結詩社於龍泉寺。致仕方伯魏瀚以雄才自放,傲視他人,與王陽明登龍泉寺,對弈聯句,王陽明往往率先得佳句,魏瀚只好說:“老夫當退避數舍。”現存龍泉寺大雄寶殿即系清光緒元年(1875)所建。

祭忠台

祭忠台在龍泉山頂顛,原是一個極大的山崖活巖,上可圍坐四十餘人。光緒《餘姚縣志‧古跡》載:“祭忠台在龍泉山,正統間宦官王振用事,翰林侍講劉球疏劾之,死詔獄,邑人成器義而哀之,率同志割雞灑酒登山祭之,因名。其陳俎之石曰祭忠臺,臺即絕頂巖石也,石旁刻三大字,為王新建守仁書。”[①]時在明代初年,安福人劉球少年時曾因避難隱居餘姚,與餘姚人成器結成好友。劉球於永樂十九年舉進士,累任至翰林侍講,為官正直。正統年間,因太監王振專橫亂政,朝政昏暗,邊防戰事又頻繁不息。劉球為此多次上疏,提出正確建議,結果觸犯了權宦王振,被逮下詔獄,殺害於牢房之中。成器得到劉球被太監陷害致死的消息後,當即寫了《祭忠文》和《祭忠詩》,率領同志多人,提雞攜酒,登上龍泉山這塊山巖之上望北遙空祭奠好友劉球,《祭忠文》寫得悲壯慟人,字字血淚,感人至深。正德年間,即有王陽明在巖石上親題“祭忠臺,陽明山人書”幾個大字。可惜的是“祭忠臺”在“文革”期間被不懂歷史的所謂小將用炸藥炸毀。1984年,在炸後殘存山巖遺址上建造“陽明亭”。至於現在眼前所見的“陽明亭”西側的“祭忠臺”,僅是被炸後所殘存的一小塊山石而已。

---

① 　光緒《餘姚縣誌‧古跡》卷十四,清光緒二十五年刻本。

"家傳詞翰"題額和白水沖名勝

王陽明在歷次回餘姚期間,不僅盤桓於城區的龍泉山和姚江舜水之間,而且南登群山,陶醉於四明巖壑和白水飛瀑,北臨海濱,流連於雪湖煙雨和碧波群鷗。所到之處,每當爽心悅目之時,無不深情謳歌,為故鄉留下了許多優美詩篇。

明正德八年(1513)五月,王陽明陞南京太僕寺少卿,便道歸省之便,偕故鄉學生徐愛等登四明山攬勝,在梁弄作短暫停留,歇腳於門生黃驥家。梁弄地處餘姚城南四十里四明山北麓,《餘姚四明黃氏宗譜》記載,宋室南遷後已形成集鎮。清《乾隆紹興府志》對梁弄描述為"人煙湊集,亦一巨鎮,是四明之西口"。梁弄景色秀麗,四明七十二峰環立四周,被道家稱之福地。黃家地處梁弄西北,俗稱洞門堂,黃驥之父黃蕭所建。光緒《餘姚縣誌‧黃蕭傳》載:"黃蕭,字敬夫,成化十四年(1478)進士,官至湖廣兵備副使。上疏乞休,家居二十年,淡然若無位者,卒年八十六。墓在梁弄登明橋西南車畈,王守仁題墓碑。子驥學于王守仁,有往復書。"[1]王陽明稱黃蕭為"吾邑之英"。[2]"家傳詞翰"題額在梁弄鎮,時由王陽明題寫後鐫刻於門樓內側,整幢門樓保存至今。

白水沖在梁弄鎮南五里的雲根山與石屋山之間,瀑水邊有潺湲洞,又名白水宮。洞旁飛流自天而降,高十餘丈,聲如鳴雷,衝擊兀石,蔚為壯觀。王陽明即景賦詩,如《四明觀白水二首》:"邑南富巖壑,白水尤奇觀。興來每思往,十年就茲觀。停驥指絕壁,涉澗緣危蟠。百源旱方歇,雲際猶飛湍。""千丈飛流舞白鷺,碧潭倒影鏡中看。藤蘿半壁雲煙濕,殿角長年風雨寒。野性從來山水癖,直躬更覺世途難。卜居斷擬如周叔,高臥無勞比謝安。"又如《又用曰仁(徐愛)韻》:"每逢佳處問山名,風景依稀過眼生。歸霧忽連千嶂暝,夕陽偏放一溪晴。晚投巖寺依雲宿,靜愛楓林送雨聲。夜久披衣還坐起,不禁風月照人清。"[3]詩意清新幽雅,對餘姚山水風光備極讚賞懷戀。

潺湲洞上是道士山,山上栽茶樹,山泉潤根,露珠哺葉,茶葉質地特佳,被唐代茶聖陸羽讚譽為"瀑布仙茗",並寫入《茶經》書中。

雪湖和雪湖山莊

雪湖又名千金湖,在縣城西北六十里,北臨杭州灣,南枕四明東山,宋

---

①　光緒《餘姚縣誌‧列傳八》卷二十三,光緒二十五年刻本。

②　《王陽明全集‧續編四‧送黃敬夫先生僉憲廣西序》卷二十九,第1044頁。

③　《王陽明全集‧外集‧歸越詩》卷二十,第725頁。

元之前,姚西一帶人煙稀少,樹木茂盛,是飛禽魚蟲的樂園。

雪湖山莊為馮蘭別墅,光緒《餘姚縣誌‧馮蘭傳》載:"馮蘭字佩之,成化五年進士,仕至江西提學副使。"①光緒《餘姚縣誌‧古跡》載:"雪湖山莊,馮憲副蘭自督學江右歸,重拓桃花莊,自題雪湖別墅。"②明正德初,大學士謝遷因得罪宦官劉瑾,被削職還鄉。馮蘭雪湖山莊和謝遷的銀杏山莊僅一山之隔,兩人經常詩酒唱和。王陽明歸姚時也參與他們的詩酒之樂,他有《寄馮雪湖》詩云:"海岸西頭湖水東,他年蓑笠擬從公。釣磯過雨群鷗集,樵徑穿雲一鳥通。席有春陽堪坐雪,門垂碧柳好吟風。於今猶是雲崖夢,悵望春霄月色同。"③

雪湖原有數百畝,近十幾年中經圍湖造田,只剩下百餘畝,杭甬公路從湖中穿過,把它分為南北兩片。在光緒《餘姚縣誌‧古跡》中對雪湖山莊描述為"傍巖結宇,松蔭滿庭"。"松間老石如屏障,屋裏青山當畫圖"境界,可見清悠至止,但不知廢於何時。

浙東古城餘姚,就是因為湧現了王陽明等歷代眾多的先哲先賢,纔被譽為"文獻名邦"。正如梁啟超先生所說:"餘姚區區一邑,自明中葉迄清中葉二百年間,碩儒輩出,學風霑被全國及海東。"(梁啟超《飲冰室文集‧給〈餘姚評論〉的信》)"王陽明是一位豪傑之士,能做五百年道學結束,吐很大光芒。"(《中國近三百年學術史》)但自清季以來以及上世紀不正常的年月裏,王陽明及其學說未能得到公正的評價和應有的重視,是歷史和時代的悲哀。最近幾年,王陽明及其學說重新受到國內外的極大關注,學者專家紛紛給予深層的研究,這是可喜可賀的一件大好事,也是我們餘姚人民切盼實現的夙願。我們一定要勤學精研,繼承姚江學風,弘揚陽明精神,為新時期的中華文化和民族精神增添光彩。

最後,還是借用當代碩儒錢穆先生的一句話作結:"浙東姚江舊鄉,陽明之精神尚存!"

二零一三年四月修訂於姚江明心草堂

---

① 光緒《餘姚縣誌‧列傳七》卷二十三,光緒二十五年刻本。
② 光緒《餘姚縣誌‧古跡》卷十四,清光緒二十五年刻本。
③ 《王陽明全集‧外集‧歸越詩》卷二十,第 738 頁。

王陽明在廣西

——國際陽明學研究中心廣西考察報告

黃懿 楊晨*

【摘　要】本文以王陽明的最後生涯為線索,大致依循王陽明在廣西的活動足跡,考察了其在廣西境內現有的活動遺跡及後人對他的記錄、紀念與評價等,填補了現有王陽明研究中,對其最後歲月,特別是在廣西的重要事蹟的一些空白,為進一步完善、充實王陽明生平提供了第一手資料,並為進一步研究王陽明的最後歲月奠定了基礎。

為順利完成"王陽明生平事蹟陳列改造工程",擴充國際陽明學研究中心的學術資料,也為下一步對王陽明生平史跡的全面考察及相關研究成果的完成奠定基礎,5月9日至18日,國際陽明學研究中心葉樹望、黃懿、楊晨、朱贇一行四人赴廣西南寧市及隆安縣、武鳴縣、上林縣、馬山縣、橫縣、忻城縣、平果縣、桂平縣考察,徵集王陽明史跡及相關文獻資料。此次考察歷時 10 天,行程約 5 000 公里,涉及廣西 4 市 8 縣,為研究王陽明在廣西的相關情況取得了豐富的第一手資料。

王陽明生命的最後歲月是在廣西度過的,而相對於浙江、貴州、福建而言,廣西對於王陽明史跡的研究比較單薄,相關資料也比較分散,缺乏系統的整理,這可能與王陽明在廣西鎮壓當地山民暴動有一定的關係。然而,陽明學在當今世界已經成為一種"顯學",餘姚作為陽明先生的故鄉,有責任與義務將陽明先生的最後歷程加以梳理與研究,供國內外的專家、學者

* 黃懿、楊晨,國際陽明學研究中心工作人員。

加以共享。

　　本文基本以王陽明的行跡歷程為線索,以其治理八寨、斷藤峽上疏經略六項事宜(1. 移南丹衛城於八寨;2. 改築思恩府治于荒田;3. 改鳳化縣治於三里;4. 增設隆安縣治;5. 置流官於思龍,以屬田寧;6. 增築守鎮城堡於五屯)為研究重點,兼及王陽明重要史跡的介紹與分析。

　　王陽明在嘉靖六年底由廣東肇慶進入廣西,"十一月二十日,始抵梧州"。① 因思恩、田州分處於南寧府北、西兩側,王陽明為了能更加瞭解實情、便於處理相關事務,他於十一月二十六日抵達南寧。通過對思恩之亂實情的分析,王陽明採取"攻心為上"的策略,提出"以撫代剿,土流並用"的戰略方針,以恩威並用的手段使思恩之亂迅速得到了平息。

　　嘉靖七年二月,王陽明平定思恩之亂後,親赴思恩、田州實地勘查,並親書"田州立碑"。今在廣西省百色市平果縣馬頭鎮右江南岸的觀音山上,存有一方橫式"征田功績文"摩崖石刻,長400釐米,高300釐米,碑文清晰可見,正楷,325字,字徑均18釐米×18釐米。由於建造水庫,右江水位上漲,現已有數行碑文被水淹沒。幸虧平果縣文物部門已將碑文完整拓片,現將全文收錄於下:

　　　　嘉靖丙戌夏,官兵伐田,隨與思恩相比復煽,集軍四省,滴滴連年。于時皇帝憂憫元元,容有無辜而死者乎? 乃命新建伯臣王守仁曷往視師,其以德綏,勿以兵虔。乃班師撤旅,信義大宣,諸夷感慕,旬日之間,自縛來歸者七萬一千。悉放之還農,兩省以安。昔有苗徂征,七旬來格,今未暮月,而蠻夷率服。綏之斯來,速於郵傳,舞幹之化,何以加焉。爰告思田,勿忘帝德。爰勒山石,昭此赫赫。文武聖神,率土之濱。凡有血氣,莫不尊親。

　　　　嘉靖戊子季春,臣守仁稽首拜,手書紀功。御史石金,布政林富,參議王必東、鄒輗,副使林大輅、祝品、翁素,僉事張邦信、申惠,副總兵李璋、張祐,參將沈希儀、張經,僉事吳天挺、汪溱,都指揮謝珮,知府蔣山卿。贊畫胡松、李本、林應驄,同知史立成,通判陳志敬、桂鏊、舒柏,知州李東、林寬,宣慰使彭明、輔官男、彭宗舜、彭九宵,軍門參隨禮部辨印生錢君澤,過硃縣丞杜洞、簫尚賢監刻,指揮趙璿、林節、劉鏜,百

<hr />

①　吳光、錢明、董平、姚延福編校:《王陽明全集》,上海古籍出版社,1992年版,第462頁。

戶嚴述、郭經督工。

　　查該碑文已收入《王陽明全集》，然而兩者對比卻有數處誤刊和脫落。如"隨與思恩相比相煽"應為"隨與思恩相比復煽"；"乃令新建伯臣王守仁"應為"乃命臣新建伯王守仁"；"今未期月"應為"今未暮月"。除此之外，還以"嘉靖戊子季春，臣守仁稽首拜，手書紀功。御史石金，布政林富，參議王必東、鄒輗，副使林大輅、祝品、翁素，僉事張邦信、申惠，副總兵李璋、張祐，參將沈希儀、張經，僉事吳天挺、汪溙，都指揮謝珮，知府蔣山卿。贊畫胡松、李本、林應驄，同知史立成，通判陳志敬、桂鑿、舒柏，知州李東、林寬，宣慰使彭明、輔官男、彭宗舜、彭九宵，軍門參隨禮部辦印生錢君澤，過硃縣丞杜洞、蕭尚賢監刻，指揮趙璿、林節、劉鏜，百戶嚴述、郭經督工"這一段文字全面補充了《王陽明全集》對此記載的缺失。更為重要的是，該摩崖石刻的發現，確認了"先生為文勒石"的具體地理位置、具體時間，細化了年譜對於此事的記載。

　　那麼，王陽明為何選擇在平果縣立碑呢？平果縣是建國後合併果德縣與平治縣而成。王陽明平定思田之亂時，它尚為果化、歸德二州，弘治十八年，歸德州改屬南寧府，果化州仍屬田州，直到嘉靖九年，果化州纔歸屬南寧府。因此，通過查閱明代廣西地圖，我們可以發現此地正為田州、思恩州、南寧府交界處。王陽明於此立碑，是具有深刻含義的，其一，可以安撫百姓、力勸農耕、恢復生產；其二，可以威懾山民、宣誓朝廷威嚴、警示後人。王陽明在田州設置了九個土巡檢司，平果縣歸白山土巡檢司管轄。

　　在田州立碑下方有一"萬人洞"，後因王陽明在洞上巖鐫刻"陽明洞天"四個大字，此洞又稱為"陽明洞"。該洞已於1987年被列為縣級文物保護單位。可惜也已被右江水位所淹沒，慶倖的是當地文物部門收藏有一幅"陽明洞天"四字拓片，楷書，長、寬均為60釐米。查閱清宣統元年版《南寧府志》，記載有"陽明洞天在縣西北四十里，峭壁瀕江，中間一洞，可容數百人，入遊蘭香襲衣，明嘉靖中，王守仁征撫思田，泊舟於此，刊額曰陽明洞天，並鐫征田功績文其上"。[①] "征田功績文"即上面所說的"田州立碑"，然《王陽明全集》對此"陽明洞天"石刻未有記載。此次發現明確了"陽明洞天"與"征田功績文"的歷史關係，以及豐富了年譜對此王陽明在平果境內

────────────

　　① 《南寧府志》卷十三，《輿地志》，宣統元年刊本，廣西人民出版社2008年版，第412頁。

的活動記載。

通過平果文物部門的介紹以及查閱相關檔案，我們瞭解到在"陽明洞"洞頂、洞口峭壁上還留有歷代巡官和文人墨客的詩詞，基本都為讚頌王陽明的歷史功績所作。

"錢君章仰觀"；

"康熙甲子重九日　神武不殺　左江使者韓王毓賢題"；

"羽扇綸巾智若神，武侯繼起有先民。兵威遠震六千里，甲士生降七萬兵。墨蹟淋漓懸壁上，英風想像大江濱。邕南兄老思遺澤，俎豆年年奉祀新。大清乾隆丁酉仲冬南寧郡守蒙古德坤敬題"。

除在洞中的摩崖石刻之外，在《南寧府志》中也記載有清代所作"陽明洞天"詩文兩首。

陽 明 洞 天
清　劉德清

邕江駐節處，勝地勒貞珉，偃武橫山靜，修文象岑平。

壯猷俎豆遠，理學淵源真，遺洞芳蹤在，登臨謁後塵。

陽 明 洞 天
清　盧之美

絕城幽巖窮，雲封古未刊，登臨疑有待，形勝早未安。

莫是良知開，□非遍化觀，子陵如不釣，千載負嚴灘。①

通過這些詩文，我們能夠體會到明清歷代官員、文人對王陽明以德感慕思恩的極大推崇。正是由於官員、百姓對王陽明的極大推崇，當地也曾建有王文成公祠以示紀念，據道光庚寅年版《白山司志》記載："王文成公祠在司治北門，內祀明左都御史新建伯王守仁。"

王陽明認為西南邊陲暴亂的重要原因是"凡敵之起，由學不明，人失其心，肆惡縱情，遂相侵暴，存成叛逆"，因此需"宣揚至仁，誕敷文德"、"爰進諸生，爰闢講室，決蔽啟迷，雲開日出，各悟本心"。於是，王陽明在南寧興建敷文書院。據明嘉靖十七年版《南寧府志》載："敷文書院在城內北，系縣學舊址，嘉靖七年都御史王守仁建，嘉靖十六年知府郭楠重修，……後廳塑

---

① 《南寧府志》卷五十四，《藝文志》，宣統元年刊本，廣西人民出版社 2008 年版，第 1725 頁。

王守仁像……"①另據民國二十六年版《邕寧縣誌・學校志・敷文書院》載："敷文書院在北門街口,即縣學舊址。明嘉靖七年,新建伯王守仁征思田駐邕時,建有正廳,東西廊房,後廳。日集諸生,講學其中,後人因立公像於後廳,春秋祀之,名為文成公祠,後有田塘園地,前有講學臺,民國初猶存。"②另據清宣統元年版《南寧府志》載:"王文成公祠在北門內,即敷文書院。明嘉靖間,新建伯王守仁建以講學,後人思之,立像以祀,刻其手書平田功於壁,並置祀田。"③

　　由此可知,敷文書院建於北門內的南寧縣學舊址上,其規模有正廳、東西廊房、後廳、田塘園地等組成。嘉靖十六年知府郭楠重修敷文書院時,為紀念王陽明的功績而在後廳塑王陽明像,春秋祭祀,並有祀田,名為王文成公祠。從而最終形成了前有講學台、後有王文成公祠的局面。民國二十六年版《邕寧縣誌・學校志・敷文書院》載:"我縣書院,明朝所立者,皆已久廢,惟敷文書院巋然猶存。"④可見,敷文書院直至民國二十六年尚存,如今在南寧市共和路廣西儲備局宿舍門口,仍存有"王文成公講學處"碑刻。

　　除此之外,在南寧市人民公園望仙坡頂的鎮遠炮臺內,尚有"王陽明老先生遺像"碑刻,高 208 釐米,寬 139 釐米,素服線刻坐像,線條精細,輪廓清晰。據當地文物部門介紹,此通碑刻為敷文書院遷移至此。但據民國二十六年《南寧社會概況》翻印本記載:"(王文成公)祠內有王守仁遺像碑一","現存於今之南寧圖書館壁間","上額篆書'王陽明先生遺像'七字"。⑤ 而與此碑刻"王陽明老先生遺像"僅有一字之差,而通過接下來的考察,真相會逐漸浮出水面。

　　鎮遠炮臺所在位置,原為"六公祠"遺址。"六公祠"最早稱"三公亭",是宋朝邕州太守陶弼為紀念平定叛賊的狄青、孫沔、余靖三大功臣所建的亭宇,後改名"三公祠"。明朝重修後,把功臣蘇緘、王陽明入祠,改名"五公祠"。清朝後期,將莽吉圖入祠,又改稱"六公祠"。今在鎮遠炮臺內發現六公祠殘碑一塊,殘長 68 釐米,高 14 釐米,厚 13 釐米,現將可辨認部分抄錄如下:"……王文成　理學姚宋,功業韓歐,列坐孔庭,流光邕州,讀公奏章,

---

① 《南寧府志》卷四,《學校》,嘉靖十七年刊本,第 116—117 頁。
② 《邕寧縣誌・學校一》,民國二十六年刊本,第 26 頁。
③ 《南寧府志》卷十四,《輿地志》,宣統元年刊本,廣西人民出版社 2008 年版,第 430 頁。
④ 莫炳奎纂:《邕寧縣誌・學校志・敷文書院》,民國二十六年影印本。
⑤ 廣西省政府總務處統計室編印:《南寧社會概況》,民國二十六年翻印本。

十善十害。想公履台,一屯一巖。講學席遠,敷文院深。載登斯堂,如見其
心。……頭品頂戴兵部侍郎兼都察院右副都御史巡撫廣西等處地方提督
軍務節制通省兵馬江夏張凱嵩撰　大清同治六年二月囗日署宣化縣事同
知銜補用知縣南豐趙準書　手民桂林賀廣文鐫字。"

　　其實,王陽明在平定思恩之亂後,也曾批准修復祠堂,用以祭祀狄青、
孫沔、余靖、蘇緘四位先哲。據《王陽明全集・批南寧府表揚先哲申》記載:
"據南寧府申稱:'北門外高嶺原有廟宇,以祠宋樞密使狄武襄公青,經略使
余公靖,樞密直學士孫公沔,邕州太守忠壯蘇公緘,推官忠湣譚公必緣,年
久傾頹,止存基址;今思、田既平,所宜修復,以系屬人心,以聳示諸夷。'看
得表揚先哲,以激勵有位,此正風教之首;況舊基猶存,相應修復,准支在庫
無礙官銀,重建祠宇;其牌位祭物等項,照舊修舉;完日具由回報。此繳。"①
由此可以看出,當時祠堂既非"三公祠",又非"五公祠",不知為何名? 此時
的王陽明不會預料到,他生後將被請入祠堂,與這些先賢一道受到後人的
祭祀。

　　南寧"王文成公祠"、"六公祠"只留存下數塊碑刻,遺跡難尋。但在南
寧市青秀區青秀山風景區白山崖西南方向,有一呈橫幅式"陽明先生過化
之地"摩崖石刻,碑文保存完好,隸書,字徑約 60 釐米×55 釐米,右側鐫刻
"大明嘉靖四十年閏五月吉日",左側鐫刻"左江道兵僉事門生歐陽瑜刻",
字徑均約 5 釐米×5 釐米。通過查閱清宣統元年《南寧府志》載"'陽明先
生過化之地'八大字在青秀山撷青巖畔",②更進一步得到了證實。該摩崖
石刻已於 1983 年被列為南寧市文物保護單位。

　　考察王陽明在廣西的史跡,思恩是一個無法回避的問題,但由於歷史
年代久遠、行政區劃變遷、當地名稱的更改等原因,這也是我們此次考察的
一個重點和難點。

　　宋朝儂智高起兵反宋,朝廷派狄青率兵征討,浙江餘姚縣人岑仲淑隨
軍南下,因軍功授武蔭侯,封思恩土州知州,此後思恩土州的知州為岑氏家
族世襲,州治位於寨城山(今平果縣舊城鎮)。據《廣西通志輯要》載:"舊
州土司司治(平果舊州城),本唐思恩州地,四周皆山,環列如城,又名寨

---

① 吳光、錢明、董平、姚延福編校:《王陽明全集》,第 637 頁。
② 《南寧府志》卷十三,《輿地志》,宣統元年刊本,廣西人民出版社 2008 年版,第 412 頁。

城……以山為城,石壘其缺,週四里,為四門,明永樂間,思恩州岑瑛建。"①
通過實地考察,思恩舊城卻為依山造城,四面環山,南北有兩處坳口,皆築
堅固的石牆,四周山上低矮處壘築有約 2 米的石牆,周長總計約 3 千米。今
舊城鎮爬峰山(又名八峰山)山腰處發現的思恩州古城牆遺址保存相對較
好,東部城牆殘長 200 米,寬 8 米,殘高 5—6 米,兩側用石塊壘築,中間夯
土。沿城牆尚環繞一段思恩州古城牆護城河,並有一條古代官道經一橋橫
跨護城河通往城外。

明正統三年(1438),思恩土州陞為土府,岑瑛因協助明王朝平叛少數
民族叛亂有功,被任為思恩知府。明正統七年(1442),岑瑛遷府喬利,壘石
為思恩府城。據《白山司志》載:"思恩有古城於喬利圩西,明正統間,進岑
瑛為知府時所築,四周皆石。"②直至明嘉靖六年(1527)王陽明受命前往廣
西平定思恩之亂,此時思恩府已位於南寧市馬山縣喬利鄉喬利街拉舊屯。
至明嘉靖七年(1528)王陽明坐鎮廣西時纔再次遷府至武鳴縣,馬山縣喬利
建署達 86 年之久。

今馬山縣喬利思恩府城址已毀,惟拉舊屯東側殘存一段高 2 米,長 50
米,寬 5 米的石塊牆基,牆基外側有護體牆高 0.7—1 米,寬 0.3—0.5 米,延
伸至馬鞍山山坡。

據當地百姓指出,在思恩府城內、馬鞍山對面山頂上,有一塊開闊平
臺,為當時思恩府府治所在地。在山頂平地上,尚遺存數塊帶有紋飾的殘
磚、石構件。鋪地磚:素面,正方形,長、寬均為 11 釐米,厚 3 釐米;瓦構件:
長 7.5 釐米,寬 7 釐米,厚 3 釐米。據百姓介紹,此處曾在以往文物普查時
發現大量的磚塊、瓦當、石構件以及碳化的米粒等。這更進一步證實了此
為思恩府城中知府府衙的推測。從山頂環顧,發現此處視野開闊,四周情
況一目了然,周邊山脈連綿不絕,而此山與馬鞍山對峙,中間形成隘口通向
城外。可見,當初思恩府統治者,依山建城、擇山設治,是經過縝密思慮,十
分強調軍事防禦功能的。

在馬山縣古零鎮楊圩南面約 1 公里,武鳴至都安公路東側有一巖洞,
因內有書刻,故本地人稱"書巖"。先前書巖高可容人,自建武都公路後,巖
口幾乎被填平,惟有石刻露出地面。石刻高約 1 米,寬 0.82 米,陰刻,鐫有

---

① 　參見《廣西通志輯要》。
② 　《白山司志》卷二,《建置》,道光十年刻本,第 7 頁。

"剿除□□八寨,新建伯尚書陽明王公興師既(平)八寨,上(都)督止戈□,□□十冬日梁瓚等請勒石□□□月,嘉靖七年秋八月仲秋月,奉議大夫南寧府同書韋(懸)……",以下尚刻有許多人名,由於刻得較淺,加之崖面粗糙,僅辨一二。此為《王陽明全集》所未涉及,該石刻的發現,無疑對王守仁征剿八寨,鎮壓農民起義的研究有著一定的歷史意義。

嘉靖七年(1528),王陽明在親自勘查了馬山縣喬利思恩府治後,認為喬利"四面皆斬山絕壁,府治亦在犖確之上,芒利矿之石沖射抵觸,如處戈矛劍戟之中",乃上疏"改築思恩府治于荒田",荒田即武鳴縣府城圩,王陽明認為荒田"四野寬衍,皆膏腴之地,而後山起伏蜿蜒,敷為平原,環抱涵蓄,兩水夾繞後山而出,合流于前曲數十里,入武緣水達于南寧,四面山勢重疊盤回,皆軒豁秀麗,真可以建立府治"。① 從馬山驅車武鳴的過程中,地勢的確開闊、平坦許多,雖仍是群山連綿,但卻有大片的平地;而馬山縣卻是綿延群山,將平地分割的七零八落。我們不得不佩服王陽明的軍事才能與敏銳的眼光。

武鳴縣思恩府舊址位於武鳴縣府城高中新校園一帶。該地位於沱江之畔,兩水夾江之處,百草豐茂,二水中分,左取環腰帶水為穴,借流水之力,向右倚極星橋接步雲之大道,可謂物華天寶、地靈人傑之所在。根據記載,思恩府城牆周長約 1 千米、高 6.6 米、厚 3.5 米,牆上垛口 686 個,有 3 個城門,分別為"鳴鳳門"、"思正門"、"悅化門"。可惜在抗日戰爭時被拆,剩下部分城牆遺址,只有思恩府護城河依然見證著思恩府昔日的輝煌。

王陽明的傑出智慧和才能也深深吸引著當地的官員、百姓。至清道光六年(1826),在思恩府遺址上始建陽明書院,時任郡守李彥章曾與同僚慕名探游,在沱江邊榕園留下題刻,有"水月巖"、"陽明書院"、"雲鱗洞"等。可惜的是"陽明書院"石刻在"文革"時被鑿壞,其餘保存完好。現已為武鳴縣文物保護單位。至清宣統元年(1909),陽明書院更名為武鳴縣陽明高級小學,民國三十二年(1943)又更名為私立陽明初級中學,民國三十七年(1948)改稱為武鳴三中。陽明精神始終吸引著武緣、隆山、那馬、都安、賓陽、上林、遷江等地的青年才俊,為思恩地區培養了大批有志人才。

王陽明將思恩府遷到武緣縣之外,還上疏在南寧通往思恩地區的交通要道上"增設隆安縣治"。分析其原因,首先,據《隆安縣誌·藝文考·重建

---

① 　吳光、錢明、董平、姚延福編校:《王陽明全集》,第512—513 頁。

城樓碑記》載:"(隆安)邑雖小實當諸夷之沖,殆郡戶牖也。先是歲甲午新建伯王公守仁經略斯土,既奏設縣治,因檄郡倅林鳳鳴董置城郭,草創諸樓。"①戰略地位極其險要;其次,此地全部都是夷村土寨,沒有縣治管理,當地百姓"內迫於縣民之奸,外苦於土夷之暴",於是王陽明上疏"置流官於思籠,以屬田寧",②不但有利於朝廷的管理,而且也有利於百姓安居樂業。據民國廿三年重印本《隆安縣誌·藝文考·隆安縣學碑記》載:"南寧在廣西為上郡,隆安舊屬南寧極西之邊地,為諸出入之門戶,去府治稍遠,民夷雜處,剽掠無寧日。我皇上初年總督王陽明公仗節平思州之亂,思欲嚴其扃鐍,於是即今地創為隆安縣治,冀以保障此方也。朝命既允王公經營疆理,凡城郭宮室公署學校之設翼如也。然事方創始,王公繼已去任。"③

王陽明雖然未能親自主持完成隆安縣的建縣工程,但設隆安縣一舉已經使他當仁不讓地成為"隆安之父"。他不僅加強政治、軍事、社會建設,同樣也十分重視當地的文化教育。《隆安縣誌·文化》載:"隆安本宣化之思籠鄉,僻處偏隅,南西北三面控諸羈縻州,惟東一面直達郡城,土漢雜處,文化之落後無庸諱矣。明嘉靖十二年闢為縣治,邑人沐王陽明之雅化。"④從此之後,隆安民風日益開化。

明嘉靖十六年(1537),由隆安知縣章王圭在縣城北門內建"陽明學堂"。後因"舊學宮創於湫隘之地,尤為塌葺,學者無所依歸,風俗無所觀感"。明嘉靖三十九年(1560)冬,擇現隆安中學校址處新建隆安學宮,於嘉靖四十年(1561)年丁亥月落成。其規模前有欞星門,次為儀門、泮池,中為大成殿,左為明倫堂,右為王文成公祠堂,"以祀王公示以不忘本也"。

至今在隆安中學校園內,尚保存有清嘉慶元年王陽明線刻碑像,碑高143釐米,寬88釐米。碑刻左上方鐫有:"邕郡敷文書院鐫,陽明先生遺像于石誌不怠也,隆之民尤感肇造斯邑之德,立有生祠,人亦荒蕪,茲為改建神閣,復就其餘地設立書院以廣教化,是即所以仰體。陽明先生講學不倦之盛心也哉。其真像自應移摹於茲,俾得崇奉祭祀以報□德,故既讚之,復記其大略云。知隆安縣事昆明張樹績敬題,嘉慶元年林鍾上浣穀旦。"其右上方為:"王文成公像贊:□歟上哲,曠世名賢。德綜將相,學貫人天。良知

---

① 《隆安縣誌》卷五,《藝文考·文》,民國廿三年重印本,第4頁。
② 吳光、錢明、董平、姚延福編校:《王陽明全集》,第516頁。
③ 《隆安縣誌》卷五,《藝文考·文》,民國廿三年重印本,第3頁。
④ 《隆安縣誌》卷五,《藝文考·文化附》,民國廿三年重印本。

闡奧,性道獨傳。民求通隱,過願繩愆。宸濠既定,復靖思田。干羽布化,頓淨烽煙。澤流邑管,遠近鳴弦。隆邑肇造,遺愛惟先。冠裳宛在,遺貌依然。諡崇爵懋,食報緜延。"

從以上內容可以我們得出,該王陽明像乃是臨摹南寧敷文書院的像而來,而將此像與南遠鎮遠炮臺處的"王陽明老先生遺像"對比,無論是頭冠、外貌、手指、座椅等均有較大的差別,因此,可以推測鎮遠炮臺內的"王陽明老先生遺像"並非為是從敷文書院移來。根據隆安中學校友提供的十九世紀五十年代時期的隆安中學畫,那時尚保留著隆安學宮的大成殿,而如今只剩下一些明代磚塊和石構件。

"思恩之亂"得到迅速有效的平息,王陽明的使命正式完成。然而,八寨、斷藤峽一帶的百姓由於苦於山賊之災,紛紛要求王陽明征剿八寨、斷藤峽之賊,哲人的良知促使他再次也是最後一次完成軍事行動。

據顧祖禹《讀史方輿紀要》記載:"八寨者,曰思吉、曰周安、曰古卯、曰古缽、曰都者、曰羅墨、曰剝丁、後又益龍哈、咘咳為十寨。其地東達柳州三都、皂嶺、北四諸洞,西連東蘭等州及夷江諸洞,南連思恩及、賓州、上林、銅盤、淥毛諸洞,北連慶遠、忻城、東歐、八仙諸洞,周環五百里。"[1]雖然,學術界對八寨的具體名稱存在部分的爭議,但八寨的大致分佈區域為現在的忻城、上林一帶則是得到普遍認可的。

斷藤峽原名大藤峽,其處於黔江航道的咽喉部位。黔江上通柳州、慶遠,下通梧州、廣州,在明清時期,這不僅是溝通桂東南與桂西北,更是連接廣西、廣東兩省的水路交通要道。此地原本人煙罕至,直到元朝末年,纔有瑤民移居於此,陸續出現了瑤族村寨。由於大藤峽兩岸往來不便,瑤民將大藤從北岸牽引至南岸,橫跨峽谷,因而得名"大藤峽"。

而當地的瑤族起義貫穿整個明王朝,成化年間,韓雍曾鎮壓了瑤族起義,並將大藤砍斷,更名為"斷藤峽"。在距斷藤峽出口弩灘約 10 千米的懸崖峭壁上,有一方"敕賜永通峽"石刻,此碑刻於明正德十一年(1516),碑高4.2 米,寬 1.7 米,字大徑 0.7—0.8 米,字小徑 0.1 米,碑文共 3 豎行 48 字。碑文如下:"大明正德丙子歲孟冬吉旦分守廣西潯梧左參將牛桓奉敕賜永通峽欽差總督兩廣太子太保都察院都御史陳鈞勒石。"在去考察此碑刻的過程中,使我們深切體會到了斷藤峽山勢的險峻,荊棘叢生、懸崖峭壁,陡

---

[1]　顧祖禹:《讀史方輿紀要》,中華書局 2005 年版,第 4919 頁。

峭的山體,根本沒有山路可言,只能通過嚮導披荊斬棘纔能攀巖而上,甚至有生命的危險。可想而知,當年明代官軍征討瑤民時的自然、地理環境之險惡。

而睿智的王陽明正是充分運用了投誠的思恩降卒,他們不僅熟悉當地環境、善於山地作戰,而且有著報效朝廷的熱情,使他們成為征剿八寨、斷藤峽之賊的真正主力,最終纔能使戰爭取得了圓滿的成功。

在征剿斷藤峽賊寇的過程中,王陽明曾在奏章中詳細描述了一場悲慘的戰役,而這戰場就在今忻城縣的紅水河。紅水河,因兩岸紅土流失河中,水呈褐紅色而得名,為忻城縣最長的河流,境內河段長約 56 公里,河床最寬處約 350 米,平均約 150 米,水流湍急,多峽谷險灘,《徐霞客遊記》卷四記載:"一江自萬峰石峽中破隘而出,橫流東去,復破萬峰入峽,則都泥江(紅水河)也。"[1]據《王陽明全集》記載:"其稍有強力者尚一千餘士,將奔往柳、慶諸處賊巢。我兵四路夾追,及之于橫水江。各賊皆已入舟離岸,兵不能及。然賊眾船小,皆層疊而載,舟不可運;復因爭渡,自相格鬥,適遇颶風大作,各船盡覆,浮迫登岸得不死者,僅二十餘徒而已。"[2]如今,在紅水河上已經建成了一座長 400 多米的五孔鋼筋混凝土公路大橋。

在成功平定八寨、斷藤峽瑤民暴動後,王陽明採取了一系列措施,加強對當地的控制。包括上疏"移築南丹衛城於八寨",上疏"改鳳化縣治於三里"等。現就對該兩項措施進行論述。

據史料記載,明代中葉,上林是八寨農民起義的主要活動區域之一,為鎮壓農民起義,明永樂二年,朝廷將設于南丹州的南丹衛遷至上林縣東。該"南丹衛城牆遺址"位於今上林縣城皇周村和雲溫村之間,東南近雲周屯,西與雲馬屯接壤,西南緊靠雲莫屯,東面、東北面瀕澄江。城牆遺址周長 3 150 米,佔地面積約 1 180 畝。城牆用土夯築,底寬 8 米,頂寬 4 米,高約 4 米。尚遺存有明代青釉瓷片和少量明代殘磚。

而王陽明提出的"移南丹衛城於八寨",其具體則指移上林的南丹衛至忻城的周安堡。證據如下,《讀史方輿紀要》卷一百九《廣西四》明確記載:"嘉靖初,王守仁定思恩,密圖八寨,潛師分道搗之,破石門,賊始覺,驚潰。

---

① (明)徐弘祖著,褚紹唐、吳應壽整理:《徐霞客遊記》卷四,《粵西遊日記四》,上海古籍出版社 2011 年版,第 560 頁。

② 吳光、錢明、董平、姚延福編校:《王陽明全集》,第 503 頁。

守仁議以八寨諸賊實柳慶諸賊根砥,四山環合,同據一險,各巢賊皆倚八寨為逋逃藪。今幸平蕩,宜據其要害,建置衛所,以為控禦。其周安堡正當八寨之中,宜創築一城,移南丹衛守之。"①

但根據《王陽明全集》記載:"(五月)本院身親督調各兵,看得周安堡正當八寨之中,而三里堡亦當八寨之隘,俱各山勢回抱,堪以築立城郭,移衛設縣。但未經廣詢博訪,詳審水土之善惡,民情之順逆,中間有無利害得失,擬合再行查訪。為此牌仰分巡右江道兵備副使翁素,會同該道分守官,及便督同同知桂鏊,指揮孫綱等,帶領高年知識,親至其地,經營相度。若果風氣包完,水土便利,即行料理規制,景定方向,各另畫圖貼說。"②

至同年八月,王陽明在《批右江道移置鳳化縣南丹衛事宜呈》中,為建造南丹衛城垣的人力、物力、財力進行批覆:"南丹衛該銀三千六百十五兩,鳳化縣該銀三千一百七十六兩,其食米南丹衛一萬石,鳳化縣八千石,每石價銀三錢,共該銀五千四百兩。"在批覆中,王陽明一再強調:"該道守巡官要不時親詣調度督促,工程務在精緻堅牢,永久無壞,……各官務在上緊催督,晝夜鳩工,不日而成。"③而當時的官員也的確曾為此親臨周安堡視察,在今忻城縣周安臥仙巖上,有一方摩崖碑刻為證,該碑刻高0.5米,寬0.64米,碑文記載:"協同鎮守副總兵鎮國將軍張祐奉兵部尚書新建伯王委,重建設南丹衛城,偶登仙石,帷翼工役早竣,永奠茲土,務俾夷瑤綏服咸歸春臺玉燭之中,人馬平安共至壽考康寧之域,庶副委詫乃遂予私時同事者。按察副憲公分理則南寧府同知陳志敬,賓州守備孫綱也。嘉靖戊子歲(嘉靖七年)閏月十八日題。"

九月,王陽明再次命令孫綱、王祿與南丹衛所官軍前往八寨周安堡,估算移設南丹衛所需木石磚瓦匠作人夫工食等,並要求"一面擇日興工,先築土城,設立營房,以居民眾"。④ 不久,王陽明得知孫綱、王祿有姻親關係時,遂改委李楠監督指揮南丹衛,其南丹衛城垣仍舊尚未動工,"本官(李楠)務要殫忠竭力,展布才猷,與同南寧府同知陳志敬上緊起築城垣"。⑤

今周安古城牆遺址位於忻城縣周安村東側滂江河兩岸,分佈面積約

①　(清)顧祖禹:《讀史方輿紀要》,第4919頁。
②　吳光、錢明、董平、姚延福編校:《王陽明全集》,第653—654頁。
③　吳光、錢明、董平、姚延福編校:《王陽明全集》,第1118頁。
④　吳光、錢明、董平、姚延福編校:《王陽明全集》,第1123頁。
⑤　吳光、錢明、董平、姚延福編校:《王陽明全集》,第1124頁。

1.5平方公里。由三座城池和城外烽火臺組成,城垣由夯土建築。第一座城牆遺址:北城牆殘高 3.5 米,西城牆殘長 43 米,殘高 4.5 米,沿河城牆均為植被所覆蓋,輪廓較為清晰。第二、三座城牆遺址城垣不明顯。現全部被用於種植玉米、桑樹、水稻等農作物等。另有烽火臺位於第二與第三座城牆之間,直徑 20 米,高約 7 米,保存相對完整。可以推斷,此為李楠受命于王陽明後所興建的南丹衛土城,不過根據時間推算,該工程尚未完全竣工。

因為該工程"未及行,而守仁病歸"①,《王陽明年譜》也記載:"十月,先生以疾劇,上疏請告。"②在王陽明離開廣西後,"既而撫臣林富云:八寨為柳、慶、思恩各賊淵藪,而周安堡委當思恩八寨之中,四方賊巢道路所會,宜就築新城,委官駐紮。亦不果"。③ 因此,八寨諸賊之亂,並未得到根本的解決,"不數年,猖獗如故"。④ 這在忻城土司莫鎮威《協剿八寨記》一文中得到印證:"嘉靖年間,新建伯王守仁得思恩降賊潛師進破,賊大潰,未及善後,新建伯卒。賊仍蜂起猖獗尤甚。"明隆慶四年、明萬曆二年,朝廷也數度派兵征剿成功,然終究死灰復燃。期間,南丹衛曾於正統六年遷至賓州。

直至明萬曆七年,"督臣梅堯誨等議征之,分官兵四部:一由三里,一由忻城,一由夷江,一由上林,進破賊穴,賊皆披靡。又以北五諸聚落習與賊通,移師破之"。⑤ 為了徹底解決八寨之亂,實現長治久安之計,根據清雍正十一年版《廣西通志》記載,梅堯誨採取了數項措施:"一曰設三鎮以重彈壓,二曰屯三里以樹聲援,三曰分汛地以重責成,四曰遷衛所以振武威,五曰議屯田以示優恤,六曰開道路以通險阻。"⑥其中,最為重要的乃一、二、四項,《讀史方輿紀要》卷一百九記載,梅堯誨議"今宜分設三鎮,以周安、古卯為一鎮,思吉、古鈢、羅墨為一鎮,古蓬、都者、剝丁為一鎮,各置土巡檢司戍守,以思恩參將轄之而隸於賓州,建參將署於三里,龍哈、布咳各築左右堡,募兵置戍,遷南丹衛八所與參將同城而居",⑦自是八寨帖服。從而,至萬曆八年,南丹衛重新遷回上林三里,而隸屬於賓州。

---

① （清）顧祖禹:《讀史方輿紀要》,第 4919 頁。
② 吳光、錢明、董平、姚延福編校:《王陽明全集》,第 1321 頁。
③ （清）顧祖禹:《讀史方輿紀要》,第 4919 頁。
④ （清）顧祖禹:《讀史方輿紀要》,第 4919 頁。
⑤ （清）顧祖禹:《讀史方輿紀要》,第 4920 頁。
⑥ 參見《廣西通志》,雍正十一年刊本。
⑦ （清）顧祖禹:《讀史方輿紀要》,第 4920 頁。

　　其二，王陽明上疏"改鳳化縣治於三里"。

　　三里是上林的中心地帶，當時上林屬柳州府，地處柳州府、思恩府交界，因當時思恩府所屬除鳳化縣外都為土目巡檢司，而鳳化縣卻"徒具空名"，其"既無城郭縣治廨宇；選來知縣等官，多借居民村，或寄其家眷于賓州處，而遷徙無常，如流寓者然"，"鳳化在思恩，徒虛名，實無縣治"。因此，王陽明提出"割上下無虞三里之地屬之思恩，而移設鳳化縣治於其內"，但考慮到"自鳳化三里至於思恩一百五六十里，中間尚隔上林一縣"，於是他要求"並割上林一縣而通以屬之思恩"，從而實現"思恩始可以成一府之規模，而其間有無相須，緩急相援，氣勢相倚，流官之體統益尊，則土俗之歸向益謹，郡縣之政化日新，則夷民之感發日易，固有不可盡言之益也"。①

　　但鳳化縣在三里僅維持一個月之久，因為王陽明歸去後，繼任者林富認為，"改設鳳化縣者……則割賓州之地以益思恩，是顧此失彼也"，②詔從富議。設鳳化縣於三里雖然短暫，但後人設關仍取其名。在今南寧市上林縣西燕鎮雲靈村拉廠莊碉瓦隘山，尚留有"鳳化西關遺址"。三里鎮在明清時期是上林縣丞署地，稱為三里城，而三里城往北是八寨農民起義之地。鳳化西關是三里城通思恩府和古零土司要道必經隘口，地理位置險要。關設於隘口，兩面山間砌石牆，中開石門，門兩面有門額（石碑），東面門額書"鳳化西關"，西面門額書"西隅保障"，門額長 0.7 米，寬 0.42 米，厚 0.14米。楷書，字徑 0.18 米，無年款。1949 年，解放軍及馬隊通過此山隘時，石門擋路被拆毀。後村民修路又拆除部分石牆，石牆遭受嚴重破壞。現僅存殘石牆一段，長 18 米，寬 1—1.5 米，高 0.5—2 米。

　　在剿滅"八寨、斷藤峽"賊寇、制定了相關統治措施之後，積勞成疾的王陽明終於踏上了他歸鄉的水路山程。

　　在由郁江水路經過今橫州縣伏波廟時，王陽明曾下船拜謁。據《王陽明全集·世德記》載："（王陽明）至是舟至烏蠻灘，舟人指曰'此伏波廟前灘也'。公呀然登拜，如夢中所見，因誦夢中詩，歎人生行止之不偶云。"③另據《王陽明全集·年譜三》載："（嘉靖七年）十月，疏請告。謁伏波廟。先生十五歲時嘗夢謁伏波廟，至是拜祠下，宛然如夢中，謂茲行殆非偶然。因

---

① 吳光、錢明、董平、姚延福編校：《王陽明全集》：第 514—515 頁。
② （清）謝啟昆修：《廣西通史》：廣西人民出版社 1988 年版，第 5234 頁。
③ 吳光、錢明、董平、姚延福編校：《王陽明全集》，第 1428 頁。

識二詩。"①

伏波廟,位於南寧市橫縣雲表鎮站圩東南三公里的郁江烏蠻灘北岸。該廟是為紀念東漢伏波將軍馬援南征交趾、平叛亂、定疆界、疏河通航的功績而建的紀念性建築。據《橫州縣誌》載:"北宋慶曆六年,知州任粹重修,有碑記。"②因此,可以斷定該廟始建於北宋慶曆六年之前,此後歷代都有修繕和擴建。廟宇內外至今尚立有數塊明清時期重修該廟的碑刻。現存為明清時期建築,廟宇坐北朝南,為三進兩院式建築,沿中軸線由南向北分列鐘鼓樓、牌坊、前殿、回廊、廂房、中殿、後殿及耳房,建築面積990平方米,佔地面積1 452平方米。建築佈局嚴謹,工藝精湛,浮雕豐富,壁畫逼真,現為廣西壯族自治區重點文物保護單位。今見伏波廟外牆立"起敬灘"碑刻,右鐫刻"此灘昔名烏蠻灘,今更起敬,往來士民再勿呼舊名",左鐫刻"嘉靖二十九年南寧府知府王貞吉書立"。

另據《橫州縣誌·藝文志·修伏波祠記》記載:"(嘉靖七年)歲丁亥十二月,總制尚書都御史新建伯王公守仁來治,思田事過謁祠下,慨歎卑陋,不稱顯名。爰命州府增飾棟宇,作而新之。初事庀材,有大木二湍流湧抱,自出灘下,人皆以為神。明年戊子三月,廟成,郡首蔣山卿書其事,以詔來世。"③此皆為《王陽明全集》所未收錄內容,從而進一步豐富和細膩了王陽明在橫州的相關歷史信息。

王陽明"謁伏波廟"二詩已收入《王陽明全集》,今查閱清宣統元年《南寧縣誌》,亦發現王陽明三首散逸詩,現收錄於下:

謁伏波廟二首

英主規恢間遠績,文人韜略見雄才。
卻看銅柱標南極,似有龍光燭上台。
江上煙波秋駐馬,雲中烽火夜登臺。
明時未報銷金甲,山鳥林猿亦可哀。

夔鑠猶傳定遠漠,白頭心事半馳驅。

---

① 吳光、錢明、董平、姚延福編校:《王陽明全集》,第1322頁。
② (清)謝鍾齡修:《橫州縣誌》卷八,《秩祀志》,第137頁。
③ (清)謝鍾齡修:《橫州縣誌》卷十二,《藝文志》,第225頁。

瀧流漂潑投鞭斷，島嶼依微發嘯孤。

志託風雲堪躍馬，身依日月尚還珠。

百年論定君何在，庭木蕭蕭客自呼。①

　　伏波廟依山傍水，廟後天堂山連綿起伏，古木婆娑，廟前烏蠻灘礁石林立。雨後放晴，廟宇清新潔淨，綠葉青翠欲滴，與灘上綠水渾然一體，山水一色，構成了橫州古八景之一"烏蠻積翠"的美景。歷代名人如徐霞客、解縉、陸榮廷、李宗仁等慕名前來。

　　王陽明將他最後的心血留在了廣西，然而令人感到可惜的是，當今廣西對王陽明的研究還處於相對萌芽的階段。此次，國際陽明學研究中心人員赴廣西考察，不僅取得了王陽明在廣西史跡的第一手資料，更為重要的是，這為餘姚與廣西兩地陽明學學術的交流建立了新的橋樑、紐帶。只有在不斷對外交流、溝通、合作的過程中，陽明學的研究纔會取得更大更深入的發展。

　　後記：僅以本文感謝廣西南寧市博物館、上林縣文保所、隆安縣文保所、忻城縣文保所、橫縣博物館、馬山縣文保所、平果縣文保所、桂平縣博物館等對國際陽明學研究中心考察工作的支持與幫助！尤其感謝南寧博物館的周清梅主任的一路陪同。

---

① 《南寧府志》卷五十五，《藝文志》，宣統元年刊本，廣西人民出版社 2008 年版，第 1740 頁。

王陽明《傳習錄》的中和說

汪學群[*]

【摘　要】中和屬於王陽明的工夫論,他論中和從動靜開始,中經未發已發,達於中節之和。所論涉及自然、人文,尤其以心性論為重心,展現其本體見於工夫的主張,也即體現王陽明有關本體與工夫一致的精神。而他對未發的討論則突顯其心性論重內在修養與調適,這也反映其心學內省特點,對中和實踐的強調是由內達於外,體現其既內在又超越的道德形上學特色。

王陽明論中和包括動靜、已發未發及中節之和,其論證的邏輯是從動靜、已發未發及於中節之和,動靜是起點,經已發未發達於中節之和是完成。他論動靜雖然涉及自然,但以人文為主並進入心性論領域,已發未發則直接涉及道德之本體與工夫,而本體於工夫中現就是中節之和,是本體與工夫的一致,達到一種人生的境界。所論發揮《中庸》有關"喜怒哀樂之未發謂之中,發而皆中節謂之和"的思想,突顯注重後天主體修養工夫的特色及意義。

一、動 與 靜

王陽明論動靜直接脫胎于周敦頤的太極、陰陽、動靜說。他寫道:"周子'靜極而動'之說,苟不善觀,亦未免有病。蓋其意從'太極動而生陽,靜

---

　* 汪學群,中國社會科學院歷史研究所研究員。

而生陰'說來。太極生生之理,妙用無息,而常體不易。太極之生生,即陰陽之生生。就其生生之中,指其妙用無息者而謂之動,謂之陽之生,非謂動而後生陽也。就其生生之中,指其常體不易者而謂之靜,謂之陰之生,非謂靜而後生陰也。若果靜而後生陰,動而後生陽,則是陰陽動靜截然各自為一物矣。陰陽一氣也,一氣屈伸而為陰陽;動靜一理也,一理隱顯而為動靜。""所謂動靜無端,陰陽無始,在知道者默而識之,非可以言語窮也。若只牽文泥句,比擬仿像,則所謂心從法華轉,非是轉法華矣。"①太極生生之理有兩個特點:其一,妙用無息;其二,常體不易。其生生即陰陽之生生,生生之中指其妙用無息者而謂之動,即陽之性,不是說動而後生陽;生生之中指常體不易者而謂之靜,即陰之性,不是說靜而後生陰,如果說靜而後生陰,動而後生陽,那麼陰陽與動靜截然各自為一物了。太極之生生,陽陰一氣,氣之屈伸為陰陽,動靜一理,理之隱顯為動靜。他還以一年春夏秋冬四季為喻,春夏可以為陽為動,而未嘗無陰與靜,秋冬可以為陰為靜,而未嘗無陽與動。春夏此不息,秋冬此不息,皆可謂之陽,謂之動。春夏此常體,秋冬此常體,皆可謂之陰,謂之靜。自元、會、運、世、歲、月、日、時以至刻、杪、忽、微,莫不皆然。王陽明論動靜關係是同一載體之兩種狀態或者說兩個表現,其一,橫向看,動靜相互包含,相輔相成,互為隱顯。其二,縱向看,動靜相互轉化,彼此消息,表現為一個自然的過程。對於程頤所說的"動靜無端,陰陽無始",②應用心體會而不要拘泥於文句,否則"心從法華轉,非是轉法華",③意指跟著文句走而失去自我判斷,這是不可取的。

　　與周敦頤不同的是王陽明把對動靜的討論納入道德領域,涉及它們與念、定、體用等概念之間的關係,通過對這些範疇的比較與爬梳,揭示了動靜的豐富內涵,確立它們在工夫論當中的地位。

　　動靜統一,它們之間的關係尤其在靜中體現。黃以方自陳喜歡在靜上用功,王陽明與他有以下討論。王說:"靜上用功固好,但終自有弊。人心自是不息。雖在睡夢,此心亦是流動。如天地之化,本無一息之停。然其化生萬物,各得其所,卻亦自靜也,此心雖是流行不息,然其一循天理,卻亦自靜也。若專在靜上用功,恐有喜靜惡動之弊。動靜一也。"黃說:"直固知

　　①　王陽明:《傳習錄中·答陸原靜書》,《王陽明全集》(新編本)第一冊,第 70 頁。
　　②　程頤:《河南程氏經說》卷一,《二程集》,中華書局 1981 年版,第 1029 頁。陽明理解為動靜、陰陽的相互轉化,而並非沒有開端、開始。
　　③　原文出自《壇經·機緣品》:"心迷法華轉,心悟轉法華。"

靜中自有知覺之理。"並認為程頤《答呂學士》①一段可疑。應如程頤說：
"賢且說靜時如何？"蘇季明說："謂之有物則不可，然自有知覺處。"程頤說：
"既有知覺，卻是動也，怎生言靜？"王對此評論說："伊川說還是。"黃以方認
為程頤分明是以靜中無知覺，如何謂程頤說還是？朱熹也曾說："若云知寒
覺暖，便是知覺已動。"②又想到知寒覺暖則知覺落在寒暖上便是已發。所
謂有知覺，只是有此理，不曾落在事物，因此還是靜。然而瞌睡也有知覺，
如能做夢，一叫便醒。槁木死灰無知覺，便不醒。程頤所謂"既有知覺，卻
是動也，怎生言靜"，說的是靜而無靜之意，而不是靜中無知覺。王仍堅持
說"伊川說還是"。③動靜互含，看似靜實際上在動，所謂不息正是此義，動
包含靜、化生萬物、流行不息之動中萬物自有其所且遵循天理，動靜統一，
不可偏廢。陽明注意到靜中之動，因此所理解的動並非機械或物理意義上
的動，而是一種內在的動，表現為生生不息，大千世界包括人生命的本質在
其中得以充分地體現。他與黃以方的對話贊同程頤的主張，動靜關係是互
為動靜，反對絕對的動或靜。《傳習錄》載：劉君亮要在山中靜坐，王陽明
告誡他說："汝若以厭外物之心去求之靜，是反養成一個驕惰之氣了。汝若
不厭外物，復於靜處涵養，卻好。"④以厭外物之心去求靜反而不靜，如不厭
外物，然後在靜中涵養反而更好。這說明求靜屬於內在工夫，與外物無關，
同時也表明不要刻意求靜，不應把求靜當成目的，有反對主觀動機論
之意。

　　動靜與定有關係，王陽明把定視為心之本體，即"定者心之本體，天理
也。動靜所遇之時也"。⑤定即是心之本體，也是天理，心之本體與天理一
致，此為體；動靜則是本體不同時間境遇中的表現，相對於動靜，定更為根
本，這與他更重視靜是一致的。門人問："靜時亦覺意思好，才遇事便不同。
如何？"王陽明說："是徒知靜養而不用克己工夫也。如此，臨事便要傾倒。
人須在事上磨，方立得住，方能‘動亦定，靜亦定’。"⑥劉宗周說他這裏講的

---

① 　呂學士即呂大臨，伊川門人。實答蘇季明，見《河南程氏遺書》卷十八，《二程集》，第
201頁。
② 　見《朱子語類》卷九十六："如知得寒，覺得暖，便是知覺一個物事。"《朱子全書》（修訂本）
第17冊，上海古籍出版社、安徽教育出版社2010年版，第3247頁。
③ 　王陽明：《傳習錄補遺》，《王陽明全集》（新編本）第五冊，第1552頁。
④ 　王陽明：《傳習錄下》，《王陽明全集》（新編本）第一冊，第114頁。
⑤ 　王陽明：《傳習錄上》，《王陽明全集》（新編本）第一冊，第18頁。
⑥ 　王陽明：《傳習錄上》，《王陽明全集》（新編本）第一冊，第13—14頁。

"克己"，就是"存理去欲之別名"。① 他反對單純養靜，也要動，強調克己工夫，讚賞程顥"所謂定者，動亦定，靜亦定。無將迎，無內外"②的提法，主張要在事上磨煉，動也是定，靜也是定，動靜以定為指歸。同時重視心體即天理，以心體及天理說明動靜的關係，突顯動靜的心性論意義。

定是體，動靜是時，它們之間從某種意義上說是體用關係的表現。薛侃問："先儒以心之靜為體，心之動為用，如何？"王陽明回答說："心不可以動靜為體用。動靜，時也。即體而言，用在體，即用而言，體在用：是謂'體用一源'。若說靜可以見其體，動可以見其用，卻不妨。"③"先儒"指程頤，他說："心一也，有指體而言者，寂然不動是也，有指用而言者，感而遂通天下之故是也。"④劉宗周說："心並無動靜可言，必不得已，可說動可以見體，靜可以見用。"⑤心不可以動靜為體用，定是心之體，動靜指時，體是用的體，用是體的用，體用相互含蘊，如程氏《易傳序》所說"體用一源"。從這個意義上說，靜動是體用的表徵。動靜與體用不相等同，但靜可見其體，動可見其用，動靜反映體用。

定是心之本體，也是天理，理與動靜有何關係。陸原靜致書王陽明認為，周敦頤說"主靜"，程顥也說"動亦定，靜亦定"，而您說"定者，心之本體"，"是靜定也，決非不睹不聞、無思無為之謂，必常知、常存、常主於理之謂也。夫常知、常存、常主於理，明是動也，已發也，何以謂之靜？何以謂之本體？豈是靜定也，又有以貫乎心之動靜者邪"？王陽明回答說：理無所謂動。"常知、常存、常主於理"，就是"不睹不聞、無思無為"之意。"不睹不聞、無思無為"，並非槁木死灰之謂。睹聞思為一於理，而未嘗有所睹聞思為，即是動而未嘗動。所謂"動亦定，靜亦定"指的是"體用一原"。⑥ 陽明認為，理無所謂動，常知常存，不睹不聞，無思無為皆指理。不睹不聞、無思無為並非槁木死灰，而是無私念私欲，理內在於睹聞思之中，此理屬自然而非刻意所為，從這個意義上說是客觀的。動也非主觀而順其自然，因此動而未嘗動，從無人為角度理解，也可視為靜，即動也是定，靜也是定。所謂

① 劉宗周：《陽明傳信錄》卷三，《劉宗周全集》第五冊，浙江古籍出版社 2007 年版，第 58 頁。
② 程顥：《河南程氏文集》卷二，《答橫渠張子厚先生書》，《二程集》，第 460 頁。
③ 王陽明：《傳習錄上》，《王陽明全集》（新編本）第一冊，第 34 頁。
④ 程頤：《河南程氏文集》卷九，《與呂大臨論中書》，《二程集》，第 609 頁。
⑤ 劉宗周：《陽明傳信錄》卷三，《劉宗周全集》第五冊，第 66 頁。
⑥ 王陽明：《傳習錄中·答陸原靜書》，《王陽明全集》（新編本）第一冊，第 68—69 頁。

體用一原,指理與睹聞思、動與靜統一到理,也是自然而然。

　　動靜與定的關係涉及念。《傳習錄》載:陳九川近年以來厭惡氾濫之學,想要以靜坐加以克服,而每當靜坐求屏息念慮,非但不能而反覺擾擾,以此向王陽明發問,於是有如下答問。答:"念如何可息? 只是要正。"問:"當自有無念時否?"答:"實無無念時。"問:"如此卻如何言靜?"答:"靜未嘗不動,動未嘗不靜。戒謹恐懼即是念,何分動靜?"問:"周子何以言'定之以中正仁義而主靜'?"答:"無欲故靜,是'靜亦定,動亦定'的'定'字,主其本體也。戒懼之念是活潑潑地,此是天機不息處,所謂'維天之命,於穆不已',一息便是死。非本體之念,即是私念。"①陽明不否認念的存在,尤其主張念不可息,關鍵在於正。轉入動靜關係,他強調靜包括動,動也包括靜,兩者相互包含,對動靜並非機械地理解,即要麼動要麼靜的思維是錯誤的。九川又以周敦頤《太極圖說》"五性感動而善惡分,萬事出矣。聖人定之以中正仁義而主靜。注,無欲故靜"為例,把靜與無欲聯繫在一起以證明主靜。陽明則認為,"無欲故靜",即是程顥所謂的"靜亦定,動亦定",定與動靜相聯繫而且起主導作用。"戒懼之念"並非壓抑而是活潑潑的,反映天賦人性生生不息的特點,也即《詩經·周頌·維天之命》所謂的"維天之命,於穆不已"。如果把念理解為機械的靜或者息則失去了活力,此念便是死念或私念。一言而蔽之,陽明主張主體之定即無欲而非無念,這纔是正念。

　　程顥說:"所謂定者,動亦定,靜亦定,無將迎,無內外。""夫天地之常,以其心普萬物而無心;聖人之常,以其性順萬事而無情。故君子之學,莫若廓然而大公,物來而順應。"②陳榮捷寫道:"陽明之旨,與明道同。明道發明其用,如普物順應。陽明則特重其體,如本體天理。然非謂明道較陽明為顯,或陽明較明道為正。實則兩人均體用一源,動靜無間也。然則王氏此說,本諸明道。宋明理學之分,未有如若干學者所謂水火不容也。"③王陽明論動靜受程顥的影響。他雖然是從道德意義上討論動靜,與主體修養工夫密切相關,如引入定即心之本體、天理並以此討論動靜,突顯了動靜在本體與工夫關係中的特殊意義。動靜雖然由主體發出但並非主觀,而是主體順應客觀的自然過程。

---

①　王陽明:《傳習錄下》,《王陽明全集》(新編本)第一冊,第100—101頁。
②　程顥:《河南程氏文集》卷二,《答橫渠張子厚先生書》,《二程集》,第460頁。
③　陳榮捷:《王陽明傳習錄詳注集評》,臺灣學生書局1983年版,第78頁。

二、已發與未發

　　動靜必然涉及已發未發,相對而言,動對應已發,靜對應未發,王陽明對動靜的討論轉入已發與未發,進一步豐富完善了他的中和觀點。

　　從動靜角度切入已發未發。陸原靜致書王陽明云:"此心未發之體,其在已發之前乎? 其在已發之中而為之主乎? 其無前後內外而渾然之體者乎? 今謂心之動靜者,其主有事無事而言乎? 其主寂然感通而言乎? 其主循理從欲而言乎?"接著,具體指出王陽明討論動靜已發未發有如下不通或不明確之處:其一,如果以循理為靜,從欲為動,則與所謂"動中有靜,靜中有動,動極而靜,靜極而動"不可通。這是把理與欲、靜與動分開,即與朱子注《通書·動靜》"動中有靜,靜中有動"和程子"靜中便有動,動中自有靜"①相違背。其二,如果以有事而感通為動,無事而寂然為靜,則與所謂"動而無動,靜而無靜"不可通,即把有事與無事、感通與寂然、動與靜分開,與周敦頤"動而無靜,靜而無動,物也。動而無動,靜而無靜,神也。動而無動,靜而無靜,非不動不靜也"②不相通。其三,如果說未發在已發之先,靜而生動,是至誠無息、聖人有復,這與《中庸》"故至誠無息,不息則久"、"性焉、安焉之謂聖。復焉、執焉之謂賢"③又不通。其四,如果說未發在已發之中,則未發已發都當主靜? 或者未發為靜而已發為動? 或者未發已發俱無動無靜? 還是都有動有靜? 似皆不明確。④ 凡此四不通或不明確質于王陽明。

　　對此,王陽明引入良知、理加以回答說:"'未發之中',即良知也,無前後內外而渾然一體者也。有事無事,可以言動靜,而良知無分於有事無事也。寂然感通,可以言動靜,而良知無分於寂然感通也。動靜者,所遇之時,心之本體固無分於動靜也。理無動者也,動即為欲,循理則雖酬酢萬變而未嘗動也;從欲則雖槁心一念而未嘗靜也。'動中有靜,靜中有動',又何疑乎? 有事而感通,固可以言動,然而寂然者未嘗有增也。無事而寂然,固

---

① 程子:《河南程氏遺書》卷七,《二程集》,第98頁。
② 周敦頤:《周書·動靜》,《周敦頤集》,中華書局1990年版,第27頁。
③ 周敦頤:《通書·誠幾》,《周敦頤集》,第17頁。
④ 陸語見王陽明:《傳習錄中·答陸原靜書》,《王陽明全集》(新編本)第一冊,第69頁。

可以言靜,然而感通者未嘗有減也。'動而無動,靜而無靜',又何疑乎? 無前後內外而渾然一體,則至誠有息之疑,不待解矣。未發在已發之中,而已發之中未嘗別有未發者在;已發在未發之中,而未發之中未嘗別有已發者存;是未嘗無動靜,而不可以動靜分者也。"①馮柯說:"夫欲生於動者也,非動即為欲也。使動即為欲,則太極之動而生陽,亦即為欲乎? 故動非欲也,動之流則欲也。"②陳榮捷批評說:"馮柯此處斷章取義。陽明明謂循理則未嘗動,其所謂動,非太極動而生陽之動,而乃背理之動也。"③動與欲並非等同周延,動分循理和背理,欲與背理之動一致,陽明評斷動靜的標準在於是否遵循理,其基本主張是,未發之中是良知,無前後內外而渾然一體。良知不分有事無事,也不分寂然感通,心之本體不分動靜,理不動,動則是欲。具體而言,其一,遵循天理酬酢萬變也未嘗動,從欲雖然槁心一念也未嘗靜,動中有靜,靜中有動,動靜以理為判。其二,有事感通可以言動,寂然者未嘗有增,無事寂然可以言靜,感通者未嘗有減,對動靜、感通寂然、有事無事三對範疇都應該採取辯證的理解。其三,未發在已發之中,已發之中未嘗別有未發者在;已發在未發之中,未發之中未嘗別有已發者存,同樣,已發未發也要辯證地看。凡是觀古人言語,在於以意逆志而得其大旨。他援引《孟子·萬章上》所說:"故說詩者,不以文害辭,不以辭害志。以意逆志,是為得之。如以辭而已矣,《雲漢》之詩曰:'周餘黎民,靡有孑遺。'信斯言也,是周無遺民也。"這段話的大意是,不要拘泥於文字而誤解詞句,也不要拘泥於個別詞句而誤解作者完整的意思,能以自己的切身體會去推測作者的本意,這纔是懂得閱讀作品的正確方法。如果一定要拘泥于文義,那麼《大雅·雲漢》說"周餘黎民,靡有孑遺",字面理解就成了周朝沒有後代,其實孟子當時的人都知道這是不確的,不是在記錄史實。對於動靜、已發未發的關係應辯證地理解,並以良知、天理打通,它們皆為良知、天理服務。

已發未發並非獨立兩體而是一體之兩面。有人問:"未發已發。"王陽明說:"只緣後儒將未發已發分說了,只得劈頭說個無未發已發,使人自思得之。若說有個已發未發,聽者依舊落在後儒見解。若真見得無未發已發,說個有未發已發,原不妨,原有個未發已發在。"問:"未發未嘗不和,已

①　王陽明:《傳習錄中·答陸原靜書》,《王陽明全集》(新編本)第一冊,第69—70頁。
②　馮柯:《求是編》卷四,《四明叢書》第六集,第36頁。
③　陳榮捷:《王陽明傳習錄詳注集評》,第221頁。

發未嘗不中;譬如鐘聲,未扣不可謂無,即扣不可謂有,畢竟有個扣與不扣,何如?"陽明說:"未扣時原是驚天動地,即扣時也只是寂天寞地。"①陽明不贊同已發未發分說,而認為未發已發相互包含而且互動,也就是說未發和已發是同一個修養狀態中的兩種表現,或者說未發是已發了的未發,已發是未發發了的已發,兩者互為消長、互為隱顯。彭定求說:"《通書》曰:'唯中也者,和也,中節也。天下之達道也。'中和一串說,便是合未發已發而一之也。文成之不分未發已發,實以周子為張本。"②繼承了周敦頤的說法。陽明還討論未發已發之本體,說:"喜怒哀樂本體自是中和的。纔自家著些意思,便過不及,便是私。"③反對以主觀意念或私意參入未發與已發之中,如此便出現過與不及兩種片面性,這是私念在作祟,而主張喜怒哀樂順其自然,自然而然即其本體,達到中和。這是對《中庸》"喜怒哀樂之未發,謂之中。發而皆中節,謂之和"的詮釋。

在王陽明心中,未發佔有重要的地位。他說:"不可謂'未發之中'常人俱有。蓋'體用一源',有是體即有是用,有'未發之中',即有'發而皆中節之和'。今人未能有'發而皆中節之和',須知是他'未發之中'亦未能全得。"④不可說未發之中常人都俱備,意思是說不是每個人都能做到未發之中,或者反過來說有人做不到未發之中。體用一源,即體用統一,從這個角度理解未發和已發,未發之中表現為體,已發中節之和表現為用,似乎做到未發之中便可達到發而皆中節之和。現在的人不能做到已發而皆中節之和,原因是他在未發之中未能全得。未發有偏全之分,不能全面做到未發,已發如何能中節之和? 因此他更重視未發。施邦曜說:"此是就後來養成工夫論。若論天命賦予,常人都是有的。"⑤天命賦予是前提,但也離不開後天的存養工夫,陽明論未發已發也體現這一點。武陵劉觀時問:"'未發之中'是如何?"王陽明回答說:"汝但戒慎不睹,恐懼不聞,養得此心純是天理,便自然見。"⑥劉宗周說:"又舉天理二字。"⑦陽明認為,做到戒慎不睹,

---

① 王陽明:《傳習錄下》,《王陽明全集》(新編本)第一冊,第 126 頁。
② 彭定求:《南畇集》,《陽明釋毀錄》。
③ 王陽明:《傳習錄上》,《王陽明全集》(新編本)第一冊,第 21 頁。
④ 王陽明:《傳習錄上》,《王陽明全集》(新編本)第一冊,第 19 頁。
⑤ 施邦曜:《陽明先生集要》,中華書局 2008 年版,第 56 頁。
⑥ 王陽明:《傳習錄上》,《王陽明全集》(新編本)第一冊,第 40 頁。
⑦ 劉宗周:《陽明傳信錄》卷三,《劉宗周全集》第五冊,第 70 頁。

恐懼不聞，凡此皆是未發之中即養心，養心使其純正即是天理，這是一個實踐的過程，非可說出，因此真知是行之知。

　　他與學生問答時討論寧靜與未發的關係。問："寧靜存心時，可為'未發之中'否？"答："今人存心，只定得氣。當其寧靜時，亦只是氣寧靜。不可以為'未發之中'。"問："'未'便是'中'，莫亦是求'中'功夫？"答："只要去人欲、存天理，方是功夫。靜時念念去人欲、存天理，動時念念去人欲、存天理。不管寧靜不寧靜。若靠那寧靜，不惟漸有喜靜厭動之弊，中間許多病痛，只是潛伏在，終不能絕去，遇事依舊滋長。以循理為主，何嘗不寧靜；以寧靜為主，未必能循理。"①陽明認為存心要定於氣，定得氣，指該寧靜定氣於寧靜，該動定氣於動。如寧靜即氣之寧靜，此為定於氣，但不是未發之中。他反對單純寧靜。去人欲、存天理是功夫，靜或動之時皆要念念去人欲、存天理。劉宗周說："此所謂念，是無念之念，莫錯會。不然，才起一念，已是欲也。故曰：'凡有所向便是欲。'然先生之教自是真切。"②單純語靜是偏，語靜亦語動是全。應以遵循天理為主，如此纔寧靜，如果以寧靜為主，則未必遵循天理，寧靜是為遵循天理服務的。陸澄以為心得寧靜，始得謂未發之中，陽明並未贊同此語，旨在破只知寧靜之失，而教以循天理、去人欲，則寧靜工夫方有著落、有發用。

　　對於程頤和李侗的未發觀點，王陽明在與弟子問答中有以下評論。問："伊川謂'不當於喜怒哀樂未發之前求中'，延平卻教學者'看未發之前氣象'，何如？"答："皆是也。伊川恐人於未發前討個中，把中做一物看，如吾向所謂認氣定時做中，故令只於涵養省察上用功。延平恐人未便有下手處，故令人時時刻刻求未發前氣象，使人正目而視惟此，傾耳而聽惟此，即是'戒慎不睹，恐懼不聞'的工夫。皆古人不得已誘人之言也。"③程頤主張"不當於喜怒哀樂未發之前求中"，④李侗教人看未發之前氣象，⑤陽明都予以肯定，但角度不同。程頤恐怕人在未發前把中當成物，就像我以前把氣定時稱為中一樣，所以只令學生在涵養省察上用功。李侗恐怕人下手難，因此叫人時刻求未發前氣象，做《中庸》"戒慎不睹，恐懼不聞"的工夫，這皆

①　王陽明：《傳習錄上》，《王陽明全集》（新編本）第一冊，第 15 頁。
②　劉宗周：《陽明傳言錄》卷三，《劉宗周全集》第五冊，第 58 頁。
③　王陽明：《傳習錄上》，《王陽明全集》（新編本）第一冊，第 25 頁。
④　《河南程氏遺書》卷十八，《二程集》，第 200 頁。
⑤　見《延平答問》，《朱子全書》（修訂本）第 13 冊，第 322、347 頁。

是古人不得已的勸誘之言。劉宗周說：“只為本無前後際故也。先生頗主
程子說。”①似有片面。李侗是朱熹的老師，陽明對李侗肯定也是對朱熹的
肯定。在這一點上，陽明與朱熹是一致的。孫奇逢說：“古人不得已誘人之
言，原各有是處，執之又成聚訟矣。”②這是告誡後學不要僵化地理解古人，
否則將引起不必要的爭論。

三、中節之和

正如分析動和靜必然涉及已發和未發一樣，王陽明討論未發和已發必
然涉及中節之和，也就是說動和靜、已發和未發、中節之和是相互包含的關
係，它們之間的互釋使中和說的內容更加全面。

王陽明與弟子問答時以良知解釋中節之和。問：“良知原是中和的，如
何卻有過不及？”答：“知得過不及處，就是中和。”③劉宗周說：“良知無過不
及，知得過不及的是良知。”④陽明雖然說知曉過與不及處就是中和，但如何
做到無過不及，只有良知，實際上是以良知解釋中和。中和並非指一時一
事而是事事如此，這樣的中和纔是真正意義上的中和，也是大本達道。陸
澄問：“喜怒哀樂之中和，其全體常人固不能有。如一件小事當喜怒者，平
時無有喜怒之心，至其臨時亦能中節，亦可謂之中和乎？”王陽明說：“在一
時一事，固亦可謂之中和，然未可謂之‘大本’、‘達道’。人性皆善，中和是
人人原有的，豈可謂無？但常人之心既有所昏蔽，則其本體雖亦時時發見，
終是暫明暫滅，非其全體大用矣。無所不中，然後謂之‘大本’；無所不和，
然後謂之‘達道’。惟天下之至誠，然後能立天下之‘大本’。”⑤一時一事也
可謂之中和，但不可謂之大本達道，也即《中庸》所謂的“中也者，天下之大
本也。和也者，天下之達道也”。人性皆善，中和人人固有，但人心易受遮
蔽，使本體之善明滅不定，未達到朱熹所謂的全體大用。如何做到大本達

---

①　劉宗周：《陽明傳信錄》卷三，《劉宗周全集》第五冊，第60頁。
②　孫奇逢：《理學宗傳》卷九，《傳習錄》，《孫奇逢集（上）》，中州古籍出版社2003年版，第
831頁。
③　王陽明：《傳習錄下》，《王陽明全集》（新編本）第一冊，第125頁。
④　劉宗周：《陽明傳信錄》卷三，《劉宗周全集》第五冊，第85頁。
⑤　王陽明：《傳習錄上》，《王陽明全集》（新編本）第一冊，第25頁。

道？就要"無所不中"、"無所不和"，指事事皆中和，然後纔稱之為大本達道即中和。由此可以看出中和既表現為一時一事也表現為時時事事，前者是個別，後者是一般，這是以理一分殊釋中和，中和從一時一事到時時事事，即從個別到一般達到全面而完美的中和纔是大本達道。

他在談及名物度數與心體關係時涉及中和。問："名物度數。亦須先講求否？"答曰："人只要成就自家心體，則用在其中。如養得心體，果有未發之中，自然有發而中節之和，自然無施不可。苟無是心，雖預先講得世上許多名物度數，與己原不相干，只是裝綴，臨時自行不去。亦不是將名物度數全然不理，只要'知所先後，則近道'。"①鳥獸草木之物皆有名，禮樂刑政之度皆有數，名物度數不過是用，首先要養得心體，所謂未發之中，自然已發達到中節之和，實施名物度數無不可。如果不修養心體，由未發到已發之中和，名物度數也做不好。知曉未發已發之中和與名物度數有個先後次序，如《大學》所說"知所先後，則近道"。

他與學生討論戒慎恐懼與致中和突出其實踐性。黃以方問："戒慎恐懼是致和，還是致中？"陽明說："是和上用功。"黃又問："《中庸》言致中和，如何不致中，卻來和上用功？"陽明說："中和一也。內無所偏倚，少間發出，便自無乖戾。本體上如何用功？必就他發處，纔著得力。致和便是致中。萬物育，便是天地位。"黃以方未能釋然。陽明說："不消去文義上泥，中和是離不得底。如面前火之本體是中，火之照物處便是和。舉著火，其光便自照物。火與照如何離得？故中和一也。近儒亦有以戒懼即是慎獨，非兩事者。然不知此以致和即便以致中也。"另一天，歐陽德對黃以方說："未發是本體，本體自是不發底。如人可怒，我雖怒他，然怒不過當，卻也是此本體未發。"黃以方後以歐陽德之說向陽明求證。陽明說："如此卻是說成功。子思說發與未發，正要在發時用功。"②戒慎恐懼與其說是致和致中，不如說在和上用功。致和與致中體現中和一體，無所偏倚，在此處用功則萬物育、天地位。黃以方似乎未理解，陽明以火與照為喻：火是本體，照是火的功能，兩者一致說明中和一體。對於未發與已發，在發時用功是強調中和的功能，尤其突顯的是"致"，無論致中還是致和都應在致上統一，最終的目的是和。這揭示中和概念生活或實踐的特徵，與《中庸》所謂"喜怒哀樂之未

---

① 王陽明：《傳習錄上》，《王陽明全集》(新編本)第一冊，第23頁。

② 王陽明：《傳習錄補遺》，《王陽明全集》(新編本)第五冊，第1552頁。

發,謂之中,發而皆中節,謂之和"是一致的。

中和的實踐即是中行。陽明說:"昔孔門求中行之士不可得。苟求其次,其惟狂者乎!狂者志存古人,一切聲利紛華之染,無所累其衷,真有鳳凰翔於千仞氣象。得是人而裁之,使之克念,日就平易切實,則去道不遠矣。"①論"狂"見《論語·子路》:"不得中行而與之,必也狂狷乎。狂者進取,狷者有所不為。"《論語·陽貨》:"古之狂也肆,今之狂也蕩。"中行即行中和之人不易得,求其次則為狂者,至於《論語·子路》說的"鄉願",則"德之賊也"。狂者不受物欲所誘惑而且灑脫。當然也要克念,即《尚書·多方》說的"惟聖罔念作狂,惟狂克念作聖"。意指聖人與狂人可以相互轉化,其轉捩點是"念",狂人如果能夠克制"私念"就能變成聖人,成為聖人當然就離道不遠了。中和在日常生活中表現為中庸。黃以方問:"顏子'擇中庸',是如何擇?"王陽明回答說:"亦是戒慎不睹,恐懼不聞,就己心之動處,辨別出天理來。'得一善',即是得此天理。"②《中庸》載孔子說:"回之為人也,擇乎中庸。得一善,則拳拳服膺,而弗失之矣。"如何選擇中庸?陽明答:做到中庸必須如《中庸》所說"戒慎不睹,恐懼不聞",於己心動處辨別天理,得一善就是得此天理。

王陽明論"執中無權猶執一"時把中和看成一個動態的過程。門人問:"孟子言'執中無權猶執一'。"他回答說:"中只有天理,只是易。隨時變易,如何執得?須是因時制宜。難預先定一個規矩在。如後世儒者要將道理一一說得無罅漏,立定個格式,此正是執一。"③"執中無權猶執一"出自《孟子·盡心上》,云:"楊子取為我,拔一毛而利天下,不為也;墨子兼愛,摩頂放踵利天下,為之。子莫執中,執中為近之。執中無權,猶執一也。所惡執一者,為其賊道也,舉一而廢百也。"中是天理也是易,即變易之易,因此對人或事物不能採取僵化固定的理解,尤其是不能預設一個框框限制其變化與發展。所謂隨時變易,知權變而不能執一,隨時變易就是因時地制宜、靈活運用。從這個意義上說,中和也是變通的過程。

以具體實例踐履中和。正德九年(1514)四月,王陽明陞南京鴻臚寺卿,陸澄在此暫時居住。一天,陸澄突然接到家信,從信中得知兒子生病,

---

① 王陽明:《傳習錄補遺》,《王陽明全集》(新編本)第五冊,第1556頁。
② 王陽明:《傳習錄補遺》,《王陽明全集》(新編本)第五冊,第1553頁。
③ 王陽明:《王陽明全集》(新編本),第21頁。

甚急。王陽明勸道:"此時正宜用助。若此時放過,閒時講學何用? 人正要在此等時磨煉。父之愛子,自是至情,然天理亦自有個中和處,過即是私意。人於此處多認做天理當憂,則一向憂苦,不知已是'有所憂患,不得其正'。大抵七情所感,多只是過,少不及者。纔過便非心之本體,必須調停適中始得。就如父母之喪,人子豈不欲一哭便死,方快於心? 然卻曰'毀不滅性',非聖人強制之也,天理本體自有分限,不可過也。人但要識得心體,自然增減分毫不得。"①在王陽明看來,這正是應該用功之時,如果放過,平時講學有何用。人正要在事時磨煉。父子之情符合天理,但要適中,否則,尤其是過則為私意。人在此時應依照天理來對待憂患,只知憂患甚至不能自已,就會如《大學》所說"有所憂患,不得其正",即過度而失中。《禮記·禮運》講"何謂人情? 喜怒哀懼愛惡欲,七者弗學而能"。對於人之七情,所擔心的主要是過度而不是不及,過度則有違於心之本體即本心或道心,這時必須調節以達到適中。《孝經·喪親》說:"三日而食,教民無以死傷生。毀不滅性,此聖人之政也。"(又見《禮記·喪服四制篇》)所謂"毀不滅性",指哀毀不應損害人之本性,這並不是聖人強加給人的,而是天理本體自有限度,人需識得心體,自然有所分寸。一言以蔽之,情要符合心體,所發纔是適中即中和。

　　中和源自《中庸》"喜怒哀樂之未發,謂之中。發而皆中節,謂之和。中也者,天下之大本也。和也者,天下之達道也。致中和,天地位焉,萬物育焉"一段,其意義兼顧心性論與宇宙論。周敦頤對此解釋說:"惟中也者,和也,中節也,天下之達道也,聖人之事也。"②不出《中庸》範圍。邵雍《中和吟》說:"性亦故無他,須是識中和。心上語言少,人間事體多。如霖回久旱,似藥起沈痾。一物尚不了,其如萬物何。"③把中和運用於心性領域涉及修養等。司馬光進一步說:"至於中和為養生作樂之本,此皆見於經傳。""人苟能無失中和,則無病。""夫志,氣之帥也,苟不以中和養其志,氣能浩然乎?"④把中和與氣及志的存養聯繫在一起,揭示中和的心性修養意義。程頤以體用說明中和:"'喜怒哀樂未發謂之中',只是言一個中體。""'發

---

① 王陽明:《傳習錄上》,《王陽明全集》(新編本)第一冊,第18—19頁。
② 周敦頤:《通書·師》,《周敦頤集》,第20頁。
③ 邵雍:《伊川擊壤集》卷十九,《邵雍集》,中華書局2010年版,第507頁。
④ 司馬光:《司馬光集》卷六二,《答范景仁書》,2010年版,第1295頁。

而皆中節謂之和’，非是謂之和便不中也。言和則中在其中矣。”①又以理釋中和：“中和，若只於人分上言之，則喜怒哀樂未發既發之謂也。若致中和，則是達天理，便見得天尊地卑、萬物化育之道。”②初步探討了中和的心性意義，也可以說自宋儒開始，對中和的解讀偏重於心性領域。

中和概念在朱熹手裏進一步形而上學化、心性化。朱熹對中和的理解有一個過程。最初嚴守師說，發揮李侗“默坐澄心，以求未發之中”，而後漸覺心為已發，並與張栻多有討論，其基本觀點是：“《文集》、《遺書》（程子——引者）諸說，似皆以思慮未萌，事物未至之時，為喜怒哀樂之未發。當此之時，即是此心寂然不動之體，而天命之性，當體具焉。以其無過不及，不偏不倚，故謂之中。及其感而遂通天下之故，則喜怒哀樂之情發焉，而心之用可見。以其無不中節，無所乖戾，故謂之和。此則人心之正，而性情之德然也。然未發之前不可尋覓，已發之後不容安排，但平日莊敬涵養之功至，而無人欲之私以亂之，則其未發也，鏡明水止；而其發也，無不中節矣。此是日用本領功夫。至於隨事省察，即物推明，亦必以是為本。而於已發之際觀之，則其具於未發之前，固可默識。”③這是以未發已發兼顧交修而致中和發揮《中庸》的中和思想。朱熹論中和也涉及理之體用，“中和雲者，所以狀此實理之體用也”。④又以性情為說：“程子之意，正謂喜怒哀樂已發之處，見得未發之理，發見在此一事一物之中，各無偏倚過不及之差，乃時中之中，非渾然在中之中也。”⑤可以說把中和置於道德形而上學之中，進一步推進中和思想的研究。

突顯中和的心性論意義，在這一點上，王陽明與朱熹大體一致。所不同的是王陽明從動靜出發論中和，在動靜、已發未發相互聯繫的基礎上更重視靜和未發，對未發的闡釋尤其有意義，工夫從此入手纔是正本清源。未發主要指主體情緒的蘊聚階段，或者說是已發之前主體情感的內在湧動，此時用功十分重要，可改變情緒的質、調節情緒的量，使其發出後既正又適度，避免出現偏差或失度。接著他又引“入定”、“念”等概念加以闡釋，

① 程頤：《河南程氏遺書》卷十七，《二程集》，第 180—181 頁。
② 程頤：《河南程氏遺書》卷十五，《二程集》，第 160 頁。
③ 朱熹：《與湖南諸公論中和第一書》，《晦庵先生朱文公文集》卷六十四，《朱子全書》（修訂本）第 23 冊，第 3130—3131 頁。
④ 朱熹：《四書或問・中庸或問》，《朱子全書》（修訂本）第 6 冊，第 594 頁。
⑤ 朱熹：《四書或問・中庸或問》，《朱子全書》（修訂本）第 6 冊，第 563 頁。

如主張"靜也定,動也定,動靜以定為指歸";"主體之定即無欲而非無念,這纔是正念"。又以良知、理、性之本體來闡釋中和,"天理亦自有個中和處",良知"知得過不及處,就是中和","中和便是複性之本體",體現其心學或良知之學的學術特徵。先天所賦予人的天理也好或者人心固有良知也罷,都不過是潛在或者前提而已,而後天的工夫則是真正達成天理或良知的重要手段,因此,他尤其強調中和的實踐特徵,"心正則中,力修則和"。中和的實踐即是中行,中和的實踐性表現為致中和,"致中和只在謹獨",中和在日常生活中表現為中庸。這樣對中和的探討由形而上落實到形而下,本體與工夫的統一體現在本體於工夫中現。中和的道德內涵在他手裏變得富有哲理而且更加豐滿了。

"中"在陽明心學體系中的意義

張海晏*

【摘　要】此文旨在指出:"中"這個概念作為一種原則和理念,在陽明的心學體系中,既有不偏不倚、無過不及的平衡技巧的方法論意義,又被普遍化為人的道德修養的一般準則乃至本體化為宇宙萬事萬物的總原則、本質規定,其與"道心"、"未發"、"天理"、"道"和"良知"等核心範疇相關聯,有異名同謂之意味。"中"這個字詞及其觀念,在陽明思想體系中有著十分重要的地位和意義,但其在不同語境中有不同的意義和所指。內中原因,或許因為宋明處於社會轉型之一切均失衡的大時代,思想家多把中庸作為至高的理想來加以訴求。

一、引　言

漢語系統的"中"字,淵源有自,其來尚矣,早在甲骨文和金文中就有所見。一般認為,"中"在甲骨卜辭中指測定方位和四時變化的天文儀器,唐蘭《殷墟文字記》講:"中"為一面旗幟,是遠古氏族為聚集本族成員的信號。旗幟一樹,群眾來自四方。聚眾建旗的"中"字最初有空間的"中央"之義,並漸由此引申為一切之"中"。①

有學者將"中"字的"中央"概念與天體中北極星的中心位置及古人的

---

* 張海晏,中國社會科學院歷史研究所研究員。

① 唐蘭:《殷墟文字記》,中華書局 1981 年版,第 53—54 頁。

方位崇拜相聯繫,認為中國古代的天文觀測很早就發現斗轉星移、變動不居的宇宙中存在著一個眾星拱衛、相對穩定的天體"中心"——北極星。儘管考據顯示在不同的歷史時期,被作為這個"中心"的極星有著不同的星體對應,但這已充分顯示在古代,北極星被理性地認為是樞軸,是無影無象的動力源,是至尊原則的象徵。這個眾星環繞的北極天區,為先民在觀念上提供了一個神聖之"中央"的具體模式,通過對北極天區之"神秘感"的發現和體認,進而在先民中產生"中央"崇拜的宗教性情感,北極星崇拜是"天"和"天神"崇拜的重要觸媒,從而產生了"中央崇拜"和"中心主義"。①

　　"中"字普遍出現于《尚書》、《詩經》、《周易》和《左傳》等古代典籍中,並由實轉虛地逐漸拓展到倫理道德領域。如《荀子·儒效篇》即把"中"作為"善的"、"好的"、"對的"、"恰當的"意思來使用:"凡事行,有益於治者立之,無益於理者廢之,夫是之謂中事;凡知說,有益於理者為之,無益於理者捨之,夫是之謂中說。(行事)[事行]失中謂之奸事,知說失中謂之奸道。奸事奸道,治世之所棄而亂世之所從服也。"

　　哲學意義的"中"有"中正"、"中和"、"中庸"、"不偏不倚"諸義。"中庸"一詞首見於《論語·雍也》,多見於《禮記》的《中庸》篇,以及其他儒家典籍。"中庸"概念在歷史上有多種不同的解讀,一般認為"中庸"即"中用","中用"即"用中",意即執兩用中,中道而行。清人劉寶楠《論語正義》曰:"用中即中庸之義是也。"人的本性好偏頗,過度與不及是人性的弱點,中庸講的是在過度與不及而造成的兩惡之中取其中道,告訴人們如何調節各種欲望、情感和行為,找到最佳的平衡點、臨界點。

　　漢字中的"和"早在甲骨文和金文中即有所見。有關"和"字,《說文解字》口部書作"咊",解為"相應也",係與入口之飲食有關;龠部有"龢"字,解為"調也",本是樂器的象徵;皿部有"盉"字,解為"調味也",原指調味器。"咊"、"盉"、"龢"三字,同音同源,字形雖異,卻都以"禾"字為旁。"禾"乃是"和"之觀念的基本喻象,這透露出農耕文明的歷史特點。歷史上"和"逐漸從形而下的具體器物與感官經驗抽象而為形而上的價值理念和精神訴求,用來表達調和、協和、和諧、和睦、和平、平和等思想意味。

　　我們知道,"中"在中國傳統思想尤其是儒家傳統中,主要指不偏不倚、

---

　　①　蕭兵:《中庸的文化省察——一個字的思想史》,湖北人民出版社1997年版,第342頁。

無過不及的行為方式、為人之道、處世哲學和道德德性。孔子《論語·雍也》有言曰:"中庸之為德也,其至矣乎! 民鮮久矣。"子思《中庸》有言曰:"致廣大而盡精微,極高明而道中庸。"當然,在《中庸》篇,中庸概念已經具有某種本體論的意義。到了宋明時代,《大學》、《中庸》與《論語》、《孟子》並列為"四書",內含的"中庸"思想亦為當時的思想家們所津津樂道,"中"字似乎成了建構宋明時代新的哲學體系的核心範疇,具有崇高的地位。如《二程先生遺書》卷十一明道先生語:

> 中之理至矣,獨陰不生,獨陽不生。偏則為禽獸,為夷狄,中則為人。中則不偏,常則不易。惟中不足以盡之,故曰中庸。

呂坤《呻吟語·談道篇》說:

> 中之一字,是無天於上,無地於下,無東西南北於四方。此是南面獨尊,道中的天子。仁義禮智信,都是東西侍立;百行萬善,都是北面受成者也! 不意宇宙間有此一妙字。有了這一個,別個都可勾銷,五常百行萬善;但少了這個,都是一家貨,更成什麼道理。

作為宋明儒學中之心學一派的重要代表,王陽明亦把"中"這個範疇置於中心地位,將其作為其心學體系的網結點和紐帶,打通和關聯起心學理論框架中各個理論層面和哲學維度。[①]

二、"道無不中"

《古文尚書·大禹謨》有云:"人心惟危,道心惟微。惟精惟一,允執厥中。"這四句話十六個字長期以來不為歷史所重,少有人論及,而到了宋明理學家則將它視之為堯舜聖王薪火相傳、一脈相承的思想綱領,推崇備至,

---

①　如徐儒宗指出:"王陽明的中庸修養論徐儒親王陽明的學說,主要是關於道德修養的學說。其核心是'致良知',而貫串於其中的方法和準則乃是中庸之道。"可參看徐儒宗:《王陽明的中庸修養論》,《河北大學學報(哲學社會科學版)》1995 年第 1 期。

著力闡發,號稱"十六字心傳"。

對於"人心惟危,道心惟微"這兩句,理學家大都是從人心與道心、人欲與天理的角度進行詮釋,認為前者偏失危險,後者微妙難識。程顥《語錄》有言曰:"人心惟危,人欲也;道心惟微,天理也。"朱熹《中庸章句序》有言曰:"而以為有人心道心之異者,則以其或生於形氣之私,或原於性命之正,而所以為知覺者不同,是以或危殆而不安,或微妙而難見爾。"《觀心說》:"夫謂人心之危者,人欲之萌也;道心之微者,天理之奧也。"對這兩句,陽明亦給出大體相似的解釋:

> 古聖賢之學,明倫而已。堯、舜之相授受曰:"人心惟危,道心惟微。惟精惟一,允執厥中。"斯明倫之學矣。道心也者,率性之謂也,人心則偽矣。不雜於人偽,率是道心而發之於用也,以言其情,則為喜怒哀樂;以言其事,則為中節之和,為三千三百經曲之禮;以言其倫則為父子之親,君臣之義,夫婦之別,長幼之序,朋友之信。①

> 夫聖人之學,心學也。學以求盡其心而已。堯、舜、禹之相授受曰:"人心惟危,道心惟微。惟精惟一,允執厥中。"道心者,率性之謂,而未雜於人。無聲無臭,至微而顯,誠之源也。人心,則雜于人而危矣,偽之端矣。見孺子之入井而惻隱,率性之道也;從而內交于其父母焉,要譽於鄉黨焉,則人心矣。饑而食,渴而飲,率性之道也;從而極滋味之美焉,恣口腹之饕焉,則人心矣。②

在陽明看來,道心是人之本性,具有本能、自發、本原和中節的性質,其與功利計算的、貪念無度和易受外界誘擾的人心之偽正相對立,是道德人倫與禮樂秩序的源泉。與程朱多從人欲與天理來進行劃分略有不同,陽明多從真與偽、自然與人為來分別道心與人心,這易於讓人聯想到道家的見素抱樸、返璞歸真。真善美曆為哲人所普遍訴求,但在道德哲學領域就思想學說的精神方向而言,如果說儒家是"向善"之學,那麼道家則對"求真"

---

① 《萬松書院記》,吳光等編校:《王陽明全集》第一冊,浙江古籍出版社 2011 年版,第 269—270 頁。

② 《重修山陰縣學記》,吳光等編校:《王陽明全集》第一冊,浙江古籍出版社 2011 年版,第273—274 頁。

表現出更大的熱情。老莊哲學重在強調人的自發性、道德本能,認為道德之事一旦摻雜了意識的、計算的、功利的等人為因素,必然導致道德純粹性與真實性的喪失,所以他們一般地反對外在的道德教化。道家標舉的"無為"與"自然"意義相通,"無為"是"自然"的否定式表達,"自然"是"無為"的正面表述。"自然"主指因任人的本能、自發性,對外消解外界力量的阻礙,排除外在意志的幹擾,對內反對有意識、有目的的刻意造作之為即"偽"。他們極力要反對道德生活中的"刻情修容"、"純盜虛名"、"偷世盜名"、"虛造空美"、"真偽渾雜"、"虛實相蒙"。

對"惟精惟一,允執厥中"句,陽明解釋說:

> 惟一者,一於道心也。惟精者,慮道心之不一,而或二之以人心也。道無不中,一於道心而不息,是謂"允執厥中"矣。一於道心,則存之無不中,而發之無不和。是故率是道心而發之于父子也無不親;發之於君臣也無不義;發之於夫婦、長幼、朋友也無不別、無不序、無不信:是謂中節之和,天下之達道也。放四海而皆准,亙古今而不窮,天下之人同此心,同此性,同此達道也。[①]

> (堯舜)其相授受之言曰:"人心惟危,道心惟微。惟精惟一,允執厥中。"彼其自以為人心之惟危也,則其心亦與人同耳。危即過也,惟其兢兢業業,嘗加"精一"之功,是以能"允執厥中"而免於過。古之聖賢時時自見己過而改之,是以能無過,非其心果與人異也。"戒慎不睹,恐懼不聞"者,時時自見己過之功。[②]

按陽明的理解,所謂"惟精惟一"就是對於道心的專心致志、心無旁騖,毋三心二意、朝三暮四,使道心統領人的精神世界,宰制人的私情物欲,惟其如此,方能萬物有序,各得其所,天下和諧。人皆有過,堯舜也莫之能外;但聖賢堯舜能以中節之道心隨時校正裁奪、糾偏補弊,故而免過。在他看來,對"道心"的堅守與執著,即是"允執厥中",此"中"與"道心"乃異名同

---

① 《重修山陰縣學記》,吳光等編校:《王陽明全集》第一冊,浙江古籍出版社 2011 年版,第 273—274 頁。
② 《寄諸弟》,吳光等編校:《王陽明全集》第一冊,浙江古籍出版社 2011 年版,第 185—186 頁。

謂;同時,在陽明學說中,"中"又是"道心"的實存狀態與基本屬性,前引所謂"道無不中"、"一於道心,則存之無不中,而發之無不和"即是謂此。這裏"中"與"和"是"道心"在"未發"與"已發"不同節點上的不同表現與狀態。在《象山文集序》中,陽明亦講"中"乃"道心"之別稱與狀態:

> 聖人之學,心學也。堯、舜、禹之相授受曰:"人心惟危,道心惟微。惟精惟一,允執厥中。"此心學之源也。中也者,道心之謂也;道心精一之謂仁,所謂中也。①

陽明認為:堯、舜、禹聖人之學,就是心心相印的心學;"中"是"道心"之謂,即"道心精一",這也就是"仁",在"道心"的意義範圍,"中"與"仁"畫上了等號。

陽明的大弟子錢德洪在《陽明先生年譜序》亦言:

> 昔堯、舜、禹開示學端以相授受,曰"允執厥中,四海困窮,天祿永終。"噫! 此三言者,萬世聖學之宗與!"執中",不離乎四海也。"中"也者,人心之靈,同體萬物之仁也。"執中"而離乎四海,則天地萬物失其體矣。故堯稱峻德,以自親九族,以至和萬邦;舜稱玄德,必自定父子以化天下。堯、舜之為帝,禹、湯、文、武之為王,所以致唐虞之隆,成三代之盛治者,謂其能明是學也。後世聖學不明,人失其宗,紛紛役役,疲極四海,不知"中"為何物。伯術興,假借聖人之似以持世,而不知逐乎外者遺乎內也……教衰行弛,喪亂無日,天祿亦與之而永終。噫,夫豈無自而然哉!②

堯、舜、禹先賢"執中",此"中"乃"人心之靈",藉此可"同體萬物之仁";後世則"人失其宗","道不在位","不知'中'為何物"。此段文字中所謂"'執中',不離乎四海",強調的是知行合一、事上磨煉,"內聖"離不開"外王"。這裏,"中"與"靈"與"仁"與"道"相通互滲,意義相關。胡宗憲

---

① 《象山文集序》,吳光等編校:《王陽明全集》第一冊,浙江古籍出版社 2011 年版,第 260—262 頁。

② 錢德洪:《陽明先生年譜序》,吳光等編校:《王陽明全集》第四冊,浙江古籍出版社 2011 年版,第 1371—1372 頁。

在《重刊陽明先生文錄敘》中亦有類似表述：

> 予惟千聖一心，萬古一道，惟心一，故道一；道一，故學亦一。昔堯之
> 告舜，曰："允執厥中。"及舜命禹，又加以"人心惟危，道心惟微，惟精惟
> 一"之三言。夫"道心"即"中"也，"精一"者"允執"之功，而"精"又"一"
> 之功也。"惟精"故"一"，"惟一"故"中"，此萬世心學之源，蓋蔑以復加
> 矣。其後孔門一貫博約之教，誠正格致之說，亦不過發明"精一"之旨。①

應該說，將"中"與"道"等同，在宋明理學中並不鮮見，程頤《與呂大臨
論中書》曾說："中即道也。"②陽明建構的心學體系與彰顯的道德主體性，
把"心"當作"道"的本體，有"人心"與"道心"之分，把精一而又符合中道的
"心"視為"道心"，強調"道心"對"人心"的超越性、主導性，把此作為其"中
庸"修養論的理論基石。陽明此說似是認為人有二心或者心體二元，然而，
《傳習錄》載：

> （徐）愛問："'道心常為一身之主，而人心每聽命。'以先生'精一'
> 之訓推之，此語似有弊。"先生曰："然。心一也。未雜於人謂之道心，
> 雜以人偽謂之人心。人心之得其正者即道心，道心之失其正者即人
> 心，初非有二心也。程子謂人心即人欲，道心即天理。語若分析，而意
> 實得之。今曰'道心為生，而人心聽命'，是三心也。天理人欲不並立。
> 安有天理為主，人欲又從而聽命者？"③

作為人的中樞指揮和行為發動中心的心只有一個，要麼是"道心"，要
麼是"人心"，純然道德之心即"道心"，而雜以人的貪偽私欲時就成了"人
心"，二者必居其一，不同時並存。

陽明在對"十六字心傳"的解讀中，把"允執厥中"說成對"道心"的堅
守與執著，把"道"與"中"聯繫在一起，既是賦予了"中"以本體論的意義，
又多少弱化了其認知與行為方式的原有之意。

---

① 胡宗憲：《重刊陽明先生文錄敘》，吳光等編校：《王陽明全集》第六冊，浙江古籍出版社2011
年版，第2109頁。
② 《二程文集》卷九。
③ 《傳習錄》下，吳光等編校：《王陽明全集》第一冊，浙江古籍出版社2011年版，第8頁。

三、"未發之中"

　　與"中庸"概念相近,古人有"中和"一詞。"中和"概念,較早見於《中庸》與《荀子》,《中庸》有言曰:"喜、怒、哀、樂之未發,謂之中。發而皆中節,謂之和。中也者,天下之大本也。和也者,天下之達道也。"《中庸》在宋明理學中地位陡陞,其中"已發"、"未發"議題也多為理學家所議論。如《近思錄》卷一有言曰:"伊川(程頤)曰:喜怒哀樂未發謂之中,中也者,言寂然不動者也,故曰天下之大本。發而皆中節謂之和,和也者,言感而遂通者也,故曰天下之達道。"這是把未發之"中"理解為"大本",把已發之"和"說成"達道"。程頤還提出以"中"言"性",以"和"為"心"的思想,對宋明理學影響頗大。朱熹則就"已發"、"未發"問題與張栻討論切磋,史稱"中和之辯"。張栻認為,"心"為"已發",主張事物未至便察此"心"之起;朱熹則認為,以"心"為"已發"的觀點忽視了"未發"時的道德培養工夫,一旦遽見此心之起是失之太快,不守用力次第,因而會流於異學之歸。朱熹在與張栻的討論中,修正了以"性"為"未發",以"心"為"已發"的觀點,從而提出"性"為"未發",以"情"為"已發",而以"心"統"性"統"情"的思想。朱熹明確地從"體"、"用"維度來區分二者,說:"然方其靜也,事物未至,思慮未萌,而一性渾然,道義全具,其所謂中,是乃心之所以為體,而寂然不動者也。及其動也,事物交至,思慮萌焉,則七情迭用,各有攸主,其所謂和,是乃心之所以為用,感而遂通者也。然性之靜也,而不能不動,情之動也而必有節焉,是則心之所以然感通,周流貫徹,而體用未始相離者也。"[①]

　　陽明亦講"未發之中"與"已發之和",他所謂"心"可理解為個人的精神性存在,"未發"是心的本體,一種未與外界交接的寧靜平和的狀態,"已發"則是主體對客體的動態的反映與回應。他認為,"未發之中"是心體修煉存養而得的一種沖和的理想狀態和境界,其是天命賦予,後天養成,惟有未發而中,方能發而中節,二者係體與用之關係:

　　　　人只要成就自家心體,則用在其中。如養得心體,果有未發之中,

①　《朱子文集·答張敬夫》。

自然有發而中節之和，自然無施不可。①

相反，如不能發而中節，則是因其"未發之中"未能全具：

　　　不可謂"未發之中"常人俱有。蓋"體用一源"，有是體即有是用，有"未發之中"即有"發而皆中節之和"。今人未能有"發而皆中節之和"，須知是他"未發之中"亦未能全得。②

他明言，作為寂然不動之本體的"未發之中"就是良知：

　　　性無不善，故知無不良，良知即是未發之中，即是廓然大公，寂然不動之本體，人人之所同具者也。但不能不昏蔽於物欲，故須學以去其昏蔽，然於良知之本體，初不能有加損於毫末也。知無不良，而中、寂、大公未能全者，是昏蔽之未盡去，而存之未純耳。體即良知之體，用即良知之用，甯復有超然於體用之外者乎？③

雖然良知人人先天具有，但"未發之中"並不易得，原因是人欲的遮蔽誘擾。為了使良知豁顯、達於"未發之中"，就得存天理，去人欲。

　　　（陸澄）問："寧靜存心時，可為'未發之中'否？"先生曰："今人存心，只定得氣。當其寧靜時，亦只是氣寧靜，不可以為'未發之中'。"曰："'未'便是'中'，莫亦是求'中'工夫？"曰："只要去人欲、存天理，方是功夫。靜時念念去人欲、存天理，動時念念去人欲、存天理，不管寧靜不寧靜。若靠那寧靜，不惟漸有喜靜厭動之弊，中間許多病痛，只是潛伏在，終不能絕去，遇事依舊滋長。以循理為主，何嘗不寧靜；以寧靜為主，未必能循理。"
　　　問："仁、義、禮、智之名，因已發而有？"曰："然。"他日，澄曰："惻隱、羞惡、辭讓、是非，是性之表德邪？"曰："仁、義、禮、智，也是表德。

---

　　① 《傳習錄上》，吳光等編校：《王陽明全集》第一冊，浙江古籍出版社2011年版，第23頁。
　　② 《傳習錄上》，吳光等編校：《王陽明全集》第一冊，浙江古籍出版社2011年版，第19頁。
　　③ 《答陸原靜書》，《傳習錄》中，吳光等編校：《王陽明全集》第一冊，浙江古籍出版社2011年版，第68頁。

性一而已：自其形體也謂之天，主宰也謂之帝，流行也謂之命，賦於人也謂之性，主於身也謂之心。心之發也，遇父便謂之孝，遇君便謂之忠，自此以往，名至於無窮，只一性而已。猶人一而已：對父謂之子，對子謂之父，自此以往，至於無窮，只一人而已。人只要在性上用功，看得一性字分明，即萬理燦然。”

無論是在“未發”之靜還是“已發”之動時，都要念念去人欲、存天理，這纔是達于中和狀態的功夫。動靜與否不是達於“未發之中”的前提條件，一切在於是否循理。我們理解，陽明的心體之“未發之中”，是一種“道心”的圓滿自足的心理素質和本體狀態。

（陸澄）問：“伊川（程頤）謂‘不當於喜怒哀樂未發之前求中’，延平（李侗）卻教學者‘看未發之前氣象’，何如？”先生曰：“皆是也。伊川恐人於未發前討個中，把中做一物看，如吾向所謂認氣定時做中，故令只於涵養省察上用功。延平恐人未便有下手處，故令人時時刻刻求未發前氣象，使人正目而視惟此，傾耳而聽惟此，即是‘戒慎不睹，恐懼不聞’的工夫。皆古人不得已誘人之言也。”①

澄曰：“好色、好利、好名等心，固是私欲。如閑思雜慮，如何亦謂之私欲？”先生曰：“畢竟從好色、好利、好名等根上起，自尋其根便見。如汝心中決知是無有做劫盜的思慮，何也？以汝元無是心也。汝若於貨色名利等心，一切皆如不做劫盜之心一般，都消滅了，光光只是心之本體，看有甚閑思慮？此便是‘寂然不動’，便是‘未發之中’，便是‘廓然大公’。自然‘感而遂通’，自然‘發而中節’，自然‘物來順應’。”②

夫喜怒哀樂，情也。既曰不可，謂未發矣。喜怒哀樂之未發，則是指其本體而言，性也……喜怒哀樂之與思與知覺，皆心之所發。心統性情。性，心體也；情，心用也……夫體用一源也，知體之所以為用，則

---

① 《傳習錄上》，吳光等編校：《王陽明全集》第一冊，浙江古籍出版社2011年版，第25—26頁。
② 《傳習錄上》，吳光等編校：《王陽明全集》第一冊，浙江古籍出版社2011年版，第24頁。

知用之所以為體者矣。①

在"道無不中"的心理學和倫理學命題的基礎上,陽明根據"體用一源"的原理,借用《中庸》之"未發"、"已發"的說法,提出:"人只要成就自家心體,則用在其中。如養得心體果有未發之中,自然有發而中節之和,自然無施不可。""率是道心而發之於用也,以言其情則為喜怒哀樂,以言其事則為中節之和。"他把"未發之中"作為"發而中節之和"的前提條件和實現途徑,凸顯了其向內用功、正心誠意、變化氣質的"心學"理路,這頗有些禪宗所謂"但向己求,勿從它覓"的神韻。

四、"致中和"

《中庸》曰:

> 喜、怒、哀、樂之未發,謂之中。發而皆中節,謂之和。中也者,天下之大本也。和也者,天下之達道也。致中和,天地位焉,萬物育焉。

如何實現"未發之中"的理想狀態,並由此達到"已發之和"的"致中和"?《中庸》講:

> 誠者,天之道也。誠之者,人之道也。誠者,不勉而中不思而得:從容中道,聖人也。誠之者,擇善而固執之者也。

《大學》講:

> 古之欲明明德於天下者,先治其國;欲治其國者,先齊其家;欲齊其家者,先修其身;欲修其身者,先正其心;欲正其心者,先誠其意;欲誠其意者,先致其知。致知在格物。

---

① 《答汪石潭內翰》,《傳習錄》下,吳光等編校:《王陽明全集》第一冊,浙江古籍出版社 2011年版,第 159 頁。

物格而後知至,知至而後意誠,意誠而後心正,心正而後身修,身修而後家齊,家齊而後國治,國治而後天下平。

傳統儒家的誠意正心、修齊治平的社會改造方案,其是由內及外、由我及彼、由人及物、由近及遠的進路,強調的是由改造人性,進而改造社會,終至天下太平。

陽明綜合《大學》、《中庸》的如上說法,他把"明明德"視為道之體,即"中",把"親民"視為道之用,也就是"和",而把"莫不自有天然之中"的"至善"作為衡量"明明德"與"親民"之准的。他又以"中和"之道把《大學》所謂八條目中有關自身修養內容的"誠意"、"正心"和"修身"三者關聯起來:

誠意只是循天理。雖是循天理,亦著不得一分意,故有所忿嚏好樂,則不得其正,須是廓然大公,方是心之本體。知此即知未發之中。①

工夫難處,全在格物致知上。此即誠意之事。意既誠,大段心亦自正,身亦自修。但正心修身工夫,亦各有用力處,修身是已發邊,正心是未發邊。心正則中,身修則和。②

在陽明看來,"'誠意'之說,自是聖門教人用功第一義"。勞思光先生解釋,所謂"誠意",即意志純化之意,此純化工夫即致知工夫,而意志純化時亦即良知天理在意中充分實現時。③

陽明還將傳統儒家的"慎獨"或"謹獨"概念與"誠意"關聯起來,認作"致中和"的前提條件。如他在《朱子晚年定論》中指出:

中和二字,皆道之體用。舊聞李(侗)先生論此最詳,後來所見不同,遂不復致思。今乃知其為人深切,然恨己不能盡記其曲折矣。如云"人固有無所喜怒哀樂之時,然謂之未發,則不可言無主也",又如先言"慎獨",然後及"中和",此亦嘗言之。但當時既不領略,後來又不深

---

①　吳光等編校:《王陽明全集》第一冊,浙江古籍出版社 2011 年版,第 32 頁。

②　吳光等編校:《王陽明全集》第一冊,浙江古籍出版社 2011 年版,第 27 頁。

③　勞思光:《新編中國哲學史》(三上),廣西師範大學出版社 2005 年版,第 309 頁。

思,遂成蹉過,孤負此翁耳!①

（陸）澄嘗問（陸）象山在人情事變上做工夫之說。先生曰:"除了人情事變,則無事矣。喜怒哀樂非人情乎? 自視聽言動,以至富貴、貧賤、患難、死生,皆事變也。事變亦只在人情裏。其要只在'致中和','致中和'只在'謹獨'。"②

五、"中只是天理"

（陸）澄在鴻臚寺倉居,忽家信至,言兒病危,澄心甚憂悶不能堪。先生曰:"此時正宜用功。若此時放過,閒時講學何用? 人正要在此時磨煉? 父之愛子,自是至情。然天理亦自有箇中和處,過即是私意。人於此處多認做天理當憂,則一向憂苦,不知已,是'有所憂患,不得其正'。大抵七情所感,多只是過;少不及者,才過。便非心之本體,必須調停適中始得。就如父母之喪,人子豈不欲一哭便死,方快於心? 然卻曰'毀不滅性'。非聖人強制之也,天理本體,自有分限,不可過也。人但要識得心體,自然增減分毫不得。"③

（陸）澄問:"喜怒哀樂之中和,其全體常人固不能有。如一件小事當喜怒者,平時無有喜怒之心,至其臨時亦能中節,亦可謂之中和乎?"先生曰:"在一時一事,固亦可謂之中和,然未可謂之'大本'、'達道'。人性皆善,中和是人人原有的,豈可謂無? 但常人之心既有所昏蔽,則其本體雖亦時時發見,終是暫明暫滅,非其全體大用矣。無所不中,然後謂之'大本';無所不和,然後謂之'達道'。惟天下之至誠,然後能立天下之'大本'。"曰:"澄於'中'字之義尚未明。"曰:"此須自心體認出來,非言語所能喻。中只是天理。"曰:"何者為天理?"曰:"去得人欲,便識天理。"曰:"天理何以謂之中?"曰:"無所偏倚。"曰:"無所偏倚是何等氣象?"曰:"如明鏡然,全體瑩徹,略無纖塵染著。"曰:"偏倚是有

---

① 《答或人》,吳光等編校:《王陽明全集》第一冊,浙江古籍出版社 2011 年版,第 153 頁。
② 《傳習錄上》,吳光等編校:《王陽明全集》第一冊,浙江古籍出版社 2011 年版,第 17 頁。
③ 《傳習錄上》,吳光等編校:《王陽明全集》第一冊,浙江古籍出版社 2011 年版,第 18—19 頁。

所染著。如著在好色、好利、好名等項上,方見得偏倚;若未發時,美色
名利皆未相著,何以便知其有所偏倚?"曰:"雖未相著,然平日好色、好
利、好名之心,原未嘗無;既未嘗無,即謂之有;既謂之有,則亦不可謂
無偏倚。譬之病瘧之人,雖有時不發,而病根原不曾除,則亦不得謂之
無病之人矣。須是平時好色、好利、好名等項一應私心,掃除蕩滌,無
復纖毫留滯,而此心全體廓然,純是天理,方可謂之喜怒哀樂'未發之
中',方是天下之'大本'。"①

陽明此段涉及"中只是天理"命題的核心意思是:其一,"中"的含義要
從心上體認出來,不是語言能說清的;其二,"中"只是"天理";其三,除去人
欲便識得"天理";其四,"天理"因其無所偏倚而稱作"中";其五,有好色、
好利、好名毛病的人,雖在心未發時仍不能說是無偏倚,應在未發的根源處
蕩滌掃除私欲貪念。這裏,把"中"說成是"天理"的本質規定,私欲則是
"中",即"天理"的反面。

(陸澄)問:"孟子言'執中無權猶執一'。"先生曰:"中只是天理,
只是易。隨時變易,如何執得?須是因時制宜,難預先定一個規矩在。
如後世儒者要將道理一一說得無罅漏,立定個格式,此正是執一。"②

陽明所謂"天理",其抽象意義是就向善去惡的大原則而言,它會隨時
變易,應因時制宜。"中"的標準最終在吾心的良知。宋明理學有兩種不同
的修煉方法,一是"外求",即"道問學",係程朱一派;另一是"內求"的"尊
德性",偏於意志、直覺的內省,陸九淵和王陽明一系。

六、"良知原是中和"

"良知"一詞出自《孟子》,陽明係用來指價值意識及作價值判斷之能力

---

① 吳光等編校:《王陽明全集》第一冊,浙江古籍出版社 2011 年版,第 25—26 頁。
② 《傳習錄上》,吳光等編校:《王陽明全集》第一冊,浙江古籍出版社 2011 年版,第 21 頁。

而言,屬於"道德語言"而非"認知語言",①其抽象意義近於我們當下所說的明是非、知善惡的道德感、正義感,所謂"良知只是個是非之心,是非只是個好惡,只好惡就盡了是非,只是非就盡了萬事萬變"。"致良知"源自《大學》中的"致知",陽明"致良知"中的"致"字當解作充足實現或完滿擴充之義,②天理與人欲是心靈自覺活動的兩個面向,與倫理規範的善惡對應,能區別善惡即是良知,存善去惡就是"致良知"。"致良知"是陽明晚年論學的宗旨所在,他認為:"致良知是學問大頭腦,是聖人教人第一義。"劉宗周在《傳習錄》的序中也稱:"良知之教,如日中天。"

在程朱理學那裏,"天理"是最高範疇,是主宰萬物的根本原則和宇宙精神,也是社會人倫的道德律和總法則。"理"雖然在人為"性",但其與人更多地表現出一種外在的、強制的關係。陽明提出"天理即是良知","蓋良知只是一個天理","良知是天理之昭明靈覺處,故良知即是天理",這是把道德的本源與依據由異己的外部力量與權威還原或內置於人的本心。天理自在人心,毋庸外求。陽明倡導的"良知",與倫理學中所說"良心"有著某種相似,良心一般指社會風俗或客觀道德在個人意識中內在化的結果和表現,它本質上是作為一種偏離常規的特殊意志衝動(如"人欲")的阻止物而發揮作用的。不同的是,陽明則強調心之"良知"的道德的本原性、先天性和主宰性,認為一切善惡的最後標準,便是人心之好惡。

王陽明的學生黃省曾問:"良知原是中和的,如何卻有過不及?"王陽明答曰:"知得過不及處就是中和。"這是說,只要在良知上能體認到何者為"過",何者為"不及",這本身就已經是"中和"了。在陽明看來,良知是中和的,性之本體是中和的,聖人可率性於道,常人需修道以仁,盡性至命:

> 聖人率性而行,即是道。聖人以下,未能率性於道,未免有過不及,故須修道。修道則賢知者不得而過,愚不肖者不得而不及,都要循著這箇道,則道便是箇教。此"教"字與"天道至教,風雨霜露無非教也"之"教"同。"修道"字與"修道以仁"同。人能修道,然後能不違於道,以復其性之本體,則亦是聖人率性之道矣。下面"戒慎恐懼"便是修道的工夫,"中和"便是復其性之本體,如《易》所謂"窮理盡性,以至

---

① 勞思光:《新編中國哲學史》(三上),廣西師範大學出版社 2005 年版,第 310 頁。
② 勞思光:《新編中國哲學史》(三上),廣西師範大學出版社 2005 年版,第 319 頁。

於命",中和位育便是盡性至命。①

誠然,如學者們所說,"'良知'是陽明的唯一是非標準,'致良知'是他的唯一成聖功夫與道路",②但在陽明的思想中,"良知"是見"天理"之能力,而"天理"即"良知"所照見之規範也。"良知"是能力意義之詞語,"天理"則是存有意義之詞語。③"良知"是"中和"的,因為它能辨別過與不及。"中和"是回復性之本體,盡性至命。"中和"即是宇宙總原則"天理"的本質屬性,也是人的本性的內在規定。

關於王陽明對人的道德主體性和主觀精神的高揚與挺立,在思想學說上當然有其所承。就其近因而言,正如侯外廬先生所說:

> 王陽明的世界觀的出發點和基本前提,即他所提出的"心外無物"、"心外無理",一切都是從"心"派生出來的。這是陸象山的"宇宙便是吾心,吾心即是宇宙"、"道無有外於吾心者"的發展。也正是禪宗"心是道,心是理,則是心外無理,理外無心"的再版。④

七、餘　論

在陽明的心學體系中,"中"這個字詞及其觀念既有不偏不倚、無過不及的平衡技巧的方法論意義,又被普遍化為人的道德修養的一般準則乃至本體化為宇宙萬事萬物的總原則、本質規定,其與"道心"、"未發"、"天理"、"道"和"良知"等核心範疇相關聯,有異名同謂之意味。"中"像一條紅線,將其心性、認知、天道、存養、踐行等諸多層面的思想貫穿起來,實際成了他的思想體系中核心的核心。他的"中"的觀念借鑒了孔孟之道及《中庸》、《大學》中的某些核心範疇,以及宋儒張載、二程、朱熹、陸九淵的中庸觀念。同時,陽明一生由儒入道,由道入佛,再由佛返儒,他的"中"的觀念也或多或少雜糅了佛教和道教、道家的東西,將儒、釋、道的某些思想元素

① 《傳習錄上》,吳光等編校:《王陽明全集》第一冊,浙江古籍出版社2011年版,第41頁。
② 秦家懿:《王陽明》,三聯書店2011年版,第97頁。
③ 勞思光:《新編中國哲學史》(三上),廣西師範大學出版社2005年版,第316頁。
④ 侯外廬等著:《中國思想通史》第四卷下,人民出版社1960年版,第884頁。

熔於一爐。

應該說,中庸、中和、中道等"中"的觀念,為歷代思想家所孜孜以求,宋明理學亦普遍對它表現出極大的熱情,而在陽明學思想體系中更具有基礎與核心的位置,尤其在其道德修養理論中成了道德德性與底線倫理。我們知道,宋明時期,尤其是陽明所在的明朝中葉,社會經濟的發展導致整個社會觀念發生變化,傳統社會秩序遭受到前所未有的衝擊和挑戰。隨著商品經濟的發展,此一時期對物質生活的普遍追求,金錢至上,享樂主義,市民意識的覺醒,官場大面積、高強度的腐敗,作為官方意識形態的程朱理學的流於虛偽與失效,這一切造成了人心失衡、道德失範和社會失序。生當此時的王陽明,把"致良知"作為解救社會危機的靈丹妙藥,企圖重建和挺立人的道德主體,提出和闡發"天理即是良知","蓋良知只是一箇天理","良知是天理之昭明靈覺處,故良知即是天理","聖人之道,吾性自足",古聖先賢心心相印的"十六字心傳"等,以求實現其由內及外的社會改造方案。他特別強調中庸、中和的先天性和優越性,認為"中"乃"人心之靈",把心理平衡、情感中節、道德自覺、行為自律、關係融洽、社會和諧作為他的社會理想及其實現途徑。正如侯外廬先生所說:

> 這就明顯地可以知道,作為"根"的"心"或"精靈",是排除矛盾的或"與物無對"的絕對統一,只要在統一的心理方面達到至善或天理的境地,於是一切事物的矛盾就不存在了,解消了"心中之賊",於是"山中之賊"也就解決了。因而,"至善"的世界或一個"無對"的社會,就無往而不存在了。①

然而,明中葉以來的社會危機,是中國歷史上由傳統到現代的社會轉型的大時代,舊有的平衡無力保持,新的平衡又一時難以建立,在這樣一個讓人糾結的時代,陽明維繫傳統社會及其道德的美好願景,當然於事無補,也只有付之東流了。

當然,思想觀念與社會歷史之間總是有著某種反向運動,人的思想對現實的糾偏補弊的衝動,既使思想者有種知其不可而為之的內心悲痛,也彰顯出其超前和能動的積極意義。包括陽明在內的歷史上思想家對中庸

---

① 侯外廬等著:《中國思想通史》第四卷下,人民出版社 1960 年版,第 891 頁。

理念的訴求與執著,從一個側面反映出社會與觀念的矛盾運動。正如有學者所說:

　　人類在主觀方面的致中和,與客觀事物的不合中和之道,的確構成了嚴重而不可消融的矛盾衝突,使人不禁生出極悲痛的無可奈何感。然而,我們試從另一個角度去看,對主觀願望與客觀環境的矛盾,可不必過分悲觀。正價值與反價值之間,是相反而成的。致中和代表正價值,事物的不中和代表反價值。而事物的不合中和之道這事實,引起人類在致中和方面,作出更大的努力。①

---

①　王煜:《儒家的中和觀》,香港中文大學出版社 1967 年版,第 106 頁。

略論明代王學與宋儒朱熹解經之不同

李丕洋*

【摘　要】儒家經典是傳遞先哲思想的文字載體,正確理解經典原話,是進入先哲心靈世界的基本門徑。明代以王陽明為代表的王學諸儒,不滿足于宋代朱熹的解經之說,得出了許多與朱學不同的解經、釋經的思想成果,既反映出王學與朱學根本不同的學術理念和思想進路,也體現出王門學者獨立思考和慎思明辨的學術風格。這種對經典不同的解釋活動,豐富了儒學思想的寶庫,促進了儒家思想的發展和多樣化格局的形成。

明代由王陽明開創的陽明心學,是一個敢於倡言己見、風格獨特的學派。王門之內的諸儒,不僅在思想理念上與當時佔據正統地位的程朱理學分庭抗禮,而且在詮釋儒家經典方面也時常表達出"不從人腳跟轉"①的思想風格。誠然,中國哲學有著"言不盡意"的思想傳統,心學一派更是提出"六經當注我,我何注六經"②的名言,但是,王門諸賢既然是儒家中人,對於先秦時期傳下的四書五經便不能漠視,否則,就失去了在儒家學術圈中的話語資格,況且,王門諸賢大多也是科舉出身,像王陽明、王龍溪等人都曾高中進士,他們面對的講學對象也是眾多的儒者,因此,在他們的講學活動中,無法回避對四書五經的原文如何詮釋的問題。正是在對經典話語重新詮釋的過程中,凸顯出他們獨立思考的精神和深邃融通的見識,令後人折

---

* 李丕洋,江西師範大學政法學院副教授。

① 王龍溪語,引自吳震編校:《王畿集》卷一,《天泉證道紀》,鳳凰出版社 2007 年版,第1 頁。

② 鍾哲點校:《陸九淵集》卷三十六,《年譜》,中華書局 1980 年版,第 522 頁。

服。本文擬從三個方面來分析這個問題，以促進學術界對陽明心學研究的深化。

明代王學關於對經典的解釋，與朱學不同之處甚多。但歸究起來，無非是三大類：一、由於學術理念和思想進路的不同，產生了對經典理解的根本性差異。這一點，雙方對經典的詮釋各有千秋，說不上誰對誰錯。二、明代王門諸儒後來居上，對於前輩朱熹的解經論斷慎思明辨，得出了更為妥當或者深刻的結論。三、有的王門後學憑己見隨意斷經、解經，目的是為了教化眾生，宣揚自己的思想學說。這三個方面各有一些典型例證，筆者一一闡述，以饗讀者。

一、理念不同所導致的解經之異

由於學術理念和思想進路的不同，產生了對經典理解的根本性差異。在這方面最為突出的例證莫過於對《大學》"格物"一說詮釋的差異了。宋代朱熹，以流傳之古本《大學》為缺本，自己將《大學》一書分為經和傳兩個部分。其中，對於"致知在格物"一說，特意做出了自己的解釋。他說：

> 格，至也。物，猶事也。窮至事物之理，欲其極處無不到也。[1]

還嫌此不足，他在"傳"之第五章替古聖補充了一段話，即：

> 所謂致知在格物者，言欲致吾之知，在即物而窮其理也。……是以大學始教，必使學者即凡天下之物，莫不因其已知之理而益窮之，以求至乎其極。至於用力之久，而一旦豁然貫通焉，則眾物之表裏精粗無不到，而吾心之全體大用無不明矣。此謂物格，此謂知之至也。[2]

從此，"即物而窮其理"便成為知識界關於"格物"的基本含義的著名論斷。到了明代，程朱理學的書籍成為科舉考試的功令，於是，這一經典詮釋

---

[1]　《四書集注》之《大學章句》，嶽麓書社 1987 年版，第 6 頁。
[2]　《四書集注》之《大學章句》，嶽麓書社 1987 年版，第 11 頁。

也成為不可質疑的"代聖人立言"了。然而,進入明代中期之後,陳獻章、王陽明等有至誠求道之心的儒者,曾經按照這種"即物而窮其理"的方式去求取所謂天理,無不遭到失敗,甚至因此大病不起。於是,以王陽明為首的一些儒者開始反思朱熹"格物"說的正確性,最後,他們發現,朱子之說,實際上是先"析心與理為二",然後走上"心外求理"的道路,這種學術進路,雖然可以擴充人們的知識,但是要想借此達到"吾心之全體大用無不明"的聖者境界,無疑是水中撈月。於是,他們放棄了這種"天人相分"、"心外求理"的道路,轉而走向"心即理"的認識路徑,這是一種真正貫徹"天人合一"理念的認識路徑。通俗地講,就是把天看成一個大的人,把人看成一個小的天,天理的全部資訊都凝結于人心之上,人要想認識天理,只要澄心靜氣,覺悟到"真我"(的良知),便可證悟天理,從這個意義上講,認識"真我"乃是認識天理的不二法門。於是,把自我心靈中那些遮蔽天理的邪妄塵垢去掉,就成為聖學修養的工夫所在。據此,王陽明提出了自己對"格物"的新解,他說:

> 然欲致其良知,亦豈影響恍惚而懸空無實之謂乎?是必實有其事矣。故致知必在於格物。物者,事也,凡意之所發必有其事,意所在之事謂之物。格者,正也,正其不正以歸於正之謂也。正其不正者,去惡之謂也。歸於正者,為善之謂也。夫是之謂格。[1]

又說:

> 今焉于其良知所知之善者,即其意之所在之物而實為之,無有乎不盡。于其良知所知之惡者,即其意之所在之物而實去之,無有乎不盡。然後物無不格,而吾良知之所知者無有虧缺障蔽,而得以極其至矣。(同上)

在此,王陽明以"正心"釋"格物",不只是見解獨到,而且符合了《大學》經文所說"自天子以至於庶人壹是,皆是修身為本"的根本理念,抓住了關鍵問題。不過,王陽明所說"正心",內涵還稍嫌寬泛,他的高足,泰州學

---

[1] 吳光等編校:《王陽明全集》卷二十六,《大學問》,上海古籍出版社1992年版,第972頁。

派的創始人王艮"不滿其師說",進一步提出了自己的"格物"思想,這便是著名的"淮南格物說",其要點如下:

> "自天子以至於庶人"至"此謂知之至也"一節,乃是釋"格物致知"之義。身與天下國家一物也,惟一物,而有"本末"之謂。格,絜度也,度於本末之間,而知"本亂而末治者否矣",此格物也。
>
> "格"如"格式"之格,即後"絜矩"之謂。吾身是個"矩",天下國家是個"方",絜矩,則知方之不正,由矩之不正也,是以只去正矩,卻不在方上求。矩正則方正矣,方正則成格矣。……修身,立本也;立本,安身也,安身以安家而家齊,安身以安國而國治,安身以安天下而天下平也。①

王艮所釋的"格物",與其師王陽明並無本質不同,只是把陽明所說的以"正心"釋"格物"進一步具體化為"格,絜度也",和"'格'如'格式'之格,即後'絜矩'之謂"。他牢牢抓住了"(聖學)壹是皆以修身為本"和"本亂而末治者否矣"的古訓,把"格物"歸結為"修身立本",確是精辟的歸納。對此,王艮的門徒王棟(號一庵)比較陽明、心齋二人的思想說:

> 格物之說,明翁"格者正也,正其不正,以歸於正也"。此是格之成功。先師卻云:"格如格式,有比則推度之義,物之所取正者也。"則自學者用功言之,其究亦同歸於正而止矣,但謂之格式,則於格字,文義親切,可以下手用功。明翁所謂"正其不正",已自含此意,在學者體貼有得,當自然曉矣。②

在此需要注意,王艮其人年輕時曾是氣量恢宏的狂者,他途經南京太學時曾教導諸生說:"夫六經,吾心之注腳也。心即道,道明,則經不必用;經明,則傳復何益? 經傳,印證吾心而已矣。"③概括而言,王陽明與王心齋對"格物"的詮釋屬於同一思想進路,只是王艮的解釋更加精當。依筆者個

---

①　陳祝生主編:《王心齋全集》卷一,《語錄》,江蘇教育出版社 2001 年版,第 34 頁。

② 　《明儒王一庵先生遺集》,附於《王心齋全集》一書中,江蘇教育出版社 2001 年版,第 172 頁。以下版本同。

③ 　《王心齋全集》卷三,《年譜》,第 70 頁。

人之見,與朱子的格物說相比,王學的詮釋更加符合先秦聖者的原意。當然不是說朱子的詮釋一點道理也沒有,而是指依朱熹之見去格物,可能成為一個博學的人,卻永遠無法達到聖者的心靈境界。

二、慎思明辨所導致的解經之異

朱熹是宋代理學的集大成者,他將在他之前的各家解經之說分疏辨析,折衷取正,這樣纔有了《四書集注》等經典著作。可是,一人之心力畢竟是有限的,其思考過程難免有疏漏不密之處。因此,當朱熹的《四書集注》等著作成為科舉考試的標準教材之後,許多慎思明辨的明代學者,紛紛發現了朱子著作中解經的不妥之處。這些不妥當的詮釋,已經不是像"格物"說一樣仁者見仁,智者見智,而是可以通過邏輯推理辨析清楚的。王門諸儒,在這方面也毫不客氣地指出了朱子解經中的若干缺失。

(一) 王陽明對朱子解經之失的指摘

首先,《孟子·盡心上》中有一段話:

> 盡其心者,知其性也。知其性,則知天矣。存其心,養其性,所以事天也。殀壽不貳,修身以俟之,所以立命也。

關於這一段名言,朱熹的解釋是:

> 以《大學》之序言之,知性則物格之謂,盡心則知至之謂也。①

又說:

> 愚謂盡心知性而知天,所以造其理也;存心養性以事天,所以履其事也。不知其理,固不能履其事;然徒造其理而不履其事,則亦無以有諸己矣。知天而不以殀壽貳其心,智之盡也;事天而能修身以俟死,仁

---

① 《四書集注》之《孟子集注》,第499頁。

之至也。①

　　總的說來,朱熹是以一種並立的眼光來看待孟子這段話中幾個重要範疇的,即:盡心知性→知天;存心養性→事天;殀壽不貳(以)修身→立命。在這裏,朱熹把"知天"、"事天"和"立命"當作同一個層面上的範疇加以詮釋。然而,對於同樣一段話,王陽明經過多年的思考,卻做出了不同的解釋。早年他曾經對門徒徐愛講過自己的觀點,晚年又曾在對友人顧東橋和後學聶雙江的信中詳細談及。概括而言,王陽明對於孟子這段話的理解是分為了三個層級的,謹以《與顧東橋書》中的論述為例,他說:

　　　　若鄙人之見,則與朱子正相反矣。夫盡心、知性、知天者,生知安行:聖人之事也;存心、養性、事天者,學知利行:賢人之事也;殀壽不貳,修身以俟者,困知勉行,學者之事也。豈可專以盡心知性為知,存心養性為行乎?②

然後他論證自己的觀點說:

　　　　夫心之體,性也;性之原,天也。能盡其心,是能盡其性矣。《中庸》云"惟天下至誠能盡其性";又云"知天地之化育;質諸鬼神而無疑,知天也"。此惟聖人而後能然,故曰"此生知安行,聖人之事也"。(同上)
　　　　存其心者,未能盡其心者也,故須加存之之功;必存之既久,不待於存而自無不存,然後可以進而言盡。蓋"知天"之"知",如"知州"、"知縣"之"知",知州則一州之事皆己事也,知縣則一縣之事皆己事也,是與天為一者也;事天則如子之事父,臣之事君,猶與天為二也。天之所以命於我者,心也,性也,吾但存之而不敢失,養之而不敢害,如父母全而生之、子全而歸之者也:故曰"此學知利行,賢人之事也"。③
　　　　至於"殀壽不貳",則與存其心者又有間矣。……今且使之不以殀壽貳其為善之心,若曰死生殀壽皆有定命,吾但一心於為善,修吾之

---

① 《四書集注》之《孟子集注》,第499—500頁。
② 《王陽明全集》卷二,第43頁。
③ 《王陽明全集》卷二,第43—44頁。

身,以俟天命而已,是其平日尚未知有天命也。事天雖與天為二,然已
真知天命之所在,但惟恭敬奉承之而已耳;若俟之云者,則尚未能真知
天命之所在,猶有所俟者也,故曰所以立命。……故曰"此困知勉行,
學者之事也"。(同上)

接著,王陽明指出了恪守朱熹所訓之辭可能造成的危害——

今以盡心、知性、知天為格物致知,使初學之士尚未能不貳其心
者,而遽責之以聖人生知安行之事,如捕風捉影,茫然莫知所措其心,
幾何而不至於率天下而路也

誠然,王陽明關於"立命"、"事天"和"知天"有三個層級的說法,需要
認真咀嚼原文纔能夠明白其意。但是,一旦我們明白了他的思想原意和論
證過程之後就不能不折服,王陽明的詮釋高於朱熹,他客觀地揭示出一條
從凡夫走向聖人的功夫路徑,即"心也,性也,天也,一也,故及其知之成功
則一;然而三者人品力量自有階級,不可躐等而能也"。[2]　而且,王陽明特別
強調:"吾儕用工,卻須專心致志在夭壽不貳,修身以俟上做,只此便是做盡
心知天功夫之始。"[3]這就好比《老子》所說的"九層之台,起於累土;千里之
行,始於足下",[4]是符合立志初學之人的實際情況的。
其次,《論語》中有一段話:

顏淵問為邦。子曰:"行夏之時,乘殷之輅,服周之冕,樂則《韶
舞》。放鄭聲,遠佞人,鄭聲淫,佞人殆。"(《衛靈公第十五》)

讀了這樣一段話,任何人都會覺得有些費解,因為孔子對顏回所說,不
過些涉及曆法、車馬、服飾等細枝末節的東西,難道這些都關乎"為邦"之命
脈嗎? 但是,宋儒出於對孔子的極度尊崇,覺得這些話一定包含微言大義。
朱熹引述程子的觀點加以詮釋說:

---

① 《王陽明全集》卷二,第 44 頁。
② 《王陽明全集》卷二,《答聶文蔚》,第 86 頁。
③ 《王陽明全集》卷二,《答聶文蔚》,第 86 頁。
④ 章行點校:《老子》六十四章,上海古籍出版社 1995 年版,第 37 頁。

孔子斟酌先王之禮，立萬世常行之道，發此以為兆爾。①

又引北宋尹焞的話說：“此所謂百王不易之大法。”（同上）

可是，善於獨立思考的陽明及其弟子卻發現了程朱等人“小題大做”的毛病。據《傳習錄》記載：

黃誠甫問：“先儒以孔子靠顏淵為邦之問，是立萬世常行之道，如何？”先生曰：“顏子具體聖人，其於為邦的大本大原都已完備。夫子平日知之已深，到此都不必言，只就制度文為上說。此等處亦不可忽略，須要是如此方盡善。又不可因自己本領是當了，便於防範上疏闊，須是要放鄭聲，達佞人。蓋顏子是個克己向裏、德上用心的人，孔子恐其外面末節或有疏略，故就他不足處幫補說。若在他人，須告以為政在人，取人以身，修身以道，修道以仁，達道九經及誠身許多工夫，方始做得，這個方是萬世常行之道。不然，只去行了夏時，乘了殷輅，服了周冕，作了韶舞，天下便治得。後人但見顏子是孔門第一人，又問個‘為邦’，便把做天大事看了。”②

從這段對話可以看出，王陽明認為，孔子回答顏淵為邦之問，是根據顏淵已懂得治國的“大本大原”，惟恐其外面末節上或有疏略，故就他不足之處幫補而說的，根本不是什麼原則性問題。而後儒（包括程朱在內）只因為顏淵是“孔門第一人”，一看是“為邦”之問，便把孔子的回答當作萬世不變的金科玉律，實在是小題大做，顯示出他們盲目崇聖的僵化心理。

（二）王門弟子獨到的解經之見

除了王陽明本人，王門中人有許多都是善於獨立思考，敢於質疑前人的思想家，王龍溪就是其中的佼佼者。首先，《論語》中有一段話是這樣的：

子曰：“回也其庶乎！屢空。賜不受命，而貨殖焉，億則屢中。”（《先進第十一》。億，通“臆”，逆料、猜測。）

---

① 《四書集注》之《論語集注·衛靈公》，第239頁。
② 《王陽明全集》卷一，第38頁。

　　朱熹對於"屢空"的解釋是"數至空匱也"。① 認為顏子"不以貧窶動心而求富,故屢至於空匱也。言其近道,又能安貧也"。（同上）而"子貢不如顏子之安貧樂道,然其才識之明,亦能料事而多中也"。（同上）

　　把"空"訓為"空匱",意即貧窮,這種解釋不能不引起讀者的懷疑。因為人們可以這樣想:顏子德行那麼好,可是卻常常面臨著貧寒的處境,而子貢是個不安天命之人,去做買賣,預料行情往往很准,因此致富。如果是這樣,那我們何必要學習顏子的德行,還不如向子貢一樣去發家致富呢? 可見,按照朱熹的解釋,人們對孔子這段話的理解只能走向儒家所宣導的價值觀的反面。甚至有人猜測,是不是秦火之後的《論語》已是殘編斷簡,這句話的後面是不是有脫文呢? 對此,王龍溪多次談到自己對這段話的理解,他說:

　　　　孔子稱顏子曰"回也,庶乎屢空。"空者,道之原也。齋心坐忘,不為意見所牿,故能屢空。不遠而復,蓋得其要也。子貢不能忘見,故不受命;不能忘意,故臆而後中。學術之弊,蓋千百年於此矣。故吾人今日之病,莫大於意見。著於意,則不能靜以貞動;著於見,則不能虛以適變。不虛不靜,則不能空。意見者,道之賊也。②

又說:

　　　　空者,道之體也。愚、魯、喭,皆滯於氣質,故未能空。顏子氣質消融,渣滓渾化,心中不留一物,故能屢空。③

　　在這裏,王龍溪將"空"釋為通常所謂"空空如也"之意,指明顏子"心中不留一物,故能屢空",換句話說,就是顏淵能夠將此高彼低的差別性置於度外,因此不去分別計較生活的貧富、身份的貴賤,而一意其德行學問的培養,並從中感到莫大的快樂。與顏子相比,子貢料事之才固然超群,然而其内心的種種成見和分別比較卻不能拋棄,因此仍是個"不受命"之人。不

①　《論語・先進第十一》,《四書集注》之《論語集注》,第185頁。
②　《王畿集》卷三,《宛陵觀復樓晤語》,第76頁。
③　《王畿集》卷三,《書累語簡端錄》,第75頁。

能受命者,則不能安於一切境遇,因此生活中的煩惱便由此而來,早年的子貢僅僅是由於幸運而致富,其實並沒有達到顏子的境界,也就體會不到"孔顏真樂"的妙趣,孔子的話含蓄地表明了子貢的局限性。經過王龍溪的這樣一番訓釋,孔子這段話的原意就變得清晰多了,也不會再出現讀者前面所有的那份疑慮。可見,一字訓釋的差別,有時竟會產生如此大的效用。

其次,除了對"屢空"的訓釋之外,王龍溪還對《四書集注》中關於顏子的許多詮釋重新做了解釋,例如,《論語》中記載:

> (魯)哀公問:"弟子孰為好學?"孔子對曰:"有顏回者好學,不遷怒,不貳過。不幸短命死矣!今也則亡,未聞好學者也。"

這是孔子晚年回國之後與當時的魯國國君魯哀公之間的對話。孔子稱讚已逝的顏淵"不遷怒,不貳過",對此,朱熹的解釋是:

> 遷,移也;貳,復也。怒於甲者,不移於乙;過於前者,不復於後。顏子克己之功至於如此,可謂真好學矣。[1]

朱熹的訓釋已廣為人知,也自有其道理,至今,"遷怒於人"的成語仍為我們常用,"不在同一件事情上犯兩次錯誤"的格言也發揮著它醒人的作用。但是問題在於,難道號稱"亞聖"的顏子就只是這個水準嗎?如果真的是這樣,那麼,孔子門下,能夠做到"不遷怒,不貳過"豈不是大有人在?顏子比他們又能高到哪裏去,孔子何以歎息"今也則亡,未聞好學者也"?這個疑問不是我們今天纔有的,早在明代的王門諸儒中,對朱熹的訓釋產生質疑,並提出獨立見解的已經為數不少,其中,王龍溪無疑居於翹楚的地位。與重釋"屢空"一樣,他多次談到了自己對顏子"不遷怒,不貳過"的獨到認識。他說:

> 顏子一生好學,只有"不遷怒,不貳過"六個字,此是孔門第一等學術。遷與止相對,貳與一相對。顏子之心常止,故能不遷;常一,故能不貳,所謂未發之中也,若如後儒所解,原憲以下諸人皆能之,何以謂

---

① 《論語‧雍也第六》,引自:《四書集注》,第120頁。

之絕學?①

又如:

> 鄧子(定宇)復謂先生曰:"孔門惟顏子為好學,止曰'不遷怒,不貳
過',其義何所當也?"先生曰:"顏子之學,只在理會性情。遷與止對,
貳與一對。顏子心常止,怒即旋釋,故能不遷,猶無怒也。心常一,過
即旋改,故能不貳,猶無過也。先師所謂'有未發之中,始能若此'。後
儒訓解,閔、憲以下皆能之,何以謂之絕學?"②

　　在這裏,王龍溪與朱熹的根本差別在於,如何訓釋"不遷怒"一語。朱
熹以為是"怒於甲者,不移於乙",而王龍溪則以為應當是"顏子心常止,怒
即旋釋,故能不遷,猶無怒也"。如果深入思考一番,我們不得不承認,王龍
溪的訓釋比朱熹更加到位。顏子雖然年僅三十二歲而卒,但是在此之前,
他已經達到了凡事不能擾動其心的境界,因此,對於他人的冒犯能夠不去
計較,③其心淡定從容,寂然不動。相比之下,戰國時期的孟子自敍"吾
(過)四十不動心",比起顏子來,已經算是晚的了。在心學家看來,這是因
為顏子已經體會到了"未發之中"的心之本體,所以無物可以擾動的結果。
　　上述訓釋,並非王龍溪一人所持。對於這段話,同時代的泰州學派的
王棟(1503—1581)和羅汝芳(1515—1588)都得出了與王龍溪一致或者相
似的結論。王棟說:

> 顏子有見於怒之難制,於此戒懼,而不使之遷,夫子所以稱其好
學。不遷云者,心性本體,不因怒而有遷也。好學之人,時時刻刻心有
真宰,雖當發怒之時,亦自有未嘗發者,寂然不動,自作主張,故其輕重
權衡,適中其節,過之即化,氣和心平,本體澄然略不搖撼。夫何遷動
之有?④

---

① 《王畿集》卷七,《華陽明倫堂會語》,第162頁。
② 《王畿集》卷七,《龍南山居會語》,第168頁。
③ 曾子曰:"有若無,實若虛,犯而不校,昔者吾友嘗從事於斯矣。"所指即顏子,語出《論語·
泰伯》。
④ 《明儒王一庵先生遺集》卷一,第177頁。

羅汝芳也說：

> 此心之體，其純乎仁時，圓融洞徹，通而無滯，瑩而無疑。恒人學力未到，則心體不免為怒所遷，為過所貳也。顔子好學純一，其樂體常是不改，樂體不改，則雖易發難制之怒，安能遷變其圓融不滯之機耶？其明體常是複以自知，明常自知，則過未嘗行，雖微露於恍惚之中，自隨化於幾微之頃，又安足以疑貳其洞徹靈瑩之精耶？①（恒人，常人。）

由是可見，英雄所見略同。無論是王龍溪，還是王一庵、羅汝芳，他們不肯盲從先儒的訓釋，而是持有獨立思考、深入鑽研的精神，誠如王陽明所說："夫學貴得之心。求之於心而非也，雖其言之出於孔子，不敢以為是也，而況其未及孔子者乎！"②通過自家長期的體貼涵泳，他們對於經典原文的"微言大義"終於得出了更加合理的解釋。

再次，《論語》中還有一段名言：

> 季路問事鬼神。子曰："未能事人，焉能事鬼？"敢問死。曰："未知生，焉知死？"（《先進第十一》）

對此，朱熹的解釋是："非誠敬足以事人，則必不能事神；非原始而知所以生，則必不能反終而知所以死。蓋幽明始終，初無二理，但學之有序，不可躐等，故夫子告之如此。"又引程子的話說："晝夜者，死生之道也。知生之道，則知死之道；盡事人之道，則盡事鬼之道。死生人鬼，一而二，二而一者也。或言夫子不告子路，不知此乃所以深告之也。"③

朱熹的闡釋可謂深奧，很多讀者讀過之後，頗有幾分茫然，如入雲山霧沼，不知所云。坦率地說，朱子本人未必體會到孔子這番話的真實意蘊，就像陸九淵曾經不客氣地指出："竊謂尊兄未曾實見太極。"④倒是王龍溪在一些講學場合中，不經意間透露了這段話的真實意蘊，據《王畿集》

---

① 《近溪子集》卷數（六），引自方祖猷等編校：《羅汝芳集》，鳳凰出版社 2007 年版，第192 頁。

② 《王陽明全集》卷二，《答羅整庵少宰書》，第 76 頁。

③ 以上兩段原話均出自《論語·先進第十一》，第 82 頁。

④ 《陸九淵集》卷二，《與朱元晦》（二），第 27 頁。

記載：

> 或問孔子答季路知生知死之說，先生曰：“此已一句道盡，吾人從
> 生至死，只有此一點靈明本心為之主宰。人生在世，有閑有忙，有順有
> 逆，毀譽得喪諸境，若一點靈明時時做得主宰，閒時不落空，忙時不至
> 逐物，閑忙境上，此心一得來，即是生死境上一得來樣子。順逆、毀譽、
> 得喪諸境亦然。知生即知死，一點靈明與太虛同體，萬劫常存，本未嘗
> 有生，未嘗有死也。”①

　　這一段話內涵相當豐富，單從生命本體論的角度講，王龍溪對於孔子
“未知生，焉知死”一語的內涵做出了明確的解釋，那就是：“吾人從生至死，
只有此一點靈明本心為之主宰。……知生即知死，一點靈明與太虛同體，
萬劫常存，本未嘗有生，未嘗有死也。”那麼，王龍溪所說的這一點靈明所知
究竟為何呢？很簡單，就是王陽明從“萬死一生中體究出來”的那個“良知”
本體。一般人總是泥於文字之見，以為王陽明所說的良知不過是一個倫理
學範疇，其實，這種對於“良知”的理解實在是過於膚淺和狹隘，良知是陽明
心學的核心範疇，是王陽明一生生命實踐的功夫提煉與思想結晶。王龍溪
在解釋“良知”一詞時，就明確無誤地指出了它的本體論內涵，他說：

> 大抵我師良知兩字，（乃）萬劫不壞之元神，範圍三教大總持。良
> 知是性之靈體，一切命宗作用只是收攝此件，令其堅固，弗使漏泄消散
> 了，便是長生久視之道。②

又說：

> 陽明先師良知兩字，乃是範圍三教之宗，是即所謂萬劫不壞先天
> 之元神。養生家一切修命之術，只是隨時收攝，保護此不壞之體，不令
> 向情境漏泄耗散，不令後天渣滓攪和混雜，所謂神丹也。③

---

① 《王畿集》卷七，《華陽明倫堂會語》，第60頁。
② 《王畿集》卷九，《與魏水洲》，第202頁。
③ 《王畿集》卷九，《與潘笠江》，第215頁。

可能有人會以為,這是王龍溪援佛道入儒所做的解釋。其實不然,在中華文明五千年的長河中,難道除了佛、道兩家外,儒家就不能有自己對生命的終極關懷嗎? 先秦時期的儒家元典《周易》中就說:

> 《易》與天地準,故能彌綸天地之道。仰以觀于天文,俯以察於地理,是故知幽明之故;原始反終,故知死生之說;精氣為物,遊魂為變,是故知鬼神之情狀。①

這段話充分表明了先秦儒家對於人類生命本質的獨到認識,而王龍溪所說,不過是以更通俗的語言和可操作的心性工夫來揭示生命哲學的最高問題"生與死"的奧妙罷了。比較而言,讀了朱熹對"未知生,焉知死"的解釋,心底疑雲重重,而讀了王龍溪的解釋,覺得一切了然於胸。

三、憑己意隨緣斷經的差異

明代心學家雖然與朱學有著許多思想觀點上的分歧對立,但是,由於朱學始終佔據著科舉考場的統治地位,加上王門學者大多文化素養很高,所以,他們提出一些與朱學解經不同的觀點,一般都是經過了深思熟慮纔敢於這麼做。《傳習錄》記載了王陽明與弟子的這樣一段對話:

> 朋友觀書,多有摘議晦庵者。先生曰:"是有心求異即不是。吾說與晦庵時有不同者,為入門下手處有毫釐千里之分,不得不辯。然吾之心與晦庵之心未嘗異也。若其餘文義解得明當處,如何動得一字?"②

由此可見,王陽明(包括他的大多數高徒)對於與朱子解經的歧異是持相當審慎的態度的。然而,這一點對於泰州學派的一些門徒就不適用了。泰州學派的創始人王艮,蔑視科舉,終身不入考場。他連自己的兒子也不

---

① 黃壽祺等譯注:《周易譯注》,《繫辭上》第四章,上海古籍出版社 1989 年版,第 535 頁。
② 《王陽明全集》卷一,第 27 頁。

允許參加考試,倒把傭工出身的第一個弟子林春(號東城)①送去參加科舉考試,於嘉靖十一年高中進士(還是會試第一名),②可見其狂者風範。他終身以"(大丈夫)出則必為帝者師,處則必為天下萬世師"自勵,並以此訓導門徒。對於儒家經典,他常講的話是:

> 夫六經,吾心之注腳也。心即道。道明,則經不必用;經明,則傳復何益經傳之間,印證吾心而已矣。③

王艮早年自學成才,開門授徒後,"說經不泥傳注,多以自得發明之,聞者亦悅服,無可辯"。④ 由這種"祖師風格"訓導出來的門徒,其對於經典的態度就可想而知了。他們在講學傳道的過程中,如果碰到了與聖經賢傳有關的文句時,往往隨緣而釋,憑己意斷經、解經,目的是為了宣揚自己的思想。所導致的結果是:一方面,這種不嚴謹的解經態度在一定程度上造成了民間百姓對儒家思想理解的混亂;另一方面,這種隨緣而釋的解經模式有時也收到了亦步亦趨的老儒常談所意想不到的效果。

在這方面,最為典型的事例莫過於顏山農救治羅汝芳心火之病的解說了。顏鈞(1504—1596),號山農,吉安府永新縣人,讀書而不事舉業。年輕時曾遇王心齋門人徐樾,從學三載,又經徐樾引薦,入心齋門下受其親炙。嘉靖庚子(1540)秋,顏山農自泰州回到江西,適逢鄉試,在省城張貼《急救心火榜文》,意在宣傳自己的學術思想,引來不少聽眾圍觀。此時,來自南城的落第秀才羅汝芳(1515—1588),向顏山農講述了自己為學過程中的遭遇。原來,羅汝芳因讀先賢語錄:"決志行之,閉關臨田寺,置水境(於)幾上,對之默坐,使心與水鏡無二,久之而病心火。"⑤他苦於此病難消,一直鬱鬱於懷。這次在省城偶遇顏鈞,羅汝芳上前求教,具述自己:"昨遭危疾,而生死能不動心,今失科舉,而得失能不動心。"不料,顏山農對此一無所取,

---

①　[日]岡田武彥等編校:《王心齋全集》(和刻本)卷五,《弟子錄》,其中提道:"(林春)及門最早。"中文出版社1972年版,第165頁。

②　黃宗羲:《明儒學案》卷三十二,《泰州學案一》,中華書局1985年版,第744頁。

③　《王心齋全集》卷三,《年譜》,第70頁。

④　《王心齋全集》(和刻本)卷一,《年譜》,第7頁。

⑤　《明儒學案》卷三十四,第760頁。按:此事數書皆有記之,內容大同小異。

反而說："是制欲,非體仁也。"①羅汝芳不明白,要求解答。顏山農說:

> 子不聞放心之說乎? 人有沉疴者,心忹忹焉,求秦越人決脈,既診,曰:"放心,爾無事矣。"其人素信越人之神也,聞言不待針砭而病霍然。……夫人心有所繫則不得放,有所繫而強解之又不得放。夫何故? 見不足以破之也。……孟子曰:"學問之道無他,求其放心而已矣。"但放心則蕭然若無事人矣。觀子之心,其有不自信者耶? 其有不得放者耶! 子如放心,則火燃而泉達矣。體仁之妙,即在放心。初未嘗有病子者,又安得以死子者耶?②

聽了顏鈞的這番話,"羅公躍然,如脫韁鎖,病癒"。③ 又有記載道:"先生(指羅汝芳)時如大夢得醒。明日五鼓,即往納拜稱弟子……已而先生病果愈。"④後來,羅汝芳科舉高中,累官至雲南參知政事,以講學聞名天下,但是終身事山農如父,緣起正在於此時。

顏山農所說的"放心"一詞,語出《孟子‧告子上》,原文是這樣的:

> 仁,人心也;義,人路也。舍其路而弗由,放其心而不知求,哀哉! 人有雞犬放,則知求之;有放心而不知求。學問之道無他,求其放心而已矣。

這裏的"放",原本是逃逸、散失之意,而"放心",指的是迷失了的善良本心。結合上下文"人有雞犬放,則知求之;有放心而不知求"一語,則知"學問之道無他,求其放心而已矣"一句所說的"求其放心",乃是指找回自己迷失已久的善良本心來,這就是學問之道的真正內涵。對此,北宋二程闡釋道:

> 聖賢千言萬語,只是欲人將已放之心約之,使反復入身來,自能尋向上去,下學而上達也。⑤

---

① 《近溪子續集》卷乾(一),《羅汝芳集》,第 231 頁。
② 黃宣民點校:《顏鈞集》,《顏山農先生傳》,中國社會科學出版社 1996 年版,第 82 頁。
③ 黃宣民點校:《顏鈞集》,《顏山農先生傳》,中國社會科學出版社 1996 年版,第 83 頁。
④ 《明儒學案》卷三十四,第 761 頁。
⑤ 《二程遺書》卷一,上海古籍出版社 2000 年版,第 56 頁。按: 此處不能區分程顥或程頤,統稱"二程"。

　　朱熹也完全贊同二程的見解,把這段話引入《四書集注》當中,並說:
"學問之道,固非一端,然其道則在於求其放心而已……"①應該說,二程和
朱熹的解釋是符合孟子原意的,並無不妥之處。然而,顏山農面對羅汝芳
所說的"放心",卻是消除顧慮和牽掛,把心放下來的意思,如他自己所說
"放心則蕭然若無事人矣"。無庸置疑,顏山農的解釋太隨意了,諸如"子如
放心,則火燃而泉達矣;體仁之妙,即在放心"之類的話,頗似一些禪宗公案
中的高僧,隨緣而說,將經典原文故作另類解釋。這種詮釋經典的方式,當
然不會被作風嚴謹的學者所認可,但是,它卻巧妙地化解了一代大儒羅汝
芳的心火之病,其效果亦可說是夠神奇的了。顏山農的隨意解經,與其師
祖王艮"說經不泥傳注,多以自得發明之"的作風實在是如出一轍。難怪黃
宗羲曾對泰州學派諸儒有一段精辟的評價:"泰州(指王艮)之後,其人多能
以赤手搏龍蛇,傳至顏山農、何心隱一派,遂復非名教之所能羈絡矣。"②

四、結　語

　　儒家經典是傳遞先哲思想的文字載體。正確理解經典古籍中的原話,
是進入先哲心靈世界的基本門徑,因此,對經典的詮釋也就成為一項千載
以來不停不輟的學術任務。如何理解和解釋先哲的經典原話,可以仁者見
仁,智者見智,反映不同學派和學者的思想心得與學術風格。明代王門諸
儒,以其獨立思考和慎思明辨的精神,做出了許多與佔據正統地位的朱熹
所不同的經典解釋。當然,不能說這些解釋都是正確無誤的,但是,這些艱
苦細緻的學術貢獻,無疑極大地豐富了儒學思想的庫藏,促進後來者學會
慎思明辨、獨立思考,在儒家思想發展的道路上,無意中構建起許多新穎而
美麗的園林景致。

---

①　《四書集注》之《孟子集注》,第 477 頁。
②　《明儒學案》卷三十二,《泰州學案一》,第 703 頁。

亦談陽明與白沙

——略論二人心學之異同及明代心學之貢獻

黃明同*

【摘　要】陽明心學與白沙心學的關係,是陽明研究的重要命題。二者為不同的心學流派,同中有異。其同:以"靜坐"為門戶,以"無欲"為樞紐,以"體悟本體之心"為路徑,而變革涵養與認知方法,兼容禪,回歸孟,變革朱;其異:"心本體"與"道本體","心外無物"與"道通於物","致良知"與"得道"、"會理"。明代心學體現商品經濟發展的時代呼聲,昭示中國文化的轉型。

文化,是人類的創造物,也是時代的產物。迄至明代中葉,由於中國社會經濟的發展,民族文化開始呈現轉型的趨勢。由陳獻章開拓,王陽明集大成的心學,打破學界的寂靜,實現由宋代理學向明代心學的轉換,展現了中華文化的一片新天地。當人們關注中國心學時,不能不論及陽明心學與白沙心學,而陽明與白沙的關係,則是其中不可回避的課題。2012 年訪臺期間,讀到澳洲學者姜允明教授的大作《王陽明與陳獻章》,①書中提出陽明

---

* 黃明同,廣東省社會科學院研究員。

① 姜允明:《王陽明與陳白沙》,臺灣五南圖書出版股份有限公司 2007 年出版。全書共 16 部分,"目次"為:自序、導論、從王陽明獄中詩(八詠)的解讀論王陽明與陳白沙的承傳關係,從陳白沙到王陽明,王陽明何以不提陳白沙——儒佛會通在明代心學中的實例,從"陸王學派"一詞的商榷論儒佛會通,王陽明聖人形象的史實性考察,當代新儒家論陳白沙,從王陽明在龍場"為石墎"談明儒的生死觀,現代化的傳統——以白沙與陽明為證例略談中國哲學的重整,明心見性與自得之學,初訂陳白沙與王陽明年表——論江門學派的新定位,論良知的文化:孟子、王陽明與牟宗三,道德的危機——中西傳統宏觀比較,心的概念——中西哲學比較,參考書目。

是白沙"衣缽真傳人"。① 筆者以為,此為一家之言,可引起學界的討論,特別是二人是否有承傳關係,也可以深究。本文僅就陽明心學與白沙心學之異同,以及宋明以來中國文化發展的基本路向談點管見,就教於諸位專家。

一、陽明為白沙"衣缽真傳人": 此乃一家之言

陽明與白沙的關係,黃宗羲《明儒學案》的說法,幾成定論;陽明受到白沙的影響,也幾乎成為學界的共識。然而,一直以來二人的承傳關係具體怎樣,因缺乏實實在在的史料支撐,一些說法也僅僅是理論推測,成為歷史懸案。至於《王陽明與陳白沙》一書作者提出,陽明為白沙"真正的衣缽傳人",此說實為新見。

在《明儒學案》中,黃宗羲對明代心學的發展作了簡明的概括:"作聖之功,至先生(指白沙——引者注)而始明,至文成而大成。"②他認定明代的心學,白沙是開拓者,陽明則是集大成者,而陽明一直無言及白沙,是因"目空千古"。《王陽明與陳白沙》一書,反復論證陽明受到白沙的影響,對二人學說作了種種比較,並認定湛若水與王陽明"同為白沙衣缽傳人",而陽明纔真正繼承了白沙。③ 其論據在"導論"中作了概括,可歸納為如下方面:

其一,陽明 12 歲仰慕聖人,並決心"要做聖人",其心中的聖人是誰?"是他同時代活生生的典範人物"——陳白沙。原因是陳白沙在當時因朝中傳出"真儒復出"而轟動京師,並已有"活孟子"的美譽。④

其二,陽明"在赴龍場之前便見過至少七位白沙門人或同窗",故"陳白沙何許人也,王陽明最為心知肚明"。⑤

其三,雖未有出現"陳王"之稱譽,但二人"在思想上如連體嬰"。⑥ 在陽明的論述中,"看到不少白沙的句子";⑦在陽明的經歷中,有許多與白沙

---

① 《王陽明與陳白沙》,第 40 頁。
② 《明儒學案·本傳》。
③ 《王陽明與陳白沙》,第 11 頁。
④ 《王陽明與陳白沙》,第 2—3 頁。
⑤ 《王陽明與陳白沙》,第 4 頁。
⑥ 《王陽明與陳白沙》,第 4 頁。
⑦ 《王陽明與陳白沙》,第 4 頁。

相似的情景;思想上一致:陽明的"知行合一"與白沙強調"身體力行,務求自得,以生命來承當,把道在生活中體驗實踐出來"①的說法相一致;陽明的學之指南"致良知"與白沙的"心學法門"相一致。作者認定,對白沙的"自得之學"陽明"深得其髓","真能通透遵循"。由此足見"陽明才高,把白沙學發展出來,不愧為白沙門下特立傑出者,真正的衣缽傳人"。②

其四,陽明的獄中詩《八詠》所言"贈我青琅函"與"惠我雲錦裳"二句,至為關鍵。因為"陽明獲得'雲錦裳',則更名正言順可以終生不渝去'讀書為聖賢'了",③"青琅函"是"王陽明一定要'焚香始開械'"的讀物,"雖然不能'證明'青琅函必定是白沙詩文,但以陽明云'期我濂洛間'這一重要線索,可以明確斷定這是白沙的著作"。④

應該肯定,多年來該書作者對陽明與白沙的關係一直關注,並作了深入的探究,儘管其關於王陽明是陳白沙"真正衣缽傳人"論證多為詩句與推論,難以令人信服,但書中反反復復的論證則在學界重新提起陽明心學與白沙心學關係這一無法回避的論題。

事實上,幾百年間關於陽明與白沙的關係,不僅說不清,也還有不少的誤讀。學界大都持黃宗羲之論,以官方所編的《明史》看法為定論;大都在談二者之同,而極少言及二者之異;大都談到二者的思想反映了時代的要求,而少有具體揭示這時代要求的具體內涵。因而對這些問題的進一步深入探究,無疑有利於中國心學研究的深化。在此借王陽明是陳白沙"衣缽真傳人"一說提出之機,深究陽明心學與白沙心學之異同,以釐清明代心學之脈絡,以及由宋代理學向明代心學轉換的邏輯路徑,無疑是有必要的。

二、體悟本心,變革涵養工夫: 二人心學之同

陽明與白沙,同樣肩負著歷史重任:尋找簡便、有效的涵養方法與途徑,回歸原始儒家"反求諸心"的"作聖之功",由是而昭示中國文化發展的新走向。從白沙的開拓,到陽明的集大成,完成了明代心學,標示著中國文

① 《王陽明與陳白沙》,第30頁。
② 《王陽明與陳白沙》,第40頁。
③ 《王陽明與陳白沙》,第22—23頁。
④ 《王陽明與陳白沙》,第25頁。

化再次高揚人的主體精神的發展軌跡。

陽明心學與白沙心學,是不同的心學流派。二者都為"心學",彼此必有同點。二者之同,是主導方面,是心學理論的合理性與偏頗性的主要體現,可從如下幾個主要命題上審視。

(一) 以靜坐為門戶

無獨有偶,陳獻章與王陽明都在人生路上十分困惑之時,以同一方式完成了"作聖之功",而他們的入門處同樣是"靜坐"。

由於科舉路上受挫,白沙往江西臨川,師從吳與弼。儘管老師為他講授許多儒家經典,他也讀了不少的書,卻"未知入處",於是返回故鄉。其回憶說:"比歸白沙,杜門不出,專求所以用力之方。既無師友指引,惟日靠書冊尋之,忘寢忘食,如是者亦累年,而卒未得焉。所謂未得,謂吾此心與此理未有湊泊吻合處也。於是舍彼之繁,求吾之約,唯在靜坐,久之,然後見吾此心之體隱然呈露,常若有物。日用間種種應酬,隨吾所欲,如馬之銜勒也。體認物理,稽諸聖訓,各有頭緒來歷,如水之有源委也。於是渙然自信曰'作聖之功,其在茲乎'!"①

白沙坐春陽臺,十年苦苦探索,悟到了"為學須從靜坐中養出個端倪來",②發明"靜養端倪"的"自得之學",回應了時代的問題。在《書自題大塘書屋詩後》中,白沙說得明白:"……為學當求諸心必得。所謂虛明靜一者為之主,徐取古人緊要文字讀之,庶能有所契合,不為影響依附,以陷於徇外自欺之弊,此心學之法門也。"③這"心學法門",如當代學者簡又文所說"以靜坐功夫而養出為學的開首",④靜坐便是"作聖之功"的入門處。其實在白沙看來,靜坐不僅是涵養的"開首",而且以靜坐為"主","讀古人要緊文字",不過是作為靜坐體悟端倪的一種驗證。白沙認為,"人心本體皆一般,只要靜之以養,便自開大"。⑤ 人人都有著一顆同樣可以感應"道"的本體之心,只要通過"靜坐",即可使原來的心轉換為"廓然若無"之心,故人

---

① 《復趙提學僉憲》,《陳獻章集》,第 145 頁。
② 《與賀克恭黃門》,《陳獻章集》,第 133 頁。
③ 《書自題大塘書屋詩後》,第 68 頁。
④ 《白沙子研究》,第 185 頁。
⑤ 《與謝元吉》,轉引自陳鬱夫:《明陳白沙先生獻章年譜》,臺灣商務印書館 1980 年版,第 27 頁。

皆可為舜堯。於是，陳獻章不僅自己靜坐，也教他人靜坐。他說："為學須從靜中坐養出個端倪來，方有商量處。"①

靜坐，有幾分神奇，幾分奇妙。如陳獻章所言，人在靜坐久之後，就能體悟到自身的本體之心，使之"隱然呈露"，此心已能與道"湊泊吻合"，"常若有物"。至此，人便把握了必然而進入了自由之境，故在"日用間種種應酬"，便能隨心所欲，既能"體認物理"，又能稽合"聖訓"，所謂的"作聖之功"便是如此的簡單，不必採用宋儒所倡導的那套繁縟之法了。

同樣，王陽明也有靜坐悟道的經歷。由於惹上了官非，王陽明從京師被貶到貴州龍場驛站，來到那荒涼的小鎮。從一名京官貶為一個邊遠地區的驛站小職員，陽明難免十分失落，在鬱鬱之中終日在沉思。然而，卻在靜靜的沉思中，出現了奇跡——他的思想昇華了。落難被貶的苦難生活，使王陽明迎來了富於開拓的學術生涯。如他的弟子所說："先生居夷三載，處困養靜，精一之功固已超入聖域，粹然大中正之歸。"②這一具體經歷，被稱之為"龍場悟道"。他是在"養靜"中悟出了"道"，"靜"同樣使他進入"聖域"之門。後人如此描述："王陽明在龍場期間，一度意志消沉，日夜端居澄默，以求靜一。久而久之，胸中澆澆，思念聖人此處，更有何道？據說，一天夜裏，他大悟'格物致知'的道理，始知'聖人之道，吾心自足'，過去向事事物物求理是錯了。他默記《五經》的內容，來論證他所悟的一切'求諸於心'的道理，據說沒有不符合的。"

學界普遍認為，王陽明龍場悟道，與陳獻章的坐春陽臺一樣，同是通過靜思涵養，而達到了聖人的境界，瞬間在自己的心中悟出了"聖人之道"，完成了聖人的道德修養。就是說，二人都是以"靜"為涵養的入門與通道，"坐來白日心能靜，看到浮雲世亦輕"。③　二人也都出於自身的經驗而教人"靜坐"，陽明的"靜處體悟"與白沙的"靜養端倪"，堪相一致。

（二）以無欲為樞紐

陽明與白沙都教人在靜中體認本體之心，但"靜坐"則必須"無欲"，二人都把"無欲"作為"作聖之功"的關鍵，這是堅持了宋明理學的基本立場。

---

①　《與賀克恭黃門》，《陳獻章集》，第 133 頁。
②　《傳習錄上》，《王陽明全集》上，上海古籍出版社 1992 年版，第 1 頁。
③　《游心樓·為丁縣尹作》，《陳獻章集》，第 414 頁。

"存理去欲",是宋明理學各流派的共同核心理念,幾乎所有的理學家都認為,道德涵養消除"人欲",而後纔可保存那體現著封建綱常的"天理"。宋代理學如此,明代的心學也如此,陽明與白沙概莫能外。

在王陽明看來,"心即理也,此心無私欲之弊,即是天理"。① 天理與私欲,勢不兩立,無欲纔可能體悟到天理,因而涵養必須把住"無欲"這一樞紐。而"靜坐"作為人們涵養工夫的入口處,其目的在於拴縛那顆被人欲所干擾的、心猿意馬的心;對私欲"即與克去,斬釘截鐵,不可姑息,與它方便,不可窩藏,不可放它出路",而把它"掃除廓清","將好色、好貨、好名等私逐一追究掃尋出來""拔去病根",②纔可能涵養出天理,完成作聖之功。陽明直截了當地說,"必欲此心純乎天理,而無一毫人欲之私,此作聖之功也"。③

白沙同樣把"無欲"看作"會道"的關鍵。白沙直白地說:"無欲則靜虛而動直,然後聖可學而至矣。"④因為人們進入靜坐之後,排除外界的種種干擾,沒有了私心與雜念,也就達到了"無欲"的境界,這便是儒家所倡導的"一"的境界。他明確提出:"孔子教人文、行、忠、信,後之學孔氏者則曰'一為要',一者,無欲也。"⑤陳獻章認定,無欲便是消除人的非分欲求,使心不為外物所"著"、所"累"、所"障"、所"礙",故說:"斷除嗜欲想,永撤天機障。身居萬物中,心在萬物上。"⑥湛若水詮釋此詩時,明白道出陳獻章"無欲"的內涵,斷除了"耳目口鼻四肢之欲"。如莊子所說,"其嗜欲深者,其天機淺",本來天理流行不息,但人的嗜欲使天理受到了遮蔽,只有斷除了種種的障礙天機流行的嗜欲,便可超乎萬物之上。⑦ 由是即見,白沙對"無欲"為作聖之功的關鍵,同陽明的說法完全一致。

(三) 向內體悟本體之心為路徑

陽明心學與白沙心學,同為心學,在涵養方法與路徑上堪相一致,都主張向內體悟本體之心。這一同點,集中體現出明代心學挑戰與變革宋代理

① 《傳習錄上》。
② 《傳習錄上》。
③ 《傳習錄中·答陸原靜書》。
④ 《復趙提學僉憲》,《陳獻章集》,第 147 頁。
⑤ 《復趙提學僉憲》,《陳獻章集》,第 147 頁。
⑥ 《白沙子古詩教解卷之下·隨筆》,《陳獻章集》,第 785 頁。
⑦ 《白沙子古詩教解卷之下·隨筆》,《陳獻章集》,第 785 頁。

學的涵養方法。

　　"致良知",是陽明心學的核心內容,也是其學說發展的最高階段,是其涵養方法與途徑的具體揭示。如他所說,"致良知"是"聖門正法眼藏"、"千古聖學之秘",故自稱"吾平生講學,只是致良知三個字"。① 何謂"良知"? 陽明明確解釋:"良知者心之本體。"②又具體說:"夫心之本體即天理也,天理之昭明靈覺,所謂良知也。"③可見"良知"≈"心之本體"≈"天理",也是孟子所言之"善端"。何謂"致"? "致"即推致。因而,"致良知"便是發現自身的本體之心的過程,即認知天理,即自我涵養的過程。又從其"知行合一"論出發,陽明提出"吾心之良知,即所謂天理也。致吾心良知之天理於事事物物,則事事物物皆得其理也",④認知了天理,也就理解了宇宙間的事事物物之理。

　　陽明的致良知說,是對其"靜處體悟"的發展,且有本體論的內涵,但從涵養論的層面上審視,則是與白沙"求諸心"的內求涵養方法相一致,可謂異曲同工。白沙認為,"人心本體皆一般,只要靜之以養,便自開大"。⑤ 便是說,人人都有著一顆同樣可以與"道"相"湊泊吻合"的本體之心,只要通過"靜坐",即可使原來的心轉換為"廓然若無"之心,可為舜堯。白沙的"靜養端倪",便是"靜坐"——"胸次澄澈"——"涵養至虛"——"立本"——"會道","道"即為"端倪",也即是"善端"。白沙的涵養方法與路徑便是:反求於自身,從靜坐中養出本體之心,在自己的心中求得與"道"的"吻合",體認出寓於心中的"天理"、"善端"來。這與陽明的涵養方法與路徑,完全一致,即修己在心,學不外求。

(四) 兼容禪、回歸孟、變革朱

　　把"作聖之功"設定為向內體悟本體之心,而無需外求格物,這便是明代心學對儒家修己之方由繁而簡的變革,這是涵養方法的一次革命。明代陽明與白沙的涵養方法,都接受了禪宗文化的啟示,而檢討朱熹的"格物致知"。可以說,陽明與白沙的涵養方法同樣兼容禪宗,又回歸於孟子。正是

---

① 《寄正憲男手墨二卷》。
② 《傳習錄中·答陸原靜書》。
③ 《陽明全書》卷五,《答舒國用》。
④ 《傳習錄中》。
⑤ 《與謝元吉》,轉引自陳鬱夫:《明陳白沙先生獻章年譜》,第27頁。

在這個意義上,他們都標榜自家的學說為儒家之"正統",斥其他學派為邪說。

　　陽明與白沙的涵養路徑的基點,同是設定認知的目標是自身的本體之心,是內而非外,這與佛家禪宗的修煉理路堪相一致。也許源於此,在當時他們均被指斥為"禪"。禪宗六組慧能,在進行宗教改革時,提出了"頓悟說",認定人人心中都有佛性,只要把心中的佛性頓悟出來,便可立地成佛。白沙作為慧能的老鄉,客觀上可能受著慧能的影響,他的"道通於物",以心為"道"舍的理論基點,肯定"道"寓於"心"。在白沙看來,在正常情況下,"心常在內",①因而為學求諸心即可,在"心"中求得"道"而無需外求,不必格盡天下萬物,或讀盡古人的經典之書。其"即心見道"的涵養路徑,無疑與慧能的"見性成佛"一樣是不必讀經、坐禪便能悟出"道"或"佛性"來,二者同為至簡便的方法與直截了當的路徑。

　　此外,白沙的靜坐與禪宗的坐禪,也有形式上的近似。當時便有人指責其學說流於"佛意",為"異端",甚至說他"分明是禪學"。白沙也曾對此回應:"佛氏教人靜坐,吾亦曰靜坐;曰:'惺惺',吾亦曰:'惺惺'。'調息'近於'數息','定力'有似'禪定'。所謂流於禪學者,非此類歟?"②

　　白沙心學"似禪而非禪",以至後來的陽明心學也同樣有此特色。心學是儒學而非禪學,但確實受到禪學的影響。陽明"待人自悟而有得"與白沙"深思而自得"的涵養方法與路徑,都以向內體悟,二人同樣是受到禪宗頓悟心中佛性的啟迪。更何況年輕時代的陽明,曾一度"究心於老釋",熱衷於佛老,後來也喜用富於禪味的詩句。《王陽明與陳白沙》一書的作者,長篇累牘地論及陽明、白沙與禪學的關係,並說"明代心學的崛起,禪學思想的刺激功不可沒,方法上的靈活運用可以造成學理上的創新突破,釋儒同參,也有助於相互叩擊,相互印證。……儒佛會通在明代心學的發展上見證到最佳的典範實例"。③ 該書作者甚至說:"白沙要以禪法啟出五經關鍵,《傳習錄》也要穿上禪家語錄的外衣,以喚醒儒家經典的內在活力。"④

　　人,是社會動物,為生存須有物質追求,還須有精神追求。儒家所言之"作聖之功",便是人的道德修養,實質上是人們對自身精神家園的構建。

---

①　《書漫筆後》,《陳獻章集》,第66頁。
②　《復趙提學僉憲》,《陳獻章集》,第147頁。
③　《王陽明與陳白沙》,第82頁。
④　《王陽明與陳白沙》,第85頁。

至於如何構建,自古迄今,不同時代、不同流派總是有各異的方法與途徑。在陳獻章生活的時代,最為流行的方法是傳統的讀經,以及"格物致知"、"存理去欲",幾乎全社會的人都無法超然。然而,明代心學則在兼容了禪學之後,變革了作為官方哲學的朱熹的涵養方法,而回歸於傳統儒家。

陽明與白沙的涵養方法"求諸心",或說"致良知",是因襲了孟學,是孟子"盡心說"的明代版。孟子認為,人的心中存有先驗的善端,"仁、義、禮、智,非由外鑠我,我固有之"。① 他明確說:"惻隱之心,人皆有之;羞惡之心,人皆有之;恭敬之心,人皆有之;是非之心,人皆有之。"②進而,孟子認定,人的認知與修養,無需外求,而是向內求之,"求則得之,舍則失之"。③ 反求於身,則得自身固有的善端,這善端也就是"天道",故曰:"盡其心者,知其性也,知其性則知天矣。"④顯然是說,人能極盡自己的心,便能瞭解自己"善"的本性,於是也就認識"天道"。孟子"盡心說"的理論基點是"天生蒸民,有物有則"。⑤ 在孟子看來,先驗的"善端"是上天在生人時賦予人的"天則"——"天道"。那麼,人只要反求於心,便能認識自身固有"天則",認識了"天則"便是認知了"天道",於是就有好的品格,能盡物之性,能與天地相參,達到"天地合一"的境界,即"萬物皆備於我矣,反身而誠,樂莫大焉"。⑥

由上可見,陽明心與白沙之心學與孟子有著承傳關係,具體可從三個方面考察:

其一,陽明的"致良知"與白沙的"求諸心"的認知路向與修養方法,與孟子的"內省"、"反求"堪相一致,一脈相承,而同朱子理學所宣導的向外求的"格物致知",絕然不同。

其二,白沙的"道通於物"與陽明的"心即理",同孟子的"天生蒸民,有物有則",是具有一樣的理論指向,即同樣把人的認知對象"天道"內化為事物固有的"所以然",而不同于朱熹理學設定"理先氣後",強調在心之外去求"天理"。

其三,白沙的從靜坐是為求"會道"、"得理"與陽明的"致良知",同孟

---

① 《孟子·告子上》。
② 《孟子·告子上》。
③ 《孟子·告子上》。
④ 《孟子·盡心上》。
⑤ 《孟子·告子上》。
⑥ 《孟子·盡心上》。

子從"盡心"而達到"知天",有著完全相同的認知與修養的宗旨。

　　其四,白沙的"會理"、"得道"而達到"宇宙在我",以及陽明的"心外無理,心外無物",包萬理萬物于一心,同孟子的"萬物皆備於我",有著同樣的作聖境界。

　　陽明與白沙同樣在回歸孟子之時,變革了朱熹理學。這一變革,簡而論之便是涵養的方法與路徑由向外格物,而轉向內體悟;由繁縟支離的"格盡天地間的事事物物"的體認天理,而轉向簡約地在靜坐或日常應酬中,發現心之本體。

（五）高揚人的主體精神與設定先驗人性

　　陽明與白沙的最大共同點,是設定先驗人性——善端的道德品格,並高揚人的主體精神。這一共同點,也是心學的共性。以陽明與白沙為代表的明代心學,對宋代理學的超越主要體現在對人的主體精神的肯定與高揚。二人同樣認定人們的心有著無比的能量,心具有感應、主宰與創造的功能。

　　白沙說:"君子一心,萬理完備。事物雖多,莫非在我。"①君子的心無所不能,無所不及,宇宙間的一切,無不在我的掌控之中。因而,"君子一心足以開萬世",②既"因是心"而"制是禮",③也可"充是心"而"保四海",④故"吾之心正,天地之心亦正"。⑤ 君子之心,不僅能制訂出典章制度,還能擴充出仁政的一切,人世間的一切都因心而變。心,能創造一切,改變一切,主宰一切。正是在這一意義上,白沙強調人具有使"天地我立,萬化我出,宇宙在我"的能動精神,由是彰顯其學說的心學特色。

　　同樣,陽明對心的主宰之功能,有與白沙一致的看法。"心本體論"是陽明的理論基石,從此論出發他對心的主宰性說得更透徹、更充分。他明確提出,"心之本體即是天理",而"天理只是一個"。⑥ 因為本體的心是天理,亦即是宇宙萬物的本源和主宰,天地間的一切無不是心的體現與派生,

　　① 《論前輩言鈇視軒冕塵視金玉》,《陳獻章集》,第 55 頁。
　　② 《論前輩言鈇視軒冕塵視金玉》,《陳獻章集》,第 57 頁。
　　③ 《論前輩言鈇視軒冕塵視金玉》,《陳獻章集》,第 58 頁。
　　④ 《古蒙州學記》,《陳獻章集》,第 28 頁。
　　⑤ 《肇慶府城隍廟記》,《陳獻章集》,第 36 頁。
　　⑥ 《傳習錄中·啟問道通書》。

"在物為理,處事為義,在性為善,因所指而異其名,實皆吾之心也"。① 他進而更為實質性地說:"身之主宰便是心,心之所發便是意,意之本體便是知,意之所在便是物。"②於是陽明的結論是,"心外無物,心外無事,心外無理,心外無義,心外無善"。③ 陽明比較徹底地把心之外的一切,統統看作為心的派生物,把心作為"天地萬物之主",④認定心統攝一切。

在明代心學裏,心具有主宰功能,這理論觀點陽明與白沙完全一致。他們同樣認定,"心",雖是軀體中的"方寸",但卻不僅是一團血肉,而是具有超乎生理器官的意義,應在形而上的層面上高揚其能動作用;他們同樣認定,這種作用是一種自身具有的不需外鑠的先驗道德品格;他們同樣認定,這種先驗的道德品格,便是人所以為人,而非禽獸的質的規定性。以陽明與白沙為代表的明代心學,對人的本質的界定,以及對人的主體能動精神的高揚,在理論的層面上深化了先秦時期的"人禽之辨",繼承與弘揚了原始儒家"人本"與重德的價值觀。

三、"心外無物"與"道通於物":二人心學之異

綜上所述,陽明與白沙同為明代心學,確實存在許許多多極相一致的思想理念與價值取向。誠然,陽明心學與白沙心學,是明代不同階段上的學派,由於各自所處的社會背景、地域環境與家學傳統不盡相同,二人的學說確實也存在不少的異點。客觀上,二人間沒有師屬與師承關係,更稱不上衣缽傳承,認定陽明是白沙的"衣缽真傳人",有違"充足理由律"。過去學界對陽明與白沙也有比較研究,大都多側重於二者之同,卻少談二者之異。其實由於時間的相隔,陽明與白沙不可能發生什麼論爭,但二人的分歧卻也客觀存在,本文僅就如下三個基本理論點闡述彼此心學之異。

其一,"心本體"與"道本體"之別。

作為中國文化深層的哲學思想,發展至宋明,由於與印度佛學的交融,思辨程度大為提高,這主要體現在本體論與認知論。這期間也鑒於對宇宙

---

① 《陽明全書》卷四,《與王純甫》。
② 《傳習錄上》。
③ 《陽明全書》卷四,《與王純甫》。
④ 《陽明全書》卷六,《答季明德》。

本體的不同解讀,而形成各種學術流派。值得注意的是,即便是同一流派,也因本體論有異而顯出各自特色。

陽明與白沙二人心學之異根本點在本體論的不同:陽明持"心本體論",而白沙則持"道本體論"。

陽明的理論基石,是"心本體論"。他明確提出"心"為宇宙的本源,"心外無物",認定"心也,性也,命也,一也。通人物達四海、塞天地亙古今,無有乎弗具,無有乎弗同,無有乎或變者"。[①] 他是說,"心"這一本體統攝天地萬物,貫穿於一切的時間與空間,而無所不在。由這一理論基點出發,陽明推演出其心學的全部學說,其涵養說、知行合一說與致良知說,無不由此而推演。有學者指出,陽明以其"心本體論",繼承"朱學的思辨性"之時,又"克服了朱學本身的矛盾,從而完成了心學體系",於是其心學"比陸九淵精緻得多",又"比朱熹徹底得多"。[②] 在本體論上,陽明克服宋代理學將主體的"心"與客觀的"理",即"物理"與"吾心""判為二",明確提出"心即理",認定心與理為一,而非二,内與外為一,並由此而推演出不必事事物物上窮理的涵養方法。

白沙的理論基石,則是"道本體論"。與陽明不同,白沙認為宇宙的本體是"道"而並非"心"。白沙在其哲學專篇《論前輩言銖視軒冕塵視金玉》中,詳盡地闡述了"道本體論",稱"道至大","天地之大不得與道侔,故至大者道而已";道"無内外,無終始,無一處不到,無一息不運";"天得之為天,地得之為地,人得之為人";"往古來今,四方上下,都一齊穿扭,一齊收拾,隨時隨處"。[③] 白沙認定,道至虛,不可言狀,不可感知,"有目者不得見",[④]看不見,摸不著,對實實在在的"千奇萬狀"的事物來說,它是"虛";白沙認定,至虛至大的"道",無始無終,不生不滅,"天地之始,吾之始也,而吾之道無所增;天地之終,吾之終也,而吾之道吾所損",[⑤]"有物萬象間,不隨萬象凋"。[⑥] 這便是白沙的"道一元論"。在本體論上,白沙主張宇宙統

① 《陽明全書》卷七,《稽山書院尊經閣》。

② 蒙培元:《理學的演變——從朱熹到王夫之戴震》,方志出版社 2007 年版,第 217 頁。

③ 《論前輩言銖視軒冕塵視金玉》,《陳獻章集》,第 54—56 頁;《與林郡博》,《陳獻章集》,第 217 頁。

④ 《論前輩言銖視軒冕塵視金玉》,《陳獻章集》,第 56 頁。

⑤ 《論前輩言銖視軒冕塵視金玉》,《陳獻章集》,第 55 頁。

⑥ 《偶得寄東所》,《陳獻章集》,第 310 頁。

一於道,而並非統一於心,比陽明更顯得與朱熹的"理本體論"有著繼承性,這是白沙心學與陽明心學的最根本區別所在。

應該說,從朱熹的理學到陽明心學,白沙確實充當了過渡的角色。如果說朱熹理學的"理本體論"承認了理以及天地萬物是獨立于人心之外的"實",那麼白沙的"道本體論"還保留了朱學的心外之"實"。白沙認為宇宙"半虛半實"、"虛實參半",顯示出從"實"到"虛"的過渡。在虛實問題上,陽明與白沙之異,也便體現在是否承認客觀的物質世界的存在。儘管陽明也不能徹底否認他所生活的世界,是實在的、客觀的,但實際上其"心外無物"論,強調"體用一源",強調"心外無物,心外無理",強調世界的萬事萬物都是"由於一念發動",是心的感應與派生,也就是西方哲學的"我思故我在"價值理念,說到底在陽明那裏,獨立於人的意志之外的客觀世界也就不存在了。白沙心學,當然也肯定人的意志、人的主體精神的能動性,甚至由是而誇大"心"的作用,然而,鑒於白沙主張"道本體論",他也就承認因得道而生的天、地、人的存在,承認鳶飛魚躍、化化生生的客觀大自然的存在。"宗自然"成為白沙本體論與認知論的重要內容,這些兼容了道家思想的說法,在陽明心學中卻找不到。

其二,"心外無物"與"道通於物"之別。

陽明心學與白沙心學之異,由本體論的差異而衍生出各自心學整體構架之不同,其中的焦點是"心"與"理"(或稱"道")、"心"與"物"的關係。

陽明以"心"為宇宙之本體,其學說所要強調的是"心即理"、"心外無物"。在陽明看來,在心之外的世界,是被心所主宰、所感悟而存在的世界,花的顏色、天地的高低,都是因為你"看到"了,你"感應"了。也就是說,由"心"而產生"物",人的意志派生天地萬物,"心"與"物"由此而合一。

與陽明不同,白沙以"道"為宇宙的本體,在"道"與"物"的關係上,提出了重要命題——"道通於物"。他提出,"物囿於形,道通於物,有目者不得見",①認定"道"並非懸空,而是寓於有形的萬物之中,與物緊密相連,"道至無而動,至近而神,故藏而後發,形而斯存"。② 道為虛,物為實,"虛實二字,可往來看,虛中有實,實中有虛",③道無形,物有形,道因有形之物

① 《論前輩言銖視軒冕塵視金玉》,《陳獻章集》,第 56 頁。
② 《復張東白內翰》,《陳獻章集》,第 131 頁。
③ 轉引自《明儒學案·甘泉學案一》,第 907 頁。

而存,故道不離物,物不離道。在白沙看來,"是"什麼? 道是萬物存在的
"所以然","天得之為天,地得之為地,人得之為人",①道只能寓於有形的
萬物之中纔存在。同樣,道亦寓於人的心中,"心乎,其此一元之所舍乎"。②
"道通於物"論,揭示了物中存在"道",存在成物之"所以然"。孟子曰"天
生蒸民,有無有則",③"道"便是成物,並寓於物的"天則"。顯然白沙承傳
了孟子的思想,當年在京都有"真儒復出",並有"活孟子"之譽,確是名實
相符。

白沙的"道通於物"論與陽明的"心外無物"論,顯然大不相同,二者的
分歧點在:是否承認"物"與"道"同時存在,是否在"道"與"心"之間畫上
等號,是否以"內"、以"虛"去否定"實"、否定"外"。白沙心學沒有"心即
理"的命題,其"靜坐中養出端倪",正是因為心與道之間並沒畫上等號,故
教人通過靜坐使"心"與"道"能"湊泊吻合",由為二而轉化為合一。

幾百年來,學界對白沙心學有太多的誤讀,原因有多方面:或許因有名
人贈予白沙"脈接鵝湖"題詞,或因認為白沙"反朱"而必然"是陸";或因其
"只著青山不著書",著述太少,令人無法直截了當地瞭解其思想學說;或因
其詩太多,給人留下太多的想像空間;或因為其重要的哲學篇章《論前輩言
銖視軒冕塵視金玉》未引起學界的關注。一直以來,研究白沙的論著極少
關注其由"道本論"而演繹出的"道通於物"命題,而更多地強調白沙心學與
陸王心學之一致,硬說其本體論就是陸王的"心即理",結果陽明與白沙之
異便被忽略了。

其三,"致良知"與"得到"、"會理"之別。

陽明弘揚了陸九淵"心即理"的理論,由是出發構建了精緻的"心本體
論"、"知行合一論"與"致良知論",從而完成了明代心學的完整體系。鑒
於"心即理"的理論出發點與理論歸宿,使其理論與白沙心學之異十分明
顯,其中在"致良知"的認知論與涵養論方面,與白沙也有著不可忽視的
不同。

如前所述,陽明的"致良知"的認知方法,便是教人推致自身的本體之
心,而認知天理。陽明要強調的是:"吾心之良知,即所謂天理也。致吾心

---

① 《論前輩言銖視軒冕塵視金玉》,《陳獻章集》,第56頁。
② 《論前輩言銖視軒冕塵視金玉》,《陳獻章集》,第57頁。
③ 《孟子·告子上》。

良知之天理於事事物物,則事事物物皆得其理也。"換言之,致良知是認知天理,也就是認知事事物物之理。在陽明這裏,"良知"≈"心之本體"≈"天理",因而"致良知"便是自省、自覺,其過程中"心"與"理"(或稱"道"),本來就相融匯,心與理本合一。白沙卻不同,其靜坐過程是須求得"心"與"道"(或稱"理")的"湊泊吻合",而後發現本體之心——"端倪",實現"得到"、"會理"。顯然,白沙並沒有在"心"與"道"之間畫上等號,其"作聖之功"是把"道"與"心"之分,轉變為"道"與"心"合一。

衣鉢弟子湛若水提出"隨處體認天理",雖然修正了老師白沙只講"靜坐"的片面性,但仍然堅守著老師視"心"與"道"為二的理論立場,難怪王湛爭辯中,陽明一直咬住湛的"隨處體認天理"不放,在"主內"與"主外"上產生激烈論爭。人們或許從恪守師道的湛若水,其"主內"與陽明的"主外"之爭辯中,窺見陽明與白沙之異的一斑,曾一度齊名的王陽明與湛若水,究竟誰纔是陳白沙的衣鉢真傳人,也一目了然。

如上僅就幾個理論焦點而論陽明心學與白沙心學之異,誠然,從學說的總體上說,陽明心學的理論深度,及其系統性與精緻性,是遠遠超越了白沙心學。當然作為開拓者白沙與集大成者陽明,雖存有差異,但二人為中國文化發展所作的貢獻同樣功不可沒,二人的文化精神同樣值得今人繼承與弘揚。

四、明代心學——昭示著中國文化轉型的到來

近年來,學界普遍認為,明代從理學到心學,呈現了中國文化轉型的新動向。在這一動向中人們看到:經濟的發展,必然帶動思想文化的轉型;思想文化的轉型,體現著時代的呼聲;思想文化轉型,往往是漫長的、曲折的過程。這便是事物發展的規律,便是歷史的辯證發展。

(一) 文化轉型是時代發展之必然

陽明與白沙生活的時代——明代中葉,經歷了明政府實施一系列的改革措施後,社會的方方面面發生了變化,特別是加速了商品經濟的發展。明初開始,為了營造鞏固政權的經濟基礎,政府出臺了種種措施,如興修水利、移民墾荒、變重稅制為輕稅制、改革工匠制度、改革貨幣等。這一切,使

古代中國傳統的"以農為本"、"重農抑商"國策,開始有所調整與變革,客觀上有利於工商業的發展。其實,自宋以來,中國一直受到壓抑的工商業有了較快發展,商品經濟開始活躍,迄至明代,儘管當時的中國不能像西方那快步走出中世紀,但是工商業的發展已是大勢所趨,這迫使統治者不得不採取相應的經濟措施以適應之。

明代所實施的政策,在嶺南得到最為明顯的發酵。"山高皇帝遠"的嶺南,自古雖"重農"但不"抑商",從來注重多種經營,明代的政策的實施,對嶺南的發展更是如虎添翼。如:廣東單獨設省、地域擴大,"三司分治"的行政體制改革的實施,密切了廣東與中原的聯繫;廣東的耕地面積擴展與水利的興修,為嶺南農業生產的飛躍準備了條件,為商品經濟的發展提供了物質基礎。在白沙生活的年代,其故鄉廣東社會經濟日趨商品化,不僅生產有商品化的趨向,出現專業區與專業戶,而且商業繁榮,城鎮崛起,對外貿易也十分繁盛……

總的說來,明代的種種經濟措施的實施,既有利於工商業以及整個經濟社會的恢復與發展,有利於明王朝的鞏固,同時又由於商品經濟的發展,商品對空間開放與人身解放的要求,為社會注入新的因素,催化禁錮的封建社會的解體,這是陽明與白沙生活時代的一道曙光。但是,面對社會發展的新動向,統治集團又必然要加強對思想的鉗制,由是使明代的社會生活呈現出政治與經濟發展相悖而動。

明代心學,便是在社會出現了新因素與舊因素相矛盾的背景下產生,它是歷史發展的必然產物。陽明與白沙的學說,敢於創新,敢於向傳統挑戰,正是要求變革、要求個性解放的新的時代精神的體現。可以說,陽明心學與白沙心學的產生,是從宋代理學到明代心學的轉型,僅僅是一次未有超越封建意識形態的文化轉型,但這次轉型則昭示著中國文化大轉型的到來,昭示著一代新的思想理念與價值取向必將逐漸取代固有的、不適應社會發展的舊思想、舊觀念、舊意識。明末清初,在神州大地出現的啟蒙思潮,恰恰是陽明心學與白沙心學發展的必然。

(二) 明代心學體現著時代之聲

明代心學,在中國文化發展進程中的貢獻,不可低估。其中所反映的時代之先聲,以及其中之理論偏頗,可從三方面闡述:

其一,涵養方法由向外"格物",到求諸心的向內感悟,體現著人性的覺醒。

迄至宋代,由於佛教的廣泛傳播以及商品經濟迅速的發展,社會生活發生急劇變化。"逐利"漸成潮流,人們"雞鳴而起,孳孳而為利","人欲橫流",傳統的道德綱常受到了衝擊。如何維繫既有的道統綱常、鞏固既有的政權,不得不令統治者以及知識階層深慮。宋代理學,倡導"存天理,去欲人",主張由外而內的"格物致知"方法,以外在的"天理",即封建的道德綱常去規範與匡正人們的社會行為,以維繫社會的長治久安。因而,由朱熹集大成的宋代理學,其理論發展到了至極,迎合了統治集團的需要,而被確立為官方哲學。儘管朱熹理學其主觀願望也是要抑制統治集團的奢華,但事實上其理論在民間的殺傷力更大,特別是"餓死事小,失節事大"之論,已成為一把扼殺人性的"軟刀子"。

陽明心學與白沙心學,儘管僅僅從否定"格竹子"——外求的認知與涵養,未能完成"作聖之功"開始,而後建構心學體系,但是二人的心學都是教人從自己的本心去發現蘊含於內的道德品格,由是達到人的"自覺"而進入至高的精神境界,使人成為能把握、創造與主宰世界的真正意義上的人。這便是人性的覺悟,便是商品經濟發展所帶來的人性解放在意識形態上的最初體現,從朱熹理學到明代心學,便是從人性的禁錮到人性解放的跨越。

其二,"不以孔子是非為是非"、"貴疑"的倡導,是從思想禁錮向思想解放的跨越。

回顧人類社會發展歷程,不難理解,在封建大一統制度下,人沒有獨立的主體人格,然而商品經濟的發展,則要求人在軀體上與精神上的獨立,人必須是獨立而自主的人;商品交換活動,要求交換的雙方均以獨立、自主的身份出現,要具有獨立主體的人格精神,因而人的主體精神應得到高揚。

陽明的"不以孔子是非為是非"與白沙的"孟子聰明歸聰明,如今且莫信人言",強調"貴疑",都要人獨立思考,敢於懷疑,不以聖人是非為是非,不以師長是非為是非,不以他人是非為是非。不惟上,不惟聖,獨立自主,思想解放,敢於衝擊一切藩籬,打破學界的沉寂。這無疑是商品經濟發展對解除禁錮,消除束縛,以及思想解放的社會訴求,這亦便是高揚人的主體精神的具體體現。

其三,"人皆可為舜堯"的理念,是欲從等級之別走向平等觀的新價值取向。

原始儒家孔子的"君君臣臣"的"正名"之論,是在"禮崩樂壞"時代對維繫等級制度的呼喚,而時至商品經濟已有一定發展的明代中葉,"平等"而非"等級"的新觀念正在向人們招手。因為商品交換必須遵守價值規律,進行等價交換,也就是說,在商品交換活動中,交換的雙方是獨立的、自主的、平等的,經濟生活中的平等訴求,呼喚著社會生活方方面面的平等,因而"平等"的價值取向也就呼之欲出了。

陽明與白沙二人都富有對平等的渴求,二人心學倡導獨立思考、思想解放,其潛臺詞是:"聖人"也是普通人,並非高人一等,沒什麼了不起,無需以他的是非為是非,而且人人通過涵養,完成"作聖之功",都可以成為堯舜那樣的聖人。可見明代心學在倡導思想解放的同時,也反映了社會發展渴求從等級之別走向人人平等的歷史發展動向。明代心學中的新價值取向,正是這一時代發展的折射。

(三) 文化轉型第一波的理論偏頗

人類社會的發展,曾經歷從自然農業經濟到大生產工業化經濟,從封建制到資本主義制的歷史階段,那便是史稱"走出中世紀"。在中國,"走出中世紀"經歷了 300 餘年漫長的過程。文化的轉型,無疑是"走出中世紀"的標杆與動力。在西方,有承載著這一歷史使命的文藝復興運動;在中國,雖沒有文藝復興般的文化轉型,但從陽明心學與白沙心學開始,到明末清初的思想啟蒙,以及後來曠日與久的"文化之爭",而後孕育和產生了近代思想,這構成了漫長的文化轉型期。正是在這一意義上,可以把明代心學的產生作為中國"走出中世紀"的文化轉型第一波。

明代心學作為文化轉型的第一波,它最早昭示了中國文化發展的新動向,也是中國"走出中世紀"的先聲:它開啟了中國從農業社會封建一統的思想禁錮,向商品經濟的思想解放時代的轉變。明代心學有其積極的、可貴的貢獻,但它在把中國文化往前推進的進程中,難免有迴旋與偏頗,具體可以從四個方面檢討:

其一,陽明心學與白沙心學的"作聖之功",即認知論與涵養論,在否定朱熹"格物致知"論之時,回歸孟子的"盡心"說,主張向內體悟先驗的"良知"、"端倪"即孟子的"善端"。這樣的路向與方法,以現代科學的視角去審視,便是把認知的對象內化,把人在社會生活中產生的道德品格視作人先驗固有的、不須外鑠的品格,回到傳統的先驗論,是一種理論偏頗;把朱熹對孟子認知對象內化的糾正,加以再糾正,對朱熹確立外在認知對象的否定，無疑是一種理論倒退。

其二，陽明心學與白沙心學的認知方法，都把認知作為對"良知"或"本體之心"的感悟、自覺，既不需用力，也無需通過感官，是一種"無助勿忘"的過程。事實上，人的認知必須依靠感官，由感性認識進至理性認識，這一客觀的、科學的認知途徑與方法，被明代心學所否定，於是認知也就被神秘化了，否定了事實，也偏離科學了。

其三，陽明心學的"心外無物"與白沙心學最後走向"君子一心，萬理完具"、"君子一心足以開萬世"，都在不同程度上誇大了心的作用，在不同程度上否定客觀世界的存在，存在著以主體精神泯滅客觀物質存在的傾向。

其四，陽明心學與白沙心學，都有期盼平等的訴求，但同時又都堅持著宋明理學家的一貫立場——維護封建道德倫常，"存理去欲"的命題使他們無法擺脫平等要求與維護等級森嚴的封建制度之間的矛盾，因而也就難於擺脫二元相悖的困境。

總的說來，由白沙開拓，陽明集大成的明代心學，成為中國"走出中世紀"的文化轉型中的第一波，它發出的時代之先聲，反映了時代之訴求，對人性解放與思想解放的呼籲，具有積極的時代意義。然而，它在尋求文化發展新路向時，其貢獻與偏頗並存，它終究未能背離理學的基本立場，沒能突破傳統的道德先驗的理論路向，又在高揚人的主體精神時過於誇大了人的主體精神。明代心學，閃爍著啟蒙因子之光，對此應給予充分的肯定，但它也僅僅是從理學向近代啟蒙的過渡，而仍未達到啟蒙的思想高度。對明代心學應進行歷史的、實事求是的分析，但多少年來，學界過於誇大心學的理論偏頗，在心學與唯心論之間畫上等號，整個予以批評與否定；對其負面講得多，對其貢獻不敢言。這，是歷史的誤會與不公！

西南邊地士大夫社會的產生與精英思想的發展

——兼論黔中陽明心學地域學形成的歷史文化背景

張新民[*]

【摘　要】明代大量軍屯移民進入西南地區,逐漸由軍功集團轉變為文人群體,不僅促進了地方士大夫社會的產生,而且也旁助了黔省學術思想世界的形成。儘管從整體上看,"華夷雜處"的社會結構始終長期存在,但地方社會國家化的進程仍在不斷加快。其中最突出者即為舉業規模的迅速擴大,精英人物的成隊崛起。而黔中陽明心學地域學的形成和發展,恰好配合了地方士子文化認同的心理取向,構成了學術思想世界引人矚目的現象學景觀,彌補了大小傳統懸殊過甚造成了的反差或縫隙。

　　明代是西南地區經濟文化大開發的時期,也是國家化(中心化或内地化)發展速度明顯加快的時段,其中特別是貴州行省的建立,更是秦漢以來歷代中央王朝經營西南的重大政治舉措,標誌著當地作為一個政治軍事戰略區域,已完全納入了王朝行政體系結構,有了與内地相同的直屬中央王權的一體化國家分屬機構,傳統的象徵性控馭已變成了實際的政治統治。[①]

---

　　* 貴州大學中國文化書院教授。本文為國家社會科學基金資助項目"明清時期貴州陽明學地域學派研究"階段性成果之一。
　　① 　貴州巡撫江東之序萬曆《貴州通志》云:"國家建置,設列省以藩屏王室,即五等分封遺意;而今省之各有志,即古列國之各有史,其義一也。"所謂"藩屏王室"云云,則說明永樂十一年(1413)貴州建省,一方面地方固然有了相對獨立的政區編制,不能不是中央王朝經營開發西南的重大行政舉措;另一方面國家也強化了對地方的直接統治,使地方有了更多的從中心視域出的拱衛國家權源核心的色彩。江說見萬曆《貴州通志》卷首。

分析明代以來的國家話語敘事結構,貴州在其中所佔有的地位已顯得越來越重要,不僅是龐大帝國具有重要軍事戰略意義的政治行政區域,而且也是"王化"控制不可忽視的經濟文化實體。無論大量漢民移入或逐步推行改土歸流,從國家大一統意識形態視域出發,目的無非都是為了整合國家秩序與地方秩序,從而更有效地進行一體化的行政管理。討論貴州學術思想文化的陞降起伏變化,似不能不注意國家與地方經濟政治等多種複雜因素組合起來的社會結構的影響。而無論地方學術思想世界的產生,抑或黔中陽明心學地域派的崛起,大體均以明代為斷限,既打破了自兩漢以來長久沉寂的局面,也開啟了清代逐漸與中原學術融為一體的先聲。釐清地方士大夫社會產生演變的前後源流脈絡,當有助於我們更好地理解黔中王門形成發展的歷史文化背景。

一、士大夫社會的形成與發展

在國家"王化"策略的引導下,朱元璋一方面派出大量軍隊入黔屯駐,積極推行移民措施,以求憑藉驛道控制線更有效地縮戢西南邊徼,一方面也明令各地土司酋長,"凡有子弟,皆令入國學受業,使其知君臣父子之道,禮樂教化之事,他日學成而歸,可以變其土俗同於中國,豈不美哉",①這正是"用夏變夷"國家話語的自覺表達,著眼點正在於強化國家政治認同和意識形態文化認同,更好地將邊地"土俗"再造為王朝一體化結構的有機組成部分,實現"王化"天下的秩序化整合目的。誠如明人劉秉仁《武侯祠碑記》所說:

> 我太祖高皇帝兼有區夏,削巖落而樹以郡邑,夷箐洞而代以控弦戍守,自黔達滇、蜀,皆星絡雲屯,已倍蓰什佰千于侯所措注矣。顧國家亦武侯意也。夫居今諸彝不靖,則黔、蜀、滇不完;黔、蜀、滇不完,則非所以重西南之屏翰矣。②

---

① 《明太祖洪武實錄》卷一五○"洪武十五年十一月甲戌"條。臺灣"中央研究院"史語所1962年校印本,第6頁。
② 劉秉仁:《武侯祠碑記》,載道光《貴陽府志·餘編》卷六《文徵六》,下冊,貴州人民出版社2005年版,第1753頁。

　　與諸葛武侯相較,明代之經營西南,無論規模範圍或用兵數量,顯然均前後懸殊巨大,然著眼於國家之一統,則用意仍頗為相近。欲經營西南則必須首先穩定貴州,故明代派出的漢族軍事屯兵集團,可說是佈滿了由湘或蜀經黔入滇的交通驛道,數量誠可謂"倍蓰什佰千于侯所揩",不但強化了西南地區的邊疆體系,而且也為以後士大夫社會的形成奠定了漢文化的基礎,既形成用夏變夷的文化發展態勢,也肇啟了軍功集團轉變為文人群體的端倪。

　　朱元璋的戰略性做法以後繼續得到了強有力的推動。譬如烏撒軍民府經歷鍾存禮便曾向朝廷建言:"府故蠻夷地,久沾聖化,語言漸通,請設學校,置教官,教民子弟,變其夷俗。"①永樂皇帝很快便採納了他的建議,具體做法則與朱元璋完全一脈相承。而弘治十二年(1499),巡撫貴州都御使錢鉞又再次奏言:"貴州土官漸被聖化百三十餘年,汙俗已變,但應襲子孫未知向學,請令宣慰、安撫等官應襲子孫年十六以上者,俱送宣慰使學充增廣生員,使之讀書習禮,有願舉業者,比軍職子孫補廩充資出身。至襲職之時,免委官保勘,止取親管並學官給狀。其不由儒學讀書習禮者,不聽保襲,庶可以變夷俗之陋,杜爭奪之源。"②孝宗皇帝亦從其所奏。

　　較錢鉞向朝廷奏言略早,弘治九年(1496),陳金出任貴州左布政使,行前有人問他"何以洽夷",他遂以下面的一段話作答:

　　　　竊聞之,雨露不擇地,君子不擇人,故鳥獸悅惠,豚魚及孚,忠信篤敬,蠻貊焉行。夫自貴之開邦也,列帝敷膏于上,諸吏宣承於下,官御惟備,巨小相屬,立酋世長因其勢,輕徭薄賦養其力,左輸右轉贍乎用,甲冑以威,庠序以教,錄俊登傑,細系大廮,是夷而華者也,某何敢以夷治也。③

　　陳氏顯然對國家行政體系的"王化"力量充滿了信心,也看到了貴州建省(開邦)以來禮俗人倫秋序變化的新氣象,以為一方面應該"甲冑以威",即憑藉軍事強力促使地方勢力就範,一方面則必須"庠序以教",即通過教化舉業訓勉邊地人才興起,如此纔能逐步穩定有效地變"夷"為"華",實現

---

① 《明太宗永樂實錄》卷九十一"永樂十二年正月戊戌"條,前引書,第3頁。
② 《明孝宗弘治實錄》卷一五一"弘治十二年六月壬子"條,第11頁。
③ 李夢陽:《空同集》卷五十四《送陳公赴貴陽序》,清光緒二十一年長沙張氏湘雨樓刻本。

邊地社會文明秩序再造的目的。他的話固然是個人的見解發攄，但未必就沒有體現國家權力意志。也就是說，國家權力力量始終都在憑藉撫剿兩種手段，不斷經營、開發、強化和鞏固邊疆秩序，儘管其間難免不有殺戮或暴力，但宏觀的大方向仍可說是促進了區域文明發展的整體歷史進程。誠如時人所謂："既淶淪王教矣，因長之以慈惠，維之以孚信，鎮之以易靜，此其回面而向德也，必倍乎中州之民。"①

　　由此可見，與"王化政治"有關的儒家教化體系，始終都在憑藉國家行政力量，不斷擴大其在貴州紮根的生存空間，主要的方式則是沿著象徵國家權力控制線的驛道逐步向四周拓殖滲透，當然也取得了單憑武力所不能達致的明顯文化認同效果。其中如水東土司宋昂，"好學政文，愛民禮士，惟日不足，又多收致經史，以文教，時人稱其循良化俗如文翁焉"。② 而水西彝族安氏土司，雖與水東宋氏土司比鄰相望，然無論語言文字或禮俗制度，都與漢文化地區差異很大，隨著中王朝行政體制與文化力量的的不斷介入，自貴州宣慰使安觀嗣以來，"凡居室、器物、衣服、飲食、婚姻、喪葬、取眾待賓、攘災、捍患之事，頗依華夏之禮"，③變化的趨勢亦愈來愈明顯。觀嗣之子貴榮襲宣慰使位後，亦"好讀書史，通大意，設庠序以明禮義，舊染陋俗，寢變華風，用夏變夷之功，日見其盛"。④ 特別是王陽明謫居之龍場"又其境內驛"，⑤遂慕其高義，多有往返，受益于陽明者甚多，成為交友必相互規過責善的典範。⑥ 如果追溯其前後緣由，則主要是："（安氏）土酋欲減驛館，變百年成規，阿賈、阿劄等擅兵馬為地方患，先生（王陽明）徐出數語，以利害喻之，其言輒中肯綮，乃竟落膽而不敢萌僭肆之念。數十年來貴陽賴以安堵者，非先生之功遺之耶？"⑦足證王陽明雖為貶謫受辱之一介遷客，然

① 　候一元：《送翁舟山參議貴陽序》，載賀復徵編《文章辨體彙選》卷三四七三"序六十七"，文淵閣《四庫全書》本。
② 　江東之：《六英傳》，載萬曆《貴州通志》卷二十三《藝文志三》"傳類"，書目文獻出版社1991年影印本。
③ 　周洪謨：《安氏家傳》序，載嘉靖《貴州通志》卷十二《藝文志》"序類"，民國二十五年影印本。
④ 　《安氏家傳》序，載嘉靖《貴州通志》卷十二《藝文志》"序類"。
⑤ 　郭子章：萬曆《黔記》卷四十二《遷客列傳》"龍場驛丞王文成公守仁"。上海圖書館藏萬曆三十三年刻本。
⑥ 　參閱王陽明：《與安宣慰》（凡三通），《王陽明全集》卷二十一《外集三》"書類"，上海古籍出版社1992年點校本，上冊，第802—804頁。
⑦ 　阮文中：《改建陽明祠記》，萬曆《貴州通志》卷二十一《藝文志一》"記類上"。

仍憑藉其政治遠見與道德力量,化解了安氏土司與中央王朝的對抗心理及其行為惡果,可說非僅於地方風氣甚有化導之功,即揆諸地方秩序亦頗有治理之勞。而稍後的水西土司安國亨所題"陽明先生遺愛處"七字,長期皆大書深刻于龍場陽明洞壁牆之上,亦足以說明彝族社會上層貴族與王朝官員的交往日漸趨多,"變其土俗同於中國"的"王化"策略亦不斷由"中心"向"邊緣"逐層推進,即使是國家王朝力量長期鞭長莫及的彝族地區,終明一代也發生了巨大的由"異域"到"舊邦"的轉型變化。①

從整體上看,西南邊地秩序的"國家化"拓展建構速度儘管不斷加快,但大體仍與地方知識精英數量的增長幅度同步一致,非特反映了儒家價值傳播範圍的擴大,涵化了一批敢於擔負道義的知識精英群體,同時也體現了漢文化區拓殖力量的強大,形成了地域性的民間化儒學形態②。特別是大量軍屯、民屯移民的湧入,既強化了中央王朝對地方社會的滲透力,也改變了民族文化的地緣分布結構,均加快了西南邊地"內地化"發展的整體歷史趨勢。③ 與大量移民進入貴州同步,出於國家權力行政管理的需要,入黔官員的數量也在急遽增多。他們或"置官司,建學校,卓有成績";④或"興學育才,以教化為兢兢";⑤或"議論依經義,厝論盡經綸";⑥或"講明心學,陶溶士類,不屑屑於課程";⑦不但以中介的方式強化了國家與地方的互動,開啟或轉移了地方文化風氣,而且也在更高的層面上帶來了大傳統文化,培養或凝聚了地方人才群體。故從時間上判斷,則大致始於弘治年間,讀書士子的數量即不斷增加,科考地域範圍亦隨之迅速擴大,最終則因應舉

---

① 參閱溫春來:《從"異域"到"舊邦":宋代至清貴州西北部地區的制度、開發與認同》,特別是其中的第四章"彝族制度在明代的變化",三聯書店 2006 年版,第 107—140 頁。

② 參閱張新民:《屯堡文化與儒學的民間化形態》,載《學術視野下的屯堡文化研究》,貴州科技出版社 2009 年版,第 28—30 頁。

③ 顧祖禹:《讀史方輿紀要》卷一二〇《貴州一》(清嘉慶十七年敷文閣刻本):"雲南、湖廣之間,惟恃貴陽一線,有雲南,不得不重貴陽。"故明代以軍屯為主體的漢族移民,主要集中于以貴陽為中心,橫貫東西的驛路交通線上,目的則主要是針對雲南蒙元殘餘勢力,穩定西南邊疆秩序。屯軍總人數高達 15 萬至 20 萬之多,由此遂形成大小不同的眾多漢民族聚居區,同時也進一步推動了邊遠地區的"內地化"發展趨勢。與此同時,貴州地廣人稀的地理生態環境,亦吸引了不少民間自發的漢族移民。而無論國家行為的軍屯或民間形態的移民,均極大地改變了民族文化分佈結構,推動地方社會的"內地化"發展。

④ 萬曆《貴州通志》卷二《省會志二》"顧成傳"。

⑤ 郭子章:《黔記》卷三十八《宦賢列傳》"御史丁養浩"。

⑥ 萬曆《貴州通志》卷二《省會志二》"張誥傳"。

⑦ 郭子章:萬曆《黔記》卷三十九《宦賢列傳六》"提學副使徐樾"。

業人數已成規模的實際,遂於嘉靖十四年(1535)獨立設科考式。① 科考的過程不僅促進了人才結構的上下流動,緩解了地緣差異引發的心理緊張與衝突,同時也推動了國家與地方社會的融合,化解了大小傳統分層割裂導致的矛盾與對抗。② 而無論官學或私學,數量也在迅速增長,僅憑藉國家行政力量設立的儒學即達八十餘處,書院講學之風也開始盛行,著名者如草塘書院、文明書院、南皋書院、鶴樓書院、學孔書院、為仁書院,均在省内外有較大影響。而國家行政理性力量的直接介入,顯然發揮了極為重要的推動作用。誠如明人王學益、蕭端蒙所說:"貴州自元以前雖曾服屬,尚屬羈縻,入我國朝,際蒙熙洽,建置軍衛,播移中土,設立學校,慎擇師儒,衣冠所濡,禮義漸同,科目人才,往往輩出。"③而清人莫與儔撰《貴州置省以來建學記》,更詳細搜考地方人才興起的情況,並有總結之語云:

> 學校之興,人才所繫。……當永樂置省,才有三學。洪熙元年(1425),令貴州生儒就試湖廣,宣統四年(1429),又令附雲南鄉試,定貴州貢士額一人。至嘉靖十六年(1537),貴州已增建二十餘學,與雲南分闈,貴州解額二十五人。其後,學增至三十六,貢士增至四十人。會試成進士者,科亦四五人。而自宣(德)、正(統)以來,名宦如張孟弼、黃用章,名儒如孫淮海、李同野,敢諫如詹秀實、陳見義,忠貞如申天錫、何雲從,文學如謝君采、吳滋大,諸老先生聯袂而起。至於衛官、鎮將如楊天爵、石希尹,不離戎馬,亦有儒風,較之初省,亦可謂極盛。④

科舉名額規模的不斷擴大,必須以一定數量的讀書人的存在為基礎,而人才的聯袂而起,更必須依賴一定的社會條件。⑤ 莫與儔將宣德(1426——

---

① 《明世宗嘉靖實錄》卷一七八"嘉靖十四年八月庚子"條:"先是,貴州鄉試附于雲南,道里不便,給事中田秋建議欲於該省設科。下巡按御史王杏勘議,稱便。因請二省解額,命雲南四十名,貴州二十五名,各自設科。"儘管宋代播州即有冉從周、楊粲等8人中進士,但數量規模的膨脹仍要到明代嘉靖年間纔引起朝廷的重視。

② 參閱張新民:《面向未來的制度關懷:科舉制度廢除一百周年答客問》,《陽明學刊》第二輯,貴州人民出版社2006年第1版。

③ 王學益、蕭端蒙:《復題廣額疏》,載郭子章(萬曆)《黔記》卷二十,《文武科第表》。

④ 莫與儔:《貞定先生遺集》卷三,《貴州建省以來建學記》,清末刊本。

⑤ 民國《貴州通志・選舉志》說:"科舉非能得人,而人才不能不出於科舉也。"可見人才的產生固然與科舉有關,但也需要其他更複雜的社會條件的配合,特別是經濟的發展,學校教育的開設,知識群體的形成,士大夫社會的產生等,都有必要綜合分析考慮之。

1435)、正統(1436—1449)作為地方人才大量湧現的時間性段落坐標,或許可以說明:至遲十五世紀中葉,不僅從全國範圍看,"城市生活繁榮起來,隨之而來的是印刷發行的書更多,教育更加普及,以及城市更加文雅、更民主化。一個人數更多的儒士階層以及一個擴大的官僚從中發生了";①即在較為邊遠的貴州,社會結構也產生了微妙的變化,誠可謂"國家稽古右文,……乃其嘉惠於黔則甚渥,學以後先,增建科以後先,廣額視他省沿成法,豈以士涵育於菁莪之化,久其必有袞然特出可為世道倚乎? 士際遇昌明,倘不以豪傑自命,而振起乎無前之業,豈惟有負旁求之與,即以窺國家廣厲之意何如? 語曰:'周士貴,秦士賤。'貴之人士,其尚有以自貴哉!"②士大夫群體數量的增加,非特緩慢地改變了社會結構,而且也有效地激活了文化意識,③人才的興起既然已經有了一定的社會文化土壤,學術思想派別當然也就具有了形成和發展的可能。黔中王門之呼之欲出,不過等待因緣時機而已。

二、地方文化風氣的變化與轉型

　　由於科考舉業人數的不斷增加,相應的書籍需求市場也在逐漸擴大。王陽明在黔期間,便提到"宋謝枋得氏取古文之有資於場屋者,自漢迄宋,凡六十有九篇,標揭其篇章句字之法,名之曰《文章軌範》。蓋古文之奧不止於是,是獨為舉業者設耳。世之學者習傳已久,而貴陽之士獨未之多見,侍御王君汝楫於按曆之暇,手錄其所憶,求善本而校是之,課諸方伯郭公輩,相與捐俸稟之資,鋟之梓,將以嘉惠貴陽之士。曰:枋得為宋忠臣,固以舉業進者是,吾微有訓焉"。④ 按謝枋得之《文章軌範》,凡七卷,"錄漢晉唐

---

① ［美］費正清等著:《中國:傳統與變革》,陳中丹等譯,江蘇人民出版社 1996 年版,第 194 頁。王陽明:《重刊〈文章軌範〉序》,《陽明先生集要》"文章編"卷一,中華書局 2008 年版,第 818—819 頁。

② 萬曆《貴州通志》卷一《省會志》"學校",書目文獻出版社 1991 年影印本。

③ 張新民:《大一統衝動與地方文化意識的覺醒:明代貴州方志成就探析》,《中國文化研究》2002 年第 2 期。

④ 王陽明:《重刊〈文章軌範〉序》,《陽明先生集要》"文章編"卷一,中華書局 2008 年版,第 818—819 頁。

宋之文凡六十九篇,分‘放膽’、‘小心’二格,各有圈點評語”。① 謝氏自謂:
“凡學文,初要膽大,終要心小,由粗入細,由俗入雅,由繁入簡,由豪蕩入純
粹。此集皆粗枝大葉之文,本於禮義,老於世事,合於人情,初學熟之,開廣
其胸襟,發舒其志氣,但見文之易,不見文之難,必能放言高論,筆端不窘束
矣。”② 則謝氏之所以輯錄是書,目的乃在方便初學揣習。而明人既以為有
資於場屋,遂多視為舉業必讀之書。今《四庫全書》所收者,即陽明撰序之
黔中采進本,不能不說明科考人數急遽增多,相應的書籍需求量也在擴大,
《文章軌範》的刊刻雖只是其中的一例,但也說明了科考書籍市場的存在。

　　值得注意的是,《文章軌範》一書之所以在黔中鋟版,主要得力於貴州
巡按監察使王汝楫和貴州左政使郭坤的幫助。舉業人數的增加固然是他
們刊印《文章軌範》的重要原因,但擴大王朝權力體系的存在範圍似也為其
中的一大緣由。而王陽明受屬為此書撰序,所強調者乃為舉業之上,尚有
希賢希聖一路,雖未必就是王、郭二氏的本來用心,但相互之間亦無太大地
格。王陽明序文云:

　　　夫自百家之言興,而後有《六經》;自舉業之習起,而後有所謂古
文。古文之去六經遠矣,由古文而舉業,又加遠焉。士君子有志聖賢
之學,而專求之於舉業,何啻千里。然中世以是取士,士雖有聖賢之
學,堯舜其君之志,不以是進,終不大行於天下。蓋士之始相見也,必
以贄,故舉業者,士君子求見于君之羔雉耳。羔雉之弗飾,是謂無禮,
無禮,無所庸於交際矣。故夫求工於舉業,而不事于古作,弗可工也。
弗工於舉業,而求於幸進,是偽飾羔雉以罔其君也。雖然,羔雉飾矣,
而無恭敬之實焉,其如羔雉何哉? 是故飾羔雉者,非以求媚於主,致吾
誠焉耳。工舉業者,非以要利於君,致吾誠焉耳。世徒見夫由科第而
進者,類多徇私謀利,無事君之實,而遂歸咎於舉業。不知方其業舉之
時,惟欲釣聲利,弋身家之腴,以苟一旦之得,而初未嘗有其誠也。鄒
孟氏曰:恭敬者,幣之未將者也。伊川曰:自灑掃應對可以至聖人。
夫知恭敬之實,在於飾羔雉之前,則知堯舜其君之心,不在於習舉業之

---

　　① 　《四庫全書簡明目錄》卷十九“集部類”,《增訂四庫簡明目錄標注》,上海古籍出版社 1979
年版,第 898—899 頁。
　　② 　謝枋得:《文章軌範》卷一,《放膽文》“識語”,同治七年湘鄉曾氏刻本。

後矣。知灑掃應對之可以進于聖人,則知舉業之可以達于伊傅周召矣。吾懼貴陽之士謂二公之為是舉,徒以知其希寵祿之筌蹄也,則二公之志荒矣。①

十分明顯,王陽明並不反對舉業,而只是反對以功利之心汲汲於舉業,儘管"古文之去六經遠矣,由古文而舉業又加遠焉",但舉業既已成為一種制度化的形式,則舍此途而欲實現堯舜其君之志,恐終不免落入空想妄談。可證王陽明之所作所為,實際仍是"知聖祖以舉業教人,自有遠慮,蓋欲借功名之路,引人為聖賢"。而"舉業之中未嘗無聖賢,只是所行如其所言,便是恭敬之實,便是伊傅周召之侶。如先生(即陽明)與忠肅輩,俱從舉業出身,德業皆堪不朽,有恭敬之實故也"。② 說明一方面固然舉業人數急遽增加,揣摩古文以應科考已形成蔚成時代的風氣,一方面有識者也在力矯其弊病,力圖憑藉儒家道統轉移舉業風氣。舉業人數的增加與儒家正統價值的強化,二者均引起了時人的高度關注,即使相對較為辟遠的貴州也無例外,它同樣折射出全國性的信息面相。科考的目的要在多出德備才具之士,而非假聖賢之書謀取富貴功名,王陽明等淳化科考風氣的呼聲居然是從僻遠的邊地發出,顯然也表徵了邊地士大夫社會的日趨壯大和成熟。至於黔中王門如孫應鰲等一批大儒的湧現,更說明當地確有不少以聖賢之學為志的豪傑之士。

不過,就貴州全省而言,無論國家權力結構與行政網絡的格局分佈,抑或地方社會文化結構的調整變化,大多仍局限於交通驛道控制線及其周圍的漢民聚居區,"其地止借一線之路入滇,兩岸皆苗"的情況並未得到根本性的改變。③ 但至遲十五世紀中葉,讀書士子規模數量已在迅速增長,儒士階層已經產生,士大夫社會已開始形成,內地化轉型已明顯發生,仍是不可爭辯的事實。誠如明人郭子章所言:"明洪(武)、永(樂)間,漸郡縣其地,

---

① 王陽明:《重刊〈文章軌範〉序》,《陽明先生集要》"文章編"卷一,第819—820頁;又見謝枋得《文章軌範》卷首,文淵閣《四庫全書》本。

② 以上均見《陽明先生集要》"文章編"卷一,《重刊〈文章軌範〉序》,施邦曜眉批及識語,第819—820頁。

③ 王士性:萬曆《黔志》,《黔南叢書》第九輯點校本,貴州人民出版社2010年版,第8頁;王士性《廣志繹》卷五《西南諸省》,周振鶴編校:《王士性地理書三種》,上海古籍出版社1993年版,第398頁。

與楚、蜀、滇雁行,上置兩台三司,下設郡州衛所,而產茲土者,文武科第,代不乏人。元以前未有也,事之巨者不勝書矣。"①

社會轉型所導致的文化現象極容易給人留下深刻的印象,故明清兩代的學者都有不少直觀性的描述。如明嘉靖年間貴州巡撫王學益(字虞卿)便說:

> 貴州地方,自元以前雖皆服屬,尚屬羈縻,入我國朝際蒙熙治,建置軍衛,播移中士,設立學校,慎擇師儒,衣冠所濡,禮義漸同。②

王學益的話顯然有溢美之嫌,但所謂"禮義漸同"仍點出了內地化發展的歷史性轉型趨勢。這正是士大夫社會形成不可或缺的社會條件,倘若僅將其限制在府、州、縣或衛、所漢人聚居區,他的說法仍是可以信據的。因為較王學益稍早的貴州巡撫徐問,便因貴州按察司提調學校兼管屯田水利多有不便,特向朝廷上奏云:"學校造就人才,厥職甚重,目比來貴州多士,視昔數倍,每歲巡歷考校,尚有未周,屯田水利宜責成各分巡道經理為便。"③可見貴州讀書士子數量增加的速度的確很快,乃至巡歷考校已成為按察司一大負擔,遂不能不奏請朝廷由分巡道經營屯田水利,最終則獲得中央王朝戶部的覆議認可。而無論"衣冠所濡,禮義漸同",或"貴州多士,視昔數倍",雖表述的方式略有不同,但恰好從各自的言說向度,印證了地方文化快速開發的事實,反映了士大夫社會逐漸形成的客觀歷史進程。更重要的是,在此之前,王直(字行儉)也明確提到:

> 貴州古鬼方之地,其人皆夷獠,詩書禮義之習,前古未有也。國朝洪武中始建學設官以教之,將革其舊俗,俾同乎內地。重以太宗皇帝之德,設藩、憲二司以臨之,漸磨之久,其民稍知禮義。其秀者亦往往成才,可以為世用,充貢而來京師者,前後相望也。④

太宗乃明成祖朱棣最初之廟號,《明實錄》、《明史》都有明確記載。王

---

① 郭子章:萬曆《黔記》卷二,《大事記二》。
② 萬曆《貴州通志》卷一九《經略志一》,書目文獻出版社 1991 年影印本。
③ 《明世宗錄》卷一五一"嘉靖十二年六月甲戌"條。按王學益出任貴州巡撫在嘉靖二十四年(1544)三月,時距離徐問上奏不過十餘年。
④ 王直:《抑庵文後集》卷九,《贈黃訓導詩序》,《四庫全書》本。

直乃永樂二年（1404）進士，改庶吉士，與曾棨、王英等二十八人同讀書文淵閣，召入內閣，修撰曆書，歷事仁宗、宣宗，正統間拜吏部尚書，《明史》卷一六九有傳。具見王氏之言實乃當時人之觀察，可信的程度是相當高的。"俾同乎內地"云云，則為內地化轉型的另一種表述，王直認為其正式啟動，實來源於國家力量，即朱元璋的"王化"策略及相應的具體措施，但真正的收效如果以人才的大量興起為標誌，仍要到十五世紀中葉以後。永樂年間貴州建省以後，到京師應試的地方學人已"前後相望"，知識精英數量的驟增當可想而知，流官與地方精英合成的士大夫社會似已逐漸形成。① 無怪乎谷應泰要特別指出，自洪武、永樂兩代相繼開闢拓殖以來，"黔中一省，儼然進明堂，分符瑞，受冠帶，祠春秋，廁肩內地，附麗皇輿矣"。② 無論從內地化或國家化的角度觀察，明代國家力量的直接都是地方文化轉型的一大關捩。而正是在國家與地方社會不斷互動整合的過程中，士大夫社會纔逐漸得以滋生、發展、壯大和成熟的。

士大夫社會的產生，特別是黔中王門的出現，多得力於學校的普遍興起，③中原文化的長驅直入。而由軍功集團轉化而來的士大夫群體數量的增多，王門心學人物面向四民社會所開展的講學活動的活躍，也或多或少化解了大傳統與小傳統之間的矛盾和衝突，推動了漢文化區與非漢文化之間的交流與互融，促進了國家與地方之間的溝通和互動。正是由於國家與地方社會互動過程的加快，大小傳統文化交流衝突的頻繁，遂又推動了貴州陽明學地域學派的產生或發展，淡化了邊地文化與中原文化的縫隙或隔閡，激發了士大夫群體重建邊地秩序的熱情。至於必然因勢而起的地方文化風氣的變遷轉移，則是稍加留心即可觀察到的普遍社會現象。如，楊慎（升庵）序嘉靖《貴州通志》便云：

---

① 洪價：嘉靖《思南府志跋》："思南為貴陽屬郡，僻在萬山中，民性質俚，而俗尚簡陋，古昔樸略之風猶存。入我皇明，永樂以來，始革去宣慰氏而設郡立學，於是土著之民無幾，而四方流寓者多矣。文教覃敷，民俗漸化，故士育於學，往往取科第，登仕版，可方中州之盛焉。"正是大量漢人移民（四方流寓）文化區的形成，以及科舉制度的範導，特別是國家與地方力量的互動，纔最終催生了士大夫社會的出現。

② 谷應泰：《明史紀事本末》卷十九《開設貴州》"谷應泰曰"，中華書局 1977 年版，第 1 冊，第 313 頁。

③ 關於明代學校教育與科第的興盛問題，可參閱周春元先生等《貴州古代史》，第 262—267 頁，貴州人民出版社 1982 年版。

貴州為邦，在古為荒服，入聖代始建官立學，驅鱗介而衣裳之，伐
芳蔥而郡縣之，剗寨落而衛守之。百七十年來，駸駸乎濟美華風；而嘉
靖中又特開科增額，人士爭自磨礪，以篤祐文化，翼贊皇猷，與為多
焉。……暇日嘗觀常璩《華陽國志》，自東漢初至西晉百歲，士民可書
者四百餘人，亦可謂多矣。上溯漢初至三代千餘歲，史所記無幾人。
忠魂義魄，與塵埃草莽同沒于丘原，豈不重可惜哉！諸公今日之盛舉，
繼絕表微，用夏翊華，復三代禮樂之權輿也。①

　　楊慎乃四川新都人，王陽明龍場悟道後的第三年——正德六年
（1511）——舉殿試第一，授編修，嘉靖五年（1526）因"議大禮"謫戍雲南永
昌衛，前後達三十五年，極為明悉滇黔邊地史事。② 序文中所提及的"聖
代"，顯然即是指明朝。而他所謂的"始建官立學，驅鱗介而衣裳之"，當主
要強調國家權力憑藉"王化"（教化）策略的推行和實施，極為有效地改變了
地方非漢族社區的習俗文化風氣。而所謂"伐芳蔥而郡縣之，剗寨落而衛
守之"云云，則突出了中央王朝透過行政體制的延伸或擴大，頗為成功地推
動了邊地非郡縣地區的國家化進程。至於"駸駸乎濟美華風"的說法，亦反
映了內地化轉型的發展趨勢已十分明顯。尤其前面已提到的嘉靖十四年
（1535）以後的開科增額，更一方面擴大了科舉仕進的可能性空間，激勵了
地方子弟上進陞遷獲取功名的讀書熱情，提高了他們的儒家文化修養或素
質；另一方面也助長了邊地士子的大一統訴求和國家認同，強化了中原腹
地與西南邊地的文化聯繫，壯大了士大夫群體的人數隊伍。③ 與楊升庵持
類似觀點的明代學者尚多，如劉秉仁《武侯祠碑記》便有言云："衣裔曰邊，

① 嘉靖《貴州通志》卷首，楊慎序，民國二十三年影印本。
② 按楊慎，字用修，號升庵，《明史》卷一九二本傳稱他："既投荒，多暇，書無所不覽，好學窮
理，老而彌篤。……明世記誦之博，著作之富，推慎為第一，詩文外，雜著至百餘種，並行於世。"清
人謝聖綸"嘗登蒼山寫韻樓，瞻拜先生遺像，古貌正色，使人肅然生敬"。梁啟超則徑以"雜博"二字
評之，對明清兩代學術界有很大影響。在滇謫居期間，楊慎常往來黔地，講學授業，動經歲月，從遊
者甚眾，滇黔士子多以師禮事之，可說是轉移地方文化風氣的一代大儒。謝事載乾隆《滇黔志略》
卷十二《雲南》"流寓"，梁說則見《飲冰室文集》卷四十一《近代學風之地理分佈》，北京：中華書局
1996 年。
③ 參閱張新民：《大一統衝動與地方文化意識的覺醒：明代貴州地方志的文化現象學探
析》，《中國文化研究》2002 年第 4 期。

器羨曰邊,裔具而衣澤,器完而中好。"①不僅黔、蜀、滇"屹然為中原一大藩鎮",即從國家大一統視域出發即為不可或缺之重要組成部分。正是有鑒於此,楊升庵纔認為嘉靖《貴州通志》的修纂,從積極方面看,當然有利於表彰已有一定數量規模的地方精英群體;從消極方面講,則避免了能夠樹立國家認同的大批"忠魂義魄與塵埃草莽同沒于丘原"的生命悲劇。包括省志在內的各級地方志的陸續修纂,其本身也以一定的人才資源的儲備為前提。

　　黔地繼嘉靖修志之後,萬曆年間復有續修。其中私撰者有郭子章的《黔記》,黔中王門重要人物陳尚象嘗序其書說:

　　　　黔自我明建藩來,不二百餘年乎? 二祖之所創造,累朝之所覆育,皇祖與皇上之所觀文成化,亦既等之雄藩矣。民鼓舞於恬熙,士涵詠於詩書,亦既彬彬質有其文矣。第游譚之士,尚往往以其意輕之。又士大夫聞除目一下,輒厭薄不欲往,此寧獨以邊徼故? 抑或以文獻尟少,興起為難,故雖千載下,猶未離於或人之見耳。②

　　陳尚象認為明代開國二百年來,由於國家行政權力有意識的推動,不但士大夫人才群體不斷興起,即地方社會風氣亦發生了"質有其文"的轉變。陳氏乃黔籍人士,鄒元標傳下弟子,黔中王門重要中堅,他既不滿意"游譚之士"動輒輕視貴州的淺薄做法,也痛恨中原士大夫視黔地為畏途的傲慢態度。他一方面描述了地方人文逐漸興起的客觀事實,看到了"內地化"發展的整體變化趨勢;一方面也表達了重塑地方形象的主觀願望,難以在心理上接受他人"興起為難"的譏評。他的看法不僅代表多數地方讀書士子的文化共識及與之相關的價值選擇取向,更重要的是還暗示我們社會風氣的轉移尚有一股文化心理的內在動力因素在於配合。故無論從社會環境或文化心理任何一個方面進行分析,就士大夫群體的產生、發展和成熟而言,都可說是具有了必要的歷史條件,有了產生地域性心學學派的可能。有趣的是,江東之也以質文互變的觀點看待文化風氣轉移變遷的問

---

　　①　劉秉仁:《武侯祠碑記》,載道光《貴陽府志·餘編》卷六《文徵六》,貴州人民出版社 2005 年版,下冊,第 1753 頁。
　　②　陳尚象:《黔記》序,郭子章《黔記》,上海圖書館藏萬曆三十三年刻本。

題,他在官修萬曆《貴州通志》序中特別強調:

　　自結繩以往,文明丕著,紀事紀言,厥有內史,《春秋》、《檮》、《乘》,惇無隱虛,尚矣。太史公謂周秦之間可謂文蔽矣,若鄒魯尚文今且質,吳越尚朴今且華,是地氣之改而時變之遷。故函夏之地宜救以忠,邊鄙之鄉宜救以儻,是輔相之宜而裁成之術也。今天下大一統以示無外,即鬼方、靡莫故地,已進而中國之,與列省比肩,承德宣化,聖天子特于黔乎加額開科,所謂以冠裳易鱗介,以俎豆飭戰陣,意在斯乎! 則凡天文辨析於分野,地理究極於輿圖,士習民風兼采于夷夏,田賦兵車,與時盈縮,固維新之一機也。黔固有志,自諸葛武侯以至王文成公,上下千有餘年,其間英聲駿劢,播溢三危,概可睹矣。嘉、隆以來,代不乏人。或鐵石之衷,耀奇於禦侮;或瑤華之藻,展采于天庭;亦有卻金茹淡,繼美關西之清;遷客碩儒,講明洙泗之學。是皆質之於前而有光,俟之於後而可法,昭昭在人,聞見方真。①。

　　文質之說見於《論語》:“質勝文則野,文勝質則史,文質彬彬,然後君子。”②《禮記·表記》亦云:“虞夏之質,殷周之文,至矣。虞夏之文不勝其質,殷周之質不勝其文。”③則文與質相宜,既不過“野”,也非太“史”——質樸本然的天性與外在的文明表現形式,二者必臻至浹然無間的和諧化交融程度———乃是傳統儒家學者對個人修身的要求,復是他們對合理健康的文明形態的祈盼。推之以論世運嬗變,則現實世界往往不是陷於太“質”,就是容易流入過“文”,不能不以補敝糾偏的“方式,或據文”顯“質”,或依“質”救“文”,促使文明形態在精神內容和表現形式兩個方面,均獲得富有生命活力的“文質再復”的良性互動調整。誠如董仲舒所言:“王者以制,一商一夏,一質一文。商質者主天,夏文者主地。”④司馬遷也認為:“夏之政忠,忠之敝,小人以野,故殷人承之以敬。敬之敝,小人以鬼,故周人承之以文。文之敝,小人以儻,故救儻莫若以忠。三王之道若循環,終而復始。周秦之間,可謂文敝矣。秦政不改,反酷刑法,豈不謬乎? 故漢興,承敝易變,

---

① 　江東之:《重修貴州通志序》,見萬曆《貴州通志》卷首。
② 　《論語·雍也》,《論語集釋》,中華書局1990年點校本,第2冊,第400頁。
③ 　《禮記·表記》,《十三經注疏》,中華書局1980年影印本,下冊,第1642頁。
④ 　董仲舒:《春秋繁露》卷七《三代改制質文》,廣益書店1936年版,第60頁。

使人不倦,得天統矣。"①無論"忠"、"敬"、"文"三統如何變化,禮俗風規都在調整中不斷發展,大要不出"文質再復"的範圍,體現了歷史文化特有的一種張力。而善為政者亦必須依據當下的文明生存狀態,隨時做出去弊興利的文質互變的主動調整。易言之,即從嚴格的儒家道統立場出發,可說政治活動的一大目的,便是要憑藉中道(中庸)智慧,及時主動地處理好文質關係,從而促使社會生活所必須的創造活力與表現形式,均無不充盈豐沛地得以展開和實現,而每一個體亦無不文質彬彬相得益彰,能夠內外表裏如一地展示君子人格風範。這纔是儒家傳統文質觀的實質,也是理想的人類生存狀態與社會文化生活環境的努力方向。

從整體上看,"孔子論文質之界,治世既主文,則務宜進于文明三統;成德則宜文質兩雜,當令不忘本質"。② 而後儒多有發揮,著重點則各有不同;江東之所言,主要承司馬遷而來。倘若依據他所持有的儒家文質觀及其觀照視域,具體分析社會文化變遷狀況,則可說自人類社會開始有"結繩"活動以來,史書之所以不能不紀事,紀事之所以愈到後來就愈顯得形式多樣而內容繁複,乃是與"人智日開,日趨於文"③——"文明丕著"——的總體發展趨勢密不可分的。如同"文"者可以變"質","樸"者能夠變"華"一樣,貴州社會文化風氣的轉移變遷,始終均未脫離"日趨於文"的整體變化格局。"所謂以冠裳易鱗介,以俎豆飭戰陣"云云,其實都不過是由"質"而漸趨於"文"的另一種說法而已。由"質"變"文"的評判標準固然很多,但人才的興起無論如何都是極為重要的表徵之一。而"嘉、隆以來,代不乏人",既標誌著士大夫社會的發展、壯大和成熟,也象徵著地方學術思想世界的建立、拓展和充實。其中王陽明的龍場悟道和相關講學活動,乃是頗有象徵性意義的一大歷史性事件,不但上承諸葛武侯經營南中以降,邊地人才時有產生的總體變遷大勢,誠可謂大傳統文化長期層累積澱的一大事件性收結,同時也下啟嘉靖、隆慶士大夫社會既已成熟之後,地方人才成群結隊湧現的活躍興盛局面,不能不視為學術思想世界開闊宏大的一大標誌性開端。而所謂"遷客碩儒,講明洙泗之學"云云,則說明地方學思想世界的發

---

① 司馬遷:《史記》卷八,《高祖本記》"太史公曰",中華書局1959年版,第2冊,第393—394頁。

② 康有為:《論語述》卷六,《康有為全集》,中國人民大學出版社2007年版,第6集,第421頁。

③ 康有為:《春秋董氏學》卷五,《春秋改制第五》,《康有為全集》(第2集),第370頁。

展壯大,乃是客籍人士與本土學者多方面交流互動,共同醞釀,共同推動,共同助成的結果。如若進一步分析黔中王門的產生和發展,亦不妨將其視為最有代表的學派典範。

三、"華夷雜處"的地方文化社會

與江東之同時,巡按貴州監察御史應朝卿亦為萬曆《貴州通志》撰有一序,序中同樣涉及地方文化風氣開啟及人才蔚然興起的問題。應氏萬曆《重修貴州通志序》云:

> 余以丁酉(萬曆二十五年,1597)夏,奉命來撫黔中。初入界,見層崗疊峰,叢棘棧棧,溪流碨磊,間作悲鳴,衛所城堞與夷落相錯如秀,輒歎曰"此漢古夜郎、羅施地耶?"而郡縣置之,風氣初開,與中土坍。我國家教化翔洽,即暗胸幽昧之區,悉耀于光明,甚盛矣。……山川險易,風俗汙隆,與其鄉之哲人哲士,來宦者之殊猷絕跡,無俾淹沒,令經世者得以考鏡焉耳。……且吾鄉王文成不謫居此乎?當時微辭片語,能令負雄心者戡志,亦奇矣。邇歲,鄒爾瞻氏亦以抗疏遣謫,與文成後先輝映。名賢所過,其流風餘韻,猶足以廉起頑鄙,使山川生色。則二百年來,披荊棘,立綱紀,寧無一二可數者?藉令核其關鍵,摭其散逸,則數帙何以傳百世。若猶然,循故事已也。即繼此者,日執筆以續其簡,亡當也。……今睹所為志,網羅舊聞,考證要眇,多所發明云。①

應氏乃入黔之後,根據自己的切身觀察,又通閱萬曆《貴州通志》之後,始有上述一番議論的。他一進入黔中大地,便大有異文化區的感覺或印象。其中"衛所城堞與夷落相錯為秀"的奇異文化景觀,由於事涉士大夫社會成立之具體情形,則不妨再略為徵引其他史籍,以求進一步釐清其說是否可靠。按楊慎《滇程記》亦云:"貴陽治城中,華夷雜居,曰舊人,曰羅羅,曰宋家,曰蔡家,曰仲家,曰龍家,曰曾竹龍家,曰紅仡佬,曰花仡佬,曰東

---

① 應朝卿:《重修貴州通志序》,萬曆《貴州通志》卷首,前引書。

苗,曰西苗,曰紫江苗,曰汀芽(打牙)仡佬,曰賣爺苗。"①楊氏所說之"舊
人",曹學佺萬曆《貴州名勝志》謂其"男女飲食皆同中原,蓋近代或宦或商,
流落於此者。"②可證"舊人"實即明以前移居當地的漢人,因遷徙時間較
早,遂與明代遷入的"華人"或"中土人"形成區別,且各有其不同的血緣支
派,如宋家、蔡家,均不過"舊人"之兩大宗族(族類)而已。③ 其餘則盡皆邊
地世居少數民族,惜暫不能一一詳述罷了。足證"衛所城堞與夷落相錯為
秀"云云,正好可與楊慎"華夷雜處"之說相互印證,反映了地方社會"官混
流土,民雜華夷"的實際,④有裨於今人瞭解士大夫會產生的複雜民族文化
背景,體察他們展開思想言說的特殊歷史條件。清人修纂《貴陽府志》,亦
有類似的概括之語,即所謂"郡內之民凡有三"的簡明性總結。具體言之,
"一曰苗仡,則上古土蕃之舊也;二曰土司之裔,則漢晉以來舊族也,三曰客
民,則明代衛所之胄裔及五方仕宦貿易之留者。故其風俗,家殊裏別,要以
客民為醇美,而土裔次之云"。⑤ 則至少延至清代中葉,地方禮俗風氣依舊
複雜多元,既有移民遷徙帶來的文化差異,也有族系懸殊造成的習俗區別,
恰如形態多樣的民俗博物館,折射出地方社會結構的複雜狀況。易言之,
一方面是儒家文化價值越來越迅速地植入當地社會,國家化轉型的特徵顯
得越來越突出;一方面則是原有的禮俗民風依然得到完好的保存,地方秩
序始終脫離不了民間禮俗風規汪洋大海的制約。社會文化的演進乃是多
線性而非單線性的,它不斷地積累着各種複雜化的變量因素,最終引發的
仍是社會整體結構的調整,而非新舊徹底割裂替換的片面直線式進化。即
使是士大夫群體的產生,亦不能不是社會結構日趨複雜化的結果。他們不

---

① 楊慎:《滇程記》,據萬曆《貴州名勝志》卷一,《貴寧道所屬》"貴陽軍民府"條引,貴州省圖
書館藏明刻本。

② 曹學佺:萬曆《貴州名勝志》卷一,《貴寧道所屬》"貴陽軍民府"條,貴州省圖書館藏明
刻本。

③ 曹學佺嘗記宋、蔡二家云:"皆中國之裔,相傳春秋時,楚子罌食宋、蔡二國,得其人放之南
徼,遂流為夷。二氏風俗略同,而宋家稍雅馴,通漢語,或識文字。"具見宋、蔡兩大宗族(族群)入黔
時間甚早,且有明顯的"夷化"特徵。故時人又常視其為"蠻夷",乃至博學如楊慎者,亦以為乃非漢
族之其他族類。有意與"舊人"區分排列。惟曹氏溯其族源至中土,能辨識其頗具漢族文化特徵。
曹說見萬曆《貴州名勝志》卷一,《貴寧道所屬》"貴陽軍民府"條。

④ 吳維嶽:《提督都御史題名記》,萬曆《貴陽府志》卷二十一,《藝文志》"記類上",貴州大學
出版社2010年版,第379頁。

⑤ 道光《貴陽府志》卷二十九,《疆里圖記六》,貴州人民出版社2005年點校本,上冊,第661
頁,標點略有改動。

能不依託於固有的地方禮俗文化秩序,始終都與地方社會有著密切的聯繫,同時又有賴於國家存在形態的地方化發展趨勢,或多或少總能發揮轉移地方文化風氣的範導作用。傳統是滋生和養護他們的生命母體。他們既關心傳統秩序的綿延,又重視傳統秩序的調整。他們是秩序建構的積極參與者,長期均為國家與地方溝通的中介。借用"蠹生於木而還食其木"的傳統式表述,①更能形容他們的身份來源及社會作用。

與應朝卿、楊升庵、曹學佺所言相類似者,尚有同時先後入黔的王士性的觀察:

> (貴州)開設初,只有衛所,後雖漸漸改流,置立郡邑,皆建于衛所之中。衛所為主,郡邑為客,縉紳拜表祝聖,皆在衛所。衛所治軍,郡邑治民,軍即尺籍來役戍者。故衛所所治皆中國人,民即苗也。土無他民,止苗彝。然非一種,亦各異俗,曰宋家,曰蔡家,曰仲家,曰龍家,曰曾行龍家,曰羅羅,曰打牙仡佬,曰紅仡佬,曰花仡佬,曰東苗,曰西苗,曰紫姜苗,總之盤瓠子孫。椎髻短衣,不冠不履,刀耕火種,樵獵為生,殺鬥為業。郡邑中但征賦稅,不訟鬥爭,所治之民,即此而已矣。②

足證不僅"漢夷錯居,而夷倍蓰"乃是客觀的事實,③即漢人集團形成規模數量者亦多集中于驛路沿線的衛所或府縣。誠如嘉靖《貴州通志·戶口》所說:"貴州四面皆夷,所可知者各府若衛軍民之數,甚寥落也。"這一情況甚至延至清初,也未得到完全改變,如康熙二十九年(1690)徐嘉炎序《黔書》便云:"黔地居五服之外,于四海之內為荒服,其稱藩服未二百年。……其人自軍屯衛所官戶戍卒來自他方者,雖曰黔人,而皆能道其故鄉,無不自稱為寓客。其真黔產者,皆苗、僮、仡佬之種,劫掠仇殺,獷悍難馴,易於負固。"④而雲貴總督鄂爾泰也在給朝廷的奏疏中聲稱:"貴州安順州四面環

---

① 孔穎達:《春秋左傳正義》序,《十三經注疏》,中華書局 1980 年影印本,下冊,第 1699 頁。
② 王士性:《黔志》,不分卷,張新民點校,《黔南叢書》第九輯本,貴州人民出版社 2010 年版,第 9—10 頁。
③ 郭子章:萬曆《黔記》卷首,邱禾實序,上海圖書館藏萬曆三十三年刻本。
④ 田雯:康熙《黔書》卷首,徐嘉炎序,見《黔書》、《續黔書》、《黔記》、《黔語》合刊本,貴州人民出版社 1992 年版,第 3 頁,標點略有改動。

夷,五方雜處。"①可見地方漢民社會的形成,不是來自軍屯衛所,即是源於官戶戍卒,然而卻構成了士大夫階層紮根的生存環境,形成了"漢夷錯居"或"四面環夷"的複雜文化局面,甚至雖在開發較早的安順,情況亦難有例外。

　　因此,從整體上看,無論是"漢化"(少數民族漢化)或"夷化"(漢族少數民族化),就貴州而言都是極為普遍的現象。進一步分析,則可說一方面是士大夫社會已經產生,地方知識精英的數量明顯劇增;一方面則是"四面皆夷,所可知者若各府若衛軍民之數,甚寥落也"。② 而即使是士大夫群體,如果追溯其家世淵源,也多為衛所軍功集團後裔,乃通過讀書科舉,逐漸轉變身份地位,最終形成的地域性知識精英集體。這既是地方學術思想世界得以託身發展的區位地理條件,也是黔中王門能夠產生擴大的文化氣候土壤,不能不在釐清其內在言說理路的同時,鄭重結合其外部文化氣候特徵予以適當梳理。而漢文化區與非漢文化區的複雜交織互動,大多植根於多民族雜居共處的特殊生境,時常顯得界劃區分模糊不清,但從長遠看卻有利於"用夏變夷"文化轉型速度的加快,能夠幫助士大夫群休憑藉儒家正統地位強化其他民族上層人士的認同。③ 曩昔陳寅恪先生談到"五胡"問題時,曾強調"其時種族複雜,非藉高深之漢文化,無以收統治融洽之效;欲收統治融洽之效,非取得中原正統所在地,即無以厭服人心而淹有天下"。④就黔地士大夫社會的形成與學術思想的發展而言,倘若缺乏華夏正統地位的象徵性吸引力,一旦喪失高深漢文化的濡染涵化作用,僅僅單憑行政體制舉措,或一味依靠軍事武裝強力,也決然難以收到長久的融突磨合偉效,形成強大的國家與文化的雙重性認同歸宿感。

　　從傳統儒家的文質觀視域稍加分析,雖然我們已一再肯定"人智日開,日趨於文",乃是地方社會文化變遷的整體大勢,完全符合儒學南漸不斷引起地方禮俗風規調整的客觀事實,但由於任何文明系統都是"文之中有質,

---

　　①　《清實錄·世宗實錄》卷五十七"雍正五年五月乙亥"條,中華書局 1986 年影印本,第872 頁。

　　②　嘉靖《貴州通志》卷三《戶口》,天一閣藏明嘉靖三十四年刻本。

　　③　萬曆《貴州通志》卷十五《合屬志》"鎮遠府"載:"(嘉靖)壬子(三十一年,1552)秋,有鳥似鳳自南來,立于先師廟之上,人以為文明之兆。"此雖為牽強附會說,亦可見借用儒家正統文符號,仍頗能引發地方人士之認同,有裨于"用夏變夷"策略之具體實施。

　　④　陳寅恪:《五胡問題及其他》,《陳寅恪集·講義及雜稿》,張為綱整理,三聯書店 2002 年版,第 45 頁。

質之中有文,其道遞嬗耳",①因此,至遲十五世紀以來,與士大夫社會的產生、發展和成熟大體一致,地方禮俗文化風氣由"質"變"文"的速度明顯加快,仍然是依據歷史性的時間座標進行前後比較所得出的結論。如果從空間性的區位座標展開考察和分析,特別是衡以其他中原腹心地區,整體地概括貴州文化風氣,則依然可說是"質"勝於"文",能夠"尊尊而多禮文"者②,仍主要局限于部分漢文化區。或許借助王陽明在龍場驛任上的觀察,亦可更好地瞭解當時社會文化風氣的特點。王陽明在其所撰《何陋軒記》一文中說:

> 夫愛憎曲背,亂白黝丹,浚奸窮黠,外良而中螫,諸夏不免焉。若是而彬玉其容,宋甫魯掖,折旋矩矱,將無為陋乎? 夷之人乃不能此,其好言惡詈,直情率遂則有矣。世徒以其言辭物采之眇而陋之,吾不謂然也。……諸夏之盛,其典章禮樂,歷聖修而傳之,夷不能有也,則謂之陋固宜。于後蔑道德而專法令,搜抉鉤縶之術窮,而狡匿譎詐無所不至,渾樸盡矣。夷之民方若未琢之璞,未繩之木,雖粗礪頑梗,而椎斧尚有施也,安可以陋之? 斯孔子所謂欲居也歟? 雖然,典章文物則亦胡可以無講,今夷之俗,崇巫而事鬼,瀆禮而任情,不中不節,卒未免於陋之名,則亦不講於是耳。然此無損於其質也。誠有君子而居焉,其化之也蓋易。而予非其人也,記之以俟來者。③

王陽明的描述來自他的實地觀察,顯然是信實而可靠的。所謂"未琢之璞,未繩之木,雖粗礪頑梗,而椎斧尚有施也",明顯屬"質"太過;而"崇巫而事鬼,瀆禮而任情,不中不節,卒未免於陋之名",則又不能不是"文"不足。但"文"雖不足,畢竟"無損於其質"。特別是"質法天,文法地,故天為質,地受而化之,養而成之,故為文。……帝王始起,先質後文者,順天之道,本末之義,先後之序也。事必先質性,後乃有文章也",④則"質"與"文"雖同為文明存在必不可少的根本要素,但相對而言"質"仍為第一義之事,

①　康有為:《春秋董氏學》卷五,《春秋改制第五》,《康有為全集》,前引書,第2集,第371頁。
②　董仲舒:《春秋繁露》卷七,《三代改制質文》,前引書,第60頁。
③　王陽明:《何陋軒記》,《王陽明全集》卷二十三,《外集五》,上海古籍出版社1992年版,上冊,第888—891頁。
④　班固等纂集:《白虎通義》卷七,《三正篇》,《四部叢刊》本。

代表了人類社會創造發展的先天根本，"文"卻為第二義之事，體現了人類社會創造發展的後天成果。故若從地方禮俗風規看，龍場雖在"古夷蔡之外……然此猶淳成質素之遺焉"，①則君子安而樂之，不能以其言辭物之眇而陋之。若從人的存在狀態言，則當地民眾既然渾樸而質存，則如璞之可琢，木之能繩，必化之甚易，當俟諸來者矣。

《何陋軒記》一文，歷代誦之者甚多。清人張澍既謁陽明先祠，又誦《何陋軒記》，遂有所感慨地說：

> 嗟夫！（陽明）先生之論，不獨洞物情，直示人以樸，令各返其渾穆之天，而狡匿譎詐之不作，庶典章禮樂、宮室軒裳可附之以行，不然，是無軌軼之車也。又以夷之崇巫事鬼，瀆禮任情，不中不節，期望於來者之移風易俗，是直以天下無不可化之人也。以夷之昭質未虧，因其勢而利導之，則為功易而為效速也。②

與中原地區的"文敝"相較，所謂"夷人"的"質樸"，從入黔宦遊學者反差甚大的視域判斷，自然顯得格外突出。而只要渾穆之天性雖受到斲傷，儒家傳統所希望的文質相宜的禮樂文明，必可附之而滋生成長，乃至蔚成宏大盛業。王陽明與張澍一前一後，都痛恨虛假偽善的"文敝"，不能不對其痛加針砭，而質樸之性固然可貴，但也必須開展移風易俗的工作。張澍乃是善解王陽明的後代學者，從中正好看出儒家一貫固有的秩序再造情結。

從王陽明、張澍的敘述不難判斷，他所觀察和分析的主要是民風，更多的是"夷人"的禮俗風規狀況，但民風未嘗不會影響世風，尤其是在"華夷雜處"的社會文化背景下，不可能絲毫不浸淫濡染士林，形成地方士大夫社會的文化性格或學風特點。而與地方文化特徵頗為契合一致，黔中王門學者亦始終都保持了篤實質樸的學風。誠如明人況叔拱所云："貴陽僻壤，寂寞之態，等於野成荒，溺紛華者不居居焉。然貴雖殊俗雜處，章縫之士，皆能習孔氏之說，誦仁義之文，其質淳樸願慤，循循雅馴，以予振鐸其間，甚易相

---

① 王陽明：《何陋軒記》，《王陽明全集》卷二十三，《外集五》，前引書，上冊，第890頁。
② 張澍：《續黔書》卷二，《謁王陽明先生祠記》，光緒十五年貴陽熊氏重刻本。

信。……予見宦者多薄貴陽，故識之以告夫後之蒞茲土者。"①況氏所言雖
僅指貴陽一地，但亦可一窺全省學風究竟。士林風氣質樸顓愍，然未嘗不
沿著"雅馴"的方向發展，以先質後文概括言其整體變化趨勢，庶幾可更為
接近客觀歷史真實。

四、士大夫社會的成熟與黔中王門的興起

士大夫社會的形成及知識精英數量的增多，儘管從整體的情況進行分
析，他們實際掌握的政治權力未必就很大，但暗中擁有的社會影響力卻決
不可輕忽。自十五世紀士大夫社會形成以後，無論透過思想言說或社會行
為任何一方面觀察，不但認同華夏正統的文化自我意識極度高漲，而且也
明顯地推動了地方禮俗秩序風氣的變化轉移。因此，儘管他們未必就滿意
自己身處的區域或文化地位，邊緣性的心理焦慮所折射出來的話時常充盈
於耳，②但也無不自豪地宣稱："宇宙大矣，黔為西南一隅，宜不足當中原十
一；然山經水緯，天地獻其奇，重巒複峰，造化佐其險，固荊楚之上游，而滇
南之鎖鑰也，非所稱徼外一大都會哉！"③"黔之初，結繩而治，渾渾噩噩已
耳。至於今，鬱鬱乎文矣。名公鉅卿，以服官任職，宣洩王猷；旅客羈臣，以
吊古懷今，發攄性術；書之緗素，西南天地蔚然有光焉。若乃馳神藝苑之
場，蜚聲述作之圃，言能載道，詞可為經，如近時一二產於其土者，即海內能
言之士，且為椎轂，吾安能不記之，以昭熙朝文治之盛哉！"④在他們看來，不
但辟處西南邊地的貴州早已納入了王朝國家大一統行政體系的完整結構
之中，即文化亦屬華夏文明不可分割的重要組成部分。借用前面提到的應
朝卿的表述，邊地的秩序化發展主要有兩個方面的訴求：一為"郡縣置之，
風氣初開，與中土埒"，希望不斷加快地方行政體系國家化（內地化）的進

①　況叔祺：《提學道提名記》，載萬曆《貴州通志》卷二十一，《藝文志一》"記類上"。
②　張新民：《邊緣的焦慮與中心的渴求》，《史志林》2005 年第 2 期。
③　萬曆《貴州通志》卷一，《省會志》"形性"。
④　萬曆《貴州通志》卷二十一，《藝文志一》；參閱張新民：《貴州地方誌考稿》（Ⅰ）1993 by
Stat University Ghent，Dept，East-Asia Section Chinese Language and Culture，p.17；張新民：《大一統
衝動與地方文化意識的覺醒：明代貴州地方誌的文化現象學探析》，《中國文化研究》2002 年第
4 期。

程,不啻為政治秩序或制度秩序之再造;再即"暗胸幽昧之區,悉耀于光明,甚盛矣",渴望逐漸擴大邊地文化中心化(內卷化)的範圍,實為人倫秩序或禮俗秩序的重鑄。如果比較文化與民族兩者之間的關係究竟孰輕孰重,則可說文化之關係重而民族之關係輕。漢(華夏)與非漢(非華夏)的區別主要取決於文化而非民族,它本身就是變動著的"活"的歷史文化形態,[1]可以隨著"天下"視野或實際區域的擴大,不斷消泯其原有的畛域隔閡或界劃區分。[2] 正是這一意義脈絡下,明人纔認為:"黔于古,始非異域也;入我版圖,所以來矣。"[3]"版圖"的概念固然離不開政治力量開發所產生的實際效果,但也與文化涵化作用所導致的客觀事實密切相關。二者合為結構性整體之一體兩面,才構成了古人真正意義上的版圖觀。所謂"天地之元氣,愈漸潰則愈精華;國家之文治,愈薰蒸則愈彪炳。而是精華彪炳者,得發抒於盍代之手? 其人重,則其地與之俱重,黔蓋兼而有之。貴山富水與龍山龍場,行且有聞于天下萬世矣。世有寥廓昭曠之士,亦必於黔乎神往矣。"[4]正是著眼于文化涵化對邊地所產生的實際效果和意義,前引明人陳尚象之言纔極強調國家"文治"策略的重要。而由"文治"施政策略所引發的邊地文化變化,在時人看來主要的象徵便是人才的不斷興起。其中由"貴山富水"所代表的邊地人才群體的成批湧現,與以"龍山龍場"為象徵的王陽明及其學派的各種講學傳道活動,二者均構成了明代貴州極為引人注目的地域文化面相,以致陳尚象不能不發出地因人重,寥廓昭曠之士必於黔省有所神往

---

① 貴州巡撫江東之嘗有言云:"自結繩以往,文明丕著,紀事紀言,厥有內史。《春秋》、《檮》、《乘》,悖無隱虛,尚矣。後世文勝之弊,史也奚辭? 太史公謂周秦之間,可謂文敝矣。若鄒魯尚文,今且質;吳越尚樸,今且華;是地氣之改,而時變之遷也。故函夏之地,宜救以忠;邊鄙之鄉,宜救以塞。是輔相之宜,而財成之術也。今天下大一統以示無外,即鬼方、麋莫故地,已進而中國之,與列省比肩,承宣德化,聖天子特于黔乎加額開科,所謂以冠裳易鱗介,以俎豆飭戰陣,意在斯乎!"明末清初大儒黃宗羲亦曰:"諸先生學不一途,師門宗旨,或析之為數家,終身學術,每久之而一變。"可證文化隨地氣而改,因時代而變,可以進而"中國",亦可退而"夷狄",乃是古人的共識。而文化的活態發展特徵,主要則是質文互變。故有意識地推行"德化(王化)"政治策略,乃是再造邊地禮俗秩序的一種有效手段。至於學術宗旨,雖可殊途同歸,然變亦為常態,例亦與文化無別。江說見萬曆《貴州通志》卷首,江東之序,第4頁,標點有改動。又可參閱郭子章萬曆《黔記》卷十四《藝文志》,上海圖書館藏明萬曆年間刻本。黃說見《明儒學案》序,載《明儒學案》卷首,北京:中華書局1985年版,上冊,第7頁。

② 參閱張新民《歷史大脈絡中的政治與文化》,特別是其中的第四節,張新民主編《陽明學衡》,貴州人民出版社2006年版,第45—80頁。

③ 沈思充:《沿革解》,載萬曆《貴州通志》卷二三,《藝文志三》。

④ 郭子章萬曆《黔記》卷首,陳尚象序。

的慨歎。

前引應朝卿之文,尚提到王陽明(文成)謫居修文,鄒元標(爾瞻)遣謫都勻,他們兩人一前一後,相互輝映,均為引發黔地思想文化變化轉移的重要觸媒,也是刺激黔中王門產生發展的關鍵因素。王陽明龍場悟道後的歷史影響暫可不論,《明史》卷三一二《儒林傳》不早就有言"門徒遍天下,流傳逾百年",實為孔、孟之後,能與朱熹比肩並立的第一人。鄒元標則為江右王門巨將,清人以為"前後以謫官來茲土者,有王文成、鄒忠介(元標)兩先生。忠介以抗疏江陵,杖戍都勻衛,後上意漸移,復原官以去"。① 他前後在勻六年(1577—1583),"處之怡然,益究心理學,學以大進";②地方心學人物與其交往者甚多,遂"日與勻士講明陽明良知之學,著書立說,太抵尊信文成者。文成先生疏救戴銑,遂謫官為龍場驛丞,得罪之由,南皋略同。而黔之士,相與俎豆之無已。蓋其學關乎世道人心,其功在於生民社稷,明臣中無出其右者,非氣節文章一才一藝之士所可企及"。③ 如果說王陽明是黔中王門的主帥,則不妨將鄒元標視為後起的殿軍,雖然前者更是明代整個心學學統的宗主,後者同時亦為江右王門的中堅。黔省地方文物風氣之彬彬然興起,多受斯二人思想行為示範之沾溉。"蓋自王文成、鄒爾瞻講學明道,人知向學,故黔之士能望的而趨,握瑾以正,辟門之典,視昔加盛矣"。④ 誠如江東之序萬曆《貴州通志》所云:"黔故有志,自諸葛武侯以至王文成公,上下千有餘年,其間英聲駿劭,播溢三危,概可睹矣。嘉(靖)、隆(慶)以來,代不乏人。或鐵石之衷,耀奇於禦侮;或瑤華之藻,展采于天庭;亦有卻金茹淡,繼美關西之清;遷客碩儒,講明洙泗之學。是皆質之於前而有光,俟之於後而可法,昭昭在人,聞見方真。"黔中王學地域學派的興起,衡以"理""勢"二者皆為歷史之必矣。

由此可見,十五世紀士大夫社會形成之後,延至十六世紀,即再經歷百年左右的經營開發,邊地人倫禮樂秩序已非昔日可比,精英人物的崛起更

---

① 田雯:康熙《黔記》卷下《陽明書院》,見《黔語》、《續黔書》、《黔記》、《黔語》合刊本,貴州人民出版社 1992 年版,第 90 頁。

② 《明史》卷二四三《鄒元標傳》,北京:中華書局 1974 年版,第 20 冊;田雯:康熙《黔書》卷首,徐嘉炎序,見《黔書》、《續黔書》、《黔記》、《黔語》合刊本,貴陽:貴州人民出版社 1992 年版,第 3 頁,標點略有改動。

③ 田雯:《黔記》卷下《陽明書院》,見《黔語》、《續黔書》、《黔記》、《黔語》合刊本,第90 頁。

④ 田雯:康熙《黔書》卷上《設科》,見《黔書》、《續黔書》、《黔記》、《黔語》合刊本,第12 頁。

極為引人矚目。而王陽明龍場悟道則為一大歷史時間坐標,鄒元標等“遷客碩儒”的講學活動亦為一大刺激因素。而關心志乘修纂者已不能不感慨:“非乘歲時之近,錄而紀之,將事與時湮,人隨事亡,典型寥邈,若存若亡,藉令豪傑猶興,尚友之謂何?”①故萬曆年間,不僅官家聚集各方人才纂修了《貴州通志》,即郭子章亦憑藉私人之力亦撰作了《黔記》一書。兩書均並傳於世,可稱為一代名志。② 其中郭子章乃貴州巡撫,江右學派重要人物,入黔後頗為留心陽明後學人物史跡的搜考,故《黔記》亦特於《鄉賢傳》中列一“理學”專篇,實即孫應鼇、李渭、馬廷錫三人的專傳,既可視為心學地域運動的百年總結,也可稱作王門卓犖大儒的早期匯評。③ 故陳尚象為郭書撰序,便特別推崇他對地方人蔚然興盛的表彰之功。陳序說:

> 乃今有中丞公《黔記》矣,其文與獻可考鏡矣。余黔人,何敢侈譚黔事。試即記中所載,則理學文章,忠孝節義,種種具備,何其盛也!豪傑之士,丁時奮樹,如所稱二三君子,裒然名世,何其偉也! 又如名公巨卿之所經略,遷客碩儒之所講明,勳華增天地之光,道德作譽髦之式,抑何造物之有意於黔也。由斯以譚,則今日之黔,孰與曩昔乎? 士亦何必徒以耳食邪? 今夫天地之元氣,愈漸潰則愈精華;國家之文治,愈薰蒸則愈彪炳。而是精華彪炳者,得發抒於盍代之手? 其人重,則其地與之俱重,黔蓋兼而有之。貴山富水與龍山龍場,行且有聞于天下萬世矣。世有寥廓昭曠之士,亦必於黔乎神往矣。非公茲記,其疇與張之?④

陳氏乃本土學者,又為心學内部人物,他認為非特地方人物已蔚然興起,更重要的是還產生了一批具有代表性特徵的“豪傑之士”,其中如孫應鼇、李渭、馬廷錫等“二三君子”,則均為令中原學者刮目相看的重要心學人物。加上名公巨卿的經營擘劃,遷客碩士的講明大義,以及相互之間的聲

---

① 萬曆《貴州通志》卷首,江東之序,前引書,第4頁。

② 參閱張新民《貴州地方誌論綱》,貴州省地方誌編纂委員會辦,1985年編,《貴州地方誌參考叢書》第6輯,第10—11頁。

③ 郭子章的具體總結和評價,可詳閱《黔記》卷四十五,《鄉賢列傳二》“理學”,特別是分別附於傳後之“蟫衣生曰”。

④ 陳尚象:《黔記》,郭子章《黔記》卷首,上海圖書館藏萬曆三十三年刻本。

通氣應,今日之貴州已非襄昔之貴州可比,欲不稱為人重地亦重,已斷斷然決不可能。而倘若追本溯源,則王陽明百年前的龍場悟道,當是啟迪後學奮然振起的一大觸媒因素,不可不謂為關捩性的歷史事件。故士大夫社會的發展成熟與黔中王門的興起盛行,本身就是一種彼此促進的積極性互動關係。離開了前者,則很難設想後者的興起壯大;缺少了後者,亦會減少後者的思想人格光彩。不斷發展、壯大和成熟的士大夫社會,乃是催生黔中王學出現的最直接的母體。

五、清人視域中的黔中心學人物與學派

與明代當事人的直接描述相較,清人的看法作為一種遠距離的觀察,或許也可視為一種必要的參照,大有裨於加深我們對地方社會變化過程的瞭解。茲先引康熙年間貴州巡撫田雯《黔書》的看法:

> 黔之人物,尹珍以上無論已,明之以理學文章氣節著者,孫應鼇、李渭、陳尚象,以及王訓、詹英、黃綏、秦顒、蔣宗魯、徐節、田秋、徐卿伯、易楚成、張孟弼、許奇、申祐、吳准、邱宗實、潘潤民、王祚遠、蔣勷善,皆大雅復作,聲聞特達者也,而文恭為之最。黔之名宦,莊蹻、唐蒙以前無論已,明如郭子章、朱燮無、江東之、應朝卿、王重光、尤安禮、吳訥、蕭象烈、成務、胡宥、劉大直、王象乾、吳國倫、馮晉卿、陳士奇、李枟、史永安、劉錫玄、郭成、胡從儀,皆今日所屍祝俎豆之者也,而青螺為之冠。①

文中所列諸人,較早者如王訓為宣德十年(1435)雲南鄉試舉人,詹鎨舉正統三年(1438)鄉試,均宣德、正統及其以後的地方名賢,與莫與儔所說的時間正好吻合。而與此同時,尚產生了以郭子章(青螺)為代表的一批入黔名宦,他們為政之餘,亦多結交地方賢達,活躍于政治文化舞臺之上,形成了與地方知識精英聲氣相通的互動局面,既有裨于士大夫社會的成熟發

---

① 田雯:康熙《黔書》卷下《人物名宦》,見《黔書》、《續黔書》、《黔記》、《黔語》合刊本,貴州人民出版社1992年版,第69頁,標點有改動。

展,也壯大了學術思想世界的聲勢陣容。特別是與中原地區相較,貴州僻
處西南一隅,"士君子崎嶇仕路,遠入邊陲,君親萬里,任巨而責重,苟非有
因地制宜之用,鮮有不訴病而瘯瘝者。以視夫中原善地,捧檄擁傳,潤飾太
平之所為,相去不倍蓰乎"。① 則若論地方文化的開發,入黔名宦的功績尤
不可不注意;他們與地方士大夫的交往,也構成了黔中王門開展學術活動
的重要內容。而黔省雖天末一隅,由於入黔名宦與地方士子的共同開發,
亦逐漸興起鄒魯之風,形成了大傳統學術文化的新氣候。

十五世紀中葉以後,中原學者長期視為邊地的貴州,不僅形成了知識
精英群體,而且也產生了士大夫社會,他們中的不少人甚至可與別省他區
學者一試高下,與中原地區一流名宿比肩並立。其中如田雯所說,最具代
表性者即大儒孫應鰲,乃是黔中王門地域學派崛起于西南的典範,時上距
王訓、詹鍈生活之時代不過百年,社會的轉型及學術的發展不可謂不快。
而較田雯稍後的謝聖綸,也持類似的看法。他在乾隆《滇黔志略》一書中,
也一再談到地方人文蔚起的情形:

> 黔山殊少英秀,險巇阻深,頗疑陰陽重濁之氣鍾於是邦,然巖洞之
> 勝,嵌空玲瓏,瑰奇詭特,殆不可勝計,蓋又非寰宇所能媲美也。前明
> 中葉而後,往往篤生偉人,傑然與上國爭衡。詎非渾樸其外,而靈秀蟠
> 結畢伏于千岩萬壑中歟。②

同書又云

> 黔開闢最後,其初鳥言鵬舌,椎髻卉裳,習尚刀戈,好勇鬥狠。迄
> 明世,始建學設教,人文蔚起,弘(治)、正(德)而後,尤炳炳烺烺,堪以
> 媲美。滇南岩澗靈秀之氣,至是而吐,其奇可謂盛矣。③

毫無疑問,謝聖綸是憑藉自然與人文的對應關係,以分析一方人物興

---

① 田雯:康熙《黔書》卷下《人物名宦》,第 70 頁,標點有改動。
② 謝聖綸:(乾隆)《滇黔志略》卷十八《貴州》"山",古永繼點校,貴州人民出版社 2008 年
版,第 207 頁。
③ 謝聖綸:《滇黔志略》卷二十二《貴州》"人物",第 273 頁。括號內字為筆者所加,標點亦
略有改動。

起必有的氣質特點或性格特徵的。所謂"鳥言鵙舌，椎髻卉裳，習尚刀戈，好勇鬥狠"云云，無非是隱喻無論言言衣冠或禮俗風規，邊地少數民族均與中原漢文化迥然有異。他對貴州山水的評論正確與否姑且不論——有文化系統與生態系統的磨礪耦合必須依據長時段的歷史過程纔能更好地觀察，涉及少數民族禮俗習尚的看法合理與否亦暫不贅言——任何民族都有自己的生存智慧及與之相應的地方知識系統或文化秩序系統。[①] 但所謂"前明中葉以後，往往篤生偉人，傑然與上國爭衡"之說，則頗能佐證我們的看法，說明十五世紀中葉以後，貴州學術思想文化確實發生了歷史性的轉型，不僅士大夫社會已經蔚然興起，而且其中不少精英（"偉人"）已引起了世人的矚目，點明了可與其他地區抗衡的局面的形成，暗示了儒家文化拓殖開發範圍的擴大。而依據他的敘述理路，我們亦不難看到，由明初"始建學校，人文蔚起"，至宣德（1426—1435）、正統（1436—1449）的人才輩出，再至弘治（1488—1150）、正德（1500—1521）王陽明龍場悟道前後的更上層樓，開始醞釀並出現陽明心學地域學派——黔中王門，給人以"炳炳烺烺，堪以媲美"的深刻印象，也與前引王直、王學益、田雯、莫與儔諸家之說甚為契合，只是觀察的時段略為向後延伸而已。這當然是由於王陽明的龍場悟道，也是影響地方人才蔚然興起的一件思想性大事，不能不引起他的特別注意，且油然陞起"其奇可謂盛"的讚歎。

田雯乃山東德州人，康熙三十六年（1687）出任貴州巡撫，三十年即以丁母憂去職。謝聖綸則為福建建寧人，"乾隆辛酉（六年，1741）順天鄉試舉人，由教習選貴州天柱縣"，[②]任天柱知縣前後凡五年。他們均有在黔任官之經歷，且無鄉人溢美之嫌，觀察應該是客觀的，判斷也是可以信據的。而嘉慶七年（1802）出任玉屏知縣的張澍，歷數自兩漢以迄明代地方人物不斷崛起的情況，也以明代為一大時間座標。他在《修文昌宮記》一文中說：

---

① 言語（鳥言鵙舌）最能體現文化差異特徵，學術界討論分析成文者已甚多，惟衣冠（椎髻卉裳）亦為文化特徵之重要特徵，則殊少有人鉤稽探賾。民國年間，晚清進士嚴靈峰先生強調："一國有一國之國粹，相維於不敝。中國國粹多矣，而衣冠最有深義。"蓋以為衣冠為文化之符號化象徵，非僅可以區別於禽獸，亦一民族與他民族差異之所在，不能不與國同休戚。故衣冠亡則國粹亡，國粹亡則文化亡。參閱王展成《靈峰先生講學宗旨（乙丑）》，載夏震武撰《靈峰精舍學規》，靈峰小識編輯處，民國十四年鉛印本。

② 民國《福建通志》總卷三十六《循吏傳》卷十二，"清二"引"道光《舊志》"，民國二十七年刻本。

　　明代如馬氏心庵、陳氏五粟,研鑽理窟,克紹關、洛之傳;而清平孫
文恭、思南李少參,篤學超詣,鴻文經世,為時所宗。夫以猿杯之中,卓
然崛起,功業文章,流芳汗簡,而微言音旨,復有以啟後人之靈府,豈非
聖賢,非異人任,而學之可幾哉!①

　　文中提到的馬氏心庵,即貴州宣慰司(今貴陽)人馬廷錫,心庵乃其號,
故鄉人多稱其為心庵先生。陳氏五粟與心庵同里,其名為文學,嘗自號五
粟山人,故鄉人亦尊稱其為五粟先生。斯二人皆為黔中王門主將,心學陣
營中的重要人物。惟陳文學乃王陽明首傳弟子,馬廷錫則為再傳門人,張
澍將後生置於老輩之前,殊失判斷核準。然其在清人心目中之重要,亦可
從中略窺一斑。至於清平(今凱里)孫文恭,即黔中大儒孫應鰲,文恭乃其
諡號,故學者多尊稱其為文恭先生。而思南李少參,即理學名臣李渭,曾官
雲南左參政,故學者或尊稱其為李少參。與馬廷錫一樣,孫、李二人均為王
陽明再傳弟子,黔中王門承上啟下之重要人物。他們不但承接陽明之學而
有所振起,而且推波助瀾形成陽明心學地域學派,說明地方士大夫社會既
已長足發展,學術思想世界的建立也就成為勢之必然。或許再比對一下清
代黔中學者莫友芝的看法,就能為我們的結論定讞了。莫氏說:

　　黔自元上而五季皆土官世有,致漢唐郡縣,幾不可及。英流鮮聞,
安問風雅? 逮有明開省增學,貢士設科,文獻流詒,乃稍可述。②

　　莫氏認為明代建省以後,由於國家力量的直接介入,特別是積極推行
"增學"、"設科"等一系列行政措施,地方英流風雅事蹟纔稍可尋繹敘述。
這一看法完全可以信據,代表了當時及後來多數人的共識。他與遵義黎兆
勛共同撰作《黔詩紀略》,儘管廣搜各種文獻,③但明以前仍只好付諸闕如,
上限只能始於生活在明代宣德、正統年間的王訓。王訓曾因都督吳亮之
薦,出為貴州儒學訓導,教法嚴整,有《文集》三十卷,見《明史・藝文志》著

---

①　張澍:《續黔書》卷一,《修文昌宮記》,光緒十五年貴陽熊氏重刻本。
②　莫友芝《黔詩紀略》卷一,"識語",同治十二年遵義唐氏刻本。
③　莫友芝子繩孫嘗有言云:"先君子嘗病黔中文獻散佚,欲私成一書以紀之,逮於逸編斷碣,
土酋世譜,有足徵文考獻者,罔不窮力蒐訪,幾於大備。"可見《黔詩紀略》之成書,實得力於文獻之
廣搜博采。見《黔詩紀略》卷首,莫繩孫《題記》。

錄,《千頃堂書目》題作《寓庵文集》。時人盛稱其詩文雄偉,莫友芝也說他的詩境"蒼涼雄鬱",以為"開草昧之功,不能不首推教授王訓也"。[1] 持類似看法的學者,如晚清陳夔龍《黔詩紀略後編序》也說:

> 黔本涼州徼外地,元明以來,文物始盛。今則東楚西滇,南粵北蜀,實介四省之中而為腹,聲教涵濡,文成鄒魯。田山姜侍郎論黔中人物,敘其以理學文章氣節著,聲聞於明代者數十人,以孫淮海為最。國朝先達,則周同野宮詹才名最盛。……近世則鄭子尹、莫子偲兩徵君尤為傑出,時稱西南二子,是皆大雅抉輪,菁英特達,中原名碩未能或之先也。[2]

文中提及之田雯,前已有所述及。陳氏雖元明兩代並舉,實際仍側重於明,揣其文意,觀其例證,即可知之。他不但認為明代以來貴州在地理位置上已內地化,為楚、滇、粵、蜀四省之中心腹地,即學術文化亦早已非邊緣化,甚至與鄒魯一帶儒家文化發達地區相較,也遠不能以落後視之了。繼明代孫應鰲之後,周漁璜、鄭珍、莫友芝等人相繼崛起,也足以說明入清以後,國家化(內地化)的發展進程仍在不斷加快,士大夫社會已完全成熟,其文化水準之高,學術造詣之深,甚至可與中原學者一爭雄長了。而論其前後源流,則以明代發其端,王門大儒孫應鰲可為其中一大典範,清代則奮然重振,聲聞更遠播天下,海雖闊而仍不可忘記匯注之河,明清兩代學術仍有其內在一致之處也。

六、地方學術思想世界的建立

與陳夔龍看法頗為接近的,尚有較其更早的潘文芮。在潘氏看來,"黔在宋元以前,深林密菁,久為虎豹狼之所伏,苗傜彝之所居,千百年來視若廢壤,辟於前明,恢闊於我朝"。[3] "視若廢壤"之說,顯然言之太過。但無

---

① 《黔詩紀略》卷一,《王教授訓傳證》。
② 莫庭芝、陳田等:《黔詩紀略後編》卷首,陳夔龍序,宣統三年,陳夔龍京師刻本。
③ 潘文芮:乾隆《貴州志稿》卷二《黔省功德名臣考》,北京國家圖書館藏乾隆年間鈔本。

論分析士大夫社會的出現,抑或討論國家化進程的加快,都仍以明代為一大分期標誌,清代則有明顯的飛躍發展,以致不能不令人感慨;"無不辟之地,無不化之苗。"①宋元以前所謂的"草昧"狀態,已完全得以改變。以範圍越來越擴大的士大夫社會或漢文化生境為依託,地方大傳統學術思想世界已完全具備了長足發展的歷史性條件。

不過,前面提到的莫友芝"文獻留詒,乃稍可述"一語,揆之學術史實際,亦可略加考述。在中國古代語境中,文獻一辭實兼有文字記錄與賢人口說二義。②《黔詩紀略》"以詩存人,亦因人存詩,旁證事實,各條以傳,而大要以年為次,無詩而事實可傳,文字有關暨山川可考者,相因附見,按以證之,國朝人文字足備掌故者,間附錄焉"。③ 驟看似明代黔人詩歌彙輯,實則大有學術文化史之深義。可見無論文字記錄或賢人言行,貴州均要到明代纔有較系統的資料可考。至於從中提煉一時代之學術思想,亦必須斷自明代始可有為。④ 莫氏又嘗序《雪鴻堂詩》云:

> 黔自明始有詩,萌芽于宣(德)、正(統),條衍于景(泰)、成(化)以來,而桐豫于隆(慶)、萬(曆)。自武略而止庵,而用章、廷潤、竹泉、汝錫,而時中、西園,而唐山、子升、宗魯、伯元,而道父、吉甫、徐川、元淑,百有餘年,榛莽初開,略具途軌。山甫、湜之、內江諸老又一意儒學,特餘事及之。洎乎用霖《味淡》、卓幾《屢非》,炳麟鏗旬,道乃大啟。一時方麓、鄧州、冷然、瑞明、心易、循陔、美若、無近、少雀、小範,旗鼓響應。延、溫、沅、潕間,幾於人握靈珠,家抱荊璧,而其咀嚼六代,步驟三唐,清雄宕逸,風格俊遠,尤以君采謝先生稱道。故吳滋大序其詩,謂爾時士大夫風雅之味,若農夫菽麥,高下早晚,童習長熟以使之然。特推美

---

① 潘文芮:乾隆《貴州志稿》卷一《黔省開闢考》。
② 參閱張新民:《中華典籍與學術文化》,廣西師大出版社1998年版,第7—8頁。
③ 《黔詩紀略》卷首,莫繩孫《題記》。
④ 乾隆《貴州通志》卷二十六《學校志》(《四庫全書》本):"貴州于十五國中,風氣開闢為獨後,宜人材寥落也。夫民秉五行之秀以生,原不限以地,而風屬濯磨以底于成,則朝廷教化之涵漸,父兄師友之講習,系有賴焉。漢晉時尹珍受經華夏許慎,謝恕乃心中朝,文采風烈,焜耀南土。明代開科取士,俊義匯徵,及王守仁謫戍龍場,一時孫應鼇、李渭諸人皆得興起絕學,然則賢人君子,蹤跡所至,豈小補歟?"纂修者雖代表官方立場,遠溯至尹珍、謝恕以見地方版土之不可分割,實則以為人才之大興乃在明代。又民國《貴州通志·學校志》:"貴州建省以前非無學校,惜書缺有間,勢難與有清相提並論。今志斷自明始,迄清代終。惟明代篳路啟山林,非易易,勢難與有清相提並論。"敘事上限亦斷自明代,且詳清而略明,雖主要受材料限制,然看法仍大體一致。

郭開府、韓督學諸公之折節誘掖,與夫湯義仍、王百穀、何無咎諸君子
交流切磋。然亦豈非鄉里多賢,夙有以成之也![1]

儘管莫氏所論為詩歌文學創作,但地方學術思想的發展亦大體與之一
致。所謂"鄉里多賢"云云,正反映了知識精英群體與士大夫社會的劇增和
成熟。至於交遊範圍之擴大,社會流動空間之拓展,學術資源之日趨豐富,
理論主張之漸顯特徵,透過謝三秀等詩歌創作群體亦不難窺之。要之,按
照莫氏等人提供的時間坐標,我們完全可以肯定地說,自十五世紀以來,經
過幾代人的自覺努力,無論經學、理學、方志學、詩學、禪學,雖變化轉移的
程度仍顯得參差不齊,但都有了長足的進步和發展。以致我們可以毫不誇
張地說,貴州學者已建立了自己的學術思想世界。這一世界入清以來又不
斷獲得豐富和充實,甚至發出耀眼奪目的光彩,不但造就了一批全國一流
的學者,同時也豐富了華夏文明的寶藏。

---

① 　謝三秀:《雪鴻堂詩搜逸》卷首,莫友芝序,黔南叢書本。

王學的跨江傳播與兩浙的地位互換

錢　明[*]

【摘　要】王陽明去世後,紹興作為曾經的王門講學中心之一,其地位逐漸被杭州所取代。紹興地位的下降,一方面源自於因天真書院的建立而使杭州在王門中影響力的相對上升,另一方面也是由於陽明學者在紹興講學的相對沉寂和紹興王府的快速衰落。除此之外,兩浙地區陽明學地位的相互轉換,還與當時陽明的兩大高足錢德洪、王畿把居住地和注意力由浙東轉移到浙西,以及越人講學過於空疏狂野有密切關係。而發生在陽明以後浙江學術中心從"東"到"西"的轉移,到了明末清初,又出現了東西並重的局面,劉宗周傳人在錢江兩岸並駕齊驅、互為補充,便清楚地證明了這一點。

本文所說的"江"即錢塘江,而所謂"兩浙"便是以此江為界而劃分的"浙東"與"浙西"。① 以餘姚人王陽明為代表的陽明學派誕生於浙江的紹興地區,興盛於江西的吉安、贛州地區,展開於江蘇的泰州地區,這基本上可以說是學術界的共識。而所謂"跨江傳播",就是陽明學的傳播區域從浙東(以紹興、寧波等地為中心)向浙西(以杭嘉湖、蘇南等地為中心)的移動。

＊　錢明,日本九州大學文學博士,浙江國際陽明學研究中心主任,浙江省社會科學院研究員。

① 關於"兩浙"在地理環境、學術傳統、文化性格上的差異,詳見拙著:《浙中王學研究》第一章《浙中王學形成發展的人文地理環境》,中國人民大學出版社 2009 年版,第 1—52 頁。另見拙文:《"浙學"的東西異同及其互動關係》,《杭州師範學院學報》2005 年第 4 期;《近世"浙學"的東西之分及其走向》,《中國哲學史》2006 年第 1 期;《兩浙人文地理與價值觀念之差異及其對社會經濟發展的影響》,朱曉鵬主編:《浙學傳統與浙江精神論集》,上海古籍出版社 2012 年版。

本文即擬以興盛於中晚明的陽明學的傳播與展開為主線,對這一尚未被學術界明確界定的、發生在兩浙區域的文化互動及地位互換作番全景式的考量,以從一個側面來揭示兩浙文化的異同、互動之關係。

一

　　王陽明一生以講學為首務,①書院乃其講學的主要場所,故而薛侃直言:“書院,先師精神所綏、道之所在。”②儘管貴州龍場是王陽明的悟道之地,其地位在其思想形成過程中具有不可替代性,如其再傳弟子張元忭所言:“陽明先生學脈契千古,勳烈蓋一世,然動忍之助,得於龍場者為多。”③所謂“動忍之助”,語出《孟子·告子下》,比喻歷經困苦而磨煉身心。反過來說,陽明對龍場及其周邊少數民族地區的教化,也是功不可沒。然而,陽明所進行的講學教化,尤其是以書院為平臺的傳道活動,黔中的地位就遠遠不如以浙江紹興為中心的浙中地區和以江西吉安為中心的江右地區。④陽明去世後,吉安作為王學傳播的中心區域依然十分活躍,同時,江蘇泰州也在其高足王艮的推動下,迅速上升為王門講學的中心區域,而紹興的地位則逐漸被錢江對岸的杭州所取代。紹興地位的下降,一方面源自因天真書院的建立而使杭州在王門中影響力的迅速攀升,另一方面也是由於陽明學者在紹興講學的相對沉寂和紹興王府的逐漸衰落。除此之外,兩浙地區陽明學地位的相互轉換,還與當時陽明學派的兩大領袖錢德洪、王畿把居

---

　　①　周汝登《東越證學錄》卷十二《念山余先生傳》:“昔有謂陽明子文章、功業、氣節三者具足名世,除卻講學乃全。而陽明子願盡除三者專事於講學。學固不離三者,而三者匪學則餘不足觀。”(《四庫全書存目叢書》集一六五,第644頁)

　　②　薛侃:《薛中離先生全集》卷十二,《與錢君澤》。

　　③　張元忭:《張陽和先生不二齋文選》卷三,《復鄒南皋》,《四庫全書存目叢書》集一五四,第378頁。

　　④　宋儀望《校編鄒東廓先生文選序》:“海內豪傑之士,得聞其(陽明)說,莫不翕然從之。然在當時,惟紹興、吉安為盛。蓋先生起自於越,從遊最先,既官南贛,吾吉諸君子從先生游凡數十人,至今宗其學者,不敢廢墜。”(董平編校:《鄒守益集》,鳳凰出版社2007年版,第1350頁)按:與吉安地區以鄉會、族會為平臺的講會運動不同的是,王門在紹興舉辦的講學活動,大多集中在書院、寺廟,而且一般以王學精英為主要對象。如果說吉安講學是以王學庶民化為主要表現形態的講會運動,那麼紹興講學便是以王學精英化為主要表現形態的講學活動(參見拙作:《中晚明的講會運動與陽明學的庶民化》,《儒教文化研究》第18輯,成均館大學儒教文化研究所2012年12月刊)。

住地和注意力由浙東轉移到浙西有一定關係。①

　　王陽明在世時,紹興的講學活動稱得上是名震四方、輻射全國,尤其是陽明晚年,因深感自己已來日不多,所以"逢人便與講學,門人疑之,歎曰:'我如今譬如一個食館相似,有客過此,吃與不吃,都讓他一讓,當有吃者。'"傳道的使命感與緊迫感溢於言表。正是在王學的新穎吸引下和陽明的真誠召喚下,成百上千的讀書人乃至普羅大眾雲集紹興,許多人甚至從"數千里外來"。②據稱當時紹興"四方鴻俊,千里負笈,漢氏以來,未有此盛";③受邀和未受邀的聚會者最多時竟有二三千人之多。④故而後來有人說:"當時及門之士,相與依據尊信,不啻三千徒。"⑤如果考慮到嘉靖前十年,陽明學遭朝廷學禁、備受壓制的現實,在紹興能有數千人的聚會,實屬不易。所以可以毫不誇張地說,陽明在世時紹興地區的講學活動不僅次數多,而且規模大,要超過陽明的其他所有講學之地。雖然陽明去世後情況發生了逆轉,該地區的講會活動迅速走向衰微,但當年的盛況,卻在好多年後仍令人難忘。出生餘姚的錢德洪,儘管是餘姚中天閣講會的主持,卻對陽明在越時的講學活動評價極高,其曰:

　　　　先生初歸越時,朋友蹤跡尚寥落。既後四方來遊者日進。癸未年已後,環先生而居者比屋,如天妃、光相諸剎,每當一室,常合食者數十人,夜無臥處,更相就席,歌聲徹昏旦。南鎮、禹穴、陽明洞諸山遠近寺剎,徒足所到,無非同志游寓所在。先生每臨講座,前後左右環坐而聽者常不下數百人,送往迎來,月無虛日,至有在侍更歲,不能遍記其姓名者。每臨別,先生常歎曰:"君等雖別,不出在天地間,苟同此志,吾亦可以忘形似矣!"諸生每聽講出門,未嘗不跳躍稱快。嘗聞之同門先輩曰:"南都以前,朋友從游者雖眾,未有如在越之盛者。此雖講學日久,孚信漸博,要亦先生之學日進,感召之機,申變無方,亦自有不

---

①　關於杭州天真書院因政治原因而導致的興衰,以及浙中學者在其中所發揮的正負面作用,可詳見拙作:《天真書院與明中葉杭州的講學活動》。

②　沈芝盈點校:《明儒學案》,中華書局 1985 年版,上冊,第 590 頁。

③　黃省曾:《五嶽山人集》卷三十八《臨終自傳》,《四庫全書存目叢書》集九十四,第 850 頁。

④　董澐嘗賦詩曰:"二三千個同門聚,六十九季今夜除。"(《從吾道人詩稿》卷下《丙戌除夕》)

⑤　王宗沐:《敬所王先生全集》卷一,《陽明先生圖譜序》,明萬曆元年刻本。

同也。"①

　　在這種充滿自由的思想氛圍和學術環境下,善於進行思想創設的王陽明,自然是如魚得水,遊刃有餘;而其"居越以後,所操益熟,所得益化",②思想日趨成熟,則當在情理之中。所以陽明本人對紹興也是極盡讚美之詞:

　　　　會稽素號山水之區,深林長谷,信步皆是;寒暑晦明,無時不宜;安居飽食,塵囂無擾;良朋四集,道義日新;優哉遊哉! 天地之間寧復有樂於是者!③

　　其實,與其說是幽靜的山水之地引得"良朋四集,道義日新",倒不如說是陽明晚年對講學事業所投入的巨大熱忱,纔使得紹興成了當時學術研究和講會活動的中心。據此可推知,陽明沒後玉山知縣呂應陽撰祭文稱"稽山還英靈之氣",④而不說四明(指餘姚)還英靈之氣,不是沒有原因的!

　　正是由於王陽明很早就已遷居紹興,後來又在越地展開了聲勢浩大的講學活動,故而世人常有把紹興直接視為陽明故里者,如巡按御史儲良材在陽明祭文中說:"東望會稽,先生故里也。"⑤陶望齡也說:"文成闕里,錢(德洪)、王(畿)先生相與闡道之地,太守(指蕭良幹,萬曆年間遷守紹興)幸來,今願以仕學矣。"⑥陶氏還說陽明是"於越所稱鄉先生",⑦甚至認為:"當正、嘉間,越有鄉先生者,起而一劃其陋,撤膠固之像設,而洗虛謬之王稱。……先生之教始於鄉而盛於大江(指錢塘江)以西。"⑧黃宗羲的弟子

――――――――

　　① 《王陽明全集》,上海古籍出版社 1992 年版,第 118 頁。
　　② 《黃宗羲全集》,浙江古籍出版社 1994 年版,第 7 冊,第 201 頁。按:"所操益熟,所得益化",最早由王畿提出(見《王龍溪先生全集》卷二《滁陽會語》),其中雖不能排除王畿對陽明晚年講學越中的過度讚譽,但若聯繫到陽明本人對自己晚年思想的評價,則可謂一語中的。
　　③ 《王陽明全集》,第 81—82 頁。按:此語出於嘉靖五年陽明《答聶文蔚》第一書。
　　④ 《王陽明全集》,第 1435 頁。
　　⑤ 《王陽明全集》,第 1433 頁。
　　⑥ 陶望齡:《歇庵集》卷十《陝西布政使拙齋蕭公神道碑》,臺灣偉文圖書出版社 1976 年版。
　　⑦ 《歇庵集》卷六,《重修陽明先生祠碑記》。按:王應麟曾對"鄉先生"作過如下界定:"古之有道德者,教於鄉里,謂之鄉先生。在鄉而祠於學,猶在國之祭於瞽宗也。"(《先賢祠堂記》,《全宋文》第 353 冊,卷 820。上海辭書出版社 2006 年版)
　　⑧ 《歇庵集》卷六,《修會稽縣儒學碑記》。

李杲堂則乾脆把王陽明與出生山陰的劉宗周視為"同里"之人,他在《修紹興府學序》中說:"然而王子、劉子則俱越人也,固越中人士所謂國之先師也。……國有先師,此古今所不易得,而越人乃有兩先生,亦甚幸矣。"①這種把王陽明與紹興緊密聯在一起的定勢思維,與紹興王府的興旺和王學在紹興地區的成長壯大可以說是互為因果的關係。

二

　　然而,這種繁盛局面在陽明去世後的相當長時期内就再也沒有在紹興地區出現過了,甚至可以說,從陽明去世到萬曆初的五十餘年間,隨著陽明後學者在紹興講學的沉寂,致使該地區逐漸被王門邊緣化。

　　歸有光說:"自陽明歿,學者稍離散,公(張寰)嘗遊其門。至是吉水鄒謙之、餘姚錢德宏(洪)以師門高第,會講懷玉之山,公欣然赴之。"②據王宗沐《懷玉書院記》和夏浚《易簡堂記》載,錢德洪應聘懷玉書院講學是在嘉靖三十八年(1559)四月,與其共赴者,先後有山長呂懷及胡子庵、桂學愚、吳暨、夏浚等人。③鄒守益則是先來杭州再去懷玉的。而嘉靖三十八年,正好是陽明學者聚會天真書院講學的高潮期,當時除了浙江的陽明學者,其周邊的贛、蘇、皖、粵等地的陽明學者也紛紛前往杭城講學。懷玉山地處浙贛交界處,距離杭城約350公里,為往來浙贛的必經之地,於是便成為陽明學者講學的又一個中心。當時,凡來杭州講學者,有不少人會被接著邀請去懷玉山講學,就連首屆"江(西)浙(江)大會"也是在懷玉山召開的。需要追問的是:距離杭城只有60公里的陽明學誕生地——紹興,為什麼就沒有成為當時的另一個講學中心呢?難道一條不太寬的錢塘江就能把陽明故鄉與其學脈阻隔開來?個中原委,不是很有必要深究嗎?

　　儘管歸有光所說的"自陽明歿,學者稍離散",指的是陽明學派講學之全貌,但筆者以為紹興的前後反差最為突出(詳見後述)。雖然後來在薛侃

---

　　① 李杲堂:《杲堂詩文集》,浙江古籍出版社1988年版,第648頁。
　　② 歸有光:《通政使司右參議張公寰墓表》,焦竑《國朝獻徵錄》,上海書店1987年版,第2941頁。
　　③ 清朱承煕編纂、曾子魯校注:《懷玉山志》,江西人民出版社2004年版,第752、760頁。

等人的努力下,全域的情況有所改觀,但紹興則不僅未見好轉,甚至還在繼續惡化!

薛侃在《寄冷塘》中曾相當痛心地對比過陽明在世時紹興的講學盛況與其逝世後不久的蕭條景象:

> 先師還越積六載,興起友朋數百人,征廣時至大書院尚聚以百,龍山會以百,不肖求差會葬,寓天真,猶動以百,此行初至,如履無人之境,過越落莫尤甚。夫力田而耕,猶或有餒,集肆而賈,尚未必裕,況弗田弗肆,尚何稼與殖之有? 龍溪得先師之髓,心齋得先師之骨,已為知學者趨向。有庠生范引年頗善迪後輩,可以延主天真之教,能為小立一室於近左,免致往返餘姚,尤便而可久。楊汝鳴與張叔謙倘未即第而歸,亦可延守越之祠。心齋小祥後亦可惇請往來其間。庶幾風教一振,人知翕向,陶習將來,一以衍十,十以衍百,則此學之明猶有可企也。師逝十年,蕭條若此。不知又十年、二十年,復何如也!①

王陽明在世或者剛去世時,無論紹興還是杭州,動輒百餘人聚會,講學風氣極盛,然而當薛侃到天真書院時,"如履無人之境",過江到紹興一看,"落莫尤甚",所以薛侃感歎道:"師逝十年,蕭條若此。不知又十年、二十年,復何如也!"這反映出王門在陽明去世後一段時間的凋敝情形。這種情況的出現,當然與當時的政治阻隔有很大關係,但王門弟子不夠努力也是重要原因之一,用薛侃的話說,便是"夫力田而耕,猶或有餒,集肆而賈,尚未必裕,況弗田弗肆,尚何稼與殖之有"? 這可以說是對王門弟子懈怠的嚴厲批評。薛侃甚至細心到對講學主持人的住宿之安排,目的就是想讓主持人能"免致往返……尤便而可久",進而使講學之地"風教一振,人知翕向,陶習將來,一以衍十,十以衍百,則此學之明猶有可企也"。

紹興的講學活動之所以會低落到"落莫尤甚"的程度,其中固然有紹興王氏家族的過早衰落以及錢德洪與王畿的不和等因素,但越人講學過於空疏狂野也是導致紹興王門講學落寞的重要原因。張元忭曾對此作過中肯分析:

---

① 《薛中離先生全書》卷十七,《寄冷塘》。

　　越人往往以講學為談笑,固彼言是行非者,無以取信,然懲火而廢炊,見亦左矣。項自吾輩為二六之會,友朋中頗不加姍(通訕),且有勃起興起者。斯文未喪,天其或者有意於越乎?

　　也就是說,講學在越人那裏猶如遊戲玩耍,不當正經事做,"固彼言是行非者,無以取信",所以張元忭希望同門中人對越地講學不要加以譏諷,而是要多發揮促進鼓動的作用,同時他又要求越地人士對講學也不要"懲火廢炊"、因噎廢食。而他的心願則是:"諸友如約為會,互相激裁,毋使越人復以半途為誚,"①即通過"互相激裁",來實現講學明道、移風教化之目的,以免使紹興再度被世人譏誚為講學教化運動中的半途而廢者。而事實也的確如此,當時熱心在紹興講學的陽明傳人,也似乎只剩下了張元忭一人,誠如許孚遠在寫給元忭的信中所言:"吾鄉習俗頹靡,朋友寥落,莫有甚於此時。如吾兄挺然卓立,迴出塵表,真弟所敬服,弟所倚賴也。"②說明當時紹興的學術氛圍已寂寥到相當嚴重的程度。

　　然而,就在紹興講學趨於衰落的同時,與其一江之隔的杭州,卻在王門講學運動中扮演起了領導者的角色。兩地相較,反差之大,令人咂舌!

　　儘管王陽明在杭州居住過的時間加起來只有半年多時間,他在杭城設壇講學的具體經過和時間亦無明確記載,但他生前就有在杭州創辦書院的設想,並試圖把杭州作為傳播王學的一個中心。因此,在他去世前一年,錢德洪、王畿便已商定把天真山麓的幾座寺廟改建成書院。後來錢、王二人又分別把常居處從紹興府餘姚縣和山陰縣遷至杭城——錢德洪住在表忠觀,③王畿住在金波園。④ 這兩個住所都在西湖南邊,相距不遠。錢、王二人

---

　　①　《張陽和不二齋文選》卷三,《與毛文學》,《四庫全書存目叢書》集一五四,第395—398頁。
　　②　許孚遠:《敬和堂集》卷四,日本內閣文庫藏萬曆二十二年葉向高序刻本,頁69b。
　　③　即錢王祠,明嘉靖三十九年浙江督撫胡宗憲建祠於湧金門外靈芝寺(又名靈芝崇福寺,原為錢鏐故苑)址,塑吳越國錢氏三世五王像,春秋致祭,令錢鏐十九世孫錢德洪守之。
　　④　金波園在杭州諸史志中找不到任何記載。杭州有金波橋弄,東起光復路,西至中山中路,與太平坊巷相對,弄名始於清,沿用至今。金波橋、金波橋弄與金波園可能有一定關係。據喻均《勸賢祠志·土地紀二》載:"金波園在杭州城西。"(頁2b)。另據《鄧定宇先生文集》卷三《秋遊記》載:"出戟門,聞龍溪翁至,廿二日候于金波園,尋謁表忠觀,讀蘇長公碑。"(《四庫全書存目叢書》集一五六,第357頁)故推測金波園的位置大概在今清波門一帶,離表忠觀不遠。王畿抵杭城,一般都住金波園,而不像其他學者那樣下榻天真書院(參見《張陽和不二齋文選》卷四《秋遊記》,《四庫全書存目叢書》集一五四,第406—409頁),故金波園可能是王畿在杭州的住所。另外,陽明學的一些重要著述亦作于金波園,如唐樞的《諮言》、王畿的《金波晤言》等。

把常居處遷入杭城,最初的原因可能是由於兩人要經常在天真書院開辦講會,往返於錢江兩岸很不方便。但這樣做所導致的直接後果,便是浙中王門乃至整個陽明學派的中心從錢塘江南的紹興逐漸轉移到江北的杭州,並且又從杭州逐漸擴散到浙西北、蘇南及皖南的廣大區域。陶望齡所謂的"夫文成之後,駕其說以行浙之東西者多矣",①"先生之教始於鄉而盛於大江(指錢塘江)以西",便道出了這種轉移的歷史軌跡。

正因為此,"大江以西"的幾個重要講學處也成為萬曆初年禁學運動的主要區域。張元忭在寫給王畿的信中曾談到天真書院的被毀經過:"許敬庵輩從旁沮之,以為拆毀書院屢奉嚴旨,況天真、水西又其(指張居正)所注意者,言之無益且有損。"②說明在當時的講學運動中,要數杭州的天真書院和涇縣的水西精舍的影響力最大。而這兩處被重點關注的講學處,一個在浙西,一個在皖南,且皆與王畿等人所講的"虛浮"之學有關。從杭州到宣城、徽州這條學術走廊,是當時王畿等人講學的重點路線,也是朱子學主導下的各種思潮、學派交匯碰撞的主要區域。由此亦可反襯出王門講學從浙東向浙西乃至皖南、蘇中擴散的移動軌跡。

三

需要指出的是,以杭州為中心的浙西講學之風的興盛,與薛侃這個外省人有很大關係。薛侃在天真書院的地位,可與王陽明相提並論。薛侃"素慕王陽明先生學,早出其門,精思力踐,師門以勇銳見稱。既以罪廢,遂徙家於杭,築天真精舍,以祀陽明,而時與同志講學其中"。③是故徐象梅將其記錄在對浙江有過巨大貢獻的《兩浙名賢錄》之"寓賢"中。王學後來之所以能在浙西地區廣泛傳播,薛侃的作用不可低估。以薛侃為代表的王(陽明)陳(白沙)、王湛(甘泉)折中派,在杭州等地傳播陽明學的同時,還順帶傳播了白沙學和甘泉學,使得該區域湧現出不少折中王陳、王湛的學

者,如唐樞、許孚遠、蔡汝楠、顧應祥、錢薇、①孫景時、②王愛③等。這就在一定程度上改變了王學在浙西地區傳播的成色,顯示出與浙東地區不同的文化個性。

如果說薛侃對"大江以西"陽明學興盛所作的貢獻主要集中于杭州天真書院的話,那麼紹興人王畿的活動範圍則遠遠超出了杭州,他還在廣義的浙西地區乃至鄰近的皖南等地傳播和推廣陽明學說,可謂陽明學跨江傳播的最大推手,從而使之成為擁有最多浙西弟子的陽明學者之一。

比如沈懋孝④是浙西地區相當活躍的陽明學者,著名的東林黨人趙南星、史孟麟、葉水盛等均出其門下。⑤ 據沈懋孝《沈太史全集》之《洛誦編・水南徐先生當湖會語敘》載:"往嘉靖乙丑(四十四年),龍溪王先生嘗止於陸與中之天心院(地處嘉興平湖),講良知學脈,從遊士數十百人。而水南徐君從焉。余時侍養家居,亦與其末從。"又據《沈太史全集》之《石林蕢草・滴露軒藏書記》載,在嘉靖三十九年以後的五六年間,沈懋孝就經常向王畿問學。據沈懋孝《湖上讀書堆六先生會語》載:"嘉靖癸丑(三十二年)夏四月既望,念庵羅先生自北還道經浙河,東廓先生赴梅林胡公之招館于武林山間,於是一庵唐先生、龍溪王先生、荊川唐先生、黃州湛一方先生,與鄒、羅二先生咸會于我當湖(在嘉興平湖),將縱觀海上之勝。明日攜同學六七人過湖上讀書堆,因相與論格物之指焉。……因誦白沙詩云:'語道則同門路別,任君何處覓高蹤。'令在座諸友歌再闋而起。明日諸生送至鹽官,再越日至水西而別當湖。"⑥因為平湖等地是王畿從杭州天真書院到涇縣水西書院講學的必經之路,而王畿則像播種機一樣,不失時機地在沿途傳播和弘揚陽明學,所以每次北上,沿途都會舉辦講會。此次當湖之會,主

---

① 以上人物請詳見拙著:《浙中王學研究》第二、三章。

② 孫景時,字成叔,杭之右衛人也。性耿介,於世寡諧,與越人汪應軫、仁和邵銳、江暉、錢塘吳鼎為友,慕章文懿、胡端敏之為人,師事陽明、甘泉二先生。學成,正德丙子舉於鄉。……作《武林文獻錄》、《杭州府志》。欲勒成郡乘,副在名山,惜有志未究而卒。(參見《兩浙名賢錄》卷二《儒碩》,《北京圖書館古籍珍本叢刊》第 17 冊,第 82 頁)

③ 王愛,字體仁,秀水人……父訓以聖賢自期。已而聞一庵唐先生講學苕中,負笈從之遊,得聞討真心之說。已又受業於王龍溪先生,盡聞王文成致良知之旨。愛往來吳越間,以兩先生言相印可,益悟良知不參情識,即是真心,一落情識,即非真心。兩家互相發明,初無抵牾。自是學益有進。(參見《兩浙名賢錄》卷四《理學》,《北京圖書館古籍珍本叢刊》第 17 冊,第 143 頁)

④ 沈懋孝,生卒年不詳,字幼貞,號晴峰,平湖人,隆慶二年進士,嘉靖四十四年從學於王畿。

⑤ 參見吳震:《明代知識界講學活動繫年》,學林出版社 2003 年版,第 191、265 頁。

⑥ 沈懋孝:《沈司成集》卷一,《四庫禁毀書叢刊》集一五九,第 106—107 頁。

要圍繞朱子和陽明的格物說而展開,其中一庵的立場是調和朱王,龍溪、念庵的立場是盡力闡釋陽明的主張,荊川的立場與一庵相近,東廓未發表任何意見,方湛一則認為諸友的意見都對,所以質疑"何必紛紛論辨以發之哉"? 並且誦白沙詩以證明自己的立場,令在座諸友歌詩領會之。從中透露出的王湛協調、朱王歸一的強烈信號,值得重視,而沈懋孝作為東道主在其中所起的作用可謂至關重要,所以其弟子劉芳節說:"先生(沈懋孝)之學,實有淵源。龍溪以姚江為藍染,先生青出於龍溪。"①

浙西還有兩位明代思想史上的重要人物——袁了凡、丁賓,包括袁的父親袁參坡,也是王畿的弟子。袁了凡(1533—1606),初名表,改名黃,字坤義、坤甫,號了凡,吳江人,萬曆十四年進士,晚明流行一時的"功過格"的提倡者之一,其思想在明末清初影響頗大。丁賓(1543—1633),字禮原,號改亭,嘉善人,隆慶五年進士,官至南京工部尚書,王畿晚年的得意門生,嘗編刻《王龍溪全集》。關於袁了凡、丁賓從學王畿一事,可參見袁了凡的《兩行齋集》卷十四《光祿寺署丞清湖丁公行狀》。② 王畿與浙西的密切關係,還可以從玉芝法聚、唐一庵、許敬庵以及後來的張楊園③等人那裏找到不少例證。

除此之外,包括王畿在內的陽明學者還在浙西地區創辦了不少書院,舉辦過一系列有影響的講會活動。筆者曾據吳震《明代知識界講學活動繫年》一書作過統計,其中較有影響的大概有以下幾次:嘉靖十六年十一月,沈謐建書院於秀水縣文湖(今屬嘉興市),祀陽明;④嘉靖二十二年秋,顧應祥、唐一庵等結社於湖州峴山;⑤嘉靖三十二年夏,羅念庵、鄒東廓、唐一庵、王龍溪、唐荊川、方湛一等"攜同學六七人"會於當湖;嘉靖四十三春,王龍溪與李見羅會於武林金波園,有湖上浹旬之會;同年秋,復與萬思默相會於武林;⑥嘉靖四十四年,王龍溪赴嘉興平湖,宿於陸與中之天心院,"講良知

<hr>

① 沈懋孝:《沈太史全集·洛誦編》卷首《長水先生集敘》,明萬曆年間刻本。
② 吳震:《明代知識界講學活動繫年》,第277—278頁。
③ 上田弘毅:《朱子學者張楊園の陽明學批判》,《陽明學》第21號,明德出版社2009年版,第65—92頁。
④ 《王陽明全集》,第1333頁。按:據湛若水《湖州宗山精舍陽明王先生祠堂記》(《湛甘泉先生文集》卷十三,嘉靖十五年聞人詮刻本),可知當時嘉興、湖州一帶建有陽明祠堂的書院不在少數。
⑤ 顧應祥:《崇雅堂文集》卷十二,《峴山逸老堂銘》。
⑥ 王畿:《王龍溪先生全集》卷十六,《書見羅卷兼贈思默》。

學脈,從遊士數十百人";嘉靖四十五年秋,唐一庵、王龍溪、管南屏、王敬所、孫蒙泉、胡石川等聚會於杭州金波園,與會者達百餘人;①隆慶二年,王龍溪主講於當湖天心書院,與丁賓、陸雲臺等八人結為"天心會盟";②同年冬,王龍溪自雲間趨過嘉禾(雲間、嘉禾分別為松江、嘉興二府之雅稱),會於東溪山房,講"憤樂之說",後又應蔡春臺之邀,赴姑蘇,舉竹堂會;③隆慶三年,王龍溪應曾見臺之約,趨會武林,舉武林會,就王學重大理論問題展開研討;④萬曆五年秋,王龍溪應邀"赴陽羨之會"(陽羨為宜興之雅稱);⑤同年秋,鄧定宇、張陽和、羅康洲聚會於杭州,與王龍溪論學;⑥萬曆六年春,許敬庵、張陽和、趙瀫陽、羅康洲"聚會於武林西湖之上,論心談道"。⑦ 萬曆七年,張居正毀天下書院,包括天真書院在內的與王門講學有關的諸多重要書院均在禁毀之列,即使在這樣的背景下,該年春,王龍溪仍應約講學於平湖,劉允玉、沈懋孝等 185 人與會;⑧翌年,王龍溪又赴松江參加"雲間之會",後又與平湖人陸五台會"於嘉禾舟中",暢講佛學。⑨

有見於此,我們完全可以說王畿是浙西陽明學的主要傳播者和教授師。因此故,光緒年間修《嘉善縣誌》,編入《龍溪王畿會籍記》,以凸顯其對浙西陽明學的傳播與發展所作出的特殊貢獻,也是合情合理的。值得深思的是,從嘉靖後期至隆慶年間,王畿只在浙東地區參與過兩次講會活動,即隆慶四年周海門參與的"剡中講會"(事見《東越證學錄》卷五《剡中會語》)及萬曆二年與張陽和一起主講的越中"雲門會"和"天柱會"(事見《龍溪會語》卷六《書同心冊後語》、《天山問答》)。⑩ 然而在同一時期,他在浙西地區的講學活動卻明顯增多,甚至稱得上是當時活躍於浙西學術舞臺上的耀眼"明星"。這固然與其當時安家杭州金波園、常要路徑浙西地區北上講學有一定關係,但同樣安家杭州錢王祠的錢德洪,為什麼就沒有像王畿那樣

① 唐樞:《木鐘臺集》之《六諮言集・金波園聚友諮言》。
② 丁賓:《丁清惠公遺集》卷五,《賀奉常陸安石先生膺封司寇郎敘》。
③ 王畿:《龍溪會語》卷三,《憤樂說》;《王龍溪先生全集》卷五《竹堂會語》。
④ 《王龍溪先生全集》卷十六,《別曾見臺漫語摘略》。
⑤ 《王龍溪先生全集》卷十三,《書貞俗卷序》。
⑥ 鄧以瓚:《鄧定宇先生文集》卷三,《秋遊記》。
⑦ 許孚遠:《敬和堂集》卷十,《祭羅康洲宗伯》。
⑧ 《沈太史全集》之《石林蕢草・龍溪王先生過當湖邑人士一百八十五人集於五老峰塔院會講記》。
⑨ 《王龍溪先生全集》卷十七,《重修惠民橋碑記》;卷六,《答五台陸子問》。
⑩ 參見吳震:《明代知識界講學活動繫年》,第 296—297 、311—312 頁。

積極參與浙西地區的講學活動呢？這就不能不從錢、王二人的思想性格、工作職責以及當時兩浙地區的思想環境中去尋找答案了。

　　與王畿並稱為"二溪"的羅近溪，也曾在浙西地區授徒講學，以至沈德符在《萬曆野獲編》中把羅近溪、李見羅和唐一庵、許敬庵分別視為"姚江身後其高足王龍溪輩"在江西和浙江的傳人，他們"分曹講學，各立門戶，以致併入彈章"。① 唐一庵和許敬庵是湖州人，由此亦可看出王畿思想在當時浙西地區的廣泛影響力。此外，羅近溪還著有《兩浙遊記》，其浙西弟子朱廷益則為他撰寫過祭文。② 如果再聯想到嘉靖四十五年嘉興知府徐必進命王門同志董啟予刻陽明《文錄續編》六卷並《家乘》三卷於嘉興等歷史實情，那就更有理由說：陽明去世後的浙江學術中心，不在浙東，而在浙西！

四

　　至於為什麼陽明以後王門講學會在紹興日漸衰微的問題，並非三言兩語能夠說清楚，其中既有政治、經濟等方面的"硬"道理，又有文化、思想等方面的"軟"道理，而在傳播過程中顧此失彼、首尾不能兼顧，則可謂是最直接的原因之一。對此，王畿在其所撰的《約會同志疏》和《白雲山房答問紀略》中有較為詳細的記錄和分析：

　　　　先師祠（指紹興王文成公祠）中舊有初八、廿三會期，頻年以來，不肖時常出赴東南之會，動經旬月，根本之地反致荒疏，心殊惻然。人不可以不知學，尤不可以不聞道。會所以講學明道，非徒崇黨與、立門戶而已也。……哲人雖萎，遺教尚存。海內同志信而向者，無慮千百，翕然有風動之機。而吾鄉首善之區，反若鬱晦而未暢、寂寥而無聞。揆厥所由，其端有二：一者不肖在家之日少，精神未孚，雖間一起會，及予外出，旋復廢弛；二者不肖徒抱尚友之志，修行無力，凡心未忘，雖有聖解，無以取信於人。是皆不肖不能自靖有以致之，於人何尤也？……況年逾七十，百念盡休，一切遠涉塵勞，不惟日力不

---

①　沈德符：《萬曆野獲編》，中華書局 1997 年版，第 690 頁。
②　載《羅明德先生文集》卷首，崇禎五年刻本。

遠,勢亦有所不能。惟是一念改過,不忍負於初志,所望同鄉諸友憐予苦心,修舉月會之期,以是月廿三為始,不肖雖有少出,亦望互相主盟,弗令復廢。①

　　先師祠中舊有初八、二十三之會,屢起屢廢,固是區區時常出外,精神未孚,修行無力而過日增,無以取信於人,亦因來會諸友未發真志,徒以意興而來,亦以意興而止,故不能有恆耳。……哲人雖逝,遺教尚存,海內同志信而向者無慮千百,翕然風動。而吾鄉首善之地,反若幽鬱而未暢,寂寥而無聞,師門道脈僅存一線,此區區日夜疚心不容已於懷者也。今日諸君來會不過二三十人,越中豪傑如林,聞有指而非之者,有忌而阻之者,又聞有欲來而未果,觀望以為從違者矣。其非而忌者,以為某某平時縱恣,傲氣淩物,常若有所恃;某某雖稍矜飭,亦是小廉曲謹;某某文辭雖可觀,行實未著,皆未嘗在身心上理會,今欲為學,不知所學何事。此言雖若過情,善學者聞此,有則改之,無則勉之,莫非動忍增益之助,以舜之玄德,皋陶陳謨,尚擬以丹朱,戒以漫遊傲虐,若命項輩然者,舜皆樂取而無違,此同人大智也。若夫觀望以為從違,卻更有說,此皆豪傑之輩,有志於此者,但恐因依不得其人,路頭差錯,為終身之累耳。言念諸君平時雖不能無差謬,然皆可改之過,五倫根本皆未有傷,譬之昨夢,只今但求一醒,種種夢事皆非我有。諸君不必復追往事,只今立起必為聖人之志,從一念靈明日著日察,養成中和之體,種種客氣日就消減,不為所動,種種身家之事,隨緣遺釋,不為所累。時時親近有道,誦詩讀書,尚友千古,此便是大覺根基。或平時動氣求勝,只今謙下得來;或平時狥情貪欲,只今廉靜得來;或平時多言躁競,只今沉默得來;或平時怠惰縱逸,只今勤勵得來。浸微浸昌,浸幽浸著,省緣息累,循習久久,脫凡近以游高明,日臻昭曠。不惟非者忌者漸次相協,其觀望以為進退者知其有益,自將翕然聞風而來,無復疑貳,是長養一方善根,諸君錫類之助也。若夫徒發意興,不能立有不可奪之志,新功未加,舊習仍在,徒欲以虛聲號召,求知於人。不惟非者忌者無所考德,一切觀望者不知所勸,亦生退心。譬諸夢入清都,自身卻未離溷廁。斬截一方善根,在諸君尚不能辭其責也。②

---

①　吳震編校:《王畿集》,鳳凰出版社 2007 年版,第 53—54 頁。
②　《王畿集》,第 747—748 頁。

　　筆者之所以要引述這兩段冗長引文，是想完整展示陽明去世後發生在紹興學術圈裏的真實場景。本來陽明所留下的"遺教"即思想學說，"海內同志信而向者，無慮千百"，這是通過講會而使陽明學說獲得廣泛傳播的極好機會。然而，作為首善之區的王畿家鄉紹興，在隆慶、萬曆年間卻已是"鬱晦而未暢，寂寥而無聞"，遂使"根本之地反致荒疏"。在王畿看來，導致這種局面的原因有兩條：一是多年來其本人"時常出赴東南之會，動經旬月"，而只要他一離開，"間一起會"的紹興講會就會無人領頭，"旋復廢弛"。二是王畿自認"徒抱尚友之志，修行無力，凡心未忘，雖有聖解，無以取信於人"，亦即他的學說很難獲得紹興諸友的認同。這並不是王畿的自謙之語，其同鄉門人張陽和在談到王畿思想在家鄉的影響時也說過："蓋先生唯自信其心，而吾鄉之人每不能無疑於其跡。忭於先生固不敢疑鄉人之所疑，而猶未能信先生之所信。蓋嘗以吾之不可學先生之可而期，先生不以為謬也。"①這說明，除了王畿很少在家鄉舉辦講會活動外，其學說不受鄉人信任也是以王畿為代表的陽明學者在紹興難以有效傳播陽明學說，致使紹興出現短暫的講學"荒疏"的重要原因。對此，王畿本人曾作過深刻反省，他尤其對於因自己的過失而導致禁毀書院事件的發生深表自責："近見當時錄文（指王畿在京師時的講學語錄），有談性說命，假禪幻以為表異之說，令人惕然發深省。吾黨之學果有假於禪幻，自當懺悔懲艾，以圖自新。"②基於這種自我反省精神，他不僅不指責當局下達的禁毀書院的命令，而且還為這種政策說好話："吾人虛辭繆張而實踐未至，激成紛紛。所謂新法之行，吾黨有過，非剿說也。"③不過他對一些人無端斥責自己溢出名教的說法，卻明確提出了反論，而且喊出了"豈肯甘心自外於名教"的心裏話。所以他不僅要求諸友："各各自靖，不為虛聲浮響所撼動。""但願諸賢牢立腳跟，默默自修，養晦待時，終當有清泰之期。"④甚至還以略帶危機感的央求口吻對同鄉諸友傾訴說："況年逾七十，百念盡休，一切遠涉塵勞，不惟日力不逮，勢亦有所不能。惟是一念改過，不忍負於初志，所望同鄉諸友憐予苦心，修舉月會之期，以是月廿三為始，不肖雖有少出，亦望互相主盟，弗令復廢。"從中所流露出的一位古稀老人的無奈和期盼，令人感佩！

---

①　《王畿集》，第 789 頁。

②　《王畿集》，第 329 頁。

③　《王畿集》，第 285 頁。

④　《王畿集》，第 314 頁。

　　不惟王畿,王門的另一領袖級人物鄒守益對紹興的落寞也頗有同感。
鄒守益曾主持或參與過南嶽、沖玄、齊雲、廬山、懷玉、天真、武夷等地的講
會活動,"每會至數百人",①但唯獨沒有主持或參與過紹興地區的講會活
動。即使去紹興,他也是為祭掃憑弔陽明而去。在他的心目中,是把講學
活動的中心放到了杭州,所謂"既趨會稽,哭陽明公,與同志大會於天真書
院",②就道出了這種學術重心的轉移。所以宋儀望的《鄒東廓先生行狀》
稱:"其在各邑,以企撫、虔、南昌、袁、廣、江、浙、徽、寧諸郡,或一至再至,未
有厭倦。至赴沖玄、齊雲、象山、廬岳、天真諸會,動經數月,其答同志、企門
人問辨,皆隨器成就,因事辯析,其言明白簡易,學者多所啟悟。前後會語,
俱載集中。"③耿定向的《東廓鄒先生傳》亦曰:"自南雍免歸,納璽之嘉禮甫
成,踰月即出西里講學。明年游南嶽,尋遊廬阜,若越之天真、閩之武夷、徽
之齊雲、寧之水西,咸一至焉,而境內之青原、白鷺、石屋、武功、連山、香積,
歲每再三至。遠者經年,近者彌月,常會七十會,聚以百計,大會凡十會,聚
以千。"④把天真書院作為浙江講學中心,甚而連王學傳播的邊緣區域閩中,
鄒守益也去武夷山講過學,並有《武夷答問》存於世:"循閩,游武夷,謁文公
書院及陽明、甘泉祠,語具《武夷答問》中。"⑤可就是不去曾經的王門心臟
紹興講學。鄒守益的選擇只不過是陽明學派中的一個案例,其他人的選擇
亦概莫如此。由此亦反映出當時紹興講學的"荒疏"之程度。

五

　　王門在紹興的講學活動,直到萬曆初年纔開始恢復正常,後又漸趨活
躍,直到明代末年。這一時期,王畿及其弟子張陽和在家鄉的學術活動顯
著增加。從文獻上看,王畿的《白雲山房答問紀略》、《白雲山房答問》、《天
柱山房會語》、《天山問答》和張元忭的《跋雲門問答》等,記載的都是萬曆
二年王門在紹興的講學之事。但即使如此,張元忭仍隱隱自責道:"若餘不

---

①　《鄒守益集》,第 1364 頁。
②　《鄒守益集》,第 1368 頁。
③　《鄒守益集》,第 1387 頁。
④　《鄒守益集》,第 1392 頁。
⑤　《鄒守益集》,第 1391 頁。

類,幸生文成之鄉,竊聞緒論,乃竟未能奮身擔荷,為諸士友倡,視先生(指倡水西會的沈御)其何如也?"①

到了萬曆中期,在周海門、張陽和等人的努力下,紹興的講學活動不僅得到全面恢復,而且相當活躍,不過離當年王陽明在紹興講學時動輒幾百上千人的盛況仍有很大差距,而在講學品質上更是有質的區別。據周海門《越中會語》記載:

> 己亥(萬曆二十七年)秋季,(海門)先生同石匱陶公及郡友數十人共祭告陽明之祠,定為月會之期,務相與發明其遺教。先生語諸友曰:"我輩去陽明先生之世幾八十年矣。陽明先生初倡此學時不知經多少風波,後賴龍溪先生嗣續,亦不知受多少屈抑。今日我輩得此路頭坦然趨步,可忘前人之恩力耶? 蓋當時人士只疑良知之教不切躬修,是以非詆,曾不知所示格物處俱是日可見之行,何等著實! 今遺教具在,我輩正當以身發明,從家庭中竭力,必以孝悌忠信為根基。……越有陽明,猶魯有仲尼,龍溪一唯參也。今日正須得一孟子,而後仲尼之道益尊。誰其任之! 各自力而已矣。"②

把陽明比作孔子,龍溪比作曾子,而自比孟子,那麼紹興就是儒家之聖地了。所以海門一方面要求諸友"以身發明,從家庭中竭力,必以孝悌忠信為根基",以挽回人士對"良知之教不切躬修"的指責,另一方面又鼓勵大家要勇敢地擔當起振興陽明學的歷史重任。

五年之後的萬曆三十二年,曾在萬曆三十年聆聽海門在婺源霞源書院講學的新安人余舜仲來令紹興山陰,使紹興的講學活動得到進一步復興,這從周海門所作的《文成祠講學圖序贈山陰令舜仲余君入覲》及《拜文成先師墓偶有侵損之虞賦慨》中可窺見一斑。前者稱讚余舜仲說:"君月謁文成祠,聯縉紳文學,共昌明其旨。近且增飭齋宇處,廩餼為會,□盛會之翼。……吾道其又昌哉! 惟舜仲之心不自滿,假餘每扁舟過郡,則出郭邀迎,入祠論證,執禮彌恭,心彌下而請事彌勤。……今時事紛紜,特務文成。

---

① 《張陽和先生不二齋文選》卷五,《沈文池傳》,《四庫全書存目叢書》集一五四,第443頁。
② 《東越證學錄》卷四,《四庫全書存目叢書》集一五六,第471—472頁。

有文成何憂世道？吾以望之學文成者，舜仲其重自念哉！”①後者則將陽明墓直接比作孔林：“參天松檜郁森森，夫子高墳是孔林。露浥喜看千葉茂，神呵誰許一枝侵。西風拜禮瞻依切，碧草摧殘感慨深。到此若無雙淚迸，世間何事更關心？”②由此可以看出周海門利用各種資源以復興紹興講學的雄心壯志。

延續張陽和、周海門在紹興講學的是劉宗周。如果說在王學初創時期，陽明門下在兩浙的展開還是東強西弱的話，到了第二代傳人王畿等人時，王門的學術中心開始由浙東向浙西轉移，那麼到了被視為王學殿軍的劉宗周時，稽山門下在兩浙地區的存在和影響則大致趨於均勢。這種局面的形成，無疑與王學中心從浙東向浙西的轉移有一定關係。萬斯同指出：

> 往山陰劉忠正公紹明絕學，四方士多從之游，其卓然可傳於後者，大都以忠義表見。如吳磊齋、葉潤山、祁世培、金伯玉、王玄趾、祝開美諸君子其尤也。其後死而堅歲寒之操以學問表見者，不過鹽官陳乾初、毘陵惲仲昇及吾師姚江黃太沖三先生而已。惲先生又逃之方外，其學不專於儒。黃先生余所親炙，信哉為山陰之嫡傳。陳先生則聞其名而未識其人，然稔知先生學最深，品最高，為鄉人所矜式。而先生有子敬之及從子惕非，克承家學，力敦行誼，不愧其前人，余敬而慕之，欲與之締交，而余久客天涯，竟不獲與二子把臂，耿耿此中，未嘗不自悵也。念忠正公一代大儒，傳其學者無幾，幸陳先生守其墜緒，二子又克守先生之緒，此正余欲奉為師資者。③

在“以學問表見者”著稱的劉子門人中，萬斯同只列舉了鹽官陳乾初、毘陵惲仲昇及姚江黃太沖三人，並說“惲先生又逃之方外，其學不專於儒”；“黃先生……為山陰之嫡傳”；“念忠正公一代大儒，傳其學者無幾，幸陳先生守其墜緒，二子又克守先生之緒，此正余欲奉為師資者”；試圖以此來凸顯對以陳乾初為代表的劉子浙西傳人的敬重。

有學者指出：劉宗周弟子在思想創新、形成新學派上最具代表性的是

---

① 《東越證學錄》卷七，《四庫全書存目叢書》集一五六，第541—542頁。
② 《東越證學錄》卷十六，《四庫全書存目叢書》集一五六，第721頁。
③ 萬斯同：《題松菊圖為陳惕非八旬初度壽》，《石園藏稿》，清抄本，無卷數，中國科學院圖書館藏本。

以黃宗羲為首的浙東史學派與以張履祥為首的楊園學派,劉宗周的再傳弟子所發揚的亦不外乎梨洲史學和楊園理學。[①] 儘管在劉宗周的 171 位弟子中,浙西與蘇南合起來只有 28 人,僅占總數的 16%,而浙東地區的弟子卻有 107 人,占總數的 62.9%,但是浙西有楊園理學、陳確心學與浙東的梨洲史學相呼應,彰顯出較強的學術創造力和親和力。而在可以統計出的劉氏 171 位弟子中,真正有影響力的只有十幾位,如《清史稿》、《小腆紀傳》之《儒林傳》所著錄的劉氏弟子只有 16 人,其中 4 人是浙西人,即張履祥、錢寅、鄭宏、沈昀。說明浙西劉氏弟子的分量並不輕。若就學術統治力而言,恐怕只有餘姚的黃宗羲和桐鄉的張履祥當之無愧了,這兩人可以說是由蕺山學派而開新學派的創始人。另外劉門中學行篤實、道德高尚的山陰人王朝式與海鹽人吳蕃昌,亦被世人視為能傳蕺山學的代表性人物。這說明,發生在陽明以後的浙江學術中心由"東"到"西"的轉移,到了明末清初,的確出現了東西並重的局面。劉宗周傳人在錢江兩岸並駕齊驅、互為補充,便清楚證明了這一點。

　　從嘉靖七年(1528)王陽明去世到萬曆二年(1574)王畿、張元忭在紹興恢復講學,這中間有近五十年時間幾乎是紹興王門講學的空白期。反觀杭州,由於天真書院的興盛,在此階段,倒逐漸成了浙中王門乃至整個王門講學的中心,以致使祭祀王陽明的主要活動也從紹興轉移到了杭州。這些都證明了王門中心從浙東向浙西的轉移是的的確確存在的地域文化史現象,其中所透露出的歷史信息,值得深度解讀。

---

　　① 參見張瑞濤:《蕺山弟子考編》,《浙江歷史文化研究》第四輯,浙江大學出版社 2012 年版,第 81—94 頁。

清初浙東劉門的分化及劉學的解釋權之爭

李紀祥[*]

【摘　要】劉宗周歿後，其子劉伯繩，為了統一"劉學"而有"山陰之會"，卻因此造成劉門分化。由《劉宗周文集》、《劉子全書》的編撰以及《劉子行狀》等的撰寫，透過劉門弟子惲日初、黃宗羲、再傳萬斯同，以及邵念魯對浙東師門與王陽明諸傳記的再撰寫，我們實可勾勒出一幅劉學詮釋分歧與解釋權分化的歷史圖像。劉宗周身後的"劉學"系譜傳衍史，絕非一元。

一、前　言

黃宗羲的《明儒學案》，梁啟超稱之為中國的第一部完善的學術史，[①]這樣的一部明代學術史之大著，其著成因緣實包含著尊王、尊父、尊師等三大主導動機在內，[②]其中"尊師"一項，係指劉宗周而言。《明儒學案》全書以

---

* 李紀祥，臺灣佛光大學教授。

① 見梁啟超，《中國近三百年學術史》(臺灣中華書局 1978 年 9 月)，第 48 頁。關於梁啟超此一觀點的敘述，司徒琳有很詳細的剖析，見其《〈明夷待訪錄〉與〈明儒學案〉的再評價》一文，收在《黃宗羲論》(浙江古籍出版社，1987 年 12 月初版)，第 287—302 頁。

② 尊王是指尊陽明之學，《四庫全書總目提要》對此敘之甚明，所謂"抑薛尊王"是也(見卷五十八，冊二，第 1255—1260 頁，臺灣商務印書館印行，五冊)；尊父則指黃宗羲之尊其父黃尊素及與之同列東林學案的顧(憲成)、高(攀龍)等人；尊師則如正文所述，係尊劉宗周，故以《蕺山學案》終卷；而其中尊王的立場，又實以江右為宗，對浙中王畿與泰州學派王艮一脈，多致微詞。有關黃宗羲著作《學案》背景的探討，可參陳錦忠《黃宗羲〈明儒學案〉著成因緣及其體例性質略探》《東海學報》第二十五卷，第 111—140 頁；黃進興《學案體裁產生的背景》，《漢學研究》第二卷一期，第 201—221 頁；及王明蓀《從學術史著作之源流看學案體裁》，《中西史學史研討會論文集》(中興大學)，第 121—140 頁。

《師說》置於最前,而以《蕺山學案》終卷,充分顯示了黃宗羲以劉宗周作為
有明學術殿軍的佈局。透過知名度甚高的《明儒學案》,黃宗羲已佔盡優
勢,在對乃師學術的理解詮釋上,有利地取得了"一家之言"的地位;此外,
黃氏另一著作《子劉子行狀》,亦透過其高弟萬斯同(1638—1702)據以採入
《明史》《劉宗周傳》中。上述兩點已可顯示,在傳達劉宗周的學術、生平上,
黃宗羲的觀點已有力地影響後人;除非吾人直接閱讀劉氏著作,否則透過
《明史》與《明儒學案》,吾人所獲得的劉學印象,將是由黃宗羲所傳達。

　　讓我們回到黃宗羲所處的時代,在那時,對於劉學的繼承與闡揚,真的
僅有黃宗羲的"一家之言"嗎! 事實不然,在劉門弟子中,除了黃氏之外,尚
有諸多弟子,在劉宗周逝世之後,滋滋董理乃師著作遺集,以呈現劉學精神
真貌為己任,黃氏亦僅其一而已。在諸弟子中,如惲日初(1601—1678)、陳
乾初(1604—1677),以及劉氏本人之子劉伯繩(1613—1664)等,不但互有
往來,且常因對劉學的理解不同與解釋之異見而起爭辯。在當時,最早對
劉宗周學術作出敘述的應係孫夏峰(1584—1675),孫在其《理學宗傳》中為
劉宗周作短傳。但本文並不以其為範圍,僅以劉宗周逝世之後,劉門中諸
弟子對劉學的解釋及其著作為中心,並兼涉及劉氏逝世後在浙東所引起的
證人與姚江書院二系之對立與門戶作為研究的主題。

　　由現存的文獻中,吾人可知,當時關於劉學的著作,除了黃宗羲的《學案》
及《行狀》之外,尚有現在已經失傳的惲日初之《劉子節要》、陳乾初的《山陰
先生語錄》等。其中惲氏的《節要》成書實在黃宗羲之前,他曾欲黃氏序其書,
但黃宗羲始終不肯答允,黃宗羲之不肯序惲氏之書,不僅是因為不愜於惲書,
而且還牽涉到一個更根本的問題,即劉學的解釋與解釋權之爭,黃宗羲自己
之所以要作《子劉子行狀》及《蕺山學案》,正不妨從這樣的角度來看。這裏要
特別指出的,即是黃、惲之爭,在劉宗周逝世後並不是一個孤立的現象,它可
與黃宗羲與陳乾初的辯論、陳乾初的作《大學辨》、編《山陰先生語錄》,①以及
後來康熙時邵念魯(1648—1711)的重作《明儒劉子蕺山先生傳》,串成一個

---

　　①　本文只將陳乾初的《山陰先生語錄》列入研究範圍,對於陳乾初與黃宗羲往返辯論的內容與
義理之爭,以及陳乾初在同門間引起爭辯的《大學辨》,則暫不涉及,因為這個問題牽涉到劉宗周關於
《大學》及"大學改本"的著作,《大學》與明儒思想的關係等,當另撰專文討論。這方面的文章,參考錢
穆先生的《中國近三百年學術史》(臺北: 臺灣商務印書館)第二章《陳乾初》;詹海雲《陳乾初大學辨
研究》(明文書局)何佑森《黃宗羲晚年思想的轉變》(《故宮文獻》第三卷一期,第35—42 頁),及古
清美《談陳乾初與黃梨洲辯論的幾個問題》(《幼獅學誌》第十七卷三期,第69—87 頁)等。

網絡。本文即旨在探究劉門中諸弟子對劉學的解釋與解釋權之爭，並就劉宗周逝世後在浙東所引起的證人與姚江兩家之門戶現象，試作一整理與分析，以期能對這一段明末清初的學術思想史實，呈現一個不同角度。

二、山陰之會與劉宗周遺書的編輯

崇禎十七年（1644）三月十九日明思宗自縊；四月，清軍進京，趕走李自成；五月，福王登基，弘光元年（清順治二年，1645）四月，史可法殉國揚州；五月，南京失守，弘光帝被殺；閏六月，劉宗周絕食死。

清順治十年（1653）正月，劉宗周之子劉伯繩（汋）為了編校劉宗周遺書之事，邀會同門，地點是在紹興府山陰縣的古小學，古小學即是"證人書院"。二月，劉宗周門下弟子共四十餘人復齊集於古小學為劉宗周舉行春祭，祭後並共同討論其師蕺山之學術思想。值得注意的是，這兩次山陰之會，均係由劉宗周之子伯繩為主導，不僅是為了舉行春祭，也是為了宗周遺書的編輯。此場盛會，同門雖各有意見，但大體上仍尊重劉伯繩主導編輯的遺集，①另外，劉

---

①　現今流傳的《劉子全書》四十卷（華文書局影印1968年11月初版，六冊）係道光刊刻本，其所據並不是劉伯繩的編輯本，而係宗周門人董瑒的重校本，黃宗羲也有參與重校本之編訂。照董瑒的敘述（見今本《劉子全書》冊一，董瑒之《抄述》及吳傑道光十五年序文），劉氏家藏本有一劉宗周親筆刪削原跡的手寫本，董瑒稱之為"底本"，原由劉伯繩所珍藏，伯繩在山陰之會中所出示同門的，則為重抄本，後來與同門陸陸續續增訂編次的，即是此本，董瑒稱之為"錄本"。"底本"後來傳於劉茂林，茂林為宗周之長孫，伯繩之長子，黃宗羲之女婿，因此，黃宗羲與董瑒之得以核定伯繩編次的"錄本"，便係因他們擁有這個"底本"。而進行重編的背景之一，亦源自對伯繩之所編次不盡苟同。但這個"底本"與伯繩"錄本"仍然互有短長，故黃宗羲與董瑒才ад 而互校，按而重定之為四十卷，由王顓菴視學兩浙時刊刻之，此即今本《劉子全書》的原形，故其中尚附有由劉伯繩所編成的《劉宗周年譜》，而劉茂林是在其父伯繩卒前纔由伯繩鄭重手授此一家版"底本"，伯繩卒年是在康熙三年（1664），可知董瑒與黃宗羲必在此年之後纔得睹"底本"，並遺而與"錄本"互校。關於"底本"之授受，邵念魯《思復堂文集》（臺北：華世出版社影印，二冊），卷二《貞孝先生傳（即劉伯繩）》述之甚悉：康熙三年卒，年五十二，卒之夕，出篋中稿屬諸子曰："大父文，千古聖學所寄，勿漫示人，俟可，梓行世。曩遺命葬于蔣，水土淺薄，有力可擇高阜改。……若等第，遵人譜，記憶大父絕粒，無應舉，無就史，安貧讀書，養教子孫。"（冊一，第285頁）又《思復堂文集》卷二《東池董蕘無休先生傳》亦云：康熙甲寅（十三年，1674）避寇入郡，始謁先生。詔以：既宗蕺山之人，不可不知蕺山之學。後數年負笈，喜讀全書，見其楷書詳注，條分眉列，惟恐有失師門之真，其莊慎如此。（冊二，第356頁）是邵念魯得讀蕺山之全集，亦係自董瑒處也。董瑒的重編四十卷本，後至乾隆時由雷翠庭刪削為二十四卷刻本，《四庫全書》中的《劉宗周集》即據此而專抄錄其文章、奏疏而成。道光時，吳傑之父得到董瑒的重編本，遂由吳傑父子付梓刊刻，此即今本《劉子全書》所影印之刊本，亦為四十卷，時正在道光朝劉宗周入嗣孔廟之後。（參見《劉子全書》冊一，吳傑道光十五年之序文所述）

宗周的年譜也是由伯繩所主編。但異議並不是沒有,此點實可自山陰會後劉伯繩與陳乾初、黃宗羲、惲日初等人的書信往來中看出。但在當時,一方面遺集的編訂已近完成,係由伯繩主導;另一方面,大多數同門平日所得讀的第一手乃師學術文獻,唯有就學蕺山時的筆記或其授書,須待此次與會校訂遺集,纔得一睹蕺山全書,因此,在此次聚會中,將師門遺書啟視並手錄抄回者所在多有。因此,山陰之會畢竟是一個源頭,導引出日後諸弟子在對劉學理解方面的種種紛歧與爭議。同時,諸弟子亦開始不滿意劉伯繩的編輯,認為伯繩所編並不能做到對蕺山之學的忠實呈現。如黃宗羲即云:

> 當伯繩輯遺書之時,其言有與雒閩齟齬者,相與移書請刪削之,若惟恐先師失言,為後來所指摘。①

諸弟子也紛紛以對"遺書"的重新輯錄——如惲日初的《劉子節要》、陳乾初的《山陰先生語錄》及董瑒與黃宗羲重新編次的《劉子全書》等;②或為宗周作傳、作行狀——如黃宗羲的《子劉子行狀》、《蕺山學案》,擬透過上述兩種方式來重新傳達一己心目中的蕺山學術之真貌。

三、惲日初的《劉子節要》與黃宗羲的《蕺山學案》

惲日初(字仲昇)是黃宗羲的同門,而且是好友,惲氏在"山陰之會"的第二年(順治十一年,1654)春天,即先著成《蕺山行實》一書,巧合的是陳確在這一年也因不愜劉伯繩所編輯的遺書,也想自編乃師蕺山之語錄。俟康熙七年(1668),惲日初開始編輯《劉子節要》一書,此事見於黃宗羲的記載。
其《蕺山學案》小序述云:

---

① 見《南雷文定》(世界書局 1964 年 2 月初版),《後集》卷三,《先師蕺山先生文集序》,此序作於康熙二十六年(1687)。

② 按《南雷文定》後集中的《先師蕺山先生文集序》,亦收在今本《劉子全書》卷前編為序文,可見黃宗羲此序,即序其與董瑒合校之書,序中所提之王顓菴刊刻事亦可為證,只稱法不同,特宗羲稱為《先師蕺山先生文集》耳。

戊申歲(康熙七年,1668),羲與憚日初同在越城半年,日初……其時為《劉子節要》。①

至康熙八年(1669),《劉子節要》書成,憚氏向黃宗羲索序,此事見於黃氏《明儒學案序》:

歲己酉(康熙八年,1669),毘陵鄆仲昇來越,著《劉子節要》……書成,羲送之江干。……仲昇欲羲敘其《節要》,羲終不敢。②

黃宗羲雖在前一年已為憚日初序其《文集》,③但憚氏索序《節要》一事,卻未肯答應,此中自有原因。康熙十二年(1673)時,憚氏欲將《劉子節要》全書付梓,遂又再索序於宗羲。此則見於憚日初寫給黃宗羲的信中,其云:

河干握別,倏已五年,跂想無已,笫兄手中得手教,知故人之思,彼此同也。弟今年七十又加二,精神志氣,較五年前更大相懸。……先師節要,敝鄉學者亟欲見其書,遂謀付梓。……或作序,或書後,惟尊意。④

但黃宗羲終究還是未肯答應。值得注意的是,憚氏之所以索序於黃宗羲,係因為"老師之學,同門中唯吾兄能言之"。⑤ 此點,黃宗羲在他的《明儒學案序》中也有道及:

---

① 見《明儒學案》(國學基本叢書本)卷六十二,《蕺山學案》小序。

② 見《明儒學案》黃宗羲寫於康熙三十二年(1693)的序文。按黃炳垕《黃梨洲先生年譜》(以下簡稱《黃譜》)將此事亦繫於康熙八年條下,唯《黃譜》中所稱引之《答憚仲昇書》,今傳《南雷文定》、《文案》、《文約》(梨洲先生遺著彙刊本,隆言出版社據民國四年中華書局本影印)均未見收。

③ 見《南雷文案》(梨洲遺著彙刊本)卷一,《憚仲昇文集序》。此序作於康熙七年(1668)。案憚氏文集今似已失傳,此間唯師範大學國文系圖書館藏有憚氏《憚遜菴文集稿》不分卷,唯其中並未收錄黃宗羲之序,集稿中亦未有關於《節要》之記載。

④ 見《南雷文定》(梨洲遺著彙刊本)附錄中所收的憚日初致黃宗羲函。按筆者繫憚氏此信於康熙十二年(1673),係因"河干握別"在康熙八年,分手五年,應是康熙十二年,此與憚氏卒年在康熙十七年(1678),歲七十八,倒推回去,與河干握別時年歲七十二正同,故應為康熙十二年(1673)。

⑤ 見《南雷文定》(梨洲遺著彙刊本)附錄中所收的憚日初致黃宗羲函。按筆者繫憚氏此信於康熙十二年(1673),係因"河干握別"在康熙八年,分手五年,應是康熙十二年,此與憚氏卒年在康熙十七年(1678),歲七十八,倒推回去,與河干握別時年歲七十二正同,故應為康熙十二年(1673)。

　　仲昇執手丁寧曰："今日知先師之學者,惟吾與子兩人,議論不容
不歸一。"

　　因此,惲日初要黃宗羲為他的《節要》作序,實傳達了一個意願,即黃宗
羲能同意他對劉學所作的"解釋"(議論不容不歸一),這個索序之舉,即代
表此一意義。但黃宗羲對此事態度相當堅持,一直都沒有答應。康熙八年
河干分手時,惲氏即當面索序;五年之後,惲氏在信上又向黃氏索序,甚至
"書後"也可以,可見此序之重要。黃宗羲自己的《子劉子行狀》已於康熙十
二年以前撰成,[①]而專述劉宗周的《蕺山學案》及《明儒學案》全書,則應於
康熙十七八年(1678—1679)間成書。[②]　黃宗羲終於未替惲書作序。黃氏之
所以堅持此點,不僅是因為他未必同意惲氏對蕺山學術的觀點,而且恐怕
也係因為黃氏不肯讓出對乃師學術思想的解釋權,所以他要自己來作《蕺
山學案》,而且還把這一段與惲日初間關於劉學詮釋的一段公案特別載入
《明儒學案序》中,由黃宗羲在康熙三十二年(1693)作的學案序,我們可以
察知此點。序云:

　　　　歲己酉,昆陵惲仲昇來越,著《劉子節要》,仲昇先師之高第弟子
　　也,書成,羲送之江干,仲昇執手丁寧曰:"今日知先師之學者,唯吾
　　與子兩人,議論不容不歸一。惟於先師言意所在,宜稍為通融。"羲
　　曰:"先師所以異於諸儒者,正在於意,豈可不為發明。"仲昇欲羲序
　　其《節要》,羲終不敢。是則仲昇於殊途百慮之學,倘有成局之未
　　化也。

說他成局未化,不正表示惲氏在詮釋劉學上尚有問題嗎!　這點在《蕺山學

---

　　①　若據前引惲日初寫給黃宗羲的信,則知至少在康熙十二年時,黃氏的《行狀》已經成書,故
惲書方云:"吾兄所為《狀》,欲采入附錄中,並望惠教。"即可證明。吳光考證《行狀》成書在康熙六
年至七年間,似太鬆散;又其以惲、黃兩人"河干握別"在康熙七年,似誤,前已據《明儒學案序》中之
"歲己酉"而考證兩人"河干握別"應在康熙八年。
　　②　按黃炳垕之《黃譜》將《學案》成書繫於康熙十五年,當據《明儒學案序》中所云之"書成於
丙辰之後"數字,丙辰即康熙十五年,但既云"丙辰之後",則未必即為是年;而陳祖武撰文《黃宗羲
生平事跡叢考:關於明儒學案成書時間的幾個問題》,則以為康熙二十四年(1685);吳光《明儒學
案考》則詳考其成書應於康熙十七八年間(見吳光《黃宗羲著作彙考》第17頁,臺灣學生書局),本
文則從吳光之考證。又陳祖武之文章亦引見吳光之書,第17頁。

案》小序中，黃宗羲說得更為露骨：

> 戊申歲，羲與惲日初同在越城半年，日初先師高第弟子，其時為《劉子節要》。臨別，拜於河滸，日初執手謂羲曰："知先師之學者，今無人矣，吾二人宗旨不可不同。但於先師言意所在，當稍渾融耳。"羲蓋未之答也。及《節要》刻成，緘書寄羲曰："子知先師之學者，不可不序。"嗟乎！義豈能知先師之學者。然觀日初高、劉兩先生《正學說》云："忠憲得之悟，其畢生黽勉，祇重修持，是以乾知統攝坤能；先師得之修，其末後歸趣，亦稱解悟，是以坤能證入乾知。"……彼徒見忠憲旅店之悟，以為得之悟，此是禪門路徑，與聖學無當也；先師之慎獨，非性體分明，慎是慎個怎麼！以此觀之，日初亦便未知先師之學也，使其知之，則於先師言意所在，迎刃而解矣！此義不序《節要》之意也！

不序《節要》之意，此小序已說得很明白，正是在理解與詮釋兩均有誤上，而宗羲本人之《蕺山學案》呢？他說："子劉子既沒，宗旨復裂。"①然《學案》則是：

> 今所錄，一依原書次第，先師著述雖多，其大概具是，學者可以無未見之恨矣！②

這不是明白自道唯一能對乃師學術作出真正詮釋與傳述的，就在黃氏一家，唯黃氏之《學案》可以置案憑《案》以觀劉學，且不必再通過劉宗周的原書嗎！

在《明儒學案序》與《蕺山學案》小序中，皆會提到了他與惲日初在詮解劉學異同上的一大關鍵，在於"意"之一字，故在惲則云"惟於先師言意所在，宜稍為通融"，在黃則云"先師所以異於諸儒者，正在於意，豈可不為發明"。《大學》上言"誠意正心"，意為心之所發，而劉宗周學術宗旨在"慎獨"，則言心之主宰為"意"，故宗周之學，扣緊《大學》八條目而言，則其宗旨結穴於"誠意"。誠意，毋自欺也，是即"慎獨"。然宗周"誠意"之學，實

---

① 見《南雷文案》（梨洲遺著彙刊本）卷二，《劉伯繩先生墓誌銘》。
② 見《蕺山學案》小序（國學基本叢書本）。

“意”為“心”之主宰,則意在心之先矣,為心之體矣,與王陽明說《大學》之旨在“致知”不合;故宗周之說,在當時亦為新說,亦曾引人疑義,甚至弟子間於此說,亦有受不受、信不信、疑不疑者,惲日初與黃宗羲即其一例。故董瑒在《劉子全書·抄述》中要特誌此事:

> 梨洲黃子有《學案》之刻,屬端生(案即董瑒)序,端生序曰:先師劉子,自崇禎丙子(九年,1636)在京曰,始訂誠意之旨以示人,謂意者心之所存。戊寅(十一年,1638)端生侍師,親承音旨,時聞者謂與朱子、王子不符,起而爭之;其問答之語、往復之書,備載全書,端生心誠是說,未敢有所可否,一時門人後學亦未有會之者。先師沒後,梨洲黃子特闡其義,見於序牘,余亦不敢由一詞以應。逮先師辭世三十八年,得一菴王氏棟遺集內有會語,及誠意問答云:“自身之主宰言謂之心,自心之主宰言謂之意。⋯⋯與先師之旨合。”①

至此,經由董瑒《抄述》文之敘述,當時劉門中對劉學詮解上一大爭端處——“誠意”之學——的背景,實燦然可明,故黃氏堅持“先師所以異於諸儒者,正在於意”,亦有其當所堅持,故其始終不肯序“言意所在,宜稍通融”的《劉子節要》,而董瑒之所以要將泰州學派王棟(王艮之子)言“意”者引出,並刊入《抄述》中,正是要為乃師言意之學在明代前賢中找一個根據,是故董瑒續云:

> 一菴屬泰州門人,夙稟良知之教者,而特揭意旨以示,惜聞者之徒守舊說,而不能深求其在我,博考於諸儒,漫然疑先師之說,而不知前此已有不謀而同焉。(下略)②

鄭重特書一菴之說,即學術上“引經據典”之意;黃宗羲在《先師蕺山先生文集序》中也將王棟之言“意”者引入,凡此皆可見當時宗周言“意”之學仍是劉學爭端的核心,不僅是個“義理”上的問題,也是一個“文字”上的問題。是故董瑒自王棟文集中摘出言意文字,黃宗羲依於義理體會而不序惲氏

---

① 見《劉子全書》卷首,董瑒《抄述》,第33頁上—下。
② 見《劉子全書》卷首,董瑒《抄述》,第33頁下。

《節要》，皆表示在宗周生前，或宗周歿後，劉門中詮釋劉學爭端中的一大重點，便在於義理上與文字上的"意"字。

　　最後，關於劉宗周的行狀，亦有可言，今傳而為我們所習知的，是黃宗羲的《子劉子行狀》，道光所刊刻的董瑒重編本《劉子全書》卷三十九中，收的也是此行狀；但據董瑒的《抄述》所云，可知惲日初也作有行狀，且為劉伯繩的"錄本"所採入，則劉汋與惲日初自是一脈，而黃宗羲與董瑒亦是一脈，無怪"底本"與"錄本"有其異同出入，則黃氏之與董瑒以"底本"重編校《劉子全書》，自非無故了。而其間兩本"行狀"之抽換，尤其有味！①

四、陳乾初的《山陰先生語錄》

（一）歸宗劉門

　　陳乾初（萬曆三十二年，1604—康熙十六年，1677）四十歲時始受教於劉宗周，正式歸宗蕺山門下。在此之前，他是一個文人，雅擅詩文、篆刻，妙解音律，工於書法；他並不喜歡理學，他父親授予他的《性理集要》一書，也束之高閣弗閱。②"乾初"是他後來的字，他的原名是"篤永"，庠名為"道永"，字"非玄"。③陳乾初之子陳翼曾指出其父"學凡三變"：

　　　　始崇尚夫風流；繼絢爛夫詞章；繼又於厲夫氣節，自後一變至道。④

而在這個"至道"的過程中，他的生平好友祝淵及老師劉宗周的影響是不容忽視的。《陳乾初先生年譜》（按以下簡稱《陳譜》）崇禎四年（1631）辛未二十八歲條：

　　　　冬，始與祝開美孝廉交。⑤

―――――――――

① 董瑒所述，見《抄述》第 16 頁上。
② 見《陳確集》（點校本，漢京文化公司 1984 年 7 月臺一版，二冊）《文集》卷十，《先世遺事紀略》，第 534 頁。
③ 見陳翼：《乾初府君行略》，《陳確集》，第 11 頁。
④ 見陳翼：《乾初府君行略》，《陳確集》，第 11 頁。
⑤ 吳騫輯：陳敬璋訂補，《陳乾初先生年譜》（以下簡稱《陳譜》），第 828 頁，收在《陳確集》附錄。

祝開美即祝淵,號月隱,他不僅是陳確的平生知己,也是後來在劉門中,陳確以為唯一能得劉宗周真傳的弟子。陳乾初《祝子開美傳》載:

> 崇禎辛未冬,……始識開美,一見意洽,謂開美非俗世士也。開美亦時時竊歸告其尊人,稱陳子之義。開美時年弱冠,而予齒更二十有八,此余二人定交之始也。①

祝、陳二人的交情是毋庸置疑的,他們一起求學,一起向道,一起渡江謁劉宗周;祝開美殉節前,遺志所託者,是乾初,而影響乾初歸宗劉門的,開美也有一份。祝開美殉明之年在順治元年(1645),比他的老師劉宗周絕粒之日還早一日,但在開美死後,他對乾初的影響非但未斷,而且日深。兩人交情差似明末另一對至友——幾社的陳子龍與夏允彝,夏允彝亦殉節死,陳子龍以母尚在未隨,但最後仍因策動南方義軍活動就逮,死於投江。乾初則在明亡之後,一心發明向道,沉潛劉學。

崇禎十六年(1643)時,乾初四十歲,八月,他與祝開美遊西湖,渡錢塘入剡,受學於劉宗周,九月奉宗周之命,開美與乾初同登秦高山。順治二年(1645)正月,乾初與開美第三次至山陰謁劉宗周。乾初一生纔不過與劉氏相見三次,每次聚會的時間都很短暫,但是,宗周對乾初的影響是不容置疑的,也是因為如此,乾初終於由文士而一變至於向道。許三禮云:

> (乾初)自奉教蕺山,一切陶寫性情之技,視為害道而絕之;其勇於見義,遇不平而輒發者,亦視為任氣而不復蹈。惟皇皇克己內省,黜偽存誠,他不暇顧也。②

乾初初謁宗周時,宗周即勉砥他聖學為一"千秋大業"須引為"己任",揆諸乾初四十歲以後的人生,正足作這句話的寫照。乾初還特別為初次謁師而作詩云:"千秋大業真吾事,臨別丁寧不敢忘。"③為何劉宗周的人品對陳乾初的影響如斯之大呢? 陳乾初的另一首詩也已道出一二,以見乾初胸中本

---

① 　陳確:《陳確集》,第 828 頁。
② 　見《海寧縣志·理學傳》,轉引自《陳確集》卷首,第 1 頁。
③ 　見陳確:《平水東嶽廟謝別先生》,《陳確集》,第 723 頁。又陳確另撰有《秋遊記》一篇,記其與祝開美謁師經過甚詳,見《陳確集》,第 200 頁。

有懷抱，直待宗周此一人品、學問兩全之大儒而啟，詩爲《江水泊泊》二章：

> 江水泊泊，雲山屼屼；仲秋而出，學何以不惑。
> 江水濚洄，雲山崖巍；秋盡而歸，學何以不惑。①

順治二年（1645），南都覆亡，祝開美與劉宗周相繼殉國。開美死前，曾以《山陰先生手書》及《所記錄》託付乾初，為後來乾初編輯祝子遺書張本。② 乾初於是年閏六月受開美託付之後，於十月時即先編成《祝開美師門問答》以及手稿中的手劄、詩、雜論等之年月編次；③終於在順治十六年（1659）經過蒐輯、刪削開美遺文獻之後，編成《祝子遺書》並付梓，今本《陳確集》及《月隱先生遺集》中都保留了陳確的序文，可以知道陳確編輯刪削是集之所去取。④ 此外，乾初還撰有《祭祝開美文》、《書祝開美師門問答後》文，及《哭祝子開美》、《哭劉念臺師》詩，都流露出他對此一師一友的悲傷感懷。

順治四年（1647）時，四月，陳確具呈本學，求削儒籍，於此年之後，正夫更名為“確”，字“乾初”。關於此一更名事件，實表達了乾初一生學術踐履的一個轉捩點，即“歸本劉學”、“永作遺民”。所以不僅求削儒籍，並特作《呈學請削籍詞》，中有請詞云：

> 久忝宮牆，兼靡廩餼。……今某寒遭病廢，手不習制舉之書，幸遇賓興，足不赴貢科之試。然猶序列附增之上，歲叨鍾石之糧，……真師門之敗類，允聖世之廢人。乞還野人之衣，敬讓賢者之路。……懇申

---

① 此詩係謁師返鄉，與祝開美分手後所寫，見《陳確集》，第 626 頁。
② 參陳敬璋《乾初先生年表》，《陳確集》首卷，第 27 頁；《陳譜》順治二年條，《陳確集》附錄，第 835 頁。按祝開美臨前託付乾初的《山陰先生手書》（即劉宗周給祝開美的書信），據陳確的敘述，共有二十六通；至於開美親手所錄之師說交託乾初者，據陳確所述，則有一百九十四通。參見今本《月隱先生遺集》（適園叢書本，百部叢書集成續編之六）中卷一及卷四之末保留的陳確識語所述。
③ 《陳譜》順治二年條，《陳確集》附錄，第 835 頁。
④ 見《陳確集‧文集》卷十，《輯祝子遺書序》。今適園叢書《月隱先生遺集》卷前附有陳確之《祝子遺書序》，無“輯”字。陳序作於己亥之年，即順治十六年，《遺書》刊刻亦在是年，見陳序所述，另《月隱先生遺集》卷四之末，亦保存了祝開美之子祝乾明的識語，文中亦敘述了刊刻前訂其父遺書的經過。按今本《月隱先生遺集》（適園叢書本）係陳確後人陳敬璋之鈔校本所刻。此本共有六卷，本編四卷、外編二卷。卷一為《問學錄》，全錄祝開美寫給劉宗周的書信十四通，並附入劉宗周的答書，前者係由劉伯繩轉交；卷二為奏疏及紀實；卷三為尺牘，卷四為雜著，包括《自警》、《師說》等；另有外編二卷；合為六卷。

學憲,永削儒籍。①

　　至於改名與字,則與其師劉宗周有關。蓋其從學時,劉氏曾授以《周易古文鈔》,"確"與"乾初"皆係取自《易傳‧文言》中釋《乾卦‧初九》爻之文:"確乎其不可拔,潛龍也。"並又作有《為舊字有贈》詩云:

　　　　昔我字非玄,今字易乾初,其德為潛龍,於名取確乎! 命子有深意,願言致區區。②

凡此皆見其心志之自述,師友既皆亡,己則決定作"遺民",削"儒籍",作"潛龍",一心追求師門學問大道,並以述繼亡友、亡師之學為餘生之任。是故他律己之嚴,且及於第二代,遺民中對子弟大都不再多作要求,但乾初則作有《使子弟出試議》,③對遺民此一現象表示反感。

(二) 詮釋劉學

　　順治九年(1652),乾初往訪劉宗周之子劉伯繩。翌年,又受伯繩之邀參加了山陰之會。這次的山陰之會,使乾初體會到一個問題:即關於乃師蕺山的學問,同門弟子中並不是每一個人都能在理解中有一個全然客觀的劉學真貌出現,弟子中對老師的學問,不僅體會不同,而且言人人殊,這在山陰之會的校編劉氏遺稿一事中已顯露出來。現在他自己也一心一意要向道,要進入老師的學問人格世界中,但他在同門師兄弟中,發現了言人人殊的問題、理解與詮釋的問題,所依據的文本問題,這些在他逐漸抄閱了更多的老師遺稿後,更加的顯明。

　　崇禎十六年(1643)乾初初受劉宗周之《周易古文鈔》;順治二年(1645)時,又透過祝開美的《祝開美師門問答》、《師說》等,④對蕺山之學有

----

① 見《陳確集‧文集》卷十五,第368頁。
② 見《陳確集‧詩集》卷二,第639頁。
③ 見《陳確集‧文集》卷六,第172頁。關於此現象之探討,參見何冠彪:《明遺民子弟出試問題平議》,《故宮學術季刊》第七卷一期(1989年秋季),第41—68頁。
④ 按今本《月隱先生遺集》中卷一的《問學錄》書信及卷四的《師說》三十九則,當即前文所述的《山陰先生手書》,也即陳確論次的《祝開美師門問答》,而後者即"所記錄"。陳確曰:開美手錄師說共一百九十四通,今刻三十九通,欲學者一嘗滋味,恐庖饌太多,客不遑下箸之意也。意即未經整理的開美手錄之師門語錄,已經陳確之精擇。(引見《月隱先生文集》卷四,第18頁下。)

了進一步的瞭解。在陳確而言，他是認為同門中唯有祝開美能得劉子真傳，這不僅是透過祝開美的人格踐履，也因為他對乃師記錄的筆劄文字。

順治九年（1652），渡江訪劉伯繩，手抄其所輯之《劉宗周年譜》而歸。①

順治十年（1653）因藉山陰之會，益睹劉伯繩輯存的劉子遺稿，對乃師之學也日漸有窺，但此時猶有賴於伯繩，因其能掌握較多之宗周遺獻也。故曰"茫然未獲我先生之學於萬一""求諸己而不得，則益不能不專求之於伯繩"，"不能不厚望我伯繩者也"。② 故山陰大會伯繩實主持之人，且為劉學之最佳發言人，不僅因為其為宗周之子，亦因其擁有乃父宗周之全部遺稿也，故曰"吾門人不能傳先生之學，而其子能傳先生之學也"。③ 然劉伯繩並未藏私，不僅藉山陰之會將乃父遺稿抄本盡示同門，且約集同門一同編校劉子遺集，以是同門方得以盡窺蕺山遺文。然正如前面所述，此後同門中有關於劉宗周學術的書籍亦纔能有所根據而紛紛著出；同時也因為山陰校書而凸顯了同門中對於劉學體悟的紛歧，導致"真傳何人""宗旨分裂"（黃宗羲語）；陳確對山陰之會所記述的文字：

> 仲月三日，會同門之七十餘人於古小學，舉先生之春祭，祭畢而請教焉，則亦皆能言先生之學，而或言之不詳，或詳之而未會其歸。④

即指此種感受而言。

前節所述的惲日初《劉子節要》與黃宗羲《子劉子行狀》間的分歧，固可置於此一脈絡視野中來作理解。本節中的陳乾初之《山陰先生語錄》，又何嘗不是以解釋"劉學"為中心。所謂"宗旨分裂"，即解釋劉學的問題，諸書之作，可作此看；而所謂"真傳何人"，則更是劉學解釋權之爭了，諸書之辨異，又似可作此看。

陳乾初在《寄張奠夫、劉伯繩兩兄書》（繫於順治十年）⑤中，分別針對

---

① 見陳確：《別劉伯繩序》云："去年之三月，確嘗越江而弔先生，……'先生之年譜定乎？'則已述上下二卷，凡萬有餘言，……確請奉其副以歸而卒業焉。"（見《陳確集·文集》卷十，第236頁。）故抄年譜當在《別劉伯繩序》的去年，序作於1653年，則去年當為1652年，即順治九年。

② 陳確：《別劉伯繩序》，《陳確集》，第264頁。

③ 陳確：《別劉伯繩序》，《陳確集》，第264頁。

④ 陳確：《別劉伯繩序》，《陳確集》，第264頁。

⑤ 見《陳確集·文集》卷一，第75—77頁。編者將此書信繫於順治十年。

兩人各致其疑，表達出劉學解釋及踐履上的疑問。於張楊園（奠夫）係於踐履上發難其疑：

> 弟有疑於兩兄，亦不敢不進以告也。聞之友人，謂奠兄之子亦隨俗出試；又謂奠兄曾拜一某和尚。此二事，弟必不信，然既聞之矣，又不敢以不信而不一以告也。向者曾聞奠兄責鳳師兄弟不可出試矣，以其為開美子故也，吾不知奠夫之子何以獨不得如開美之子也？此未能無疑，一也。不知所謂拜某和尚者，彼來之而答拜之耶？即不來而往拜之，亦隨常相揖之為拜耶？抑若門弟子拜而受教之拜耶？如前二者之拜，吾無責焉耳；萬一如後者之拜，則為某和尚之弟子，即非吾師之弟子矣。此未能無疑，二也。①

於劉伯繩則致以理解與把握劉學之疑：

> 《年譜》出繩兄手筆，自另成一書，不妨參以己見，然關係先生學術處亦自宜過慎。至於《遺集》言理之書，或去或留，正未易言。無論弟之淺學不敢任臆，即如繩兄之家學淵源，表裏洞澈，恐亦遽難裁定。……夫仁知之於道，豈云無得，而不能不偏於所見，然則道豈易言乎？然則先生之學亦豈易言乎？與我見合者留之，不合者去之，然則豈復為先生之學乎？以繩兄之明睿，萬萬無此慮，而弟猶不敢不鰓鰓過慮者，祇見其不知量耳。②

從這裏來說，乾初把踐履、人格也當作劉學真傳的一個標準，是十分嚴格的，他之所以更名為“確”、字“乾初”，甘作遺民，且作《使子弟勿試議》，之所以推崇開美，又之所以欽仰宗周，以及所以嚴責張奠夫，何一不與從劉學“慎獨”而來的踐履之學有關，到此方謂學問，乾初不是口講的。另外，《寄張奠夫、劉伯繩書》中“自另成一書”云云，正是把劉汋之《年譜》視為詮釋之一種，而非劉宗周學術之本文也，也反映出乾初在對劉宗周之遺集與學術皆有體悟之後，所產生的一些疑惑，表達了他認為劉伯繩也不一定能把

①　見《陳確集·文集》卷一，第76頁。編者將此書信繫於順治十年。
②　見《陳確集·文集》卷一，第77頁。編者將此書信繫於順治十年。

握宗周真旨的心中意見,故云"遺集言理之書,或去或留,正未易言"。對遺集之編輯已有不同之看法。乾初的詩《古寺》,表達了此種心境:"古寺嚴宵永,羈人未敢眠。遺書何日校,大道幾人傳。"①因此,順治十一年(1654),乾初再錄劉宗周之《語錄》、《會語》等書之後,②逮夫順治十四年的致同門諸書中,已更加表達了對此一山陰會後由伯繩主導的《遺集》之編訂,未必皆能中師門之旨,文獻皆能傳師門之學的意旨。順治十四年《寄劉伯繩書》第一通云:

> 念先生遺集,每不去心。鄙意只欲少之又少,以行其至精至當者為佳。孔子與門弟子終日言不倦,豈止如《論語》中寥寥一二十篇文字而已,而門弟子所輯止此,良有見。使孔子自輯之,不知還得削去多少。③

《寄劉伯繩書》第二通云:

> 欲一觀前輩典型,並欲往古小學一拜先生神主。此後生嚮往之誠,幸勿阻之,舍弟此來,自謂絕無所干謁,留不過信宿,回教幸即付之。④

《與沈朗思書》云:

> 去秋欲寄繩兄一函,未得達,茲原封附去。中及教子及輯遺書二事,皆不能無深望於吾兄。《年譜》、《語錄》所宜刪之又刪,極於簡要,盡掃近來年譜、語錄習氣,蔗不負先生一生實學。先生拳拳戒刻遺文,正為今日,可勿慎諸!⑤

---

① 《陳確集・詩集》卷五,第713頁。
② 見《寄劉伯繩世兄書》,《陳確集》,第87頁。書繫於甲午年,即順治十一年。有云《易鈔》、《語錄》、《會語》,俱送考夫兄處,未返,確於先生《語錄》,亦略有參訂。又《陳確集・別集》卷十七中之《寄劉伯繩書》中有云"去春歸家錄《年譜》,秋間錄《易鈔》,今春錄《語錄》、《會語》"。
③ 《陳確集・文集》卷二,第112頁。
④ 《陳確集・文集》卷二,第112頁。
⑤ 《陳確集・文集》卷二,第115頁。

是故陳乾初終於因理解與詮釋劉學及"真傳"劉學的問題,而決定"自為之"。不再寄望透過伯繩主導的《遺集》或其他門弟子的編輯或著作。他自為之的方式,是首先透過編輯祝開美遺集,表達他對劉學進路的體會,是重在"顏子"一路上,踐履一路上。[①] 所以不以遺書雜然全收為然,尤其關於"語錄",故他又有重輯蕺山語錄之志,蘄己能一近乎《論語》以傳劉學之真。

初,順治二年時,祝開美將自盡前,曾盡託遺書於乾初,乾初是年十月,即輯成《祝開美師門問答》以及其他手稿、劄記之年目編次,為《祝子遺書》之初稿。並於次年作《祝子開美傳》敘述開美的人品、行誼,而不及學術。俟甲午年(順治十一年,1654),其致書劉伯繩有云:

> 甲申六月間,曾拜先生(案指劉宗周)一手書,論開美出獄事,似亦當補入集中,統俟嗣寄。　開美葬地,已定於管山,……開兄交遊雖廣,然最心許天賜及不肖弟兩人。今天賜已負開美,弟之負開美與不負開美,尚未可知。[②]

又甲午年另一通《寄劉伯繩書》,則有三事當注意。其一,為言及《大學辨》,關於《大學辨》發表後,曾引發同門之紛紛責論,陳乾初固仍以己為是,而一一與之辯論,其與黃梨洲之辯,錢賓四先生於《中國近三百年學術史》中已深論之,然《大學辨》若置於劉門中詮釋劉學的紛歧背景中視之,則其牽涉當更為複雜,當別撰專文探討之。其二,即為重輯祝開美之遺書,前已言及。此所申論者,為順治十年時,乾初對劉伯繩之《年譜》即已有微言,而今覽開美之"手抄",其中所錄之蕺山語,在乾初看來,多有能劉學之精義者,而竟為劉伯繩編次《遺集》時所未備載;故云"尚在抄錄,錄成以奉採擇,補遺集之未備"。這不是表明了祝開美的抄錄之正確、精義扼要,也即是祝開美對於劉學的理解體悟表現於《文抄》中的,有足可補充伯繩所編《遺集》之"未備"者;換言之,莫非乾初認為對劉學真有體會者,應當是這位乾初最為推崇的亡友——祝開美,而不是乾初認為其對劉學解釋已有偏差的劉伯

---

① 祝開美相當以師門顏回自居,此點可於其《遺集》中明白見之。又《遺集》卷四中收有《自警》十六則,一名"私室戒言",表達了他對劉宗周《人譜》踐履的繼承性。另參《與祝鳳師書》及《輯祝子遺書序》,見《陳確集·文集》卷二,第109—110頁,及《文集》卷十,第239頁。

② 《陳確集·文集》卷一,第88頁。

繩！以是乾初要重新編輯《祝子遺書》。①

其三,則是乾初表達了意欲自己抉擇蕺山文獻,自行編輯《蕺山語錄》的想法,換言之,他想透過自行編輯來詮釋劉學,呈顯劉學真貌,而且乾初的意思是要如《論語》一般,簡明扼要,庶能傳劉學之神髓與其實地實到處,這點特色在乾初重編祝子遺書時也表現出來,"碻削其十七……而梓其十三以問世,期以發明心學而上,又多乎哉！……汲汲惟遺書之輯也,又豈惟遺書之輯已哉"！② 是故,乾初用"文獻"呈現人格學問精神的進路,不是"史學"的——重在輯逸"文獻之全",而在能呈顯"學問之真"。這是與劉伯繩有其不同的。《寄劉伯繩書》云：

> 仲木有意刪潤《年譜》之事,而弟亦竊欲妄輯先生《語錄》,擇其說之最中吾膏肓者,另寫一本,奉為私書,此去倘無事擾,則一年之中,此書斷然可成。③

順治十三年(1656),乾初已五十三歲,終於輯成《山陰先生語錄》,④惜此書今已佚,《陳碻乾初先生著述目》載有：

> 《蕺山先生語錄》,見《餘聞》,後附"禪障、性解"。⑤

又,《補目》則載：

> 《山陰語抄》,與澉湖吳氏蕃昌合輯,有《書後》。⑥

---

① 由《與吳仲木書》中所言,則對補《遺集》之意更明："開兄集,竟亦未能即就梓。前得子霖一函,並是開兄侍先生時所手記者,皆似宜登集,兼足以補師集之未備。弟以為還須攜至山陰,與伯繩兄一商,刻事誠未易草草,以此益服伯兄久持先生之集非無見也。"見《陳碻集‧文集》卷一第84頁。

② 《輯祝子遺書序》,《陳碻集‧文集》卷十,第241頁。

③ 《陳碻集‧別集》卷十七,第616頁。

④ 見《書山陰語抄後》,繫年丙申,即順治十三年(1656),乾初五十三歲,《陳譜》則繫於五十二歲。

⑤ 見《陳碻集》首卷,第47頁。

⑥ 見《陳碻集》首卷,第48頁。

案吳蕃昌即吳仲木,也即前引《寄別伯繩書》中所云欲刪潤《年譜》的仲木。此《書後》即今收在《陳確集》《文集》卷十七中的《書山陰語抄後》。中有記云:

> 歲壬辰(順治九年,1652)二月,確與澉湖吳蕃昌同受先生遺集以歸。已而確嘗致書伯繩,謂蕃嘗有意任刪潤年譜之事,而確亦妄欲輯師語之最中我膏肓者,另寫一本,奉為私書,而亦逡巡而未敢也。每欲書者數矣,而輒止,或且已書,且書成帙矣,而又廢之而復書,而卒未有成也。而今年正月二十五日,蕃竟以毀死,不遂前志,而確復何忍獨輯先生之語錄矣乎!無已,則且收理前者之所謂書而廢、廢而復書而未成者,而姑留之以俟異日,可夫?[1]

又云:

> 恃先生之教,先生"慎獨"二字,能起千百載以往既死之神聖賢人而復生之,而何有於二豎子![2]

是其書雖不傳,而吾人猶可推知,似陳乾初之編輯《語抄》之旨,甚為簡明明確,一惟在發明闡顯師門"慎獨"之學而已,故其所輯之特色,則亦正如其對《論語》、劉伯繩《年譜》與《語錄》之所論,宜刪之又刪、簡之又簡,庶字字皆實,一掃語錄習氣;因此,他的選錄《語抄》,全是注重在踐履、工夫以及顏子學道精神,[3]他認為惟此方與其師"慎獨"之學相應,他是從實踐的角度,來詮釋其師之學的。《山陰先生語錄》由《書後》文字看來,也正是這樣精神下的一部編集,它與劉伯繩所編的《年譜》以及《語錄》應是不同的,而這也正是他想重新編輯《山陰先生語錄》的主要動機:劉伯繩所呈現的,並不是他心目中的"劉學"。

---

① 《陳確集・文集》卷十七,第 396 頁。
② 《陳確集・文集》卷十七,第 396 頁。
③ 參《陳確集・別集》卷五,《學解》、《學譜》,第 462—464 頁。事實上,這也正與他論"性"之言相符,他論"性"時不分別"形上"與"形下",而一以"氣質之性"為性,並以"擴充的盡"方是性為言,也正符合他的為學深重"踐履"之特色。

五、邵念魯的《明儒劉子蕺山先生傳》

浙東一地,在明末之時,有證人社與姚江書院。先有證人社,由劉宗周所建,其地原是宋代尹和靖(1061—1132)講學之所在,劉宗周為恢復講學之風,特在此地之"古小學"舊址建為書院,名曰"證人"。劉氏《古小學集記序》云:

> 國制皆社學也,而行於吾鄉獨稱小學,且進之曰"古小學"。祀以和靖尹先生。①

此古小學於天啟(1621—1627)末年迄崇禎十四年(1641)間之重修,②復由於劉宗周在此講學,特為作《證人會約》,故講所又稱為"證人社"、"證人書院"。明清鼎革,書院皆毀;迨康熙丁未(六年,1667)時,黃宗羲纔又重建證人書院,緒乃師遺志,邀集同志在此講學,③並在甬上設立講經會,倡讀經書,以對治明末以來虛矯之風。由於此地原為宋尹和靖之講所,故證人社中主祀尹和靖,但其學術之統,則仍以王學為尊。

至於姚江書院,則至沈國模(1575—1656)時始創立。沈氏原為周海門(1547—1629)弟子,周海門傳王龍谿(1497—1582)之學,以"四無"為宗,對於援入佛學並不忌諱,在王門中,本就與所謂的右派或修證派不同。劉宗周創立證人社時,沈國模及周氏之另外的弟子陶望齡、陶奭齡(?—1640)兄弟皆與劉宗周互相往還,一起在證人社會講,雖然兩家學術不同,但彼此都還保持相當地尊重。後來沈國模返歸餘姚鄉里,創立姚江書院,開始授學。姚江闕里講學之風始復盛,故邵念魯《姚江書院傳》稱之為"姚江講學

---

① 見《劉子全書》卷十三,第 1 頁上。

② 重修古小學始末,可參劉宗周的《重修古小學記》及《請立石呈》,見劉宗周前引書卷二一,第 82 頁下—84 頁上;另參沈翼機等修《浙江通志》(清乾隆元年重修本,華文書局 1967 年 8 月)卷二七,學校三第 17—18 頁。

③ 見全祖望:《梨洲先生神道碑文》,《鮚埼亭集》(四部叢刊本)卷十一,第 129 頁。記云:"丁未(1667),復舉證人書院之會於越中,以申蕺山之緒。"

之盛,前稱徐(愛)、錢(緒山),後稱沈(國模)、史(孝咸、孝復)"。① 邵念魯所作《姚江書院記》述書院之與建云:

> 采少時侍王父魯公先生(邵曾可)講學城南,始識所謂姚江書院者。……文成(王陽明)沒,弟子所在為立書院。按陽明書院之在宇內者七十二,而浙中踞其六,餘姚則龍泉有中天閣,故為緒山講學之所,而書院未有聞者。……崇禎中沈聘君國模、管徵君宗聖、史隱君孝咸、文學孝復,篤志聖學,捐其舉業,從事於此。因雙雁里半霖沈氏宅肇建義學。……始建歲在己卯(崇禎十二年,1639),越二十年丁酉(順治十四年,1657)重修,乃額名"姚江書院"。②

照邵念魯的記載,當時浙東一地應是證人與姚江二書院並峙,並且同尊陽明之學,往復相合的,兩家之不同處,則在證人祀尹和靖,姚江書院則祀王陽明。《姚江書院記》載云:

> 初,郡城蕺山劉子、石樑陶公(陶奭齡)會講證人社,姚江峙起,往復相合,天下學者稱越中證人,祀和靖,姚江祀文成,皆其地講學之祖,推揚餘徽,郡邑人士斐然各有成就。③

沈國模之學雖出海門一系而染禪風,喜教人當下體悟,但已注重踐履,尤其敬重劉蕺山,其學風實與陶石樑兄弟不盡同:

> 崇禎末築室石浪屏居,聞劉子死節,哭之慟,自謂後死作人,明道之意益篤,使門人重繕義學,旦夕臨講。④

因此,周海門這一系,從沈國模以下,至史孝咸、史孝復兄弟主持書院後,書院學風有了轉變,他們逐漸產生"宗劉"的傾向,這種傾向愈來愈明顯,庶幾

---

① 見邵念魯:《姚江書院傳》中的《沈國模傳》,《思復堂文集》(華世出版社1977年6月臺一版,二冊)卷一,第109頁。
② 見邵念魯:《姚江書院記》,《思復堂文集》卷四,第491頁。
③ 見邵念魯:《姚江書院記》,《思復堂文集》卷四,第491頁。
④ 邵念魯:《沈國模傳》,見邵氏前引書,第109頁。

到最後,在姚江書院一系中,反而周海門的地位不如劉宗周重要。尤其是邵念魯,他為姚江書院作傳,根本就是在"宗劉"意識下跳過周海門而直接上承王陽明良知之學。

證人書院與姚江書院在明清易代的變局中,或書院遭毀,或講會中輟,一切有待重舉。逮清代初年康熙時,政局漸穩,兩書院始先後恢復。證人社由黃宗羲復興,於康熙六年(1667)重建;姚江書院則晚於康熙三十年(1691)時方始重建,至四十一年(1702)建成遷入,並由邵念魯主持講學,作有《姚江書院訓約》。① 邵念魯《姚江書院後記》記此重建經過云:

> 康熙辛未(三十年,1691),黃岡韋公來宰餘姚。大開義學,……於是公捐兩歲俸,買"角聲苑",出佛像,遷主有日,而公用事解篆去。
>
> 四方來襄役者甚眾,請於新明府楊公曰:"非公不能成韋公之志。"楊公敦屬多士,噓姚江之蘊火而復燃,遂奉先師神主至陽明,迄於同門私淑,……改題"角聲苑"為"姚江書院"。……韋公在杭州聞其事而心怡之,遺書楊公拜成,而命采為記,是歲壬午康熙四十一年,其遷日十月乙酉也。②

重建雖晚,而講學則自明末以來,薪火斷斷續續仍有主持。先是沈國模、史氏兄弟及管宗聖歿後,書院輟講近十年,後始由邵念魯之師韓孔當接續主持,俞長民、邵元長、邵曾可助之;③然後又中斷,至康熙二十二年(1683),方由史顯臣繼續主持,④三十二年重建書院之後,則係由邵念魯主持教席。

由上述邵念魯的記述,我們知道,明末清初浙東一地的王學是有兩支的,即證人書院一系與姚江書院系。然而我們對於清初浙東學術的一般印象,其實只有劉宗周及其高弟黃宗羲的證人書院;而對沈國模、史氏兄弟這一脈的姚江書院則甚少賦予注意。說來還是與黃宗羲有關。黃宗羲上尊劉宗周,再上則尊他的父親黃尊素,及與黃尊素相善的顧憲成、高攀龍,將他們共列於《東林學案》,置於《蕺山學案》之前。對於王畿、周海門這一脈,

---

① 《訓約》,見邵念魯前引書卷十,第 925 頁。
② 邵念魯:《姚江書院後記》,邵念魯前引書卷四,第 494—496 頁。
③ 邵念魯:《姚江書院後記》,邵念魯前引書卷四,第 492 頁。
④ 邵念魯:《半霖史顯臣先生傳》,邵念魯前引書卷三,第 350—352 頁。

則頗致微詞，這是黃宗羲表現在《明儒學案》中的立場。①　至於對周海門的弟子陶望齡、奭齡兄弟，更是批評有加，認為他們受禪佛影響極深，而明末浙東學風在狂禪影響下，之所以還能糾導於正，全是乃師劉宗周在證人書院倡學實修之功；因此，他既不願對與劉宗周在證人會講中分主講席的陶奭齡給與正統地位，對沈國模在餘姚創辦的"姚江書院"，也刻意排出。在劉宗周之後，清初浙東"宗劉"者，雖有二大系，但至少在黃宗羲而言，他是只承認證人一系的，在文獻記述上，他也只刻意凸顯證人書院，而不肯承認姚江書院與劉學的淵源，也不認可姚江書院傳接王學。他仍以顧、高時代視二王（王畿、王艮）的觀點和態度，來看待與劉宗周同時的周海門、陶氏兄弟；也以此眼光，來看待沈國模一系的姚江書院，而無視於他們的"宗劉"。

　　"宗劉"之後的姚江書院一系，其學脈當為：

在黃氏的著述中，曾有一段關於沈國模等人的記載，可以反映黃氏對"姚江"支系的態度。《思舊錄》載：

　　　　其時，吾邑有沈國模、管宗聖、史孝咸，為密雲悟幅巾弟子，皆以學鳴，每至越中講席，其議論多祖黨逆之人。②

黃宗羲的《子劉子行狀》中亦載：

　　　　當是時，浙河東之學，新建一傳而為王龍溪畿；再傳而為周海門汝登、陶文簡，則湛然澄之禪入之；三傳而為陶石樑奭齡，輔之以姚江之沈國模、管宗聖、史孝咸，而密雲悟之禪又入之。會稽諸生王朝式者，又以捭闔之術鼓動以行其教。證人之會，石樑與先生分席而講，而又

　　①　黃宗羲撰《明儒學案》，以陽明、蕺山、東林、江右為宗，此一立場主導全書。其對左派王學，尤其是泰州學派，頗致微辭。
　　②　見《黃宗羲全集》第一冊（里仁書局本 1987 年 4 月初版），第 338 頁。

為會於白馬山,雜以因果僻經妄說,而新建之傳掃地矣!①

但是,在邵念魯的記述中,卻又顯明存在著不同的"史實"。《明儒劉子蕺山先生傳》中載云:

> 時俗學宗傳註,王學宗四無,先生(劉宗周)說出,多未服。惟濮州葉挺秀、餘姚史孝咸、孝復兄弟,遺書往復相叩,學者漸知歸向。②

邵念魯認為史氏兄弟不僅不是黃宗羲筆下描述的人物,相反還是劉宗周講學的功臣,是劉氏的弟子——這正是黃宗羲所極不願承認的。前引《子劉子行狀》中所述的"王朝式",邵念魯對他也有不同於黃宗羲的記載,邵氏認為王朝式是劉宗周的弟子:

> 金如三公諱朝式,山陰人,為諸生,常有憂世之志,崇禎初奉母司馬氏隱居四明山,從沈求如先生學,亦學於念臺劉子,與王毓著、秦弘佑等待講證人社。③

由這些文獻記載上的針鋒相對,吾人正可以窺知當時的證人社與姚江書院之間,確然存在著嫌隙與門戶。也因此,黃宗羲雖為餘姚人,但其黃門學術所傳,反而不在餘姚,而在甬上的"講經會"諸人,此點,全祖望在《續甬上耆舊詩》中已有言之,其云:

> 先生(黃宗羲)少從忠端公學於甬上……先生與文虎、履安尤相善,共豫蕺山證人之席;桑海之際,與躋仲為同事,丙戌(順治三年,1646)而後,先生兄弟流離患難,實賴吾甬上諸公之力以免,其繼陸、萬諸公稱死友者,為高廢翁鼓應、隱學李杲堂,故先生自言生平師友皆在甬上。及風波稍息,重舉證人之席,一集於會稽,再集於海昌,三集於石門,而總不當先生之意。嘗曰:"甬上多才,皆光明俊偉之士,足為吾

---

① 見黃宗羲:《南雷文定》(世界書局本)附錄,《子劉子行狀》下,第 12 頁。
② 邵念魯:前引書卷一,第 76 頁。
③ 邵念魯:前引書卷一,《姚江書院傳》,第 115 頁。

薪火之寄。"而吾甬上當是時,經史之學蔚起,……亦以先生左提右絜之功為大,……其魂魄惓惓,反不在姚江而在甬上,即其集可考也。①

按邵念魯曾經向黃宗羲請教過學問,關於這點,清末以來的學者,有不少人認為邵氏是黃宗羲的弟子,這個印象的來源,首見之於梁啟超,②梁氏《復餘姚評論社論邵二雲學術》一文云:

> 浙東學風,端本於義理,致用於事功,而載之以文史,自陽明、梨洲以來,皆循此軌以演進,念魯則具體而微焉。二雲則念魯從孫,其家學淵源所蘊受者如此。③

又於《近代學風之地理的分佈》中云:

> 邵魯公(邵曾可)之孫念魯(廷采),先受業韓孔當,繼乃歸宿於梨洲,自是餘姚兩派始合一。念魯亦勤於治史,述晚明遺事甚詳。④

《中國近三百年學術史》中則云:

> 蓋陽明同里後輩能昌其學者,以念魯為殿,其兼擅史學,則梨洲之

---

① 轉引自謝國楨《黃梨洲學譜》(臺灣商務印書館1971年3月臺二版),第114—115頁。又謝氏亦曾道及此一門戶,其文云:"蕺山之緒,至太沖之世可分為二宗。沈國模、史孝威(按當作"咸"),韓光當(按"光"當作"孔"),篤守舊德,以心性相傳,其學至邵念魯而大昌。太沖之學,則明心性而重實學,理氣、象數、史學、律歷無不通曉,合於一貫,一傳而為萬季野兄弟,擅明史之宗,其流風餘緒,數傳而為全謝山(下略)。"見謝氏所著《黃梨洲學譜》,第125頁。

② 案以邵念魯為黃宗羲弟子,近代以來學者之說雖首見之於梁啟超,但淵源背景卻實受章學誠《浙東學術》篇之影響,章學誠在《文史通義》(葉瑛校注本,臺北:仰哲出版社翻印)中分別浙東與浙西,並造《浙東史學系譜》,此一《系譜》中主要為黃宗羲—萬斯同—全祖望,並無邵念魯,但邵念魯的史學卻是經由章學誠的闡揚纔顯於世的。由於受到章學誠和其《浙東史學系譜》意識的影響,近代學者自梁啟超以下遂亦以為邵念魯亦係《系譜》中人,列屬黃宗羲之弟子。關於此點的考察,可參見筆者《明末清初儒學之發展》(臺北:中國文化大學史學研究所博士論文,1989年12月)第七章第三節《浙東史學與浙東史學系譜》所述。

③ 梁啟超:《飲冰室文集》(臺灣中華書局1960年5月臺一版十六冊)之四十二,冊十五,第40頁。

④ 梁啟超:《近代學風之地理的分佈》(臺灣中華書局1971年2月臺二版),第27頁。

教也。①

是其以邵念魯為黃宗羲之弟子,梁氏此一觀點,頗為影響後人。但是,邵念魯是否真的"宗黃"呢? 在姚名達的《邵念魯年譜》中記載了邵念魯向黃宗羲請益問學一事。《邵譜》康熙三十二年(1693),四十五歲條載:

> 先生嘗從黃宗羲受史料,祖法(陳執齋)不以為然。既別又遺書先生曰:"某君(案指黃宗羲)文藝位當高置;而足下津津道譽,似不僅服膺其文者,吾所不取,足下著筆,宜為將來徵信,而是非倒置,可怪也。"②

此事,念魯同邑前輩陳執齋(祖法)特致責難,而邵念魯則在回函中極力解釋,意欲澄清自己並未"宗黃",文集中之《謝陳執齋先生書》云:

> 託梨洲先生評語,誠係好名逐外,凡此隱微,咸願洗滌。十餘年前,嘗以《讀史百則》呈正黃先生,後又蒙授《行朝錄》一編,殷勤提命,難忘是恩。立名真偽,學術異同,海內後賢自有定論,吾黨不任其責。至於隨事得師,虛心廣見,何所不宜?③

陳的嚴厲指責與邵的澄清解釋,正顯示"宗黃"在姚江書院中是一忌諱,而其背景恐怕正在於兩家的門戶;因此,邵念魯明白地表示他並未"宗黃",亦未拜黃宗羲為師,只是請益學問而已。彼一生所事之本師,唯有施博與韓孔當二人而已。《謝陳執齋先生書》云:

> 癸丑(康熙十二年,1673)寄讀禾城,獲侍約菴施先生,前後二十載,則侍遺韓韓先生,采所師事,惟二師耳。④

---

① 梁啟超:《中國近三百年學術史》(臺灣中華書局,1978 年 9 月,臺九版),第 51 頁。
② 見姚名達,《邵念魯年譜》(臺灣商務印書館,1982 年 5 月,初版),第 67 頁。原典則見邵念魯,前引書,卷十,《陳執齋先生(祖法)墓表》。
③ 邵念魯:前引書,卷七,第 603 頁。
④ 邵念魯:前引書,卷七,第 603—604 頁。

《答陶聖水書》云：

> 即如梨洲先生，託處同邑，亦未執贄。①

上述資料均可顯示邵氏並未"宗黃"，亦不是黃氏的弟子。② 但是實際上邵念魯也並未狹隘到視黃如寇仇的地步，邵氏雖不"宗黃"，但對黃宗羲還是相當地尊重，並視他如前輩，誠心向他請教史學，呈示作品求正。而在邵念魯作的"遺獻黃文孝先生（宗羲）傳"一文中亦維持了此一態度，絕未因門戶而致微詞筆下，這應是邵念魯的人品高潔處。

　　但邵念魯雖不"宗黃"，卻的的確確"宗劉"，這個態度在他的文集著作中表現得非常明顯。《答蠡吾李恕谷書》云：

> 姚江末學邵廷采頓首，……至蕺山先生專主誠意，以慎獨為致知歸宿，……則孔孟以後集諸儒大成無粹於此。……弟於明儒，心服陽明而外，獨有蕺山。③

《復友人書》亦云：

> 要之，明儒雖眾，必推王（陽明）、劉（宗周）為一代程朱，王近明道，劉近晦庵，而功勳節義過之。朱王之學得劉而流弊始清，精微乃見。兄不見《蕺山全書》，未識其學之醇乎？醇而集大成者！是以極言而公辨之。④

念魯曾在康熙三十三年（1694）作《姚江書院訓約》十則，是時念魯正任姚江書院之教席主講，此十則訓約第一則即為"立意宜誠"，正是從蕺山誠意慎獨之學來，故曰：

---

① 邵念魯：前引書，卷七，第 632 頁。
② 關於邵念魯的史學淵源是否出自黃宗羲的問題，今人何冠彪在其《浙東學派問題平議——兼辨正黃宗羲與邵廷采之學術淵源》（《清史論叢》第七輯，第 217—242 頁）一文中已考辨得非常詳細，可參閱。
③ 邵念魯：前引書，卷七，第 617—620 頁。
④ 邵念魯：前引書，卷七，第 645 頁。

誠意是大學鐵門關，蕺山劉子揭慎獨為宗旨，拙修史先生每警門
人以立誠為第一步（下略）。①

邵念魯既然“宗劉”，所以他要作《姚江書院傳》，以闡明劉氏之後，在浙東的
劉學或王學並非只有證人書院一系。相反地，還有“姚江書院”自沈國模、
史孝咸、史孝復……而下，迄邵念魯的姚江故里這一脈。

他尤其要作《明儒劉子蕺山先生傳》，邵念魯作傳時，已知黃宗羲的《子劉
子行狀》，甚至亦知惲仲昇的《劉子節要》；若邵氏果出黃宗羲之門，則其《劉
傳》大可不必再作。他對黃宗羲的《子劉子行狀》並未有否定之意，故嘗云：
“向讀孫徵君（孫夏峰）《理學正傳》一編，寫蕺山纔百餘字。弟是以不揣，蒐
輯公傳，於誠意慎獨之要，略為梳櫛，合之黃梨洲、惲仲昇兩先生《節要》、《行
狀》，可窺半豹。”②他之重作《劉傳》，不僅是因為“宗劉”，也出於對劉學的再
詮；而更要者，則在於釐正黃宗羲《行狀》中對師門的尖銳批判，以是在《行狀》
與《劉傳》中，我們看到了完全相反的記載，兩傳針鋒相對，各自對“姚江書院”
的沈國模、史孝咸等作了不同“形象”的傳達。再者，《思復堂文集》中置於最
前的五傳，為：（1）《明儒王子陽明先生傳》；（2）《明儒劉子蕺山先生傳》；
（3）《王門弟子所知傳》；（4）《劉門弟子傳序》（按此傳未撰成，僅有序）；
（5）《姚江書院傳》。由此五傳並排卷首及其序次看來，吾人當可以感受到
邵念魯安排“姚江書院”一系學統的深意！在萬經（1659—1741）撰的《理學
邵念魯先生傳》中，有一段狀寫文字，頗能得念魯作傳之“情”：

　　　曾祖易菴公洪化、祖魯公公曾可、父鶴間公貞顯，皆姚江書院中高
第，九歲，隨魯公公入姚江書院見沈國模，謂曰：“孺子治何經？”對曰：
“方受尚書。”國模摩其頂曰：“孺子識之，在知人，在安民。”③

因此，“姚江”與“證人”的門戶，“宗劉”的心態，沈國模等人的學術位置，以
及黃宗羲《子劉子行狀》中沈、史諸人“形象”的釐正，應當即是邵念魯在黃
宗羲之後重作《明儒劉子蕺山先生傳》的“微旨”罷！

---

①　邵念魯：前引書，卷十，《姚江書院訓約》，第 926 頁。
②　邵念魯：前引書，卷七，《答蠡吾李恕谷書》，第 619—620 頁。
③　見《思復堂文集》卷末，第 1047 頁。

陽明學文獻研究

《明儒學案·姚江學案》的文本問題初探(二)*

朱鴻林**

【摘　要】劉宗周選錄王陽明文字為《陽明傳信錄》,黃宗羲據之為《明儒學案》卷十之《姚江學案》。本文以《姚江學案》文本比勘《陽明傳信錄》及王守仁《王陽明全集》原文,以見劉宗周節取王陽明文字的情形,黃宗羲刪改損益劉宗周所選文字的情形,並且反映後者在編輯加工上可能導致讀者誤解王陽明意旨之處。

一、引　言

　　《明儒學案》卷十《姚江學案》所錄的王陽明文字,根據的是劉宗周選錄的《陽明傳信錄》,並非如黃宗羲在《明儒學案·發凡》中所說的"是編皆從全集纂要鉤玄,未嘗襲前人之舊本也"。黃宗羲徑取劉宗周的選編,並且連劉宗周的評語也一併抄錄,原因不難理解,雖然他無所說明。劉宗周不只是他的老師,還是對陽明學說有真切理解的儒者。從《陽明傳信錄》書前《小引》所說此書的選錄原則和編纂目的看,此書應是足夠正確地反映陽明思想精粹之作,是認識陽明的學術準則和學說宗旨的有用之書。黃宗羲捨己從人,徑用《陽明傳信錄》,反而是有識見之舉。

　　可是,《姚江學案》所載,畢竟是選上選的文字,讀者因而會繫心的問

---

　　* 本文為香港特區研究資助局(Research Grants Council)優配研究金 542110 號研究項目——"從《明儒學案》整理開始的明代儒學研究上之文本重建"——的部分成果。
　　** 朱鴻林,香港理工大學中國文化學系教授。

題,除了是所選是否恰當之外,還有是在過錄時有否因"編輯"加工而導致意思改變。劉宗周《陽明傳信錄》所見的陽明文字,是以某篇文章或某條語錄作單元的。這些單元的文字是否便如陽明原書所見的一樣,還是個中存在增刪改動的情形,影響到讀者對陽明的理解? 這個問題同樣存在於黃宗羲《明儒學案》抄錄《陽明傳信錄》之事上。

我們經過文本對比發現,其實劉宗周在抄錄陽明文章和語錄時、黃宗羲在抄錄劉宗周的選錄時,都並非照抄所據原文,而是對之各作損益刪節。這樣做的理由,劉、黃二氏都沒有說明,我們只能以理度之。但其後果,卻往往導致陽明原意之被表述不足或錯誤理解。最明顯之處是,黃宗羲並未全部取錄劉宗周所選錄的文字。《陽明傳信錄》共有三卷,分別旨在表述陽明的"學則"、"教法"和"宗旨",抄錄陽明長短文字凡166 條(節、首)(47 + 26 + 93),其中附有劉宗周評語者凡113 條(31 + 20 + 62),而評語則共有118 則(31 + 21 + 66)。《明儒學案·姚江學案》只抄錄了《陽明傳信錄》的第一卷(《語錄》)和第三卷(《傳習錄》)。第一卷只抄錄了劉氏原書47 條中的45 條,評語則只抄錄了這45 條中原有的30 條的28 條。第三卷只抄錄了劉氏原書93 條中的73 條,評語則只抄錄了這71 條中原有的51 條中的43 條,其中還有兩條是被節取的。由此可見,《姚江學案》之於《陽明傳信錄》是選上選的。更嚴重的問題,則是文字上的節上節情形。

本文以《明儒學案·姚江學案》中的《陽明傳信錄》文字、《劉宗周全集》中該書的同條文字以及《王陽明全集》中被選抄的同篇文字進行比較,顯示其差異情形,並試提揭差異所可能導致的後果。篇幅所限之故,本文比較的範圍只限《姚江學案》所載《陽明傳信錄》中的《傳習錄》部分。其餘的《語錄》部分,已在另外一篇處理。① 《傳習錄》部分《明儒學案》選錄的也有71 條之多,本文只選取其中尤能顯示問題所在的二十多條,以作說例。

本文的《明儒學案》文本,用乾隆鄭氏二老閣刊本之光緒修補印本,加以現代標點。據以比勘的用書是:(一)劉宗周《陽明傳信錄》,用戴璉璋、吳光主編《劉宗周全集》(臺北:中研院中國文哲研究所籌備處,1996 年)第四冊,《遺編》卷十一、十三(卷十二《明儒學案》未見抄錄)。(二)王守仁《王陽明全集》,用吳光等編校本(杭州:浙江古籍出版社,2011 年);收入

---

① 　朱鴻林《〈明儒學案·姚江學案〉的文本問題初探(一)》,2012 年10 月19—21 日中國社會科學院歷史研究所召開《第三屆中國古文獻與傳統文化國際研討會》論文。

《四部叢刊》的萬曆元年南京刊本《王文成公全書》。

　　本文校勘凡例如下：

　　（一）以《明儒學案》與《陽明傳信錄》、《王陽明全集》參校。

　　（二）各條編號以分隔號（／）標示其分別見於《明儒學案》及《陽明傳信錄》的順序。

　　（三）凡《明儒學案》文字與《陽明傳信錄》原書文字別異之處，《明儒學案》取代《陽明傳信錄》的以圓括號（）標示，《陽明傳信錄》原文用方括號【】標示。

　　（四）《陽明傳信錄》、《明儒學案》文字與《王陽明全集》無異者不標示；異者標示；《王陽明全集》原文，見於附注。

　　（五）先列《姚江學案》原文，其中劉宗周評語用楷體，隨後為差異之處的提揭或略論，依問題在條文中出現之先後為次序。

二、文 本 比 較①

【徐愛記字曰仁，餘姚人】各條

　　（2/2）愛問：“至善只求諸心，恐於天下事理有不能盡。”【先生】曰：“心即理也。② 此心無私欲之蔽，即是天理，不須外面添一分。以此純乎天理之心，發之事父便是孝，發之事君便是忠，發之交友治民便是信與仁，只在此心去人欲、存天理上用功便是。”愛曰：“如事父一事，其間溫凊定省之類有許多節目，【不知】亦須講求否？”③【先生】曰：“如何不講求？只是有個頭腦，只就④此心去人欲、存天理上講求。如講求冬溫，⑤也只是要盡此心之孝，恐怕有一毫人欲間雜；講求夏凊，也只是要盡此心之孝，恐怕有一毫人

　　① 本文為比勘而抄錄的《明儒學案》（乾隆鄭氏二老閣刊本之光緒修補印本）文字以及《陽明傳信錄》（《劉宗周全集》本，中研院中國文哲研究所籌備處 1996 年版）和《王陽明全集》（以下簡稱“《王集》”；吳光等編校本，浙江古籍出版社 2011 年版）文字，由劉勇、洪國強、鄧霆諸君幫助完成，謹表感謝。

　　② 此句之前，《王集》有“心即理也，天下又有心外之事、心外之理乎”至“都只在此心”等文字，見《王集》卷一，第 2—3 頁。

　　③ 此句《王集》作“不亦須講求否”，見《王集》卷一，第 3 頁。

　　④ “只就”字後，《王集》有“只是就”，見《王集》卷一，第 3 頁。

　　⑤ 此句《王集》作“就如講求冬溫”，見《王集》卷一，第 3 頁。

欲間雜。① 此心若無人欲,純是天理,是個誠於孝親(之)【的】心,冬時自然思量父母寒,自去求【個】溫的道理;②夏時自然思量父母熱,自去求【個】清的道理。③【這都是那誠孝的心發出來的條件。④】譬之樹木,這誠孝的心便是根,許多條件便是枝葉,須先有根然後有枝葉,不是先尋了枝葉然後去種根。《禮記》【言:】'孝子之有深愛者,必有和氣;有和氣者,必有愉色;有愉色者,必有婉容。'便是如此。"⑤

至善本在吾心,首賴先生恢復。

1. 此條"先生"二字均被省略,二字之省略,通及全文,凡"先生曰"都只存"曰"。這個節省,有時卻會引起說者是誰問題。

2. 以"之"代"的",省"個"字,都是改口語為文言之作。

3. 刪去"這都是那誠孝的心發出來的條件"句,卻使隨後的"許多條件便是枝葉"句顯得突兀。

(3/3)(愛問:)"【愛因未會先生'知行合一'之訓,與宗賢、惟賢往復辯論,未能決,以問於先生。先生曰:'試舉看。'"愛曰:"如】今人儘有知【得】父當孝、兄當弟者,卻不能孝、不能弟,【便是】知【與】行分明是兩件。"【先生】曰:"此已被私欲(間)【隔】斷,不是知行本體【了】。⑥ 未有知而不行者,知而不行,只是未知,聖賢教人知行,正是要復那本體。⑦ 故《大學》指個真知行與人看,說'如好好色,如惡惡臭'。見好色屬知,好好色屬行;只見【那】好色時已自好了,不是見【了】後又立個心去好。聞惡臭屬知,惡惡臭屬行;只聞【那】惡臭時已自惡了,不是聞【了】後別立個心去惡。"愛曰:"古人(分)【說】知行(為兩)【做兩個】,亦是要人見(得)【個】分曉。一行(工夫做知)【做知的工夫】,一行(工夫做行)【做行的工夫】,(則)【即】工夫始有下落。"【先生】曰:"此卻失了古人宗旨【也】。某嘗說知是行的主

---

① 此句之後,《王集》尚有"只是講求得此心"句,見《王集》卷一,第3頁。

② 此句《王集》作"便自要去求個溫的道理",見《王集》卷一,第3頁。

③ 此句《王集》作"便自要去求個清的道理",見《王集》卷一,第3頁。

④ 此句之後,《王集》尚有"卻須是有這誠孝的心,然後又這條件發出來"等文字,見《王集》卷一,第3頁。

⑤ 此句《王集》作"須是有個深愛做根,便自然如此",見《王集》卷一,第3頁。

⑥ 此句《王集》作"不是知行的本體了",見《王集》卷一,第4頁。

⑦ 此句之後,《王集》尚有"不是著你只恁的便罷"句,見《王集》卷一,第4頁。

意,行是知的工夫;知是行之始,行是知之成。若會得時,只說一個知,已自有行在;只說一個行,已自有知在。古人所以既說知又說行者,①只為世間有一種人,懵懵懂懂,任意去做,②全不解思維省察,只是個冥行妄作,③所以必說個知,方纔行得是。又有一種人,茫茫蕩蕩,懸空去思索,全不肯(着)【著】④實躬行,只是個揣摩影響,⑤所以必說一個行,方纔知得真。此是古人不得已補偏救弊的說話。⑥ 今若知得宗旨,即說兩個亦不妨,亦只是一個;若不會宗旨,便說一個亦濟得甚事? 只是閒說話。"

只見那好色時已是好了,不是見了後又立個心去好。只聞那惡臭時已是惡了,不是聞了後又立個心去惡。【此語最分明。】此是先生洞見心體處,既不是又立個心去好惡,則決不是起個意去好惡可知,固知意不可以起滅言(也)。

1. 此條起頭的刪節,失卻開頭便能清楚提揭以下要論說的是"知行合一"要旨。

2. 各處的單字省略,以及後半段之改"說"為"分",改"做兩個"為"為兩",改"見個"為"見得",都是改口語為文言之作。

3. 改"一行做知的工夫,一行做行的工夫"為"一行工夫做知,一行工夫做行",文句更見鍛煉,但意思或有小異。

4. "古人所以既說知又說行者"句,參校《王陽明全集》,可見劉宗周已有省文之作。

5. 評語部分,兩個"那"字卻不如所引原文之被刪去。可見二字在正文之被刪,也屬隨意。似是在不影響原意的情況下,使文字趨於凝練和淨潔。評語中刪去"此語最分明"句,道理一樣。

---

① 此句《王集》作"古人所以既說一個知又說一個行者",見《王集》卷一,第5頁。
② 此處《王集》作"懵懵懂懂的任意去做",見《王集》卷一,第5頁。
③ 此句《王集》作"也只是個冥行妄作",見《王集》卷一,第5頁。
④ 《陽明傳信錄》"著"字,《王集》皆作"着",《明儒學案》皆與之相同。
⑤ 此句《王集》作"也只是個揣摩影響",見《王集》卷一,第5頁。
⑥ 此句之後,《王集》有"若見得這箇意時,即一言而足。今人卻就將知行分作兩件去做,以為必先知了,然後能行,我如今且去講習討論,做知的工夫,待知得真了,方去做行的工夫,故遂終身不行,亦遂終身不知。此不是小病痛,其來已非一日矣。某今說箇知行合一,正是對病的藥,又不是某鑿空杜撰,知行本體原是如此"等文字,見《王集》卷一,第5頁。

（5/5）【先生曰：】①知是心之本體，心自然會知。見父自然知孝，見兄自然知弟，見孺子入井自然知惻隱，此便是良知，不假外求。若良知之發，更無私意障礙，即所謂充其惻隱之心，而仁不可勝用矣。【然在】常人不能無私意【障礙】，所以須用致知格物之功，勝私復（禮）。【理，即心之】良知更無障礙，得以充塞流行，便是致其知。知致則意誠。

既云至善是心之本體，又云知是心之本體，（蓋）【益】知只是知善知惡，知善知惡正是心之至善處。

既謂之良知，決然私意障礙不得，常人與聖人同。

1. 此條改原文"勝私復理，即心之良知更無障礙"為"勝私復禮。良知更無障礙"，既以"禮"代"理"，亦因而改變句讀。但以"禮"代"理"，自為一句，卻不合原意。陽明是從"心即理"理念論說，這裏主要也沒有"克己復禮"的涵義。"理"作"禮"，有可能是二字同音而默寫致誤。

2. 評語以"蓋"代"益"，應是因形似而致的手民之誤。

（6/6）（問"博約"。）【愛問："先生以博文爲約禮功夫，深思之未能得，略請開示。"先生】曰："禮字即是理字。理之發見可見者謂之文，文之隱微不可見者謂之理，只是一物。約禮只是要此心純是一個天理，要此心純是天理，須就理之發見處用功。如發見（于）【於】事親時，就在事親上學存此天理；發見（于）【於】事君時，就在事君上學存此天理；【發見於處富貴貧賤時，就在處富貴貧賤上學存此天理；發見於處患難夷狄時，就在處患難夷狄上學存此天理；】至於作止語默，無處不然，②這便是博學於文，便是約禮的（工）【功】夫。③ 博文即是惟精，約禮即是惟一。"

1. 以"博約"二字代替起頭24字，省去閒字，主題更見明晰。

2. 刪"發見於處富貴貧賤時，就在處富貴貧賤上學存此天理；發見於處患難夷狄時，就在處患難夷狄上學存此天理"兩對句，因為大旨已見，同樣意義的例子不用盡列。或者亦因避免"夷狄"一詞而刪。

---

① "先生曰"《王集》作"又曰"，見《王集》卷一，第7頁。按，此條為徐愛與陽明討論格物之義的末條。

② 此句後，《王集》尚有"隨他發見處，即就那上面學個存天理"等文字，見《王集》卷一，第7頁。

③ 此句《王集》作"這便是博學之於文"，見《王集》卷一，第7頁。

（8/8）愛因舊說汨沒,始聞先生之教,【實是】駭愕不定,無入頭處。其後聞之既(熟)【久】,【漸知】反身實踐,【然後】始信先生之學為孔門嫡傳,舍是皆旁①蹊小徑、斷港絕河矣。如說格物是誠意【的】工夫,明善是誠身【的】工夫,窮理是盡性【的】工夫,道問學是尊德性【的】工夫,博文是約禮【的】工夫,惟精是惟一【的】工夫,【諸如】此類,始皆落落難合,(久之)【其後思之既久,】不覺手舞足蹈。

　　愚按:曰仁為先生入室(弟子)【首座】,所記【先生】《語錄》,其言去人欲、存天理者,不一而足。又曰:“至善是心之本體,然未嘗離事物。”又曰:“即盡乎天理之極處。”則先生心宗教法,居然只是宋儒(矩矱)【衣缽】,但先(生)②提得頭腦清楚耳。

　　1. 此條所刪單字,均收文字淨潔,改口語為文言的雅馴之效。以“久之”綜撮“其後思之既久”,更是點睛之筆。

　　2. 評語中以“矩矱”代“衣缽”,或旨在避免佛教用語。

【陸澄記字元靜,歸安人】各條

　　（10/10）孟源有自是好名之病,先生【屢責之】。一日警責方已,一友自陳日來工夫請正。源從傍曰:“此方是尋著源舊時家當。”先生曰:“爾病又發。”源色變,擬議欲有所辯。③ 先生曰:“爾病又發。”因】喻之曰:“此是汝一生大病根。譬如方丈地內種此一大樹,雨露之滋,土脈之力,只滋養得這個大根。四旁縱要種些嘉穀,上【面】被此樹【葉】遮覆,下【面】被此樹【根】盤結,如何生長得成? 須(是)【用】伐去此樹,纖根勿留,方可種植嘉種。不然,任汝耕耘培壅,只【是】滋養得此根。”

　　1. 此處首數句被刪節,不足以見刪後首句“此是汝一生大病根”之何為而言。

　　2. “面”、“葉”兩處被刪,意思並未改變,均可以意會之而不失所指。

　　（19/21）問:“(知至)【致知】④然後可以言(意誠)【誠意】,今天理人

---

①　“旁”字《王集》作“傍”,見《王集》卷一,第12頁。
②　《陽明傳信錄》無“生”字。
③　此句《王集》作“議擬欲有所辯”,見《王集》卷一,第12頁。
④　此處《王集》作“知至”,見《王集》卷一,第22頁。

欲知之未盡,如何用得克己(工)【功】夫?【先生】曰:"人若真實切己用功不已,則(于)【於】此心天理之精微,日見一日,私欲之細微,亦日見一日。若不用克己工夫,【終日只是說話而已,】天理(私欲)終不自見。① 如【人】走路一般,走得一段方認得一段,走到歧路處,有疑便問,問了又走,方(纔)【漸】能到【得所到之處】。② 今【人】(于)【於】已知之天理不肯存,已知之人欲不肯去,【且】只管愁不能盡知,【只管】閒講,何益【之有】? 且待克得自己無私可克,方愁不能盡知,亦未遲在。"

　　1. 改"致知"、"誠意"為"知至"、"意誠",連同下句理解,王陽明是從工夫之開始上說,黃宗羲是從工夫之結果上說。但從陽明下句說"今天理人欲知之未盡",可見之前說的應是"致知、誠意"的工夫而已。

　　2. 從"終日只是說話而已"句被刪起之省文改句,皆見文省而意賅之美。

　　3. "天理(私欲)終不自見"句,以"私欲"插入"天理"之後,形成對立統一,令到前後的相對之意緊密呼應。

　　(21/23)【曰:】澄於中字之義尚未明。曰:"此須自心體認出來,非言語所能喻。中只是天理。"【曰:"何者為天理?"曰:"去得人欲,便識天理。"】曰:"天理何以謂之中?"曰:"無所偏倚。"曰:"無所偏倚【是】何等氣象?"曰:"如明鏡【然,】全體瑩徹,【略】無纖塵(點)染【著】。"③曰:"(當其已發,或著在好色好利名上,方見偏倚)【偏倚是有所染著。如著在好色、好利、好名等項上,方見得偏倚】。若未發時,【美色名利皆未相著,】何以【便】知其有所偏倚?"曰:"【雖未相著,然】平日(美色名利)【好色、好利、好名】之心,(原未嘗無,病根不除,則暫時潛伏,偏倚仍在。須是平日私心蕩除潔淨,廓然純乎天理,方可謂中)。【既未嘗無,即謂之有;既謂之有,則亦不可謂無偏倚。譬之病瘧之人,雖有時不發,而病根原不曾除,則亦不得謂之無病之人矣。須是平日好色、好利、好名等項一應私心,掃除蕩滌,無復纖毫留滯,而此心全體廓然,純是天理,方可謂之喜怒哀樂未發之中,方是天下之大本。】"

---

①　此句《王集》作"天理終不自見,私欲亦終不自見",見《王集》卷一,第 22 頁。

②　此句《王集》作"方漸到得欲到之處",見《王集》卷一,第 22 頁。

③　"著"字《王集》作"著"。此段其他"著"字亦然,見《王集》卷一,第 25 頁。

【此即朱子"至靜之中,無少偏倚"之說,先生則直以良知二字貫之,終不著靜時一項功夫。平日二字亦約略言之耳。】

1. 此條多刪去問句,略去單字多處。

2. 以"點染"代"染著",也有避開佛教詞彙(觀念)之意。

3. 改句——以"當其已發,或著在好色好利名上,方見偏倚"取代"偏倚是有所染著。如著在好色、好利、好名等項上,方見得偏倚"——導出"已發"觀念,因為以下有"若未發時"語,亦因原文結局為"方可謂之喜怒哀樂未發之中,方是天下之大本",可見前後呼應,亦不失哲學之深意。但綜撮長句,加以改寫,文省而意有時轉弱,如以"平日美色名利之心"代"平日好色、好利、好名之心"之類,刪除"病痛"數句(以 33 字代105 字),都不如原文之親切。

4. 後段大半被改寫,以"原未嘗無,病根不除,則暫時潛伏,偏倚仍在。須是平日私心蕩除潔淨,廓然純乎天理,方可謂中"綜撮原文"既未嘗無"起文字。

5. 評語刪去,即不能見陽明與朱子無異之處,亦失陽明自有之特點。

(24/27) 問:"程子云'仁者以天地萬物為一體',何墨氏兼愛反不得謂之仁?"【先生】曰:"【此亦甚難言,須是諸君自體認〔出來〕始得。】仁是造化生生不息之理,雖(彌)【瀰】漫周遍,無處不是,然其流行發生亦(自有)【只是個】漸。①【所以生生不息。如冬至一陽生,必自一陽生,而後〔漸漸〕至於六陽,若無一陽之生,豈有六陽? 惟陰亦然。】惟其(有)漸,所以(必)【便】有〔個〕發端處;惟〔其〕有【個】發端處,所以生(生不息)。【惟其生,所以不息。】譬之(於)木,其始抽芽便是【木之】生意發端處,(然後有幹有枝葉)【抽芽然後發榦,發榦然後生枝生葉】。② 父子兄弟之愛,【便】是人心生意發端處,如木之抽芽;自此而仁民而愛物,(如木之有幹有枝葉也)【便是發榦生枝生葉】。墨氏【兼愛,】③將【自家】父子兄弟與途人一(例)【般

---

① 此句《王集》作"然其流行發生,亦只有個漸",見《王集》卷一,第 28 頁。

② 《傳習錄》原文此句下尚有"然後是生生不息。若無芽,何以有幹有枝葉? 能抽芽,必是下面有個根在。有根方生,無根便死。無根何從抽芽",見《王集》卷一,第 28 頁。

③ 此句《王集》作"墨氏兼愛無差等",見《王集》卷一,第 28 頁。

看】,便【自】沒了發端處,①安能生生【不息】?② 安得謂之仁?【孝弟為仁之本,卻是仁理從裏面發生出來。】"

只此便可勘佛氏之學。【墨子曰"施由親始",佛氏并不樂聞。】

1. 數處省文,原文所欲辨析的"漸"意,不免減弱。

2. "譬之(於)木,其始抽芽便是【木之】生意發端處,(然後有幹有枝葉)【抽芽然後發幹,發幹然後生枝生葉】。父子兄弟之愛,【便】是人心生意發端處,如木之抽芽;自此而仁民而愛物,(如木之有幹有枝葉也)【便是發幹生枝生葉】"等句各處之改寫,稍省原文之字數,亦稍失原文所示的發生次序。

3. 整篇可見盡力去閒言浮詞,使口語趨於文言的做法。

【薛侃記字尚謙,揭陽人】條

(26/30)【希淵問:"聖人可學而至。然伯夷、伊尹於孔子,才力終不同,其同謂之聖者安在?"先生曰:"】聖人之所以為聖,只是此心純乎天理而無人欲之雜,猶精金之所以為精,但以其成色足而無銅鉛之雜也。人到純乎天理方是聖,金到足色方是精。然聖人之才力亦有大小不同,猶金之分兩有輕重。【堯、舜猶萬鎰,文王、孔子猶九千鎰,禹、湯、武王猶七八千鎰,伯夷、伊尹猶四五千鎰。才力不同,而純乎天理則同,皆可謂之聖人。猶分兩雖不同,而足色則同,皆可謂之精金。以五千鎰者而入於萬鎰之中,其足色同也;以夷、尹而廁之堯、孔之間,其純乎天理同也。蓋】所以為精金者,在足色而不在分兩;所以為聖者,在純乎天理而不在才力也。【故雖凡人而肯為學,使此心純乎天理,則亦可為聖人。猶一兩之金比之萬鎰,分兩雖懸絕,而其到足色處可以無愧。故曰'人皆可以為堯、舜'者以此。】學者學聖人,不過是去人欲而存天理【耳】,猶鍊金而求其足色(耳)。【金之成色所爭不多,則煅煉之工省而功易成,成色愈下而煅煉愈難。人之氣質,清濁粹駁,有中人以上,中人以下,其於道有生知安行,學知利行,其下者必須人一己百,人十己千,及其成功則一。】後世不知作聖之本【是純乎天理】,卻專去知識纔能上求聖人,【以為聖人無所不知,無所不能,我須是將聖人許多知

識才能,逐一理會始得。故不務去天理上著工夫,徒】敝①精竭力,從冊子上鑽研,名物上考索,形跡上比擬,知識愈廣而人欲愈滋,才力愈多而天理愈蔽。正如見人有萬鎰精金,不務煅(鍊)【煉】成色,【求無愧於彼之精純,】而乃妄希分兩,【務同彼之萬鎰,】錫鉛銅(鎃)【鐵】雜然【而】投(之),分兩愈增而成色愈下,(及)【既】其(稍)【梢】末,無復有金矣。"【時曰仁在旁,②曰:"先生此喻,足以破世儒支離之惑,大有功於後學。"先生又曰:"吾輩用功,只求日減,不求日增。減得一分人欲,便是復得一分天理。何等輕快脫灑!何等簡易!"】(薛侃記)

【又只舉天理比勘,真是曠古眼孔。】

1. 此條刪節甚多,其中"堯、舜猶萬鎰,文王、孔子猶九千鎰"一段,尤為引起陽明被批評之處。刪節的具體情形,反映只見道理,不盡細節的節錄原則。又,被省去文句,頗多屬於閒句。

2. "故雖凡人而肯為學,使此心純乎天理"一節被刪,少了人皆可以為堯舜的鼓勵之意。

3. "金之成色所爭不多,則煅煉之工省而功易成"一節被刪,失卻人可以透過努力而變化氣質之意。

4. 最後被刪"吾輩用功,只求日減,不求日增"一節,失卻存天理、去人欲的一個基本方法。

5. 評語被刪,"天理"二字因而不見。

(27/31)侃去花間草,【因】曰:"天地間何善難培,惡難去?"先生曰:【"未培未去耳。"少間,曰:】"此等看善惡,皆從軀殼起念,【便會錯。"侃未達。曰:"】天地生意,花草一般,何曾有善惡之分? 子欲觀花,則以花為善,以草為惡;如欲用草時,(復)【則】以草為善矣。③"曰:"然則無善無惡乎?"曰:"無善無惡者理之靜,有善有惡者氣之動,不動(于)【於】氣,即無善無惡,是謂至善。"曰:"佛氏亦無善無惡,何以異?"曰:"佛氏(着)【著】在無【善無惡】上,便一切【都】不管【,不可以治天下】。聖人無善無惡,只是無

---

① "敝"字《王集》作"弊",見《王集》卷一,第31頁。
② "旁"字《王集》作"傍",見《王集》卷一,第31頁。
③ 此句之後,《王集》尚有"此等善惡,皆由汝心好惡所生,故知是錯"等文字,見《王集》卷一,第31頁。

有作好、無有作惡，（此之謂）不動（于）【於】氣。【然遵王之道，會其有極，便自一循天理，便有個裁成輔相。】"曰："草既非惡，（是）【即】草不宜去矣！"曰："如此卻是佛、老意見，草若有礙，（理亦宜去）【何妨汝去】。"曰："如此又是作好作惡？"曰："不作好惡，非是全無好惡，①只是好惡一循（于）【於】理，不去（着）【又著】一分意思，即是不曾好惡一般。"【曰："去草如何是一循於理，不著意思？"曰："草有妨礙，理亦宜去，去之而已。偶未即去，亦不累心。若著了一分意思，即心體便有貽累，便有許多動氣處。"】曰："然則善惡全不在物？"曰："只在汝心。循理便是善，動氣便是惡。"曰："畢竟物無善惡。"曰："在心如此，在物亦然。世儒惟不知此，舍心逐物，將格物之學錯看了。【終日馳求於外，只做得個義襲而取，終身行不著，習不察。"曰："'如好好色，如惡惡臭'，則何如？"曰："此正是一循於理。是天理合如此，本無私意作好作惡。"曰："'如好好色，如惡惡臭'，安得非意？"曰："卻是誠意，不是私意。誠意只是循天理。雖是循天理，亦著不得一分意，故有所忿懥好樂，則不得其正，須是廓然大公，方是心之本體。知此即知未發之中。"伯生曰："先生云，'草有妨礙，理亦宜去'，緣何又是軀殼起念？"曰："此須汝心自體當。汝要去草，是甚麼心？周茂叔②牕前草不除，是甚麼心？"】

先生之言自是端的，與天泉證道之說迥異。

1. 刪"然遵王之道"數句，失去陽明論說的政治涵義元素。

2. 此條是《傳習錄》中重要一條，可見陽明之善惡決定於心的良知論，其中"無善無惡者理之靜"一言，是黃宗羲引以反駁王畿的"四無論"的主要根據，也是他判斷四句教首句"無善無惡心之體"之言應非出於陽明的理據。但從這段全文看，此言屬陽明。

3. 刪去"草有妨礙，理亦宜，去之而已"前後數句，即隱約了"無善無惡心之體"的涵義。按，陽明說的心體，是超善惡的，也是他所說的"至善"；之所以有惡，是"氣"的運動之故。

4. 刪去原文最後的"終日馳求於外，只做得個義襲而取"一大段，也失去陽明說中對心決定善惡是非的中心論點。

5. 此條的諸多刪節，能使文章簡潔緊湊，但論辨之細微深入，也相應

---

① 此句之後，《王集》尚有"卻是無知覺的人。謂之不作者"等文字，見《王集》卷一，第32頁。

② "牕"字《王集》作"窗"，見《王集》卷一，第33頁。

褪色不少。通讀全文,能引起的思考更多,此條則黃宗羲的"引導性"較多。

(30/34)梁日孚問("主一")【:"居敬窮理是兩事,先生以為一事,何如"? 先生曰:"天地間只有此一事,安有兩事? 若論萬殊,禮儀三百,威儀三千,又何止兩? 公且道居敬是如何? 窮理是如何?"曰:"居敬是存養工夫,窮理是窮事物之理。"曰:"存養個甚?"曰:"是存養此心之天理。"曰:"如此亦只是窮理矣。① 且道如何窮事物之理?"曰:"如事親,便要窮孝之理;事君,便要窮忠之理。"曰:"忠與孝之理,在君親身上? 在自己心上? 若在自己心上,亦只是窮此心之理矣。且道如何是敬?"曰:"只是主一。""如何是主一?"曰:"如讀書,便一心在讀書上;接事,便一心在接事上。"曰:"如此②卻是逐物,成甚居敬功夫?"日孚請問】。曰:"一者,天理。主一,是一心在天理上。若只知主一,不知一即是理,有事時便③逐物,無事時便是(着)【著】空。惟其有事無事,一心皆在天理上用功,所以居敬亦即是窮理。就窮理專一處說,便謂之居敬;就居敬精密處說,便謂之窮理,【卻】不是居敬了別有個心窮理,窮理時別有個心居敬。名雖不同,(工)【功】夫只是一事。"④【問:"窮理何以即是盡性?"曰:"心之體,性也,性即理也。窮仁之理,直要仁極仁;窮義之理,直要義極義。仁義只是吾性,故窮理即是盡性。"⑤日孚曰:"先儒謂'一草一木亦皆有理,不可不察',如何?"先生曰:"夫我則不暇。公且先去理會自己性情,須能盡人之性,然後能盡物之性。"日孚悚然有悟。】

　　1. 此條刪節首尾文字甚多,只集中表現"主一"即只是主於天理,"一心皆在天理上用功",故居敬窮理只是一回事之意。又,整段問答辯論變成個人獨白說理。

---

① 此句之後,《王集》有一"曰"字,見《王集》卷一,第36頁。按,此"曰"字疑為衍文、

② "如此"之後,《王集》有"則飲酒,便一心在飲酒上;好色,便一心在好色上"等文字,見《王集》卷一,第36頁。

③ "便"之後《王集》有"是"字,見《王集》卷一,第36頁。

④ 此句之後,《王集》有"就如《易》言'敬以直內,義以方外',敬即是無事時義,義即是有事時敬,兩句合說一件。如孔子言'修己以敬',即不須言義;孟子言'集義',則不須言敬。會得時,橫說豎說,工夫總是一般。若泥文逐句,不識本領,即支離決裂,工夫都無下落"等文字,見《王集》卷一,第36—37頁。

⑤ 此句之後,《王集》有"如孟子說'充其惻隱之心,至仁不可勝用',這便是窮理工夫"等文字,見《王集》卷一,第37頁。

2．刪去首段,因而亦略去居敬窮理的工夫論,也減弱了所抄錄的陽明之說的理論力度。抄錄的是集中表現陽明之說之法,失卻對比參照,卻看不到其說所以有力之故。

（31/35）正之問:"戒懼是己所不知時工夫,慎獨是己所獨知時工夫。"①【先生】曰:"只是一個工夫。無事時固是獨知,有事時亦是獨知。（于此用功）【人若不知於此獨知之地用力,只在人所共知處用功,便是作偽,便是'見君子而後厭然'。此獨知處便是誠的萌芽。此處不論善念惡念,更無虛假,一是百是,一錯百錯,正是王霸義利、誠偽善惡界頭,於此一立立定】,便是端本澄源,便是立誠。②（若只在人所共知處用功,便是作偽。）今若又分戒懼為己所不知,【即】工夫便支離。③ 既戒懼,即是知（己。"曰:"）己若不知,是誰戒懼?如此見解,便要流入斷滅禪定。"曰:"不論善念惡念,更無虛假,則】獨知之地,更無無念時耶?"曰:"【戒懼亦是念。】戒懼之念,無時可息。若戒懼之心稍有不存,不是昏瞆,便已流入惡念。"④

【無虛假便是誠,便是善,更何惡念。】

戒懼不是念,可言是思。思只是思誠。思是心之本官,思而動（于）【於】欲為念。故念當除而思不可除。後人專喜言無思,至（于）【於】念,則以為是心之妙用,不可除。是倒說了,他只要除理障耳。

1．此條是刪節而改寫之例。首見的刪節文字,以"于此用功"的自己文字開頭,原句中的"只在人所共知處用功,便是作偽"來總括改寫他句。

2．評語兩條,都是對陽明所說"念"的意思不表同意。首條是不以"念"值得考慮,故刪;第二條則是引申陽明之意,故存。

（32/40）蔡希淵問:"【文公】《大學》新本先格致而後誠意,工夫似與首章次第相合,（若）【如】⑤先生從舊本【之說】,【即】誠意反在格致之前（矣）

---

① 此句之後,《王集》有"此說如何"句,見《王集》卷一,第38頁。

② 此句之後,《王集》有"古人許多誠身的工夫,精神命脈全體只在此處,真是莫見莫顯,無時昧處,無終無始,只是此個工夫"等文字,見《王集》卷一,第38頁。

③ 此句之後,《王集》有"亦有間斷"句,見《王集》卷一,第38頁。

④ 此句之後,《王集》有"自朝至暮,自少至老,若要無念,即是己不知。此除是昏睡,除是槁木死灰"等文字,見《王集》卷一,第38頁。

⑤ "若如"兩字,《王集》均有,見《王集》卷一,第42頁。

【，於此尚未釋然】。"【先生】曰："《大學》工夫即是明明德，明明德（只）【即】①是個誠意，誠意工夫只是格【物】致【知】。若以誠意為主，去用格【物】致【知】②工夫，③工夫始有下落，即為善去惡，無非是誠意的事。如新本先去窮格事物之理，即茫茫蕩蕩都無（着）【著】落處，須【用】添個敬字，方纔牽扯得【向】身心上來，【然】終【是】沒根源。（且既）【若】須【用添個】敬字，緣何孔門倒將【一個】最（要緊）【緊要】的【字】落了，直待千餘年後【要】人（添）【來】補【出】？正謂以誠意為主，即不須添敬字。（此）【提出個誠意，④正是】學問大頭腦，⑤於此不察，真（是）【所謂毫釐之差，】千里之謬。大抵《中庸》工夫只是誠身，誠身之極便是至誠；《大學》工夫只是誠意，誠意之極便是至善。【工夫】總是一般。【今說這裏補個敬字，那裏⑥補個誠字，未免畫蛇添足。】"（已上俱薛侃記。）

　　先生疏《大學》，惟此段最端的無病。明明德只是個誠意，若意字看得分曉，【委的】不必說正心更有工夫（矣）【了】。

　　1. 此條省略各字，主要在使文章凝練淨潔，無不必要之語。可見其讀者對象為深造之學者。

　　2. 評語去"委的"二字，劉宗周強調之意因而減低。

【黃直記】各條

　　（41/53）問："儒者（夜氣）【到三更時分】，⑦胸中思慮，空空靜靜，與釋氏之靜（卻）【只】一般，【兩下皆不用，】此時何所分別？"【先生】曰："動靜只是一個，那（夜氣）【三更時分】空空靜靜【的】，【只是存】天理（在中），即是⑧應事接物的心。應事接物的心亦是循【此】天理，便是（夜氣）⑨【三更時分】空空靜靜的心。故動靜【只是一個，】分別不得，知得動靜合一，釋氏毫

---

①　"即"字《王集》作"只"，見《王集》卷一，第 42 頁。
②　"知"字之後，《王集》有"的"字，見《王集》卷一，第 42 頁。
③　"工夫"之後，《王集》有"即"字，見《王集》卷一，第 42 頁。
④　此句《王集》作"所以提出個誠意來說"，見《王集》卷一，第 42 頁。
⑤　"大頭腦"後，《王集》有"處"字，見《王集》卷一，第 42 頁。
⑥　《劉宗周全集》本《陽明傳信錄》校勘記云："裏，底本作"理"，據《王集》改。
⑦　"胸中"之前，《王集》有"掃蕩"二字，見《王集》卷三，第 107 頁。
⑧　"即是"之後，《王集》有"如今"二字，見《王集》卷三，第 107 頁。
⑨　"三更"之前，《王集》有"那"字，見《王集》卷三，第 107 頁。

鳌差處亦自莫(掩)【揜】①矣。"

1. 以"夜氣"代"到三更時分",即以儒者熟悉的特定概念,代替需要尋繹的一般意思。此條刪節可見改口語為文言之跡。

2. 此條文字、文句刪節後,陽明的動詞語氣因之不顯。

【黃修易記】各條

(43/55)【先生嘗言:"】佛氏不(着)【著】相,其實(着)【著了】相;吾儒(着)【著】相,其實不(着)【著】相。【"】請問。曰:"】佛怕父子累,卻逃了父子;怕君臣累,卻逃了君臣;怕夫婦累,卻逃了夫婦,都是(着)【為個君臣、父子、夫婦著了】相,便須逃避。【如】吾儒有個父子,還他以仁;有個君臣,還他以義;有個夫婦,還他以別,何曾(着)【著】父子、君臣、夫婦的相?"

先生(于)【於】佛氏一言而內外夾攻,更無剩義。

1. 此條見改問答為獨白之跡。

(45/57)【先生曰:"】諸君(工)【功】夫最不可助長。上智絕少,學者無超入聖人之理,一起一伏,一進一退,自是(工)【功】夫節次,不可以我前日(曾)用【得】(工)【功】夫【了】,今卻不濟,便要矯強做出一個沒破綻的模樣,這便是助長,連前些子(工)【功】夫都壞了。② 只要常常懷個'遁世無悶,不見是而無悶'之心,依此良知,忍耐做去,不管(毀譽榮辱)【人非笑,不管人譏謗,不管人榮辱,任他功夫有進有退,我只是致良知】,③久久自然有得力處。【"】又曰:"人若著實用功,隨人譏謗,隨人欺慢,處處得益,處處是進德之資;若不用功,只是魔也,終被累倒。"】

1. 此條見改口語為文言之跡,亦是盡去不必要之詞。

【錢德洪記】各條

(46/58)(言立志。)【何廷仁、黃正之、李侯璧、汝中、德洪侍坐。先生顧而言曰:"汝輩學問不得長進,只是未立志。"侯璧起而對曰:"琪亦願立

---

① "揜"字《王集》作"掩",見《王集》卷三,第107頁。

② 此句之後,《王集》有"此非小過,譬如行路的人,遭一蹶跌,起來便走,不要欺人做那不曾跌倒的樣子出來。諸君"等文字,見《王集》卷三,第111頁。

③ 此句之後,《王集》有"的主宰不息"五字,見《王集》卷三,第111頁。

志。"先生曰:"難說不立,未是必為聖人之志耳。"對曰:"願立必為聖人之志。"先生】曰:"【你】真有聖人之志,良知上更無不盡。良知上留得些子別念(掛)【掛】帶,便非必為聖人之志矣。"①

　　1. 以"言立志"取代緣起的一段問答,而只記陽明回答之言,主題明白,要旨具在,然卻失卻語境。

　　(54/66)【朱本思】問:"人有虛靈,方有良知,若草木瓦石之類,亦有良知否?"【先生】曰:"人的良知就是草木瓦石的良知,若草木瓦石無人的良知,不可以為草木瓦石矣。豈惟草木瓦石為然,天地無人的良知,亦不可為天地矣。蓋天地萬物與人原是一體,其發竅之最精處,是人心一點靈明,【風雨露雷、日月星辰、禽獸草木、山川土石,與人原是一體。②】故五穀禽獸之類皆可以養人,藥石之類皆可以療疾,只為同此一氣,故能相通耳。"

　　只為性體原是萬物一源,故如人參溫,能補人,便是遇父子而知親;大黃苦,能瀉人,便是遇君臣而知義,如何無良知? 又如人參能退邪火,便是遇君臣而知義;大黃能順陰氣,便是遇父子而知親,如何說此良知又是人得其全,物得其偏者?

　　1. 刪"朱本思"三字,於整條主旨無大礙,然卻生問者或為此錄的記者錢德洪之誤會。

　　2. 刪去"風雨露雷、日月星辰、禽獸草木、山川土石,與人原是一體"數句,整段的邏輯因果、例子的合理性都不能彰顯。

　　(55/67)問:"【大】人與物同體,如何《大學》又說個厚薄?"【先生】曰:"【惟是】道理自有厚薄,比如身是一體,把手足捍頭目,豈是【偏要】薄手足? 其道理合如此。禽獸與草木同是愛的,把草木去養禽獸,又忍得? 人與禽獸同是愛的,宰禽獸以養親,【與】供祭祀,燕賓客,心又忍得? 至親與路人同是愛的,(顛沛患難之際)【如簞食豆羹,得則生,不得則死】,不能兩全,寧救至親,不救路人,心又忍得? 這是道理(合)③該如此。及至吾身與

----

　　① 此句之後,《王集》有"洪初聞時心若未服,聽說到此不覺悚汗"等文字,見《王集》卷三,第115頁。
　　② 此句《王集》作"與人原只一體",見《王集》卷三,第118頁。
　　③ "合"字《王集》有,見《王集》卷三,第118—119頁。

至親，更不得分【別】彼此厚薄，蓋以仁民愛物皆從此出，此處可忍，更無所不忍矣。《大學》所謂厚薄，是良知上自然的條理，【不可踰越，此】便謂之義；順這個條理，便謂之禮；知此條理，便謂之智；終始①這條理，便謂之信。"

　　既是自然的條理，則不如此便是勉然的，更何條理？所以佛氏一切胡亂，只得粉碎虛空，歸之儱侗。

　　1. 此條刪改，意在改口語為文言，使文字更趨馴雅，但卻令應有之意思不足。如以"顛沛患難之際"代"如簞食豆羹，得則生，不得則死"，是以籠統語代具體語，不能使隨後的"不能兩全"顯得實在。

　　2. "《大學》所謂厚薄，是良知上自然的條理"，"不可踰越此"才是義，對這個條件的其他反應，才是禮智信，可見"不可踰越"之刪去，會令意思不明。

　　(66/84)（門人）【薛尚謙、鄒謙之、馬子莘、王汝止侍坐。因】歎先生自征寧藩（以）【已】來，天下謗議益眾。【請各言其故。有言先生功業勢位日隆，天下忌之者日眾；有言先生之學日明，故為宋儒爭是非者亦日博；有言先生自南都以後，同志信從者日眾，而四方排阻者日益力。先生曰："諸君之言，信皆有之。但吾一段自知處，諸君俱未道及耳。"諸友請問。】先生曰："我在南都（以）【已】前，尚有些子鄉願②意思在。③ 今信得（這）【個】良知④真是真非，信手行去，更不（着）【著】些覆藏，⑤纔做得個狂者（的）【的】胸次，（故）⑥【天下之】人都說我行不揜言也【罷】。"【尚謙出曰："信得此過，方是聖人真血脈。"】（已上俱錢德洪記）

　　讀此，方知先生晚年真面目，我輩如何容易打過關捩子也。然向後正大有事在。

　　1. 此處主要在突出陽明個人之見。首次"先生曰"之後文字被刪，遂使此條之語境頓失，而各種可能的其他原因因而不見。

　　2. 末句以"故"代"天下之"以及刪去"罷"，文章語氣因而異於原來。

---

① "終始"之後，《王集》有"是"字，見《王集》卷三，第 119 頁。
② "鄉願"之後，《王集》有"的"字，見《王集》卷三，第 127 頁。
③ "今"字前，《王集》有"我"字，見《王集》卷三，第 127 頁。
④ "這個良知"《王集》作"這良知"，見《王集》卷三，第 127 頁。
⑤ "覆藏"之後，《王集》有"我今"二字，見《王集》卷三，第 127 頁。
⑥ "故"字《王集》作"使"，見《王集》卷三，第 127 頁。

【黃以方記（黃以方即黃直）】各條

（68／86）【門人】有言【邵端峰論】童子不能格物，只教以灑掃應對【之說】。【先生】曰："灑掃應對就是①物，童子良知只到此，（只）【便】教去灑掃應對，（便）【就】是致他這一點良知【了】。（又）如童子（之）【知】畏先生長者，此亦是他良知處，故雖（遨嬉）【嬉戲中】，見了先生長者，便去作揖恭敬，是他能格物以致敬師長之良知。②【童子自有童子的格物致知。"又曰："】我這裏【言】格物，自童子以至聖人，皆是此等工夫。但聖人格物，便（更）【是】③熟得些子，不消費力。④"

1. 此條刪略，主要是令文字趨於雅馴。

（69／88）【門人問曰："知行如何得合一？ 且如《中庸》言'博學之'，又說個'篤行之'，分明知行是兩件。"先生曰："博學只是事事學存此天理，篤行只是學之不已之意。"又問："《易》'學以聚之'，又言'仁以行之'，如何？"先生曰："也是如此。事事去學存此天理，則此心更無放失時，故曰'學以聚之'。然常常學存此天理，更無私欲間斷，此即是此心不息處，故曰'仁以行之'。"又問："孔子言'知及之，仁不能守之'，知行卻是兩個了？"先生曰："說'及之'，已是行了，但不能常常行，已為私欲間斷，便是'仁不能守'。"又⑤問：【心即理之說，】程子云'在物為理'，如何（云）【謂】'心即理'？【先生】曰："在物為理，在字上當添一心字，此心在物則為理。如此心在事父則為孝，在事君則為忠之類（是也）。【"先生因謂之曰："】諸君要識得我立言宗旨。我如今說個心即理，⑥只為世人分心與理為二，⑦便有許多病痛。如五（霸）【伯】

───────────────

① "就是"之後，《王集》有"一件"二字，見《王集》卷三，第132頁。

② "良知"之後，《王集》有"了"字，見《王集》卷三，第132頁。

③ "是"字《王集》作"更"，見《王集》卷三，第132頁。

④ "費力"後，《王集》尚有"如此格物，雖賣柴人亦是做得，雖公卿大夫以至天子，皆是如此做"等文字，見《王集》卷三，第132頁。

⑤ "又"字後，《王集》尚有——門人問曰："知、行如何得合一？ 且如中庸言'博學之'，又說個'篤行之'，分明知、行是兩件。"先生曰："博學只是事事學存此天理，篤行只是學之不已之意。"又問："易'學以聚之'，又言'仁以行之'，此是如何？"先生曰："也是如此。事事去學存此天理，則此心更無放失時，故曰'學以聚之'。然常常學存此天理，更無私欲間斷，此即是此心不息處，故曰'仁以行之'。"又問："孔子言'知及之，仁不能守之'，知行卻是兩個了？"先生曰："說'及之'，已是行了，但不能常常行，已為私欲間斷，便是'仁不能守'。又"等字，見《王集》卷三，第132—133頁。

⑥ "心即理"之後，《王集》有"是如何"三字，見《王集》卷三，第133頁。

⑦ "便有"之前，《王集》有"故"字，見《王集》卷三，第133頁。

攘夷狄,尊周室,都是一個私心,便不當理。人卻說他做得當理,只心有未純,往往慕悅其所為,要來外面做得好看,卻與心全不相干。分心與理為二,其流至(于)【於】(霸)【伯】道之偽而不自知,故我說個心即理,要使知心理是一個,便來心上做工夫,不去襲取(于)【於】義,①便是王道之真。"②【又問:"聖賢言語許多,如何卻要打做一個?"曰③:"夫道,一而已矣。"又曰:"其為物不貳,則其生物不測。天地聖人皆是一個,如何二得?"】

【看此宗旨二字,見先生洞視千古血性。知行合一之說更無可疑。】

1. 此條刪去上半,遂使質疑知行合一之說的各種提法不見,因而亦不能見王陽明回答之是否有力。

2. 此條只取陽明論"心即理"事一段。

3. 刪去下半結尾數句,不見陽明的萬象合一觀,也失去原有對於首段的呼應。按,"心即理"說得虛,"知行合一"說得實,自有分別。

4. 評語被刪,因為關於"知行合一"的文字並未抄錄。

【王畿記】唯一一條

(71/93)丁亥年九月,先生起【復】征思、田。【將命行時,】德洪與汝中論學,(德洪)【汝中】舉先生教言曰:"無善無惡④心之體,有善有惡⑤意之動,知善知惡是良知,為善去惡是格物。"【德洪曰:"此意如何?"】汝中曰:"此恐未是究竟話頭。若說心體是無善無惡,意亦是無善無惡,⑥知亦是無善無惡,⑦物亦是無善無惡⑧矣。若說意有善惡,畢竟心體還有善惡在。"德洪曰:"心體是天命之性,原無善惡,⑨但人有習心,意念上見有善惡在。格致誠正修,(此)【正】是⑩復⑪性體(工)【功】夫,若原無善惡,(工)【功】夫

---

① 此句《王集》作"不去襲義於外",見《王集》卷三,第133頁。
② 此句之後,《王集》有"此我立言宗旨"句,見《王集》卷三,第133頁。
③ "曰"字後,《王集》有"我不是要打做一個,如曰"等字,見《王集》卷三,第133頁。
④ "無善無惡"之後,《王集》有"是"字,見《王集》卷三,第128頁。
⑤ "有善有惡"之後,《王集》有"是"字,見《王集》卷三,第128頁。
⑥ 此句之後,《王集》有"的意"二字,見《王集》卷三,第128頁。
⑦ 此句之後,《王集》有"的知"二字,見《王集》卷三,第128頁。
⑧ 此句之後,《王集》有"的物"二字,見《王集》卷三,第128頁。
⑨ 此句《王集》作"原是無善無惡的",見《王集》卷三,第128頁。
⑩ "正是"《王集》作"此正是",見《王集》卷三,第128頁。
⑪ "復"字後《王集》有"那"字,見《王集》卷三,第128頁。

亦不消說矣。"是夕【侍】坐天泉橋,各舉請正。先生曰:"【我今將行,正要你們①講破此意。】二君之見正好相資,②不可各執一邊。我這裏接人原有二種,利根之人,直從本源上悟入。人心本體原是明瑩無滯,③原是個未發之中。利根之人一悟本體,即是(工)【功】夫,人己內外一齊俱透。④ 其次不免有習心在,本體受蔽,故且教在意念上實落為善去惡,(工)【功】夫熟後,渣滓去【得】盡,⑤本體亦明(淨)【盡】了。汝中之見,是我⑥接利根人的;德洪之見,是我⑦為其次立法的。【二君】相取為用,則中人上下皆可引入(于)【於】道。【若各執一邊,眼前便有失人,便於道體各有未盡。】"既而曰:"已後【與朋友】講學,【切】不可失了我的宗旨:無善無惡⑧心之體,有善有惡⑨意之動,知善知惡⑩是良知,為善去惡是格物。⑪ 這話頭隨人指點,自沒病痛,⑫原是徹上徹下(工)【功】夫。利根之人,世亦難遇,【本體功夫,一悟盡透,此顏子、明道所不敢當,豈可輕易望人!】人有習心,不教他在良知上實用為善去惡(工)【功】夫,只去懸空想個本體,一切事為俱不(着)【著】實,不過養成一個虛寂,【此個】病痛不是小小,不可不早說破。"【是日德洪、汝中俱有省。】(王畿《天泉證道記》)

　　先生每言,至善是心之本體。又曰:"至善只是盡乎天理之極,而無一毫人欲之私。"又曰:"良知即天理。"《錄》中言"天理"二字,不一而足,有時說"無善無惡者理之靜",亦未(嘗)【曾】經說"無善無惡是心體",若心體果是無善無惡,則有善有惡之意又從何處來? 知善知惡之知又從何處來? 為善去惡之功又從何處(起)【來】? 無乃語語(斷流絕港乎?)【絕流斷港?】快哉,四無之論! 先生當(于)【於】何處作答? 卻又有"上根下根"之說,謂"教上根人只在心上用工夫,下根人只在意上用工夫",又豈

---

① "你們"後,《王集》有"來"字,見《王集》卷三,第128頁。
② "相資"後,《王集》有"為用"二字,見《王集》卷三,第128頁。
③ "無滯"後,《王集》有"的"字,見《王集》卷三,第129頁。
④ "俱透"後,《王集》有"了"字,見《王集》卷三,第129頁。
⑤ "盡"字後《王集》有"時"字,見《王集》卷三,第129頁。
⑥ "是我"之後,《王集》有"這裏"二字,見《王集》卷三,第129頁。
⑦ "是我"之後,《王集》有"這裏"二字,見《王集》卷三,第129頁。
⑧ "無善無惡"之後,《王集》有"是"字,見《王集》卷三,第129頁。
⑨ "有善有惡"之後,《王集》有"是"字,見《王集》卷三,第129頁。
⑩ "知善知惡"之後,《王集》有"的"字,見《王集》卷三,第129頁。
⑪ "這話頭"之前,《王集》有"只依我"三字,見《王集》卷三,第129頁。
⑫ "原是"之前,《王集》有"此"字,見《王集》卷三,第129頁。

《大學》八目一貫之旨？又曰："其次且教在意念上(着)【著】實用為善去惡工夫,久之心體自明。"蒙謂繞(着)【著】念時,便非本體,人若只在念起念滅上用工夫,一世合不上本體【了】,【正】所謂南轅而北轍也。先生解《大學》,(于)【於】"意"字原看不清楚,所以(于)【於】四條目處未免架屋疊牀至此。及門之士一再摹之,益失本色矣。先生他日有言曰："心意知物只是一事。"此是定論。既是一事,決不是一事皆無。蒙因為龍溪易一字曰："心是有善無惡之心,則意亦是有善無惡之意,知亦是有善無惡之知,物亦是有善無惡之物。"不知先生首肯否？或曰："如何定要說個有善無惡？"曰："《大學》只說致知,如何先生定要說個致良知,多這良知字？"其人默然。學術所關,不敢不辯。

1. 此條首句刪"復"字,因而不知這是陽明父喪服闋之後之事；再刪"將命行時",因而不見其為臨發之時之事,整個事情的語境因而不明。

2. "先生起【復】征思、田。【將命行時,】德洪與汝中論學,(德洪)【汝中】舉先生教言曰：'無善無惡心之體,有善有惡意之動,知善知惡是良知,為善去惡是格物。'【德洪曰：'此意如何？'】"此句將首先提出四句教問題的王畿改為錢德洪,影響對事實的判斷甚大。按,《傳習錄》所記,《陽明年譜》亦同,均因王畿起疑而發問於陽明。《明儒學案》此處之張冠李戴,不知何意。但從原書可見,四句教確是陽明之教,陽明認為絕無弊病,王畿則有所質疑。王畿對這教義只是不滿,四句卻非出於王畿,或其他學者之杜撰。

3. 王畿、錢德洪的辯論內容以及王陽明的回答,所刪單字及語句,影響意思不大,主要是淨潔文章之故。

三、結　語

通過以上比勘可見,《姚江學案》及其所據的《陽明傳信錄》文字差異頗多,在研究者而言實在不容忽視。首先牽涉的是節取原文的問題。劉宗周選抄陽明文字時,已經對原文有所選取,黃宗羲錄取劉宗周的選本時,又再作了選取和刪節。從整個《傳習錄》的選錄部分看,黃宗羲選錄的比劉宗周原選的少很多,只從《陽明傳信錄》的93條中選取71條。劉宗周刪節《傳習錄》的文字整體較少,黃宗羲刪節劉宗周抄錄的文字卻所在多有,而且改動字句之處也多;連帶劉宗周的評語,也有多條被刪或被節。選本刪節原文本來自有無可奈何甚至無可厚非的原因:工費之省和文章之美都要求篇幅刪繁就簡。但刪節的結果,往往先會失去文字的語境,又會導致曲解原意。所以要盡量不失原意,編錄者和讀者都要倍加小心。

黃宗羲在《傳習錄》這部分改動的單字有兩類,第一類屬於通用字和異體字,第二類是意義有別的文字。第一類是一致的,各條所見均同,可能是出於當時的寫刻習慣。以下各字都是顯而易見的。我們依照《姚江學案》/《陽明傳信錄》各條的次序(以下的各類對比,排列相同),先標示原書之字(包括本文未列舉的各條),再標示《姚江學案》所改之字(一律改的,只顯示首次出現之處):(第3/3條)"著"作"着"【一律】,(第6/6條)"於"作"于"【一律】,(第6/6條)"功夫"作"工夫"【一律】,(第11/11條)"才"作"纔",(第12/12條)"豫"作"與",(第23/26條)"他日"作"它日",(第23/26條)"予"作"餘",(第23/26條)"止"作"只",(第24/27條)"瀰"作"彌",(第25/28條)"他"作"它",(第26/30條)"煆煉"作"煆鍊",(第26/30條)"鐵"作"銕",(第36/48條)"也"作"亦",(第38/50條)"從"作"隨",(第41/53條)"揜"作"掩",(第44/56條)"鬥"作"鬪",(第57/71條)"的"作"之",(第58/72條,評語)"說"作"言",(第69/88條)"謂"作"云",(第69/88條)"五伯"作"五霸",(第69/88條)"的"作"者",(第71/93條)"曾"作"嘗"。其他"是、即","如、若","個、箇"的互用,亦隨處可見。

意義有別的異字,有的應是源於手民,多以字形相似、聲音相同致誤。例如:(第5/5條)"理"誤作"禮"【音同之誤】,(第5條,評語)"益"誤作"蓋"【形似之誤】,(第13/14條、評語)"切"誤作"功"【形似之誤】,(第26/30條)"既"誤作"及"【音同之誤】,(第26/30條)"梢"誤作"稍"【形似之誤】,(第84條)"已"誤作"以"【音同之誤】。

這些文字別異,反映了《姚江學案》原書之校勘不精。《姚江學案》應是參校過陽明原集,但並不精細,也不一致,這從《陽明傳信錄》與《王陽明全集》出現的異體字或俗字,《姚江學案》並非全同於王集可見。文字的差異有的應是出於編者、錄者、校者的更改。更改應是源於認為原文有誤,但結果卻是改者自生誤解在先,讀者為之誤導在後。

其他異於原書的文字,都是源於編者有意的改動。以下仍照《姚江學案》/《陽明傳信錄》的排列次序列舉,但先列原書之文,以見改變所在。這些改變包括:【原書——改變】,(第7/7 條)"天理——天命",(第8/8 條)"聞之既久——聞之既熟",(第 19/21 條)"方漸能到——方纔能到",(第 21/23 條)"染著——點染",(第 27/31 條)"則以——復以",(第 35/45 條①)"淪埋——埋沒",(第 38/50 條)"分限——分量",(第 48/60 條,評語)"齊明盛服——齋明盛服",(第 50/62 條)"貌象——象貌",(第 61/76 條,評語)"勘得破——看得破",(第 66/84 條)"信得個良知——信得這良知",(第 68/86 條)"嬉戲——遨嬉",(第 68/86 條)"便是——便更",(第 71/93 條)"何處來——何處起",(第 71/93 條,評語)"絕流斷港——斷流絕港"。這些差異文字本來意義不同,徑改之後便令原意遭到歪曲或改變,原來的強調被減弱,原來的因果關係不見彰顯,原來的經典文字變樣,原來的措辭次序倒轉。

　　個別文字省略及文句改寫,其原因主要應是出於"文章"的考慮。黃宗羲或其"執行編輯",大抵認為透過文字的潤色,可以達到文從字順和文省意賅的效果,同時能夠使一些口語文言化,收文字雅馴之美,所以勇於徑改。整體上看,《姚江學案》的改動和加工,有對有錯,有精有粗,有簡練也有誤導,但明顯有改口語為文語使文字趨於雅馴的表現。至於有沒有透過文字損益而故令原意改變,引導讀者別有解悟,我們不能遽下判斷,只好存而不論。可以肯定的是,以黃宗羲對王陽明之尊崇,以《姚江學案》在《明儒學案》中的重要地位,居然出現了如本文所披示的文本差異情形,和因而產生的意義不一,卻是出乎一般的想像所及,所以《明儒學案》仍待精校,學者纔能安心使用。

---

　　①　《姚江學案》《傳習錄》部分第 35 條最後一句——"知來本無知,覺來本無覺,然不知,則遂淪埋",《陽明傳信錄》別爲一條,編次為第 45 條。

黃綰經學、政論著作合考[*]

張宏敏^{**}

【摘　要】浙中王門先驅黃綰,既有經學名作《四書五經原古》等十種,又有政論著作《石龍奏議》等四種,還有哲學、文學著作及家乘編纂近十種。本文主要對黃綰所成十種經學著作、四種政論著作之版本存佚、創作背景、思想主旨、學術價值等,逐一考論。

浙中王門先驅黃綰,明浙江布政司台州府黃巖縣(今浙江省台州市黃巖區北城街道新宅村)人,生於憲宗成化十年二月十一日(1480 年 3 月 31 日),卒于世宗嘉靖三十三年九月初四日(1554 年 9 月 30 日)。字宗賢,號石龍,又自號久庵山人、久庵居士、石龍山人等,學者稱久庵先生。

作為政治家的黃綰,為官二十餘載,在嘉靖元年至四年(1522—1525)任南京都察院經歷,積極參與了嘉靖三年的"大禮議"活動;於嘉靖十三年(1534)左右任禮部左侍郎,作為欽差成功撫勘過"大同兵變"。在此期間,黃綰多有奏疏上呈,並彙編成《知罪錄》、《雲中疏稿》、《邊事奏稿》等。作為哲學家、思想家的黃綰銳意治經,即"以心學治經學",[1]斬獲頗豐,有《易經原古》、《書經原古》、《詩經原古》、《禮經原古》、《禮經》、《春秋原古》、

---

* 本課題得到了"上海地方高校大文科研究生學術新人培育項目(編號: B－7603－12－001138)"支持,特此說明。

** 張宏敏,上海師範大學哲學學院博士研究生,浙江工貿職業技術學院人文系講師。

① "以心學治經學"語出浙江省社科院錢明先生,他以為"黃綰著述,既有理論性的,也有政論性的,更有注釋性的,可以說在以心學治經學方面,他是開了浙中王門乃至整個陽明學派之先河的"(載氏著《浙中王門研究》,中國人民大學出版社 2009 年版,第 89 頁)。

《四書原古》、《大學古本注》、《中庸古本注》、《廟制考議》等。今為便於學
人詳細瞭解黃綰所成十種經學著作、四種政論著作之創作背景、思想主旨、
版本存世、學術價值等情況,茲逐一考論。不妥之處,敬請方家教正。

一、經學著作十種

黃綰經學著作以《四書五經原古》(亦稱《經書原古》①)為代表,正式成
書於黃綰晚年由黃巖縣城遷家江北翠屏山(即嘉靖十八年)之後。黃綰本
人關於《四書五經原古》創作之由來,其在《家訓》中記:自己於"聖人'艮止
執中'之旨","幸得之遺經而驗之於身心,涉歷星霜,每嘗筆之於《大學》、
《中庸》、《論語》、《孟子》及《易》、《詩》、《書》諸經,謂之《原古》"。②

據黃綰《禮經原古序》文所述撰著四子諸經的時間先後,"己亥(嘉靖十
八年)投林之後,又以四子諸經未完,蹉跎至今,始獲措手(于古《禮》)"。③
可知黃綰先是著《四書原古》,嗣後撰《五經原古》,而《禮經原古》最遲定
稿。清朱彝尊撰《經義考》對黃綰《四書五經原古》不分經著錄,統稱為《黃
氏(綰)經書原古》入"群經類",云"未見";又轉錄黃宗羲《明儒學案》中述
《五經原古》之語,末了附陸元輔案語一種。④ 此外,黃虞稷撰《千頃堂書
目》卷三《經解類》錄有《四書五經原古》書目。

以上所述皆不詳,今就所見分述如下:

1.《四書原古》　卷數不明,今佚而不存,係黃綰在晚年對《大學》、《中
庸》、《論語》、《孟子》重新加以箋注、疏解的經學著作。按照下文所述《五
經原古》之子目當為《大學原古》、《中庸原古》、《論語原古》、《孟子原古》,

---

①　楊晨編:《台州藝文略》,黃巖友成局 1936 年印,第 7 頁。《雍正浙江通志》卷二百四十二
《經籍二·經部下》:《兩浙名賢錄》作《五經四書原本》。

②　《洞山黃氏宗譜》卷一《家訓》,民國乙卯年(1915)重修本。

③　轉引自黃宗羲著:《明儒學案》卷十三《浙中王門學案三·尚書黃久庵先生綰》,載沈善洪
主編、吳光執行主編:《黃宗羲全集》第七冊,浙江古籍出版社 2005 年版,第 328 頁。

④　朱彝尊撰,林慶彰等主編:《經義考》(新校)卷二百八十四"群經十",上海古籍出版社
2010 年版,第 4456—4457 頁。陸元輔案語爲:"黃綰,字叔賢,黃巖人。正德丁丑進士,仕至禮部尚
書。"不難發現,陸元輔案語關於黃綰的記錄有兩處錯誤,一是黃綰表字非"叔賢",應稱"宗賢";二
是稱黃綰爲"正德丁丑進士"爲誤記,黃綰在弘治十一年即"棄舉業不爲",亦從未參加過科舉考試,
其出仕乃係"襲祖蔭"而有。

今皆佚而不存。《兩浙名賢錄》、《千頃堂書目》、《台學統》均錄有書目。

2.《大學古本注》　卷數不明,今佚而不存,系黃綰於嘉靖十四至十六年(1535—1537)在黃巖丁內艱之時所成註解古本《大學》的經學著作一種。黃綰《與孫太守書》(成文於嘉靖十五年左右)云:"向者不自量力,嘗於蠡測之餘,僭為《大學、中庸古本註》。《大學》刻已將畢,俟他日奉請益也。"① 嘉靖十五年左右,黃綰在《大學古本注》刊刻之後曾寄贈浙中王門另一代表人物王畿,王畿拜讀之後有書函與黃綰商榷,並有"《大學古本注》至善之旨,有所忿懥之說,細體會,終未能盡契於裏"云云。嗣後黃綰有《復王汝中書》以回應。② 可以推斷,《大學古本註》至遲於嘉靖十六年已經刊刻。

3.《中庸古本注》　《千頃堂書目》、《台學統》、《經義考》稱《中庸古今注》,③一卷,今佚而不存。上引黃綰《與孫太守書》文提到《中庸古本註》,可以推斷,該書成文並刊刻於嘉靖十四至十六年年間。《千頃堂書目》卷二《三禮類》:黃綰《中庸古今注》一卷。《台學統》藉此錄有此書目,稱"見《千頃堂書目》,疑即《四書原古》之一"。④ 又,朱彝尊撰《經義考》卷一百五十四《禮記》:黃氏(綰)《中庸古今注》一卷,未見。⑤

4.《易經原古》　卷數不明,今佚而不存,《嘉慶太平縣誌》、《台學統》等錄目。《易經原古》係黃綰晚年隱居翠屏山"思古堂"、⑥"家經閣"⑦時所成。今僅存黃綰本人撰《易經原古序》文一種於黃宗羲編著《明儒學案》之中⑧。在《易經原古序》文中,黃綰對《易》的"三才之道,聖人之學,憂患之書"的宗旨予以揭櫫,並對《易》"先天、後天之教"詳加辨析;進而回顧自己

---

① 黃綰:《石龍集》卷二十,臺灣中研院文哲所藏明嘉靖刻本,第 25 頁。
② 黃綰:《石龍集》卷二十,臺灣中研院文哲所藏明嘉靖刻本,第 27—29 頁。
③ 筆者竊以為《中庸古今註》、《中庸古本註》二書名,當參照黃綰《與孫太守書》所稱"中庸古本註"提法為定稱。
④ 王棻撰:《台學統》卷四十四《性理之學》三十二,民國七年吳興劉氏嘉業堂刻本,第 15 頁。
⑤ 《經義考》此書目之下有陸元輔夾注:"綰,息縣人,正德丁丑進士。"顯係誤記,如前所述,黃綰從未參加科舉,不可能中"正德丁丑進士"。
⑥ 黃綰《思古堂記》文稱"思古堂"係黃綰在嘉靖十九年(1540)之後,遷家翠屏山中所築之書堂名:"黃子山棲之堂,名曰'思古'。"命名緣由詳見黃綰《久庵先生文選》(明萬曆刻本)卷八,第10—11 頁。
⑦ 黃綰《家經閣記》文:"黃子修《四子五經》於山閣,謂其閣曰'家經'。""家經閣"命名之緣由可參見《久庵先生文選》卷八(第 12 頁)文之說明。
⑧ 黃宗羲著:《明儒學案》卷十三《浙中王門學案三》,載沈善洪主編、吳光執行主編:《黃宗羲全集》第七冊,第 320—321 頁。

少年、中年、晚年學《易》、玩《易》、解《易》的經歷，得出"《易》之在予，皆因憂患而得之"的結論。《易經原古》的命名原因，黃綰稱"歷數十年，敢以生平所得之艱難者釋其義，或先儒之說有同者亦不敢廢，謂之曰《易經原古》"。詳而析之："今敢定之以先天諸圖，有圖無書為伏羲《易》，以象辭為文王《易》，以爻辭為周公《易》，以《象傳》、《小象傳》、《系辭傳》、《文言》、《說卦》、《序卦》、《雜卦》為孔子《易》。又以《大象傳》為《大象辭》，為孔子明《先天易》。其卦次序，亦依《先天橫圖》之先後。又以孔子《系辭》言神農、黃帝、堯、舜、周《易》之韞為明歷代《易》。又以孔子始終萬物莫盛乎艮，以闔戶之坤，先闢戶之乾，合先後天而推之，以見夏、商《連山》、《歸藏》卦位之次序。其《文言》之錯於《系辭》者，則歸之《文言》；其《系辭》之錯於《說卦》者，則歸之《系辭》，及凡諸錯者皆正之，皆詳於各篇。"對於黃綰此種編纂意圖，黃宗羲大為不悅："夫《先後天圖說》，固康節一家之學也，朱子置之別傳，亦無不可。今以《先天諸圖》即為伏羲手筆，與三聖並列為經，無乃以草竊者為正統乎？《大象傳》之次第，又復從之，是使千年以上之聖人，俯首而從後人也。"[1]至於黃宗羲的評判是否恰當，在此我們存疑問不論，因為黃綰《易經原古》書不存世，無法與黃宗羲《易學象數論》進行勘比、解讀。

5.《書經原古》　卷數不明，今佚而不存。《書經原古》系黃綰對《書經》進行箋注的經學專著。《嘉慶太平縣誌》、《台學統》錄有書目。其中《台學統》稱"此書但正其中錯簡，於今文、古文不加考辨。見《明儒學案》、《太平縣誌》"。[2]

黃宗羲《明儒學案》之中錄有黃綰《書經原古序》文一種，從中我們可以瞭解到黃綰研讀、箋注《書經》而成《書經原古》的一些資訊。黃綰在《書經原古序》中提道：自己早年研讀過《書經》，並以其中上古三代君臣道德功業勉勵自己而出仕："早嘗有志，寤寐景行，黽勉從仕。"然而現實官場的殘酷混亂（明武宗正德五年至正德七年）與《書經》所論"君臣雍雍濟濟、感德仰恩、相與揖讓於一堂之上"的理想願景之間，差距甚大。所以，黃綰引疾告歸，"歸臥窮山，掃跡蓬戶"，隱居讀書達十年之久，取《書經》之《典》《謨》《訓》《誥》文，反覆研讀以體究領悟其中之三昧，終有所得："一旦恍然若有

---

①　黃宗羲著：《明儒學案》卷十三，《浙中王門學案三·尚書黃久庵先生綰》，載沈善洪主編、吳光執行主編：《黃宗羲全集》第七冊，第319頁。

②　王棻撰：《台學統》卷四十四《性理之學》三十二，民國七年吳興劉氏嘉業堂刻本，第14頁。參閱筆者下段行文之中關于黃宗羲對《書經原古》的概述，可知王棻之語出自黃宗羲《明儒學案》。

所啟,若見言外之旨,目擊其君臣雍雍濟濟、感德仰恩、相與揖讓於一堂之
上,皆有以見其道德高明如天、容物之所不能容,博厚如地、載物之所不能
載,悠久無疆、成物之所不能成。逆順萬途,賢愚萬類,公私取捨,皆不出其
範圍。"①欣喜之餘,黃綰發出了"斯學既絕,如斯道德所以久不明於人,如斯
功業所以久不明於世,予何汨沒"②的感歎。而為使後之君子證斯學、明斯
道,黃綰決定訂正《書經》篇、文之錯簡,"隨其所得,或因舊聞為箋",命之曰
《書經原古》。

可見,黃綰在正德八年(1513)至嘉靖元年(1522)隱居黃巖紫霄山石龍
書院讀書之時,已經對《書經原古》發凡起例並草創成稿。至嘉靖十九年
(1540)結束仕宦生涯而遷居翠屏山之後,又於翠屏山"思古堂"、"家經閣"
之中潤色定稿。

6.《詩經原古》　卷數不詳,今佚而不存。《詩經原古》系黃綰晚年對
《詩經》重新編排、箋注的經學著作。《嘉慶太平縣誌》、《台學統》錄有書
目。《台學統》記:"以《南》、《雅》、《頌》合樂者次第於先,退十三國於後。
去《國風》之名,謂之《列國》。《魯頌》亦降為《列國》。見《明儒學案》。"③

黃宗羲《明儒學案》之中存黃綰成《詩經原古序》文一種,④從中基本可
以窺知黃綰《詩經原古》之體例及其詩學片論。黃綰在少年之時即學《詩》,
但是直到晚年遷居翠屏山、重修《四子五經》於家經閣時,纔通曉"《詩》合
於《樂》,古之教"以及孔子刪《詩》之真正意圖。所以黃綰在《詩經原古》之
中纔"以《南》、《雅》、《頌》合樂者,次第於先,退十三國於後,去《國風》之
名,謂之《列國》。魯之有《頌》,僭也,亦降之為《列國》。"黃綰以為唯有如
此編排處理,纔足以明孔子之志,恢復《詩》、樂兩全之原貌。因此之故,黃
綰對《詩經原古》的定位即"以俾審音、諷志之有考,陶鎔、孚格、勸戒之有
法,以俟學《詩》、學樂者之兩得"。對於黃綰的良苦用心,我們應該認可並
予以同情理解。

---

① 黃宗羲:《明儒學案》卷十三《浙中王門學案三》,載沈善洪主編、吳光執行主編:《黃宗羲
全集》第七冊,第 322 頁。

② 黃宗羲:《明儒學案》卷十三《浙中王門學案三·尚書黃久庵先生綰》,載沈善洪主編、吳光
執行主編:《黃宗羲全集》第七冊,第 319 頁。

③ 王棻撰:《台學統》卷四十四《性理之學》三十二,民國七年吳興劉氏嘉業堂刻本,第 14 頁。

④ 黃宗羲著:《明儒學案》卷十三《浙中王門學案三》,載沈善洪主編、吳光執行主編:《黃宗
羲全集》第七冊,第 321—322 頁。

　　然而,在黃宗羲看來,黃綰《詩經原古》的創作體例是有待商榷的:
"《詩》有《南》、《雅》、《頌》及列國之名,而曰'國風'者非古也,此說本于宋
之程泰之。泰之取《左氏》季札觀樂為證,而于《左氏》所云'《風》有《采
蘩》、《采蘋》',則又非之,是豈可信,然季札觀樂次第,先《二南》,即繼之以
十三國,而後《雅》、《頌》。今以《南》、《雅》、《頌》居先,列國居後,將復何
所本乎? 此又泰之所不取也。"①孰是孰非,筆者難以判定,在此我們不妨借
用黃宗羲在創作《明儒學案》之時所宣導的在學術研究中力行"存同求異"
的治學方法視之:"學問之道,以各人之自用得著者為真。凡倚門傍戶、依
樣葫蘆者,非流俗之士,則經生之業也。"②作為後之學者,我們對於黃綰、黃
宗羲各自"一偏之見"、"相反之論"的"不同處正宜著眼理會"。

　　7.《春秋原古》　卷數不明,黃綰晚年所成經學著作之一種,今佚而不
存。《嘉慶太平縣誌》、《台學統》錄有書目,云"痛掃諸儒義例之鑿,一以聖
經明文為據。見《學案》。"③

　　黃宗羲《明儒學案》之中錄有黃綰《春秋原古序》文一種④,為我們瞭解
黃綰關於此書創作過程有幫助。據《春秋原古序》文交待,黃綰少年之時即
"有志於《春秋》",然對"義例之鑿"的解經方法甚為反感;待晚年隱居著述
之時,"學之白首,忽悟孟子與夫子之言而有省"。爾後,黃綰偶然見到湛若
水所撰《春秋正傳》,發現自己關於《春秋》者,夫子經世之志,處變之書
也"的省悟與湛氏主張,尤其是反對"義例之鑿"的解經方法不謀而合。於
是,黃綰以湛氏《春秋正傳》、《三傳》、胡氏《春秋傳》為藍本,並參以諸儒之
說以折衷,一皆以聖經明文為據,而成《春秋原古》一書。對此,黃宗羲在
《明儒學案·黃綰傳》中明確指出黃綰的《春秋原古》編撰方法就是"痛掃
諸儒義例之鑿,一皆以聖經明文為據"。⑤

　　8.《禮經原古》　卷數不明,原著佚失。黃綰晚年於《四書五經原古》

---

　　①　黃宗羲著:《明儒學案》卷十三《浙中王門學案三·尚書黃久庵先生綰》,沈善洪主編、吳光
執行主編:《黃宗羲全集》第七冊,第319頁。
　　②　黃宗羲著:《明儒學案發凡》,載沈善洪主編、吳光執行主編:《黃宗羲全集》第七冊,第
6頁。
　　③　王棻撰:《台學統》卷四十四《性理之學》三十二,民國七年吳興劉氏嘉業堂刻本,第14頁。
　　④　黃宗羲著:《明儒學案》卷十三《浙中王門學案三》,沈善洪主編、吳光執行主編:《黃宗羲
全集》第七冊,第324—326頁。
　　⑤　黃宗羲著:《明儒學案》卷十三《浙中王門學案三·尚書黃久庵先生綰》,沈善洪主編、吳光
執行主編:《黃宗羲全集》第七冊,第319頁。

之中最後完成一部經學著作。《嘉慶太平縣誌》、《台學統》錄有書目。其中《台學統》記:"(《禮經原古》)以身、事、世為三重,身者容貌之屬、事者冠昏之屬、世者朝聘之屬。於經雖亂,甚資取用。見《學案》、《太平志》。"①黃宗羲《明儒學案》之中錄有黃綰《禮經原古序》文一種。②

黃綰早年即志於治《禮》,下文提到的《禮經》即黃綰早年之作,"思學諸身者未有所得,故置其稿(《禮經》)於篋中以俟時。迨仕而或出或處,南北靡常,皆有未暇"。嘉靖十八年(1539),黃綰在去職投林之後,先是撰《四書原古》,爾後著《五經原古》,其中《禮經原古》為最後完成,因為"《禮》之為經,非若他經雖或錯亂,其經之規模猶在,尚可依據尋繹,求其意旨而訂定之。至於《禮》,則散亡日久,雖有高堂生、二戴、《藝文志》所存遺簡,然已茫無頭緒,不知孰為先王之作,孰為後世之為,孰為洙、泗之傳,孰為漢儒之附會,孰為天子、諸侯、卿、大夫、士、庶人之禮,無以辨也。縱或辨之,亦不能全"。於是,黃綰以"禮"之"三重"(身、事、世)分類法訂定輯校古《禮》,"凡言身者,以身為類;凡言事者,以事為類;凡言世者,以世為類。所謂綱與目者,亦次第其間。又取朱子《儀禮經傳》數篇益之,以成一經之綱領,總謂之曰《禮經原古》"。這就是黃綰《禮經原古》之編纂體例,志于考訂古《禮》的意圖,黃綰說道:"俾學《禮》者知其源委,尋其脈絡,以為三重之條理,以立大本,以經大經,以贊化育,庶幾或少補於明時。"

9.《禮經》　卷數不明。黃綰青年時代所編訂禮學著作,約成書於弘治十四至十六年(1501—1503)間。此系黃綰在放棄科舉時文之後,用功于古聖賢之學的成果之一。至於重新編訂《禮經》的緣由,黃綰在《與王東瀛論〈禮經〉書》中有說明:③儒家傳世《五經》之中《禮經》缺訛最為嚴重,周衰之時,"諸侯放恣而《禮》最為所惡,故未經秦火而《禮》已亡其七八"。漢儒所成《儀禮》、《周禮》及《大、小戴記》皆掇拾傳會、干時進取之作,且多糜文,已非周、孔制作、刪定之遺經。即便是朱熹《儀禮經傳》、吳澄《三禮考注》等皆"據陳言於尺素,因訛謬以踵襲",均不足以反映周、孔制作、刪定之意。緣此,黃綰以"精求二聖(周、孔)經世作述之意"為目的,"存其同以去其異",別為《禮經》一書。

---

① 王棻:《台學統》卷四十四《性理之學》三十二,民國七年吳興劉氏嘉業堂刻本,第14頁。
② 黃宗羲:《明儒學案》卷十三《浙中王門學案三》,沈善洪主編、吳光執行主編:《黃宗羲全集》第七冊,第326—328頁。
③ 黃綰:《石龍集》卷十五,臺灣中研院文哲所藏明嘉靖刻本,第4—5頁。

成書之後,黃綰呈請鄉先賢王東瀛指教,即上引《與王東瀛論〈禮經〉書》。黃綰《禮經》一書今佚而不存。

10.《廟制考議》(亦作《廟制考義》) 二卷,《雍正浙江通志》、《光緒黃巖縣誌》、《民國台州府志》、《台州經籍志》、《台學統》、《台州藝文略》均錄有書目,今佚而不存。

嘉靖四年(1525),因明世宗即嘉靖帝生父稱號問題而引起的政治紛爭——"大禮議"基本結束。但是光祿寺丞何淵為討好於嘉靖帝,請建世室祀獻皇帝于太廟。嘉靖帝命禮官集議,席書、張璁多次上疏"力言不可",[①]時任南京都察院經歷的黃綰與時任南京刑部郎中的黃宗明亦參與了"何淵請建世室之議",與席書、張璁等"議禮派"官員主張一樣"斥何淵之謬"。[②]《明世宗實錄》卷五十二"嘉靖四年六月癸卯"條記:黃綰與黃宗明聯名上疏,言:"何淵獻議謬妄,干天下萬世之公議,宜正其罪。"[③]而《久庵先生文選》之中載有黃綰向嘉靖地指斥"何淵獻議謬妄"的兩道奏疏,即《諫止獻帝入太廟疏》、[④]《論上下情隔疏》。[⑤] 最終在"議禮派"官員的齊力反對之下,嘉靖帝暫時讓步,"議別立禰廟,而世室之議竟寢"。藉此推斷,《廟制考議》很可能是系黃綰在嘉靖四年為指斥"何淵獻議謬妄"而成專論嘉靖帝皇室廟制之禮學著作。

二、政論著作四種

1.《石龍奏議》 卷數不明,《台州府志》、《黃巖縣誌》、《雍正浙江通志》、《嘉慶太平縣志》、《台州經籍志》、《台學統》等有書目存錄。原本今佚。但明李時漸在《久庵先生文選·凡例》中云:"先生(黃綰)……所上章疏若干卷,名曰《石龍奏議》。"今存明萬曆年間刊本《久庵先生文選》之卷十三、十四、十五,凡十七篇。因系奏疏"文選",故非《石龍奏議》之足本。

---

① 張廷玉等:《明史》(簡體字本),中華書局 2000 年版,第 3470 頁。

② 張廷玉等:《明史》,第 3479 頁。

③ 徐階等纂:《明世宗實錄》卷五十二"嘉靖四年六月癸卯"條,台灣中研院歷史語言研究所 1962 年校勘本。

④ 黃綰:《久庵先生文選》卷十三,日本尊經閣文庫藏明萬曆十三年刻本,第 10—11 頁。

⑤ 黃綰:《久庵先生文選》卷十三,日本尊經閣文庫藏明萬曆十三年刻本,第 11—14 頁。

據此可以判定《石龍奏議》係黃綰仕宦期間所上奏疏之匯輯,其中包括以下所錄《知罪錄》、《邊事奏稿》、《雲中疏稿》等。

　　2.《知罪錄》①　三卷,《天一閣書目》、《光緒黃巖縣誌》、《光緒台州府志》、《台州藝文略》等錄有書目。《天一閣書目》卷二之一曰:"《知罪錄》一卷,明嘉靖三年石龍山人黃綰著。其書蓋議當今繼統之事。"②又據《台州經籍志》稱:《知罪錄》係黃綰"議當時繼統之事,成於嘉靖三年。今殘。"③

　　據筆者多方尋求,發現上海圖書館古籍善本室藏有明嘉靖年間黃綰自序刻本《知罪錄》一冊,半葉 10 行、行 24 字,正文首葉下方鈐有"王坳孫新會物"六字篆文方印一枚;不分卷目,但是根據正文版心所標"知罪錄一、知罪錄二、知罪錄三"字樣可判分為三卷。"知罪錄一"收《一上大禮疏》、《二上大禮疏》、《三上大禮疏》;"知罪錄二"收《大禮私議》;"知罪錄三"收《止遷獻帝山陵疏》、《諫止獻帝入太廟疏》、《論上下情隔之由及論私廟不可近大廟疏》、《計開》、《論聖學求良輔疏》。其中上海圖書館藏《知罪錄》最後一疏即《論聖學求良輔疏》有三分之二闕文。今存《久庵先生文選》卷十三所收六道奏疏即源自《知罪錄》。

　　上圖藏本《知罪錄》卷首有黃綰撰《〈知罪錄〉引》文一種:"當今繼統之義不合於當路者,遂指目為邪說、為希寵。予故知而猶犯之,此予之罪也,豈予得已哉！故錄之以著其罪,以竢天下後世之知予罪者。嘉靖三年仲秋四日石龍山人黃綰識。"可知《知罪錄》係時任南京都察院經歷司經歷的黃綰在嘉靖三年(1524)參與"大禮議"之時所上奏疏之錄編,於是年八月四日成書並刊刻。而《知罪錄》"知罪"之名係借用孔子"知我者,其惟《春秋》乎！罪我者,其惟《春秋》乎"之語,以表明自己在"大禮議"之中堅持"繼統說"而不動搖。又,今存黃綰《石龍集》中亦錄有同題為《〈知罪錄〉引》文又一種:"予疏草私錄,名之曰'知罪'。蓋予食君祿,見有不可,於理與分當言者,憂之不食,或繼以不寐,輒疏而上,皆不自知其為罪也。既而人有以罪予者,予亦不得以無罪辭。雖然,又豈予之得已哉！故錄之,以著其罪,以

---

① 拙文《今存黃綰詩文集版本略考》(張海晏、熊培軍主編:《國際陽明學研究》(第二卷),上海古籍出版社 2012 年版,第 309—318 頁)成文之時,尚未尋得上海圖書館古籍善本室所藏《知罪錄》;文中未將《知罪錄》作為"今存黃綰詩文集"一種予以考論,在此謹作說明,並向學人致歉。

② 范欽藏,范邦甸:《天一閣書目》,清嘉慶十三年揚州阮氏文選樓刻本,《續修四庫全書》第920 冊,上海古籍出版社 2002 年版,第 66 頁。寧波天一閣可能藏有《知罪錄》殘卷本,有待訪查。

③ 項元勳:《台州經籍志》卷九,廣文書局 1969 年版,第 299 頁。

俟天下後世之知予罪者。而並以有關素履之言附焉,其心一也。"①藉此又可得知,黃綰《知罪錄》刊刻次數不止"嘉靖三年"一次。

《知罪錄》成,黃綰即寄贈時任禮部尚書席書,供其於嘉靖四年奉敕輯編《大禮集議》之用。② 此外,黃綰還寄贈好友魏校一冊敦請指教,魏校覆函:"……《知罪錄》……反復以觀,喟然歎曰:赤城有斯人邪?何才識之高也。"③據此可知,魏校對黃綰及其《知罪錄》評價尚可。魏校(1483—1543),字子才,一作子材,號莊渠,江蘇崑山人,其學宗胡居仁;初疑陸象山之學為禪,其後又轉而"始知為坦然大道"。④ 黃綰官後軍都督府都事之時與王陽明結交共倡聖賢之學,約在正德七年(1512)左右,魏校與王陽明之間圍繞"朱陸之辯"問題展開了一場學術討論,當時黃綰已以疾告歸黃巖老家。黃綰雖未直接參與這場論辯,但是站在王陽明"宗陸學"的立場上通過與魏校相識的友人從中調和之。

3.《邊事奏稿》(亦稱《邊事疏稿》) 卷數不明,《雍正浙江通志》、《民國台州府志》、《黃巖縣志》、《太平縣志》、《台學統》等有錄書目,《台州經籍志》稱"明太平黃綰著,《邑志》稱其議論賈、董之流"。⑤《邊事奏稿》原書今佚。《久庵先生文選》卷十五《上明罰安邊疏》當出自《邊事奏稿》。

4.《雲中疏稿》(亦稱《雲中奏稿》、《雲中奏疏稿》) 卷數不明,《台州府志》、《嘉慶太平縣志》、《雍正浙江通志》、《光緒黃巖縣志》、《台學統》等有書目。《台州經籍志》稱"明太平黃綰著,《邑志》稱其議論賈、董之流"。⑥《嘉慶太平縣志》稱:"《石龍奏議》、《雲中疏稿》皆(黃綰)在官作,議論董賈之流也。"⑦

據"雲中疏稿"名,可知其中所收奏稿係黃綰於嘉靖十三年(時任禮部左侍郎)往勘撫"大同兵變"之時向朝廷所上奏疏。原稿今佚,但《明世宗實錄》之中有輯錄有黃綰部分疏文,而《久庵先生文選》卷十六《遵聖諭敷王道以永定人心疏》、《昭聖功明國事伸大義示四方萬世疏》出自《雲中疏稿》無

---

① 黃綰:《石龍集》卷二十一,臺灣中研院文哲所藏明嘉靖刻本,第 10—11 頁。

② 黃綰:《石龍集》卷十八,《寄席元山書》,臺灣中研院文哲所藏明嘉靖刻本,第 8 頁。

③ 魏校:《莊渠遺書》卷十三,《答王(黃)宗賢》,文淵閣《四庫全書》本。

④ 王維和、張宏敏編:《〈明儒學案〉〈宋元學案〉黃宗羲案語彙輯》,杭州出版社 2012 年版,第 10 頁。

⑤ 項元勛:《台州經籍志》卷九,廣文書局 1969 年版,第 317 頁。

⑥ 項元勛:《台州經籍志》卷九,第 317 頁。

⑦ 戚學標等:《嘉慶太平縣志》卷十五《書目》,第 18 頁。

疑。藉此,可判定《雲中疏稿》至遲在嘉靖十三年底已成書。

　　又,與《知罪錄》一樣,《雲中疏稿》成,黃綰寄好友魏校一種,魏校覆函:"承惠寄《雲中疏稿》,足以占經濟大略矣! 欽仰,欽仰! 竊惟執事所抱負者,天德王道也。其中語意頗覺抑揚,得毋猶有人者在邪? 或恐郢書而燕說之,此則愚之固也。雖然,不固不足以發執事之疑而助其觀省。哲人斷國,信於蓍龜;雲中事勢,竟當何如? 執事沈幾先物,必有以洞照之矣。"①要之,魏校對黃綰在處理"雲中之變"的謀略與膽識十分欽佩。

---

① 魏校:《莊渠遺書》卷四,《與黃宗賢》,文淵閣《四庫全書》本。

《東廓鄒先生遺稿》的刊刻與流傳

陳時龍*

【摘　要】明儒鄒守益《東廓鄒先生遺稿》,鄒善編輯,萬曆年間初刊,且為黃虞稷《千頃堂書目》著錄,然自明迄清流傳甚少,清四庫館臣亦未見。清咸豐三年(1853),族人鄒恒於山東獲《遺稿》,命侄鄒鍾抄錄副本,寄回安福。同治年間,鄒鍾有合刻《東廓鄒先生文集》與《東廓鄒先生遺稿》之計劃,未成。光緒二十九年,族人鄒仁任捐貲重刻,次年完工,是為光緒三十年刊本。民國十四年,胡慶道任安福縣知事,自鄒鼎處見《遺稿》,重印以廣流傳,即光緒三十年刊民國十四年重印本。清末重刻本《遺稿》,諸序跋臆斷《遺稿》初刻於鄒善任官山東時,且題《遺稿》與宋儀望、周怡、邵廉諸人有關,誤,不能不辨。《遺稿》初刊,絕不在隆慶初年鄒善任山東提學副使時,而應在宋儀望、邵廉等隆慶六年刊《東廓鄒先生文集》十二卷後,且與周怡毫無關係。

《東廓鄒先生遺稿》(下文簡稱《遺稿》)十三卷,明儒鄒守益撰,子鄒善輯。《遺稿》之前,鄒守益的著作業已屢經刊刻。《四庫全書總目》為《東廓集》十二卷所作提要云:"其門人陳辰始編錄所作為《東廓初稿》;⋯⋯諸門人又梓其切要者一百二十四篇,名曰《摘稿》,而晚年著述則未之備。是編為嘉靖中所刊,題建寧知府劉佃匯選,同知董燧編次,通判黃文明掄集;又題門人周怡、宋儀望、邵廉續編,孫德涵等十八人重輯。錯互顛舛,莫知竟

---

* 陳時龍,中國社會科學院歷史所副研究員。

出誰手也。"①四庫館臣對《東廓鄒先生文集》(以下簡稱《文集》)十二卷的編輯人選之複雜表示出不解。其實,館臣所見本子,應不是嘉靖年間刊本。嘉靖間所刻鄒守益《文集》,由劉佃等人編輯,程寬《東廓先生文集後序》說:"今吾南劉翁來守於建,偕蓉山董翁鳩其《全集》梓之,以惠天下學者。"②館臣所見,應是宋儀望等人重輯的本子。《文集》前後經多批人編纂刊刻,似亦正常,不至於讓館臣感覺到"錯互顛舛"的無法理解。"吾南劉翁"即劉佃,為鄒守益門人,安福三舍劉氏族人。對於《文集》在明代嘉靖、隆慶年間前後兩刻,以及清初據隆慶六年刻本再次重刻等順序,董平先生在《鄒守益集》的編校說明中已說得很清楚了。③

　　不過,要強調兩點的是:一、劉佃刻本不是最早的"全集",之前有刻於"東省"者;二、宋儀望在嘉靖年間尚不知有"全集"。這從宋儀望《校編鄒東廓先生文選序》清晰可見。宋儀望序云:"今年春,奉璽書督學來閩,乃以嘗所校《陽明文粹》移諸郡刻之,其全錄則屬於建守司諫邵君,而又竊謂兩文莊公集蓋與先生之學互相發明,方圖校訂。無何,鄒君繼甫起家八閩總憲,相對憮然,因縱言及此。鄒君曰:'家君全錄,已梓於東省,比建守又重刊焉。'予輾然曰:'有是哉!此吾黨之幸也。然予見淮南李公校編歐公文選四冊,今欲君選先師集專於學問者,亦如其數,予將命工併刻焉,庶幾三公之言,尤便流佈。'總憲君遂翻閱全錄,得論學諸體若干篇以授某,曰:'願子校之,仍為之序,亦先公之志也。'"④宋儀望任福建提學在隆慶五年(1571)。姜寶《明故嘉議大夫大理卿華陽宋公神道碑》載:"辛未(1571),以薦起補僉四川憲司,尋轉副,未及任而改視學政於八閩。"⑤從前引宋儀望序中"今年春奉璽書督學來閩"一語看,宋儀望到任福建的時間當在隆慶六年(1572)初。鄒善大概也是在該年任福建按察使。由鄒善之言看,劉佃所刻的建寧刻本只是"已梓於東省"的"全錄"的"重刊"。"東省"當指山東省。該刊本具體情況不詳。鄒善應宋儀望的要求而編選的《鄒東廓先生文

　　① 永瑢:《四庫全書總目》卷一七六"東廓集十二卷"條,中華書局1965年版,第1572頁。

　　② 董平編校整理:《鄒守益集》卷二十七,鳳凰出版社2007年版,第1341頁。

　　③ 董平編校整理:《鄒守益集》,編校說明,第2頁。

　　④ 宋儀望:《華陽館文集》卷一,《四庫全書存目叢書》集部第116冊據清道光二十二年宋氏中和堂刻本影印,第17頁。

　　⑤ 姜寶:《姜鳳阿文集》卷三十四,留部稿卷七,《四庫全書存目叢書》集部第127—128冊影明萬曆刻本,第4頁。

選》四卷,則大約在隆慶六年亦由宋儀望刊行,今天津圖書館藏有此本。宋儀望所提到的他交付刊刻陽明"全錄"的"建守司諫邵君",當是邵廉。康熙《建寧府志》載:"(知府)邵廉,豐城人,隆慶五年任。"①實際上,邵廉是江西南豐人,而不是豐城人,由陳子昂《陳拾遺集》卷首有邵廉序題為"隆慶五年歲辛未秋八月望日南豐邵廉書於建寧郡之蒔蔬處"可知。現存的《東廓鄒先生文集》十二卷有隆慶六年邵廉刻本,藏遼寧、南京等圖書館。可見,宋儀望在處理鄒守益的文集時,基本採取了對待陽明的文集同樣的處理模式,即非但選錄了一部分自行刊刻,將另外將全集交由邵廉刊行。

　　之所以在討論《遺稿》前費大量筆墨來討論《文集》,是為了說明在清末與民國年間重刻《遺稿》諸人所留下的序跋中,有些認識是不準確的。例如,鄒氏族人鄒仁任在《東廓鄒先生遺稿跋》中說:

> 　　先文莊公手澤,正集外復有遺稿未刊,後房祖善公於前明萬曆間為山東布政使,編輯為十三卷付梓。鼎革後,遺失無存,故寒族諸前輩皆未之見,以為祇有正集耳。忽於近年得諸山東街市,想必善公為布政時所流傳者也。於是勉力竭貲,重付手民。今已告竣,爰述其崖略以志。先文莊公之手澤未湮,亦為子孫者之一快云。②

跋中有明顯的史實錯誤:一、鄒善沒有擔任過山東布政使,而只是在隆慶初年任山東提學副使。姜寶為周怡所作《墓誌銘》載:"公諱怡,字順之,號都峰,後改號訥谿……丁卯(1567),上賓天,遺詔還公吏科,尋轉南太常少卿,未及任改而北。既任太常也,又以言事忤旨外補山東按察僉事。戊辰(1568)轉南國子司業……在山東,最肯留心於職業,與僚友義河李公幼滋、潁泉鄒公善雅同調,時相與講授湖南,聞者興起,蓋東郡因公在,庶幾還鄒魯之風焉。"③這表明,鄒善任山東提學應在隆慶初年。《明世宗實錄》也清楚地記載了鄒善由刑部郎中升任山東提學副使的時間是嘉靖四十五年(1566)十月三十日。④ 自常理推斷,《遺稿》的編輯與刊刻應該在《文集》之

---

① 康熙《建寧府志》卷十八職官中,《中國地方志集成·福建府縣志輯》第5冊,第13頁。
② 董平編校整理:《鄒守益集》卷二七,附錄,第1342—1343頁。
③ 姜寶:《姜鳳阿文集》卷二十一,《提督四夷館太常少卿前南京國子司業訥谿周公墓誌銘》,第2—4頁。
④ 《明世宗實錄》卷五六三,嘉靖四十五年十月丙戌條,中研院史語所校印本,第9029頁。

後。也就是說,在山東任提學副使時,鄒善應該尚未著手編輯《遺稿》的工作,否則他在隆慶六年在福建時不會不對宋儀望說及此事,而宋儀望交由邵廉重刊的乃是《文集》,很顯然表明鄒善當時應尚未編有《遺稿》,而鄒善手中所有的也只是劉佃等人刊行的《文集》。換言之,《遺稿》的出現不會早於隆慶六年。鄒仁任猜測《遺稿》是“善公為布政時所流傳”,只是因為《遺稿》在清咸豐年間重新發現在山東書肆之中。因此,《遺稿》初刊必然在隆慶六年之後,初刊於萬曆年間的可能性很大。

董平先生談及上海圖書館所見的光緒三十年刊的《遺稿》十三卷題“門人周怡校正,不肖男善編輯,門人宋儀望校增,後學邵廉校梓”。[①] 這一署題,應該不是《遺稿》初刻本所題,而是光緒年間重刻時所加入的。鄒鼎《重錄十四世祖文莊公東廓遺稿序》說:“卷首殘缺十餘紙,錄自何時、序自何人,俱不可考,惟標籤題下有‘男善編輯’字樣,想係三房祖穎泉府君官山左學政時所錄。”《遺稿》最初發現時,只有鄒善編輯的信息。因此,除鄒善編輯的信息準確外,周怡校正、宋儀望校增及邵廉校梓等等,都顯然是重刻之時加入的。而且,周怡卒於隆慶二年(1368)。[②] 如果他之前曾與宋儀望、鄒善等人有編輯和校訂《遺稿》之舉,為什麼宋儀望隆慶六年在福建與鄒善交談時對於鄒守益的全集編纂的情況卻似乎一無所知呢? 顯然,這些署題是重刻者憑想像加入的,而且可能受到了《四庫全書總目》中“又題門人周怡、宋儀望、邵廉續編”一語的干擾。其實,《四庫全書總目》此語所描述的,只是隆慶年間刊本的《文集》,與《遺稿》沒有任何關係。《遺稿》所能夠確認的責任者,除了作者鄒守益之外,就是作為編輯者的鄒守益之子鄒善。

鄒仁任之跋只是淡淡地提到《遺稿》在山東被重新發現,沒有談及何人、何時以及如何被發現的。鄒鼎《重錄十四世祖文莊公東廓遺稿原序》對此有進一步的說明:

> 右《東廓遺稿》十三卷,計文若干篇。咸豐時,三叔祖父少峰君游幕山左,購於書肆者也。卷首殘缺十餘紙,錄自何時、序自何人,俱不可考,惟卷標題下有‘男善編輯’字樣,想係三房祖穎泉府君官山左學

---

① 董平編校整理:《鄒守益集》,編校說明,第3頁。
② 姜寶:《姜鳳阿文集》卷二十一,《提督四夷館太常少卿前南京國子司業訥谿周公墓誌銘》,第4頁。

政時所鋟。當少峰府君得此帙時,如獲異寶,特倉卒間無力重鋟,因屬
從叔祖馥臣手錄副本,寄歸安福庋藏。族眾喜《遺稿》之尚存也,又懼
單本之久而仍佚也,婁(屢)議釀金開雕,以廣其傳。無如工多費巨,迄
用無成。壬寅年,三房穀庵兄請於族眾,願獨力捐資重鋟,眾皆韙之,
乃付手民繕寫剞劂,年餘告竣,屬序於余。①

鄒鼎字建甫,清末民初人,十餘試不得一舉,大約在其民國十五年刊行詩集
《味新山館詩存》時年近六十。② 序中"從叔祖馥臣",應衍一"祖"字,因為
清末發現《遺稿》"三叔祖父少峰君"名叫鄒恒,是鄒守益的第十一世孫。抄
錄副本的"從叔祖馥臣",名叫鄒鍾,應是鄒守益的第十二世孫。他們實際
上是叔侄,而不是兄弟輩。鄒鍾留下了一部《志遠堂文集》,鄒鼎還為該文
集寫過一首詩,即《讀叔父志遠堂集》,云:"吾叔不羈才,才作諸侯客。萬言
可立待,千金難買直。少日上燕臺,曾射君門策。一擊恥不中,翩然獨遠
適。嘯傲古煙霞,嘲弄好風月。麒麟蓋代姿,詎肯服衡軛?"③可見,鄒恆、鄒
鍾、鄒鼎是鄒氏三輩人,而且科舉都不成功。鄒鍾《志遠堂文集》內有文記
載《遺稿》的發現者鄒恒的事蹟:

　　　　叔父諱恒,字叔垚,號少峰,廣平公(名照,1826 年進士)第三子
也。……隨先大父任,讀書之暇,留心經濟,手鈔吏治書十萬餘言。大
父無祿,家計益落,與先考、先季父以度支學鳴齊魯間,時稱三鄒。叔
父尤為當道所推重,徐方伯澤醇、貢方伯璜、武太守雲衢、李太守熙齡
先後禮延入幕。……先考兄弟四,皆積學礪行,不遇。伯父隱於酒,先
考隱於詩,季父隱於畫,叔父獨隱於書。客山左垂二十年,脩脯所入,
逾二萬金。……顧嘗念先世多以科第起家,獨己親老家貧,不能多讀
書為恨,遂嗜書籍。始咸豐元年,訖同治五年,經史子集收藏八萬餘
卷,已入《四庫》者倍價搜尋,或清秘本、宋元板,北地所尠,則緘重貲倩
書商走豫章、蘇、揚、廣、浙購之,必得而後快。坊間所售書,經叔父賞
鑑,值必倍蓰。某書為某人著,某板藏某家,某家藏某種,初印某種,經

　　①　鄒守益:《東廓鄒先生遺稿》卷首,江西省圖書館藏清光緒三十年刻民國十四年重印本,第
3 頁。江西省圖書館藏清光緒三十年刻本《遺稿》的卷首不載任何序跋。
　　②　鄒鼎:《味新山館詩存》,葉恭綽序江西省圖書館藏民國十五年刊本。
　　③　鄒鼎:《味新山館詩存》,第 9 頁。

某手翻刻,元元本本,口若懸河。得脩,輒易書,不足,質衣與之,又不足,稱貸繼之,裝潢讐校,備極精善。……所藏書處顏曰居稽閣,號居稽閣主人。題句云:"五十年來兩鬢絲,被人喚作一書癡。今生讀作來生用,不信今生讀已遲。"先考因命納貲,為聖廟奎文閣典籍官,曰:"非此官不稱此人。"然非其好也。……同治五年四月十九日,卒于濟南客邸,年五十七。……所著《居稽閣藏書目錄》四卷。……歿後,書籍歸海寧陳善字樹珊云。①

鄒恒與其居稽閣,向無人論及。海寧陳善及其怡雲仙館,則尚列於藏書家之林,所著《怡雲仙館藏書簡明目錄》十六卷至今猶存,可見其藏書風貌。然《怡雲仙館藏書簡明目錄》卷十四"集部·別集·明"內也沒有鄒守益《東廓遺稿》的記載,可見該書未必隨居稽閣藏書歸於海寧陳氏。

《志遠堂》文集內又有數處記載涉及《遺稿》的發現與重刻事,其《東廓遺稿跋》一文述其叔父鄒恒得《遺稿》事甚詳:

　　《東廓遺稿》十三卷,先八世祖文莊公晚年闡發心性之書,公之第三子善所輯。咸豐三年,公之十一世孫恒得之濟南書肆,如唐太宗獲王右軍《蘭亭》真本,驚喜過望。公為王文成高弟,事蹟具載《明史》本傳。吾家舊藏《東廓先生集》十二卷,為嘉靖中所刊,建寧知府劉佃匯選,同知董燨編次,通判黃文明掄集,又題"門人周怡、宋儀望、邵廉續編,孫德涵等十八人重輯"。乾隆初年,高宗純皇帝命儒臣編纂四庫全書,下詔訪求遺籍。江西巡撫采以進呈,四庫總目所謂"錯互顛舛,莫知竟出誰手也",總目又云:"世稱世宗欲去興獻帝本生之稱,守益疏諫,下獄拷掠。嘉靖二十九年,九廟災,守益疏陳上下交修之道,又忤旨落職,其疏具載本傳。今集中乃不載。考《千頃堂書目》此集之外,尚有《東廓遺稿》十三卷,今未見其本,或別收於《遺稿》歟?"云云。今是編所收之文,實家藏舊集所不載,其《爭大禮》、《陳修省》二疏確在《遺稿》第十卷之首,乃知黃虞稷《書目》所記不誣也。獨怪當純廟右文之時,海內藏書咸登秘府,重以各省大吏縉紳先生網羅散佚,呈獻之本

---

① 鄒鍾:《志遠堂文集》卷一,《先叔典籍公家傳》,《清代詩文集彙編》第 724 冊影清光緒十二年山東省城德華堂刻本,上海古籍出版社 2010 年版,第 29—31 頁。

汗牛充棟,而是編在當時竟不知落誰何之手,輾轉淹沒垂二百年。更百二十年,至咸豐紀元,乃復出人間,為公十一世孫恒所得,豈名山異書,顯晦亦有數歟?抑我先人呵護之靈,如孔壁古文,非其時不現歟?其書紙色極闇壞,而首尾完善,無些子鼠咬蟲蛀痕,尤非人力所能。恒號少峰,道咸之際收藏古今書籍四千八百餘種,共八萬餘卷,世所謂居稽閣主人也。既得是編,重加裝潢,以授其從子鍾。鍾以手澤攸繫,見書如見我先人焉,乃闔家藏舊集敬謹珍儲之,並述得書始末,以告我後之人。同治十三年五月朔十二世孫鍾謹跋。①

鄒鍾的跋似未刻入《遺稿》,但比《遺稿》更早刻入了他自己的文集。鄒鼎既然讀過《志遠堂文集》,也熟悉鄒鍾與《遺稿》的關係。鄒鍾的跋文之所以沒有進入光緒三十年重刻本《遺稿》,大概是被鄒仁任的跋文擠掉了。不過,由鄒鍾跋文的敍述可知三點:一、《遺稿》重新被發現的具體時間是咸豐三年(1853)。二、《遺稿》與家藏“《舊集》”在收錄文章上不雷同;三、有“門人周怡、宋儀望、邵廉續編,孫德涵等十八人重輯”署題的,只是“《舊集》”也就是四庫館臣所見的《文集》,與《遺稿》無關。由鄒鍾的這番話,可知前面曾談到的《遺稿》的責任者,確不應有周怡、宋儀望、邵廉諸人。因《遺稿》卷首的缺損,除鄒善外,無法確定其他的相關責任人。

大約同治年間,鄒鍾曾有將《鄒東廓先生集》與《遺稿》合刻之議。其《上業師恢亭伯父書》云:

> 上年蒙將姪編三代家傳刪繁補漏,纂入《縣志》,當肅稟虔伸謝忱。頃接家書,知我族正在修譜,遺文軼事,必須廣為搜羅,碩德者儒,不致日久湮沒。……又,八世祖《文莊公集》,乾隆年間校勘四庫書籍,江西巡撫將家藏《鄒東廓先生集》裝潢一部進呈,四庫全書總目內載“尚有《爭大禮》諸疏,乃東廓生平大節,今其家集漏未編入,可知闕略不少,其生平著述,決不止此”云云,以致全集未得著錄,僅附存目之列,為子孫者至今有遺憾焉。咸豐初年,姪叔父典籍公收藏古今書籍八萬餘卷,忽於書坊故紙堆中見有《東廓遺稿》一部,共十三卷,首尾完好,確係萬曆年間刊印之書。紙色雖闇碎,字跡尚未模糊,急購歸,重加修

---

① 鄒鍾:《志遠堂文集》卷七,第31—32頁。

裱，什襲珍藏，另命馥臣手鈔一部，以備繙閱之本。初但知是書為數百年舊物，不知其異也。迨咸豐六年，粵寇禍正殷，侄攜出家藏八世祖《文集》一部，並十世叔祖泗山《太史集》一部，避難東遊，與典籍公所得書坊舊本相互參校，乃知兩部所編文無一篇同者，而爭大禮諸疏實在《遺稿》十三卷之內。然後歎侄叔父收書之功大，我祖宗靈爽實式憑焉。今擬將兩部合為一書，重付手民而合刻之，時代與得書之原委，不可不於家譜內載明，俾後世子孫知先人著述之富與散佚之久。既散佚矣，方付之莫可如何，而孰知數百年後，延平劍氣仍有會合之時，從此獲窺全璧，不至數典忘祖，其欣幸固當何如，其珍重更何如耶！①

但是，鄒鍾將《文集》與《遺稿》合刻之事似並未付諸實施。光緒二十九年（1903），族人鄒仁任始獨力捐貲，刊刻《遺稿》，次年完工，鄒鼎序。民國十四年（1925），安福縣知事胡慶道自鄒鼎處得《遺稿》，"因斥重資重印此稿數百部，以廣流傳"。

---

① 鄒鍾：《志遠堂文集》卷九，第6—7頁。

鄒東廓生平及學術繫年[*]

張衛紅[**]

【摘　要】本文以江右陽明學者鄒東廓的生平行事為時間線索,梳理其思想發展、政治活動、講學活動、師友交遊、鄉族建設之源流始末,釐清其思想開展與主盟江右講學、以陽明學"萬物一體"思想為宗旨的鄉族實踐。試圖勾勒出東廓的學行全貌及其于王學開展推動之功甚偉的儒者形象,有助於說明東廓在江右王學史上具有領軍之位、宗子之譽的原因,以及陽明學之思想與社會關懷的內在統一性。

　　按:本文以繫年紀事,人物稱謂一般稱全名,唯王陽明及傳主鄒東廓稱其號。傳主每年行事,時間可考者,則以季、月、日順序編列;具體時間不可考而確定在某兩條之間者,則插入其中;具體時間不可考而與某條內容相關者,則置於該條後;年次可考而具體時間難定者,則置於該年行事可考者後;年次大致可知為當年或下年者,則視情況置於該年或下年條,並加"是年或明年"、"是年或稍後"等說明之。後三者在該年如有多條,則排序不分先後。

孝宗弘治四年辛亥(1491),一歲

　　　　二月一日生於江西吉安府安福縣瀓源里。

　　* 本文爲2011年教育部規劃基金項目"思想、講學與鄉族實踐——鄒東廓與江右王學的開展"(11YJA720038)的階段性成果。

　　** 張衛紅,女,哲學博士,中山大學人文高等研究院副教授。

弘治十一年戊午（1498），八歲

鄒賢在京，試工部。東廓隨父北上。父授以朱熹《六先生畫像贊》及元儒吳澄《自警詩》。

從學翰林院編修蔣冕。

弘治十二年己未（1499）至武宗正德元年庚寅（1506），九歲至十六歲

孝宗弘治十二年至武宗正德二年間，鄒賢任職南京，授大理寺左評事等，東廓隨侍。勤奮聰穎，巡撫應天都御史彭禮、南京國子監司業羅欽順見而奇之。鄒賢送其至著名學者胡璉門下學習，多所問難。時人稱其“顔子”。

從學胡璉時，程文德同學。

在南京時，從學同邑朱祿、朱祀。

在南京時，鄒賢復聘同邑李校於家使東廓師事之，凡十月有奇。

十五歲時即有志於學。

正德二年丁卯（1507），十七歲

鄒賢丁憂，東廓隨父回鄉。七月，與同邑劉泉等參加鄉試，以《春秋》經中舉，安福縣令吳景謂之“當魁天下”。

姊夫王珍欲偕東廓北上會試，為鄒賢所阻，使其進學。

娶王喜英。尋母周氏卒。其後，始傳家學，授徒講《春秋》。

正德五年庚午（1510），二十歲

三月，陽明任廬陵知縣。宋儀望《鄒東廓先生行狀》、耿定向《東廓鄒先生傳》載東廓謁見陽明，陽明極相稱許。

鄒賢服闋，授福建按察司僉事。

正德六年辛未（1511），二十一歲

二月二十七日會試，得第一，會試主考、內閣大學士劉忠目之為“國器”。王陽明為會試同考官，亦深器之。

三月十五日，廷試第三名。

三月二十九日,授翰林院編修。

鄒賢在福建任上得知東廓科考喜訊,遂無意仕途。六月,鄒賢偶病風痺,十月再次發作,乞致仕,不待報而行,歸安福。鄒賢移書東廓令南歸,東廓屢疏乞歸養,得允。

正德七年壬申(1512),二十二歲

春,歸安福,侍養其父。

此後五年皆居家侍親,直至鄒賢去世。

回鄉不久,四方人士慕名前來受學。講學中,東廓對《大學》、《中庸》宗旨不一產生疑問。

正德九年甲戌(1514),二十四歲

六月十二日,鄒賢六十壽辰。八月二十八日,東廓長子、鄒賢長孫鄒義出生,又七日,鄒賢第四子鄒守壯出生。

正德十年乙亥(1515),二十五歲

為安福士人姚鵬程六十壽作《壽姚君鵬程式》,論及君道、師道關係。

正德十一年丙子(1516),二十六歲

正月,次子鄒美出生。

此前一年,東廓率永豐士子請于吉安官府,請以大理寺丞鄒瑾、御史魏冕入鄉賢祠,獲准。是年,鄒氏大節祠、瀧岡書院於永豐縣城東坊建成,作碑記《瀧岡書院祠碑》。

十一月二十八日,鄒賢卒。

正德十四年己卯(1519),二十九歲

見陽明於虔臺。陽明時任都察院右副都御史巡撫南贛,討伐之餘,講學授徒不輟。

東廓初見陽明,只為其父求墓表,並無意問學,且受以往朱學之影響,於陽明學未敢驟信。日夕談學間,東廓問《大學》、《中庸》宗旨不一

之疑,陽明以良知學論"《大學》、《中庸》之旨一也",逾月,再至虔臺請益。

東廓拜師後,陽明有詩贈之。

歸作《學說》,言"吾夢二十九年而今始醒",發無欲、戒懼、希聖之旨,與門人士子共勉。

六月,陽明奉命往福建平叛軍。十五日至豐城,聞寧王朱宸濠叛,急趨吉安,向知府伍文定徵調兵糧。十九日,陽明聯合伍文定及吉安諸士民起兵討宸濠。

陽明召東廓從軍,東廓率堂兄鄒守泰、族弟鄒守訟等四人從義軍。

時東廓聞知陽明夫人支持陽明之壯舉,深為感佩,亦將夫人王氏接到吉安,同誓國難。

陽明起兵時,眾議洶洶,謂宸濠大勢已定,義軍之舉或為愚詐。東廓請於陽明,陽明答依良知而行,不計成敗。東廓在軍中,贊畫居多。

作詩《次介庵嶽韻》。

七月十日,吉安義軍誓師。七月十三日,軍發吉安。十五日,與江西臨江、袁州、贛州等府縣義軍大會於樟樹。十九日,誓師於市漾。七月二十日,攻克南昌。七月二十六日,擒宸濠,亂平。功成,東廓作《勤王饗功頌》。

行前,東廓幼子迪病重。捷報傳來,幼子已卒。

七月三十日,陽明上《江西捷音疏》、《擒獲宸濠捷音疏》,為東廓等人請功。

正德十五年庚辰(1520),三十歲

六月,武宗尚在南京,陽明前途叵測。六月十八日,陽明至吉安,東廓與按察使司僉事李素、參與平濠的巡按兩廣監察御史伍希儒、吉安府推官王暐等人陪陽明游青原山。王暐請碑刻,陽明作詩《青原山次黃山谷韻》,寓歸隱志學之意,並囑東廓日後在青原山舉講會。東廓和詩《侍陽明先生游青原次韻》,明追隨之志。

游青原山後,陽明至贛州,九月始返南昌,東廓至贛州從學之。陽明大閱士卒,教戰法;令數百童子習詩禮;與東廓、陳九川等論學;贛州期間正式提出致良知宗旨。

在贛州,與同門論學,言吾性精明猶諸日月,無將無迎,大公順應。

在贛州,東廓、陳九川等門人陪陽明遊鬱孤臺、通天巖、忘言巖、灘頭巖,東廓作詩《通天巖謝陽明先生》等四篇,陽明有和詩《游通天巖次鄒謙之韻》等四篇。

七月,武宗以大將軍鈞帖令陽明重上平濠捷報。十七日,陽明重上江西捷音疏,將張忠、許泰寫進疏內,並再次為東廓等人請功。至此,武宗始擬北歸。東廓以功得加俸一級。

九月,陽明由贛州返南昌,致書東廓,云政務紛錯,希來助一臂之力。

是年,東廓在家鄉建山房為聚講之所,陽明題書"東廓山房"。

正德十六年辛巳(1521),三十一歲

正月,陽明在南昌,致書東廓,云"致良知三字,真聖門正法眼藏"。

五月,門人蔡宗兗為白鹿洞書院洞主,陽明集門人夏良勝、舒芬、萬潮、陳九川等講學于白鹿洞書院。此前三月十四日,武宗病死于豹房,世宗即位。陽明致書東廓(《與鄒謙之(辛巳)》),要其盡快北上以圖新朝之用,自云"歸遁有日"。

六月十六日,世宗召陽明赴內廷。陽明于二十日啟程。行前,東廓至南昌與之告別。陽明行至錢塘時,為閣臣所阻,於是上疏乞歸省祖塋,得許可,並陞南京兵部尚書,參贊機務。

七月十九日,三子鄒善出生。

安福縣學重修成,作《安福重修儒學記》。

是年或明年,為吉安知府徐冠作《賀徐郡侯士元序》。

嘉靖元年壬午(1522),三十二歲

世宗登極,錄舊臣。東廓北上復職前,為本族作《祠堂規》、立鄉約、置義田,作《留別同志》,與諸學友、門人以作聖相砥礪。

嘉靖二年癸未(1523),三十三歲

永豐縣令商大節向東廓問政。

北上途中,先至越城(今浙江紹興)謁陽明,停留月餘。

二月,禮部會試以心學為題,陰辟陽明,謗議日熾。在越城,東廓、薛侃、黃宗明、馬明衡、王艮等門人侍坐,陽明以狂者自許,論鄉願狂者

之辨。

在紹興，與同門郭善夫、魏良器、王釗等遊陽明洞天、禹穴等勝跡。

東廓北上，與陽明及同門蔡希淵、王世瑞等登浮峰作別，作詩《贈陽明先生》、《侍陽明先生及蔡希淵、王世瑞登浮峰書別》等。陽明和詩《次謙之韻》、《夜宿浮峰次謙之韻》等。別後，陽明稱歎東廓。

進京。五月，復原職，任翰林院編修，參與經筵，修定國史，進階文林郎。父鄒賢封奉政大夫，母周氏封宜人，夫人王氏封孺人。

時陳九川起廢太常寺博士，轉禮部儀制員外郎，亦在京師，與東廓相處數月。

大禮議起，東廓與同僚上疏反對世宗之舉，未得回覆。

嘉靖三年甲申（1524），三十四歲

三月一日，世宗諭禮部，加昭其祖母為昭聖康惠慈壽皇太后，尊其生父為“本生皇考恭穆獻皇帝”，其生母為“本生母章聖皇太后”，皇考立廟奉先殿側。三月四日，翰林院修撰唐皋、編修鄒守益等，禮科都給事中張翀等，御史鄭本公等上疏反對。詔下，謂鄒守益等出位妄言，姑置不問；責唐皋、張翀及鄭本公等各奪俸三月。

四月二十七日，鄒守益再次上疏請罷興獻帝稱考立廟，世宗大怒，詔錦衣衛，逮下鎮撫司拷訊。

五月，翰林院修撰呂柟上疏言大禮未正，忤世宗，下錦衣衛獄。東廓與呂柟在獄中講學不輟，著有《獄裏雙況集》。

五六月間，吏部尚書喬宇、都給事中劉濟等先後上疏乞賜宥免鄒守益、呂柟等人。不久旨下，降鄒守益為廣德州判官。

七月，南京十三道御史史梧、南京吏科給事中彭汝寔等先後上疏請求召還呂柟、鄒守益。

秦鉞巡按江右，為作《秦戀功贈行詩序》。

赴任途中經徐州，應工部分司主事李香之請，為洪洲之萃墨亭作《萃墨亭記》，讚蘇軾“正直自持，勿隨人俯仰”之立朝守官之道，以“無往而非超然自得之境”自喻。

赴任途中，取道紹興，問政於陽明。陽明答以“如保赤子，心誠求之”。

在紹興，得陽明點化，東廓始悟工夫有未瑩處。

時陳九川侍陽明於紹興，與東廓相約同訪陽明。二人又會於錢塘，締結兒女婚約。

莅任廣德之初，謁范文正公祠，作《祭范公文正文》。

莅任一月，頒《廣德告諭士民》，明"興利除弊，舉善懲惡"之旨。

是年或下年作《鳳林浮橋記》。鳳林橋位於安福縣城北郊，下有瀘水流過，是北鄉通往縣城必經之要道，亦為溝通江西、湖南之要津。鳳林橋在正德年間已失修，時有舟溺人亡事。正德十六年東廓在安福時，嘗謀于本縣士人劉祚、僧人本傳等重修，並請安福知縣俞夔、繼任魏景星出資，倡議士民捐資助修，於嘉靖二年春完工。劉祚前往廣德請記。《鳳林浮橋記》記述建橋經過，論"充其不忍人之心"而達於天下一家之天德王政理想。

秋，遊桐川、錫山。

嘉靖四年乙酉（1525），三十五歲

任職廣德時期，東廓遵陽明"保赤子"之訓，莅官臨民以誠心相感。

在廣德以興學教化為任。是年，東廓效仿陽明虔臺之教，聚廣德童子習詩禮，囑同道劉肇袞、王仲頒刻《訓蒙詩要》、《諭俗禮要》，並為作序。

廣德期間，頒刻湛若水教授太學所用的《節定燕射禮儀》以教諸生，作《跋燕射禮儀》，明禮樂之道。

廣德期間，應寧國府訓導、陽明弟子王皞之請，為其在當地頒刻的《喪祭禮要》作序。

廣德期間，作《諭俗文》，廣行教化。

冬十月，于文廟西北興建復初書院。書院原址為道教玄妙觀，在文廟西北，東廓報請遷觀於東郊，即其址建書院。明年七月，書院建成，名曰"復初"。當地富民步氏有田訟連年不決，東廓審理得當，令其悅服，割田三百餘畝作書院學田。作《廣德州新修復初書院記》，釋"復初"，發明"易惡歸善，以復其天地之中"之旨。

復初書院乃為改遷古跡與新建書院集為一體的建築群：正中新建尊經閣，三間六楹，為主體建築，其後為改遷的范文正公祠，祠東新建王叔英（原采）懷忠祠，祠西為集英館，前兩翼為齋房，書院大門東為改遷的名宦祠，大門西為鄉賢祠，合稱復初書院。置學田三百一十三畝。

　　任職廣德期間,東廓為表彰王叔英義舉,在其自縊的玄妙觀之銀杏樹下建懷忠祠,為復初書院建築群之部分,作《祭懷忠祠文》。又遣人重修王叔英墓,作《重修靜學王先生墓記》。

　　在復初書院西側,又建訓導宅。

　　任職廣德期間,重修廣德州東南西北四社學。

　　任職廣德期間,將周公(周瑛)祠移至范文正公祠原址。東廓離任前,應廣德州守張邦教、喬遷先後之請,作《廣德州翠渠周侯祠碑》,論"君子之學,以天下為一家"、"心誠求之"等義。

　　廣德州同知陳宣北上賀天子壽,行前,東廓作《省齋說贈陳君彥明北行》,論曾子自省之學,言"獨者,人之所不見也"。

　　十一月,廣德知州許儼進京述職,為作《贈州守眉山許君述職序》。

　　是年,于橫山重修攀蘿亭、集仙臺、蟠龍亭。

　　陽明致書東廓(《與鄒謙之(乙酉)》),言"益信得此二字(良知)真吾聖門正法眼藏"。

　　陽明弟子黃宗明任吉安知府,任職不滿一年,興復白鷺洲書院。

嘉靖五年丙戌(1526),三十五歲

　　正月,陝西道御史張袞、吏部尚書廖紀等奏請將鄒守益等謫降者復職。疏上,未准。

　　七月,復初書院在廣德州建成。東廓集士子講學於書院,著《復初書院講章》,言其宗旨"以復初為第一義"。

　　東廓延請同門王艮、王畿、錢德洪等講學于復初書院,一時學風興起,影響擴及南京寧國、徽州、池州、太平等府。

　　復初書院建成,東廓遣方、施兩生往南京,向國子監祭酒湛若水問學請文,湛作《廣德州儒學新建尊經閣記》,發明"尊經"之義。

　　廣德期間,有施天爵、濮漢、楊華、陳辰等師事東廓。

　　是年,陽明與東廓有五通書信(《寄鄒謙之(丙戌)》)往來。第一通,陽明言"良知"兩字"真所謂大本達道,舍此更無學問可講",湛若水"隨處體認天理"之說尚隔一塵。東廓請陽明為廣德范文正公祠題祠匾,陽明以大字非其所長而辭之。

　　第二通,東廓將《諭俗禮要》寄與陽明,陽明回書大意有三:一論禮之實質,言禮"惟簡切明白而使人易行之為貴","拘泥于古,不得於

心而冥行焉,是乃非禮之禮",當"順吾心之良知以致之",使人"易知易從"。二對東廓在廣德推行之禮教提建議,以為冠、婚、喪、祭禮兼以鄉約,於民俗有補,而射禮非民間常行,宜於《諭俗禮要》外別為一書,以教學者。三是復初書院新成,東廓請陽明為諸生擇師,陽明許諾日後"與二三同志造訪,因而連留旬月,相與砥礪開發"。書末附陽明與徐愛論祠堂位次祔祭之禮答問,備其採擇。

第三通,東廓將《復初書院講章("學而時習之"一章)》及《廣德州新修復初書院記》寄與陽明,陽明回書,一讚東廓之文,《講章》發朱注之所未及,《書院記》整嚴精確,無雕飾之習;二提良知宗旨,言"近來卻見得良知兩字日益真切簡易",講習"只是發揮此兩字";三論講學及用功之方,當以"鞭辟近裏、刪削繁文"與"講明致良知之學"並行之。

第四通,陽明得知東廓在廣德行善政,勉其以講學教化、接引同志為任。

第五通,東廓將湛若水所作《廣德州儒學新建尊經閣記》呈示陽明,陽明對湛"隨事體認天理"等觀點有批評,以為"尚隔一塵"。又批自相求勝、黨同伐異之風致使學術不明,當"各去勝心,務在共明此學"。

陽明弟子劉邦采在安福南鄉舉"惜陰會",十二月,陽明為作《惜陰說》。

在廣德州,東廓改建范公亭於州治社稷壇西,更名景范亭。

在廣德州,東廓重建醫學公署。

明年,廣德州守龍大有陞南京刑部員外郎,作《贈雲東龍君道亨之任南都序》,言"一念之善,勿謂無益,必充之;一念之不善,勿謂無傷,必克之"。

任職廣德期間,為安福士子劉賓朝作《復初亭說》,以"戒懼"、"一念兢兢,不敢放過"為修養工夫。

嘉靖六年丁亥(1527),三十七歲

四月,東廓以所錄《陽明文稿》一再請刻,陽明遂取近作三分之一,自標年月,由錢德洪編次。錢又掇拾所遺文字編為附錄一卷,附《陽明文稿》後,共四冊。東廓將此稿刊刻於廣德,世稱廣德版。

陽明奉詔起征廣西思恩、田州。十月,路經南昌,南昌父老軍民頂

香謁見。謁文廟,講《大學》於明倫堂。東廓、歐陽德、劉邦采、黃弘綱、何廷仁、魏良器等門人二三百人候于南浦請益。陽明透露其學究竟已被王畿拈出,眾人可從之問學。

十月,陽明至吉安,彭簪、王釗、劉陽、歐陽瑜等三百餘人迎入螺川驛中,聚會講學。

松江府通判郭允禮以公事來廣德,向東廓請教"勵政"之方,為作《勵政堂說》,論絜矩、戒懼、中和等。

任職廣德期間,四川璧山盧子祥、徽州程清、鄭燭、安福王仰、宣州戚衮、貢安國等士子從學於東廓。

是年轉南京禮部主客司郎中。廣德百姓送東廓至白苧以別,作《別廣德父老》。百姓歸,請於巡撫,立生祠於學宮之右以祀之。十年後,陽明學者王杏任廣德州通判,作《廣德州鄒侯生祠記》。

冬,抵南京。

戶部尚書秦金壽六十,東廓應門人趙繼勳之請,為作《壽大司徒鳳山秦公》,言"自昭明德,孚於上下,為第一等壽"。

嘉靖七年戊子(1528),三十八歲

六年冬至九年在南京。在觀光館、新泉書院等地與湛若水、呂柟等人聚講論學,共主講席。南京講學之風大盛。

南京時期,與呂柟論學多有不合。東廓主王陽明知行合一說,呂則主朱熹"知先行後"說之思路。

王艮亦參與南京講學。

五月,陽明弟子王瑋由寧國府訓導轉任儀真知縣,臨別,東廓為作《贈潛潭王天民令儀真序》,論萬物一體之學,以學政一體勉之。

十一月,陽明卒于江西南安。東廓率同門設位弔唁。

秋,青陽縣令祝增建九華山陽明書院。陽明逝後,東廓應當地士子之請,作《九華山陽明書院記》,言戒慎恐懼以保良知之精明,中立和出,天德純而王道備。

病于官署,王艮、薛侃、錢德洪、王畿前來探病並論學,東廓醒悟以往戒懼之功只是就事上體認,不免念起念滅,戒懼于本體方為究竟工夫。

作《南京禮部主客司題名記》,論學無動靜、戒慎恐懼。

病五年未愈。

江西清軍監察御史陶儼遷揚州知府,東廓作《贈陶敬齋改守揚州序》,論"政莫先於學,學莫要於敬"。

南京尚寶司卿盛端明遷左春坊左庶子兼翰林院侍讀,行前,東廓與呂柟等僚友在南京為其踐行,作《贈盛程齋北上詩序》。

潮州知府王袍等應海陽縣教諭陳察之請,在韓山書院建原道堂,是年建成。稍後,東廓應陳察之請作《原道堂記》,論儒家之道與佛道二教之別。

嘉靖八年己丑(1529),三十九歲

秋,與兒鄒義、鄒美及諸友登南京燕子磯,送別門人易寬,作《敘秋江別意》,發無欲之旨。

陽明弟子朱廷立任監察御史巡按兩淮鹽政,趨南京與東廓論學,為作《炯然亭記》,論曾子之學,發忠恕、絜矩之義。

十一月十一日,陽明下葬于洪溪。東廓與諸同門參與葬禮。

嘉靖九年庚寅(1530),四十歲

與王艮、歐陽德、萬表、石簡等同門聚講南京雞鳴寺。

冬,門人王仰將歸安福壽其親,東廓為作《贈王孔橋》,言從學陽明十年間,自身好惡私意猶未能掃蕩廓清,申戒慎恐懼以復其初之旨。

婺源知縣、陽明弟子曾忭建作紫陽書院,東廓為作《婺源縣新修紫陽書院記》,述其良知觀。

陽明弟子孫景時任長洲縣教諭,建鄉賢祠,東廓為作《長洲縣儒學鄉賢祠記》,述其良知觀。

常州知府張大輪北上考績,應南京國子監諸常州士子之請,東廓為作《贈常州守張侯用載考績序》,論"學與政非二物也"。

南京時期,與吏部考功郎中況維垣論學。況維垣考滿將行,東廓為作《贈考功況翰臣》,推衍張載《西銘》之說,論"大人一家之仁"。

南京時期,作《敘新泉贈別圖》贈湛若水門人呂懷,論"擴其良知良能,以來復其本然之清明"。

南京時期,門人日進。南直隸董景、周怡、沈寵、梅守德、戚慎、孫浚、王克孝、安福易寬、蕪湖胡孺道、祁門李棟、瑞州廖暹、全州倪朝惠

等士子來學。

南京時期,為門人廖遲作《贈廖生曰進》,發定性、無欲、戒懼之旨,論儒學"長生之說"。

嘉靖十年辛卯(1531),四十一歲

考滿,進京。四月,途經真州(今江蘇儀徵)時疴作,上疏請告歸養病。至吳中(今蘇州一帶)就醫。在蘇州、常州,訪魏校等人,發知行敬義合一之旨。

秋,由金陵趕往紹興祭奠陽明,途經徽州時病又作,在鮑仁之家中療養,與徽州諸生論學。

與王畿並舟南下,至秀水縣,會晤沈謐。至杭州天真書院,與王畿、沈謐、周怡等同志聚講。別後作《天真紀別》,錄其所論慎獨、篤實用功等講語。

天真書院會後三月,啟程回安福。行前致書周怡(《鄒守益集》卷一二《簡周順之二章·一》,書名下文略),言"信得及(良知)"之功。

冬,進階奉政大夫,封王夫人宜人。

致書魏校(卷一二《簡魏莊渠》),反省"從前議論尚多逆料預想","不若就眼前工夫步步說去"。又論聖道之全與矯弊之方。

任職南京時期,霍山縣令路子泰至南京向東廓問政、問學,東廓告以思誠之學、絜矩之政。是年路子泰考滿,為作《贈霍山路君嚴夫考績序》,言"慎德以自考"為考績之要。

嘉靖十一年壬辰(1532),四十二歲

先前,數十安福士子至紹興師事陽明,陽明令其歸後從學東廓。此年至嘉靖十七年的六年間,東廓在家鄉以講學為任,門人日進,王釗、王鑄、王鏡、鄧周、劉賓朝、黃旦等陽明弟子均師事之。時為王學被禁、民間講會開展之初,東廓不拘時議推行講學,講會之風漸盛。

除安福、青原山、白鷺洲書院等主要講所外,又數至吉水、永豐、泰和、萬安、永新等吉安府諸縣,及江西樂安、崇仁、臨川、南昌等地講學,門人遍及贛、楚、廣、閩、粵間,達數百人之多。

是年,率諸生往弔縣人、陽明弟子王梅之母劉節婦,題其亭曰"著節亭",並為之記。

　　是年前後,復周怡書(卷一二《簡周順之‧二》),言日用工夫"就事上檢點"則"境遷而情異",當"從心體上檢點"。

　　其時,江西土地失額即虛糧問題十分嚴重,巨室大戶與胥吏勾結,多有飛灑、詭寄之弊,吉安府尤甚。嘉靖八年以來,霍韜、桂蕚、郭弘化、唐能、簡霄、顧鼎臣等先後上疏請重新丈量土地。嘉靖十年,明政府首先在江西安福、河南裕州兩縣推行丈量。適逢東廓回鄉,在家鄉實踐王學"萬物一體之實學"精神,率劉肇袞、劉文敏、王釗、張巖、夏夢夔等同道門人四十餘人,先後協助吉安府推官危嶽、通判趙廷松等丈田,歷三年而成。相關事件如下:

　　丈田因有利百姓而不利富戶,頗受阻力。時有鄉紳上訴丈量不便,並誣告督丈士子"通賄曲法,任意增減",欲沮其成。安福籍官員王文要東廓解釋此事,東廓回書(卷一〇《復王純卿侍郎》),表明若以為丈量不公,可由官方重新丈量,並希望王文出面勸說上訴者,平息紛爭。另有一類鄉紳,雖未公開反對,然亦不甚支持丈田。安福籍官員彭黯認為丈田有枉弊之疑。東廓回書(卷一二《簡彭草亭中丞‧二》)明丈量之必要。丈田事異議紛起,眾怨集於東廓。吉安知府楊彝亦開始動搖,欲以舊冊徵糧,並致書東廓云"未有撫按不樂行而郡縣能直遂者"。東廓回書(卷一四《簡楊幾川郡侯‧三》),懇請官府以民生為重,繼續推行丈田,禁止奸人計謀得逞。怨謗聲中,安福致仕官員趙璜以"在邦無怨,在家無怨"婉勸東廓,東廓答以"以公受怨不可無",激勵門人堅持督丈。謗言傳至巡撫江西右副都御史高公韶處,高欲罪之,東廓書《簡高中丞問丈量事宜》,請劉邦采遞書申訴。高公韶以其事問于吉水籍官員毛伯溫,毛向高陳情,事得解。丈田畢,進入核實程式。時逢江西按察使副使提督學政張時徹至安福考察,督丈諸生須參加考試,如是則延誤丈田核實,當年稅糧若按舊冊執行,將多納萬金,故須抓緊核實工作。東廓致書張時徹(卷一〇《簡張東沙督學》)陳述曲衷,請准諸生考畢繼續督丈工作,並加獎掖,鼓舞其志;同時致書吉安知府楊彝(卷一四《簡楊幾川郡侯‧二》)陳情,請求支持,並呈若干核丈建議。安福丈田歷時三年,先有巡撫江西右副都御史胡璉派遣危嶽任之,危嶽去世後,賴江西巡按監察御史李循義之力;李去任後,江西布政使司右參議朱紈謀于知府屠大山繼續推行丈田,朱紈命吉安府同知吳少槐(號)督安福縣主簿茹鍙,將丈田成果造冊。至嘉靖十五年程文德任安福知縣時,方將此冊參照刻於正德十六年的《督賦條規》,刻為《安福縣總》,後附鹽鈔定額、里甲新規,為重派賦稅之依據。東廓作《縣總後語》,言丈田"幾成而敗,敗而復興,興而復搖,搖而復成"。

是年,致書錢德洪、王畿(卷一二《簡錢緒山王龍溪》),言丈田過程中"見學問之功","見諸行事乃見實學"。

回鄉後,痔瘡之疾未得痊癒,遇勞則復發。

嘉靖十二年癸巳(1533),四十三歲

有《復王東石時禎》書,論"知行合一"、古本《大學》等。

七月十五日,遵陽明遺願,東廓在青原山召集第一次講會。樂安縣令胡鰲未能到會,遣其弟胡熲及樂安士子與會。東廓為胡鰲錄其講語,名《青原嘉會語》,托胡熲轉贈。《會語》記錄了東廓在會上答問的主要內容,言誠意、致知、格物、正心、修身,齊家、治國、平天下"即是一時,即是一事",又以孟子"必有事"、"勿忘勿助"釋致良知之功。

青原會上,樂安東門鄒氏族人鄒碩請譜序,作《樂安東門鄒氏重修族譜序》,言"良知精明"、"戒慎恐懼"之旨,鼓勵鄒氏"深求其本"。

青原會後,致書廣東高州知府石簡(卷一〇《復石廉伯郡守》),論良知本體及戒懼、慎獨工夫。

冬,陽明弟子、安福縣學訓導方紹魁赴任商河,行前向東廓請教,東廓言"治與教無二學"、"良知為天然自有之規矩"、"依良知以開物成務",為作《贈南海方子之商河序》。

致書吉安知府楊彝(卷三《簡楊幾川郡侯三章・一》),為吉安盜賊問題獻計。

黃宗明致書東廓,論已發未發、主靜寡欲之旨等,東廓答書《復黃致齋使君》,言"體用非二物","主靜寡欲"與"戒慎恐懼"名言雖異而血脈則同,不相假借而工夫具足。

是年或稍後,有《簡方時勉》一書,論實學、虛見、自快于良知、主敬等。

嘉靖十三年甲午(1534),四十四歲

二月,遭奪官。東廓於嘉靖十年以病請告歸,其事當由南京禮部核實,時尚書嚴嵩尚未抵任,令禮部左侍郎黃綰處理,黃久拖未報,東

廓未得報而回籍。至是年,吏部尚書汪鋐承內閣首輔張璁旨發露其事,彈劾黃綰欺瞞不報、儀制司郎中季本虛文掩護。疏入,東廓遭革職,嚴嵩奪俸二月,季本降二級調外任。黃綰雖經汪鋐彈劾,因其"大禮議"中附和世宗,仍留任如故。

春,與錢德洪至永豐,遊瀧岡,同訪聶豹,于崇玄宮聚講,為永豐鍾氏作《天申集序》。其後與錢德洪、聶豹同赴青原會。

閏二月十八日,鄒東廓、聶豹、羅洪先等集吉安府九邑士人于青原山舉講會,泰和縣學教諭文大才、萬安縣學教諭林相亦與會。東廓將其講語《錄青原再會語》贈之,論及濂溪、明道、陽明學旨。

此次青原會,東廓延請吉水縣大儒李中與會,李回書質疑陽明知行合一說,引《易傳》"知至至之"、"知終終之"駁之,稱病婉謝,派其子赴會。東廓答書(卷一〇《復李谷平憲長》)承陽明學思路論知行合一,言"知至知終"與"至之終之"合一,並附《跋〈古本大學問〉》向其討教。

青原會後,致書王畿(卷一二《簡王龍溪》),認同其"自信本心"說,云講會"甚有警發","始悟從前比擬想像,自以為功,而反生一層障"。

八月十八日,參與廬陵油田彭氏在廣法寺舉行的惜陰會,五日而畢。為作《書廣法文會題名》,申致良知之旨。

惜陰會期間,門人彭淪及其兄彭西屏(號)等請東廓至靜觀亭論學,言心體之靜為無靜無動,是謂至靜,作《靜觀說贈彭鵝溪》,彭淪將此文置於亭楣。

冬,至永豐,與聶豹等會講于崇玄宮。

吉安府通判趙廷松將北上考績,東廓為作《贈俟齋趙侯考績序》,論考績,讚其為官之績。

胡萬里任廣德州知州,欲將嘉靖五年由州守龍大有主修、通判鄒守益總纂成稿未梓的《廣德州志》續成,派人至安福索舊稿。東廓付以舊稿,作《廣德州志序》,囑以"昭明德,以立大公而擴順應"之旨教民。明年,胡萬里調離,朱麟繼任州守,續成《廣德州志》。

是年或稍後,作《敘永新鄉約》。

是年前後,友人董歐致書東廓,以"九賓主人"自號,東廓作《九賓主人辯》回應之,言其有狹隘、玩物之嫌,申"萬物一體之教",勉其以"求仁"為的。

嘉靖十四年乙未(1535),四十五歲

春,在安福崇福寺舉講會。永新學者甘公亮、李儼等召集當地士子周法、賀謹新、李承重、賀夢周等在昊天觀舉講會。五月端陽節,東廓至永新與甘公亮、李儼等聚講,知縣徐丙召集同郡之士於貞肅堂、淵默堂會講,又召本縣文武官員參與講會,於縣學明倫堂講學數日。會上,永新學者仿效安福惜陰會之制,隔月會講於鄉,春秋合會於縣。作《書永新文會約》。

永新會後,致書樂安縣令胡鰲(卷一〇《簡胡鹿崖巨卿》),釋"修己以敬"。

九月,在安福崇福寺召集吉安府九邑士人參加的惜陰會。會前,致書永豐鄉耆劉霖(卷一一《簡劉中山·二》),邀其與會。會上講孟子"居天下之廣居",發明萬物一體之義,錄為《九邑講語》。永新甘公亮、李儼、吉水羅洪先、永豐劉霖等講學主力均參與此會。

巡按直隸監察御史曹煜重修仰止祠於九華山,祀陽明,東廓捐資,令寺僧買田以供祀事。

是年前後,吉安府通判林志麟改遷江西臨江府。行前,吉安士民作《靖寇錄》表彰其平寇之功,東廓為作《敘靖寇錄》;又作《贈白泉林侯陟臨江序》,發無欲、定性之旨。

是年或稍後,惠州知府史立模立題名碑於府署,應惠州府歸善縣令甘伯桂之請,東廓作《惠州府題名記》,言長民好惡當本諸吾心,吾心為"天然自有之矩",以"充其良知之量"為治理之本。

嘉靖十五年丙申(1536),四十六歲

三月,為錢德洪收集整理的陽明文錄作《陽明先生文錄序》,述濂溪之無欲、明道之定性、陽明之良知為聖學學脈,陽明文章、政事、氣節、勳烈之功,皆為良知之流行,知言之要,惟在自致其良知。

程文德知安福縣,任職八月。東廓贊佐其方田均賦、舉鄉約,為本縣鄉約作《鄉約後語》,每月朔望聚諸生講學於縣學明倫堂。

人多舍少為講學之一大不便。程離任前,與東廓商議在縣城南門外原縣學舊址建復古書院。後得江西提督學政徐階的支持,東廓與縣丞王鳴鳳、生員劉伯寅籌畫操作,吉安府同知季本,安福繼任知縣俞則全,主簿茹鏊、趙振紀,典史胡鵬先後規劃,鄉紳劉國容等出其力。東

廓作《書書屋斂義卷》，召集士民募捐。書院於是年十二月初具規模，明年建成，有文明堂、茂對堂、尊經閣等建築。東廓、聶豹、程文德等各有記。

復古書院除日常講學外，為安福士子每年春秋兩次集中聚講之地。是年大會於復古書院，作《惜陰說》，發揮"良知無停機"、"戒慎恐懼"之義，以警同志。

作詩《松溪程侯創復古書院勉同志四章》。

九月，程文德離開安福赴南京任職方司主事，臨別，東廓作《泮水別言》。

九月五日，收薛侃來書及《研幾錄》，有《答薛中離尚謙》書。

是年前後，迎薛侃至復古書院聚講，並有答季本書兩通（卷一〇《復季彭山使君》、《再簡季彭山》），論警惕與自然關係，對其"龍惕"說有不同看法。

閏十二月，吏部上疏啟用鄒守益等十八人，獲准復職。

徐階任江西提學副使，大倡王學宗旨。同一時期，陽明學者王璣任江西布政司參議，與東廓、羅洪先、劉邦采等吉安府王門學者論學往來。

永豐縣鄉約開始推行，由聶豹聯合當地俊彥請於縣令，縣令請于知府，派吉安府同知季本指導實施。東廓作《敘永豐鄉約》，發揮程門"識仁"、陽明學"萬物一體"說，倡"絕惡於未萌，起教於微眇"之教化觀。

應永豐鄒氏宗兄鄒國寧之請，作《永豐太平坊鄒氏族譜序》，論"聖人之仁，以天下為其弟子。能盡其性，為能光其姓"。

應永豐平溪邱氏之請，作《永豐平溪邱氏族譜序》，論救民之旨在講萬物一體之學，"欲敦俗以成化，其先明於譜系"。

嘉靖十六年丁酉（1537），四十七歲

新春，與劉文敏、歐陽瑜、劉陽等安福學者聚會論學，反省以往"測度比擬"之弊，當從"自家本體實際"用力。

春，攜三子鄒善赴撫州迎娶陳九川之女，與陳九川、黃直等撫州學者聚講於擬峴臺。

湛若水弟子洪垣以監察御史巡按兩淮鹽政，與東廓通信論學，東

廓有答書《簡洪峻之道長》，論戒懼之功，並將新刻手稿一併寄去。洪垣命人在此基礎上繼續搜集整理，於十七年在揚州刊刻東廓文集，即《鄒東廓先生摘稿》九卷本。

安福縣丞王鳴鳳以善政得褒獎，因遭訕謗。東廓作《毀譽篇》，勉其毀譽兩忘，以戒慎恐懼、自勉自省之功"自快其良知"，是謂"自信之學"。

嘉靖十七年戊戌（1538），四十八歲

春，季本在廬陵城南忠義祠之右建懷德祠，祀陽明。三月十八日，季本約東廓、聶豹、伍希儒、郭弘化、甘公亮等吉安府學者於此祀陽明。祭畢，舉講會。

懷德祠講會上，為貴溪士子桂公輔作《書桂公輔楹卷》，論意見與情欲為良知本體之累。

季本離開安福赴任長沙，行前，東廓與安福士友送別，作《心龍說贈彭山季侯》，再論"龍惕說"、論"無欲"。

致書聶豹（卷一一《簡復聶雙江》），批其"格物無工夫"說矯枉過直，有未瑩處，並抄錄《心龍說贈彭山季侯》贈之。

五月初二，東廓孫、鄒善長子德涵出生。

五月，吉安知府屠大山陞山東按察司副使，為作《慶郡侯竹墟公考績》，論三種為政之道，發學政一體、建聖學以達王道之旨。

為安福籍致仕鄉紳羅善九十壽作《壽克庵羅先生序》，論戒懼、集義。

以多人推薦，起任南京吏部考功郎中。夏，與諸士友在復古書院文明堂作別，為永新蕭氏宗會作《書蕭氏宗會卷》，為縣丞王鳴鳳之子作《贈王童子》。以東廓離安福，復古書院由劉月山（號）、劉陽主持，訂立輪年之約。行前作《書復古精舍輪年約》，勉諸同志。

路經南昌，江西提學徐階請東廓開講於貢院，有《貢院聚講語》，發明性善之旨。

在南京，與巡撫江西都察院右副都御史胡嶽於東湖書院論學，論歸養，作《善養對》，言"萬物一體之學"為"善養天年"。

撫州臨川縣學改修畢，陳九川遵徐階意，命當地士子至南京向東廓請記。作《臨川縣改修儒學記》，批時學類於"貨賄、請托、浮言"之

弊,批佛氏之學"不免於自私自利"。

嘉靖十八年己亥(1539),四十九歲

徐階在南昌建仰止祠,集東廓等王門同道祀陽明,聚會講學,創"龍沙會"。

全椒縣儒學增修畢,縣學教諭、訓導遣諸生至南京向東廓請記。作《全椒縣儒學增修記》,發戒懼中和之旨,以"無疑於信,無狃於習,無厭於學,無倦於教"勉諸師友。

夏臣任廣德州守,舉鄉約,東廓為作《廣德鄉約題辭》,發明"萬物一體"之義,並取安福鄉約與之參酌。

二月初一,世宗立皇次子載壑為皇太子。內閣大學士夏言所選東宮輔導官僚三十七人多遭彈劾,後吏部尚書許贊重薦一批有譽望者為東宮官屬,東廓亦在其列。五月,召為司經局洗馬兼翰林院侍讀。同時召入者有霍韜、徐階、羅洪先、唐順之、趙時春等。

作《謁選北上》一詩。

七月,南京禮部尚書霍韜、南京吏部考功清吏司郎中鄒守益以太子年僅四歲,未可以文詞陳說,上《聖功圖》及疏,為養正之助。世宗見《茅茨土階圖》大怒,以二人假公以行謗訕,幾獲罪。因霍韜受知于世宗,事方解。

不久,以原職充經筵講官。

北上京師前,應同僚李翔、曾汝檀之請作《致遠堂說》,以"常寂常感,常神常化"論"靜"。

門人胡寅守任職浙江金華府湯溪縣,同門為其徵言。北上前,東廓作《贈胡化之》,以"戒懼"、"畏天命、悲民窮之學"勉之。

至衢州祥符寺講學。

在京師,東廓與徐階、羅洪先、趙時春、唐順之等同道相過從,聚七十餘人會講,侍御毛愷、張元沖、胡宗憲等從之遊,士類興起甚眾。

在京師一年間,有蔣懷德、張旦、馮煥、林應箕、胡宗憲、白若圭、吳春、劉大直、陳堯等新科進士向東廓等問學。

進京後,接王畿所寄其與洪垣往復論學書,就其"先天後天之疑"致書洪垣(卷一○《簡洪覺山》),論良知體用一源。

嘉靖十九年庚子(1540),五十歲

先前,朝廷令詹事府左右春坊、司經局、國子監等官員議已故大儒薛瑄從祀文廟事,鄒守益應詔上疏,請薛瑄從祀孔廟,贊同者共二十三人。三月初八詔下,未准。

三月二十九日,陞太常寺少卿兼翰林院侍讀學士,掌南京院事。監察御史毛愷奏:守益為名儒宿學,不當投之散地,請留侍東宮。因遭夏言嫉恨,謫為寧國府推官。

作《醫說留別長安諸友》,論中行之德,告別同道,攜家眷離京。

別前,應王楗之請作《同野說別京中諸同志》,申中和、戒懼之義。

六月,抵南都。因途中酷暑,王夫人病卒,東廓命鄒美扶柩歸安福。

時南京吏部右侍郎費采將北上考績,東廓應南京兵部尚書湛若水之命,為作《少宰鍾石費公考績贈言》,發“良臣以仁天下為績”、“績考於獨,謂之幾”等義。

七月,湛若水致仕回鄉,東廓、王畿等在南京送行,作《四友軒贈言》。

十月,前任南京國子監祭酒馬汝驥陞禮部右侍郎,行前,東廓為作《贈宗伯西玄馬子北上序》,發“戒懼以止中和”之旨。

十一月,改南京國子監祭酒,與開罪夏言有關。

任南京國子監祭酒期間,興教化,仿湛若水任祭酒時所定之學規立《號朋簿》,並刻其在廣德州所刻之《訓蒙詩要》、《諭俗禮要》、《燕射禮儀》以教諸生,端嚴士氣。次年離任歸鄉前,又作《南雍述教》,申“冑子之教”義,並以“戒懼”之學勉諸生。

任南京國子監祭酒期間,不顧夏言反對,講學不輟。

王杏由廣德任職嶽州,廣德彭、楊二生至南京向東廓請記,作《復初贈言》,發復初、止至善之旨。

是年或稍後,致書福建提學副使馬津(卷一○《簡復馬問庵督學》),釋“己”,云“克己復禮,即是修己以敬工夫”。

嘉靖二十年辛丑(1541),五十一歲

年初,致書王艮弟子、吏部文選司員外郎林春(卷一一《簡林子仁》),論為學工夫,言“只一點障礙,不免許多眩惑”,“是中精明,著纖

毫不得"。

致書王慎中(卷一一《簡王遵巖》),論為學工夫,言"是中隱微,著一毫意見才力不得"。

四月五日,九廟災。世宗令兩京文武大臣自陳,鄒守益上疏言"大戊高宗反妖為祥,在主上一念轉移之間",陳上下交修之道。內閣首輔夏言趁機構罪,世宗大怒,六月,落職閒住。

夏,在南京新泉書院與即將赴任吉安知府的何其高、赴任雲南南雄府的曹忭聚講作別,作《新泉聚講贈言》,勉以"弗誘弗訌,天則常存"等言。

應天府府丞李舜臣陞太僕寺卿,是年夏將北上,東廓為作《贈愚谷李先生擢太僕正序》。

秋,遍游金山、焦山、張公洞、玉女潭等鎮江、常州諸名勝,作詩《焦山紀遊》、《題張公洞》、《金山與宋行甫、劉用夏諸生夜話》等,感懷落職,有"十八年來夢正勞,誰料一擔納行李","人生塵夢幾時了","劃然一嘯兩俱忘"等句。

在常州武進縣,與同年鄒輗、武進縣令徐良傅等同謁鄒輗先祖、北宋鄒浩墓。作《謁道鄉鄒忠公墓下奠文》、《同少初徐子、南江鄒子及諸生謁忠公墓下》等詩文。

在常州無錫,訂無錫鄒氏與澂源鄒氏之聯宗,應太學生鄒尚之請為無錫鄒氏先祖鄒璋作《桂堂處士遺像贊》。

至浙江衢州。知府王仲錦、推官劉起宗聚諸師生,延請東廓於衢麓講舍講學。東廓作詩(卷二六《衢麓講舍與諸師諸生論學,奉酬西巖、初泉二郡候》)酬之。應會間衢州孔氏族人之請,為其家塾作《衢州府孔氏家塾記》,論聖人之正宗、良知之宗旨。

歸安福後,買安福縣東之東陽峰石屋山,在石屋洞左構東陽行窩,洞右為彭簪之石屋山館。彭嶸、彭淪等協助督建東陽行窩。作《祭石屋山文》。

東陽行窩建成,時與同志講學其中。青山綠水間"無往非學,無往非樂",為東廓歸田後的主要生活。

嘉靖二十一年壬寅(1542),五十二歲

暮春,舉九邑青原之會。與歐陽德、羅洪先、甘公亮、黃弘綱、朱衡

等赴會,後同游石屋、東陽行窩、玄潭等處。是年,致書門人周怡(卷一一《簡周順之》),言"吾輩病痛,尚是對景放過",以工夫"須臾不離"相勉。

夏五月,繼娶李冬英。

逾月,至安福西鄉講學。

與羅洪先、唐順之相期於是年秋遊衡山。

羅洪先赴復古書院訪東廓,論學數日。

安福城東有東山寺、東山塔。塔於正德年間頹圮。是年,安福知縣李一瀚重修東山塔。東廓會講於東山塔院,名"東山會"。

歸田後,與安福知縣李一瀚論政,《政對贈景山李侯》論為政之要在於"戒懼以中和、中和以位育",《時中說贈景山李侯》論"時中之政"。

嘉靖二十二年癸卯(1543),五十三歲

春,與甘公亮等遊衡山諸名勝,謁諸先正詞,有《南嶽諷詠稿》。遊石鼓書院、嶽麓書院,與甘公亮講學石鼓書院旬日,湘中諸生自遠而集,申周敦頤無欲之旨,又申慎獨之旨。著《教言》二十五篇。

自南嶽歸,途經攸縣,講學于金仙洞,語諸生格致之旨。與縣令徐希明有詩唱和。

安福知縣李一瀚刻《安福邑糧總錄》,備載以往丈田之績,東廓作《福邑糧總錄序》,論安福政事。

長子鄒義中舉,北上赴會試,未中。

致內閣首輔嚴嵩書(卷一〇《簡介溪相國》)。

致兵部尚書毛伯溫書(卷一〇《簡東塘司馬》),論及政事。

丈田畢後,東廓協理安福民生問題,舉其大者有"清邑稅、復沙米、減額外機兵、復水夫常數,及議帶徵"等。沙米指明初賦役制度所規定的新開發土地的租稅,較一般土地租稅低。嘉靖十七年,吉安知府何其高將沙米稅額與其他土地徵收的稅額等同一致,導致安福每年上繳稅額增加五百餘兩,至二十一年時,上繳稅額累計增加兩千餘兩,百姓歸怨為丈量加賦所致,因指斥東廓等。是年,東廓致書都察院巡撫江西右副都御史汪玄錫(卷一一《簡巡撫汪東峰年兄》)申訴,請復沙米舊額,未得解決。二十二年,張岳繼任巡撫江西右副都御史。東廓就沙

米、差役帶徵等一併向張岳申訴。張對沙米一事提出四點質疑,東廓回書(卷一一《簡張淨峰中丞·二》),作《議沙米事宜》、《再復五條》等,逐一解釋。

明年,門人黃國奎將出任鄆城縣令。是年末,黃來辭行,為作《鄆城贈言》,以"納諸事于忠信"勉之。

李一瀚歸鄉守喪,于西川(號)臨時代理縣事,任職八月。期間至東廓山房問政,答以"政者,正也"。于去任前,為作《譽善篇》。

嘉靖二十三年甲辰(1544),五十四歲

春,吉安一帶大旱,夏秋無收。東廓上書巡按江西監察御史魏謙吉(卷一一《簡槐川柱史論旱災》)建言獻策:或買北方之米,或截留上年南京倉米用以救急,或改重災縣所應納之稅米為納銀,或將吉安"過湖過江之銀"留與本府及安福用以賑濟等。安福縣令潘璵納其言並奏上級官府,得允准實施,度過危機。

攜夫人及子鄒美等賑饑、建義倉,與鄉人商定"春散秋斂"、"約保分督"之制,作《書鄉約義穀簿》載其事。

是年,吉安府下帖文,將安福縣水馬夫役名額比之明初舊額增加一百三十五名,合計比明初多繳銀萬金,理由為"論糧均差",即稅糧高則差役亦多,加之是年及下年安福接連受災,民不聊生,百姓紛至官府申訴。東廓兩次致書巡按江西監察御史魏謙吉(卷一一《簡魏槐川侍御二章》),請復水馬夫役舊額,建言官府實施保甲法以保地方治安。同時,致書江西巡撫張岳(卷一四《簡張淨峰中丞論水夫事》)申訴復水馬夫役舊額事;致書江西按察司副使任轍(卷一一《簡任竹坡憲副》),比照廬陵縣再申安福水馬夫役之不合理,請復舊額;致書江西布政司參議王梴(卷一一《簡王同野少參》),請以舊額沙米徵稅,並請水馬夫役比照永新縣之制論量帶徵。申訴得張岳、魏謙吉、任轍等省府官員允准。是年,安福沙米舊額得恢復,水馬夫役數額有所減低,差役帶糧徵收得以實施。東廓致書都察院左副都御史周煦(卷一二《簡周弓岡都憲》)、江西按察司副使李徵(卷一四《簡李原野憲副論征帶事》),言及此事。

年末,與聶豹、陳九川、歐陽德、羅洪先等聚講華蓋山。

會講于安福北鄉,發《易·損卦》旨。

得安福北鄉門人相助，東廓在北鄉建連山書院，有"自強樓"、"玩易"等建築，為又一講會之所。

陽明弟子曾才漢任茶陵州守，刻《諸儒理學語要》于洣江書院，請東廓、羅洪先、歐陽德等作序。是年或稍後東廓作《諸儒理學語要序》，述儒家學脈，批門戶之見，申戒懼之旨，以"超然窠臼，直求天真"、"左右逢源"為學的。

曾才漢任茶陵州守期間，刻項喬所作《舉業論》以廣其傳，東廓應曾之請作《題舉業詳說》，釋德業、舉業並行不悖，聖俗之別在"誠不誠之間耳"。

陽明弟子徐珊任辰州府同知，於辰州虎溪山寺後建虎溪精舍，祀陽明。東廓為作《辰州虎溪精舍記》，論中和、戒懼之旨，讚陽明功德。

是年或稍後，廣東廉州知府胡鰲建崇正書院，內設克復堂，東廓為作《克復堂記》，論"克己復禮"即"修己以敬"，"修身之為克己"，以《易經》"復卦"論"仁"。

嘉靖二十四年乙巳（1545），五十五歲

是春淫雨成災，至稻糧無收。東廓致書巡撫江西右副都御史虞守愚（卷一四《簡虞東崖中丞論賑糶事》）請求賑濟，致書安福縣令潘璵（卷一四《簡潘瑞泉邑侯論旱災》）出謀劃策。

暮春，因安福饑荒至吉安郡城請賑。時安福縣令潘璵、廬陵縣令吳禎、吉水縣令王霽亦至郡城請賑。值吉安知府何其高壽辰，東廓應三縣令之請，作《壽對贈白坡郡公》，言"為生民立命曰壽，為天地立心曰仁"。

何其高邀東廓至遷址重建的白鷺洲書院聚會，並囑作記。作《聚秀樓記》。

春夏間，與歐陽德、王貞善、郭治、康恕、曾忭、陳昌積、王忬諸同志聚泰和梅陂、古城寺，訂各縣"遞舉一會"之制。古城會上，應王貞善之請，為其父作《古城壽言》。不久，致書王畿（卷一一《簡復王龍溪》），言"此生惟此一事，先師未了公案，須同集下手"。

八月，遊武功山。

秋，與歐陽德等同赴聶豹之約，與永豐士子宋龍、聶靜等會講於永豐崇玄宮，應宋龍之請為其父壽作《崇玄壽言》。

崇玄會後,與同志聚于復古書院文明堂,又聚于安福廣恩寺。

十一月,致書呂懷(卷一一《簡呂巾石司成書》),言戒懼中和是位育根本。

聚師友會于安福富池寺,申志不逾矩之學。

是年底或明年,永新知縣沈珠遷南京國子監監丞,臨行,為作《贈艾陵沈侯陟丞成均序》,論"中和"、"和中之治"。

是年或稍後,致書程文德(卷一一《簡程松溪司成二章‧一》),論濂溪易惡至中之旨。

嘉靖二十五年丙午(1546),五十六歲

與羅洪先、錢德洪、王畿等大會于青原,與會者達百數十人。之後,東廓舉講會於白鷺洲書院,發孟子大丈夫之旨。

錢德洪訪復古書院,安福學者張鰲山等與之論學。

羅洪先訪復古書院。

嘉靖二十六年丁未(1547),五十七歲

正月初一日,與羅洪先會于恩江樂丘。

正月十三日,吉安王門同志約于青原,為聶豹祝壽。東廓作《雙江聶子壽言》,針對聶豹"歸寂說"提出"學無寂感"。

春,遊瀧岡。

夏,與劉邦采等同遊廬山,往返兩月餘。在廬山,謁周敦頤墓,聚講于白鹿洞書院,揭周敦頤"易惡至中"語、朱熹"凡近脫,游高明"四語、陸九淵"喻義喻利"講義,末申《中庸》戒慎之旨。又著《學聖篇》開示學者。作詩《白鹿洞步韻》。

游匡廬畢,與劉邦採取道瑞州歸,與當地學者況維垣及門人廖暹、瑞州府推官潘仲驂等論學。潘仲驂建尊道書院以倡學,東廓由潘邀入書院,為作《尊道書院記》,論尊道之教,發戒懼、無欲、定性之旨。

返安福後,劉邦采來書,回書《簡劉獅泉君亮》,言"形色天性,初非嗜欲",言匡廬之行"如鎔金,鎔一番又精一番"。

秋,應巡撫南贛右副都御史朱紈之邀至虔州,與朱紈、江西布政使司參政張永明、江西按察司副使高世彥、贛州郡守林功懋、虔臺邑令俞大本等會晤切磋,論學論政。值朱紈將調至浙江提督浙閩海防軍務,

為作《虔州申贈》、《中丞秋崖朱公自虔之浙贈言》、《秋厓朱中丞燕靜觀堂水閣》等詩文，發無欲、戒懼、學政匪異轍、萬物一體之旨。

在虔州，重遊鬱孤臺、通天巖，于通天巖畫"侍遊先師像"，作詩《重宿通天巖寫侍遊先師像謝少壑山人》。

在虔州，陽明學者董歐之子董謀之趨而問學，為作《贈董謀之》。

虔州之行後，遂下萬安，聚講先天閣；至泰和，聚講古城寺五日，後當地學者捐資修繕古城寺，作為常聚之所，為作《書古城斂義錄》；冬，于安福資福寺聚講，隨後至永新希夷宮聚講十日，作《寄永新希夷觀同遊二首》，訪李儼；至廬陵聖化觀聚講；除夕，寄信（卷一三《寄伯子義·三》）及詩（卷二六《春遊瀧岡，夏升匡廬……除夕，口占寄義兒京師二首》）至京師與長子鄒義，謂無意仕途，以"竟此學"為任。

鄒義在京師國子監學習，並授《春秋》，闡東廓學旨。

嘉靖二十七年戊申（1548），五十八歲

春，聚講於復古書院、石屋山館。

夏，錢德洪、王畿聚講復古書院，之後與東廓同聚青原會。

春、夏，有青原會。夏季青原會，江西南昌、臨川、瑞州、撫州、贛州等地學者與會。東廓於會上抵制虛談。

去年冬，劉魁放歸泰和，率族人修復先祖所創之雲津書院。是年，東廓訪劉魁於雲津書院，為其《洗心卷》題詩（卷二六《洗心卷》）。遂入梅陂，共聚青原。是春青原會上，劉魁請東廓為雲津書院作記，作《復修雲津書院記》，以"存誠閑邪、內省不疚"與同志共勉。

夏季青原會後，與錢德洪等別，作《青原贈處》，載天泉證道之論學內容，申戒懼、慎獨之旨。

仲春，李儼合永新南鄉十四姓舉鄉會于葛泉，定每月一會、每姓值一月制。至是年秋，已舉八次。九月，東廓為李儼賀壽，作《鄉會祝言》。

仲冬，吉水縣令王之誥召集吉安府九邑士人聚講於龍華寺，歷十餘日，東廓、羅洪先與會。會後，東廓與王之誥會于文江，應王之請，將其講語錄為《龍華會語》，發明"戒懼中和"、"學無分動靜""徙義改不善"、"為善是從天命之性不睹不聞真體戒懼"等義。次年，羅洪先作跋《書龍華會語後》。

龍華會後,東廓與劉陽自龍華寺至石蓮洞,並宿於此。作詩《同劉三峰自龍華宿念庵石蓮洞》。

與劉邦采等講學於廬陵縣永和之青都觀。

堂弟鄒守臨選為貢元,作《江西戊申同貢錄序》。

南安知府陳堯遷長蘆都轉鹽運使,為作《贈梧岡陳郡侯陟長蘆都運序》,論戒懼中和之學。

嘉靖二十八年己酉(1549),五十九歲

正月初八,聚講於復古書院,批評"因循"、"忽實修而崇虛談"之風,訂懲戒制度,即《惜陰申約》。

春,袁州郡守劉廷誥、同知林大有、推官高躍等至復古書院向東廓問學,論及慎獨、萬物一體之旨。劉廷誥請東廓赴袁州講學,次年成行。

春,與錢德洪、俞大本、贛州知府林功懋等聚講於廬陵縣永和,為張元沖(時任江西右參政)祖母壽辰作《達壽說》,又為林功懋作《贈竹溪林郡侯考績序》,發"獨知"、"慎獨"之旨。

去年底,聶豹自獄中獲釋,是年正月,歸永豐。五月端陽節,東廓、羅洪先至永豐與聶豹會晤,登嶽山凌空閣,東廓作詩《同念庵登雙江凌空閣用白沙公韻》、《宿凌空閣呈雙江念庵諸同遊》、《次雙江兄歸田志喜韻》。羅洪先、聶豹亦有唱和。

夏,祁門謝顯等至復古書院向東廓問學,切磋兩月。作《寄題祁門全交館》,發戒懼以致中和之旨,勉諸同志"胥勸胥規,洗刷舊症,直達天德"。

吉安知府靳學顏與東廓論學,別後有數條相問,東廓回書《簡兩城靳郡侯》,並將與諸生論學內容數條附上,言"寂感無時,體用無界"以及"戒懼於事、戒懼於念、本體戒懼"三個層次。夏,致書聶豹(卷一一《再簡雙江》),並寄《錄諸友聚講語答兩城郡公問學》。

七月,東廓孫、鄒善次子鄒德溥出生。

秋,王畿、錢德洪赴沖玄會,道經睦州,王畿為《鄒東廓先生續摘稿》作序,讚其惟師說是守。

重陽節前,赴沖玄會。先至吉水縣,與聶豹、羅洪先等會于玄潭,論寂感異同等。

赴沖玄會途中,道經南昌,與裴衍、王臣等當地學者聚講南昌清真寺、天寧寺,升龍沙,論"心體自然"等。作詩《魯岡、瑤湖、華厓諸君聚天寧,遂升龍沙》。

仲秋,浙江、江西、南直隸陽明學者大會于沖玄。與王畿、錢德洪、黃直、王臣、陳九川、洪垣、徐良傅等聚講於龍虎山沖玄觀、上清東館等地。沖玄會上,作詩數首(卷二六《上清宮遇濮冬官致昭話舊》、《次洪覺山沖玄赴會》、《贈王仲時》、《次瑤湖王子睡起書感》等)。

沖玄會上,與王畿論學,論"意見、言詮"等。會後,作詩《別龍溪兄歸越》二首。

沖玄會後,取道金溪縣,與金溪諸同志論學。謁陸九淵墓,作《奠青田墓文》,論聖學真偽之辨。又聚講望仙觀、陟仙峰,觀陸九淵翠雲寺題壁,作詩《翠雲寺觀象山先生遺跡》。臨別,作詩《別金溪諸同遊》。

金溪會後,至撫州府城,十一月,與陳九川、章袞等聚講擬峴臺。逾樟源嶺,與陳九川別于文殊寺,作詩《明水姻家別文殊寺》。取道豐城返回,作詩《勉豐城舊游諸友》。

是年底返回安福。致書張岳(卷一一《簡張淨峰中丞·一》),論"萬物一體",言沖玄之行"切己箴砭,日就篤實",已窺為學脈絡。

沖玄、金溪之行,前後三月。會後,集講會同志論學語,錄為《沖玄錄》。

冬,吉安府同知羅尚綗視篆安福,東廓趨見,羅問當地政情於東廓。三月後,羅離任,為作《贈闇齋羅郡侯》,以戒懼之學相勉。

懷德祠歷時多年,是年由江西右參政張元沖責成吉安知府靳學顏、廬陵知縣李儒烈等建成,祀陽明。作《懷德祠記》。

永新縣學興文閣重修,為作《永新重修興文閣記》。

是年或稍後,江西清軍監察御史孫慎贈田與復古書院,至復古與東廓及諸生論不逾矩之學,論時政,東廓作《復古書院贈言》。

嘉靖二十九年庚戌(1550),六十歲

二月初一,壽六十。吉安府九邑士大夫及門人親友赴復古書院,作仁壽之會,千餘人與會。門人周怡派從弟周戒之(字)往賀。作詩《謝復古諸友仁壽會》。

祝壽會上,悟得"赤子之心,正是對境充養"。

　　暮春三月,應袁州府同知林大有之邀,攜門人周戒之、黃旦、彭國
矩、張道甫及子鄒美、鄒善至袁州講學。越鈐岡山,游洪陽、石乳二洞;
在袁州,集府城及宜春、分宜、萍鄉、萬載諸縣士友聚講于宜春臺。凡
十八日而歸。臨別,當地士子效仿《惜陰申約》定春臺講會制,東廓作
《題春臺會錄》,申戒懼之旨,勉諸生勸善規過。作詩《春臺別胡重齋、
胡桐溪、俞萬溪、洪雙野及宜春、分宜、萍鄉、萬載諸友二首》,申致良
知、戒懼之旨。作詩《宜春臺步陽明先師三韻》。

　　在袁州,與子鄒善、鄒美,門人及當地士子游石乳洞、洪陽洞,又遊
慈化寺,天龍巖等,作詩數首(卷二六《庚戌暮春,攜門人周戒之……游
洪陽、石乳二洞……》、《遊慈化,同諸生及謝性之、劉子榮、子莘、彭國
輔、國矩、阮祖徵宿陽節之莊》、《同諸生及余汝德慈化夜坐》、《東廬林
郡侯遣謝劉諸生侍遊慈化及天龍途中代訓》、《遊天龍巖》等)。

　　在袁州,萬載縣門人龍躍延將東廓邀至其家。龍躍父子仿程文德
所定鄉約,于家族中行家約。作詩《贈龍生起文乃翁石崖》、《觀龍生起
文家舉鄉約》等。

　　夏,與羅洪先、何廷仁、劉魁、陳九川等聚講青原山,約會玄潭,聶
豹亦參與玄潭會。又入復古書院,游石屋,與何廷仁、陳九川、彭簪、劉
邦采、劉月川、劉陽等論及聶豹“歸寂說”,作詩《善山明水石屋獅泉三
峰諸君遊二洞用明水韻》。會後致書陳柏(卷一一《簡陳大蒙》),言與
同志交砥互砭,“直覺纖毫查滓無容腳處”。致書聶豹(卷一一《再答雙
江》)批駁其說,主張“寂感無二時,體用無二界”。

　　孟夏,收陳九川寄聶豹書。稍後,有《復陳明水惟浚》一書,言“日
見得從前測度想像,自以為功而不知反,增一層障蔽”。

　　季夏,為推動安福講學活動的兩位鄉耆彭簪、劉曉七十壽作
《貞壽篇》。

　　冬,應門人周怡之邀赴涇縣水西講會,出遊徽州、寧國、池州,與劉
邦采攜門人朱調、王一峰、朱震及二子鄒善、鄒美一路聚講。行程路
線:祁門—休寧—歙縣—涇縣—青陽縣九華山。一路多申不逾矩、戒
懼之說。

　　在祁門,應王大中、方汝修之邀,會講於東山書院,論富貴利達之
關,並訂立會約。作詩《登東山書院,汪希文、應夫、繹夫、欽夫、程原
靜、謝實卿同游,汪望竹送酒》。與祁門諸友同游棲真巖,作詩《祁諸友

約游棲真巖》。

在休寧，與祁門等地諸生遊齊雲巖，聚講建初寺，登玉幾山，作詩《建初寺同獅泉諸友及二兒拜長至》、《休寧登玉幾山諸友同酌南熏樓》。臨別，作詩《迎和門別休寧諸友》。

在徽州府城歙縣，謁紫陽書院，作《奠徽國朱文公文》。

在歙縣，訪師山書院，謁元儒鄭玉祠，作詩《謁師山書院勉鄭生景明諸友》勉門人鄭燭等士友。後七年，作《重修師山書院記》。

在歙縣，訪斗山書院，舉講會，徽州六邑同志來會，訂立徽州府講會會規，由祁門、歙縣、婺源、休寧諸邑士子輪流主持。其後于涇縣水西會上，為斗山講會作《斗山書院題六邑會簿》，發“不逾矩”之義。臨別，作詩《斗山聚講勉同游諸友二首》。

在歙縣，應洪垣之請，為婺源講會作《書婺源同志會約》，勉諸生“以大丈夫自期”。

在歙縣，應王大中、方汝修之請，為祁門講會作《書祁門同志會約》，勉諸生“以大丈夫自期”。

斗山會後，門人貢玄略、王惟一、譚見之自斗山書院將東廓迎至涇縣水西寺，于水西之崇慶寺集寧國府六邑學者聚講七日，幾二百人。為水西講會作《書水西同志聚講會約》，言希聖希天、全生全歸之學。會間作詩《雪中度肇嶺赴順之周司諫諸友水西之約》、《雪中聚講水西寺和巖潭王郡侯韻》。

水西會上，應張槐等廣德籍士人之請，為復初書院講會作《書廣德復初諸友會約》，申戒懼、瑟僴、全生全歸之旨。

水西會後，由涇縣出發至池州府青陽縣九華山化城寺，謁仰止祠，祭陽明，集諸生講學。作《化城寺奠陽明先師祠》，反省自身“摹擬於見聞，倚靠于思索，包謾於世情”之弊，以“立真志，修實行”與同志共勉。作詩《化城謁陽明先師祠，霽，遂遊瑞光》。

在化城寺，為陽明弟子施宗道所藏《陽明夫子行樂圖》題辭（卷一九《題陽明夫子行樂圖》）。

是年春，鄧鶴至安福見東廓。冬，隨東廓、周怡同遊九華山。遊九華畢，東廓邀鄧鶴等同回太平縣紫雲庵過年。

徽州、寧國、九華之行，歷時三月，歲末始返。

冬，彭簪去世。回安福後，作《奠彭君石屋先生文》。

　　是年前後,江西監察御史曹忭巡按吉安府,東廓、聶豹、羅洪先邀其在白鷺洲書院論學。臨別,東廓作《絜矩篇贈紀山曹柱史》,發“絜矩”、“不逾矩”之旨,作詩《次紀山曹柱史白鷺書院韻》。

　　是年,東廓等吉安陽明學者上書江西省官員請求重新核查賦役。嘉靖二十四、五年前後,東廓曾向巡按江西監察御史魏謙吉、江西左布政使何鰲申訴此事,未及解決,便以二人離任而未果。二十七年聚講雲津書院時,東廓再次與王門學者商議此事,欲以正德十六年由朱節、陸溥刊刻的《督賦條規》作為江西一省的賦役依據。是年,東廓聯合聶豹、羅洪先等陽明學者上疏都察院巡撫江西右副都御史吳鵬,作《論重刻督賦條規事宜》,致書都察院巡撫江西右僉都御史張時徹(卷一四《簡張東沙司馬》)請求重刻《督賦條規》;是年出行經省城南昌時,東廓向巡按監察御史曹忭申訴此事,得委派羅尚綱至吉安府重新清查賦役。東廓派門生劉寅計算糧稅,協助斯事,終使載有新賦役標準的《派糧節略》得以刊刻,為安福每年節省三千餘金。

嘉靖三十年辛亥(1551),六十一歲

　　春,與諸生會講于安福東山文塔,為門人方任作《贈大參近沙方子榮陟歸壽序》。

　　至泰和,與劉魁、歐陽德、郭應奎、王貞善、曾忭等當地學者聚講雲津書院、海智寺。

　　夏,攜諸生及三子鄒義、鄒美、鄒善,孫鄒德涵、鄒德浚避暑武功山百餘日,發明《孟子》“牛山”章。期間於“默識”有悟,教語多主默識。作詩《攜三兒及二孫德源德浚避暑武功二首》,言“年來會得全歸脈”。

　　致書呂懷(卷一二《簡呂巾石館長》),言避暑武功所獲,反省以往“聞見思索”、未承擔“真體”之弊,稱“于全生全歸脈絡有循循進步處”。

　　是年或明年,致書歐陽瑜(卷一二《簡歐三溪》),申戒懼之旨,言“于全生全歸、安身立命處,覺有進步”。

　　八月,甘公亮壽七十,為作《壽蓮坪甘郡侯先生七十序》,批俗學“包謾於世情,倚靠於氣習,充拓於才藝”,有“事功、聞見、測度、著述之雜”,發戒懼中和之旨。

　　是年春起,吉安府判官劉廷賓代理安福縣事六月,有善政。期間

曾至復古書院與東廓論學。臨別，東廓作《題彭澤去思記贈龍陵劉郡侯》。

潛江縣學建成，為作《潛江縣重修儒學記》，申"志不逾矩之學"。

致書監察御史提督南畿學政黃洪毗(卷一一《簡翠厓黃柱史》)，反省以往"包謾於世情，摹擬於見聞，倚靠於思索"之弊，"於愷愷皛皛真體，判然未之能凝"。

是年，刑部主事吳維岳恤刑江西。作《復吳峻伯秋官》一書，論學政合一，言"聖門相傳功課，只在自家性情上理會"。

嘉靖三十一年壬子(1552)，六十二歲

春，與同志聚講東山寺。時門人董燧在枝江縣建文昌精舍，應會上講友之請，作《枝江縣文昌精舍記》，論"道無二致，學無二功"。

春，歐陽德由禮部侍郎起為禮部尚書，北上前至石屋與東廓告別；夏，周怡遠聚復古，同志咸集；秋仲，與羅洪先、周怡、劉陽聚講安福北鄉九峰庵，作詩《周順之司諫聚劉氏九峰庵，念庵、三峰同遊二首》。

坦陂木橋位於安福北鄉，乃溝通吉安往袁州之要道，常被衝垮。是年冬，得安福知縣湯賓支援，東廓門人黃旦召集安福士民募捐，以石為基，以木為梁，重修坦陂石橋。東廓作《修坦陂石橋義籍》徵募，作《告坦陂橋神文》。嘉靖三十五年，石橋又被衝垮。東廓等奔走出力，再次促成安福士民重修石橋。修成，作《重修坦陂橋成祭文》。萬曆年間，鄒善再倡修。

聚講復古書院。有語戒懼於事為、念慮、心體三個層次，以戒懼於心體為究竟。

嘉靖三十二年癸丑(1553)，六十三歲

參與青原講會。會上樂安諸生論及虛糧之弊。其後，東廓致書並作詩《勉董生明建兆明諸友丈量》，勉樂安門人協助丈田。又致書江西按察使馬森(卷一一《與鍾陽馬公書》)、巡撫江西右副都御史翁溥(卷一一《與夢山公書》)等官員，派門人董煥、陳廷諫至省府申訴，請求儘快在樂安丈田，得允准。樂安縣令郭諭派士子到安福諮詢經驗，推行丈田。其後，江西省府委派遣撫州府推官曹灼核查丈田，彌補隱漏。丈田歷經四月十八日，於次年完成。馬森又命樂安繼任縣令王鼎繼續

完成歸戶、差役編派等事。事成,東廓作《撫州府樂安縣丈田記》。樂安丈田完後,仍有以舊冊徵糧編差之事,致書撫州府同知陳一貫(卷一一《與五山陳公書》),請其責令縣官以新冊執行。

十月,陳九川壽六十,命鄒善及孫鄒德涵、鄒德溥往賀,作《明水陳姻家壽言》,引《詩經》、《大學》論戒懼之學,以"先師之命,夙夜其保之"相勉。

聚講于廬陵安塘聖化觀,附近士紳咸集,安塘蕭氏亦赴會。明年冬,應蕭氏族人、門人蕭良玉等人之請,撰《安塘蕭氏祖祠記》,以良知學告其族人。

安福知縣湯賓在前知縣李一瀚所造黃冊基礎上加以修訂,再造黃冊,鞏固以往丈田成果。東廓應湯賓之請,作《安福三刻縣總序》。

是年或稍後,應門人朱調等請,為安福南鄉大橋朱氏作《大橋朱氏族譜序》,以《易》理論"愛親敬長以達諸萬邦"之義。

嘉靖三十三年甲寅(1554),六十四歲

六月十六至十九日,至吉水參與玄潭會。羅洪先、王畿、劉邦采及吉水、安福、泰和、永新學者三十三人與會。會上,王畿與劉邦采就"見在良知"問題展開爭論,由羅洪先主持評議。別前,王畿作詩《玄潭次韻留別鄒東廓丈》,東廓和詩《玄潭次龍溪見贈》。

玄潭會後,致書門人賀世采(卷一三《簡賀義卿七章·五》),言王畿"發明師門靈明一脈,可謂懇到",申戒懼之旨。

秋,應寧國知府劉起宗之請,作《水西精舍記》,申"戒懼"、"不逾矩"之旨。

冬,聚講東山寺,與諸生切磋為學之方。安福社布王鉀等三人赴會,應其請,為作《社布王氏重修族譜序》,發"普愛敬以位育於一家"之譜論。

冬,為郭應奎作《平川郭郡侯壽言》。

與羅洪先、劉獅泉、江戀桓等聚講青原。會上,應元儒吳澄裔孫之請,作《重刻臨川吳文正公年譜序》,發戒懼以致中和、事天事親全歸無二之旨。

蘇州知府金城在吳縣建成顧原魯先生祠,祀元末隱士顧愚。應顧愚裔孫顧存仁之請,作《濂洛遺祠記》,發濂洛之蘊,論無欲、主敬、戒

懼、中和之旨。

是年或稍後,作《袁郡重修儒學門記》,發中和戒懼之旨。

嘉靖三十四年乙卯(1555),六十五歲

春,巡撫南贛都察院右副都御史談愷遷兵部右侍郎兼提督兩廣軍務,行前致書東廓請教治理方略,時東廓在玄潭舉講會,未及回復。後作《贈司馬談公自虔臺陟兩廣序》,言為政、治兵須遵循"一體之學","聖門自有節度"。

春,與魏良弼等先聚玄潭,再聚講復古書院,極論好學辨志之旨。

復古會後,與魏良弼、裘衍及門人邱原高等遊新建丹陵觀、至德觀、明覺精舍等地。端陽節,同游南昌西山安峰,作詩《游安峰詞並序》。

與李遂等聚講豐城茫湖。此行出遊三月,乃歸安福。夏,有《簡胡正甫》書。

去年,廣東南雄知府高冕在府城建正學書院,是年建成。應高冕之請作《正學書院記》,論顏子之學,發有無合一之旨。

為廬陵、安福彭氏族譜作《彭氏族譜序》,發"同族一體"之論。

嘉靖三十五年丙辰(1556),六十六歲

春,聚講安福南鄉招仙寺,南鄉同志立各地小型講會會規。其後,南鄉門人朱叔相至連山書院請東廓為當地"安和里小會"題辭,作《題安和里小會籍》,以"戒懼勿離,明物察倫"勉之。

春,三子鄒善中進士,作詩勖之。不久,鄒善授刑部河南司主事,寄書(卷一三《寄季子善·一》)訓以為官之道。

鄒善在京參與講學,與羅汝芳、胡直、耿定向最友善,四人稱"心友",善子鄒德涵有志問學,師事耿定向。

二月,湛若水(時年九十一)自廣東增城出發往衡州。三月遊衡山。四月初十至吉安府,十一日,東廓與劉邦采、伍思韶、鄒美及諸同志迎至青原,一準古養老禮待之。青原會上,湛若水示以大同默識之教。十二日,別青原。十三日,東廓父子追至泰和,與湛若水冒雨往吊歐陽德,一路連舟送至贛州虔臺。五月初一,巡撫南贛督御史汪尚寧、兵科給事中游震得率贛州府縣儒學師生,延湛若水於都察院開講。講

畢,送其登舟南返,東廓父子與之拜別。十一日,湛若水行至廣東三水,東廓作序、諸士人共撰的《大老嶽遊冊》寄至。《序大老嶽遊卷》發揮大同默識之教,以"無以異見裂其同,無以虛談決其默"與同志共勉。

十月,東廓孫、鄒美長子鄒德泳出生。

錢德洪至吉安,聚講青原山、安福連山書院,與東廓商議陽明年譜事。

有《簡趙浚谷》書。

聚講九峰庵。

作《芹曝末議達蔡可泉諸公》,向巡撫江西都察院右僉都御史蔡克廉等建言政事,包括派糧、庫子、斗級、禁子三差、里長、水夫帶徵、機兵、保甲、折兌折准等項目。

歐陽南野弟子、貴州巡按御史王紹元與貴州巡撫高翀等置龍崗書院義田,東廓作《龍岡書院祭田記》,發明戒懼、慎獨之旨,批"檢點事為而未達不聞之蘊"、"研精性命而不屑人倫庶物之實"、"以自然為極則,以戒懼為加一物"等偏離傾向。

是年底或明年初,分宜縣令徐從龍任滿膺召北上,作《贈分宜許侯膺召北上序》,論崇德經德、王霸之別。

嘉靖三十六年丁巳(1557),六十七歲

春,陽明學者、永豐知縣淩儒北上考績,作《贈永豐淩侯考績序》,發"中和戒懼"之旨。

秋,舉青原會。羅洪先、錢德洪等與會。李遂遣二子李杕、李材赴青原會從學東廓,並請為李父作墓誌銘。

安福人周儒歸田後建松雲窩書屋。秋,為"松雲窩講會"撰《松雲窩請書》。

江西提學王宗沐延請東廓聚講白鷺洲書院,王宗沐率千餘儒生聽講。東廓發明學庸合一、慎獨之旨,錄為《白鷺書院講義》。

東廓等編撰的《王陽明先生圖譜》一冊刊刻,江西提學王宗沐為作序。

聚講安福香積寺。答學者問顏子克己、曾子為人謀旨、費隱、孟子性善等。

寄鄒善書。

前兩年,東廓山房遷移重建,是年完工。作《山房紀會引》,與諸生訂立會規,發戒懼、獨知之旨。

應門人張術等人之請,為泰和、萬安講會題《泰和萬安會語》。

嘉靖三十三年,巡撫浙江御史胡宗憲、浙江提學副使阮鶚改建仰止祠于天真上院,祀陽明。三十五年,錢德洪至吉安與東廓商議陽明年譜事時,囑其作記。是年,胡宗憲命杭州府同知唐堯臣刊刻《傳習錄》合本並重刻《陽明先生文錄》。東廓撰《天真書院改建仰止祠記》,論有無合一之旨。

嘉靖三十七年戊午(1558),六十八歲

時倭亂成患、人才匱乏。是年,世宗從給事中徐浦之建議,令廷臣及督撫推舉守邊之才,鄒守益、羅洪先等在野清流皆在舉列。然御史羅廷唯以其"清修苦節、實學懿行",不合"邊才"而駁之。七月,世宗納其言,自是鄒守益等賢士皆不被召用。

兩次聚講復古書院。先與聶豹、羅洪先、劉邦采等於書院究極寂感之旨,夏,劉勳自湖廣來,再與劉勳、劉陽、尹一仁及門人王鑄、黃旦、劉讓甫(字)等聚講復古。劉勳別前,講友各有贈言,題名"同心之言",作《題同心之言贈劉北華歸楚》。

孫鄒德涵自京師歸,參加鄉試,以《春秋》得中。遂進京赴明年會試,東廓賦詩勉之。

江西督學王宗沐督貢事,二子鄒美被選為貢生。鄒美與諸同貢趨青原講會徵言,作《江西同貢觀光錄序》。鄒美以貢入京,得廷試第一,入太學。東廓聞報,作詩《美兒報順天中式志喜兼示兒曹及諸侄諸孫》,寄鄒美書(卷一三《寄仲子美》),勉其精進,"以明道、希文自待"。

安福南鄉士人從遊東廓者日眾,遂商議于南鄉北真觀舊址建書院。舊址為門人王有楠所佃之地,王氏父子欲捐地以建講堂,東廓慮其家貧,遂以眾士人所集銀二十五兩酬之。冬,復真書院建成,東廓聚眾會講於此,開示學者。

致書徐階(卷一二《簡徐少湖相國·二》),勉其用《易》。

建寧府同知、東廓門人董燧謀于知府劉佃,於武夷山幔亭峰建精舍,立陽明甘泉二先生祠。應劉佃之請,作《武夷第一曲精舍記》,言陽明、甘泉之學"獨接濂洛,一洗夾雜支離而歸之明物察倫之實"。

嘉靖三十八年己未（1559），六十九歲

仲春，聚講連山書院。

安福春澇夏旱，秋種不得入土，痢疾肆虐。致書工部尚書歐陽必進（卷一二《簡歐約庵司空》）、巡撫江西都察院右僉都御史何遷（卷一四《簡何吉陽中丞·二》）等人，請求賑貸、減稅、引水濟旱等，得何遷允准；致書御史李遂（卷一二《簡李克齋中丞·一》）、都察院左都御史周延（卷一二《簡周崦山都憲》）等人，建議賑濟措施；致書吉安知府張元諭（卷一四《簡張月泉郡侯二章·一》），建言賑貸方法及團保法，以保地方治安；致書吉安府同知陳瀚（卷一四《簡陳龍磯郡侯》），請沿用嘉靖二十三、二十四年災荒時所采之"折兌折准"稅收法，以減百姓負擔。

聚講石屋山房，與講會同志商議賑災策略。同時，在家鄉建義倉、聯保甲。

以往，吉安府軍冊數目不實，安福有妄丁四十餘戶，東廓曾屢次申請改正而未果。後吉安府同知陳瀚曾命各縣重核丁戶，刻《吉安府釐弊軍冊》，斯事以其離任而擱淺。是年，東廓訪安福知縣童承契再議重刻軍冊事，童承契據陳瀚底本重刻《軍冊》，東廓作《安福重刻釐弊軍冊序》。

《派糧節略》刊行後，安福"過江"一項派糧依舊。東廓致書都察院巡撫江西右僉都御史何遷（卷一四《簡何吉陽中丞·一、三》），就此項賦稅和安福傳驛稅之不合理再次申訴，請重新定稅，言"古人絜矩之學，上下左右前後，務令各得其所"。

寄書鄒善（卷一三《寄季子善·三》），云學之正脈，只是慎獨。

江西巡按監察御史徐紳陞尚寶司卿，行前，東廓作《好學篇贈五臺徐柱史》，論中和之學。

是年前後，應黃岡縣令孟津之請，為當地所建的陽明書院作《陽明先生書院記》，闡師門同然之蘊。

嘉靖三十九年庚申（1560），七十歲

二月初一，壽七十，來祝壽者幾倍於六十壽時。

春分前，就安福賦稅高於吉安府他縣向江西提學王宗沐致書陳情（卷一四《簡敬所王督學二章·二》）。

春，"江浙大會"舉於廣信府上饒縣聞講書院，徽州、寧州、蘇州、湖州、廣德州諸地學者雲集，東廓與錢德洪、陳九川、劉邦采、管州、況維

垣、呂懷等赴會。著《廣信講語》,講《孟子》"雞鳴而起"章,論義利之辨;作詩《巾石學愚約四方同志聚聞講書院》,申戒懼、躬行之旨。

春,與劉邦采、陳九川、錢德洪等百餘人又舉"江浙大會"於懷玉書院。

懷玉會後,與陳九川、鄒美等至浙江祭掃陽明墓,撰《奠陽明先師祭文》。應門人胡宗憲之邀開講天真書院,謁陽明祠。撰《浙遊聚講問答》、《梅林胡宮保錫命序》等文。

天真會後,與劉邦采、鄒美至福建武夷山。五月,與建寧知府劉佃、通判黃文明、門人程寬等聚講武夷山,謁文公書院及陽明甘泉二先生祠,作《武夷答問》,答兼善獨善之別。並作詩數首(卷二五《偕劉獅泉及兒曹謁陽明甘泉二先生祠……》、《宿武夷沖佑萬年宮》、《謁紫陽文公書院簡吾南遜齋郡侯道契》等)。

自武夷歸途中,答黃文明書(卷一〇《答黃遜齋時熙》),論"不踰矩","於人倫庶物三千三百處,一一盡強恕而行工課"。

途經南昌,與省府張元沖、王宗沐、曹忭等官員聚講論學,諸師生同會。作詩《浮峰、敬所、紀山、蒙泉約公館聚講,諸師諸生同會,簡郡侯劉吾南、黃遜齋》,寄與劉佃、黃文明。

廣信、浙江、武夷之遊逾百日。夏,歸安福,致書江西左布政使蔡汝楠(卷一四《簡蔡白石中丞》),就安福沙米、兌軍等賦稅過重,及去歲春潦夏旱導致今歲米價日增、救貸無措等事陳情。

夏,致書李遂(卷一二《簡李克齋中丞·二》),陳述去歲災情延及百姓生計,請鼎言協救。

歸安福後,聞知湛若水去世。湛若水門人、江西巡撫何遷命吉安知府張元諭在青原山頂建文明亭,為講會之所。張奉何命向東廓請記,作《青原文明亭記》,云王、湛之學"語若異而脈絡同",批世學"支離影響,黨同伐異"。

歸後舊痔復發,得梁翁等調攝治癒,門人蕭廩約同門書冊以謝,作《書同志諸生謝石磯梁翁冊》,申戒懼之學,闡儒家重疾之旨。

五月,經鄒善奏請,以原官致仕,母、夫人俱進贈封恭人。

重陽節後,聚講復真書院。

季冬,歐陽必進壽七十,東廓為作《慶歐陽宮保約庵公壽序》。

為衡州知府、門人游天庭作《慶衡守遊行野膺獎序》,勉其以戒懼之功"融氣習以端學術,納諸中正和平之域,使渣滓渾化,精粹凝合"。

嘉靖四十年辛酉(1561),七十一歲

聚講復古書院,發道心人心之旨。

鄒美中舉。

鄒善以刑部員外郎任職湖廣,便道歸省,侍側,以欽恤民命、廣上德、驗學力等訓戒之。

應門人胡鍾英、胡良貴之請,為泰和南岡黃漕胡氏通譜作《南岡黃漕胡氏通譜後序》,言"通"之義在同族一體。

嘉靖四十一年壬戌(1562),七十二歲

秋,集各邑二百六十餘人大會於復真書院,發明知行合一之旨,愈加緊切。有《復真書院講語》。

秋,《復古書院志》成,作《復古書院志序》。

九月,痔發。以毋侵人產、毋縱家人生事、毋傷骨肉和氣訓戒子孫。致書官府請緩稅收。時羅洪先在吉水率門人士子協助官府丈田,病中書以賀之。

逝前,王畿前來探視。十一月十日,端坐而逝。長子鄒義、次子鄒美、孫鄒德涵等在側。

冬,都察院巡撫江西右僉都御史胡松與錢德洪同來弔東廓。

嘉靖四十三年甲子(1564)

閏二月十一日,鄒義等奉柩下葬于安福北鄉白竹陂。

嘉靖四十五年丙寅(1566)

四十一年冬,胡松弔東廓時,安福士民請祀東廓於縣學學宮之旁,得許可。胡松於四十二年離任。是年,巡按江西御史成守節准其事,令有司春秋舉奠。

隆慶元年丁卯(1567)

穆宗登極,追贈鄒守益禮部右侍郎,諡文莊。

　　隆慶初年,敕建專祠于安福縣學之左,祀鄒守益,歲遣官祭。復古、復真等書院各有祭。

萬曆至清

　　萬曆四年,廣德知州吳同春在復初書院尊經閣蓮花池後建祠祀東廓,後圮。二十五年,知州段猷顯于復初書院范文正祠舊址建祠專祀東廓。至乾隆四十五年,廣德州學正朱裕觀復建鄒東廓祠於州治道義門左。

主要參考文獻

（一）文集、史書

《明實錄》,臺北:中研院歷史語言研究所校印本,1966 年。

陳九川:《明水陳先生文集》,《四庫全書存目叢書·集部》72 冊。

程文德:《程文恭公遺稿》,萬曆十二年程光裕刻本。

耿定向:《耿天臺先生文集》,《四庫全書存目叢書·集部》131 冊。

胡直:《衡廬精舍藏稿·衡廬續稿》,《文淵閣四庫全書·集部》1287 冊。

黃宗羲:《明儒學案》,北京:中華書局,1985 年。

姜寶編:《松溪程先生年譜》,《北京圖書館藏珍本年譜叢刊》46 冊,北京圖書館出版社,1999 年。

焦竑:《國朝獻徵錄》,《續修四庫全書·史部》525—531 冊。

雷禮:《國朝列卿記》,《續修四庫全書·史部》522—524 冊。

劉元卿:《劉聘君全集》,《四庫全書存目叢書·集部》154 冊。

羅大紘:《紫原文集》,《四庫毀禁叢書·集部》139—140 冊。

羅洪先:《念庵羅先生文集》,明隆慶元年胡直序刊本,臺灣大學圖書館藏。

羅洪先:《念庵文集》,《文淵閣四庫全書·集部》1275 冊。

呂柟:《續刻呂涇野先生文集》,清道光十二年富平楊氏刻本,北京大學圖書館藏。

聶豹:《雙江聶先生文集》,《四庫全書存目叢書·集部》72 冊。

歐陽德:《歐陽南野先生文集》,《四庫全書存目叢書·集部》80 冊。

錢明編校:《徐愛、錢德洪、董沄集》,南京:鳳凰出版社,2007 年。

王畿：《龍溪王先生全集》，《四庫全書存目叢書·集部》98 冊。

王畿著、吳震編校：《王畿集》，南京：鳳凰出版社，2007 年。

王時槐：《友慶堂合稿》，《四庫全書存目叢書·集部》114 冊。

王守仁著、吳光等編校：《王陽明全集》，上海：上海古籍出版社，1992 年。

徐階：《世經堂集》，《四庫全書存目叢書·集部》79—80 冊。

湛若水：《湛甘泉先生文集》，清康熙二十年黃楷刻本，北京大學圖書館藏。

張廷玉：《明史》，北京：中華書局，1974 年。

鄒德泳：《湛源續集》，崇禎五年刻本，北京大學圖書館藏。

鄒守益：《東廓鄒先生文集》，《四庫全書存目叢書·集部》65—66 冊。

鄒守益：《東廓鄒先生遺稿》十三卷，明嘉靖末年刻本，北京大學圖書館藏。

鄒守益：《鄒東廓先生摘稿》，嘉靖十七年林春序刊本，臺灣中央圖書館藏。

鄒守益著、董平編校：《鄒守益集》，南京：鳳凰出版社，2007 年。

鄒守益著、鄒善編：《鄒東廓先生詩集》，萬曆元年陳元珂序刊本，《東京內閣文庫》，1980 年。

（二）地方志、書院志、家譜

《安福縣志》（王基纂、高崇基修），臺北：成文出版社，《中國方志叢書》772 號。（以下同書系出版社略）

《安福縣志》（姚浚昌修、周立瀛纂），南京：江蘇古籍出版社，1996 年。

《安福縣志》（張召南修、劉冀張纂），《中國方志叢書》771 號。

《白鷺洲書院志》（劉繹纂），清同治十年刻本，北京大學圖書館藏。

《常州府志》（于琨修、陳玉璂纂），南京：江蘇古籍出版社，1991 年。

《潮州府志》（郭春震纂修），明嘉靖二十六年刻本。

《潮州府志》（周碩勳纂修），《中國方志叢書》046 號。

《大姚縣志》（黎恂、劉榮黼編修），清光緒三十年刊本。

《分宜縣志》（李寅清、夏琼鼎修），清同治十一年刻本。

《撫州府志》（劉玉瓚修、饒昌胤纂），清康熙四年刻本。

《撫州府志》（許應鑅修、謝煌纂），南京：江蘇古籍出版社，1996 年。

《贛州府志》（魏瀛修、鐘音鴻纂），南京：江蘇古籍出版社，1996 年。

《冠縣縣志》（梁永康修、趙錫書纂），《中國方志叢書》029 號。

《廣德州志》（胡有成修、丁寶書纂），《中國方志叢書》705 號。

《廣德州志》（朱麟修、黃紹文撰），《中國方志叢書》706 號。

《廣東通志》（郝玉麟修、魯曾煜纂），《文淵閣四庫全書・史部》562—564 冊。

《廣信府志》（蔣繼洙修、李樹藩纂），《中國方志叢書》106 號。

《貴州通志》（鄂爾泰修、靖道謨纂），《文淵閣四庫全書・史部》571—572 冊。

《杭州府志》（陳善等修），《中國方志叢書》524 號。

《湖廣通志》（邁柱監修、夏力恕纂），《文淵閣四庫全書・史部》531—534 冊。

《黃州府志》（英啟修、鄧琛纂），《中國方志叢書》346 號。

《霍山縣志》（秦達章、何國佑纂修），清光緒三十一年刻本。

《吉安府志》（定祥修、劉繹纂），《中國方志叢書》251 號。

《吉安府志》（盧崧修、朱承煦纂），清乾隆四十一年刊本。

《吉安府志》（余之楨修、王時槐纂），《日本藏中國罕見地方誌叢刊》，北京：書目文獻出版社，1991 年。

《吉水縣志》（彭際盛修、胡宗元撰），南京：江蘇古籍出版社，1996 年。

《建寧府志》（張琦修、鄒山纂），清康熙三十二年刻本。

《江南通志》（趙弘恩修、黃之雋纂），《文淵閣四庫全書・史部》507—512 冊。

《江西全省輿圖》（曾國藩修、顧長齡彙編），《中國方志叢書》102 號。

《江西省吉安市地名志》，吉安市地名委員會辦公室編印，1985 年。

《江西通志》（謝旻監修、陶成纂），《文淵閣四庫全書・史部》513—518 冊。

《涇縣志》（李德淦修、洪亮吉纂），清嘉慶十一年刊本。

《樂安縣志》（朱奎章修、胡芳杏纂），《中國方志叢書》263 號。

《廉州府志》（張堉春、陳治昌纂修），清道光十三年刻本。

《廬陵縣志》（梅大鶴修、王錦芳纂），《中國方志叢書》953 號。

《廬陵縣志》（平觀瀾修、黃有恆纂），《中國方志叢書》952 號。

《廬陵縣志》（王補、曾燦材等纂），民國九年刻本，北京大學圖書館藏。

《南昌府志》（陳蘭森修、謝啟昆纂），《中國方志叢書》811 號。

《南昌府志》(范淶修、章潢纂),《中國方志叢書》810 號。

《南昌府志》(許應鑅修、曾作舟纂),《中國方志叢書》812 號。

《青原志略》(笑峰大然編撰、段曉華、宋三平校注),南昌:江西人民出版社,1998 年。

《衢州府志》(楊廷望纂修),清康熙五十年修,光緒八年重刊本。

《瑞州府志》(黃廷金修、蕭浚蘭纂),《中國方志叢書》099 號。

《石鼓書院志》(李安仁撰),《續修四庫全書・史部》720 冊。

《四川通志》(黃廷桂修、張晉生纂),《文淵閣四庫全書・史部》559—561 冊。

《松江府志》(方岳貢修、陳繼儒纂),《日本藏中國罕見地方誌叢刊》,北京:書目文獻出版社,1991 年。

《泰和縣志》(冉棠修、沈瀾纂),《中國方志叢書》838 號。

《泰和縣志》(宋瑛修、彭啟瑞纂),《中國方志叢書》841 號。

《泰和縣志》(楊訒、徐惠迪纂修),《中國方志叢書》839 號。

《無極縣志》(黃可潤纂修),清乾隆二十二年刊本。

《仙居縣志》(鄭錄勳修、張明焜纂),清康熙十九年刻本。

《徐州府志》(吳世熊、朱忻修),清同治十三年刊本。

《續修安福令歐陽公通譜》(歐陽勔平等纂),民國間影印清乾隆十五年刻本。

《永豐縣志》(王建中等修、劉繹等纂),《中國方志叢書》760 號。

《永新縣志》(王翰修、陳善言纂),《中國方志叢書》756 號。

《永新縣志》(王運禎纂修),《中國方志叢書》755 號。

《袁州府志》(施閏章修、袁繼梓纂),《北京圖書館古籍珍本叢刊・史部》30 冊,北京圖書館出版社,2011 年。

《漳浦縣志》(陳汝咸修、林登虎纂),《中國方志叢書》105 號。

《浙江通志》(嵇曾筠編纂),《文淵閣四庫全書・史部》519—526 冊。

《中華鄒氏族譜》(鄒賢敏主編),武漢:崇文書局,2006 年。

《重修安徽通志》(何紹基撰),清光緒四年刻本。

《澈源鄒氏六修族譜》,同治十三年修。

《澈源鄒氏七修族譜》,民國六年修。

《澈源鄒氏族譜朋甲坊支譜》,1995 年修。

《安成鄒氏重修支譜》,道光二十三年修。

海外陽明學

The Song Ming lixue Interpretation of *Mozi*: How Great was Mencius' Influence?

Carine Defoort[*]

【摘 要】當代學者常以"十論",特別是"兼愛"主張,來描述墨子思想。儘管這一詮釋有其傳統依據,這個傳統似乎也是建立在《孟子》對墨子的評價之上。本文嘗試追溯這個詮釋傳統自戰國以降的發展,並聚焦於韓愈與王陽明對墨子的看法。這兩位著名的儒者一方面繼承了《孟子》對墨子"兼愛"的批評,另一方面也提出不同的見解。他們對墨子的批評看似與《孟子》一致,但實際上是藉由《孟子》來批判他們所處時代的"邪說"。

1. The Warring States period

The only Warring States source that exclusively associates Mozi with *jian ai* and vice versa, is *Mencius* (ca. 371−289 BCE). He laments that:

> The claims of Yang Zhu and Mo Di fill the world. All claims made in the world either revert to Yang or to Mo. Mr. Yang is for oneself, which

---

* Carine Defoort(戴卡琳),比利時魯汶大學漢學系教授。本文中文標題:《宋明理學對墨子的評價:孟子的影響有多大》

amounts to having no lord; Mr. Mo cares for all, which amounts to having no father. To have neither a lord nor a father is something for beasts. 楊朱墨翟之言盈天下，天下之言不歸楊，則歸墨。楊氏為我，是無君也；墨氏兼愛，是無父也。無父無君，是禽獸也。(*Mencius*, 3B9)

One other *Mencius* fragment also identifies the two heretics with exactly the same mottos: Yang with *wei wo* versus Mo with *jian ai*:

Yangzi chooses "for oneself": even if he could benefit the world by pulling out one hair, he would not do it. Mozi for "inclusive care": if by rubbing his head bald and showing [the flesh of] his heels he could benefit the world, he would do it. 楊子取為我，拔一毛而利天下，不為也；墨子兼愛，摩頂放踵利天下，為之。(*Mencius*, 7A26)

These two fragments share three characteristics: (1) they exclusively associate Mozi with *jian ai* and vice versa, (2) they consider this a threat to order, to humanity, and to Ru morality for "not having/respecting a father", and (3) they oppose Mozi's views to the egoism of Yang Zhu, who is considered equally bad for "not having/respecting a lord." This small discourse-cluster on Mozi seems to have been transmitted as a solidified item throughout the Chinese corpus during at least 20 centuries. The book *Mencius* contains only two other explicit references to Mo: even though the expression *jian ai* does not occur in either of these fragments, it seems to be implicitly present: in one case only indirectly in mentioning the rivalry between Ru and Mo (*Mencius*, 7B26); in the other case directly in the Mohist's reference to the ancients whose "care had no gradations" 愛無差等. (*Mencius*, 3A5) The Mohist interlocutor hereby suggests that the sages of antiquity admired by the Ru, were also in favour of inclusive care, or care without gradations. Other reflections in the *Mencius* about "being inclusive" (*jian*) and "caring" (*ai*) confirm the shared interest of the authors of the *Mozi* and the *Mencius* in this topic (e.g. *Mencius*, 6A14, 7A9, 7A46, 7B1).

Mozi is the only other Warring States source that somewhat exclusively associates Master Mo's thought with *jian ai*, although far less dominantly than usually thought. Aside from the three chapter titles (to chapters 14, 15 and 16: 兼愛上、中、下), which might have been added to the text as late as the Han dynasty, the expression *jian ai* occurs only ten times in the text, one of which in the last "Jian ai" chapter.

> The "Great Oath" says: "King Wen was like sun and moon, spreading and shining his light over the four quarters and the Western region." This says that King Wen's impartial caring for the world was broad and great. He is being compared to how sun and moon are impartial in their shining over the world. This is the inclusiveness of King Wen. Even what our Master Mozi called "inclusive" was taken from the example of King Wen. 《泰誓》曰:"文王若日若月乍照,光于四方,於西土。"即此言文王之兼愛天下之博大也,譬之日月兼照天下之無有私也,即此文王兼也。雖子墨子之所謂兼者,於文王取法焉。(16:29/1－3)①

The two first "Jian ai" chapters (上、中) do not contain this expression at all; and the expression "care for others" (愛人 *ai ren*) is much more current in the book *Mozi* (48 times) than *jian ai*. The fact that the book *Mozi* has evolved during several centuries in the hands of various authors leads us to consider the following suggestion: Perhaps the original Mohist plea was to "care for others" (*ai ren*) an ideal that after a while (around the late 4th century BCE) became first specified and then solidified as "inclusive care" (*jian ai*). We cannot even exclude the possibility that Mencius' description of his rivals has had some

---

① Except when specific fragments are commonly recognized by a number (e. g., *Lunyu*, 1. 2, *Laozi*, 24, and *Mengzi* 3A9), all quotes of Chinese masters refer to Lau, *ICS Ancient Chinese Texts Concordance Series* (Hong Kong: Commercial Press 1995－); the chapter number is given first, followed by a colon and then the page number and line number separated by a slash. Quotes from dynastic histories are to the Zhonghua shuju edition.

influence on the early Mohist identification of *jian ai* as their fixed motto. ①

In all other Warring States sources the association of Mozi with the exact motto *jian ai* is far less exclusive. *Xunzi*, for instance, makes no connection whatsoever between "Mo" and "inclusive care." What is more, "inclusive care" is considered positive and used as an uncontested expression in running text. In "Fu guo" 富國, for instance, Xunzi argues that the people's welfare is the ruler's responsibility:

> As for inclusively protecting them, inclusively caring for them, and inclusively regulating them, to make sure that even in times of a failed harvest, floods and drought the people escape the disasters of cold and hunger, this is the task of the sagely lord and his worthy chancellor. 若夫兼而覆之,兼而愛之,兼而制之,歲雖凶敗水旱,使百姓無凍餒之患,則是聖君賢相之事也。(10:44/17 – 18; see also 兼而愛 in 25:121/8)

The mottos that Xunzi does associate with Mo are "elevating merit and utility" 上功用, "making much of frugality and temperance" 大儉約, and "neglecting gradations and rankings" 僈差等 (6:21/19), being "against music" 非樂, in favour of "moderating expenses" 節用, "elevating frugality" 尚儉, and being "against fighting" 非鬥 (10:45/6 – 46/2).

Nor is the association of Mo and "inclusive care" present in other early source where one would most expect it, namely in *Hanfeizi*'s well-known "Xian xue" (Eminent Learning) chapter describing the Mo, or in *Mozi*'s "Fei Ru" opposing Ru to Mo ideas. The identification of Mo with *jian ai* and vice versa is very inconsistent in the early sources. *Zhuangzi*, for instance, once associates the Mohists (*Mozhe*) exclusively with it (29:89/16), but elsewhere he also

---

① For a fuller argument, see Yoshinaga Shinjirō 吉永真二郎. "Jian ai shi shenme: Jian ai gainian de xingcheng he fazhan" 兼愛是什麼——兼愛概念的形成和發展. *Ha'erbin shizhuan xuebao* 哈爾濱師專學報 (1999:4):31 – 34 and Defoort, Carine. "Are the Three 'Jian ai' Chapters about Universal Love?" In *The "Mozi" as an Evolving Text: Different Voices in Early Chinese Thought*, eds. Carine Defoort and Nicolas Standaert, Leiden/Boston: Brill, 2013, 35 – 67.

characterizes Mozi with other mottos, (33: 98/7) and he even once attributes the ideal of "inclusive care" much more emphatically to Kongzi! (13: 36/14 – 15) The expression *jian ai* only occurs once in the *Hanfeizi*, where it is without any tinge of challenge or controversy ascribed to the Ru and Mo together. (49: 146/20) And while *Guanzi* is once critical about *jian ai*, implicitly attributed to a group of Mohists (4: 9/23), he also uses the expression in a positive sense (chs. 7 "Ban fa" and 66 "Ban fa jie"), as do many other sources that mostly date in the Han or later (see below).

To conclude, in pre-Han sources, only Mencius *explicitly and exclusively* associates Mo with "inclusive care." In the book *Mozi*, the identification is also clear but, of course, not exclusive. Moreover, the *Mozi* may have received Mencius' influence since the precise dating of (the parts of) both books is uncertain. All other sources not only differ from Mencius but even ignore him. In these early sources, Mozi is associated with a variety of mottos or slogans; and *jian ai* is not considered exclusively Mohist, nor negative, nor neatly opposed to Yang Zhu's thought. When then did Mencius' view become so influential? It started relatively late in the Han dynasty. [1]

2. The Qin and Han dynasties

The data presented thus far might shed some doubt on the intellectual or theoretical distinctiveness of early Mohism in the pre-Han period. Traditionally the Han dynasty is regarded as the period when Mohism disappeared as an independent school and saw its ideas merged into mainstream Ru thought. During the Qin and Han, I tentatively trace the following threefold evolution concerning the presentation of Mozi in relation to *jian ai*, depending on the (often uncertain) dates of the sources: in Qin and Han there is (1) an

---

[1]   For a fuller argument, see Carine Defoort "Do the Ten Mohist Theses Represent Mozi's Thought? Reading the Masters with a Focus on Mottos," *Bulletin of the School of Oriental & African Studies*, forthcoming (2014; online 2013).

increasing tendency to identify masters with core ideas or mottos; (2) there is a general, undisputed and unattributed appreciation of the idea of "inclusive care" in many sources; (3) there is an emerging tendency to quote Mencius' view on Mozi, which is the emerging solidification of the cliché view on Mozi.

2.1. Lists and mottos

When early Chinese masters began to discuss other masters, they usually considered them as rivals or — toward the Qin/Han period — as partial possessors of the Way. One fashion of discussing ideas was by identifying oneself or other masters with a motto or slogan. We encounter lists of different masters as well as clusters of mottos identified with one master. Thus, I will distinguish between (1) mere lists of different masters identified with one motto, (2) clusters of mottos enumerating Mohist ideas, and (3) finally a combination of both: lists of Masters identified by clusters of mottos.

First, in the emerging lists of different masters including Mozi, *jian ai* is usually not explicitly mentioned, except through the corrections of modern scholarship! In the *Shizi*, for example, Mozi is linked with 兼 *jian*:

> "Mozi valued inclusiveness, Kongzi valued the public good, Huangzi valued wholeness, Tianzi valued evenness, Liezi valued tenuousness, Liaozi valued non-restriction" 墨子貴兼,孔子貴公,皇子貴衷,田子貴均,列子貴虛,料子貴別囿。(1.10: 10/4)

Commentators hasten to add that 貴兼 here means "to consider 'inclusive care' valuable." They explain that "inclusive refers to inclusive care. Inclusive care is the representative opinion in Mozi's academic thought." 以"兼愛"為貴,兼,指兼愛,兼愛是墨子學術思想的代表主張。[1] In the *Lü shi chunqiu*, another character (*lian* 廉) is often turned into *jian*, which is then explained as *jian ai*.

---

[1]　Shui Weisong, *Shizi duben* 尸子讀本 (Taibei: San min shuju, 1997), 112, note 1. He also translates the fragment accordingly (p. 114). See also Li Shenglong, *Xinyi Mozi du ben* 新譯墨子讀本 (Taibei: Sanmin shuju, 1996), 5.

　　　　Lao　Dan　values　softness,　Confucius　humaneness,　Mo　Di
incorruptibility,　Guanyin　purity,　Master　Liezi　tenuousness,　Chen　Pian
equalizing,　Yang　Sheng　oneself,　Sun　Bin　strategic　position,　Wang　Liao
going　first,　and　Ni　Liang　going　last. 老耽貴柔,孔子貴仁,墨翟貴廉,關
尹貴清,子列子貴虛,陳駢貴齊,陽生貴己,孫臏貴勢,王廖貴先,兒良
貴後。(17/7.1)

The claim that 墨翟貴廉 is usually considered problematic and hence inspires
two scholarly moves: first, some suggest the emendation of 廉 to 兼 because the
original fails to make enough sense;[①] and then, some add the explanation that
jian really means *jian ai*.

　　Secondly, there is a clear increase in clusters of mottos enumerating Mohist
ideas. The book *Mozi* itself witnessed the emergence of such clusters; the
longest is very often quoted in contemporary scholarship (but is remarkably
absent before Qing *kaozheng* scholarship). When Wei Yue asked Mozi about
policies, he answered:

　　　　Whenever you enter a state, you must select a task and work on it. If
the state is in disorder, expound to them 'elevating the worthy' and
'conforming upward'; if the state is impoverished, expound 'moderate
expenses' and 'moderate burials'; if the state overindulges in musical
entertainment, expound 'against music' and 'against fatalism'; if the
state is dissolute and indecorous, expound 'revering Heaven' and
'serving ghosts'; if the state is devoted to aggression and intimidation,
expound 'inclusive care' and ['against military aggression.' Therefore,]
I say: select a task and work on it. 凡入國,必擇務而從事焉。國家昏
亂,則語之尚賢尚同;國家貧,則語之節用節葬,國家說音湛湎,則語之
非樂非命;國家淫辟無禮,則語之尊天事鬼;國家務奪侵凌,則語之兼

---

　　① This emendation was first suggested by Sun Yirang, *Mozi jiangu* 墨子間詁 (Beijing: Zhonghua
shuju, 2001), 745. More drastic is to simply quote the "corrected" text as does Tan Jiajian, *Mozi yanjiu*
墨子研究 (Guizhou: Jiaoyu chubanshe, 1995), 55.

愛非［攻。故］曰擇務而從事焉。（49：114/7－10）

This cluster is exceptionally long: it contains nine mottos and has one ("against aggressive warfare") restored in 1832 by the Qing scholar Wang Niansun. Wang explains: "The two characters *gong* and *gu* were missing from the old edition. I added them now on the basis of the text above and the 'Fei gong' chapters." 舊本脫攻故二字，今據上文及非攻篇補。[1] This emendation has been accepted by Sun Yirang and has since then been taken for granted by the scholarly community.

　　The eight other clusters of such mottos in the *Mozi* are much shorter: they mainly contain three items, being "revere Heaven" 尊天, "serve the ghosts" 事鬼 and something related to "care" 愛, but seldom the exact expression *jian ai*. Moreover, only the well-known "Lu wen" fragment quoted above has *jian ai*; the same chapter also has a short cluster containing simply *ai*. Chapter 4 "Fa yi" originally had a cluster with *jian* 兼; the character *ai* was added in 1783 by the Qing scholar Bi Yuan. He explains: "Originally this character was lost. I added it on the basis of the meaning." 舊本脫此字，以意增。[2] The chapter "Shang xian zhong" has a cluster with *jian er ai*; "Fei ming shang" has *jian xiang ai*; and in "Tian zhi shang" as well twice in "Gongmeng" the cluster speaks of *ai ren*. I will not deny that the Mohist authors argue in favor of an increasingly inclusive type of "care," but the fixation of the exact motto *jian ai* is still somewhat tenuous. [3]

　　And thirdly, while no other Warring States source other than *Mozi* attributes clusters of core ideas to Mohism, this changes in Qin and Han

　　[1]　See Wang Niansun, *Mozi zazhi*, *Mozi zazhi* 墨子雜志 in *Mozi daquan* 墨子大全, edited by Ren Jiyu 任繼愈 and Li Guangxing 李廣星, vol. 14, 1－290 (Beijing: Beijing tushuguan chubanshe, 2004), 207.

　　[2]　See Bi Yuan 畢沅, *Mozi* 墨子, In *Mozi daquan* 墨子大全, edited by Ren Jiyu 任繼愈 and Li Guangxing 李廣星, vol. 11, 1－448. Beijing: Beijing tushuguan chubanshe, 2004, p. 36.

　　[3]　For the gradual emergence of such clusters in the book *Mozi*, see Carine Defoort, "Do the Ten Mohist Theses Represent Mozi's Thought? Reading the Masters with a Focus on Mottos".

sources, where lists of various masters and clusters of mottos are being combined. Mozi is discussed in terms of various mottos, which are either identical or closely related to the ten well-known dogmas: Wang Chong e. g. focuses on "supporting ghosts and spirits" 右鬼（神）, "serving ghosts" 事鬼, "simple burials" 薄葬, and "saving on utilities" 省用.① *Shiji* characterizes Mozi as "strengthening the basic" 彊本 and "moderating expenses" 節用.② The expression *jian ai* is also often mentioned in Han list and clusters. *Huainanzi*, "Fan lun xun" 氾，論訓 presents a list of four disagreeing masters, each typified with a set of slogans: Mozi is characterized with four mottos: "inclusive care, elevating the worthy, supporting ghosts, and being against fatalism." 兼愛上賢右鬼非命（13：123/21）Another example is Ban Gu's *Hanshu*, "Yiwenzhi", which characterizes Mohism with six mottos: the strength of Mohism is said to lie in "valuing frugality" 貴儉, "inclusive care" 兼愛, "elevating the worthy" 尚賢, "supporting ghosts" 右鬼, "being against fatalism" 非命, and "conforming upward" 尚同, But it is said to be blinded in its rejection of rituals and its incapacity to distinguish between kin and non-kin（30：1738）. We find a very similar cluster in（*Qian*）*Hanji*, "Xiao Cheng Huangdi ji er"（Annals of Emperor Xiao Cheng, II, written by Xun Yue.

2. 2. Increasing appreciation of *jian ai*

The above lists and clusters show that there was an increasing tendency to associate Mo with *jian ai* among other core ideas, while *jian ai* was not present in every characterization of Mozi's thought. If, conversely, we turn to the occurrences of the expression *jian ai* in mainly Qin and Han sources, we see

---

① See Lunheng, chs. 20, 67, 83 on "supporting ghosts and spirits" 右鬼（神）, ch. 84 on "serving ghosts" 事鬼, and chs. 20, 67 on the combination of "simple burials" (*bao zang* 薄葬) with "saving on utilities" (*sheng yong* 省用).

② "The Mohists are frugal and hard to obey. Hence their enterprises cannot be generally followed. But their strengthening the basic and moderating expenses should not be abandoned. " 墨者儉而難遵,是以其事不可徧循,然其彊本節用,不可廢也。（130：3289）and "Probably Mo Di was a minister in Song, he was good at defense and practiced 'moderating expenses'. Some say he lived in the same time as Kongzi; others say he was later. " 蓋墨翟,宋之大夫,善守禦,為節用,或曰並孔子時,或曰在其後。74：2350.

that "inclusive care" was not at all exclusively considered a Mohist idea, on the contrary. Tracing *jian ai* through the corpus of early texts (mainly but not exclusively Han), we see that it was often used enthusiastically by a host of texts of different affiliation to express their support of a ruler's ample concern for his people. Some of these text are *Shizi*, *Lüshi chunqiu*, *Sui Caozi*, the Mawangdui text "Jingfa," the Shanghai manuscript "Cao Mo zhi chen", *Xinshu*, *Da Dai Liji*, *Wenzi*, *Chunqiu fanlu*, *Taixuanjing*, *Qianfulun*, *Simafa*, *Hanshu*, etc. They consider *jian ai* positively despite their different affiliations and contexts: it is treated as uncontroversial, occurs only once or twice in each source, and is advised to the ruler in his relation to the people. It is often associated with "humaneness" (仁 *ren*) and "having no bias" (無私 *wu si*), as in Gongsun Hong's advice to Emperor Wudi: "Your servant heard that humaneness is care." 臣聞之, 仁者愛也 He specifies that "Bringing about benefit and removing disaster, to care inclusively and have no bias, I call this humaneness." 致利除害, 兼愛無私, 謂之仁 (*Hanshu*, 58: 2615) This phenomenon is often explained as the increasing acceptance of Mohist ideas to the point of their disappearance into mainstream Han thought. But one wonders how clearly and distinctly this idea was ever perceived as being exclusively Mohist and how soon it disappeared (think of *jian ai* in *Xunzi*). Was the excluvive connection of Mozi with *jianai* originally stronger than some sayings in the *Mencius* and some parts of the book *Mozi*?

2.3. Quoting *Mencius*

A third and relatively late Han evolution seems to be the quotation and continuation of Mencius' view about Mo with some of its three characteristics: the exclusive association of Mo with *jian ai*, an extremely negative view of Mo, and the opposition to Yang Zhu. For instance, in his *Fayan*, Yang Xiong (53 BC – AD 18) admires Confucius and Mencius while being critical of all other masters, including Mozi and Yang Zhu:

> "In antiquity, when Yang and Mo blocked the road, Mencius spoke up and refuted them, like opening things up. Against those who since then

have blocked the road, I humbly compare myself with Mencius. " 古者楊、
墨塞路,孟子辭而闢之,廓如也。後之塞路者有矣,竊自比於孟子 (ch.
2 "Wuzi" 吾子)。①

Not only does Yang Xiong's short claim contain two characteristics of Mencius'
description of Mozi (the opposition to Yang and the negative evaluation), he
also explicitly refers to Mencius as his own role model. A similar trait can be
discerned in the *Lunheng*. Wang Chong (AD. 27 – 100) occasionally criticises
the Mohists, but when he mentions only Yang and Mo together, it is always in
relation to Mencius, and more particularly his moral obligation to speak up in
times of chaos. In chapter 84 " Dui zuo " 對作, Wang explains: " If the
teachings of Yang and Mo had not disrupted the transmitted sense of decency,
the records of Mencius would not have been made. " 楊、墨之學不亂傳義,則
孟子之傳不造。 In the same chapter Wang Chong also posits himself in
Mencius' traces:

> "Since Mencius was hurt by the fact that the arguments of Yang and
> Mo greatly diminished the Ru claims, he made use of straight explanations
> to praise what was right and repress what was wrong. While his
> contemporaries thought he was fond of debate, Mencius said: 'Why would
> I be fond of debate? I simply cannot do otherwise. ' Well, I cannot do
> otherwise either. " 孟子傷楊、墨之議大奪儒家之論,引平直之說,襃是
> 抑非,世人以為好辯。孟子曰:"予豈好辯哉? 予不得已!"今吾不得
> 已也。

Another example is the *Fengsu tongyi*: when Ying Shao (c. AD 140 – 204)
refers to Mozi, it is also while discussing Mencius' moral worth, his
perseverance, and final success as minister of King Hui. In ch. 7 "Qiong tong"
窮通, Ying Shao recounts that Mencius was once in deep trouble in Zou and

---

①　In chapter 8 "Wubai" 五百 he criticises a list of seven masters including Yang and Mo. There
seems to be no explicit influence from Mencius.

Xue, turned to his disciples to discuss the Odes, the Documents, and Confucius' thoughts, and finally to compose a book. He believed that, since there was no sage king, lords were doing as they pleased, unemployed scholars debated all around, and Yang Zhu and Mo Di's words were filling the world. If not to Yang, people all turned to Mo. But Yang Zhu's "for oneself" egoism and Mozi's "inclusive care" altruism all amounted to the failure to recognize either ruler or father, which as an attitude for brutes. Hence, Mencius felt a strong calling to save Confucius' Way from distruction and he spoke up to save the values of humaneness and righteousness (*ren yi*) and to prevent humans from becoming beasts devoring each other. This is what Mencius considered his holy duty, and this is also the reason why King Hui of Liang, according to Ying Shao, made him his minister in the state of Wei. (7. 2: 51/6)[1] The whole fragment is almost identical to the fragment quoted above from *Mencius* 3B9 and hence contains all three characterizations of Mo.

Finally, Zhao Qi 趙岐 (AD 108 – 201), Mencius' great commentator, not surprisingly, also speaks of Yang and Mo along Mencius' lines.[2] Zheng Jiewen remarks that Mencius' influence was somewhat limited in the Han dynasty,[3] but these examples show nevertheless that his depiction of Mozi in opposition to Yang Zhu was taken up exactly in the Later Han dynasty. Mencius' rejection of two rival thinkers became associated with his moral courage and ultimate political success. This association, I believe, gave Mencius' depiction of Mozi a strength that was undisputed during almost 20 centuries.

---

① 又絕糧於鄒、薛,困殆甚,退與萬章之徒序《詩》、《書》、仲尼之意,作書中、外十一篇,以為:"聖王不作,諸侯恣行,處士橫議,楊朱、墨翟之言盈於天下。天下之言不歸楊,則歸墨。楊氏為我,是無君也;墨氏兼愛,是無父也。無父無君,是禽獸也。楊墨之道不息,孔子之道不著,是邪說誣民,充塞仁義也。仁義充塞,則率獸食人,人將相食也。吾為此懼,閑先王之道,距楊墨,放淫辭,正人心,熄邪說,以承三聖者。予豈好辯哉? 予不得已也。"梁惠王復聘請之,以為上卿。("窮通",7 about 孟軻).

② In his *Mengzi tice* 孟子題辭, as well as his Mencius commentary. See Zheng Jiewen, *Zhongguo Mo xue tongshi*, 215 – 216.

③ Zheng Jiewen 鄭傑文, *Zhongguo Mo xue tongshi* 中國墨學通史 (2 vols. Beijing: Renmin chubanshe, 2006), 216.

3. Post-Han

Between the Later Han and the Qing dynasty is a very long period of almost twenty centuries, which I have only began studying. There is a longstanding claim that, because of the dominance of Confucianism in Chinese intellectual history, Mozi has been largely neglected, the so-called "demise of Mohism" theory (cfr. Sun Yirang, Liang Qichao and many others). But more recently there has also been a countercurrent claiming that Mohism has been far more influencial than hitherto thought, for instance in debates on logic and in religious Taoism. Although it is not my intention to join this debate, I have the impression that current studies of Mohist influence are divided along this chiasm between believers and non-believers, which tends to simplify the data. "Believers" of Mozi react against the ageold demise-theory by insisting on Mozi's influence, the importance of his ideas, the circulation of the (complete) book named after him, and the liveliness of views expressed about him. Current Mozi scholars such as Zheng Jiewen, Qin Yanshi, and Lou Jin have indeed done much useful research tracing statements and references to Mozi in the imperial era. [1] But because of this white-black frame, I do not find all their conclusions equally convincing. They have convincingly shown that Mozi was not totally forgotten during the imperial era: he was indeed referred to, mentioned, often linked with Kong 孔 or Ru 儒, praised or criticized, and sometimes even quoted. But claims that the received *Mozi* was continuously available to readers, that the book was very often quoted, that quotes and anecdotes came directly from the book *Mozi*, or that views about him were always inspired by a reading of the book *Mozi*, have not been proven. What strikes me is that even the most fervent believers come up with very few possible

---

[1]　See, e.g. Zheng Jiewen, *Zhongguo Mo xue tongshi*; Lou Jing 樓勁, "Wei Jin Mozi xue zhi liuchuan ji xiangguan wenti" 魏晉墨學之流傳及相關問題, and Qin Yanshi 秦彥士, *Mozi yu Mojia xuepai* 墨子與墨家學派. Ji'nan: Shandong wenyi chubanshe, 2004.

quotes from the preserved *Mozi* and also with little certainty of the book's content in those days. Moreover, various anecdotes and quotes may have come from oral transmission or other sources mentioning Mozi. One of these sources is the *Mencius*. Because of the extreme paucity of undisputable quotes from the received *Mozi* and the uncertain provenance of some quotes (oral tradition, other written sources, or *Mozi* fragments that have not been preserved), we cannot know with certainty whether the *Mozi* was available in those days or what the book exactly consisted of.

Without trying to address all the subtleties of the *Mozi*'s transmission during the imperial era, I will focus on only one minor topic, namely the possible influence of Mencius' short characterization on Mozi's image during the imperial era. My general impression on the basis of the recent Mozi research mentioned above is fourfold. First, the characterization of Masters' writings on the basis of clusters of mottos continues throughout the imperial history, especially in bibliographical chapters. *Suishu*, "Jingji zhi", for instance, places the *Mozi* under the Eclectics (*zajia*) and combines the information from *Shiji*, 130 and *Hanshu*, 30 into its own description. (*Sui shu*, 43: 1005) But thus far, I have not found any such chapter clustering exactly the ten theses currently associated with Mozi's thought. The longest cluster that I have identified lists nine of them. [1] A second remarkable fact is the recurrent reference to "Ru Mo 儒墨" and "Kong Mo 孔墨." Although the meaning of these two labels needs to be further clarified, it is possible that they do not attest to the success of Mohism, and even less do they prove that the book *Mozi* was widely read. A third point is that a small set of stories about Mozi seem to have circulated and were preserved in various sources: one is about Mozi crying at a crossroad, another contains reflections about personal influence compared to dyeing something with color ink (also preserved in *Mozi*, ch. 3), and yet another one tells the story of Mozi saving Song from being attacked by Chu (preserved in *Mozi*, ch. 50).

---

[1] See Zheng Jiewen, *Zhongguo Mo xue tongshi*, 226 – 342. Even Bi Yuan only lists nine nottos because in his edition, "fei gong" had not yet been restored in the well-known "Lu wen" fragment of *Mozi*, 49.

Considering the circulation of these fragments and the relative late date of some parts of the book *Mozi*, the source of these quotes cannot easily be established. The fourth and last point — the focus of this paper — is the enormous success of Mencius' cliché description of Mozi, including the three characteristics identified above. [1] In what follows I will only trace references to Mozi by two important Chinese thinkers, Han Yu and Wang Yangming. My reading is based on no more than a quick overview based on a search in the Sikuquanshu database.

3. 1. Han Yu 韓愈 (768—824)

When, after a long period of neglect, Qing scholars started studying the *Mozi* and breaking with Confucian orthodoxy, they all refered to Han Yu's brave and remarkable defence of Mozi in his short essay "Reading Mozi." [2] The mere repetition of this reference might give one the impression that Han Yu was a relentless defender of Mozi, but this is not really the case. In his collected works, *Han Changli wenji* (韓昌黎文集) containing treatises, exam preparations, letters, etc. I have found very few references to Master Mo. Most of them are negative and stereotypical, closely following Mencius in his characterization of Mozi as promoting "inclusive care," like Yang Zhu being immoral, beastly, dangerous, and calling for a courageous scholar willing to save the world. At the age of 28 (in AD 795), having for the third time failed the exam, Han Yu worries about not obtaining a position and writes to the prime minister arguing that the goverment should cherish good people such as himself. He claims not to care about a reputation but only to read the books of sages. The writings of Yang, Mo, Boeddha, and Laozi do not enter his heart. 所讀皆聖人之書,楊墨釋老之學,無所入於其心。("Shang zaixiang shu" 上宰相書) Ten years later (in 805), he complains about the moral decline of his times in

---

① To give just one example, in *Nan Qishu*, "Gaoyi liezhuan", the teaching of the Mohist lineage is associated with *jian ai* and described as "rubbing the heals and drowning the head" (*Nan Qi shu*, 54: 947) which is somewhat reminiscent of Mencius' characterization.

② Reference to Han yu's "Du Mozi" begins in the Ming with scholars such as Song Lian 宋濂, Lu Wen 陸穩, Shen Jin 沈津 (who is critical), Li Zhi 李贄, Mao Kun 茅坤, Qian Anzi 潛庵子, etc …

his well-known essay, "Tracing the Way" ("Yuan Dao" 原道), expressing his worries in very Mencian terms about people truning to either Yang Zhu or Mo Di (天下之言不歸楊, 則歸墨). His reference to Mencius is sometimes explicit, as in the "Thirteen exam questions-and-answers for advanced scholars" (進士策問十三首) where he explains that after Confucius, when the Way of the sages did not shine, there were Yang and Mo starting to cause chaos and attracting many followers (蓋有楊墨者 始侵而亂之). In terms reminiscent of Yang Xiong, Han Yu adds that "Mencius spoke up and refuted them, like opening things up" 孟子辭而闢之則既廓如也. The same line and and explicit reference to Yang Xiong both occur in a letter of 820 to minister Meng Jian, in which Han Yu expresses his preference for Confucianism above Buddhism. He admits that Mencius did not have a powerful position, but were it not for him, people in the central plane would all have worn barabarian clothes and spoken their tongue. Like Yang Xiong, Han Yu posits himself as emulating Mencius in his courageous fight against heterodoxy at the risk of his own life (嗚呼其亦不量其力且見其身之危莫之救以死也). In Han Yu's days, the worst cases of heterodoxy are not Yang and Mo but Boeddhism and Taoism, which are booming, even though their inhumaneness is worse than that of Yang and Mo (唱釋老於其間鼓天下之眾而從之. 嗚呼其不仁甚矣釋老之害過於楊墨). ("Yu Meng Jian shangshu shu" 與孟簡尚書書). What we learn from these references to Mohism is that Han Yu does not actively reject Mozi but rather refers to him as part of a culturally established model of moral (not necessarily political) authority courageously saving humanity from heterodox thoughts.

It is therefore not totally contradictory that in other writings, Han Yu's evaluation of Mozi wavers from mild appreciation to strong praise. At the latter extreme figures his often quoted essay "Reading Mozi". In this unorthodox appreciation of Mozi, all Mencian characteristics are strinkingly absent: no reference to Mencius at all, no parallel with Yang Zhu, no exclusive link with "inclusive care," and no harsh criticism. On the contrary, Han Yu explicitly rejects the Ru criticism of four Mohist mottos: "conforming upward", "care for all", "elevating the worthy", and "clarifying ghosts" (儒譏墨以尚同兼愛尚賢明鬼): Since Confucius also defended these ideas, Han finds that the agreements with Mozi exceed the differences. Therefore Confucius and Mozi need each other to fully realize their potential. (孔子必用墨子,墨子必用孔子,不相用不足為孔墨) Only later generations, according to Han, created the opposition between Ru and Mo by fighting over their divergence. ("Du Mozi" 讀墨子) This praise of Mohism seen through the lens of Confucianism makes even more sense if we consider Han Yu's milder praise of Mo and his characterization of the sages in what seems to be (originally) Mohist terms: exemplary men who worried about inequalities and disorder, who wanted to do good for others and save the world (閔其時之不平,人之不乂,得其道不敢獨善其身,而必以兼濟天下也); Han Yu cites the examples of Emperor Yu, Confucius (as sages) and Mozi (as worthy) (故禹過家門不入,孔席不暇暖,而墨突不得黔:二聖一賢者):"How could it be that they did not know how to please themselves by making pleasure/music? They were really in awe of the Mandate of Heaven and saddened by the people being in dire straights." (豈不知自安佚之為樂哉,誠畏天命而悲人窮也) ("Zheng chen lun" 諍臣論)

3.2. 王陽明 (1472—1529)

The stereopypical characterization of Mozi becomes even more dominant after Han Yu. Seven centuries later another great Ru scholar, Wang Yangming, sees Mozi exclusively through the Mencian lens. His even fewer remarks on 墨 suggest that Wang knows nothing more about Mozi than the cliché portrayal of a heterodox thinker who needs to be blocked by a courageous scholar. While Han Yu claimed to have read the book (at least the edition that was then available[1]), nothing suggests that Wang has ever read *Mozi*. The received version was published in the Daozang in 1447, but only became widely available in the late Qing dynasty.

Even though Wang follows the tradition of quoting Mencius' cliché portrayal of Mozi, he does not totally agree with it. For example, in a letter of 1520 he

---

[1]   Angus Graham believes that Han Yu read an edition in three *juan* and only 13 *pian*, perhaps one with the (now lost) commentary of Yue Tai. See Graham, *Later Mohist Logic*, *Ethics*, *and Science*. Hong Kong (Chinese University Press and School of Oriental and African Studies, 1978), 68–69.

points out that Mencius' criticism of Yang and Mo as not respecting father nor lord was somewhat extreme. Those two masters were also worthies in their age; Mozi only exaggerated in humaneness (孟子闢楊、墨，至於"無父、無君"。二子亦當時之賢者，使與孟子並世而生，未必不以之為賢：墨子兼愛，行仁而過耳。) Wang thought that accusing Yang and Mo of destroying the pattern and disordering constancy (此其為說亦豈誠滅理亂常之甚) and to compare them with brutes and barbarians (孟子則比於禽獸、夷狄) went too far (《答羅整菴少宰書》).

In "Conversations Recorded by Lu Cheng" (ca 1518), Wang's disciple asks him why Mozi's idea of "inclusive care" would not conform with Cheng Hao's well-known dictum that "The humane person considers all beings in the cosmos as own body." (程子云："仁者以天地萬物為一體。"何墨氏兼愛，反不得謂之仁) Wang's answer is nuanced and subtle, does not mention Yang Zhu, nor is it stereotypically short, but he nevertheless totally relies on Mencian inspiration to make his point: Mozi lacks the root (無根, cfr. *Mencius*, 7A21), which starts out from the relation between father and son and germs from the human heart (父子兄弟之愛，便是人心生意發端處, cfr. *Mencius*, 2A6). Wang insists that humaneness naturally grows from a sprout (芽, in *Mencius* 萌) and first takes shape in filiality and brotherly love (孝弟, cfr. *Mencius*, 6B1, 7A38). He even claims that Mozi's inclusive care knows no gradations (墨氏兼愛無差等, *Mencius*, 3A5), a characterization that only occurs in the *Mencius* and never in the *Mozi*. [1]

Like Han Yu, Wang's real target is not Mo nor Yang, but the heterodoxies of his own days. Wang finds Mo an Yang far less harmful than followers of Buddha and Laozi. He also explicitly takes position in the Mencius – Yang Xiong – Han Yu line of courageous defender of morality. (孟子之時，天下之信楊、墨，當不下於今日之崇尚朱之說：而孟子獨以一人呶呶於其間，噫，可哀矣！韓氏云："佛、老之害甚於楊、墨。……其亦不量其力，且見其身之危，莫之救以死也。") Like Han Yu (and not unlike the early Mohists) Wang

---

① This last point could very well be denied on the basis of an objective and culturally undetermined reading of the book *Mozi*, which also supports many of these values. For a reading of Mohism in line with familial hierarchy and values, see Dan Robbins, "Mohist Care." *Philosophy East and West* 62.1 (2012): 60–91.

is willing to sacrifice himself for the common good（嗚呼！若某者，其尤不量其力，果見其身之危，莫之救以死也矣！《答羅整菴少宰書》）.

But Buddhists and Taoists are not Wang's only rivals. Another one is the successful Song Confucian Zhu Xi（1130－1200）. Since the Way and Learning belong to everybody, not Zhu Xi nor even Confucius are in a position to monopolize it. Wang feels a calling to say what he thinks, even if that implies criticism of the great Song master（夫道，天下之公道也。學，天下之公學也，非朱子可得而私也，非孔子可得而私也，天下之公也，公言之而已矣。故言之而是，雖異於己，乃益於己也言。言之而非，雖同於己，適損於己也。益於己者，己必喜之：損於己者，己必惡之；然則某今日之論，雖或於朱子異，未必非其所喜也。《答羅整菴少宰書》）Wang even prefers Mo and Yang to some of Zhu Xi's followers, who he considers hypocrites and busybodies.

This quick reading of Wang Yangming's views on Mozi confirms the dominant influence of Mencius' portrayal throughout most of Chinese history, even though it was adapted to new times and other rivals. Mencius stood as a model of moral courage and authority, and his characterization of Mozi was part of this fixed image. Therefore, later scholars who, like Mencius, felt a strong calling to defend the morality of their age, felt like their moral hero who, in his own days, simply could not but attack Mo and Yang（予豈好辯哉？予不得已也）. There was little interest in Mozi for the sake of Mozi; not was the book widely read. Only in the later Ming[1] and Qing dynasties do we see the emergence of true Mozi scholars such as Wang Zhong 汪中（1780）, Bi Yuan 畢沅（1782）, Zhang Huiyan 張惠言（1792）, and Sun Yirang 孫詒讓（1894）. They had the whole *Mozi* book at their disposition, they were well versed in textual criticism, and began breaking through the agelong Confucian orthodoxy. Not surprisingly, Mencius' portrayal of Mozi was their first and foremost target. [2]

---

[1]　Some Ming scholars studying the *Mozi* and quoting Han Yu "Du Mozi" are mentioned above.

[2]　The presentation of early Mohist thought in terms of ten theses also dates from the late Qing dynasty. It was followed by debates about the relative importance of each of the ten theses, an approach to early Mohism which continues till today.

姚江人物研究

餘姚孫旭的傳奇人生與偽書《平吳錄》

林奎成*

【摘　要】餘姚人孫旭是明清鼎之際一位傳奇人物,關於他的文獻不多,且相互歧異,本文梳理各條,加以比對,於孫氏生平諸問題加以考辨。孫旭名下有一部《平吳錄》,此書係偽書,本文提出若干疑點以證明之。

孫旭是清朝初期的傳奇人物,世傳他有一部著作《平吳錄》,頗為當今研究吳三桂的學者所重。然而細加考察,大謬不然,在撰寫本文之前,我不妨先把結論和盤托出:孫旭實有其人,且此人的一生經歷,跌宕曲折,他的事蹟從清初流傳至民國,而《平吳錄》是一本偽書,作者不是孫旭,《平吳錄》是攘孫旭之名而偽造的假史料。

孫旭生平考

孫旭正史無傳,有關他的資料見於清人筆記的有四種:昭槤《嘯亭雜錄‧續錄》、馮景《樊中集》、陳康祺《郎潛紀聞》、劉健《庭聞錄》。見於近人專著的有一部:蕭一山《清代通史》。見於近代叢書的有一部:《清稗類鈔》。這六件文獻,開山流源,各有承續,大致可分為三條脈絡:一、《嘯亭雜錄‧續錄》敍事獨詳,而為《清稗類鈔》所收取;二、《樊中集》原書不存,但與孫旭有關的文字被康熙《餘姚縣誌》所採納,後為光緒《餘姚縣誌》所承

---

*　林奎成,開封市文聯研究人員。

襲,且為《郎潛紀聞》之所本;三、《清代通史》則幾乎全盤襲自《庭聞錄》。由於三條脈絡的源頭分別是《嘯亭續錄》、《樊中集》和《庭聞錄》,故本文下面的討論對《餘姚縣誌》、《清稗類鈔》和《清代通史》的相關內容不予重複提及。除此而外,偽書《平吳錄》的作者自序部分和高玥五言詩《題轉庵上人小照》,這兩份資料也可作為瞭解孫旭身世的重要參考。

　　孫旭的身世,撲朔迷離,以上所舉資料的三支流脈,有的可以互為補充,有的則又互相排斥,真中有假,假中有真,情況比較複雜。我以為要徹底弄清其人其事,莫如從《嘯亭續錄》入手,再參以別記,互為校勘,庶可疑云去而真相出。

一、孫旭的籍貫

《嘯亭續錄》:①

　　　　和尚俗姓孫,名旭,餘姚人。

首先可以確定,孫旭是個和尚,至於他為何遁入空門,且留待下文再說。現在要討論的是"餘姚人"。

《樊中集》:②

　　　　姓孫名旭,字子旦,餘姚人。

《郎潛紀聞》:③

　　　　國初餘姚人孫旭。

此外,《平吳錄》作者自序亦云:"余生長浙東"。按:"餘姚"即今浙江

---

　　①　本文所引《嘯亭續錄》均出清朝道光年間昭槤《嘯亭續錄》卷三"轉庵和尚"目,後文不再專注。
　　②　本文所引《樊中集》均出清朝光緒年間所修《餘姚縣誌·方外》所摘馮景《樊中集》文字,後文不再專注。
　　③　本文所引《郎潛紀聞》均出清朝道光年間陳康祺《郎潛紀聞·三筆》卷二"轉庵上人"目,後文不再專注。

省餘姚市,在明清兩代為縣屬,地處浙東,隸於紹興府。

　　以上所舉的四種資料,眾口咸同,都說孫旭是餘姚人,而《庭聞錄》①獨彈異調:

　　　　(孫)旭,湖州人。

　　問題來了:孫旭究竟是餘姚人呢,還是湖州人? 查 1985 年浙江師範學院影印本《湖州府志·選舉》:

　　　　孫旭,字子旦,歸安籍紹興人。

　　文中"字子旦"與《樊中集》所記相同。"歸安"為縣屬,地處浙北,明清兩代隸於湖州府,民國初年合併烏程、歸安二縣而為"吳興縣",轄於湖州市,2012 年 9 月經國務院批准,吳興縣劃歸蘇州市,現在已經成為蘇州市的一個轄區。

　　合參以上五種資料始知,孫旭的本籍是湖州府歸安縣,而他的生長之地卻是紹興府餘姚縣。

　　按:孫旭是武舉人(詳見下文)。明清兩代的科舉考試,無論文科武科,原則上均以本籍為報名地。有兩種情況例外:一、已成舉人的國子監"監生",經禮部特許,可不回本籍,得在京畿所屬的順天府報名,直接在京參加會試;二、獲得"寄籍"資格者,可在寄籍地報名,院試、府試中式的生員參加寄籍地省份的鄉試,鄉試中式的舉人則以寄籍地身份赴京會試,而要獲得寄籍資格,必須具備這樣的條件:在寄籍地生活超過二十年,且在寄籍地置有"墳廬"者,所謂墳廬,指的是血親長輩的墳墓。

　　依據這項制度,我們即可知道,孫旭的"餘姚人"身份,時間並不長,要麼不超過二十年,要麼超過了二十年而在參加武科鄉試時其父母尚健在,因而並未取得在餘姚寄籍的資格。從下面的討論中我們將會知道,孫旭很可能屬於後者。這裏可暫作小結的是,孫旭字子旦,籍隸浙江省湖州府歸安縣,從其父輩開始,自歸安移居至浙江東部的紹興府餘姚縣,孫旭本人則生在餘姚,長在餘姚。

----

①　本文所引《庭聞錄》均出清朝康熙末年劉健《庭聞錄》"稱兵滅族"篇,後文不再專注。

二、孫旭的中舉年份

孫旭的功名為武舉人。《嘯亭續錄》：

> 嘗中順治丁酉武乙科。

"順治丁酉"為順治十四年，亦即公元 1657 年。
《湖州府志·選舉》"孫旭"條下注：

> 康熙五年武舉。

康熙五年歲次丙午，公元 1666 年。
光緒《餘姚縣誌·選舉》"孫旭"條下注：

> 康熙十一年壬子武舉。

康熙十一年壬子是公元 1672 年。
　　涉及孫旭中舉年份的，見於以上三種資料，而三種資料，各持一端，但孫旭是武舉出身則無疑義。按：舉人典於鄉試。明清兩代的科舉制度，文科與武科的鄉試，均為三年一舉，每逢子、午、卯、酉之年在各省的首府典試，則上述"順治丁酉"、"康熙丙午"和"康熙壬子"都是鄉試大比的年份。典試年份不誤，卻有三說，尤其是《湖州府志》與《餘姚縣誌》同出"選舉篇"，而二說不一，此為不可思議之事。揆諸"史實無二，只有唯一"的原則，三種說法，必有兩誤，孰是孰非，茲為一決。
　　查清光緒八年刊本丁寶書纂《歸安縣誌·選舉》"孫旭"條下注：

> 康熙五年丙午武舉。

　　據此則《歸安縣誌》與《湖州府志》所記相同。前文已知，湖州府歸安縣是孫旭的本籍，而鄉試報名，須歸本籍，是知《湖州府志》和《歸安縣誌》所記必不誤。由此可以確定，孫旭是康熙五年丙午乙科浙江鄉試的武舉人（這一結論，本文將在下面的討論中進一步驗證），而《庭聞錄》所記"順治十四年丁酉"和《餘姚縣誌》所記"康熙十一年壬子"均為訛誤不實之詞。

三、孫旭的家境、性格和體征

《嘯亭續錄》：

> 家甚豪富，君喜施予，鄉人咸感其惠。

《樊中集》：

> 出身武舉，少以豪俠聞，輕財結客。

《庭聞錄》：

> 少而機警，稍知書，入武學，中某科武舉……貌既修偉，又有口才。

互參《嘯亭續錄》和《樊中集》可知，孫旭的家境相當優裕。古時有"窮文富武"的說法，蓋以學文無須多費貲財，縱然清貧寒士，只要手不釋卷，勤奮苦讀，即可"朝為田舍郎，暮登天子堂"；學武則不同，舉凡兵器、行頭、馬匹、武場以及拜師的重禮，為彌補體力的消耗而平時的飲饌保養等等，非富家子弟，即難獲得物質上的保證。以此可知，孫旭的"家甚豪富"不是虛語。而孫旭的性格，又是"喜施予"、"輕財結客"的豪俠一路，故而"鄉人咸感其惠"。再看《庭聞錄》可知，孫旭身材修偉，能言善辯，凡此俱為其日後傳奇人生的天然資本。至於文中"稍知書"恐非事實，看下文可知，孫旭嫻于史典，且能作詩，文采亦卓然可觀。

四、孫旭曾犯死罪

《平吳錄》自序：

> 余甲寅、乙卯間遭大難。

"甲寅"為康熙十三年（1674），"乙卯"為康熙十四年（1675）。

《樊中集》：

> 少以豪俠聞，輕財結客，頗扞法禁，奏當論死。

這段文字被《郎潛紀聞》所沿襲,隻字不誤。據此則孫旭在康熙十三年與十四年間曾"遭大難"且"奏當論死",可知罪名不輕,而案大通天,一旦上奏,必死無疑。按:清朝的法律,凡死刑罪名,必須由縣呈府,由府呈省,這一過程分別為"立案"、"復審"、"結案";結案之後,報呈刑部,經刑部的"秋審處"復核指駁無誤,由"三法司"──刑部、大理寺、都察院的堂官共同研訊簽署,稱為"定讞",即民間俗稱的"三堂會審",這些手續做完後,還要奏請皇帝親裁,直到禦筆"勾決",整個案子才能完結──"奏當論死"即此之謂。然則孫旭究竟犯了什麼大案? 以上二說,均語焉不詳。而《嘯亭續錄》卻有明確記載,茲分兩段疏解如下:

> 有盜邱甲,聚不逞者數百人,肆為閭閻之害,邑令不敢攖。君慨然曰:"目睹鄉里受害而不為之救援,非夫也。"因選強弓利矢,命壯丁負闌,夜攻其巢,咸射殺之,獨邱甲潛逃,隱恨次骨。

寥寥數筆,孫旭的性情宛然如見:任人不任,敢作敢為,連餘姚縣令都不敢管的事,他卻敢挺身而出,而且謀畫調度,儼然宿將,以鄉間丁壯,部勒一如軍伍,竟能將數百歹徒,射殺殆盡,則孫旭的文韜武略,於此鄉間除害一事已見端倪。但百密一疏,惡盜邱甲的漏網,卻為孫旭日後"遭大難"伏下了禍根。《續錄》又云:

> 時海禁森嚴,君素慕鄭延平知兵,嘗謂人曰:"今之人豪,惟海上鄭公。"蓋用明太祖獎王保保語。邱甲挾蜚語訟諸邑中,邑令亦素有嫌隙,因誣君通海上,置諸獄中。

這段文字,必有轉抄之誤。朱元璋盛讚王保保之語為"眞奇男子也",事見《明史·擴廓帖木兒傳》。是故文中"蓋用明太祖獎王保保語"應該在下文才出現的韓大任稱讚孫旭"眞奇男子也"之後,而不當在上文孫旭羨慕鄭延平的"今之人豪,惟海上鄭公"之後。按:"鄭延平"即鄭經,《清史稿》一音之轉,寫作"鄭錦",乃鄭成功的長子。鄭成功死,鄭經襲封延平郡王,故稱"鄭延平"。其時三藩之亂已起,康熙十三年,嚮應吳三桂倡亂的靖南王耿精忠派人到臺灣與鄭經聯絡,約期會師。因此對於清朝政府而言,鄭經自然也是和三藩一樣的亂臣賊子,所以"海禁森然",全力封鎖。孫旭以豪俠之舉,捍衛鄉里,而與邱甲結成不解之仇,死裏逃生的邱甲,為事報復,便以孫旭曾經說過的羨慕鄭經之語為口實,呈告至縣。恰巧縣令與孫旭亦"素有嫌隙",於是同惡相濟,表裏為奸,竟以暗通鄭經為詞,將孫旭擒拿入獄。暗通鄭經,在當時可構成謀反的罪名,歷來謀反大逆,不論首從,都是死罪。所以一入此罪,孫旭除了等著掉腦袋,別無生路。——由此觀之,孫旭所犯的死罪,純係惡盜邱甲與當時的餘姚縣令,二人和謀,構陷而成,自然是樁冤案。

"誣君通海上",明指孫旭的案子是出於誣陷,但是,由誣陷而成冤案,卻又不是空穴來風。我以為最可注意的是此前孫旭說過的話:"今之人豪,惟海上鄭公"——孫旭為何如此仰慕鄭延平?

按:清朝的文網之密,冠絕千古,一言不慎,即可招來殺身之禍。孫旭的賈禍,推原論始,就在於說了這句仰慕鄭經的話。然而孫旭說這句話的時候,是在三藩之亂爆發以前,其時尚未發生耿精忠聯絡鄭經共同反清之事,則此時仰慕鄭經,何以就能招致如此嚴重的後果?把這個謎團解開,我們就會感到事情並不那麼簡單,《續錄》所記,實有"隱筆"。

鄭成功抗清失利,賚志以歿,時在康熙元年五月。其時鄭經受命據守廈門,清軍前來招降,鄭經堅執"按朝鮮事例,不削髮"之議,事遂寢。次年十月,清軍大舉進攻廈門,鄭經不支,退守銅山,清軍再次招降,鄭經仍執前議:"若欲削髮登岸,雖死不允!"事又寢。康熙三年,鄭經率師渡海,返回臺灣,建政立法,整軍經武,厚待逃難至臺灣的明朝宗室親藩,擁立寧靖王朱術桂稱號監國。凡此舉動,都是為了秉承乃父遺志,意在積蓄力量,反清復明。康熙六年和康熙八年,清朝政府又兩次派人到臺灣招撫,均被鄭經拒絕。——三藩亂前,鄭經行事可圈可點之處在此。而鄭經拒降清朝,且以反清復明為職志,此為通國皆知之事。

這樣一來,問題就很顯豁了。當此之時,孫旭居然公開對人說出"今之人豪,惟海上鄭公",則其意何居,不言而喻:孫旭也有反清復明的思想!是則冤案之成,洵非無因。至如《嘯錄》所云"君素慕鄭延平知兵",不過有所隱諱而已,其實鄭經一生,並不以"知兵"名世。

五、孫旭越獄逃生,投奔叛賊

孫旭被擒拿入獄後,《樊中集》謂:

> 用智術免,而潛從征吳逆,屢立奇功。

"潛"訓為"暗中"、"偷偷地"。說孫旭暗中從軍而征討吳三桂,且"屢立奇功",自為不實之詞,此看下文便知。

《平吳錄》自序:

> 丙辰用奇計遁跡江西,至吉安招撫韓大任。

文中"丙辰"指的是康熙十五年。按:康熙十二年十二月吳三桂反于雲南。上文已明,孫旭"遭大難"事在康熙十三年和十四年之間,而此處明言,康熙十五年孫旭脫難,遁跡江西。照此理解,孫旭的遁跡江西,是為了到吉安去招撫吳三桂的屬下大將韓大任,則衡諸下文,亦為不實之詞。——現在先討論,孫旭用的什麼"智術",用的什麼"奇計",而能死裏逃生? 上舉二說,均略而不述,唯有《嘯亭續錄》所敘詳備:

> 君素勇健,夜毀枅,逾垣出,匿某上舍家。久之,亡走滇南。會吳逆叛,偽將軍韓大任招致帳下,甚為賞鑒,曰:"真奇男子也。"

上文已經指出,此處韓大任所說"真奇男子也",即是朱元璋誇獎擴廓帖木兒之語,擴廓帖木兒又名王保保。是知上文行筆舛誤。

"君素勇健"為事所必然,孫旭是武舉人,自然身手不凡,因能趁夜掙毀枷鎖,翻越牢牆,脫囹圄而"匿某上舍家"。按:"上舍"為"監生"的代稱,清代國子監的太學生住上舍,故云。在這位監生家隱藏了一段時間之後,孫旭逃亡至雲南,投到吳三桂大將韓大任帳下,並得到韓大任的高度賞識。惟文中"亡走滇南",與《平吳錄》自序"遁跡江西"尚有矛盾之處,而這一點,看下文可知,是《嘯錄》的作者昭槤弄錯了。

六、孫旭策反叛將立功

《嘯亭續錄》:

> 會大任屢寇萍鄉,為安親王軍所阻。吳逆促其師期,大任爽然曰:"吾竭力以事吳王,何相迫若是之急?"君聞其語,大悅,曰:"此丈夫報國時也。"因說大任曰:"將軍之事吳王亦至矣,為之闢地攻城,戰無不克,數月之間招徠數郡,未聞王有尺素之詞為之獎譽。今一旦偶忤師

期,即肆意辱詈,儼然以奴隸待之。今天下兵戈方始,其慢士已如此,逮夫大業既成,吾恐君家鐘室之禍,復有見於今也。"韓為之色沮。

"安親王"岳樂,宗室名將,其父為清太祖努爾哈赤第七子阿巴泰。順治八年,阿巴泰卒,岳樂襲爵,爵次為郡王,順治十四年晉親王。《清史稿》本傳:

> 康熙十三年,吳三桂、耿精忠並反,犯江西。命為定遠平寇大將軍,率師討之。自江西規廣東,次南昌,遣兵復安福、都昌。十四年,復上高、新昌。戰撫州唐埠、七里岡、五桂寨、徐汊,屢破敵,復餘干、東鄉……十五年,岳樂師克萍鄉。

此為安親王平亂區域,所克之地,全在江西境內,時間又恰好是孫旭"遭大難"並越獄逃脫的康熙十三年(甲寅)、十四年(乙卯)、十五年(丙辰)這三年期間,而上引《嘯錄》所云"會大任屢寇萍鄉,為安親王軍所阻",則時間、地域,無一不合,可知孫旭越獄亡命,確是跑到江西投了韓大任。但孫旭的投奔韓大任,既不是《嘯錄》所云為"偽將軍韓大任招致帳下",也不是《平吳錄》說的"至吉安招撫韓大任",而是另有曲折,此看下文便知。

有趣的是,原本被誣造反,現在卻真的成了叛亂分子。轉機在於吳三桂犯了個錯誤,不該屢屢逼著韓大任硬打萍鄉,致使韓大任口出怨言:"吾竭力以事吳王,何相迫若是之急?"戰事方殷,上下失和,是為不祥之兆。大約孫旭看出了吳三桂不能成事,因而萌生反正念頭,並趁機策反韓大任。按:"鐘室之禍"用的是漢初淮陰侯韓信的典故,韓信扶漢滅楚,百戰功高,卻被呂後誘殺于長安長樂宮的懸鐘之室,事見《史記‧淮陰侯列傳》。韓大任與韓信同宗,素稱驍勇,綽號"小淮陰",故孫旭說,待到吳三桂將來成就了大事,"吾恐君家鐘室之禍,復有見於今也"。以此說辭,自能攻心,所以韓大任"為之色沮",心有所動了。據此記可知,孫旭能脫口說出鐘室之禍的典故,則其少時必在讀書上下過極好的功夫,文武兼擅,非一勇之夫者流。按:三藩亂起,吳三桂拜韓大任為"兵曹掌印郎中"兼領"吉安將軍",駐兵于江西吉安。《嘯錄》續云:

> 會先良王遣姚制府往招撫,大任遲疑未決。君復進曰:"今大清恢

復閩、越,事業已成,吳王之敗在於目睫,將軍何尚作兒女之態,致有失機宜也?"大任乃從招撫。

"先良王"指的是康親王傑書。傑書生前封"康親王",死後諡"良",稱"康良親王",而傑書是《嘯錄》作者昭槤的高祖。這一支更為顯貴,是清初所定"世襲罔替"的"八大鐵帽子王"之一、太祖努爾哈赤第二子禮親王代善之後,傑書為代善之孫,昭槤為傑書的四世孫。古人稱自己的先祖,避諱顯名,只稱冥名,而冥名前又須冠以"先"字,故曰"先良王"。按:為平三藩之亂,康熙帝八年之間,十授"大將軍",初授的是順承郡王勒爾錦,號為"寧南靖寇大將軍",次授的即是這位康親王傑書,號"奉命大將軍",上引《清史稿》說的"定遠平寇大將軍"岳樂則為第五次所授。其餘七授,號僅"安遠"、"撫遠"、"揚威"、"奮威"之類,授為"奉命大將軍"的,只有傑書一人。清朝的大將軍,例不輕授,既授之,便有"代朕親征"的特殊含義,而號為"奉命"者,身份猶貴,權柄獨重,在軍中的一應規制,僅下天子一等。傑書遣"姚制府"前往招撫韓大任,"大任遲疑未決",孫旭再次規勸,這一次為韓大任開陳大勢,頗具眼光:"今大清恢復閩、越,事業已成,吳王之敗在於目睫,將軍何尚作兒女之態,致有失機宜也?"於是"大任乃從招撫"。如此則孫旭為清朝立了一大功。由鄉里豪俠而獄中囚犯,由獄中囚犯而從亂反賊,由從亂反賊而朝廷功臣,此為孫旭前半生的傳奇三變。

按:文中"姚制府"是清初名臣姚啟聖,《清史稿》本傳:

> 姚啟聖,字熙止,浙江會稽人……十三年,耿精忠反……聖祖命康親王傑書統師進討,啟聖與子儀募健兒數百詣軍,以策干王……十四年,以王薦,超擢溫處道僉事……十五年……擢啟聖福建布政使,率兵討錦。吳三桂將韓大任驍勇善戰,世稱小淮陰者也,自贛入汀,謀與錦合,啟聖說之降。

姚啟聖的宦途一帆風順,自有康親王的獎掖提攜之功,而"吳三桂部將韓大任驍勇善戰","啟聖說之降",則《清史稿》與《嘯錄》所記相同,不過《清史稿》卻隻字不提孫旭的功勞。按:姚啟聖是浙江會稽人,會稽是古稱,明清兩代即為紹興府,孫旭餘姚人,前文已明,餘姚縣隸屬紹興府。由此可見,孫旭的策反韓大任,事出有因,蓋以同鄉之誼,孫旭與姚啟聖之間必有一番秘密接觸，以招撫韓大任的條件，換取康親王的庇護，如此即可洗刷自己在家鄉被誣的不白之冤。

策反韓大任一節，《庭聞錄》亦有所記，而情節曲折細膩，足可與《嘯錄》互參而讀。但《庭聞錄》記事，多有與史實不合之處，讀時須作一番細心的辨析，茲分引《庭聞錄》有關文字並稍作疏解：

> 令大任之降康王，則孫旭為之也。旭，湖州人。少而機警，稍知書；入武學，中某科武舉。耿精忠反，總督姚啟聖募士入閩，旭往應募；貌既修偉，又有口才，啟聖悅之。旭請招某山寇，寇受撫，偕旭至縣，縣令以賓禮待之。縣有捕役素恨旭，白令曰：旭所招盜，名在捕中有年矣。按縣牘，良然。於是執旭及盜鞫訊具服，解赴浙省臬司獄。時軍書旁午，囚多淹禁，旭與解役私相結之，移旭還鄉，出北新關，遂與解役逸。凡七日而至建昌府，詣樂燦軍。

此言姚啟聖為赴福建平定耿精忠而在家鄉招募士卒，孫旭前往應募，以此二人相識。之後孫旭主動請纓，招撫某處山寇，而為該地的捕役和縣令所構陷。在押解浙江按察使司監獄的途中，孫旭買通解差，歷七日而至江西建昌府，投入耿精忠屬下的樂燦軍中。

按照此說，孫旭所招之寇就算是個通緝有年的江洋大盜，則孫旭本人也並未干犯死罪，重則不過以過失論，寬容地去看，孫旭招撫山寇，彌大盜於無形，縣令正可兵不血刃，擒巨盜以獻功邀賞，則孫旭何罪之有？是知這段記載，純屬不經之談！

但可注意的是，孫旭亡命江西，偏偏去投了正在與清朝對抗的三藩亂軍！三藩亂起，禍連江南半壁，康熙帝以鷹兔相搏之力，舉國募兵，十路征剿。孫旭如欲洗刷被誣的冤屈，正可以自己的文武才略，投效國家，立功明志，而舍此不圖，反而去投奔叛賊，專門與朝廷對抗，可見本文斷定孫旭曾有反清復明的思想，不是臆測之詞。《庭聞錄》續云：

> 樂燦者，耿逆之大帥也，奉逆命，寇江西。旭改為王懷明，自言聚兵為義師，不幸而敗。燦及參軍周發祥信之，為具衣冠，署偽職。燦敗，發祥以殘卒千人歸大任。大任求幕客，發祥以旭應，一見相契，遂用事，權傾一軍。

　　據此則孫旭的與韓大任相識,是由於周發祥的推薦。"一見相契,遂用事,權領一軍"則與《嘯錄》所記韓大任一見孫旭"甚為賞鑒,曰:眞奇男子也"相符。而文中說孫旭改名為王懷明,殊不可信,此與後來的事實相抵牾,看下文便知。《庭聞錄》續云:

　　　　大兵圍城,簡王、安王皆招降,大任猶豫。時康王偕姚啟聖經略閩事,旭欲大任就姚啟聖,諸招降者皆阻不允。贛州折爾肯遣魏祥來招降。祥字善伯,寧都人,號易堂,負重名。旭忌其才,恐大任為所動,則奪我閩約,構祥于大任。大任入其言,怒曰:"二王招我,我且未許,折爾肯何人,乃欲以藩、臬為餌乎!"命旭收祥,榜掠慘毒,發祥爭之不能,竟殺之。旭日說大任入閩,大任亦以諸招降前已皆不允,非閩不可,遂從旭言,降於閩。

　　文中"安王"即上引《嘯錄》所記安親王岳樂。"簡王"者,簡親王喇布,為清初鄭親王濟爾哈朗之孫,濟爾哈朗的次子濟度封簡親王,卒於順治十七年,濟度的次子喇布襲爵,故稱"簡王"。康熙十三年九月,授喇布為"揚威大將軍",征吳三桂於江西。"折爾肯"則時為吏部郎中,朝廷遣往贛州平叛的特使。

　　看此文可知,韓大任頗為清廷所重,康親王傑書、安親王岳樂、簡親王喇布、贛州特使折爾肯,四人爭動,交馳遊說,必欲招致帳下而後已,而結果康親王獨收其功,完全是孫旭上下其手,起了決定性的作用。"旭欲大任就姚啟聖",可知孫旭與姚啟聖事先確實已有聯絡和約定,因而對安、簡兩王的招降,百般阻撓,拆毀其事。其中最觸黴頭的是折爾肯。按:"藩"者"藩司",為一省布政使的別稱;"臬"者"臬司",為一省按察使的別稱,二者均為從二品的階秩。折爾肯命魏祥前往說降,許韓大任以"藩、臬"之職,孫旭"恐大任為所動,則奪我閩約",是故讒言以入,引得韓大任破口大罵:"安、簡兩王來招降,我都沒答應,折爾肯什麼東西?還想以按察使和布政使來做誘餌!"這一來孫旭暗下黑手,竟不顧同僚周發祥的勸阻,以殘酷手段,殺死魏祥。按:安、簡兩王和折爾肯,其時都奉朝命經略江西,而韓大任則替吳三桂駐守江西,因此招撫韓大任,本不該經略福建的康親王插手,而結果韓大任"以諸招降前已皆不允,非閩不可,遂從旭言,降於閩","閩"者福建。由此不難看出,孫旭急於立功自見,苦心孤詣地策動韓大任降附康親王,必

是姚啟聖倚康親王之勢,私下裏對孫旭許了極大的好處以為酬庸。假如韓
大任不投康親王而改投別將,則孫旭所欲不饜,一切都無從談起了。

以上《嘯錄》和《庭聞錄》所記,洵為信史,茲有《清史稿·吳三桂傳》可
資佐證,分引並疏解如下:

> 十五年,三桂遣兵侵廣東……別遣其將韓大任、高大節將數萬人
> 陷吉安。上令喇布固守饒州,岳樂攻萍鄉,力戰破十二壘,斬萬餘級,
> 國相引兵走,乃克之。

此謂吳三桂令韓大任和高大節陷吉安,康熙帝命簡親王喇布固守饒
州,安親王岳樂大敗吳三桂大將夏國相而收復萍鄉,是為日後吳三桂頻頻
催促韓大任奪回萍鄉的前因。按:高大節時為韓大任的副將。

> 師進復醴陵、瀏陽,復進攻長沙。三桂遣胡國柱益兵以守,馬寶、
> 高啟隆自岳州以兵會。三桂自松滋移屯嶽麓山,為長沙聲援;又令大
> 任、大節自吉安分兵犯新淦,屯泰和,復陷萍鄉、醴陵,斷岳樂軍後。

清軍克復湖南的醴陵和瀏陽,進兵長沙。吳三桂令屬將胡國柱、馬寶、
高啟隆自岳州集兵長沙,吳三桂則屯兵嶽麓山以為聲援,同時令韓大任、高
大節奪回萍鄉和醴陵,阻斷岳樂之師。按:韓大任的偽職為"吉安將軍",
自是以吉安視為根本之地,故此次再陷萍鄉之前,必對吳三桂的促兵嘖有
煩言,即前引《嘯錄》所云,"大任爽然曰:吾竭力以事吳王,何相迫若是之
急?"有此怨言,孫旭乃得以乘間挑唆,擴大矛盾,致韓大任雖然遵命打下了
萍鄉,而上下之間,嫌隙已生,為日後的孫旭成招降之功置下了伏線。

> 上嚴趣喇布援岳樂,乃自饒州進復餘干、金溪,攻吉安,大節將四
> 千人來拒,戰於大覺寺,以百騎陷陣,師次螺子山。大節復以少兵力
> 戰,喇布及副將軍希爾根倉卒棄營走,師敗績。

康熙帝嚴旨切催,命簡親王喇布馳援岳樂。喇布連下餘干、金溪,爾後
進兵韓大任的老巢吉安,遭到高大節的力戰阻擊,大敗而逃。

> 會大任與大節不相能，大節快快死。喇布遣兵復匿吉安，大任不
> 敢出戰。……康親王傑書自浙江下福建，精忠降。之信亦遣使詣喇
> 布降。

恰在此時，吳軍内訌，韓大任與高大節水火不容，致高大節抑鬱而亡，
這給喇布以再次攻打吉安的機會，而高大節既死，韓大任勢孤，不敢出戰。
其時康親王歸復福建，"三藩"之一的耿精忠投降，另一藩的尚之信亦投降
于簡親王喇布，如此三藩已去其二，吳三桂的日子不好過了。

> 十六年，尚善分兵送馬三千益岳樂軍，三桂邀奪於七里台，復遣兵
> 援吉安，與喇布軍相持。穆占自嶽州進，與岳樂夾攻長沙，克之。三桂
> 所遣援吉安諸軍皆引去，大任棄城走。吉安乃下。

"尚善"為覺羅名將，努爾哈赤之弟舒爾哈齊的孫子，康熙十三年六月
授為"安遠靖寇大將軍"，奉命征剿吳三桂於湖南。此謂尚善兵援岳樂，而
為吳三桂所敗，之後吳三桂遣兵至吉安援助韓大任，與喇布擁兵相持。"穆
占"為下大將軍一等的"征南將軍"，趁吳軍與喇布在吉安相持而襲取長沙
得手。長沙一失，吳軍恐慌，各路援吉安之軍紛紛撤走，韓大任也棄城而
逃，吉安復為清軍所奪。

> 十七年，岳樂復平江、湘陰，三桂將林興珠率所將水師降。穆占攻
> 永興，拔之，並下茶陵、攸、酃、安仁、興寧、郴、宜章、臨武、藍山、嘉禾、
> 桂陽、桂東十二城。喇布亦與江西總督董衛國率師逐大任，及於寧都，
> 大任敗走福建，詣傑書降。

康熙十七年，安親王岳樂收復湖南平、湘二城，征南將軍穆占亦連下湖
南和廣西的十三城。自康熙十二年三藩作亂，至此已歷時五載，清軍完全
控制了湘、桂、贛三省的主動權，而此時喇布追殺韓大任於寧都。"寧都"位
於江西省的東南部，與福建密邇相連。人事籌謀，天助其功，使孫旭得以成
事，韓大任終如孫旭所願，入福建投順了康親王傑書。

以上便是韓大任兩陷萍鄉、兩失吉安，最終降清的全部過程。將《清史
稿·吳三桂傳》所記，與上引《二錄》對讀，孫旭策反韓大任的真相明晰，歷

歷如繪。

七、孫旭居功不受，皈依佛門

緊接前引，《嘯錄》續云：

> 先良王承製表授道銜，君慨然曰："吾本朝廷赤子，不幸陷於非罪，不得已逃諸賊藪。今得返歸鄉井，復為盛世之氓，吾志已伸，敢以縲囚之軀有汙章甫之榮也哉！"因辭職不受。久之，削髮為僧，居杭州侶雲庵，號轉庵和尚。年八十餘始逝，亦近代奇人也。

果然，孫旭以策反韓大任之功，康親王上奏朝廷，授孫旭為"道銜"。清承明制，於各省設置分守道和分巡道，均簡稱"道員"或"道臺"。分守道為各省布政使的佐官，掌錢糧；分巡道為各省按察使的佐官，掌刑名，所謂"道銜"，即此之謂。孫旭的道銜是哪一種呢？《樊中集》記為：

> 轉庵出身武舉，少以豪俠聞，輕財結客，頗扞法禁，奏當論死。用智術免，而潛從征吳逆，屢立奇功。大將軍奏授江西糧道。

"糧道"亦稱"糧儲道"或"錢糧道"，即布政使司的分守道。姚啟聖追隨康親王，以心腹之密，累年之功，此時也不過官至福建布政使，從二品，而孫旭僅以配合招撫韓大任成功，即授江西糧道，從三品，酬庸之厚，足抵其勞，不料孫旭竟辭而不受。按："章甫之榮"典出《禮記》。"章甫"本是商代男子的頭冠，《禮記・儒行篇》："丘少居魯，衣逢掖之衣；長居宋，冠章甫之冠。"孔子少年時在魯國穿長袍大袖之衣，長大後居宋國則戴儒者之冠。後人將此引申成官帽之意，北魏楊炫之《洛陽伽藍記》正始寺篇："輒以山水為富，不以章甫為貴。"意即"喜山水而不慕官場"。孫旭拒仕的理由是：我原是朝廷良民，不幸被人誣陷，不得已逃入賊窟。如今為朝廷立了功，能讓我返回故鄉，再作盛世之民就很滿足了，豈敢以"縲囚之軀有汙章甫之榮"？因此辭官以後，削髮為僧。

這個說法，於情理不通，但看孫旭此前的行事，功名之心甚盛，不是甘於淡泊之輩，則此次授為道臺，以捷徑而躋身官場，正可施展大才，幹一番封妻蔭子的男兒事業，何以突然遯避高蹈，跑到寺廟裏去作起和尚了呢？

個中緣由,《庭聞錄》另有說法:

> 旭以招降功議敘,當以道員用。給假歸里,一門血屬,死無子遺,廬舍亦焚毀一空。旭自傷,遂祝發為僧,號諦灰,住持浙江靈隱寺。雍正三年,以募化入閩死。

這個說法,差近真相。孫旭當年為鄉里除害,遭人構陷,誣為謀反大逆,而越獄逃脫,恰好又去投了反賊吳三桂屬下。孫旭在韓大任帳中“權傾一軍”,與朝廷對抗,自然是名副其實的反賊,則其反叛之實,舉國皆知,如此“莫須有”變成了“已然有”,適為當地官府添一口實,於是依法辦事,奏請朝廷,正兇逃脫,禍連血親,把孫旭家人殺得一個不留,“一門血屬,死無子遺”,此即所謂“滅門”,是僅次於“誅族”的刑罰。由此可知,孫旭“遭大難”時,上有父母,下有子女,而其父母子女,均因孫旭的從亂,橫遭飛禍,死於非命,而且連“廬舍亦焚毀一空”。

於此可見,孫旭從亂,並未化名“王懷明”,倘若潛身化名,其從亂之實便不易為世人所知,則其結局便不當如此之慘。因為“謀通海上”雖然可以構成“謀反”的罪名,但畢竟“謀通”不是“已通”,依律死罪僅止於孫旭本人,妻孥尚且不得牽連,遑論“滅門”? 而實際上,孫旭越獄之後,始投耿精忠(樂燦),復投吳三桂(韓大任),期間“權傾一軍”與朝廷官兵對抗,則所犯之罪,足可滅門了。

於此又可見,孫旭當年確有反清復明的思想,只是在從亂以後,清軍八面兜剿,不久發覺吳三桂難成大事,因而才改變初衷,秘密與同鄉姚啟聖聯絡,意欲以策反韓大任之功,折抵其從亂悖逆之罪,既可洗刷自己,又可躋身官場,初衷雖改,仍能濟世。不料事與願違,本來興頭十足地要衣錦還鄉,待到回歸故鄉,卻是這樣一幅慘相,而這一切,全由自己的行為所致。如此即難免大受刺激,萬曲千折地洗清了自己,而朝廷法律卻不容於血親,今後之局,如何面對? 效力朝廷,則朝廷於孫氏有滅門之仇;欲報此仇,莫非返身再去投奔叛賊? 種種糾結,無以排遣,悲慟欲絕,萬念俱灰,那種“天作孽,猶可說;自作孽,不可活”的內心慘痛與灰敗之情是可以想像得之的。於是“緇衣頓改昔年妝”,乾脆遁入空門,了此餘生,這應該是孫旭逃禪的真正原因。

八、孫旭的結局與享年

孫旭的結局,諸說不一,而其結局又與其年齡有關,茲為一考。

孫旭的生年失載,卒年則前引《庭聞錄》具體為"雍正三年",復引如下:

> 旭自傷,遂祝發為僧,號諦灰,住持浙江靈隱寺。雍正三年,以募化入閩死。

此記殊失其實。按:靈隱寺僧沒有號為"諦灰"者。《五燈全書》、《正源略集》和《新續高僧傳》均記靈隱寺有高僧慧輅字"諦暉"。為避繁瑣,僅引《新續高僧傳》卷第二十四所記"諦暉慧輅禪師"有關文字如下:

> 慧輅字諦輝。金田沈氏子也。六歲而孤,家毀於役,母歿出家。遊學至靈隱,禮具德於直指堂下。

據此則諦暉俗姓沈,金田人,與餘姚或歸安的孫旭風馬牛。且"六歲而孤",與孫旭的授官回鄉,父母始歿,亦屬兩不相值。

又據清人張匯《諦暉和尚塔銘》:

> 和尚諱慧輅,以明天啟七年丁卯十月初八日得四大於吳興金田沈氏,父濟,母李。以雍正三年乙巳三月二十日舍四大於錢塘雲林古靈隱寺,春秋九十有九,僧臘七十有四。

所記"吳興金田沈氏"與上引《新續高僧傳》相同。這位諦暉和尚,生於"明天啟七年",卒于清"雍正三年",享年九十九歲。明朝的天啟七年為公元1627年,上文已知,孫旭中武舉於清康熙五年即公元1666年。如以為這位諦暉就是孫旭,則孫旭的中舉之年按照中國的傳統演算法已經四十歲了。不惑之年,體力已衰,如何能中武舉? 退一步說,就算孫旭四十歲中舉,則從中舉之年,到雍正三年(1725),孫旭得年一百零四歲,與《塔銘》所記的"九十有七"兩相抵牾。可見《庭聞錄》張冠李戴,把沈姓的和尚,誤為孫姓的和尚,所記孫旭的結局和享年兩皆不實。

《嘯亭續錄》則又有別說,上文已引,復錄如次:

久之,削髮為僧,居杭州侶雲庵,號轉庵和尚。年八十餘始逝,亦近代奇人也。

查《杭州府志》可知,杭州歷代均無所謂"侶雲庵",故孫旭結局於"杭州侶雲庵"亦為不實之詞。文中"號轉庵和尚,年八十餘始逝",且待下文再說。

再看《樊中集》。該《集》所記與孫旭有關的文字,上文已經斷續徵引,茲錄全文如下:

轉庵出身武舉,少以豪俠聞,輕財結客,頗扞法禁,奏當論死。用智術免,而潛從征吳逆,屢立奇功。大將軍奏授江西糧道,艱歸,遂棄家為僧,於吳興之白雀結廬以居。姓孫名旭,字子旦,餘姚人。

前文已經指出,《郎潛紀聞》記孫旭事即本於此,茲錄《郎潛紀聞》全文以作分析:

國初餘姚人孫旭,出身武舉,少以豪俠聞,輕財結客,頗扞法禁,奏當論死。用計跳免,而潛從征吳逆,屢立奇功,經大將軍表奏,特授陝西糧儲道。丁艱歸,服闋不仕,遂棄家為僧於吳興之白雀,結廬以老,世稱轉庵上人。天生畸士,乃為彼教所收,亦可惜也。

細校二文,不同之處在於孫旭的授職,《樊中集》謂"江西糧道",而《郎潛紀聞》則"山西糧儲道"。以當時孫旭立功的地域而論,應以《樊中集》的"江西糧道"為是。孫旭立功之後回鄉,《樊集》說"艱歸",《郎聞》謂"丁艱歸",則文異而義同。按:"艱"指"喪親","丁艱"亦稱"丁憂",古時"遭父母之喪"之謂,而上文已經辨明,孫旭回鄉之前,並不知道"一門血屬,死無孑遺",因而也就不存在丁艱歸鄉的問題,則二記均為不實之說可知。所可注意者,二記咸同,都說孫旭號"轉庵",且在"吳興之白雀"結廬為僧。

孫旭的法號,上引《嘯亭續錄》亦謂"轉庵和尚",清末湖州府同知高玥又有一首五言詩,詩題即為《題轉庵上人小照》,可知高玥親自鑒賞過孫旭的畫像,而亦稱"轉庵",不當致誤。如此即可確定,孫旭出家,法號"轉庵"。

按:"上人"本指精於佛學的高僧,但自東晉以後,此詞意義寬泛,凡受人尊敬的和尚均可稱為上人。

文中"吳興",並非現代意義上的吳興縣,而是明清兩代人們對湖州府的古稱。秦置烏程縣,三國時東吳改烏程為吳興,宋朝將吳興一析為二,西北稱烏程,東南另置歸安,明清並為湖州府治,是以自宋徂清,浙江地區並無所謂"吳興",則此處的"吳興",乃是指的湖州無疑。"白雀"則為山名,位於今吳興西北二十七里,又名法華山。相傳南朝梁時有高尼名道蹟者,在此誦《法華經》而現白雀飄飛之異,因建寺以紀,名爲"白雀寺"。以此觀之,湖州之於孫旭,本來就是故鄉,而此地既有靈山,又有名寺,結廬於此,終老一生,於情於理,皆無不妥。是故可以確定,孫旭出家,結局於浙江湖州法華山的白雀寺。

孫旭的享年,頗難具考,上引《庭聞錄》的"卒于雍正三年說"已經辨明,事屬子虛,而《嘯亭續錄》所謂"年八十餘始逝"亦頗成問題。在解決這一問題之前,不妨先來欣賞一下前面提到的高玥詩《題轉庵上人小照》:

> 少小親戎馬,征衣血濺紅。
> 心灰百戰後,身老萬山中。
> 詩思滿幽壑,靈光徹曉鐘。
> 十年禪榻畔,前事悟真空。
>
> 七尺枯藤杖,閑身掛白雲。
> 自稱老禪客,誰識故將軍。
> 世外漁樵侶,山中麋鹿群。
> 勞生慚俗吏,展卷把清芬。

此二詩載于曾任民國大總統的徐世昌所輯《晚晴簃詩彙》。高玥是光緒年間的湖州府同知,看詩題可知,這兩首五言律是高玥專為題孫旭的遺像所作。以孫旭桑梓父母的身份,又曾親見過孫旭的遺像,則所聞所感,施諸文字,自然比那些僅靠搜集逸聞的作品來得真切而可靠。是故這兩首小詩所透露出來的資訊,彌足珍貴,足堪後人研究孫旭的生平所重。

詩不甚工,但情勝於文,前四句已概盡孫旭一生:少年戎馬,血濺征衣,百戰之後,心灰身老,凡此均與上文考證的結果相同。接着"詩思滿幽壑,靈光徹曉鐘”，是說孫旭能詩，且頗具文采，而“自稱老禪客，誰識故將軍”則對其武略，推崇備至。

就辨析孫旭的年齡而言，最可注意的是第四行：“十年禪榻畔，前事悟真空。”按：高玥的“十年”之說，必有所本，要麼得自於孫旭畫像的題跋文字，要麼采自於當地父老的口耳傳聞。古人表達二十可用“廿”，表達三十可用“卅”，何以此處擯廿、卅不用而獨書“十年”？是知孫旭側身禪榻，不過十幾年光景，揆諸歷來“四捨五入”的習慣計數法，則此“十年”的所指，實際上不當超過十五、六年才對，如果超過了十五、六年，則在表達上便可以“廿年禪榻畔”而書之了。進一步去看，倘若孫旭如《嘯錄》所云“年八十餘始逝”，而孫旭約四十歲出家，則在表達上即可說成“半生禪榻畔”，亦斷無縮略為“十年禪榻畔”的道理。

如此我們即可大致推出孫旭的年齡。

前已辨明，孫旭中舉於康熙五年（1666）。古代的科舉，文武差異極大，花甲之年而中文舉的現象屢見不鮮。武舉則不然，年少則體力不逮且武藝難精，年長則體力已衰而機敏不足。故此我們把孫旭的中舉之年定為二十五歲比較合適。

以此為座標，上推二十五年即當孫旭的生年，則這一年是明朝的崇禎十四年（1641 年）。上文已知，孫旭“遭大難”時在康熙十三年（1674）和十四年（1675）間，康熙十五年（1676）越獄逃脫，至江西投附叛軍，則此三年孫旭的年齡分別為 33 歲、34 歲、35 歲。這樣的年齡，體力、經歷、閱歷和學識，種種條件都足以佐其完成此段波詭雲譎的傳奇過程。又據上引《清史稿·吳三桂傳》，韓大任投附康親王時在康熙十七年（1678），則這一年孫旭 37 歲。之後回鄉，身心俱灰，不久遁入空門，時間應在孫旭 40 歲之前。接著“十年禪榻畔，前事悟真空”，則孫旭得壽不過五十五、六歲的樣子，大約卒於康熙三十六年（1697）前後。

由以上勾勒，孫旭的輪廓已經清晰。縱觀其人一生，亦俠亦儒，能文能武，大起大落，大喜大悲，所以《嘯錄》歎其為“亦近代奇人也”！但本文認為，孫旭的行事，不無投機趨附的成分，少年立志濟世，青年萌生反清之意，中年賈禍，投奔叛軍，迨於朝廷傾國征討，三藩勢孤，復生反正之心，乃以姚啟聖的同鄉之誼，策反叛將，立功自贖，不意竟遭滅門的慘禍，遂隱身方外，佗傺以終，追根尋源，固有禍由自招的因素在。

茲將本文的討論，歸納整合，可得孫旭傳略如下，雖不敢說句句精準，但可保大致不誤。

孫 旭 傳 略

　　孫旭字子旦,先祖世籍浙江湖州府歸安縣,自父輩始移居紹興府餘姚縣。迨於崇禎十四年而生旭,旭乃長成于餘姚,惟是時人恒以餘姚人視旭。

　　旭幼而聰慧,少知書,入武學,中康熙五年丙午科鄉試武舉。家貲饒富,性豪俠,以散財濟貧,邑人咸感其惠。旭素喜談兵,有濟世志,嘗謂今之人豪,惟海上鄭公。鄭公者,鄭成功子經也,時據臺灣,拒不降清,而為旭所仰慕。

　　值三藩亂起,江浙震動。有惡盜邱甲者,趁亂鼓惑,聚不逞之徒數百人,肆虐鄉里,殘民以逞。邑令顢頇,憚之不敢攖。旭攘臂曰:目睹鄉鄰受害而不救,非天所以佑民之理也!因召精壯鄉丁,以兵法部勒之,選強弓,挾利矢,乘夜徑搗盜巢,咸射殺之。惟邱甲負傷潛遁,恨旭刺骨,乃以旭嘗慕鄭經語,欲謀通海上為詞,訟於邑令。令素忌旭,訟入,欣欣然也,遂以謀反罪捏結,請公事于臬司,置旭於獄,時康熙十三年事也。

　　清律:謀反命案,須由事發之邑立案,邑令初審,呈於府;府太守復審,呈於省;省臬司復核結案,呈于刑部候批。以此延擱經年,旭得無恙。十四年,旭於獄中掙毀枷鎖,逾垣而出,匿某監生家。久之,逸浙入贛,詣樂燦軍中。

　　樂燦者,耿逆精忠之大帥也,奉吳逆三桂命,寇江西。旭自言聚兵為義師,不幸而敗。燦及參軍周發祥信之,為具衣冠,署偽職。十五年,燦敗,發祥以殘卒千人歸韓大任,旭從之。

　　大任時為三桂偽吉安將軍,驍勇善戰,以同宗淮陰侯韓信自況,故有小淮陰之目。發祥來歸,大任求幕客,發祥以旭應,一見相契,贊曰:奇男子也!蓋用明太祖獎擴廓帖木兒語。自是旭遂用事,權傾一軍,每與清兵抗,謀畫調度,算無遺策,大任頗倚重之。

　　時聖祖授康親王以奉命大將軍平亂,出仙霞嶺,力阻鄭經軍于閩東南,使不得與精忠通,經敗績,怏怏浮海而歸,未幾,精忠勢蹙來降。此一役也,叛軍亂心,各不統屬,初起鴟張之勢由是減焉。旭審度其勢,知三藩之事難成,乃生反正之心,遂潛通于福建藩司姚啟聖。

啟聖，浙江紹興人，固與旭有鄉誼者也。先是，耿精忠反，啟聖偕子名姚儀者，募鄉勇數百人隨康親王由浙入閩，以策干王，王視之如股肱，不三年間，擢為閩省布政使。自此乃與旭密約，招大任來降，許旭以三品道員用。

會安親王岳樂克萍鄉，三桂遣將往救，促大任師期者再四，大任頗怨懟，曰：吾極力以事吳王，何相迫若是之急耶！旭聞言而喜，知契機現矣，因說大任曰："將軍之事吳王亦至矣，為之辟地攻城，戰無不克，未聞王有尺素之詞為之獎譽。今偶愆師期，即羽書促迫，儼然以奴隸待之。今天下兵戈方始，其慢士已如此，逮夫大業既成，吾恐君家鐘室之禍，復有見於今也。"大任聞言，為之色沮。

萍鄉既復，大任引軍歸吉安，安親王岳樂、簡親王喇布合兵圍城，相率遣人招大任。旭以與啟聖密約在先，皆阻格不允。贛州特使折爾肯亦遣魏祥來招降，餌大任以布政使抑按察使之職。旭恐大任為所動，則奪我閩約，讒言構祥于大任。大任入其言，怒曰："二王招我，我且未許，折爾肯何人，乃欲以藩、桌為餌乎！"命旭收祥，榜掠慘毒，發祥爭之不能，竟殺之。

十六年，安遠靖寇大將軍尚善分三千兵馬援安親王軍，三桂邀奪於七里台，復遣兵援吉安，與簡親王軍相持。征南將軍穆占自嶽州進，與安親王夾攻長沙，克之。三桂所遣援吉安諸軍皆引云，大任棄城走，吉安乃下。

十七年，安親王復平江、湘陰。穆占下湖南與廣西凡十二城，簡親王亦與江西總督董衛國率師逐大任及於寧都，寧都密邇福建。當此時也，大任前後受敵，進退失據，旭乃勸大任就姚啟聖，大任猶豫，旭復進言曰："今大清康親王恢復閩越，事業已成，吳王之敗在於目睫，將軍何尚作兒女之態，致有失機宜也？"大任亦以諸招降前已皆不允，非閩不可，由是從旭言，入閩，降于康親王。

旭以招降功議敘，經康親王表奏，授為江西糧道。給假歸里，一門血屬，死無孑遺，廬舍亦焚毀一空。蓋以當年旭越獄投叛軍，名動遐邇，適授邑令以口實，乃坐實其謀反之罪，以此奏聞，竟遭滅門之禍。由是旭自傷，無以自處，遂祝發為僧，結廬於湖州法華山白雀寺，號轉庵，漁樵為侶，禪榻以終。康熙三十六年卒，享年五十有六。

《平吳錄》證偽

　　行文至此,我想提請讀者注意一個非常奇怪的現象:以上所有記敘孫旭事蹟的文獻,竟沒有一個提及《平吳錄》!

　　為人作生平行狀,極言其事功,而隱匿其立言,為不可思議之事,揆情度理,無非兩種可能:一、《平吳錄》寫於孫旭禪隱的晚年,生前不以示人,故當時不為人知。不過這個可能性並不大,因為當時不為人知猶有可說,但昭槤記孫旭事時,已去孫旭之死差不多一百五十年,而所記之詳,幾於纖悉不遺,何以獨對《平吳錄》不著一字?於是這就引出了另一種可能;二、《平吳錄》根本就不是孫旭的手筆,乃是後人偽託。這個可能,我以為概率極大,因為孫旭是個傳奇人物,無論生前死後,其人其事,眾口流播,乃至於連民國時的徐世昌都要把關於他的詩收錄入書,是則瞭解或熟知他的生平經歷並非難事,而以其人之事,模擬其人之筆,寫一些迎合朝廷而貶損吳三桂的文章,就更是輕而易舉的事了。

　　為了證明我的這個看法,茲先為讀者一談甲申史研究中,當今史學界的一個通行說法。這個說法認為李自成于甲申三月十九日進入北京後不久,就意識到了關外局勢的嚴重性和招降吳三桂的重要性,而這個錯誤的說法即源于《平吳錄》。原文如此:

　　　　自成曰:"山陝、河南、荊襄已在掌中,大江以南傳檄可定。惟山海關吳三桂是一驍將,當招致麾下;而遼東勁敵,又使我衽席不安。"乃使偽巡撫李甲、偽兵備道陳乙持檄招桂,曰:"爾來不失封侯之位。"桂頷之,率眾十餘萬,由永平取路到京,名為勤王,實欲歸李。途遇家人持驤手書,有"亟來救父"等語。及問家人,知沅已入賊手,乃大怒,復驤書曰:"父既不能為忠臣,兒亦安能為孝子。"仍擁眾歸山海關。乃陳兵演武場,請紳衿父老,餉以牛酒,問曰:"我兵何如?"眾皆曰:"真天兵也。"問:"可殺李賊否?"眾見偽官李、陳在座,不敢對。桂立命斬李甲祭旗,割陳乙兩耳縱之,傳語曰:"令李賊自送頭來。"

這是甲申史研究者最為熟悉的資料之一,單看這段文字,很能給人以李自成對山海關局勢念茲在茲、“衽席不安”的印象,由此得出李自成進京後不久就意識到了招降吳三桂重要性的結論自然沒有問題,但問題在於這段文字所說根本不是事實。

當今學者普遍相信這段文字,是因為他們認為,這段文字後半部分的情節,恰好可與佘一元《山海關志》所記四月二十日事相印證。為了辨清問題,茲引《山海關志》原文如下:

> 二十日,祭旗,斬細作一人,與諸將紳衿歃血同盟,戮力共事。

細校兩段文字,不僅不能互相印證,而以《山海關志》和其他文獻來勘對《平吳錄》,反而暴露出《平吳錄》所說均為不實之詞。

一、招降使是誰?“乃使偽巡撫李甲、偽兵備道陳乙持檄招桂”,此說僅見于《平吳錄》,此外的所有甲申史料都沒有這個說法,而李自成遣派的招降使為左懋泰和唐通,卻見於大量文獻記載,以與本文無關,不復引。

二、李自成西安建國,由於唐朝皇帝也姓李,牛金星投其所好,參照唐朝制度,對政府機構的名稱多所改動,其中“巡撫”改為“節度使”,“兵備道”改為“防御史”。李甲和陳乙的官職前面既然加“偽”,即應稱為“偽節度使李甲”、“偽防御史陳乙”,如《清史列傳·逆臣傳·唐通》稱左懋泰即為“偽兵政府左侍郎左懋泰”。而《平吳錄》行文,冠以“偽”字,卻不稱偽職,反而以明朝官職相稱,很顯然,這是《平吳錄》作者對大順制度茫然不知所致。茫然不知而又要胡編亂造,於是就出現了“偽巡撫李甲”、“偽兵備道陳乙”這樣張冠李戴、秦韻楚調的不倫不類現象。

三、“李甲”、“陳乙”,一望而知,不是人名,完全是古代小說配角“張三、李四”的筆法,亦猶戲臺跑龍套的“偽軍甲”、“偽軍乙”之類。如係代指,意為“李某”、“陳某”,則沒有任何資料能夠佐證,李自成曾遣派李姓和陳姓人氏去招降過吳三桂。

四、且不論李自成對招降吳三桂的迫切性是怎樣認識的,但既經決定招降,李自成的態度還是認真的,這從唐通和左懋泰的身份上可以看得出來。唐通於崇禎十四年明清松錦之戰時,與吳三桂在關外共過事,而二人同為明朝的“九邊”總兵官,唐通原是密雲總兵,松錦之戰後改任薊鎮總兵,駐薊鎮,吳三桂駐寧遠,軍事區域上同屬薊遼防區,則二人平時亦必多所聯絡。除此而外,唐通又是與吳三桂同日而被崇禎帝並封的伯爵,號為“定西伯",而吳三桂爵號"平西伯"。派這樣的人去招降,身份相侔,易於成事。左懋泰字韋諸,山東登州府萊陽縣人,與南明名臣左懋第爲同胞兄弟,崇禎七年甲戌科的進士,原明朝史部稽勳司郎中,官僅七品。在舊朝通籍十年,才混到這個地步,屬於最不怎麼樣一類的了。而新朝甫立,李自成即授其爲兵政府左侍郎,階秩二品,等於一夕之間,加秩十級,躐升之速,在中國歷史上極爲罕見,如此以新朝戎政大員的身份而賦以鎮守山海關的重任,自然也是爲了示吳三桂以鄭重其事。——以左懋泰和唐通的身份來反觀李甲、陳乙,則無名之輩,已屬不倫,而巡撫還算差強人意,兵備道不過四品官員,如何能與吳三桂構成敵體而對等談判?

　　五、《平吳錄》謂"斬李甲祭旗",《山海關志》曰"祭旗,斬細作一人",這是當今學者認爲《平吳錄》可靠的最主要依據,其實二者根本不是一回事! 就算李甲實有其人,則其身份也是"持檄招桂"的特使,此處之"檄",如同國書,而既持國書,名義上至少是大順朝的代表,而既持國書,名義上至少是大順朝的代表,稱呼應爲"招降使",而事實上《山海關志》所記斬以祭旗的卻是"細作"。細作者,諜探之謂也,古今中外,視諜探俱如卑微罪犯,與招降使的堂堂身份有雲泥之別,無論如何,二者也是不能混爲一談的。古時每臨惡戰,常殺人祭旗以勵士氣。這個被吳三桂殺掉的細作,如果真是大順軍的諜探倒也罷了,其實爲了祭旗的形式或藉口,從獄中拉出個囚犯,或者乾脆抓來個無辜的百姓而充作敵方的細作殺掉,此類情事,並不鮮見。離其事最近的一個例子是,甲申元月三日,明朝兵部收到大順軍一道通牒,約定三月十日至京門決戰。這道通牒是北京城裏一個做布匹生意的小商人,在涿州旅館,爲貪圖十兩銀子的酬金,替大順的諜報人員代投給兵部的。這類做法,並不犯罪,如果出於穩定局勢或警示人心的考慮,則打一頓板子或罰幾兩銀子都未嘗不可,但明朝政府卻以闖賊細作的莫須有罪名,將其綁赴西市,當眾砍了腦袋。[1] 余一元記吳三桂"祭旗,斬細作一人",與記吳三桂在山海關期間的其他行事一樣,目的都是爲了彰揚吳三桂與闖賊勢不兩立的態度,倘若當日所斬的真是大順招降使,正不妨大書特書,吳三桂的威名適足以藉此而彰,豈有舍西瓜不取,反而拿芝麻說事的道理? 把招降使的身份貶爲區區一細作,對吳三桂來說,這不等於罵人麼?

　　以上五點,足見《平吳錄》這段文字之不可採信。而辨清了這些,則所

---

① 《明季北略》卷二十499條。

謂李自成進京後不久便注意到了山海關局勢嚴重性和招降吳三桂重要性的說法便失去了唯一的文獻支撐。

問題不止於此，接著要從《平吳錄》的作者自序談起。自序全文如下：

> 三桂為明季罪人，又為本朝反賊，其生平亦何足道？以道路之口，傳聞之筆，事多淆訛，難以傳信，故略述其概。
>
> 惟桂本貫遼東，藩封滇南，余生長浙東，又何能得其始末耶？緣余甲寅、乙卯間遭大難，丙辰用奇計遁跡江西，至吉安招撫韓大任。任自幼隨桂，為余言甲申至丙戌事甚悉。
>
> 得大任戊午歸正之後，余又奉差往漢中，被羈貴州。時桂孫世藩嗣，據偽位，以貴陽為行在，其偽尚書郭昌、來度，與余交最契，每詳言桂之末路。今雖不及具載，而源尾亦略可見云。侶雲道人轉庵孫旭識。

前文已經考明，孫旭出家，號為"轉庵"，並無所謂"侶雲道人"的名目，此即作偽之證一也！

又：前文考明，康熙十七年韓大任投降康親王，接著孫旭即回鄉，旋而出家。而這裏卻說韓大任歸正後，孫旭又被差往漢中，繼往貴州，並在貴陽滯留了一段時間，則與事實明顯不符。此即作偽之證又一也。

按：文中說"任自幼隨桂，為余言甲申至丙戌事甚悉"。"甲申"是順治元年，"丙戌"為順治三年。據此則吳三桂在此三年之間的行事，都是孫旭聽韓大任親口述說的，而韓大任自幼追隨吳三桂，則其對吳三桂的瞭解之深，不言而喻。既然如此，出於韓大任之口的吳三桂行事，至少都應該與史實大致吻合，而考諸《平吳錄》，令人驚詫莫名，所敘情節，大悖史實，真正滿紙荒唐言！

下面我們就從頭開始，對《平吳錄》做一番詳細考察。

《平吳錄》正文開始即道：

> 吳三桂，字碩甫，一字雄爽，遼東鐵嶺人。先世以軍功封，世襲平西伯，家于京師。桂生壬子，及年二十，狀貌奇偉，膂力過人，嫻騎射，好田獵，為舅祖大壽所器。大壽鎮寧遠衛，用桂為中軍，不期年間，兵強馬壯，每戰必捷，關外頗聞桂名。桂父驤為參軍，嘗率五百騎出哨

探,與本朝大兵相值,被圍。桂望見,號哭大壽前,乞發援兵。大壽曰:
"吾以封疆重任,焉敢妄動!萬一失利,咎將安歸?"桂知不可強,乃自
率家丁二十騎突出入重圍,射中紅旗王子,墜地。將割取首級,為王子
仰斫鼻樑,流血不止,桂即揥紅旗自裹其面。尋見驤大呼曰:"隨我
來!"五百騎遂拼命殺出,回寧遠。驤謂大壽曰:"非吾子,幾不復相見
矣。"大壽曰:"壯哉,甥也!"以美姬陳沅賜之(原注:一云陳沅為周皇
親奎姬,非大壽所賜)。未幾,陳沅隨父驤歸京師,而桂以大壽薦,鎮
寧遠。

以下是筆者指出其謬。凡屬常識或學術界公認為事實者,只指謬,不
舉證;需要專做解釋者,則列舉證據以明之,後文均此。

一、古人的"名"與"字"是有關聯的,一般字是對名的解釋、補充或延
伸。其他史料記吳三桂字"月所"或"長白",都與"桂"義直接或間接有關,
可知不誤。而這裏的"碩甫"、"雄爽"卻與"桂"毫不相干。

二、吳三桂"遼東鐵嶺人",不實。更多史料記載,吳三桂為遼東中後
所人,此說可從正史中獲得印證。《清史列傳·貳臣傳·祖大壽》:"八年正
月,大壽奏言……宜乘此時攻取中後所,收吳三桂家屬。"按:"八年"為清太
宗崇德八年,亦即明朝的崇禎十六年。祖大壽是吳三桂的舅舅,此前皇太
極曾命已經降清的祖大壽移書招降吳三桂,吳三桂答書不從,祖大壽因有
此奏。又《清史稿·列傳第二一·祖大壽》亦載此事:"上方欲寵大壽諷明
諸邊將,使大壽書招明寧遠總兵吳三桂,三桂,大壽甥也,答書不從。大壽
因疏請發兵取中後所,收三桂家族。""中後所"即今遼寧省葫蘆島市綏中
縣,現已改為省管市級縣。

三、吳三桂封"平西伯"事在崇禎甲申三月初四日,乃與"定西伯"唐
通、"寧南伯"左良玉、"靖南伯"黃得功同日並封,而非得之"世襲"。

四、吳三桂從來沒有"家於京師"。

五、吳三桂之父名"吳襄",而非"吳驤"。按:甲申史料中把"吳襄"誤
為"吳驤"的不在少數,但有的是聞音致誤,屬於無心之誤;有的則是以誤致
誤,屬於無知之誤,二者性質不同。此處之誤,顯係後者。

六、"桂父驤為參軍",不實。明代武將官職,有"參將"而無"參軍"。

七、"桂生壬子,及年二十……為舅祖大壽所器。大壽鎮寧遠衛",不
實。按:"壬子"是萬曆四十年(1612),下推二十年為崇禎五年(1632)。

《清史稿》列傳第二一《祖大壽》："天啟初,廣寧巡撫王化貞以為中軍遊擊。廣寧破,大壽走覺華島。大學士孫承宗出督師,以大壽佐參將金冠守島。承宗用參政道袁崇煥議,城寧遠,令為高廣、大壽董其役。方竟,太祖師至,穴地而攻,大壽佐城守,發巨炮傷數百人。太祖攻不下,偏師略覺華島,斬冠,殲士卒萬餘。太宗即位,伐明,略寧遠,崇煥令大壽將精兵四千人繞出我師後,總兵滿桂、尤世威等以兵來赴,戰寧遠城下。會溽暑,我師移攻錦州,不克,遂引還。明人謂之寧錦大捷。"據此則從天啟初年(1621)至天啟七年寧錦大捷(1627)期間,祖大壽官僅"中軍遊擊",不過王化貞和袁崇煥的屬下裨將。《清史稿》本傳續云:"明莊烈帝立,用崇煥督師,擢大壽前鋒總兵,掛征遼前鋒將軍印,駐錦州。"按:"莊烈帝"即崇禎帝。崇禎帝用袁崇煥為遼東督師事在崇禎元年(1628),祖大壽這一年才擢為"前鋒總兵"並且於此年"駐錦州"。是則吳三桂二十歲時,祖大壽已於四年前離開寧遠。"鎮寧遠"有特殊的軍事含義,意為"以總兵的身份鎮守寧遠",而看上文可知,祖大壽沒有寧遠總兵的履歷,因而"大壽鎮寧遠衛"為虛誕之辭。

八、由第七條之錯,則所謂吳三桂"寧遠城外突陣救父"的情節便統統失去了依附。

按:這一段"救父"的情節,係沿襲另一偽書《吳三桂紀略》①的文字而來,《平吳錄》不過略作簡化和修飾而已。《吳三桂紀略》原文如此:

> 崇禎某年,總兵祖大壽守大同,鎮兵三千,每秋高恐盜邊者,分兵巡哨。撥參將吾太王爺吳驤領兵哨探,方離城百里祖帥憑城樓而望,不解救。吾王爺(按:指吳三桂)為祖甥,侍側,沙漠一望四十里間,見父被圍,跪請祖帥救,值四王子(原注:即天聰帝,當時稱四王子。)領兵四萬,欲攻大同。薉視五百人不戰,但圍困之,謂饑渴甚,三四日必降,可不血刃。因急奔急圍,緩奔緩圍。至近城四十里屯之。祖帥以敵兵四萬,城兵不滿三千,守且不給,何能救? 三請,俱不應,乃跪泣

---

① 《吳三桂紀略》載於《辛巳叢編》,作者佚名。學者王大隆據書中文字,疑為清康熙五年至八年間曾任雲南江川知縣的宋凝秀所撰,並據此而斷,該書成於三藩之亂以前。我以為若非三藩之亂,則為吳三桂專作紀略為不可思議之事,可知此書成於康熙二十幾年的三藩之亂平定之後。又考《吳三桂紀略》,通篇皆偽,是一部典型的偽史料。為免本文枝蔓,此不具考,熟悉甲申史料者可自行勘斷,衡諸史實,真偽立判。

曰:“總爺不肯發兵,兒請率家丁死之。”祖似應不應,曰:“嘎!”以為必不能救也。王即跪而應曰:“得令!”下樓開城,率家丁僅二十人赴援。王居中,左吳應桂、右楊某(原注:俱遼西降人),分兩翼,十八人後隨沖陣。四王子見人少輕出,疑之,開陣計納而並圍之。突入陣,射殪兩人,繼遇擁纛紅纓王子,一箭落馬僕地。王下馬割首級,僕者未殊,奮短刀斫王鼻梁。王裂紅旗裹面,大呼殺人,內五百人亦大呼殺出。北軍終以王人少,疑其誘,遂缺圍,聽其逸。祖帥在城樓望見決圍,因命吶喊擂鼓助威,北軍亦不進。祖帥乃出城,於三里外鼓吹香亭迎接,慰勞讚歎。王面血淋漓,下馬跪泣。祖撫王背,曰:“兒不憂不富貴。吾即題請封拜,易事耳。”斯時忠孝之名,夷夏震懾,即四王子亦曰:“好漢子! 吾家若得此人,何憂天下!”

這段文字,完全是古代小說筆法,情節虛構得無可理喻。人的地平視力,現代科學研究證明最遠可達8—10公里,而祖大壽居然能看到百里之外吳襄被圍。所謂“總兵祖大壽守大同”,更加荒唐,祖大壽一生從無“守大同”的經歷。讀者只要細心勘對兩段文字,因襲之跡,灼然可見。

九、由第七條之錯,則“大壽鎮寧遠衛”的前提已不復存在,焉能“用桂為中軍”?

十、陳沅之歸吳三桂,既不是祖大壽所賜,也不是得于周奎,並且陳沅不是“周皇親奎姬”。

十一、吳三桂以團練總兵而“鎮寧遠”,事在崇禎十二年七月,由當時的關外監軍太監高起潛所推薦,而非“以大壽薦”。

《平吳錄》續云:

> 方是時,新安方一藻經略遼東,桂拜其門下。一藻子光琛(原注:字廷獻),與桂締盟為忘形交;及一藻卒,光琛遂入桂幕府,每事諮決焉。

十二、方一藻經略遼東事所固有,但吳三桂是否“拜其門下”無可稽考。可以肯定的是,“及一藻卒,光琛遂入桂幕府”,絕對不是事實。按:方一藻卒於明崇禎十三年,方光琛入吳三桂幕府事在清康熙元年,中間隔了整整二十三年,而此事與清初著名的“江南奏銷案”有關。晚清周壽昌《思益堂日劄》有"方光琛"條目,僅摘其與本文有關者錄如右:"國初江南賦重,士紳包攬,不無侵蝕。巡撫朱國治奏請窮治,凡欠數分以上者,無不黜革比追,於是兩江士紳,得全者無幾……方光琛者,歙縣廩生,亦中式後被黜,遂亡命至滇,入吳三桂幕。"許多研究文章未審此文,誤信上文,以為方光琛甲申之變前就是吳三桂的幕僚,實乃大誤。另有文章兼采此文,折中上文,稱方光琛曾兩入吳三桂幕府,亦誤。

《平吳錄》續云:

> 甲申三月,李自成破京師,懷宗以身殉,自成遂僭位,稱永昌。二年,勒百官助餉,抄吳驤家,得陳沅,悅之,欲立為妃(原注:一云為權將軍所得。權將軍者,李過也。自成聞其美而奪之)。

十三、"二年,勒百官助餉",不實。應為"元年"或"當年"。

十四、李自成"抄吳驤家,得陳沅,悅之,欲立為妃",不實。"得陳沅"者為劉宗敏而非李自成。

十五、"權將軍者,李過也",不實。權將軍是劉宗敏,李過則是制將軍。

十六、李自成從劉宗敏或李過處"聞其美而奪之"無其事。

再接下來便是當今學者每用必引的李自成"衽席不安",亦即吳三桂"斬李甲祭旗"那一段。前文已經指出,這一段有五條錯誤,把這五條計入,至此錯誤累計已達二十一條,後文以此續計。

《平吳錄》又云:

> 自成怒,殺驤家口三十餘人,罄國出兵,號稱三十萬。將至永平,桂與方光琛等謀曰:"敵眾我寡,計將安出?"光琛曰:"莫若請北兵進關,共殲李賊,事成則重酬之。"乃命涿州指揮楊坤走我朝乞師,自率精銳千騎出關,過快活嶺,投至我軍。

二十二、李自成殺吳襄家口三十餘人事在山海關大戰敗歸北京之後,而非出征山海關將行之前。

二十三、"罄國出兵,號稱三十萬",不實。李自成親征山海關帶兵六萬,號稱多少,沒有可靠記載,但北京尚有二十餘萬士卒留守,並未"罄國出兵"。

二十四、李自成"將至永平",吳三桂派楊坤乞師,不實。吳三桂借兵事在四月十一日,而李自成親征山海關於四月十三日才從北京出發,十九日到達永平。

二十五、與第十一條相關,方光琛此時與吳三桂尚未謀面,不可能為吳三桂獻策借兵。

二十六、"涿州指揮楊坤",不實。楊坤的官職是寧遠鎮副將,亦稱"副鎮",與"涿州指揮"風馬牛。

二十七、"快活嶺"無此地名,應為"歡喜嶺"或"悽惶嶺"。按:山海關外八里之處有一小山嶺,為清初人犯流徙吉林尚陽堡和黑龍江寧古塔的必經之地。人犯出關,親友在此祖餞泣別,稱之為"悽惶嶺",刑滿赦回,親友在此張宴迎迓,稱之為"歡喜嶺",蓋以心情不同,因有兩稱。但這兩個名稱,僅限於清朝入主中原之後,此前的流放之地不是尚陽堡和寧古塔,故明朝和明末的甲申之年尚無此類稱呼。到了清代中後期,流徙人犯之地改為新疆伊犁,此嶺之稱淡出史籍,故址今已不可考。

二十八、吳三桂"自率精銳千騎出關,過快活嶺,投至我軍",不實。吳三桂曾率數騎與五名縉紳出關至威遠臺與多爾袞談判。

《平吳錄》續云:

> 時太宗已崩,九王子總軍務,駐懊惱嶺下,即與承疇共傳見桂,問:"此來何意?"桂曰:"請大兵共誅李賊耳。"又問:"此意真耶,贗耶?"承疇代答曰:"吳三桂報君父之仇,豈得不真?"九王子曰:"吳總兵有子否?"答曰:"有一子應熊。"九王子曰:"吾四汗(原注:謂太宗)有格格(原注:本朝稱公主為格格),當折箭誓為婚姻。"乃共割衣襟白太后,太后曰可,遂歃血歡飲,立即發兵,以承疇為前驅。

二十九、"懊惱嶺",又是一個虛編的地名,此上文已明。

三十、"九王子"應為"九王",即多爾袞,而多爾袞在努爾哈赤諸子中排行十四,不得稱為"九王子"。

三十一、"四汗"之稱,荒唐之極。"汗"為滿州初期的最高統治者,獨一無二,豈能有四?猶如皇帝,天下獨尊,不能有"二皇帝"、"三皇帝"和"四皇帝"是一個道理。按:努爾哈赤時代,以"四大貝勒"共值國政。四大貝勒中,皇太極排序第四,稱"四貝勒",而皇太極早在十八年前就已去汗稱帝,一應朝章,悉仿漢制,故此時多爾袞不得稱其為"四汗"或"四貝勒"。出於其時的多爾袞之口,正確的稱謂只能是"我朝先帝"、"吾先帝"、"我太宗文皇帝"之類。

三十二、"折箭誓為婚姻",不實。吳應熊尚清太宗第十四女和碩建寧公主,事在此後的順治十年。

三十三、"乃共割衣襟白太后,太后曰可",不實。此處的"太后",不知所指。按:清太宗共有五宮後妃,都來自蒙古的博爾濟吉特氏,而又出於兩個不同的部落。皇后居清寧宮,與永福宮的莊妃、關雎宮的宸妃為姑侄關係,此一後二妃出於科爾沁部,另外兩妃則出於察哈爾部。太宗崩,福臨即位,尊清寧宮皇后為皇太后,這位太后崩于順治六年,諡"孝端"。福臨的生母是永福宮莊妃,福臨即位,循"母以子貴"的漢制,亦尊為皇太后,崩于康熙二十七年,諡"孝莊",其餘三位,一仍其"妃",不過長了一輩,稱為"太妃"而已。如此則時有兩"太后"。但問題是,無論哪個"太后",此時都撫育沖齡即位的順治帝於瀋陽,根本就沒隨多爾袞伐明,如何能請示太后且"太后曰可"?

三十四、"立即發兵,以承疇為前驅",此亦為杜撰之辭。洪承疇是文官,如何能作陷陣的前驅? 甲申四月二十二日淩晨威遠台談判,以吳三桂翌晨先出戰,清軍分兩翼隨後突陣,沒有所謂"前驅"之說。

《平吳錄》續云:

> 承疇入關,傳諭軍民曰:"大兵來報崇禎皇帝之仇,若等勿疑。"百姓皆香案迎接。將至永平,賊將田見秀、劉宗敏率兵二萬來禦,桂犅簽呼領騎,盡率精銳千騎直沖賊營,以一當百,九王子揮滿兵前進。賊眾故遼陽敗兵,一見本朝旗號,喪膽星散,自成奔還京師。

三十五、"將至永平,賊將田見秀、劉宗敏率兵二萬來禦",不實。參看其他史料,田見秀並未隨李自成北征至京,應當是留守在西安或駐守在陝北一帶,所以不可能與劉宗敏一道在永平出戰吳三桂。個別資料也有田見秀在北京的說法,均為不實之詞。大順朝僅封了兩個"權將軍",其一劉宗敏,其二即為田見秀。如果田見秀隨李自成進京,則主流資料,尤其是當時身在京師目睹國變的寫手,不能不提田見秀,而竟不著一字。不實之說,於此可見。

三十六、"賊眾故遼陽敗兵"，不實。大順軍足不出關，山海關大戰之前，從未與清兵交手，更未與清兵戰於遼陽。

緊接著，《平吳錄》又云：

> 明季，正陽、海岱、順城三門俱埋大炮，能震四十里，兼有火藥數十石，以香火烓要處，約數時盡火然，則炮響城崩。於是自成安置炮藥，席捲輜重，載陳沅出德勝門，走陝西，四顧將士，僅存十萬。九王子與桂追至通州，傳令暫歇少刻，火炮齊發，響震百里。通州在京東，而炮子向南，故不相及。

三十七、"海岱門"即"哈德門"的訛音，是清朝定鼎北京以後，滿洲旗人沿用元朝蒙古人的稱呼，明朝只稱"崇文門"；"順城門"為"順承門"的訛誤，也是元朝蒙古人的說法，明朝則稱"宣武門"，此二門與"正陽"合稱內城前三門。按：京師內城九門，外城七門，此十六門中，其餘十三門俱置火炮，唯獨前三門不置。蓋以前三門位於內城外城之間，若裝置火炮，無以威懾城外的來犯之敵，卻足以傷及城內的平民百姓。

《平吳錄》續云：

> 大兵入永定門，桂索大內無一人，知自成已挈陳沅去，遂統己兵兼程追至陝西。自成棄陳沅而走，止百餘騎，後過湖廣九宮山，死於農夫之擊。桂在陝西，尋獲陳沅，收降賊將馬寶、王輔臣、張勇、馬甯、趙良棟等十餘人，兵十餘萬，擁眾駐紮陝西，不惜子女玉帛，與將士同勞苦。

三十八、"大兵入永定門，桂索大內無一人"，不實。山海關戰後，吳三桂進兵至城外榆河，欲擁太子入城，多爾袞不許，爭吵甚烈，多爾袞以英王阿濟格脅迫其向西繼續追殺李自成，此事載諸當事人的著作。吳三桂根本就沒進北京，如何能搜索大內尋找陳沅？

三十九、"遂統己兵兼程追至陝西"，不實。此次追殺李自成，吳三桂至河北與山西交界的固關而止，連山西境內都沒進入，遑論陝西？

四十、"桂在陝西……收降賊將馬寶、王輔臣、張勇、馬甯、趙良棟等十餘人"，此中所提五人，無一與史事相合。為避冗繁，僅以"王輔臣"為例。

清初名儒劉獻廷《廣陽雜記》記王輔臣身世甚詳,大意為:王輔臣本姓李,
河南人,有王進朝者,無子,收輔臣為義子,遂姓王。曾投流賊,因賭博殺人
而逃,流入姜瓖營中。姜瓖即為在大順軍北征時向李自成投降的原明朝大
同總兵。清軍入關,姜瓖降清。順治五年,金聲桓反於江西,姜瓖在大同起
兵,遙為呼應,多爾袞命師征討,誅姜瓖而收王輔臣為護衛。所以然者,是
因為王輔臣威名四播,《廣陽雜記》云:"輔臣長七尺餘,面白晳,無多須髯,
眉如臥蠶,如世所圖呂溫侯像。勇冠三軍,所向不可當,號'馬鷂子'。清兵
之圍大同也,輔臣乘黃驃馬,時出剽掠,來則擒人以去,莫有攖其鋒者。清
兵遠望黃驃馬騁而來,輒驚呼曰:'馬鷂子到!'即披靡走。"有此赫赫威名,
則雖附叛臣而一將難求,所以多爾袞收為己用。順治七年多爾袞病歿,死
後削爵論罪,株連王輔臣,打入宮中罰做苦役的"辛者庫"。一個偶然的機
遇,結識了權臣鼇拜,鼇拜將王輔臣推薦給順治帝,授為御前侍衛。順治十
年,張獻忠餘部孫可望和李定國擁眾數十萬盤踞雲貴,脅逼兩廣,朝命洪承
疇經略西南五省軍務,督兵前往征討,順治帝特委王輔臣隨軍輔佐。數年
征戰,撫定邊陲,洪承疇奏請回朝,以吳三桂鎮守雲南,留王輔臣歸吳三桂
統屬,至此王輔臣始為吳三桂屬將。——王輔臣之歸吳三桂如此,地在雲
南,而非陝西;時在清順治十六年,而非明崇禎十七年;得自于洪承疇奉朝
命留置,而非收降於闖賊。

　　《平吳錄》續云:

　　　　五月,九王子輔世宗登極,為攝政王,以崇禎十七年為順治元年,
承疇為首相。

　　四十一、"九王子輔世宗登極",此為天大的笑話!按:"世宗"是雍正
帝,甲申之變八十年以後才入承大統,此時尚未降生人世,而世宗入統之時
多爾袞亦已死去七十多年,如何能"輔世宗登極"?如謂"世宗"係"世祖"
之誤,則世祖順治帝登極於明崇禎十六年,亦即清朝的崇德八年八月,而非
甲申之年的"五月"。

　　四十二、"承疇為首相",不實。洪承疇一生,無論仕明仕清,從未當過
首相。

　　《平吳錄》又云:

桂以入關功,封平西王,子應熊召為額附。桂語胡心水曰:"吾子少不更理,煩汝代庖。"遂同入京陛見,賜額附府於海岱門內。

四十三、"額駙"是滿語,漢人謂之"駙馬"。吳應熊尚建寧公主,上文已經指出事在順治十年,此誤又現,不復計,而"賜額附府於海岱門內"不實。"海岱門"前文已明即崇文門,吳應熊的"額駙府"則在宣武門內西單牌樓之北的石虎胡同,即今天的西單小石虎胡同 31 號和 33 號兩座跨院。明朝初、中期為常州會館,明末則為兩掌樞府的周延儒"相邸"。三藩亂起,康熙帝殺吳應熊"以寒老賊之膽",迎建寧公主回宮中恩養,額駙府收歸宗人府。雍正三年,在此設"右翼宗學",為滿清宗室子弟的受讀之所,曹雪芹曾在此任宗學助教。乾隆年間,右翼宗學遷至絨線胡同,以此宅為裘曰修的賜第。裘曰修曆官禮、刑、工三部尚書,死後諡"文達"。紀曉嵐《閱微草堂筆記》卷十"如是我聞四"第五十九則:"裘文達公賜第在宣武門內石虎胡同。文達之前為右翼宗學。宗學之前為吳額駙府。吳額駙之前,為前明大學士周延儒第。"按:此宅傳為京城"四大凶宅"之一,蓋以周延儒賜令自裁於此,吳應熊詔命正法於此,二人俱不克善終,故稱凶宅。民國期間,設為"蒙藏專門學校",梁啟超為紀念蔡鍔,在校內東側建"松坡圖書館"。解放以後,蒙藏專門學校改為中央民族學院附中。上世紀九十年代,中央民族學院附中遷出,此宅闢為衣飾服裝商場,名為"民族大世界",北臨西單明珠大廈,西側為中友百貨商場。至此,六百年流傳有緒之名宅,淪為二十年金錢交易之市場,焚琴煮鶴,即此之謂。

考辨至此,暫且打住,讀者大約已經不耐煩了。以上所引《平吳錄》不過兩千字的文章,粗粗核對,錯誤竟達四十三處之多,可謂通篇皆錯,一無是處,編造之甚,駭人聽聞。

不特此也,四十餘處之錯猶屬區區,讀者可能忽略了一個更為重要的問題:吳三桂降清的過程全都敍述完了,可是,著名的山海關大戰呢?歷來談吳三桂這段歷史,山海關大戰都是濃墨重彩的一筆,而在《平吳錄》裏,竟然隻字不提,豈非咄咄怪事?

看到這裏,有誰還敢相信《平吳錄》是一個能夠"傳信"的真實史料嗎?

要麼韓大任"自幼隨桂"這句話本身就是個謊言,不是韓大任欺騙了孫旭,就是孫旭欺騙了世人;要麼《平吳錄》壓根兒就是一部偽書。我是寧願相信後者的,因為孫旭晚年求禪,而且修成高僧,出家人不打誑語,這是佛門的基本戒律,孫旭何敢破此門規,去編造如此荒誕無稽的故事欺騙世人?無論如何,可言以必的是,"自幼隨桂"的韓大任也好,文武兼擅的孫旭也好,都不該犯如此之多的常識性錯誤和史實類錯誤,而《平吳錄》之為偽書,斷無可疑!

思想史研究

關於中華文明核心價值理念的再思考

吳 光[*]

【內容提要】在全球化大潮面前,我們中國人用什麼理念去凝聚民族意志,又拿什麼去與世界各民族進行文明對話?竊以為最重要的是總結和提煉中華文明的根本精神,拿出中華文明的核心價值觀,這是中華民族屹立於世界民族之林的精神支柱。本文指出,中華文明的根本精神是"以人為本、以德為體"的道德人文精神,它具有道德主體性、人文性、整體性、實用性和兼容性五大特性,並包含著從民本走向現代民主的人文基因。在此基礎上,本文具體論述和重塑了中華文明的核心價值體系,即以"仁"為根本之道、以"義、禮、智、信、忠、廉、和、敬"為常用大德的"一道八德"價值觀,並論述了"一道八德"價值觀的現代性與普世性價值。

　　隨著全球化潮流席捲世界和中國在世界的和平崛起,人們日益強烈地感到人文精神與價值導向的重要。這正應了春秋時期齊相管仲的名言:"倉廩實而知禮節,衣食足而知榮辱。"在這世界大潮流面前,我們中國人用什麼理念去凝聚民族意志、又拿什麼去與世界各民族進行文明對話呢?當然最重要的是要總結和提煉我們中華文明的根本精神,拿出中華文明的核心價值觀,這是中華民族屹立於世界民族之林的精神支柱。然而,在如何認識中華文明的根本精神、論述中華文明核心價值觀問題上,學術界還存有很多歧見甚至是糊塗認識。筆者擬對此發表一得之見。

---

* 吳光,國際陽明學研究中心客座研究員。

一、中華文明的根本精神

何謂中華文明？顧名思義，就是由中華民族在數千年文明發展史上創造的文化財富，主要是指具有中華民族特色的價值觀念、文化傳統、科技成就、制度文物與禮儀風俗，其中最重要的是核心價值體系和孕育這個核心價值體系的思想文化傳統。

綿延傳承了數千年的中華文明在其歷史發展過程中凝聚了中華民族的基本精神。這一基本精神體現在三大方面：一曰"以人為本、以德為體"的道德人文精神。孔子講"仁者人也"、"仁者愛人"，講"為政在人，取人以身，修身以道，修道以仁"（見《中庸》、《孟子》引孔子言），孟子講"人之所以異於禽獸者幾希"，講"仁義禮智根於心"（見《孟子·離婁下》、《盡心上》），荀子講"人有氣、有生、有知亦且有義，故最為天下貴"（《荀子·王制》），二程講"仁者以天地萬物為一體"（《二程遺書》卷二上），王陽明講"致良知"（《王文成全書·傳習錄中》）等等，都體現了這種道德人文精神。二曰"以和為貴、和而不同"的多元和諧精神。《論語》講"禮之用，和為貴"、"君子和而不同"，《老子》講"萬物負陰而抱陽，沖（中）氣以為和"，都體現了多元和諧精神。三曰"實事求是、經世致用"的務實精神。"實事求是"的命題，早在東漢班固的《漢書·河間獻王傳》已經提出，而稍長於班固的王充則在《論衡·對作篇》提出了"實事疾妄"命題，體現了堅持求真務實、批判虛妄迷信的精神；"經世致用"一詞，雖然定於清代，但"經世致用"的思想則早就包含在孔孟原儒的論述中了，它是歷代儒家思想家所提倡的基本精神。如孔子說"修己以安百姓"（《論語·憲問》），《大學》講"修身、齊家、治國、平天下"，孟子講"我亦欲正人心、息邪說、拒詖行、放淫辭以承三聖者"（《孟子·滕文公下》），都是提倡"經世致用"。宋儒程頤說"窮經將以致用也"（《四書集注·論語集注》），明儒王陽明講"知行合一"（《傳習錄上》），清儒黃宗羲說"經術所以經世"（全祖望《梨洲先生神道碑文》）等等，都具有鮮明的經世致用精神。在上述三大基本精神中，最根本的是道德人文精神。

中華文明的人文精神具有五大特性：一是特重道德理性的道德主體性。孔子說："仁遠乎哉？我欲仁，斯仁至矣"（《論語·述而》），道德的確立取決於內在的心理自覺,而文化自覺的本質即在於道德自覺。儒家始終是將道德自覺放在根本的位置上。二是以人為本的人文性,即人文關懷。儒家與宗教都有終極關懷,所不同的是,宗教的終極關懷是人死後能否進入天國的外在超越,而儒家的終極關懷是人生道德價值的實現,是君子人格的完成,是死後人文精神的代代相傳。所以儒家始終是以人為中心而非以上帝或神、佛為中心展開論述的。國家以民為本,社會以人為本,其邏輯歸宿,必然是對人民民主權利的肯定與實踐。這種"以人為本,以德為體"的道德人文精神,無可置疑地包含著從傳統民本走向現代民主的人文基因。三是強調"多元和諧"的整體性思維。儒家的和諧觀具有三個層次,即:"天人合一,萬物一體"的整體和諧、"協和萬邦,萬國咸寧"的群體和諧與"正心誠意,修身為本"的個體身心和諧。這種多元和諧觀對於保持人與自然的和諧相處、國際關係的和平共處、人際關係的和氣合作、個人身心的安身立命是十分有益的。四是強調經世致用的實用性。儒家的經典《論語》講"修己安人"、《大學》講"格致誠正、修齊治平",都是要求將個人道德修養落實到安定民生、治國平天下的政治實踐中,而不是空談道德。儒家歷來有"太上立德,其次立功立言,死而不朽"的"三不朽"之說,[1]南宋浙學形成了以陳亮、葉適為代表的事功學派,就充分體現了儒學的實用性。五是重視開放創新、兼容多元的兼容性。儒家歷來重視開放日新精神,《周易・大畜・象》曰"日新其德",《大學》則引湯之《盤銘》曰:"苟日新,日日新,又日新。"強調的是不斷求新的精神。求新必然是對他者的開放學習,開放學習的前提是對客觀世界多元化存在的承認與接納,所以孔子要求君子要有"和而不同"的胸懷。可以說,中華文明的開放日新精神在本質上乃是一種追求"多元和諧"的發展觀與世界觀。

二、重塑中華文明核心價值觀——"一道八德"論

所謂"核心理念",就是最根本的價值觀念。在這個核心理念帶動和影

---

[1]　考諸史籍,"三不朽"之說最早見於晉皇甫謐撰《高士傳・摯峻傳》所載司馬遷"勸進摯峻書":"遷聞君子所貴乎道者三:太上立德,其次立言,其次立功。"又見於南齊魏收撰《魏書・劉昞傳》:"太保崔光奏曰:臣聞太上立德,其次立功、立言,死而不朽。"他們都說是聽聞而來,可見此說古已有之。

響下形成的根本性價值體系即核心價值觀。有人說"愛國主義"是中華民族最核心的理念,我以為不然。在我看來,"愛國主義"是指對祖國的忠誠與獻身精神,在中華文明價值體系中屬於諸德之一,但並非最核心的理念。例如《論語》講"子以四教:文行忠信"(《述而》),注者謂:"其典籍辭義謂之文,孝悌恭睦謂之行,為人臣則忠,與朋友交則信。此四者教之所先也。故文以發其蒙,行以積其德,忠以立其節,信以全其終也。"①《論語》又説:"子張問政。子曰:'居之無倦,行之以忠。'"(《顏淵》)注者謂:"言為政之道,居之於身,無得懈倦;行之於民,必以忠信也。"②可見"忠"是一種政治節操,是儒家提倡的常用大德之一,但不屬於最核心的價值理念。

那麼,什麼才是中華文明最核心的理念呢? 在回答這個問題之前,我們先來看看先賢關於道德的論述。

在中華文明體系中,"道"與"德"是不同層次的兩個概念。一般而言,"道"屬於最高層次,"德"屬於第二層次。但諸子百家的"道、德"內涵是很不相同的。例如,道家之"道",是一個無所不在、自在自為的觀念性本體。道家之"德"比"道"低一個層次,如謂"失道而後德,失德而後仁"(《老子》第38章)、"道生之,德畜之,物形之,勢成之"(《老子》第51章),"德"是"道"具體體現;儒家之"道"則是集政治、倫理、道德功能於一體的主宰性觀念,是根本之"德",是人生的根本原則、政治的理想和治國安民的戰略。例如孔子講"吾道一以貫之"(《論語·里仁》),孟子講"得道者多助,失道者寡助"(《孟子·公孫丑下》)、"行天下之大道"(《孟子·滕文公下》),董仲舒稱"道之大原出於天"、"明其道不計其功"(《漢書·董仲舒傳》),等等,其所論之"道",就是人生的根本原則、政治的理想、道德的境界。儒家所論之"德"是所得之"道",所謂"德者得也"(《禮記·樂記》),是指對"道"的體悟、實踐,是"道"的具體表現形式。例如孔子所謂"君子之道"的具體表現形式是,"其行己也恭,其事上也敬,其養民也惠,其使民也義"這四種"德行"。在《論語》裏面,孔子在不同場合下論及大道至德的多種表現形式,例如仁、義、禮、知、聖,中、和、忠、恕、敬,恭、寬、信、敏、惠,溫、良、恭、儉、讓,等等,都可以視為孔子之"道"的德目。所以儒家系統中的道、德關係實質上是體用關係,道是根本之體,德是道之體現,或曰道體之用。

---

① 何晏注、皇侃疏:《論語集解義疏》卷三,載《四庫全書》文淵閣影印本經部四書類。
② 《論語集解義疏》卷六,同上本。

那麼,儒學之道最核心的理念究竟是什麼呢? 我認為就是一個"仁"字。孔子雖然提出了 20 多個道德價值概念,但講得最多的是"仁"。"仁"是孔子學說中最根本、最具普遍意義的價值理念,是具有核心地位與主導作用的道德範疇。孔子說"仁者愛人",就是對人之所以為人的價值的確立,是儒學道德主體性特性的確立。孟子說:"孔子曰:'道二:仁與不仁而已矣。'"(《孟子·離婁上》)天下之道只有兩類,一是仁道,二是不仁之道,這是對孔子核心理念的精闢概括。

"仁"是什麼? 其基本涵義有三:一是人,即所謂"仁者人也",即人之所以為人的道理所在;二是德,孔子所謂"仁者愛人"的基本涵義,就是有道者的根本之德在於愛一切人;三是根本之道,誠如孔子所云"為政在人,取人以身,修身以道,修道以仁"(《中庸·禮記》),意謂政治的要義在於以人為本,衡量人的標準看他本身的道德修養,道德修養的根本原則在於實踐仁道。從其特質而言,"仁"是內在於人的心理自覺,即道德自覺。孔子說:"我欲仁,斯仁至矣"(《論語·述而》),"己欲立而立人,己欲達而達人"(《論語·雍也》),就揭示了"仁"的這種特質。但這種道德自覺,並非先天具備,而是後天修養而成的。所謂"克己復禮為仁",就指明了"仁"是通過自我修養回歸禮義最終達到"仁道"境界的道路。

儒家以"仁"為根本之道的理論主張,突出了"以人為本,以德為體"的中華文明的根本特質。堅持以人為本,就必須承認人民在國家政治生活中的主宰權,就必須承認統治者的權力來自人民。其邏輯的發展必然是從民本走向民主。中國儒學史上,從孔子的"仁者人也"到孟子的"民貴君輕",再到明清之際的黃宗羲提出"天下為主,君為客"(《明夷待訪錄·原君》),正是體現了從人本、民本到民主的思想發展邏輯。

"仁"與其他德目的關係又是怎樣的呢? 對這個問題,先儒其實早已作出明確回答。例如孔子在談到仁與禮的關係時說:"人而不仁,如禮何!"(《論語·八佾》)宋儒程顥說:"仁、義、禮、智、信五者,性也。仁者,全體。四者,四支。仁,體也。義,宜也;禮,別也;智,知也;信,實也。"又說:"學者須先識仁。仁者渾然與物同體。義、禮、智、信皆仁也。"(《二程集》,第 14、16 頁)可見,在先儒看來,仁與其他德目並非並列關係,而是體用關係,是本質與現象的關係。仁是道之體,義、禮、智、信是道之用;仁是道德的核心,其他德目是仁的表現形式。因此,將"仁"作為儒學最核心的理念,是符合歷代儒家對核心價值觀的基本認知的。我敢斷言,在儒家系統中,如果不講“仁”的人，就不是真儒家。在討論中華文明核心價值觀時，如果不懂得“仁”的核心地位，就不算真懂中華文明。

在“仁”的總體觀照下，儒家文化乃至整個中國思想文化傳統形成了具有鮮明特色的核心價值體系，這個核心價值體系的常用大德，是義、禮、智、信、忠、廉、和、敬八大理念。

義：“義者宜也”，“義”就是合理、適當、公平、公義。對於個人而言，義要求言論合理，舉止適當，待人公平，追求公義。對於政治而言，則要求執政者政策合理，執法適當，分配公平，堅守公義。

禮：“禮者序也”，“禮”就是適度、有序、守禮、守法。禮的根本特性就是講究規則、秩序。孔子治國的戰略方針是“導之以德，齊之以禮”（《論語·學而》），要求維護“君君，臣臣，父父，子子”的倫理秩序。中國傳統社會講從禮治，現代社會講法治，都是旨在維護社會的倫理秩序和行為規則。但無論禮治法治，都必須立足于道德之“仁”，必須合乎仁道。“禮”與“法”都是“仁”的制度之用。

智：是指知識的積累、認知的能力與智慧的運用。孔子說：“知者不惑。”是說有智慧的人不會被表象所迷惑。孟子說：“是非之心，智之端也。”是指判斷是非的能力。這個“智”，為歷代儒家所重視，視為五常德或三達德之一。但現代人所謂的“智”，屬於認知方法、認知能力與科學知識範疇，而不屬於道德範疇。

信：《中庸》說：“誠者天之道也，誠之者人之道也。誠者不勉而中，不思而得，從容中道，聖人也。誠之者擇善而固執之者也。”“誠者”是真實無妄的“天道”（客觀規律），“誠之者”是信守這個天道，即所謂“信”。“誠信”的基本涵義是誠實、守信、踐諾、守法，尊重客觀實際，堅持實事求是。孔子說“民無信不立”，是要求執政者必須取信於民，才能得到人民的擁護。所以“誠信”既是立身之本，也是立業之本、立國之本。

忠：“忠”在古代主要是指臣忠於君的為臣之道。如孔子所說“君使臣以禮，臣事君以忠”（《論語·八佾》）。也引申為忠於國家社稷、忠於人事，如《論語·學而》記：“曾子曰：吾日三省吾身：為人謀而不忠乎，與朋友交而不信乎，傳不習乎！”這個“忠”就是忠於人事。如杜預注《左傳》“季子來歸”條，稱“季子忠於社稷，為國人所思”，這個“忠”即是忠於國家社稷之意。孟子說“仁義忠信，樂善不倦，此天爵也”（《孟子·告子上》），所謂“天爵”就是天道，可見孟子是將“忠”列入核心價值體系的。今天，“忠”的涵義更加豐富,包含了忠於祖國、忠於人民、忠於事業等多重涵義,是中華文明核心價值體系中體現愛國主義精神的重要理念。

廉:是中華傳統文化一貫重視的政德,其基本涵義是廉潔奉公。《周禮·天官塚宰》就已提出從廉善、廉能、廉敬、廉正、廉法、廉辨六個方面考核官吏的廉德,稱為"六計"。《管子·牧民》篇提出了"禮義廉恥,國之四維"的核心價值體系的論述。孔子提出了"政者正也,子帥以正,孰敢不正"(《論語·顏淵》)的廉政思想。廉政首要是廉正,即廉潔公正。"大臣之廉恥,即天下之風尚"(史可法《辭加銜疏》)。"不廉則無所不取,不恥則無所不為"(顧炎武《日知錄·廉恥》),可見廉德的重要。當今中國政界官員貪賄成性,寡廉鮮恥,腐敗叢生,屢禁不止的根源在於根本政治制度的缺陷,缺少嚴格系統的民主監督機制。我們應當將反腐倡廉作為確保國家長治久安的戰略任務。

和:"和"是中道,其基本涵義是執兩用中,和而不同。中華傳統文化中的儒、釋、道都有豐富的和諧思想傳統。儒家講"天人合一,萬物一體"是整體和諧,講"協和萬邦,萬國咸寧"是群體和諧,講"正心誠意,修身為本"是個體身心和諧。世界佛教論壇發表的《普陀山宣言》提出了"人心和善、家庭和樂、人際和順、社會和睦、文明和諧、世界和平"的"新六和"思想,堪稱最具包容性的和諧價值觀。道家講"陰陽會通,和生萬物"也是一種普遍和諧的思想。但中國思想文化傳統的和諧思想,歷來是提倡多元共生、和而不同的多元和諧,而非強求多元合一的。

敬:有敬天、敬祖、敬父母、敬師長、敬朋友,還有敬業。《周易》講"君子敬以直內,義以方外"。孔子論"孝"以"敬"為人獸之別。宋明儒家主張"涵養須用敬,進學在致知",都把"敬"列為常用大德。人若無敬畏之心,就會肆無忌憚,甚至無惡不作。上世紀六十年代"文化大革命"中極左思潮氾濫,以至發展到"懷疑一切,打倒一切"地步,究其思想原因,首先是從拋棄"敬畏"二字開始乃至肆無忌憚,對國家民族造成了極大危害。這個嚴重教訓永遠值得記取。

三、中華文明核心理念的現代性與普世性

以上述"一道八德"為代表的中華文明核心價值體系,雖經數千年而不

失,可謂歷久彌新,他們在當今全球化、現代化的時代潮流中不僅沒有過時,而且愈益顯示出現代性價值與普世性意義。

所謂"現代性"本來是針對中世紀的蒙昧時代而言,是指民主啟蒙時代以來的"新的"世界體系生成的時代。當前的"全球化"時代也是體現現代性的特殊階段。但直白地說,所謂現代性,即具有在當今時代存在的價值,並能適應當代人類生活的思想觀念與價值理性。例如,在現代世界如何處理錯綜複雜的國際關係? 我認為最重要而且通行的是人道主義、平等主義與多元和諧主義,也就是仁愛、正義與和諧的理念。在政治生活中,當政者如何做到愛民如子、執政為民、堅持民主? 在經濟生活中如何處理競爭與和諧、道義與功利、發展與保守的關係? 在日常生活中,如何處理好家庭關係、人際關係? 在這些領域,推行仁政、取信於民、互利互信、孝悌忠敬、禮貌和善等價值觀念就顯得尤其重要。胡錦濤總書記提出的以"八榮八恥"為内容的社會主義榮辱觀實際上是中華文明核心價值體系中的忠、仁、義、禮、智、信、勤、廉的現代擴充版,由此足見中華文明核心價值觀所具有的現代性了。

所謂普世性,即具有普遍的意義,能為全人類接受並付諸實踐的價值理性。例如根植于西方文明的民主、自由、平等、博愛、人權、法治等價值觀念是具有普世性的價值理念,根植于中華文明的仁、義、禮、智、信、忠、廉、和、敬等價值觀念是否也具有普世性? 我認為是毋庸置疑的。這些價值理念是數千年中華文明的思想結晶,它們不僅永遠是中華民族的核心價值,而且是全人類都能接受的美德。

當今世界,科技文明正在造福人類,社會現代化進程已經覆蓋了全球絕大部分地區。但人類同時也面臨著現代化所產生的許多負面問題,諸如核威脅、生態失衡、環境污染、物欲膨脹、資源浪費等等社會性問題,也出現了信仰失落、道德滑坡、拜金主義、人格扭曲、人情冷漠等等精神性疾病。這些問題,依靠發展科技、強化法治等手段可以得到部分緩解,但不能從根本上解決問題,制度的問題要靠改革制度去解決,精神的問題要靠價值觀、道德觀、人生觀教育去解決。解決這些社會性、精神性的疾病亟須呼喚中華傳統美德和核心價值理念的廣泛參與。例如,"天人合一"、"萬物一體"、"斧斤以時入山林"的理念,可以幫助人們提高環保意識、促進人與自然的和諧相處及對資源的適度開發,宣導仁愛、正義、禮儀、誠信、和諧、孝敬等等價值觀念有助於統治者推行民主仁政、有助於團結互助、遵紀守法、誠實守信、良性競爭、孝親敬老等良好社會風氣的建立。從這個意義上說，中華文明的"一道八德"核心價值觀與西方現代文明的民主自由價值觀一樣都是具有普世性的價值理念。我們應當充分認識中西文化的互補性，而擯棄"唯我獨尊"的霸權主義邏輯。拒絕所謂"河東河西論"、"中國世紀論"等種種一元獨斷主義的理論。而建立起面向全球化和現代化的多元和諧文化觀。

當前，中華民族正在走向全面復興，中國進入了和平崛起新時代。在這個大背景下，人們日益認識到建設我們民族的精神家園、重塑中華文明核心價值觀已經是當務之急。我們要繼往開來，因時制宜，根據時代發展的需要重塑中華文明的核心價值體系，以適應我們這個偉大時代的發展需要，拿出既屬於中華文明歷史發展成果又具有現代性與普世性的核心價值理念與世界現代文明體系互動對話，從而使中華民族永遠以一個平等自信的成員屹立于世界文明民族之林。

侯外廬的宋明理學史研究

方光華　袁志偉[*]

【摘　要】宋明理學史研究是侯外廬中國思想史研究的重要組成部分。他依據馬克思主義唯物史觀對宋明理學史作了獨具特色的系統性詮釋,揭示了理學思想與經濟基礎之間的互動關係、理學的宗教化傾向、理學的思想內涵及理學史發展規律等內容,確立了馬克思唯物主義的宋明理學史研究範式,並對當代的宋明理學史研究產生了重要影響。

侯外廬(1903—1987)是中國現代著名的歷史學家,他建立了以馬克思唯物史觀為指導的中國思想史學科,並在中國哲學史、宗教史、社會史等研究領域取得了眾多的理論成果。自20世紀30年代開始,侯外廬相繼出版了《中國古代思想學說史》(1942)、《中國近世思想學說史》(1945)、《中國早期啟蒙思想史》(1956)等著作,40—60年代主持完成了五卷本的《中國思想通史》,完成了對中國傳統思想的通貫研究。宋明理學史作為中國思想史的重要組成部分,也是侯外廬思想史研究的主要內容之一,他以馬克思唯物史觀為指導,在宋明理學史的研究中提出了許多重要的理論創見。

　　[*] 方光華,西北大學校長、思想文化研究所教授;袁志偉,西北大學中國思想文化研究所博士。

一、侯外廬對宋明理學史的理解

（一）侯外廬時代宋明理學史研究的時代課題

宋明理學史研究在中國古代具有悠久的歷史,南宋朱熹所撰的《伊洛淵源錄》可稱最早的學案體理學史研究著作;此外,明代周汝登的《聖學宗傳》、清初孫奇逢的《理學宗傳》都是理學史方面的重要著作,而黃宗羲及全祖望等人所著的《宋元學案》和《明儒學案》則是古代學案體的宋明理學史研究的代表著作。現代專門學科意義的宋明理學史研究則開始於晚清時代,並在五四時代以後初步建立。從學術史的角度看,現代宋明理學史研究的興起過程,實質也是對中國傳統文化現代轉型這一時代課題的探索與回應。隨著中國近代社會的轉型和西方研究範式的傳入,作為傳統學術文化主要代表的宋明理學也開始了"反思傳統,回應西學"的現代轉型,即由深具政治性的官方正統儒學向純學術的學科專門研究轉變。具體來說,這一轉型過程包括以下幾個階段:

第一,晚清學界對"舊學"的學術批評與總結工作,深化了學術界對宋明理學的認識。

鴉片戰爭以後,中國面臨著空前的社會矛盾與外部危機,作為官方正統思想的宋明理學與作為學界主流的乾嘉漢學(考據學)則對此無能為力,這使得包括宋明理學在內的傳統儒學思想的獨尊地位一去不返。在這種形勢下,學者一方面將目光轉向儒學之外的思想文化,希望從中找到解決危機的答案,突出表現為諸子學和佛學研究的興起,如汪中(以《荀卿子通論》、《墨子序》為代表)、俞樾等人的墨學研究,章太炎的玄學、莊學、佛學研究(以《齊物論釋》、《諸子學略說》等為代表)等,這正反映出宋學(理學)和漢學(考據學)的衰落。

另一方面,部分先進知識分子已發現了宋明理學等正宗儒學思想與封建專制和國家落後之間的聯繫,而接續早期啟蒙思潮,開始從學術上對理學進行批判。其中,魏源、龔自珍、包世臣等人從"經世致用"的角度出發,批評宋學家崇尚空疏的學風,以及理學的復古主義思想;康有為則主張"性無善惡"的人性論以此來反對程朱理學"存天理,滅人欲"的主張;譚嗣同在其《仁學》一書中更明確的承認人欲的天然合理性,反對宋明理學的"道器論",並提出要"沖決"封建綱常的"羅網";嚴復則在《辟韓》一文中批判"君權神授"說,並通過宣傳進化論來反對"天不變,道亦不變"的封建專制世界觀,他提出:"不獨破壞人才之八股宜除,舉凡宋學漢學,詞章小道,皆宜且束高閣也。"①這些學者從挽救危亡的"經世"思想出發,在理論上對宋明理學進行了較深入的批判,這種批判既反映出當時思想界對封建專制的理論基礎的自覺,也代表著"反思傳統、回應西學"已成為當時思想界的時代課題。同時,這種批判本身正反映出學界在西學的影響下,已經擺脫了傳統儒學思想的限制,從而深化了對宋明理學的認識。

第二,五四時期知識分子在"民主""科學"思潮下對落後封建文化的批判,客觀上促進了宋明理學史的研究。

與中國社會的現代化轉型相應,現代中國思想界也存在著清算落後統治思想、為資本主義發展掃除思想障礙的歷史任務。但這一思想任務並未隨著清朝滅亡和民國建立而完成,相反,民國時代的"尊孔"封建復辟思潮和內憂外患的加劇,迫使知識分子對封建統治思想和傳統文化糟粕進行更深入的批判和清理。因此在"重新審查一切價值"的五四時期,學術界以"科學"和"民主"為口號,繼續清算以封建倫理價值觀和孔教為核心的落後封建統治思想,而"近代新文化運動批判封建文化,理學也是被批判的對象",②這使得包括宋明理學在內的傳統儒學在學術、思想文化及社會倫理等方面基本喪失了統治地位。

胡適、陳獨秀、吳虞等人正是有見於封建專制思想(以綱常名教為代表)和儒學中的迷信(以孔教為代表)對自由和個性的壓抑,並阻礙科學精神和方法的發展,因此在政治思想、文學藝術、倫理思想等方面展開對傳統文化的批判。胡適在《不朽》(1912)中將孔學與迷信等同,反對宗教偶像崇拜的孔教;他在《易卜生主義》(1918)中則批判了封建倫理,宣傳個性解放與自由主義;魯迅的《我的節烈觀》、《狂人日記》(1918)也側重於揭露封建專制和倫理道德的罪惡;吳虞則針對儒家倫理學說、家族社會組織和君主專制三位一體的"三大部專制",同時批判作為封建專制基礎的儒家思想。由於程朱理學將綱常倫理等同於"天理",視其為不可侵犯的神聖教義,客

---

① 　嚴復:《救亡決論》,引自盧雲昆編:《嚴復文選》,上海遠東出版社1996年版,第48頁。
② 　侯外廬、邱漢生、張豈之主編:《宋明理學史》(上),人民出版社1984年版,第9頁。以下版本同。

觀上成為封建專制工具及自由思想的桎梏,因此近代很多先進思想家都對程朱理學進行過激烈的抨擊。

不過,五四知識分子在批判孔教迷信和舊道德的同時,也能夠比較客觀理性的看待學術文化層面的理學等儒教思想,陳獨秀曾說:"愚且以為儒教經漢、宋兩代之進化,明定綱常之條目,始成一有完全統系之倫理學說。斯乃孔教之特色,中國獨有之文明也。"①在今天看來,五四時代對儒學的看法並非完全公允,但這種學術批評卻在客觀上促進了學術界對宋明理學思想的重視和研究,胡適在五四以後提出"整理國故",目的正是以理性的科學精神來深入清理傳統文化。因此,這些批判既可視為是反思傳統與回應西學的深入,也是對宋明理學等儒學思想認識的深入。馮友蘭、呂思勉、容肇祖等人的理學研究專著都出現於五四之後,正反映出五四新文化運動對現代宋明理學史研究的推動作用。

第三,學術的專門化發展與西方研究範式的傳入,為現代宋明理學史研究範式的建立奠定了基礎。

民國時代隨著西方學科體系的傳入,現代中國的專業化學科體系逐步建立,中國學術由"通人之學"向"專家之學"轉變,正如錢穆所說:"民國以來,中國學術界分門別類,務為專家,與中國傳統通人通儒之學大相違異。"②五四以後,西方研究範式的全面引入則直接促使現代學科意義的宋明理學史研究的出現,胡適的《中國哲學史大綱》(1919)在某種程度上開啟了現代中國哲學史與思想史的專門研究,③此後,作為哲學史和思想史主要組成部分的宋明理學史也逐漸以獨立學科的形式出現。

在有關宋明理學史的通論性著作中,馮友蘭的《中國哲學史》(1934)、范壽康的《中國哲學史通論》(1936)、梁啟超及錢穆的《中國近三百年學術史》、侯外廬的《中國近世思想學說史》(1945)、張岱年《中國哲學大綱》(1943)等著作中都有對宋明理學的專章討論或相關的探討;此外,還出現了有關宋明理學史的專門研究著作,如呂思勉的《理學綱要》(1931)、陳鍾凡的《兩宋思想述評》(1933)、嵇文甫的《晚明思想史論》(1944)以及容肇

---

① 陳獨秀:《憲法與孔教》,引自《獨秀文存》(卷一),亞東圖書館 1922 年版,第 110 頁。
② 錢穆:《現代中國學術論衡·序》,嶽麓書社 1986 年版,第 1 頁。
③ 余英時認為胡適的《中國哲學史大綱》在近代中國史學革命上具有中心意義,是中國現代學術"新典範"的代表。且不論此"中心"與"典範"的評價是否過譽,但胡適的《中國哲學史大綱》無疑是在現代學科體系下的較早的哲學史與思想史研究成果。

祖的《明代思想史》(1941)等宋明理學的著作。

　　這兩類宋明理學史的研究著作正體現出當時宋明理學史研究的兩種範式：一是以西方哲學為參照的哲學史研究範式，以馮友蘭的《中國哲學史》(下冊)為代表，馮氏參照西方哲學的定義與內涵，從宇宙論、人生論、知識論三個方面來選擇宋明理學中的相關哲學材料進行論述。在此基礎上，馮氏認為宋明道學就是西方所說的哲學，他說："西洋所謂哲學，與中國魏晉人所謂玄學，宋明人所謂道學，及清人所謂義理之學，其所研究之對象，頗可謂約略相當。"①二是融合中國傳統史學與西方現代史學研究方法的學術史研究範式，以呂思勉的《理學綱要》為代表。呂思勉一方面繼承了傳統學案體的研究模式，即先論述理學家生平與學術師承，後闡述主要思想觀點；另一方面也引入西方的史學方法，試圖對理學思想進行客觀的分析與評述，相比馮友蘭的理學史研究，後者更兼顧了對傳統宋明理學史研究的繼承與發展。

　　第四，五四以後現代新儒家"復興儒學"的學術活動，促使宋明理學史研究向多元化發展。

　　五四時代新文化運動對儒學等傳統文化的深入批判，一方面破除了許多封建專制與迷信思想的桎梏，促進了"科學"和"民主"精神的傳播；另一方面也導致傳統文化尤其是儒學思想的衰落，而內憂外患的中國形勢與一次世界大戰所揭露的西方文明弱點，使許多中國知識分子開始反思之前的反傳統思潮，這導致了復興儒學的文化民主主義思潮的興起，而現代新儒家的出現則是這一儒學復興的主要體現。梁漱溟、熊十力、馮友蘭、賀麟等"新儒家"在繼承傳統理學思想的基礎上，融會西方近現代的哲學思想與方法以改造和發展宋明理學，其目的則是實現中國哲學的現代化，恢復儒學的主體地位，並以此解決中國傳統文化的出路。

　　針對新文化運動對儒學的批判，梁漱溟於1921年出版《東西文化及其哲學》一書，肯定中國文化、孔子及儒學的地位，從而"開啟宋明儒學復興之門"（牟宗三語）；②張君勱1923年在清華大學發表《人生觀》演講，並提出："誠欲求發聾振聵之藥，惟在新宋學之復活。"③主張"提倡新宋學"。抗日戰爭時期民族救亡與復興民族文化的社會共識，更進一步推進了現代"新儒學"的發

---

① 　馮友蘭：《中國哲學史》(上)，華東師範大學出版社2000年版，第6頁。
② 　牟宗三：《生命的學問》，廣西師範大學出版社2005年版，第88頁。
③ 　張君勱：《再論人生觀與科學並答丁在君》，引自張君勱：《科學與人生觀》，黃山書社2008年版，第115頁。

展,梁漱溟結合柏格森的生命哲學和陸王心學思想提出其新儒學理論,並通過中西哲學的比較以顯示儒家哲學的優勢。馮友蘭則在1938—1946年間完成著名的"貞元六書",通過融合西方新實在論和維也納學派的邏輯實證主義以改造程朱理學,從而建立起"新理學"體系,他在《新理學》①一書中申明:"我們是'接著'宋明以來底理學講底,而不是'照著'宋明理學來講底。因此我們自號我們的系統為新理學。"②明確表示其思想是對宋明理學的繼承與發展。賀麟在抗戰期間出版了《近代唯心論》(1942)及《當代中國哲學》《文化與人生》等書,通過融合新黑格爾主義的自我意識論與陸王心學"心即理"觀念,提出了理想唯心論,並建立了"新心學"體系。在這種儒學復興的背景下,宋明理學受到了知識分子的特別重視,包括程朱理學、陸王心學在內的主要宋明理學思想,都被現代新儒家作為思想材料而加以推崇和利用,這也促使宋明理學史的研究向多元化發展。

這種融會中西以改造和復興理學的研究路徑,不同於哲學詮釋與學術史的研究範式,而代表了當時宋明理學史研究的第三種範式,即改造宋明理學思想以建構新的中國哲學體系。自晚清以來,中國知識分子在半個多世紀的時間裏,試圖通過學術批判、理性反思、客觀研究與哲學建構等方式實現傳統宋明理學思想的現代化轉型,以此探尋宋明理學史研究及整個中國傳統文化轉型的時代課題的答案。

(二)侯外廬宋明理學史研究的產生背景

侯外廬宋明理學史的研究成果是在繼承和發展前人成果的基礎上,對中國傳統文化現代轉型這一時代課題的解答。與同時代的知識分子相比,他對這一時代課題有自己的深刻理解,並稱其為"民主潮流的現實解決"。侯外廬在中國近代啟蒙思想史的研究中指出:"19世紀中葉的中國,是真正把近代的課題從內憂外患中歷史地提出來了。所謂課題,是近代的民主潮流在中國的現實解決。"③在他看來"民主潮流的現實解決"不僅是近現代

---

① 《新理學》等"貞觀六書"出版後在當時學界產生了重要的影響,馮友蘭也因此成為抗戰期間最知名的哲學家之一。賀麟對此曾說:"馮先生《新理學》一書出版後,全國各地報章雜誌,以及私人談話,發表的評論,異常之多。""引起國內思想界許多批評、討論、辯難、思考,使他成為抗戰期中,中國影響最大聲名最大的哲學家。"(賀麟:《當代中國哲學》,勝利出版公司1947年版,第35頁)

② 馮友蘭:《新理學》,三聯書店2007年版,第1頁。以下版本同。

③ 侯外廬著,黃宣民校訂:《中國近代啟蒙思想史》,人民出版社1993年版,第1頁。以下版本同。

中國社會及政治上的課題,同時也是思想界及學術界的時代課題。五四以後"民主"一詞不僅指政治上的民主制度與民主精神,同時更包括倫理、教育、學術及思想文化等方面的解放與變革。因此,這一"民主潮流現實解決"的時代課題,就是侯外廬從"解放"與"變革"的角度對"中國傳統文化現代轉型"這一時代課題的闡述,兩者在本質上是相同的。如何解決這一文化轉型的時代課題,正是侯外廬宋明理學史研究的產生背景,具體來說,這一學術研究的產生出於以下幾方面的原因:

第一,侯外廬將宋明理學史研究視為解決中國傳統文化時代課題的重要手段。

侯外廬上承五四時代"民主"、"科學"的學術思潮,批判性地研究了宋明理學的主要思想家及其代表思想,其目的在於從學術上清除理學思想中的封建迷信和專制成分,並繼承其積極內容,他在中國近代思想的研究中指出:"從新事物裏剔除腐爛渣滓,從舊事物裏提取新生契機,發揚它。這是當前哲學上的首要任務。"①他希望以此促進社會和思想的解放,並以學術研究的手段,為時代課題的解決尋找答案。從此方面來說,他的宋明理學史研究正是實現"民主潮流現實解決"的重要途徑。在侯外廬看來,新文化運動清理傳統文化糟粕的任務並未完成,因此他在上世紀四十年代展開中國思想史及宋明理學史的研究,並在研究中特別注意科學的方法及"科學研究的態度"②,力求以實事求是的科學態度批判理學思想中的封建落後成分,全面客觀的評判宋明理學的價值與地位,以此完成新文化運動未完的歷史任務。從這一點上說,侯外廬的宋明理學史研究繼承了"民主"與"科學"的精神,是五四新文化運動的繼續。

經過五四後馬克思主義的傳播、個人對馬克思主義的接觸③及三十年代的社會史論戰,侯外廬最終選擇以馬克思唯物主義研究宋明理學史。在

---

①　侯外廬著,黃宣民校訂:《中國近代啟蒙思想史》,人民出版社1993年版,第307頁。

②　侯外廬自述其《中國思通通史》的撰著時,指出他在研究中特別注意遵循"科學的規範"及"科學研究的態度",注意用實事求是的客觀態度研究中國思想史及宋明理學史。參見侯外廬:《韌的追求》,三聯書店1985年版,第265頁。以下版本同。

③　侯外廬早年在北京讀書時,曾在李大釗的指引下接受了馬克思主義,並確立了以馬克思主義唯物史觀研究歷史的學術方向,對此,他晚年回憶說:"全賴李大釗同志的教導,循著他指點的方向,我以研究《資本論》為起點踏上征途,從而確立了我的馬克思主義世界觀,和對歷史發展必然規律的信念。……之所以能從此走上信仰馬克思主義的道路,為宣傳馬克思主義不遺餘力一生,應該說,是李大釗同志給了我第一個推動力。"(侯外廬:《韌的追求》,第15頁)

他看來,馬克思唯物史觀及其方法具備真正的科學性,可以解決清算封建糟粕的思想任務,他說:"馬克思主義的治史要求,在乎詳細地佔有史料,從客觀的史實出發,應用歷史唯物主義的基本原理和方法,認真地分析研究,解決疑難問題,從而得出正確的結論,還歷史以本來面目。"①這既是侯外廬對馬克思主義治史方法的概括,也是他將馬克思唯物主義視為科學方法的原因所在。在他看來,包括宋明理學史在內的中國思想史研究具有"革命"的意義,②這種"革命"就是指"民主潮流的現實解決",而解決的理論武器則是馬克思主義,侯外廬在《宋明理學史》中指出:"我們的研究必須嚴格地置於馬克思主義理論的指導之下,馬克思主義是科學的世界觀和方法論。"③作為一位馬克思主義學者,他希望通過對宋明理學史的研究,論證馬克思主義唯物史觀的科學性,從文化角度證明馬克思主義在中國傳播發展以及指導社會實踐的合理性,並運用馬克思主義哲學完成中國傳統文化現代轉型的時代課題。

第二,侯外廬認為當時的宋明理學史研究並不完善且值得進一步推進。

針對民國以來學術界對宋明理學的評判,侯外廬指出:"為了反封建,當時新文化運動的新潮流沖蕩理學,指出理學的消極面,這是必要的。但是全面總結我國的學術思想,不論對兩漢經學、魏晉玄學、隋唐佛學,都要有持平的論斷,既不能崇為'國粹',又不能一棍子打死,對待宋明理學也應當這樣。"④他一方面不同意對宋明理學的全面否定,另一方面也不贊同馮友蘭、賀麟、梁漱溟等"新儒家"將理學思想視為"國粹",他試圖從唯物史觀的角度對宋明理學做出客觀的評判。

侯外廬以馬克思唯物主義為理論依據,在中國社會性質的評判方面,他不贊同當時的資產階級學者對封建社會所有權及階級對抗的美化及否定,主張"我們應依據馬克思主義的有關封建歷史的理論來予以徹底的批

---

① 侯外廬:《韌的追求》,第 292 頁。
② 侯外廬晚年回憶其近代思想史研究時說:"'近代'問題的研究更能為革命鬥爭的需要服務,這一點頗令人鼓舞。"可見他將學術研究視為"革命鬥爭"的組成部分,參見侯外廬:《韌的追求》,第 290 頁。
③ 侯外廬、邱漢生、張豈之主編:《宋明理學史》(上),第 3 頁。
④ 侯外廬、邱漢生、張豈之主編:《宋明理學史》(上),第 9 頁。

判"；①在宋明理學的思想地位方面,他也不贊同馮友蘭、賀麟等"新儒家"
將宋明理學視為"中國哲學的正宗"。② 實際上侯外廬的宋明思想史研究正
以他們為論辯對象,③他試圖通過馬克思主義的宋明理學史研究對宋明理
學思想進行客觀的歷史評價,以此糾正"新儒家"利用宋明理學思想進行主
觀化的思想改造,他以朱熹思想為例指出:"在考察朱熹思想的時候,浮在
我們眼前的,不僅是十二世紀的朱熹本身,而且是現代一些人所塑造的亞
里士多德化的朱熹,黑格爾化的朱熹,甚至修正馬克思主義的朱熹。由此
可見,歷史主義地分析和批評朱熹的思想是十分必要的。"④

第三,侯外廬認為宋明理學史研究應當隨著學術的發展而不斷改進。

侯外廬的宋明理學史研究成果並非一蹴而就,而是在其數十年的學術
研究生涯中不斷發展形成的,反映出他要求宋明理學史研究"與時俱進"的
學術主張。他在解放前所著的《中國近世思想學說史》(1945)中已經涉及
宋明理學史的研究,他在探討明清時代的早期啟蒙思想時,論述了王夫之、
黃宗羲、顏元等啟蒙思想家對宋明理學的批判或修正;而在《中國思想通
史》第二、三卷(完成於 1949 年,1957 年修訂)中則探討了先秦思孟學派、兩
漢經學及魏晉玄學與宋明理學的關係。

侯外廬宋明理學史的系統研究以《中國思想通史》第四卷(上下冊)⑤
為代表(1957—1960),宋明理學史是《中國思想通史》第四卷的主要研究內
容之一,該書上冊專章論述了北宋理學代表人物周敦頤、邵雍、張載、程頤、
程顥的思想,以及唐代佛學和韓愈、李翱思想對宋明理學的影響;下冊則探
討了南宋朱熹理學和陸九淵心學兩大理學流派,及明代王學及泰州學派
(包括何心隱和李贄)的思想,此外還介紹了具有唯物主義思想而與理學對
立的南宋陳亮、葉適及明代王廷相、呂坤等人的思想,系統地勾勒出宋明理

---

① 侯外廬:《中國思想通史》第四卷(上),人民出版社 1959 年版,第 33 頁。以下版本同。

② 侯外廬:《中國思想通史》第四卷(上),人民出版社 1959 年版,第 497 頁。

③ 侯外廬在與"新儒家"的學術論辯中,特別關注馮友蘭的"新理學"思想,他曾說:"我在《中
國思想通史》第四卷剖析朱熹理學的時候,主觀上確有一個論辯對象,那就是《新理學》作者,久久
不能忘情理學的馮友蘭先生。"(侯外廬:《韌的追求》,第 308 頁)

④ 侯外廬:《中國思想通史》第四卷(下),人民出版社 1960 年版,第 598 頁。以下版本同。

⑤ 該卷由侯外廬主編,實際撰寫者則包括趙紀彬、邱漢生、白壽彝、楊榮國、楊向奎以及青年
學者楊超、李學勤、張豈之、林英和何兆武等人,雖然全書文字出自眾手,但在整體上依然體現了侯
外廬宋明理學史研究的基本觀點和判斷。全書的基本結構和主要觀點都由侯外廬確定,他以與青
年學者的合作為例說:"為了保證全書形成一個較完整的體系,在和這些青年同志的合作中,每一
章的構架、格局和觀點,都是由我定的(不排除討論)。"(侯外廬:《韌的追求》,第 316 頁)

學史的發展輪廓和思想特點。

　　不過,由於此書完成於五十年代末政治和群眾運動的高潮之中,時間的緊迫和安定研究環境的缺乏使"第四卷在總體上留下了粗糙的痕跡"。①改革開放以後,隨著學術研究環境的改善及港臺、歐美相關研究成果的引入,侯外廬及其研究團隊有見於《中國思想通史》第四卷中宋明理學史研究的不足(如內容不夠全面、部分觀點簡單化等),而於 1980 年至 1987 年由侯外廬、邱漢生和張豈之編寫完成了兩卷本的《宋明理學史》,此書側重從學術史的角度"闡明理學的產生和演變及其在中國思想史上的地位,使它成為一部與思想史有聯繫而又有區別的專門著作"。② 書中對北宋、南宋、元代、明代及清前期的主要理學流派、理學家及代表思想進行了系統的介紹,並發掘了許多以前不為學術界所重視的理學家及唯物思想家,這是迄今為止論述宋明理學思想最為全面的一部學術著作。

　　需要指出的是,邱漢生在侯外廬的宋明理學史研究中發揮了重要作用,他是一位與侯外廬學術觀點和研究思路相同的馬克思主義思想史家,對宋明理學尤其是朱熹的思想有深入研究(著有《四書集注簡論》、《李贄》等書),不僅在《中國思想通史》第四卷中執筆的章節最多(李覯、王安石、陸象山、泰州學派、何心隱和李贄六章),而且實際主持了《宋明理學史》的主編工作,③並親自撰寫了緒論及周敦頤、朱熹、明初朱學等章節。從這方面來說,《中國思想通史》第四卷及《宋明理學史》既是侯外廬宋明理學史研究的代表成果,也是眾多觀點相同的馬克思主義史學家的集體智慧結晶。

(三) 侯外廬對宋明理學史的馬克思唯物主義解釋

1. 理學思想的內涵

　　侯外廬以馬克思歷史唯物主義為方法論研究宋明理學史,他以唯物史觀為依據,而並不拘泥於教條化的理解;他在理學思想內涵的理解上,注意將馬克思唯物主義與理學思想的實際相結合,從而對理學思想內涵進行了系統的馬克思唯物主義解釋。具體包括以下幾方面:

① 　侯外廬:《韌的追求》,第 299 頁。

② 　侯外廬、邱漢生、張豈之主編:《宋明理學史》(上),第 1 頁。

③ 　侯外廬晚年因身體原因而長期臥床,無法指導《宋明理學史》一書的具體研究和編寫工作,但他通過通信和討論與編寫者進行交流指導,因此《宋明理學史》一書整體上依然體現著他的基本觀點和理論判斷。

第一，從世界觀性質上說，宋明理學是唯心主義思想體系。

作為馬克思主義的思想史學家，侯外廬注意從世界觀性質方面理解理學思想。他認為哲學思想主要指思想家的世界觀，即對世界總體的認識，他說："世界觀是一種更高的、即更遠離經濟基礎的意識形態，屬於哲學的範疇。"①從世界觀的性質來看，哲學思想可劃分為唯心主義和唯物主義兩大陣營，要研究某一思想則必須探討其世界觀的性質，他指出："世界觀之為唯物主義或唯心主義，直接規定著一家思想的認識方法與認識內容，所以各派的思想體系，均以其世界觀為理論根源。"②

對於理學的思想內涵，侯外廬首先指出其唯心主義的世界觀性質，他說："理學是唯心主義的思想體系，在理學內部，只有主觀唯心與客觀唯心主義之分。"③侯外廬認為，作為理學思想核心的"天理"具有以下幾種意義：④一、"理"是精神性的；二、"理"是最高的毫無具體內容的抽象，也可以說是"數量的邏輯範疇"；三、"理"是先於物質存在的實體和產生萬物的神秘根源；四、"理"是萬物之上的主宰者。作為本體的這種"理"無疑是一種精神性的存在，這也決定了理學是一種唯心主義思想體系。因此，侯外廬不同意理學內部有所謂唯物主義理學和唯心主義理學的劃分，例如，他認為唯物主義思想家王夫之是早期啟蒙學者，而不是理學家。

第二，從哲學思想上說，宋明理學是哲學化的儒學，以"性與天道"為探討內容。

侯外廬認為，從世界觀的具體對象來看，哲學是世界觀的理論總結，即理論化的思考和概念組織體系，其具體對象則包括本體論、認識論、歷史觀等內容⑤。在此意義上說，理論化的宋明理學包含著本體論、認識論、歷史觀等內容，屬於哲學思想的範疇。因此，從理學思想的內容來看，"理學是哲學化的儒學"。⑥

在侯外廬看來，理學所探討的具體哲學問題也圍繞本體論、認識論、歷

① 侯外廬：《侯外廬史學論文選集·自序》，人民出版社 1987 年版，第 15 頁。以下版本同。
② 侯外廬：《中國思想通史》第一卷，人民出版社 1957 年版，第 447 頁。以下版本同。
③ 侯外廬、邱漢生、張豈之主編：《宋明理學史》（上），第 120 頁。
④ 這是侯外廬對朱熹思想中"理"的意義的分析，朱熹作為理學的集大成者，他的思想代表了宋明理學的主流觀點。參見侯外廬：《中國思想通史》第四卷（下），第 603—607 頁。
⑤ 參見方光華、袁志偉：《侯外廬的中國哲學史研究》，《中國哲學史》2010 年第 1 期。
⑥ 侯外廬、邱漢生、張豈之主編：《宋明理學史》（上），第 27 頁。

史觀三方面而展開,但以本體論為核心。侯外廬指出:"宋明理學討論的,主要是以'性與天道'為中心的哲學問題,也涉及政治、教育、道德、史學、宗教等方面的問題。"①理學的諸多重要範疇大都圍繞著"性與天道"而提出:"天道"即理或天理,即本體論問題;"性"指人性,也包括物性,探討人或物與最高本體"理"之間的關係,從屬於本體論問題。此外,以"性與天道"為核心,對"天道"與"性"的體認表現為認識論;而"性與天道"在歷史中的展現過程則成為理學的歷史觀。前者以"格物致知"、"致良知"等重要理學範疇為代表;後者則以朱熹"陶鑄歷史,回歸一理之純粹"的歷史思想最具代表性。

在宋明理學史的研究中,侯外廬也依據理學的這些哲學問題展開論述,側重於探討理學思想家的宇宙論(天道觀)、人性論、認識論、歷史觀等內容。他對宋明理學哲學內涵的認識與其哲學觀是一致的,反映了他對宋明理學哲學內涵的深刻理解。

第三,從學術思想上說,宋明理學是三教合一的學術思想。

侯外廬還從學術思想的角度來理解宋明理學思想,他將宋明理學視為與先秦諸子、兩漢經學、魏晉玄學、隋唐佛學並立的中國主流學術思想,他說:"宋明理學吸收了大量的傳統文化和外來文化,在思想史上是繼先秦諸子,兩漢經學,魏晉玄學,隋唐佛學之後的又一新的發展階段。"②

侯外廬從學術史的角度出發,認為作為學術思想的宋明理學並非孤立地產生與發展,它是在隋唐思想文化綜合融會基礎上的理論創新。他指出,"性與天道"之所以能夠成為理學的中心議題,是因為理學是在經學、佛學、道教思想結合的基礎上產生和發展起來的。隋唐佛學對本體論、心性論等哲學問題的探索,對宋明理學家的"言心言性"產生了重要的影響;而隋唐道教思想則影響到宋明理學對"太極"、"先天"等宇宙論的探討。他說:"宋明理學以儒學的內容為主,同時也吸收了佛學和道教思想。它是在唐朝三教融合、滲透的基礎上,孕育、發展起來的一種新的學術思想。"③

第四,從政治作用上說,理學是"思想史上的濁流"。

現代新儒家從復興儒學的角度對宋明理學給予了很高的評價,而侯外

---

① 侯外廬、邱漢生、張豈之主編:《宋明理學史》(上),第348頁。
② 侯外廬、邱漢生、張豈之主編:《宋明理學史》(上),第2頁。
③ 侯外廬、邱漢生、張豈之主編:《宋明理學史》(上),第1頁。

廬則繼承“五四”新文化運動的精神,注意以科學的方法對宋明理學進行客觀的評價,並清理其中的思想糟粕。因此,他還將宋明理學放在“封建社會與統治思想的關係”這一大背景下,從政治作用的角度看待宋明理學。他指出宋明理學是封建社會後期的統治思想,從實際的政治作用來看,“宋明理學浸潤封建社會後期社會生活、政治生活的各方面,成為具有權威性的支配力量,是壓在勞動人民頭上的華蓋。從政治上看,它是思想史上的濁流。”①

首先,從理學的實質來說,“理學的實質,是把封建社會的等級秩序,道德規範歸源於某種神秘的精神力量的安排和創造,用一個人格化的,精神性的‘天理’來論證封建等級秩序和道德規範的合理性和永恆性。”②具體來說,理學的宇宙論論證了封建秩序、道德的合乎天理的普遍妥當性,政治論證了封建君主獨尊地位及封建鎮壓的經義根據;而所謂“性與天道”的核心問題,也就是“怎樣溝通天與人的聯繫,也就是怎樣用本體論論證封建等級秩序和道德規範的妥當性”;其次,從最終目的來說,理學是強化封建統治的思想工具。侯外廬指出:“理學的最終目的,無非是教人如何在封建社會中安身立命,加強封建道德修養,安於現狀,恪守封建義務,借此穩定社會等級秩序,強化封建統治。”③從這一角度看,“道學成為維護和承認封建統治的精神力量”。④ 侯外廬通過對理學政治作用的闡述,深化了對理學思想內涵的認識。

2. 宋明理學史的內涵

首先,宋明理學史是客觀歷史與歷史學術研究的統一。

侯外廬認為,所謂思想史,既指客觀的歷史存在,即思想發展演變的客觀運動過程;又指主觀的學術研究,即關於思想學說的歷史研究著作。他一方面將宋明理學史理解為客觀的歷史存在,即理學思想發展演變的客觀過程;另一方面則將宋明理學史視為對客觀歷史的論述與研究,即主觀的歷史學術研究。侯外廬力圖將兩者進行系統的結合,以展示宋明時代理學思想演變的特點及思想與歷史、社會的關係,他說:“理學史不是一部理學家的評傳,也不是思想通史中的某幾個章節,而是一部在宋明這一特定歷

---

① 侯外廬、邱漢生、張豈之主編:《宋明理學史》(上),第 21 頁。
② 侯外廬、邱漢生、張豈之主編:《宋明理學史》(上),第 104 頁。
③ 侯外廬、邱漢生、張豈之主編:《宋明理學史》(上),第 105 頁。
④ 侯外廬:《中國思想通史》第四卷(下),第 1060 頁。

史條件下產生的具有自己時代特色的思想演變的歷史。"①

其次,宋明理學史由理論學說的思想分析、學派流變的歷史考察、理學著作的文獻考辨等部分組成。

侯外廬認為宋明理學思想的主要哲學問題包括本體論(天道觀及心性論)、認識論(知識論及邏輯思維)及歷史觀等方面。因此,他在宋明理學史的研究中主要從這三個角度出發,對理學思想進行研究和闡述,並由此確立了宋明理學史的基本內容和研究框架。他的宋明理學史研究具體由理論學說的思想分析(如理氣觀、知行觀的分析)、學派流變的歷史考察(如洛學、關學、泰州學派的發展流變歷史)、理學著作的文獻考辨(如《四書章句集注》《明儒學案》的考辨研究)等部分組成,三者都圍繞理學的核心概念和範疇而展開論述:"理論學說的思想分析"側重於對理學概念本身的分析和探討,"學派流變的歷史考察"則側重於探討理學概念的思想淵源及產生過程,"著作的文獻考辨"則側重於對理學概念的文本載體的客觀性與真實性進行研究。因此,侯外廬對宋明理學史的理解,是他對理學思想內涵基本判斷的放大和延伸,這也證明他對宋明理學及理學史內涵有著深刻的理解。

侯外廬對宋明理學史的馬克思唯物主義解釋的核心在於,他是以思想、社會基礎、政治制度(思想與社會的紐帶)三者結合的邏輯思路來理解理學及理學史,他說:"基礎之反映於思想,是通過政治,法律等形式來間接進行的。"②侯外廬一方面將理學思想視為社會基礎的反映而非思想家的主觀創造;另一方面將理學視為學術思想發展的歷史的產物。他從世界觀性質、哲學內涵、學術思想、政治作用等角度解釋理學及理學史,超越了以往學術界單一的歷史、學術或哲學詮釋思路,反映出他對宋明理學史的內涵具有系統和深刻的理解。

二、侯外廬宋明理學史研究的主要側重點與理論命題

侯外廬將宋明理學史劃分為宋元及明朝至清初兩大時期,具體又分為

---

① 侯外廬、邱漢生、張豈之主編:《宋明理學史》(上),第 3 頁。
② 侯外廬:《中國思想通史》第五卷,人民出版社 1957 年版,第 32 頁。以下版本同。

北宋、南宋、元朝、明初、明中期、明後期至清前期六大階段,這種劃分本身
體現了他對宋明理學史發展規律及思想特點的深刻認識。侯外廬的宋明
理學史研究主要圍繞以下幾個重要的理論問題而展開:"理學形成的歷史
原因何在? 朱熹究竟如何集大成的? 為什麼程朱理學在中國封建社會後
期有過深遠的影響? 王守仁心學又是如何崛起的? 為什麼明清之際理學
趨於衰頹? 理學發展的內在邏輯與當時社會發展的關係如何?"①他針對這
些問題及宋明理學史各個發展階段的思想特點,對宋明理學史進行了全面
系統的闡述,以此完成了對延續了七百多年的宋明理學史的通貫研究,並
提出了眾多的理論命題。

(一) 侯外廬的宋元理學史研究

宋元時代是宋明理學史發展的第一時期,由十世紀中期的北宋至十四
世紀中期的元末,這是理學的建立及初步發展時期。侯外廬重點探討了理
學的思想淵源、北宋理學的初步建立、南宋集大成的朱熹理學以及元代和
會朱陸的理學思潮等內容。

1. 北宋理學思想——理學體系的形成及理學的初步發展

侯外廬在北宋理學史的研究中,側重於探討理學的思想淵源(與思孟
學派、玄學及佛學的關係)及理學形成的社會與思想條件,並從三教合一的
角度來審視"北宋五子"的理學思想,以此回答"理學形成的歷史原因何
在?"這一理論問題。他提出的重要命題集中於以下幾方面:

首先,理學思想的先源。

侯外廬認為,宋明理學"在理論的歷史淵源上是三教合一的產物",②其
思想淵源具體包括以下四方面:一是先秦儒學尤其是思孟學派的主觀唯心
主義哲學,侯外廬指出,曾子的自我省查的唯心觀點,子思《中庸》以"誠"為
最高範疇的形而上學,孟子重視"心""性"的主觀唯心主義哲學都成為宋明
理學建立的重要思想基礎,如陸九淵的心學就是孟子思想中主觀唯心主義
觀點的發展和擴大;二是魏晉玄學與佛學思想,從思想內容來看,宋明理學
是在玄學與佛道思想基礎上的綜合創造,他說:"宋代道學是受佛學(特別
是禪學)影響的,就其悠遠的萌芽形態來說,我們實可溯源於魏晉間佛學與

---

① 侯外廬、邱漢生、張豈之主編:《宋明理學史》(上),第 2 頁。
② 侯外廬:《中國思想通史》第四卷(上),第 231 頁。

玄學的合流,雖則說這兩個圈並不是直接相連的而是通過隋唐諸宗的發展
而相銜接的。"①魏晉間玄學與佛學的合流在理論上開啟了宋明理學對佛學
思想的吸收融合;三是隋唐佛教哲學,從思想本質上看,宋明理學是隋唐佛
學"自我意識哲學"②的延續,宋儒在佛學"自我意識迴圈"的本體論中加入
了封建綱常等人倫內容,從而形成了"理"本體論,程朱的天理論受到華嚴
宗的重要影響,而心性論和修養論則與禪宗思想脈絡相通;四是唐代韓愈、
李翱及宋初"三先生"的思想,韓愈提出道統論,李翱則繼承思孟的唯心主
義傳統並引入禪學的僧侶主義思想,"從社會根源和學術源流上看,它是宋
明道學,特別是二程'理學'的先聲";③宋初的胡瑗在學術上不重辭賦而重
經義時務、孫復和石介注解《春秋》《周易》不重訓詁而重義理的學風,揭開
理學借用儒家經典以創立自己理論體系的序幕;④"宋初三先生"對道統論
的重視,以"道"、"氣"概念對世界的解釋,成為理學思想的開端。

其次,北宋理學代表人物及其思想。

侯外廬指出,通過周敦頤、邵雍、張載、程頤、程顥等"北宋五子"的體系
建構,重要的理學範疇和命題都已經提出,因此北宋五子思想可視為理學
思想體系的初步建立。

周敦頤在思想上吸收融合了禪宗的"修心論"和道教的"清淨說",他宣
傳儒家道統論,從本體論意義解釋基本範疇"理",並從宇宙論角度將"自無
極而太極"作為其思想體系的核心,這使他的思想已經具有理學的雛形;從
政治作用上說,周敦頤思想發揮了強化封建社會後期地主階級統治的作
用,是理學"濁流"的先河;邵雍思想在理學形成中未占主流地位,他用象數
學解釋宇宙論,對中國中世紀科學的發展具有束縛作用;他的歷史觀在總
的方面是命定論和循環論,而就歷史的歷程來說是退化論;⑤但他的《皇極
經世書》中包含有樸素辯證法的因素。

張載在宇宙論上的"理一分殊"和認識論上的"窮理盡性"思想,成為程

---

①　侯外廬:《中國思想通史》第三卷,人民出版社1957年版,第465頁。以下版本同。
②　侯外廬指出,在隋唐佛教哲學中,認識主體和本體,心、性與理,在本質上都是自我意識的
唯心產物;而修行主體對最高本體真理的解脫證悟,實際上只是在自我意識範圍內的主觀活動,因
此,隋唐佛學中的本體論和修行論,"本質上是一種思辨的迴圈,是一種自我意識的哲學"。(侯外
廬:《中國思想通史》第四卷[上],第156頁)
③　侯外廬:《中國思想通史》第四卷(上),第345頁。
④　侯外廬、邱漢生、張豈之主編:《宋明理學史》(上),第27頁。
⑤　侯外廬:《中國思想通史》第四卷(上),第533頁。

朱"理"本體宇宙論和"格物致知"論的思想來源；他在人性論上區別了"天地之性"與"氣質之性"，並提出"立天理""滅人欲"的理學命題；從這些方面說，張載為理學建立奠定了理論基礎。張載在宇宙論（氣本論）和認識論上的唯物主義成分與其理學思想中唯心成分的矛盾，反映了理學開創階段的不成熟性，是儒學由宗教化向哲學化過渡的必經階段。[①]

程顥和程頤在宇宙論上把張載具有自然性與精神性雙重意義的"理"改造成為精神性的世界唯一本原與主宰，並發展了他的人性論和認識論；二程的理學思想代表了理學思想體系的形成。從思想實質看，二程的理學是接著禪宗、華嚴宗的唯心主義發展而來的，其"主敬"說是禪宗唯心主義認識論的儒家版，是佛教哲學中自我意識的迴圈，[②]但其中加入了封建道德律令的意義；而其天理論則是封建道德和等級制的總稱，是對封建專制思想的天理化。

2. 南宋理學思想——朱學統治地位的逐步確立及理學的繼續發展

侯外廬在南宋理學史的研究中，側重於探討集大成的朱熹理學思想體系的形成過程及朱熹與陸九淵、陳亮、葉適等人的思想爭論，即回答"朱熹究竟如何集大成的"這一理論問題，此外，侯外廬還研究了南宋朱熹後學以及與朱學並立的心學、事功學派等思想，以此全面展示南宋理學的思想特色。侯外廬提出的重要命題集中於以下幾方面：

首先，南宋初的理學家及其思想。

南宋初年的理學家從不同方面發展了北宋的理學思想，並為朱熹的集大成理學及心學的興起奠定了思想基礎。胡安國《春秋傳》具有鮮明的正宗儒學的特色，其不主專門、但求通學的治學路徑與宋明理學"三教合一"的匯通精神是一致的；胡宏是宋代理學從形成、發展到集大成階段的關鍵人物，他提出的性本論宇宙觀、"性無善惡"人性論及"天理人欲同體異用"理欲觀等理學思想具有非正宗的傾向，並且"預示著理學內部分野的不可避免性"；[③]張九成在思想上的"援佛入儒"及對"格物致知"的主觀唯心主義發揮，成為二程理學與陸九淵心學之間的過渡環節；張栻以"天理""人欲"釋"義利"，在倫理觀上發展了理學思想，他強調"心"的作用，是理學向

---

① 侯外廬、邱漢生、張豈之主編：《宋明理學史》（上），第121頁。
② 侯外廬、邱漢生、張豈之主編：《宋明理學史》（上），第161頁。
③ 侯外廬、邱漢生、張豈之主編：《宋明理學史》（上），第303頁。

"心學"轉向的發端人物；呂祖謙的思想反映出"婺學"調和朱陸而偏於陸的特色，並受到浙東事功學派的影響，反映了宋末理學折衷調和的特色。①

其次，朱熹的集大成的理學思想。

侯外廬肯定了朱熹在宋明理學史上的重要地位，認為他是"封建社會後期最重要的理學家，是客觀唯心主義理學的集大成者"，②宋明理學在在朱熹手裏才確立了其獨特的學術規模與體系，封建社會後期的儒家傳統思想實際上就是朱熹的理學思想。此外，侯外廬從宇宙論、人性論、歷史觀等方面對朱熹思想進行了全面的研究評判：朱熹理學採取了佛教華嚴宗的思辨形式，其思想的實質是僧侶主義，但把客觀唯心主義推進到新的階段；他所說的"理"實質上是純精神的抽象，是一種"無人身的理性"；③他的人性論把無人身的"理"化為"性"，是精神控制肉體的僧侶主義命題；朱熹的格物致知說是一種唯我主義的直觀說，其實質不是求科學之真，而是要人去領悟象徵封建等級的"天命"並最終遵循封建的綱常倫理道德；朱熹"陶鑄歷史，回歸一理之純粹"的歷史思想，實質是"格物致知"道德修養的組成部分和維護綱常名教的工具，朱熹的自然觀、道德論和人性論的最終目的都是為了證明封建等級差別的合理性，因此"封建等級性是貫穿在朱熹哲學中的一條黑線"。④

再次，陸九淵心學、事功學派及朱熹後學。

陸九淵以"心即理"為基礎的心學思想是主觀唯心主義性質的思想體系，是禪宗思想與思孟學派主觀唯心主義的結合；⑤其"人心"與"理"合一的宇宙論觀點是傳統"天人合一"觀點的發展；從人性論上說，他所理解的"心"是一種倫理性的實體；其"存心""養心"的方法論實質是直覺主義和"寡欲"的僧侶主義，他的社會思想則是在絕對"皇權"原則之下的階級調和論。

侯外廬注意發掘與理學對立的思想，他認為朱熹與陸九淵的辯論屬於理學內部的分歧，反映了客觀唯心主義與主觀唯心主義理學的差異；而朱

---

① 侯外廬、邱漢生、張豈之主編：《宋明理學史》(上)，第 362 頁。

② 侯外廬、邱漢生、張豈之主編：《宋明理學史》(上)，第 425 頁。

③ 馬克思在《哲學的貧困》中將蒲魯東的"純粹理性"稱為"無人身的理性"，它指脫離了任何個體，抽去了一切偶性的、由邏輯推導出的概念。見侯外廬：《韌的追求》，第 307 頁。

④ 侯外廬：《中國思想通史》第四卷(下)，第 624 頁。

⑤ 侯外廬：《中國思想通史》第四卷(下)，第 670 頁。

熹與陳亮、葉適的"王霸"、"義利"辯論,則反映了唯心主義心性理學與具有唯物主義色彩的功利之學的鬥爭;陳亮的哲學思想是一種接近唯物主義的"好的經驗論",葉適的事功思想則具有人民性和進步性,他們的"異端"思想都具有反對正統唯心主義道學的進步作用;此外,楊萬里作為古代唯物主義思想家,他以"元氣"宇宙論與無神論改造了周敦頤的客觀唯心主義宇宙生成論,以其樸素唯物主義思想而與理學對立;黃震則在繼承程朱理學天理論、人性論的基礎上,又通過"道在事中"等觀點修正了程朱理學。

此外,侯外廬還探討了朱熹後學及其在確立朱學正統地位中的作用:陳淳對陸學的攻擊,捍衛了朱學正宗;程端蒙、董銖、程端禮以其教育理論促進了朱學的普及;真德秀、魏了翁則以其理學素養和政治地位推廣朱學,成為確立理學統治的重要人物;"金華學派"(以何基、王柏、金履祥、徐謙為代表)作為"朱學嫡傳",強化了宗法性的道統觀並接受了心學影響,其歷史意義在於促進了理學北傳並開啟了明初的理學。

3. 元代理學思想——朱學北傳及"和會朱陸"的理學思潮

學術界以往對元代理學史的研究較少,而侯外廬則系統梳理了元代理學思想的內容,豐富了學術界對元代理學思想的認識。他在元代理學史的研究中,圍繞"和會朱陸"這一元代理學思潮,側重於探討理學的北傳及"和會朱陸"的具體內容,目的則在於回答"為什麼程朱理學在中國封建社會後期有過深遠的影響"及"王守仁心學又是如何崛起的"這些理論問題。在他看來,元代理學在地域上向北方傳播,在思想上和會朱學與陸學,在政治上朱學成為官學,這些原因促使朱學成為了封建社會後期的統治思想並產生了深遠的影響。侯外廬對此提出的重要命題有:

侯外廬指出,元代理學的重要特點是當時的理學家主張打破門戶以和會朱陸兩家之長,[①]而這種和會本質上則是以陸學的本心論,兼取理氣論與理欲之辯;從內在的思想矛盾來說,朱陸合流的原因在於,自北宋二程開始理學思想就出現了誠、敬與致知,博與約的理論矛盾,南宋朱陸之爭就是這一矛盾的展開,而元代理學家則從折衷融合的角度解決這一問題;從學術自身發展來看,合流則是由於朱學與陸學的"取長補短",即在宋末元初朱陸後學支離發展的情況下,"以朱學篤實的功夫,去彌補陸學'談空說妙'的

---

① 　侯外廬、邱漢生、張豈之主編:《宋明理學史》(上),第681頁。

弊病";①從其影響來看,元代朱陸合流成為明代王陽明"範圍朱陸而進退之"的思想先源,"從這一點來說,元代理學是宋明之間的過渡環節"。②

具體來說,明清兩代以朱學為官學肇始於元代,而最初則源於趙復在北方傳授朱熹《四書集注》及理學思想;許衡在知行問題上強調自識本心,以及吳澄的"發見"良知、"知行兼該"等思想,反映出他們在認識論上由朱學的"心外格物"轉移到陸學的"直求本心",這種"和會朱陸"的方式成為王學"致良知"的肇端;③但朱陸合流有共同的思想基礎,即在本質上都是封建制度的維護者。

（二）明代及清前期理學史研究

明代至清前期是宋明理學史發展的第二時期,由十四世紀末的明初至十八世紀中期,這是理學的進一步發展及衰落時期。侯外廬在這一時期的理學史研究中重點探討了明初理學正統地位的最終建立、王陽明心學的興起及泰州學派等王門後學的流變,以及啟蒙思潮興起後宋明理學的衰落等內容。

1. 明初理學思想——朱學統治階段與朱學思想的衰落

侯外廬在明初理學史的研究中,側重於考察朱學正統地位的確立及明初朱學思想的特色,以此回答"為什麼程朱理學在中國封建社會後期有過深遠的影響"這一理論問題。他指出,明初程朱理學成為官學並定於一尊,更進一步強化了它作為封建統治思想的地位;明初理學的特點在於,程朱理學一方面由於專制政權的提倡而成為統治思想,另一方面程朱後學的發展使原有的思想體系"支離破碎",由此導致了朱學的衰落,並成為王學風靡的重要原因。④

具體來說,明初三部大全(《性理大全》《四書大全》《五經大全》)的撰修標誌著明初朱學統治地位的確立,"這是封建社會後期的封建學術思想統治的頂點";⑤明初的理學家從不同方面繼承了程朱理學思想,但創新較少且導致了朱學的支離氾濫;劉基進一步強調了"元氣"在"天理"中的位置和作用,其《春秋》學則更具有理學的色彩;宋濂一方面公開吸取佛教"明心

---

① 侯外廬、邱漢生、張豈之主編:《宋明理學史》(上),第 755 頁。
② 侯外廬、邱漢生、張豈之主編:《宋明理學史》(上),第 681 頁。
③ 侯外廬、邱漢生、張豈之主編:《宋明理學史》(上),第 696 頁。
④ 侯外廬、邱漢生、張豈之主編:《宋明理學史》(下),第 6 頁。
⑤ 侯外廬、邱漢生、張豈之主編:《宋明理學史》(下),第 43 頁。

見性”思想和心性修養方法以“援佛入儒”,另一方面則主張朱陸調和,在元明之際反映了朱熹後學分流變遷的情況;曹端“理氣一體”、“性氣不分”的觀點則越出朱學範圍而具有唯物主義傾向;開創“河東之學”的薛瑄偏重“下學”的道德實踐與恭行禮教,而吳與弼的“崇仁之學”則強調“靜觀”“洗心”的“上達”之學,這使得朱學思想體系進一步“支離破碎”。

2. 明中期理學思想——王陽明心學的崛起與王門後學的流變

侯外廬在明中期理學史的研究中,主要圍繞“王陽明心學的崛起與傳播”來考察當時的理學家及理學思想的特點,以此回答“王守仁心學是如何崛起的”這一理論問題。他側重於考察江門心學對王學的重要影響,王陽明心學的內涵及意義,王門後學和泰州學派的思想及其歷史影響等內容。

首先,江門心學與王學的關係。

從思想內涵上說,陳獻章提出的“天地我立,萬化我出”的心學世界觀受到佛教禪學的重要影響,並具有唯我主義的色彩;其心學核心內容是“以自然為宗”的心學宗旨和“靜坐中養出端倪”的心學方法;從歷史意義上說,陳獻章“江門心學”是王學前驅,並與王守仁的“姚江之學”共同構成明代心學的主要內容;陳氏學說的出現既是明初朱學統一局面的結束,也是明代心學思潮的開始。① 湛若水提出“萬事萬物莫非心”的心學世界觀和“隨處體認天理”的心學方法,在吸收融合程朱思想的基礎上發展了江門心學,並對王陽明的心學思想產生了重要影響;湛若水及其弟子主要從人的心理本質和心理過程的角度探討了宋明理學的主要論題,從而豐富了對人的“主體”的認識。②

其次,王陽明的心學思想及王門後學。

王學建立的思想淵源有以下三方面:一是對傳統儒學尤其是孟子思想(先驗主義的形而上學體系和無類比附邏輯的傳統)的汲取;二是對陳獻章、湛若水“江門心學”思想的吸收;三是接受了禪宗的影響。王陽明建立的心學體系集宋明理學史上心學一派之大成,達到了主觀唯心主義心學的高峰;③王陽明心學的主要論題是“心即理”(哲學思想基礎及宇宙觀)、“知行合一”(認識論)和“致良知”(關於認識論方法的核心思想),具體來說,

① 侯外廬、邱漢生、張豈之主編:《宋明理學史》(下),第156頁。
② 侯外廬、邱漢生、張豈之主編:《宋明理學史》(下),第200頁。
③ 侯外廬、邱漢生、張豈之主編:《宋明理學史》(下),第151頁。

他所說的"心"及"良知"實質上是指封建主義的道德律;他的"致良知"說是隋唐佛學"自我意識迴圈"的再版,①從其思想的積極作用上說,他的"知行合一"說以其"能動的方面"而達到了前所未有的唯心主義認識論高度,從而為宋明理學增進了一個新的範疇,並為後世唯物論知行觀的建立準備了條件;從消極意義上說,王陽明心學的目的是為封建特權法律和倫理綱常提供簡易的理論依據,並加強對人民的精神束縛。②

王門後學從不同角度發展了王陽明的心學思想,具體來說,"浙中王學"的王畿把王陽明的主觀唯心主義推向極端,在世界觀上則更接近於禪學唯心主義,但其"一切求真"思想發展為對包括封建倫理綱常在內的世俗知見的否定,因此"王畿之學是王學營壘內的一個潛在的危機";③江右王學的鄒守益以王學溝通《中庸》《大學》並融匯理學諸說為一體,聶豹和羅洪先則從"本體"或"工夫"的不同角度補救流弊以發展王學,劉邦采的"性命兼修"說則啟發了後來的東林與蕺山學派;"南中王門"的薛應旂主張務實與"和會朱陸",而唐鶴徵以張載氣本論反對"空談心性"的王學末流,具有背離王學的唯物主義思想,並在宋明清思想發展史上起了繼往開來的作用。④

再次,泰州學派及其歷史影響。

侯外廬認為泰州學派與王學的宗旨是背離的,它是"假的王陽明學派",⑤實質上則是一個思想獨立的學派。泰州學派的歷史影響在於,它發展了平民教育、提出了背離正宗儒學的"異端"思想,並具有反抗封建壓迫的"封建叛逆精神",對明清之際的早期啟蒙思潮及"五四"新文化運動產生了深刻的影響。

泰州學派開創者王艮的思想帶有封建社會晚期城市中等階級的平民色彩,具有啟蒙意義。從其思想內涵來說,其"百姓日用即道"的"淮南格物"說和"安身立命"的人生哲學,反映了平民擺脫貧困、爭取生存權利的時代要求,"是中國思想史頗有創造性的思想學說";⑥從學術文化發展角度來說,王艮的"百姓日用之學"具有打破封建階級對於文化學術壟斷的意義。

---

① 侯外廬:《中國思想通史》第四卷(下),第 893 頁。
② 侯外廬:《中國思想通史》第四卷(下),第 892 頁。
③ 侯外廬、邱漢生、張豈之主編:《宋明理學史》(下),第 274 頁。
④ 侯外廬、邱漢生、張豈之主編:《宋明理學史》(下),第 382 頁。
⑤ 侯外廬:《中國思想通史》第四卷(下),第 958 頁。
⑥ 侯外廬、邱漢生、張豈之主編:《宋明理學史》(下),第 433 頁。

何心隱的"育欲"思想及烏托邦式的社會理想(破除一般身家,以師友關係為基礎的"會"),李贄對孔子、道統及道學的全面批判,都體現了泰州學派的異端精神,並反映了資本主義萌芽狀態的市民思想①。

此外,侯外廬探討了陳建、顧憲成、高攀龍等站朱學立場上的反王學思想家,以及羅欽順、王廷相、呂坤、方以智等具有唯物主義思想的反理學思想家。以顧憲成、高攀龍為首的"東林學派"通過崇尚實學而反對王學末流"空談心學"的空疏學風,代表了地主階級開明派和商人、市民的利益,"帶有中等階級反動派的性質";②羅欽順、王廷相、方以智等思想家則通過唯物論的理氣觀("理"依於"氣")和倫理觀反對理學世界觀。這些思想的進步因素對明清之際啟蒙思潮的興起產生了積極的影響。

3. 明晚期及清前期理學思想——對理學的總結與理學的衰落

侯外廬在這一階段的研究中,側重於探討早期啟蒙思想的產生與發展,並以早期啟蒙思想家對理學的批判為主線,探討理學思想的衰落及進步思想的興起,以此回答"為什麼明清之際理學趨於衰頹"這一理論問題。在他看來,資本主義萌芽出現的社會變革及啟蒙思想對封建統治思想的批判,最終導致了宋明理學與封建專制制度一起衰落。他指出:"啟蒙學者向封建制度作總的攻擊,……在中國則首先向道學開火,一切進步的理論形成了經學異端,修改古代經學的內容,來代替不廉價的道學。"③

首先,早期啟蒙思想家對理學的批判。

侯外廬認為,自十六世紀中葉開始中國社會已經出現了資本主義萌芽,與之相應的思想界則出現了批判封建專制、反理學的啟蒙思潮,而"早期啟蒙思想的出現,表明理學已走向窮途末路";④早期啟蒙思想家圍繞理氣觀和人性論對宋明理學展開批判,反映了中國封建社會的解體過程和資本主義萌芽階段先進階級的要求,⑤但他們所表達的先進世界觀和人性概念在形式上卻採用了宋明理學的舊有概念,反映了作為封建統治思想的宋明理學對新思想的束縛。

具體來說,王夫之對理學思想進行了揚棄和唯物主義的改造,"對朱為

---

① 侯外廬:《中國思想通史》第四卷(下),第 1054 頁。
② 侯外廬:《中國思想通史》第四卷(下),第 1096 頁。
③ 侯外廬:《中國思想通史》第五卷,第 143 頁。
④ 侯外廬、邱漢生、張豈之主編:《宋明理學史》(上)。
⑤ 侯外廬、邱漢生、張豈之主編:《宋明理學史》(上),第 31 頁。

否定式的修正,對王為肯定式的揚棄";①其"絪緼生化論"的自然唯物論哲學正是對宋明理學不變哲學的否定,他把天理統一於人欲中的"理欲一元論",是對宋儒唯心主義的"理欲二元論"的否定。顧炎武的思想具有經驗的唯物論的色彩,其"得理而驗於事物"的實踐思想是對宋明理學唯心論的根本上否定;②黃宗羲主張理氣一元論和實證論,實質是反理學的人物;但王、顧在形式上"左祖程朱",黃"左祖王守仁",仍"保留了宋學的枝葉";③顏李學派(顏元、李塨、陸世儀)則毫不保留的批判理學,主張"實學"和經世論而反對宋明理學的"性理之學"。這些思想家的主張實質上反映了商人、城市平民等中等階級反動派的利益和"在資本主義道路上發展"的迫切要求。④

　　其次,明末清初對宋明理學的總結。

　　明清之際除了早期啟蒙思想思潮的理學批判之外,還有許多思想家試圖在理學內部對理學進行總結與修正。孫奇逢的《理學宗傳》全面論述了宋明理學的發展歷史,其中對中國學術思想史發展線索的論斷有一定的辯證觀點;⑤黃宗羲及全祖望的《宋元學案》和《明儒學案》則集中國古代學術史著大成,代表了中國學案體學術史著的最高成就,⑥同時反映了黃、全等人試圖借修史以重振理學的學術特點。此外,具有"明體適用"的二元思想的李顒試圖通過提倡"適用"而復興理學;而李光地則將理學、佛道教思想及西學都納入封建綱常的範圍,在一定程度上表現出"中體西用"說的萌芽。雖然清代仍有理學家試圖重振理學,但隨著資本主義萌芽的出現和封建制度的沒落,早期啟蒙思潮的批判和乾嘉漢學的興起,理學不可避免的走向衰落。

三、侯外廬宋明理學史研究的特色

　　侯外廬運用馬克思唯物史觀的基本觀點和方法,對宋明理學史的思想

---

① 侯外廬、邱漢生、張豈之主編:《宋明理學史》(上),第 43 頁。
② 侯外廬、邱漢生、張豈之主編:《宋明理學史》(上),第 43 頁。
③ 侯外廬、邱漢生、張豈之主編:《宋明理學史》(下),第 877 頁。
④ 侯外廬:《中國思想通史》第五卷,第 324 頁。
⑤ 侯外廬、邱漢生、張豈之主編:《宋明理學史》(下),第 707 頁。
⑥ 侯外廬、邱漢生、張豈之主編:《宋明理學史》(下),第 780 頁。

內涵和主要內容進行了系統的研究,並體現出自身的研究特色。具體來說,這種研究特色表現在以下幾方面:首先,他將宋明理學思想視為經濟基礎變動過程在思想文化領域的抽象反映;其次,他指出宋明理學思想中包含有神學內容並具有宗教化的傾向;最後,他認為理學與反理學思想的矛盾鬥爭是宋明理學史發展的內在動力。

(一) 宋明理學思想是經濟基礎變動過程在思想文化領域的抽象反映

侯外廬宋明理學史研究的重要理論創新之一,是從社會史(經濟基礎、階級屬性分析等)的角度探討了理學思想的根源,他通過對宋明理學史的社會史考察,回答了"理學是如何產生的"以及"理學發展的內在邏輯與當時社會發展的關係如何"①這些理論問題。在他看來,理學思想的興起並非只是理學家個人的思想創造,更不是"絕學"的復傳,它實質上是中國封建社會後期社會發展以及階級關係變動的產物,是封建國有制下"品級結構重編"②的思想反映。在理學思想的具體研究中,侯外廬則通過理學政治意圖的考察,來探討社會和思想之間的聯繫,他稱此為"哲學黨性"的考察,他說:"哲學的黨性,因為世界上從來也沒有所謂'純哲學',任何一種哲學體系都有其社會基礎,和政治思想有著曲折的聯繫,並各刻有自己的階級烙印。"③理學與經濟基礎的具體關係表現在以下幾方面:

第一,理學的產生是北宋封建品級結構重編及新舊黨爭的思想反映。

首先,理學產生的社會基礎是封建國有制下的封建品級結構重編。侯外廬對中國中世紀社會史有深入的研究,他認為以唐代兩稅法的頒佈為標誌,晚唐以後的中國進入封建社會後期,隨著生產力發展、土地和賦稅制度的變革,導致了階級關係的變化,這構成了宋明理學產生的政治條件,他指出:"在封建社會後期,地主階級勢力的遞嬗,庶族地主取代身份性地主的統治地位;農民戰爭對財富平均的新要求;民族矛盾的尖銳;這些構成了宋明理學所由產生的政治條件。"④其中,最重要的變動則是"地主階級勢力的

---

① 侯外廬、邱漢生、張豈之主編:《宋明理學史》(上),第 2 頁。

② 侯外廬指出:"所謂'品級'是指特權者的身分,是特別的與國家相聯系的職能,而'非品級'則指不入於官品或品題的等級的寒族或細族。"(侯外廬:《韌的追求》,第 256 頁)"品級結構重編"則指豪族與庶族地主之間的勢力遞嬗。

③ 侯外廬:《中國思想通史》第四卷(下),第 906 頁。

④ 侯外廬、邱漢生、張豈之主編:《宋明理學史》(上),第 8 頁。

遞嬗”，即庶族地主勢力的上升並取代豪族地主的統治地位，而這種階級變動的經濟基礎則是土地所有權屬於最高皇權的封建土地國有制，“歷代黨爭以及歷代君主直接利用宗教而無皇權教權之分的根源，都可以從這種經濟基礎（封建土地國有制的所有形式）上得到說明”。①

在地主階級勢力的遞嬗過程中發生了庶族與豪族地主的激烈鬥爭，並影響到當時思想意識的發展，侯外廬指出：“身份性地主與非身份性地主，即豪族地主與庶族地主，他們之間存在著差距（矛盾），從而他們之間的思想意識也存在著差距（矛盾）。思想史上的唯物論與唯心論的鬥爭，辯證法與形而上學的鬥爭，政治進步與政治保守的鬥爭，正宗思想與異端思想的鬥爭，可以從這種差距（矛盾）中尋找原因。”②這種差距（矛盾）指品級性豪族地主有合法的臣屬特權及免役免課權，而非品級的庶族地主和富民則沒有。因此，庶族地主有與勞動人民利益相關的一面，且更多地擁護皇權，以便反對豪族地主阻礙其自身的發展；這些因素使庶族地主的思想有別於豪族地主，並具有一定的唯物主義傾向；而豪族地主則堅持舊制度以維護其既得利益，並在思想上傾向於保守和唯心主義。這些政治及思想上的矛盾鬥爭成為理學產生的社會根源，因此，侯外廬指出“哲學是有黨性的，是一定階級利益通過政治法律的折射”③。

其次，理學的產生是北宋新舊黨爭的思想反映。侯外廬指出，北宋以王安石為首的“新黨”和司馬光為首的“舊黨”之間的黨爭，其實質是豪族和庶族地主之間“品級聯合”下的合作與鬥爭，而“理學的產生與北宋時期的黨爭相互表裏”。④他認為新舊黨爭在思想上的反映就是新學與理學的對立，他說：“宋神宗以後，代表庶族的新黨和代表豪族的舊黨之間即展開了尖銳的鬥爭，在思想戰線上的反映即‘新學’和‘道學’的迭相崇黜。”⑤而要理解宋代的理學，則必須從理學與新學的對立這一線索出發進行考察。具體來說，王安石的思想代表了庶族地主、富民的利益，而以二程洛學為代表的北宋理學是代表豪族地主的正宗思想，⑥前者是唯物主義的代表，而後者

① 侯外廬：《韌的追求》，第 254 頁。
② 侯外廬：《韌的追求》，第 326 頁。
③ 侯外廬：《中國思想通史》第四卷（上），第 584 頁。
④ 侯外廬、邱漢生、張豈之主編：《宋明理學史》（上），第 27 頁。
⑤ 侯外廬：《中國思想通史》第四卷（上），第 493 頁。
⑥ 侯外廬、邱漢生、張豈之主編：《宋明理學史》（上），第 132 頁。

則是唯心主義的代表,因此新學與理學的對立又是唯物主義與唯心主義的
鬥爭。周敦頤、邵雍及二程都與豪族地主和貴族官僚關係密切,他們主張
復古主義的"三代之治",以及建構唯心主義的理學思想,目的是以此反對
王安石的新法改革及新學;而張載提倡古代宗法制度以維護封建官僚的特
權,以保守的政治態度反對新法和新黨,也是舊黨及豪族的代表人物。

　　第二,宋明理學的核心範疇本質上是封建統治思想在哲學上的體現。

　　首先,理學的天理觀是封建例外權的反映。侯外廬在中國中世紀社會
史的研究中指出:"封建制度中,私有財產是特權即例外權的類存在;……
形式上的不平等的等級法律是由各種不同的社會地位構成的整個階梯。"①
也就是說,在封建土地國有的所有制形式下,宋代並不存在近代意義的私
有財產(主要指土地這一最重要的財產)。豪族品級地主和皇族之所以能
夠擁有對土地的"佔有權",並在某種程度上將土地視為其私有財產,是由
於他們的土地佔有權通過了最高封建皇權的權力授受,從而正式成為特殊
的土地權力,即"特權"或"例外權"。他說:"所謂私有財產的封建形
式——'特權、例外權的類存在'即是特權,例外權的品級存在。"②這樣,由
於土地佔有權和特權等級的不同,便出現了皇族地主、豪族地主(即豪門、
豪強)、庶族地主(或細族、寒門)、富民及平民等不同的階級。

　　侯外廬進一步指出,這種品級結構在思想上就表現為理學的天理觀,
其中包含了對封建等級制度及綱常秩序的辯護,他說:"封建的財產關係是
一種'特權、例外權的類存在',這一點反映在經院哲學上是這樣的一種幻
想的虛構,即自然現象的所謂'地上、天上、超天上'的品類存在;而通過法
律的折射時,則表現為品級或等級的上下虛構。"③具體來說,二程所說的精
神性"太極"、"天理"是"封建主義'例外權'在意識形態上的虛構"④,這裏
的天理又是封建等級制、道德的總稱;"理一分殊"在理學中則專指等級制
的社會法則,是封建品級結構的代名詞,因為"理"本身包含統治與被統治
的差別性,而"理一分殊"就是將不同等級齊於封建專指的"一",⑤最終論
證封建綱常的永恆不變及調和階級鬥爭。

---

① 侯外廬:《韌的追求》,第 255 頁。
② 侯外廬:《中國思想通史》第四卷(上),第 345 頁。
③ 侯外廬:《中國思想通史》第四卷(上),第 20 頁。
④ 侯外廬、邱漢生、張豈之主編:《宋明理學史》(上),第 142 頁。
⑤ 侯外廬:《中國思想通史》第四卷(下),第 623 頁。

其次,理學的人性論是封建等級制的反映。侯外廬指出,"封建例外權的品級存在"在宋明理學的人性論中也有明顯的反映,即將人性分成高低不同的等級。他說:"在中國思想史上,凡是把人性分成倫理的等級而劃出不可逾越的鴻溝的,實在是為'階級即等級'的封建制度建立理論的基礎。"①"中世紀經院哲學把自然分成若干'類',這便是形而上學的幻想的虛構,把居民分別成若干'品類'。這便是所謂'法律虛構'的人格劃分。"②

具體來說,宋明理學中"天地之性、氣質之性"的二級劃分就是這種"例外權品級存在"在人性論上的具體反映,並且其目的是"從人性論方面為封建主義道德倫理和名分禮教尋找先天的依據";③朱熹論述人性的氣稟差別之性,實質是人性論在封建等級制條件下的發展,朱熹"以聖人為宇宙的樞紐,乃是封建專制主義的理論的中國版";④此外,王守仁的"致良知"論也是對封建等級制度和綱常道德存在合理性的論證,從這方面說,"以哲學論證倫理學,以'天理''良知'論證封建道德律的絕對權威,便是宋明理學的一般特點"。⑤

再次,理學是封建專制加強背景下對統治思想的改進。侯外廬指出,宋明理學的出現實質是漢代粗糙的天命神學向精緻的唯心哲學之間的嬗變,因為隨著時代的發展和社會的進步,充滿迷信色彩而理論粗糙的兩漢神學目的論(以西漢董仲舒的今文經學和東漢讖緯迷信為代表)已經不適於論證封建綱常倫理和等級制度的合理性,無法滿足封建專制統治的需要;而經過隋唐佛學理論薰陶的理學便應運而生,成為加強封建專制統治的新的思想工具,因此"理學的意識形態是以精緻的精神本體論代替了粗俗的神學目的論"。⑥ 經過周敦頤、張載、二程、朱熹而建立起來的程朱理學體系正是這種精緻的精神本體論的代表,而明代王學興起的原因也是為了進一步加強明王朝的封建統治,"王守仁,便從攻訐朱學入手,用以解救明王朝統治危機,為統治階級另謀思想統治的出路"。⑦

---

① 侯外廬:《中國思想通史》第四卷(下),第335頁。
② 侯外廬:《中國思想通史》第四卷(下),第16頁。
③ 侯外廬、邱漢生、張豈之主編:《宋明理學史》(上),第169頁。
④ 侯外廬:《中國思想通史》第四卷(下),第637頁。
⑤ 侯外廬、邱漢生、張豈之主編:《宋明理學史》(下),第214頁。
⑥ 侯外廬、邱漢生、張豈之主編:《宋明理學史》(上),第349頁。
⑦ 侯外廬、邱漢生、張豈之主編:《宋明理學史》(下),第201頁。

（二）宋明理學思想中包含有神學内容並具有宗教化的傾向

侯外廬認為中國宗教的獨特性在於具有"政權教權合一",與政治制度、思想、習俗結合的世俗化特點,而儒學在戰國思孟學派那裏已經具有宗教化的傾向,在兩漢經學時代則完全具備了宗教的性質與功能,宋明理學雖然經過了哲學化的改造,但其思想中依然包含著宗教的成分,是新的神學形式。[1]

第一,宋明理學中滲透了佛教和道教的思辨方法和認識方法。

侯外廬認為,從思想内容來看,宋明理學對隋唐佛道教的認識論及邏輯學多有吸收,從這方面來說,宋明理學是在佛道思想基礎上的綜合創造,他指出:"如果說中國經學在秦漢時期經歷了一次大的改造,主要表現為陰陽學與儒學的結合,那麼到了北宋時期便進行第二次改造,主要表現為佛教與儒學的結合。"[2]而儒學吸收佛教等宗教思想的原因則是"由於傳統儒學理論思辨之不足,迫使它求援於思辨的宗教唯心主義,……把儒學進一步精緻化"。[3] 華嚴宗關於"理"的學說、禪宗頓悟的修行思路、道教太極學說等思想都深刻的影響到宋明理學。

侯外廬注意從三教合一的角度分析宋明理學思想,指出周敦頤的《愛蓮說》實質是以佛性比附人性,是理學與華嚴宗哲學結合的反映;[4]二程的"存天理,去人欲"說受到華嚴宗"淨染"說的影響,是"佛學與中國儒家思想的結合,它成為人民的精神枷鎖",[5]其"主敬"是禪宗唯心主義認識論的儒家版,其實質是自我意識與絕對本體的統一;朱熹的"理一分殊"理論源於華嚴宗的理事說;陸九淵的心學修養論則摻入了"直指本心、明心見性"的禪宗方法,其直覺主義的方法論("存心"、"養心")就是禪宗的"頓悟",同樣是"僧侶主義的神學說教";[6]而王陽明的思想本質上脫胎於禪宗,其"致良知"學說的作用就是對封建道德律的先驗化和神靈化。[7] 因此,"辟

---

[1]　關於宋明理學的宗教性質,《宋明理學史》側重從哲學的角度探討理學思想的内涵,提出宋明理學主要是"儒學的哲學化",是由漢代"天人感應"的粗俗宗教神學過渡為精緻的思辨哲學理論。參見侯外廬、邱漢生、張豈之主編:《宋明理學史》(上),第105頁。

[2]　侯外廬、邱漢生、張豈之主編:《宋明理學史》(上),第133頁。

[3]　侯外廬、邱漢生、張豈之主編:《宋明理學史》(下),第265頁。

[4]　侯外廬、邱漢生、張豈之主編:《宋明理學史》(上),第82頁。

[5]　侯外廬、邱漢生、張豈之主編:《宋明理學史》(上),第172頁。

[6]　侯外廬:《中國思想通史》第四卷(下),第681頁。

[7]　侯外廬:《中國思想通史》第四卷(下),第892頁。

佛的宋儒本質上往往不是佛學的批判者,而是批判的佛學者,他們主要是改造印度非有非我,非真非忘的'本體',代之以符合中國傳統的'本體'。"①

第二,宋明理學的天理論及方法論具有宗教神學的特徵。

侯外廬認為,從思想內涵上說,理學思想中包含神學內容,即包含感性的心靈直觀和想象的形式,這以"天命"和"天人合一"等天命目的論的神學思想為代表,它們來源於商周時代的原始宗教,但在宋明理學中得到了繼承。侯外廬指出:"天人合一觀念是使封建統治秩序和倫理規範具有和'天'一樣的神聖性,從而使人屈從於天,以人合於天。"②

侯外廬指出,司馬光的哲學是漢代以來傳統的天命論神學的繼承者,周敦頤的哲學思想是天命目的論神學,"我們從周敦頤全部哲學體系來看,他的世界觀仍是以天為有目的性和倫理性的'神'";③二程所講的"理"則等同於宗教意義的"神";在朱熹的思想中,人心必須服從於道心,人欲必須屈服於天理,"這其實是一種比較隱蔽的有神論"。④

第三,宋明理學發揮了宗教神學的政治作用,是鞏固封建統治的新國教形式。

侯外廬認為:"中國的道學是一種特別形式的中古宗教。"⑤他指出,作為宋明理學先源之一的韓愈、李翱思想,實質上就是先王式的新宗教即儒教,其中的僧侶主義思想是"二程理學的先聲";⑥而韓李的最終目的是以儒教來代替佛道教,以此來為封建統治提供更好的思想工具;從朱熹理學的天理觀來看,他的客觀唯心主義哲學是宗教神學的附庸,"'天人合一'的神學原理是中國中世紀唯心主義哲學的一個核心,這在朱熹也不例外",⑦而在維護封建統治方面,"朱熹的哲學也盡了它作為神學奴婢的作用",⑧即發揮了神化專制君權並鞏固封建統治的國教作用。

① 侯外廬:《中國思想通史》第四卷(上),第163頁。
② 侯外廬、邱漢生、張豈之主編:《宋明理學史》(上),第563頁。
③ 侯外廬:《中國思想通史》第四卷(上),第542頁。
④ 侯外廬:《中國思想通史》第四卷(下),第733頁。
⑤ 侯外廬:《中國思想通史》第五卷,第199頁。
⑥ 侯外廬:《中國思想通史》第四卷(上),第345頁。
⑦ 侯外廬:《中國思想通史》第四卷(下),第610頁。
⑧ 侯外廬:《中國思想通史》第四卷(下),第609頁。

（三）理學與反理學思想的矛盾鬥爭是宋明理學史發展的內在動力

侯外廬在宋明理學史的研究中,運用馬克思唯物主義的辯證法思想觀察理學思想的發展演變。他將對立思想之間的矛盾鬥爭視為中國思想及宋明理學發展的主要動力,將宋明理學史的發展規律視為"否定之否定"的螺旋式運動。侯外廬說:"思想史以'正宗'與'異端',唯心與唯物的對立或鬥爭為其發展規律。"①他在宋明理學史的研究中運用了"正反合題"的辯證邏輯形式,將理學思想作為"正宗"(正題);將反理學、唯物及反封建專制思想等作為"異端思想"(反題),而兩者的矛盾鬥爭產生出新的進步思想,推動了思想的發展(合題),從而構成了宋明理學史及中國思想發展史上的辯證螺旋運動。

這種"正反合"的辯證邏輯思路正是侯外廬組織宋明理學史研究的行文結構、並展開分析與批判的主要邏輯線索。他認為理學唯心主義和反理學唯物主義哲學的鬥爭則是貫穿理學史的主線,他說:"我們一致認為,中世紀思想史,必須著重研究異端思想和正統儒學的鬥爭,無神論和有神論的鬥爭,唯物主義和唯心主義的鬥爭,表彰中國思想史上唯物論的光輝傳統。"②他提出要研究宋明理學史上的兩種鬥爭:一是"承認理學前提下的內部辯論",二是"批判與維護理學之間的鬥爭",而且"研究'反理學'的發展過程,是為了從對立的方面更加深刻地闡明理學本身的思想特點及其演變過程。"③在此意義上,侯外廬的宋明理學史就是理學與反理學、唯物與唯心主義思想矛盾鬥爭的歷史。

侯外廬認為:"朱陸異同,朱學與王學的異同,王學各派的異同,是理學史的主要內容。"④他注重從唯心與唯物思想對立鬥爭的角度考察這些問題,在朱陸異同方面,他認為:"朱與陳、葉辯論的性質是屬於理學與功利之學的爭論,它不同於朱、陸之間只是在理學內部的分歧。"⑤前者的"王霸義利之辯",實質上反映了唯心主義的理學思想與唯物主義的功利之學的鬥爭對立;後者則只是客觀唯心與主觀唯心主義之間的差異;在王學與朱學的異同方面,侯外廬一方面闡述了王陽明心學的主要內涵及江右王學、浙

---

① 侯外廬:《中國思想通史》第二卷,第254頁。
② 侯外廬:《韌的追求》,第281頁。
③ 侯外廬、邱漢生、張豈之主編:《宋明理學史》(上),第15頁。
④ 侯外廬、邱漢生、張豈之主編:《宋明理學史》(上),第14頁。
⑤ 侯外廬、邱漢生、張豈之主編:《宋明理學史》(上),第447頁。

中王學、南中王學等王學流派的理學家及其代表思想；另一方面則探討了站在朱學立場上的反王學思想家，如陳建及東林學派的顧憲成、高攀龍等人的思想；在王學各派的異同方面，侯外廬則區分了作為王學正宗的"江右王學"理學家及王學異端的"泰州學派"思想家，從中探討王學的流變和啟蒙思潮的興起；此外，侯外廬還將理學與反理學思想家的鬥爭作為宋明理學史的敘述主線，在探討程朱理學、陸王心學等理學思想的同時，還發掘了楊萬里、羅欽順、王廷相、呂坤、李贄、方以智等反理學思想家，以此顯示宋明理學史內部的矛盾發展過程。

四、侯外廬宋明理學史研究的影響

（一）馬克思唯物主義宋明理學史研究範式的確立與影響

侯外廬將《宋明理學史》一書稱為"馬克思主義的宋明理學史專著"，[①]他及其研究團隊通過運用馬克思唯物史觀的理論和方法，對宋明理學史的主要範疇與命題、代表人物、經典著作、歷史過程進行了系統和通貫的研究，並以此確立了宋明理學史研究的馬克思唯物主義研究範式；侯外廬的理論創見和研究思路對當代的許多宋明理學史研究者產生了重要影響，並且對今天探討馬克思主義的中國化和現代化也具有重要的參考意義。

第一，侯外廬確立了宋明理學史的基本方法和研究範式。

首先，揭示思想屬性的唯物主義哲學詮釋。侯外廬在《宋明理學史》中指出："要在掌握和考訂資料的基礎上，用馬克思主義的觀點，分析這些資料，紬繹其思想，研究其體系，作出科學的論斷。"[②]這正是他研究宋明理學史的指導思想，即在考訂辨偽研究資料的基礎上，以馬克思主義的哲學詮釋為核心，對宋明理學的思想和體系作出系統的分析和論斷。

具體來說，這種馬克思主義的哲學詮釋由以下幾部分組成：首先是探討理學思想的世界觀性質，即通過"思維與存在"關係的考察，判定某一思想體系的唯心主義或唯物主義性質；其次是對理學哲學內涵的邏輯分析，即從宇宙論（天道觀、理氣觀）、人性論、認識論（知行觀、格致論）、歷史觀等

---

① 侯外廬、邱漢生、張豈之主編：《宋明理學史》（上），第 22 頁。
② 侯外廬、邱漢生、張豈之主編：《宋明理學史》（上），第 23 頁。

方面全面考察某一思想體系的具體內容;第三是對理學思想發展演變規律
的歸納綜合,即在世界觀性質考察與思想體系邏輯分析的基礎上,從唯心
與唯物、理學與反理學的角度歸納綜合出理學思想的發展規律,侯外廬指
出,從哲學角度看,宋明理學史實質上是理學的唯心主義本質逐漸顯露的
過程。他說:"從理學史中可以看到,由宋到元、由元到明的這一過程,大體
上是由支離氾濫,到簡易直截的過程。這一過程,從哲學上來說,理學的唯
心主義,就越來越表現得徹底,因而它的思想也就更加貧乏。"①

　　其次,探尋思想產生根源的社會分析。侯外廬所開創的宋明理學史研
究範式的主要特點之一,就是將馬克思主義的政治經濟學及歷史唯物主義
原理應用到理學史的研究當中,他認為"思想是社會的思想",②因此宋明理
學史的研究也應該從社會中尋找原因,他說:"通過對各個理學家及各個理
學流派的研究,闡明宋明理學史的獨立發展過程及其規律性,總結理論思
維的經驗教訓,揭示思想史與社會史之間相互影響的辯證關係。"③侯外廬
稱此為"橫通"(即思想與社會和歷史時代的聯繫),④即社會史的研究視
野。具體來說,這種社會史視野的研究思路包括以下幾方面:一是對理學
家階級屬性的考察,即考察理學家及其思想是哪個階級的要求和意識的反
映。侯外廬認為對思想家的階級分析是理解某一思想體系的關鍵之一,
例如,他正是通過對洛學(二程)及關學(張載)代表人物階級屬性的考察
來探討理學思想的產生背景;二是對理學思想反映的經濟基礎的考察,即
揭示理學範疇、概念和命題背後所反映出的當時社會的經濟情況,如土地
制度、所有制性質等。他認為理學的"天理"、"太極"、"天地、氣質之性"
等概念曲折反映了封建社會後期土地國有制的變動及地主階級結構的
調整。

　　再次,闡明思想演變過程的學術史考察。在宋明理學史的研究中,侯
外廬注意考察不同時代理學家之間的縱向關係和同時代理學家之間的橫
向聯繫,以此來探究理學思想的學術淵源和演變,他稱此為"縱通"(思想源
流的演變),⑤即學術史的研究視野。他指出:"我們不是孤立地敍述某個理

---

① 侯外廬、邱漢生、張豈之主編:《宋明理學史》(上),第765頁。
② 侯外廬:《韌的追求》,第327頁。
③ 侯外廬、邱漢生、張豈之主編:《宋明理學史》(上),第24頁。
④ 侯外廬:《侯外廬史學論文選集·自序》,第11頁。
⑤ 侯外廬:《侯外廬史學論文選集·自序》,第11頁。

學家的思想,而是試圖闡明理學產生和演變的歷史過程,以及理學家在這個歷史過程中所佔的地位。"①在具體的研究中,侯外廬一方面重視"在理學的演變或理學思想淵源的承接傳授方面有過影響的理學家",②重點探討了周敦頤、張載、二程、朱熹、陸九淵、王陽明等宋明理學史上的代表思想家;另一方面則注意探討思想家背後的學派師承關係及其後學的演變,例如,侯外廬在探討葉適思想的淵源時,闡述了永嘉學派的傳承與發展,並對周行已、鄭伯熊、薛季宣、陳傅良等人的思想進行了研究;在探討陸九淵思想的影響時,則考察了其後學江西"槐堂諸儒"(以傅夢泉、鄧約禮、傅子雲為代表),及浙東"四明四先生"(楊簡、袁燮、舒璘、沈煥)等人的思想;他還將朱陸合流的思想演變過程作為研究重點之一,以此為思想線索探討元代及明初的理學思想。

第二,侯外廬的宋明理學史研究範式對當代學者的影響。

侯外廬開創的以馬克思唯物史觀為基礎的社會史視野研究方法,在相當長的時間裏成為了宋明理學史研究的主流方法,產生了重要的影響。中國當代的許多宋明理學史研究者從不同角度借鑒和發展了侯外廬中國哲學史的研究成果和方法。

首先,侯外廬對蒙培元宋明理學史研究的影響。蒙培元於改革開放後出版了《理學的演變》(1984)和《理學範疇系統》(1989)等宋明理學史研究著作,他在書中參考了侯外廬宋明理學史研究的理論觀點和方法,並提出:"只有在馬克思主義理論指導下,才能對理學作出全面的科學的總結和評價。"③一是蒙培元參考了侯外廬論述宋明理學史發展的辯證邏輯思路,從唯心主義與唯物主義思想對立鬥爭的角度,闡述了朱熹以後理學思想在各個階段的發展演變。他探討了南宋末真德秀、魏了翁(唯心主義)與黃震、文天祥(唯物主義),明初吳與弼、陳獻章(唯心)與薛瑄(唯物),明中期王陽明(唯心)與羅欽順、王廷相(唯物)等人的思想及元代理學的朱陸合流思潮、明末清初王夫之等人對理學的總批判等,④並注意從思想概念的內在矛盾入手探討理學家的思想,例如揭示了朱熹的理氣論(客觀唯心主義)與心

---

① 侯外廬、邱漢生、張豈之主編:《宋明理學史》(上),第 2 頁。

② 侯外廬、邱漢生、張豈之主編:《宋明理學史》(上),第 2 頁。

③ 蒙培元:《理學的演變——從朱熹到王夫之戴震》,福建人民出版社 1984 年版,第 494 頁。以下版本同。

④ 蒙培元:《理學的演變——從朱熹到王夫之戴震》,福建人民出版社 1984 年版,第 24 頁。

性論(主觀唯心主義)之間的矛盾;二是他吸收了侯外廬早期啟蒙思想研究
的理論觀點,從資本主義萌芽及啟蒙思潮的角度來探討明末清初的理學思
想。他認為"王夫之是理學史上一位傑出的唯物主義哲學家,他完成了一
個唯物主義哲學體系,而與朱熹的理學體系相對立",①而這些思想產生的
社會背景則是明中期以後封建經濟內部的資本主義萌芽、市民階層的活躍
及啟蒙主義思潮的興起等。

　　其次,侯外廬對張立文宋明理學史研究的影響。張立文的《朱熹思
想研究》(1982)和《宋明理學研究》(1985)等書是當代宋明理學史研究
的重要著作,他在研究中對侯外廬的研究成果也有吸收和借鑒。一是受
侯外廬早期啟蒙思潮研究的影響,他也將明末清初的理學總結視為啟蒙
思潮的產物,並從資本主義萌芽發展、宗法社會(即封建社會)、社會和民
族矛盾衝突尖銳的角度理解宋明理學史的衰落,認為王夫之的思想具有
早期啟蒙思想的萌芽,而進步思想家由於"近代資本主義萌芽的微弱,他
們不能也不可能沖決封建的網羅";②二是受侯外廬研究觀點的影響,張立
文同樣用批判的眼光審視宋明理學在政治上的消極作用。他認為理學思
想的"獨尊",一方面"促使思想愈來愈僵化,成為中央集權君主專制國家鉗
制思想的武器",另一方面使理學"從思想解放的思潮,逐漸轉化為束縛人
民思想的繩索";③三是張立文參考了侯外廬對宋明理學史內在線索和發展
階段的研究觀點,將理學史放在中國思想史發展的大背景中,將其視為繼
先秦和漢唐之後,中國哲學螺旋上升發展的第三個重要階段;並將宋明理
學史分為開創(北宋初)、奠基(北宋五子)、集大成(朱熹)、解構(元明)、總
結(明末清初)五個階段。此外,他還指出理學思想中包含有宗教的成分,
認為理學雖不能簡單等同於宗教,但"具有宗教的情操和宗教的關懷,是精
神化宗教"。④

　　再次,侯外廬對姜廣輝理學研究的影響。姜廣輝在其理學思想的研究
(以《走出理學:清代思想發展的內在理路》為代表)中繼承了侯外廬宋明
理學史的許多重要觀點。一是他在侯外廬對宋明理學史發展線索理路判
斷的基礎上,從"理學與反理學"的角度探討了宋明到清代思想的發展規

---

① 蒙培元:《理學的演變——從朱熹到王夫之戴震》,福建人民出版社 1984 年版,第 392 頁。
② 張立文:《宋明理學研究》,人民出版社 2002 年版,第 339 頁。以下版本同。
③ 張立文:《宋明理學研究》,第 639—640 頁。
④ 張立文:《宋明理學研究》,第 619 頁。

律,提出:"'理學與反理學'也是從宋明到清代思想發展的內在理路。"①並
從"反理學"及"異端"思想家入手,探討了清代思想擺脫理學束縛的發展歷
史;二是他接受了侯外廬早期啟蒙思想的研究成果,將"反理學"思潮及清
代思想的轉變視為資本主義萌芽基礎上的早期啟蒙運動,認為"'早期啟蒙
思想'的概括,則是對明清之際學術思想本質特徵的把握",他還指出:"侯
先生是對中國 17 世紀思想界研究的卓有成就的代表人物,……他的學術
觀點很有影響,許多專門研究明清之際學術思想的學者都接受'早期啟蒙
思想'的觀點,這不是鑒於侯先生個人的權威性,而是從他們進一步的研究
中證實了侯說的科學性。"②三是他在清代"反理學"思想家的研究中,繼承
了侯外廬的相關研究觀點及論斷,如對王夫之和張載"氣本論"哲學關係的
揭示,傅山"反奴行奴俗"的反理學思想的探討,以及從思潮史角度審視顏
李學派的歷史影響等。

第三,侯外廬的宋明理學史研究與馬克思唯物主義史學研究方法的
發展。

侯外廬在宋明理學史的研究中,並非簡單地套用馬克思主義原理中的
個別概念和命題,而是注意經典理論與思想的客觀實際結合,力求避免主
觀化和教條化的研究。這表現在以下方面:

首先,侯外廬認為要堅持馬克思歷史唯物主義的研究方法,但同時要
排除主觀化的研究態度。他在宋明理學史的研究中,一方面提倡實事求是
的客觀研究態度,反對主觀性的論斷,他說:"用歷史唯物主義的立場,觀
點,方法,批判地總結前人的思想學術業績,必然要排除主觀的隨意的論
斷,不宜菲薄,也無庸偏愛。"③另一方面,他注意將馬克思主義理論與中國
歷史實際相結合,他說:"我們提倡馬克思主義理論與中國歷史實際相結合
的創造性科學研究,同時也反對這樣的態度:或者孤立地用一句封建主義
的定義來代替各個角度的全面分析,或者動不動就武斷地說馬克思主義的
普遍性的理論不適用於中國。這種態度妨礙人們對科學理論進行虛心而

---

① 姜廣輝:《走出理學:清代思想發展的內在理路·自序》,遼寧教育出版社 1997 年版。以
下版本同。

② 姜廣輝:《走出理學:清代思想發展的內在理路·自序》,遼寧教育出版社 1997 年版,第
68 頁。

③ 侯外廬、邱漢生、張豈之主編:《宋明理學史》(上),第 19 頁。

認真的研究。"①例如,侯外廬堅持中國封建社會土地國有制的論斷,而反對將近代的所有權概念套用在中國中世紀的土地"佔有權"上,並以此探討宋明理學的產生背景。

　　其次,侯外廬注重對思想進行全面地分析考察,反對教條化的評價模式。侯外廬說:"絕不能簡單地給每一種哲學體系貼上'唯物論'或'唯心論'的標籤。……我們應當在全面考察一個思想家的哲學體系的基礎上,判斷其哲學的基本傾向。"②對於階級分析法,侯外廬也採取了同樣的態度,他說:"他們的階級出身雖然是有一定的影響的,但我們分析某一派的思想卻主要不能依據階級出身,而應依據其思想的實質。"③例如,在如何看待張載的二元論思想及思想中唯心唯物成分矛盾的問題上,侯外廬在《中國思想通史》第四卷中主要從庶族與豪族地主鬥爭的角度出發,認為這些矛盾與"作為其社會根源的階級的動搖性分不開的",即張載一方面肯定豪族地主利益,另一方面允許庶族地主成為新世家;而他在《宋明理學史》中則從理學思想的內在發展角度出發,認為這種矛盾是理學開創階段發展不成熟的表現,"它是儒學由宗教化向哲學化過渡,人格化向抽象化過渡的必經階段"。④

　　應該指出的是,建國後受特殊政治環境等因素的影響,馬克思唯物主義的宋明理學史研究的確出現了教條化與簡單化的傾向,例如用"唯心主義"與"唯物主義"的標籤將理學思想和理學家進行簡單的歸類,並誇大社會生產力和階級鬥爭的作用和歷史影響等,在"文革"中理學史研究甚至淪為政治鬥爭的工具。作為馬克思主義宋明理學史研究範式開創者的侯外廬,明確反對這種背離科學和客觀原則的研究風氣,但受時代的影響,《中國思想通史》第四卷的宋明理學史研究也帶有簡單化的現象。改革開放以後,他通過《宋明理學史》而對其馬克思唯物主義的宋明理學史研究進行了修正與發展。與此同時,隨著宋明理學史研究方法的日益多樣化,以階級性和世界觀性質考察為主的傳統社會史研究方法也逐漸淡出宋明理學史研究者的視線。但是,侯外廬綜合社會背景、哲學內涵和學術流變以考察理學思想的研究範式,以及堅持客觀性和科學性的研究態度;對於今天探

---

① 侯外廬:《中國思想通史》第四卷(上),第3頁。
② 侯外廬:《侯外廬史學論文選集·自序》,第15頁。
③ 侯外廬:《中國思想通史》第五卷,第36頁。
④ 侯外廬、邱漢生、張豈之主編:《宋明理學史》(上),第121頁。

索宋明理學史研究的創新,以及馬克思主義史學研究的發展,仍然具有重要的參考價值。

(二)侯外廬的宋明理學史研究與儒學發展的時代課題

侯外廬的宋明理學史研究實質上是對中國傳統文化現代轉型這一時代課題的解答,是他以理學思想為切入點,運用馬克思歷史唯物主義對這一課題進行的學術探索與解釋。具體來說,他通過與現代新儒家的學術論辯,以及對宋明理學史的深刻理論認識,回答了儒學及中國傳統文化現代轉型的時代課題。

第一,侯外廬與馮友蘭關於宋明理學史研究的學術論辯。

現代新儒家是現代儒學復興(或稱為"文化保守主義")思潮的重要產物,馮友蘭、賀麟、梁漱溟等人是第一代"新儒家"①的代表人物,他們都力圖在理學思想(以心性之學為主)的基礎上,通過融合西方的哲學觀念和方法,改造宋明理學以實現儒學的現代化,並突出儒學及中國傳統文化的優越性。作為第二代"新儒家"的唐君毅、牟宗三等人則在中西比較的文化意識下,試圖吸收科學和民主觀念以重建新儒學的思想體系(如牟宗三的良知"自我坎現"說)。第三代"新儒家"的成中英、杜維明、劉述先、余英時等人則以更開放的心態,在全球化和文化多元的視野下,強調儒學與世界其他文化的對話溝通。他們都試圖以与復興儒學尤其是宋明理學的方式,解決中國儒學及傳統文化的現代出路問題。

侯外廬對現代新儒家(主要是作為第一代"新儒家"的馮友蘭、賀麟、梁漱溟等人)復興宋明理學的學術研究並不贊同,他通過學術批判和論辯表達了自己的觀點。侯外廬將學術批判視為學術研究的重要組成部分,他說:"沒有批判就不能綜合,沒有批判也就沒有發展。"②在侯外廬看來,學術批判本身是促進研究的一種方法,他說:"間有與先我研究的學者懷具論點上不同的地方,亦本虛心商榷之旨,以期學術愈討論愈明。"③他在宋明理學史的研究中,注意與立場不同的學術研究進行論辯,"注意批判學術研究工

---

① 對於現代"新儒家"發展階段劃分及代表人物的概述,以劉述先的"三代四群"說為代表。參見劉述先:《現代新儒學發展的軌跡》,《杭州師範學院學報(社會科學版)》2008 年第 1 期。
② 侯外廬:《中國思想通史》第一卷,第 582 頁。
③ 侯外廬:《近代中國思想學說史‧自序》,生活書店 1947 年版,第 2 頁。

作中的資產階級觀點和封建主義觀點"①,以此對理學思想進行客觀科學的評價,並宣傳馬克思主義唯物主義的科學性。他晚年在回憶錄中說:"我反對馮友蘭的唯心主義,也反對胡適的實用主義。"②這裏的所說的"馮友蘭的唯心主義"主要就是指馮氏的"新理學"及現代新儒家的宋明理學史研究,而兩者的學術論辯主要圍繞"理"的意義,"境界說","道統說"以及對理學人物的評判等方面而展開。

首先,針對"理"內涵的論辯。

馮友蘭運用西方分析哲學的理論和方法(主要是經加工改造後的新實在論)重新詮釋和改造程朱理學的概念(如理、氣、道體、大全等)和思想,建立了具有嚴密邏輯性的"新理學"體系,以期達到融通中西文化、復興和重建中國傳統哲學和儒家價值的歷史使命。與宋明理學相同的是,"理"依然是馮友蘭"新理學"的核心概念;但與程朱包含萬物事類的"理"不同的是,馮友蘭吸收新實在論觀點,將"理"變成抽象化和絕對化的概念,即邏輯意義的"共相"。他認為朱熹所說的"太極"("理")"就其為天地萬物之最高標準言,則太極即如柏拉圖所謂好之概念,亞里士多德所謂上帝也"。③但"新理學"的"新"在於對"理"進行了更抽象化的闡釋,他說:"我們對於道學底批評,則是說它不夠玄虛。"相反"'新理學'利用現代新邏輯學對於形而上學底批評,以成立一個完全'不著實際'底形而上學"。④正如馮友蘭自己指出的,這種抽空了一切實際內容的"新理學"只是一種高度抽象化的"形而上學"。侯外廬明確指出了這種形而上學的邏輯之理的空洞性,在他看來,宋明理學的"理"只是一種無實質內涵的"無人身的理性",朱熹所說"理""是唯心主義的觀念虛構,而不是從客觀世界抽象出來的規律或法則";⑤馮友蘭所說的"理"非但不是柏拉圖的理念,而且還帶有宗教神學的色彩,侯外廬晚年在回憶錄中評價馮氏的"理"時指出:"'理'一旦脫離了個體(人身),抽去了偶性,被它的創造者升舉到純精神的空界時,它就變成了神,而'理學'自己也不過只是神學的奴婢而已。"⑥

---

① 侯外廬:《韌的追求》,第 328 頁。
② 侯外廬:《韌的追求》,第 125 頁。
③ 馮友蘭:《中國哲學史》(下),第 256 頁。
④ 馮友蘭:《新原道》,第 156 頁。
⑤ 侯外廬、邱漢生、張豈之主編:《宋明理學史》(上),第 385 頁。
⑥ 侯外廬:《韌的追求》,第 309 頁。

其次,針對"境界論"的否定。

馮友蘭在宋明理學人性論和修養論基礎上提出了其"境界論",他說:"人對於宇宙人生在某種程度上所有底覺解,因此,宇宙人生對於人所有底某種不同底意義,即構成人所有底某種境界。"①馮友蘭劃分的這種"所有底境界"有四種:即自然境界,功利境界,道德境界,及最高的天地境界,達到最高境界的人就是"聖人"。在他看來,這四種境界是一個由低到高的發展過程,它代表人對宇宙覺解的逐步深入及對天地境界的不斷追求,而最終目的則是達到自我的完善。侯外廬認為宋明理學"天地之性"、"氣質之性"的人格等級劃分,本質上是封建特權和等級制度的思想反映,他說:"所謂人類的'粗細'品級,既指德性學行的品級,也指封建的品級結構。聖人是有例外權的最高的品級。"②在侯外廬看來,馮友蘭的這種人生境界劃分,則是繼承了宋明理學中落後的思想因素,是一種形而上學的虛構,他說:"中世紀經院哲學把自然分成若干'類',這便是形而上學的幻想的虛構,把居民分別成若干'品類'。這便是所謂'法律虛構'的人格劃分。順便提一下,馮友蘭先生的四種境界說,即是這個古老的傳統。"③

再次,針對"道統說"和思想家評判的論辯。

馮友蘭從哲學的角度,將"道統"理解為支撐社會組織的社會哲學及其最終理論依據,他說:"每一種社會組織,必有其理論底解釋,此即其社會哲學。……一種社會之社會哲學,亦常有一種哲學為其理論底根據。如其如此,則此種哲學,即為此種社會之理論底靠山,亦即為此種社會之道統。"④在抗戰的背景下,馮友蘭以承接傳統哲學、延續民族慧命而自任,在他看來,中國的"道統"應當是融會中西而重新復興的儒學思想,因此,其"道統說"也包含著繼承宋明理學及復興儒學的意義。侯外廬認為,作為唯心主義哲學的宋明理學是封建時代的產物,是與專制制度緊密結合的落後思想,雖然其中不乏優秀的思想遺產,但在現代社會已無生命力,更無繼承與復興的必要;而宋明理學的"道統說"實質上是封建專制的思想反映,他說:"(道統)在實質上是一種正宗的'安定的壟斷',而反映著土地權力的'安

---

① 馮友蘭:《新原人》,三聯書店 2007 年版,第 43 頁。
② 侯外廬:《中國思想通史》第四卷(下),第 637 頁。
③ 侯外廬:《中國思想通史》第四卷(上),第 16 頁。
④ 馮友蘭:《新原道》,第 168 頁。

定的壟斷’。"①因此,"道統說"本身就是封建落後思想的體現。此外,他認為四十年代馮友蘭"道統說"的提出還發揮了論證國民黨反動統治合理性的作用。②

此外,在對某些思想家及理學家的評價上,侯外廬也不贊同馮友蘭的觀點,例如,馮氏認為韓愈是唯物論者,並認為韓愈是在政治與哲學思想上與柳宗元、劉禹錫同等的人物;侯外廬則認為韓愈是唯心論者,而且馮氏的這種評價"混淆唯物主義與唯心主義的界限";③此外,侯外廬認為賀麟的"抽象繼承法"也不夠客觀,賀麟本著融會中西以改造傳統儒學的目的,在解放前將宋明理學與唯心主義的新黑格爾主義結合,並建立"新心學";解放後則又論證宋明理學與馬克思主義的基本原則相似,在侯外廬看來,這種"新理學"的方法實質上是對宋明理學及唯物主義思想本身的誤解,"其目的是要混淆哲學史上的唯物主義和唯心主義的界限,抹殺哲學的黨性原則,從而企圖以某種形式來保留和抬高中國歷史上的唯心主義體系"。④

第二,侯外廬對儒學現代化內在矛盾的揭示。

從侯外廬與馮友蘭的學術論辯中,我們可以看到兩種研究範式和解決問題思路的不同:馮友蘭是站在宋明理學及傳統哲學現代化的立場上,運用西方哲學對理學思想進行解構和重建,是一種主觀化的研究範式,其缺點正如陳寅恪在馮友蘭《中國哲學史審查報告》中指出的:"其言論愈有條理統系,則去古人學說之真相愈遠;"⑤而侯外廬則是站在歷史研究的立場上,運用馬克思唯物史觀的方法對宋明理學史進行客觀性的闡述和研究,以求恢復古代思想的原貌,並探討其歷史的意義,他說:"研究思想史,主要的工作是要實事求是地分析思想家的遺產在其時代的意義,批判地發掘其優良傳統。"⑥前者是宋明理學的同情和繼承者,而後者是宋明理學的批判和研究者。最重要的是,侯外廬指出了現代新儒家對傳統儒學進行現代化的自身矛盾,即"求真"與"適用"的矛盾。現代新儒家一方面要保持古代傳統儒學的主體思想和自身的理論特色,做到"求真";另一方面又要引入現

---

①　侯外廬:《中國思想通史》第四卷(上),第510頁。
②　侯外廬:《中國思想通史》第四卷(上),第535頁。
③　侯外廬:《中國思想通史》第四卷(上),第342頁。
④　侯外廬:《中國思想通史》第四卷(下),第910頁。
⑤　馮友蘭:《中國哲學史》(下),第433頁。
⑥　侯外廬:《中國思想通史》第五卷,第506頁。

代西方哲學方法及科學民主的時代精神,並對理學進行改造以做到"適用",這就造成了傳統和現代兩種思維方式和價值體系的矛盾;此外,由於現代中國已失去宋明理學賴以存在的政治制度和社會組織基礎,這使得"新理學"無法在現實社會得到落實,並深陷"求真"與"適用"的矛盾之中。

現代新儒家吸收了康德的"道德形而上學"、黑格爾的"精神哲學"、柏格森的"生命哲學"、新實在論以及新黑格爾主義等西方哲學和方法,試圖建立融會中西的"新儒家思想",但實際上他們都沒有完全超越中體西用及中國文化本位的思維模式,例如梁漱溟、熊十力、賀麟依然將心性作為其哲學體系的最高範疇,沒有從根本上超越宋明理學的心性論;而馮友蘭對理學的邏輯改造也最終陷入形而上學的抽象思辨,這導致了新儒家思想因脫離實際而無現實生命力。不可否認的是,現代新儒家在研究、整理和傳承中國傳統文化方面發揮了積極的作用,他們將儒學推廣為世界哲學潮流的努力和願望無疑值得肯定和讚揚,但與第一代"新儒家"有所不同的是,當代新儒家的最終目的是"內聖開出外王"的"返本開新",即以宋明理學的心性之學為理論根本("返本"),而在此基礎上開出現代科學民主的新局("開新"),以此實現儒學在世界潮流下的現代復興。

不過,正如侯外廬在其研究中所指出的,接續宋明理學的現代新儒家依然被束縛在傳統的價值體系和思維模式中,而難以與現代的價值體系完全對接,這實際上是由傳統儒學現代化的自身矛盾決定的,侯外廬對此已經進行了揭示。總之,在他看來,現代新儒家的研究範式未能解決宋明理學史研究及傳統文化現代轉型的時代課題。

第三,侯外廬的宋明理學史研究與傳統儒學思想的未來發展。

中國現代宋明理學史研究的時代課題是如何對傳統理學思想"取其精華、棄其糟粕",在融會西學的基礎上實現其現代轉型,侯外廬通過馬克思唯物主義的宋明理學史研究,從以下幾方面對此課題給予了系統的解答:

首先,侯外廬對宋明理學及傳統儒學思想進行了批判性的全面整理。宋明理學思想中是否包含消極的封建糟粕?是否應該對理學思想作全面的繼承?侯外廬通過宋明理學史的系統研究,全面展示了理學思想的積極與消極內涵,他指出理學思想中包含有大量的封建糟粕,必須進行批判和清理。他在《宋明理學史》中曾追問:西方中世紀迷信的煉丹術和占星術最終發展為近代化學和天文學,而中國的象數學卻並未發展成為數學或物理學,這"是否與漢唐以來儒家思想或宋明以來理學思想'重道輕藝'傳統有關"?① 通過宋明理學史的研究,他找到了其中的答案,例如,陸九淵心學將讀書的主要目的視為道德修養而非發展科學技術,因此"從明代以後,中國自然科學技術的發展落後,其中和'心學'這種哲學思想的影響也不無關係"。② 他以此證明,宋明理學中包含有大量的消極成分,需要對其進行客觀公允的批判和整理,而非主觀性的尊崇與全面繼承。

其次,侯外廬指出宋明理學是中國傳統文化的重要組成部分。宋明理學中是否包含中國傳統文化的精華? 是否值得我們有選擇的繼承? 侯外廬一方面指出,理學思想中包含需要繼承與發展的積極成分,他指出:"它(宋明理學)提出的範疇、命題,所討論的問題,是新的,它探究的學術理論的廣度和深度,是前所未有的。這種成就,應該得到思想史、哲學史研究工作者的重視。"③例如,他在《宋明理學史》中指出心學思想具有重要的理論價值,而不能用"唯心主義"一詞簡單的加以全盤否定,"無論是陸學和湛若水思想,對人之知覺,情感,理性諸主觀範疇之分析,在中國理論思維發展史上有著重要的貢獻"。④ 他另一方面強調,需要用馬克思主義的客觀方法對宋明理學思想進行有選擇的繼承,他說:"宋明理學吸收了大量的傳統文化和外來文化,在思想史上是繼先秦諸子、兩漢經學、魏晉玄學、隋唐佛學之後的又一新的發展階段,有值得後人參考的若干珍貴內容,需要我們應用馬克思主義的觀點和方法悉心加以鑒別,而不能籠統地採取一概抹煞的態度。"⑤具體來說,則是要以唯物史觀為指導,從唯心論形態中"剝取有價值的成果,我們就是要這樣來繼承前哲的遺產",⑥這正是侯外廬宋明理學史研究所做的工作。

此外,儒學應當以怎樣的方式在現代社會存在並發揮價值? 這是新儒家與侯外廬共同關注的問題。是否需要借鑒西方文化對儒學進行發展與改造? 兩者的回答都是肯定的。但在侯外廬看來,傳統文化要在今天發揮價值就必須適應現實社會的需要,即"適用",這是他運用社會史視野對中國三千年思想史進行系統研究後得出的結論。具體到宋明理學思想也是

---

① 侯外廬、邱漢生、張豈之主編:《宋明理學史》(上),第 285 頁。
② 侯外廬、邱漢生、張豈之主編:《宋明理學史》(上),第 569 頁。
③ 侯外廬、邱漢生、張豈之主編:《宋明理學史》(上),第 20 頁。
④ 侯外廬、邱漢生、張豈之主編:《宋明理學史》(下),第 186 頁。
⑤ 侯外廬、邱漢生、張豈之主編:《宋明理學史》(上),第 2 頁。
⑥ 侯外廬:《中國思想通史》第五卷,第 36 頁。

如此,在他看來,馬克思主義是中國實現科學民主的主要理論武器,符合當代中國的國情和現實社會的需要;而包括理學在内的儒學思想應該作為學術思想進行客觀的研究,並利用其中的積極成分促進馬克思主義的中國化,使民族文化的優秀遺產與馬克思主義的科學方法相結合。在侯外廬看來,"求真"是對理學思想的客觀歷史研究,而非固守傳統儒學的形式,他的這一見解對解決現代新儒家"復興儒學"的内在矛盾,以及解決包括儒學在内的中國傳統文化的未來發展問題,或許不無借鑒意義。

學術講座

如何確認陽明學位于中國哲學史上之關鍵位置

戴景賢

編者按：2012 年 8 月 21 日，中國社會科學院歷史所思想史研究室邀請臺灣中山大學中文系原主任戴景賢教授就"如何確認陽明學在中國哲學史之關鍵位置"進行學術演講。茲刊登出來，以饗讀者。

今天能來此做一個簡單的報告，我感到非常榮幸。我講演的題目是：《談陽明學位于中國哲學史上之關鍵位置》，因為時間有限，所以我主要講研究的著眼點跟它的曲徑。

這篇文章是講陽明學在中國哲學史上面的關鍵位置，重點在於"哲學史上"。中國的學術思想有不同的脈絡，比如經學史的脈絡，儒學史的脈絡，理學史的脈絡，哲學史的脈絡等等，這些脈絡是不一樣的。舉個簡單的例子：清朝人講的"漢宋問題"基本上是個經學史的概念；可是在清代，有一個傳統的觀念——儒學的基礎是在經學，所以經學決定了儒學史的是非，因此當時爭論經學詮釋正確與否時就會牽涉到對儒學的批評，譬如戴東原對於朱子的批評：認為朱子的"理氣論"是受到了二氏之學的影響。很多人講清代三百年學術史的時候常常會受到經學史觀念的影響，但是我們不能以乾嘉時代經學的儒學觀念來看問題，經學不是一個操作的學術觀念，這個觀念在近代已消逝，如今便沒有活著的經學了。歷史上的經學的觀念是個經學史的觀念，其核心是一個經典的詮釋學；然而在經典的詮釋上面，不符合經典的原義，並不表示它沒有儒學價值，這是我們跟乾嘉學派相異之處。因此經學史的討論，跟儒學史有所不同。從先秦開始，儒家在儒學上面就有基本的立場和基本的價值觀，可是儒學的結構形態，從先秦到清代的說法是不一樣的;所以要談儒學史的是非,並不是要追溯到它是否符合先秦。這裏談一下理學史,理學史是儒學史的特殊階段,它有一個主要特徵,就是它的新的哲學支撐。以理學的儒學史來看,它跟別的時期的儒學史不只是在觀念上面有差別,它們的哲學支撐也是相異的——從理學本身的發展去看問題,和從非理學的觀點去看問題就不一樣,舉個例子:理學的觀點,其實就是二性,不是陸王,就是程朱。我們現在挑戰這個問題是從哲學史的角度出發,因為理學有一個核心問題,就是義理學,而義理學需要一種哲學的支撐來回應二世之學,因此我們說義理學的需求是先於哲學建構的,這樣說來,即使在哲學建構上的形態不一樣,在理學裏亦不會形成主要的脈絡。我們可以看到,明代有很多學者的哲學形態既不是程朱又不是陸王,比如王廷相、吳廷翰,可是在理學裏面不會有影響,為什麼呢?因為在義理問題上面如果沒有一個具體的、能夠有心性功夫的效應的話,它的影響是不大的。所以當朱、陸的分歧形成之後,在理學發展上的分歧不一定會延續下去。可是等陽明學形成後,整個脈絡形成了,在所有的理學討論裏會有一種義理學上的對峙,即程朱跟陸王,觀念從南宋末年到明代到清代都是如此。所以大家在討論程朱、陸王的時候,是依據義理學的需求的。可是每個時代的情況又互不相同,比如南宋的朱陸異同跟明代的朱陸異同是不同的,而明代從初期到中期到明末再到清初問題又不一樣。

　　黃梨洲的《明儒學案》的最終問題就是理學問題,在理學裏面要分程朱和陸王;而在陽明學裏面,要講一個他認為不會產生流弊的學派,其選擇重點就是江右王門跟劉蕺山。這個需求跟我們是不一樣的。他的重點是陽明學要怎麼往下講,這是理學史的問題;而我今天講的是哲學史的問題。我今天所講的題目,不是陽明學在經學史上的地位,而是哲學史。其實陽明學在經學史上毫無影響,王陽明一生並不太講經學,《王陽明先生經說弟子記》這本書裏記載王陽明在講六經之處僅一百多條,他引佛經的頻率比引六經還要高,所以我認為他在經學史上是完全沒有影響的。另外,如果講儒學史的話,一定要放到理學這個框架裏來講,也就是說陽明學在理學裏面建構了一個唯心哲學的形態,這在理學裏是什麼意思。可是我今天要講的並不是這些問題,而是要從哲學史角度來講陽明學及其位置。

　　第一個問題就是中國有沒有哲學、這個哲學是不是嚴格意義上的哲學的問題。這個問題在西方從黑格爾以來便一直在討論。黑格爾認為除了希臘和日耳曼,其他國家都沒有真正的哲學;近代的(海德格)也是這麼認為的。我到拉脫維亞去開會的時候,遇到一個東歐的學者在講黑格爾,他說黑格爾的觀點是有偏見的,直到黑格爾晚年的時候才讀到印度《奧義書》中的一本。換句話說,黑格爾在說全世界除了西方以外沒有哲學的時候,是沒有讀過印度跟中國的原著的,即使是翻譯本也沒有讀過;讀了《奧義書》以後,他修正了自己的說法,印度是有哲學的。可是他的這句話記錄在他所遺留的筆記裏面,許多人並不知道。在我看來,哲學家跟哲學史家是兩回事:就像音樂家一樣哲學家也會有偏見——比如勃拉姆斯認為中國的音樂像貓叫——他只喜歡自己的哲學,所以一個好的哲學家不一定是一個好的哲學史家。因此首先要確立在西方的傳統之外有哲學;這裏並不是把接近哲學的東西冠以哲學之名,所以在這個地方我們必須謹慎。現在常常會用到“東方哲學”這個詞,但是“東方哲學”是哲學在東方發展還是說它一個特殊的東西,在基本的性質上跟西方人所謂的 philosophy 並不是一件事?這一點是很重要的。我認為,所謂的東方哲學是哲學在東方的發展,我們不能去改變哲學的嚴格定義。哲學建構的基礎是理性,這個理性是每個人在普通條件下就可以有的,而且它要排除任何宗教性的神秘經驗,所以從哲學本身來講,它可以沒有結論,但是要有一種批判性。也就是說,對於不能用理性解釋的東西,它要把其當作一個未知的對象來看待。可是我們今天談到的“東方哲學”,常常會帶進佛教裏正誤的說法,或是宗教裏的假設,而對於自己的基礎,是沒有批判的說明的。這樣就混淆了我上文的意思——我是反對把“東方哲學”作為一個與西方哲學不一樣的東西來看待的,那樣沒有意義;因此,我們可以稱其為“東方的學術思想”而不是“東方哲學”。我反對那種用了西方人的概念而又改變了哲學的定義的做法。

　　哲學不一定能解決問題,可是它必須嚴肅地面對它所不能解決的問題,這就是哲學的禁錮,但並不是哲學的失敗。我們剛剛的問題就在於,中國要先有哲學才有哲學史。到了今天,我認為對於真正深入研究的人來說這個問題已經不成問題,至於怎樣說服西方人對中國人來講不重要,因為理解是自己的問題。中國人理解了哲學以後,面對中國的學術思想要去分析哪個部分是屬哲學的,我剛才講的經學史、儒學史、理學史裏面只有某一些部分是哲學,舉個簡單的例子:朱子曾經跟過李延平,李延平主張“默坐澄心”,這在宋代的理學的傳承來講,是非常重要的。也就是說,朱子在年輕的時候如果沒有受到李延平影響的話,那麼涵養跟察識的問題不會變成他那麼長時間反省的一個問題,以他的性格出發,是主張動態的,反對講

"喜怒未發、靜中氣象"，所以這個成文的傳統對他來講是非常重要的。可是李延平所謂的"默坐澄心"在哲學上是沒有重量的，並沒有對於成文底下的哲學建構、哲學的批判的接受，因而也就沒有發掘出沒有解決的問題。程子講過一個問題，他說氣散了就不會再有了，它沒有原因地產生，散了便不會再聚，再來的氣不是"已散之氣復聚"。這個跟張橫渠的講法是不一樣的。可是氣到底是不是本質性的？ 如果不是這個存在從哪裏來？ 這些問題在程門中幾乎都沒有討論，這必須根據哲學上的解釋——"存有之為存有"，可是對程門來講，這不是重要的問題。所以從這一點上來講，李延平在理學的功夫論上、義理學上重要，可是在哲學的推進上面，他沒有哲學的系統性的概念，也就是沒有 systematic philosophy 這個概念。因此哲學的所有的理論必須互相支撐，成為一個系統，這個哲學才是一個成功的哲學。

所以，我們研究哲學史的話，必須去區別以下兩個問題：一、中國本身學術發展的曲徑、問題以及結果；二、從哲學角度來看中國哪些思想是屬哲學的。我認為這是我們建構哲學史的第一困難的地方。那麼原因是什麼？中國有哲學，也有哲學的方法，可是中國學術的建構的方式並不是哲學。對於很多人來講，如果沒有受到特殊影響的話，他們的哲學概念是薄弱的，因此會被中國傳統的學術形態所影響。中國的哲學在先秦階段最重要的並不是儒家，而是道家跟名家。從哲學的語言、哲學的方法、哲學命題的建構方式來講，儒家還受到道家的影響，而名家對於各家的哲學化都有一種推動的力量。可是在先秦學術裏最重要的問題是政治問題，所以"此務為治者也，直所從言之異路，有省不省耳"，這是司馬談的《論六家要旨》裏面說的話。

玄學時代，是中國少數的（哲學發展時代）；"玄學"這個概念本身是哲學性的，它不是新道家的建構，而是哲學的一體的取向。可是中國後來的學術並沒有因為玄學的關係而改變學術的建構，這個跟中國知識分子所肩負的政治和社會教化的功能性有關係，也就是說，中國不是雅典學院沒有 philosophy 的傳統。所以從這一點來講，我選這個題目不是去解釋整個陽明思想在中國學術史當中的重要地位，我的看法跟黃梨洲不一樣，黃梨洲是站在儒學的立場上，他認為如果對陽明學的一些部分進行發揮——像王龍溪那樣——便會走到佛學那條路上去，但是陽明哲學的本質是接近佛教的，這是不應該避諱的。沒有一個所謂流弊問題，流弊問題不是哲學問題，它是社會影響問題，所以流弊問題會是一個儒學問題。從哲學上面來講，如果選擇了江右、選擇了劉蕺山作為詮釋陽明的主軸的話,對於陽明學本身的解釋會有所偏頗。陽明很多話是不用仔細講的,比如陽明說爾的良知就是升天升地成鬼成神,草木瓦石沒有良知就不成其為草木瓦石,是不敢解釋這句話的,因為它太像佛教講的了。可是這句話見於《傳習錄》,是沒有問題的,不會是陽明偶爾論講或者是記者誤記。我的老師錢穆先生不懷疑這句話,也不懷疑王龍溪的最後問的事物裏面有跟陽明相契的地方;錢先生的意思是不要理會。可是錢從中國儒學史的角度去講,影響是要減弱的,我們要回到儒學的主軸,換句話說就是不講陽明究竟的意思,因為還是要講"致良知"的,即"無善無噁心之體,有善有惡意志動,知善知惡是良知,為善去惡是格物"。那麼為什麼先是至善無惡的,意動就有善有惡? 這個必須在宇宙論裏和存有學裏解決這個問題。我認為義理學上面可以不解決,可是哲學上面不能不解決;因為在義理學上從先秦開始就沒有徹底解決過,"天命之謂性,率性之謂道,修道之謂教",我們從性往下講、從命往下講,可是從不講天,所以《中庸》也好,《易傳》也好,對於這一層見解可能是不一樣的。所以看了西方哲學的建構方式,看了西方哲學史以後,對於中國這樣一個重要的文明來講,我們當然要問中國有沒有哲學。這個問題還不是中國能不能產生現代科學的問題,如果連哲學都沒有,那麼現代科學當然是更不可能產生的;但是如果中國有哲學,卻沒有辦法產生現代科學,那麼我們要問,是什麼原因使得中國科學沒產生? 而這個"沒產生"不是歷史上的事實沒發生,而是沒有產生的原因,不是再等幾百年就會發生。在這裏就會牽涉到一個問題:中國歷史有沒有近代的問題。成熟的近代一個不能少掉的因素是現代科學所造成的影響,也就是說如果沒有現代的科學,工業資本主義不會形成,還是早期的商業資本主義——commercial capitalism,它不會產生 industrial capitalism,所以資本主義的形態是不一樣的。如果這樣講的話,除了西方以外,別的文化根本不可能進入近代了,不就變成這個意思嗎? 這裏面有一個關鍵問題,就是工業化所需要的科學的突破到底是什麼。從這一點上來講,我們講西方哲學史的時候,就要去分析這個條件是怎麼來的。所謂的 modern philosophy 有兩個說法:一個說法是日新說,另外一個更正確的說法是笛卡爾說——笛卡爾的平行說跟他用解析幾何的方式去處理物理學的問題,這個才是造成近代科學發展的重要的突破。這樣就會牽涉到一般史的問題,會產生更為嚴重的問題:如果整個世界史居然有一個階段是需要特殊條件的,是不會在一般的文明演變條件下產生的,那麼倒過來就會推翻世界史,也就是說沒有世界史;而世界史只是把不同的歷史加總起來而已,所以這還不是一個東方有沒有近代史,能不能進入近代的問題,換句話說,那只是歐洲史的近代,這個問題就會變得嚴重。

所以當我今天提這個題目的時候,不但認為中國是有哲學的,而且認為中國史是有近代史的——modern History,同時中國相應地有近代哲學。在我看來,陽明學是處於中古哲學的結束和近代哲學的開始的這一階段的,這個說法在我現在出的《明清學術思想史論集》裏面都已經談到,這個是極為重要的。因為如果像多數史學家那樣,認為中國近代史要到鴉片戰爭或者是太平天國,中國的 Modern 才開始的話,那之前很長一段歷史都是屬中古史。還有另外一種說法——內藤湖南的"唐宋變革說"(Tang Song Transition)就是認為中國的宋是近世的開始。這裏他用了"近世"兩個字,"近世"就是"近代"嗎? 在中文裏"近世"跟"近代"有時候是不一樣的,當我們說近代的時候,它指的是西洋史所建構的三段法;"近世"的話好像就是說我們如果從中國文化本身的發展來講,也可以有一個"近世",因為在步廷倪那個時代好像就用到"近世"兩個字了,這個"近世"指的是宋以後到他的那個時代。當然內藤湖南的意思是世界史的,他把中國整個近代要推到宋,錢穆先生也認為中國近代始于宋,可是他認為現代又是另外一個階段,所以他不是三段論法,不是世界史的方法。錢先生認為中國史跟歐洲史有時候是有一些類似的,但是他不認為中國史有世界史的階段論。但是馬克思認為,它不但有而且是決定性的。

中國近代對於史學的研究有一個很大的進步,就是經濟史跟社會史的建構,也就是說,馬克思的理論逼迫著大家必須去嚴格地、仔細地討論這個問題。當然在這裏有一個問題,就是毛澤東說的,如果資本主義的革命在中國發生了,那資本主義的萌芽不應該是這個時候產生的。於是很長的一段時間大家在討論萬曆以後的所謂資本主義萌芽的問題,但是從辯證法的角度來講,出現萌芽並不代表進入下一個時期了,它必須經過量變到質變的過程才能進入一個新的階段,這裏強調的一點就是:中國出現資本主義萌芽不代表中國在那個時候已經有條件進入資本主義了。當然,我們現在的討論並不是在一個特定的說法下的討論,但我們還是會面對一個問題即世界史的問題;可是世界史的議題目前已經衰落了,現在討論的全球史主要是 globalization,也就是在歷史上這種全球化的狀況,某種程度上在歷史上出現過的,我們都會關心,未來西方也好,美洲也好,歐洲也好,亞洲也好,未來會怎麼發展,或者印度的崛起以後會有什麼轉變,至於世界史大家已經沒有太大的興趣了,因為亞洲崛起時這個問題變得比較複雜了。但是這個問題還是要講的,我個人的看法是中國史的問題不能解決就沒有世界史,因為中國史這麼大的文明,如果不能夠成功地用某一種模式去解釋的話,就沒有世界史,沒有 world History 這個概念,那麼世界史就會變成所有歷史加總在一起的敘述,就不會有統一的歷史解釋。想想看你的曾祖父是中世紀的人,這是很難理解的。而且各位曉得在乾隆的時期,GDP 跟整個歐洲是相當的,那個比例一直到現在都維持著,所以你很難這樣說:中世紀整個生產力、技術水平已經跟歐洲的啟蒙時期相當了。

　　我再講一個重要的概念:啟蒙運動。這在中國是一個很重要的概念,也就是當時西化論說的:中國要開始啟蒙。啟蒙的概念是什麼?是驅除愚昧,這是康德的解釋,the enlightenment,那個"昧"到底是什麼?基督教有個《創造論》,這個《創造論》影響到了自然哲學跟歷史哲學,所以在形而上學那部分沒有問題,也就是說其實我們的科學本身不具備有挑戰上帝是不是存在這個問題的能力的,因為在存在的狀態去討論存有的時候,威脅不大,但是依照著教會的說法,自然哲學就發達不起來,為什麼?因為上帝是隨時會干預這個世界的,而且上帝不照著他自己先前頒佈的規律去運作的話,那怎麼辦?所以說,歷史是救贖的歷史。因此在啟蒙時期的除昧化很重要的一點就是建構自然主義神學,然而這個自然主義神學是受到中國影響的。比如萊布尼茨,萊布尼茨有一封寫給他朋友的信,現在中文的翻譯已經出來了,他在信中這樣講:這是中國人的自然主義神學。他的自然主義神學是什麼?是朱子。所以用西方的除昧觀念,也能解釋中國。還是說中國的"封建"不是西方的"封建",中國的"啟蒙"也不是西方的"啟蒙",中國總是用著西方的觀念卻講的不是西方的東西。如今"中國啟蒙運動"已經變成一個課題了,它不是歐洲啟蒙運動的亞洲版,而是中國人在某個時期說我們來進行歐洲的啟蒙運動吧;這是從梁任公、胡適之他們來的。那如果中國沒有啟蒙運動,就不會有反啟蒙的問題了。現在哈伯瑪斯在討論這個問題,認為後現代不是一個問題,因為後現代是發生在藝術界、文學界的,Postmodern 這個東西在社會學裏面沒有真正的意義。所以以西方文明的走向來說,哈伯瑪斯的意思是回到啟蒙與反啟蒙,也就是說在西方的啟蒙影響裏,包含著反啟蒙的影響。這個反啟蒙不是啟蒙時代不接受啟蒙的反啟蒙；而是展現出的那一種對啟蒙精神的抗議，然後另外發展出來的東西，對西方有很大的影響。所以說在討論中國近代哲學史的時候會發生"啟蒙問題"，在當時對於這種啟蒙學說是有反對意見的，這些反對意見經常發生在認識論的問題上。我明年會有一本書——《中國近現代學術思想史論集》，裏面會有五篇文章；第一篇已經發表了，就是關於演化論的問題；第二篇的題目就是認識論問題——《中國近現代認識論思維之歷史根源及其作為當代哲學之處境》，也就是說那些不贊成提倡啟蒙的人就是在認識論上不能接受，在當時提倡啟蒙的人其實是偽科學主義，Scientism，他們認為科學是獲得真正知識的唯一的方法，而且科學能夠解決人所需要的知識問題。提倡這個說法的時候，在哲學上要有一個條件，那就是要切割真理跟知識，也就是說，知識我們能獲得，真理我們獲得不了，否則的話就變成幼稚的科學主義者了。胡適之之所以會去提倡實用主義正是在於切割知識跟真理，所以他在知識上面就提倡知識，這個知識只有科學之知識。哲學的歷史的功能只是去找到知識，所以當知識的方法產生科學的時候，科學的發展已經脫離了形而上學了，因此在這個領域就有一個反形而上學的立場——anti metaphysics position。但是這一點科學家並不一定接受，我最近讀了一篇愛因斯坦的文章，是關於評價羅素的。羅素後來講毅力價值，愛因斯坦評論說他對於形而上學有一種恐懼。愛因斯坦是個科學家，因此他很清楚所有的科學發展都是在一種假設下的。譬如他講到"意態"，"意態"是個希臘概念，到了近代哲學說，它要解釋為什麼我們會提出一個說不清楚的概念，意態是不會產生活動的東西的，它需要有一個中介值，如果沒有的話那怎麼行？所以我們現在認為宇宙不是一個無限伸展的東西，它受到影響是會改變的；時間也是空間的一種形式。可這些都是假說，所以他認為沒有形而上學就根本不會有哲學，因此他在評論羅素的那本書認為羅素開始已經不得不承認形而上學的重要，可是字裏行間還是對形而上學有一種不安；在這一點上愛因斯坦是反對的。

　　也就是說科學並不像大家想的那樣，所謂的邏輯實證論並不是科學，而是一種以哲學的立場去處理問題的方式。而中國人就是缺少一種實證的科學，原因是跟我們的哲學方式有關係的。可是這個哲學的方式使得在處理一切變化的問題的時候，都是用形而上學解決的，也就是說中國有變的問題——中國從《周易》開始就處理這個問題，可是沒有運動的問題；運動是在坐標下，從一點運動到另一點的過程，它要有一個力量去運動，也要有一個力量抵消運動力量以便停止,這個就是我剛才講的從笛卡爾來的問題。所以說中國近代的高等教育的進步——這個在後來的社會主義國家一點都沒有改變——其實就是我剛才講的把知識跟真理區別開來。只是社會主義學者的真理不是胡適之說的生活經驗的那個真理而已,而實證的科學就是在當時辦高等教育的重心。所以當時以蔡元培來講:蔡元培不是不瞭解倫理學的重要,中國第一本倫理學史(當然日本人可能先做)就是蔡元培寫的,可是他很清楚地知道,中國的京師大學堂在變成北京大學之後不能再走國子監那條路了,因為那條路是培養政治通才的,而當下是要走德國人的路的。馬斯·雷本有篇文章:《討論德國大學跟美國大學的不同》,這篇文章我不詳細講,我的意思是,中國近代的大學(像王星拱,這是在中國第一個講科學哲學的,他辦武漢大學)的任務就是給予知識的訓練。可是我們沒有日耳曼哲學的傳統,也就等於說中國人是用一個實用的觀點把它作為中國學術裏缺乏的部分,因此剩下的部分自然就是所有的需要反對的,但是沒有人會反對;當然,中國需要學西方的科學,中國人在實證觀念上是不夠的,但是要把中國人的人生問題都回溯到 practicism, instrumentalism,大家是不接受的。

　　另外,認識論還有一塊——認識論的形而上學。認識論的形而上學在歐洲重要的發展就是 German idealism,即日耳曼觀念論,就是康德以後經過費希特、謝林到黑格爾研究的這個東西。到近代以後很多人都到德國去學習,都受到了日耳曼觀念論的影響,他們回來以後就開始改變一些態度,這個態度是什麼? 就是對全盤西化論的不贊成。他們認為全盤西化論是把問題簡化了,可是問題如果被簡化就變成是魯莽,也就是說把現實的問題擴大了以後,問題懸而未決,還要發生問題。可是等到我們學了日耳曼觀念論以後,中國人就不同意日耳曼觀念論,這時中國的東方思想復活了,於是中國就開始討論佛學,討論佛學裏面的認識論,討論宋明理學裏的認識論,於是整個中國史研究裏的哲學史研究就變得重要了。思想史跟哲學史的最大差別在於,思想史講的是所有的觀念的影響,不專指哲學方面的,因此每個民族文化都有它的思想史;可是哲學史不一樣,不一定每個民族都有哲學史,哲學史就是 philosophy,是一個專業的哲學家在一個訓練的規範的語言裏面去討論哲學所能夠承認的論辯的方式。從這一點上來講,中國是遲緩的。在過去的一百年裏中國要解決的是國家生存的問題,民族生存的問題;可是由於那個時候的魯莽,到了今天中國人的價值崩潰了,他們的價值都是現實的價值,而且這個價值被壓縮到生存的基本權利的問題上去,於是問題便出現了:如今中國要從經濟大國變成政治大國的時候,就會立刻發生問題,就是中國政治正當季社會秩序所根據的價值是什麼;然後才能從政治大國再變成文化大國,一旦政治大國如果不能變成文化大國,中國這麼大的國家所衍生的政治問題就會無法解決,那中國又要陷入另一個掙扎裏面了。所以說這個問題是重要的,只是說它還不急迫;所以在學術史上討論變成:當時影響最大的在學說史上建樹不大,當時可能是比較邊緣的學科,現在變成討論的重點了;譬如章太炎,很多哲學問題是從章太炎的文章來,包括胡適之,胡適之講名學其實是受章太炎《原道》跟《原名》兩篇文章的影響。

　　從整個中國文明的延續性來講,我認為我們討論的中國近代史可以建構一個世界史的詮釋,但是要用一個概念:早期近代——early modern。Early Modern 這個概念要比"現代"這個概念晚,也就是說 modern 這個概念從 15 世紀就開始萌芽,然後有一個 ancients 和 moderns 對立——現在人和古代人,而 early modern 這個觀念是 1920 年代到 1930 年代由湯因比寫的一本書叫《Industry Revolution》中提出的,這個湯因比不是後來寫《歷史研究》的湯因比,而是他的叔叔。我認為工業革命以後的近代跟工業前面的近代是不一樣的,如果是這樣講的話,那麼中國在明朝初年就已進入了早期近代,這跟蒙古有很大的關係,蒙古當時南征北戰,將整個歐亞大陸連成一片,在世界上造成很大的影響。所以我認為在明帝國重建的時候,中國便進入了早期近代,主要是在明太祖跟明成祖的時候,當然到了明成祖的時候,形式慢慢出現了。所以雖然明成祖得位不正,可是他是明朝的一個關鍵,如果要是沒有明成祖,中國的歷史可能就不是如此。我們找一個比較戲劇性的代表,就像有人拿古騰堡發明活字印刷的年份作為早期近代的一個方便的標記,因為當時的活字印刷主要是為了讀《聖經》,很多人希望自己能夠讀《聖經》,而《聖經》被出版以後也對整個歐洲的文化產生了非常巨大的影響。由此推之,如果我們把明成祖選擇北京作為陪都的那年作為中國早期近代的開始,那麼我們比西方要早 40 年。而且整個中國從此重心就在這裏了,所以說北京是一個眼光,一個橫跨歐亞的眼光,它是從東方往西方看,這個跟中國立國形式是南北、北方往南看,是不一樣的,所以一直到今天都城都沒有動,從明到清到中華人民共和國都是在北京,這其實是一個很重要的轉折點,而其決定因素還是經濟因素,這個我不詳細講。

　　那麼相應來講，中國近代哲學的一般史是不是存在，有兩個因素：第一有沒有世界史，第二個哲學跟它是不是相應。它沒有決定論的相應，可是事實上是存在相應的，只是這個相應的關係不是本質決定的，就是說歷史走到了下一階段，哲學未然能進入到下一階段。因為哲學是哲學家的遊戲，哲學家在考慮哲學的時候，儘管在他的思維裹是擺脫別的因素的，可是由於他成長的背景，以及對於問題建構方式的不同，便會出現差異，所以在哲學上不是越近代越進步。其實以我個人來講，我對於西方哲學的認識是得利於對中古世紀的重視，近代哲學常常是有偏見的，因為在很多在哲學不能夠建構一個完美哲學體系下，選擇任何一個哲學的方式，其實就排斥了別的方式。因此，在我們要去建構對於哲學的瞭解的時候，除了希臘哲學以外，一個很重要的就是中古哲學系統，因為這個體統把所有問題的可能性以及問題的所有的概念的屬性都講得很清楚了。所以直到今天，西方很多重要的哲學家還是用很大的心力在理解中古哲學，就像我現在講陽明；我並沒有貶朱子的意思，只是說朱子的形態是中古形態，他的理性的說法適合於中古，也就是說他是有規範性的思想。我認為中國的中古史是整個漢帝國崩潰一直到元這一時期，而中國的中古史是可以分為三階段的：隋唐在中間，宋元在後面，前面還有一段時間。這其實是在舊的古典的帝國已經不能維持整個文化的發展的狀況下，所有的民族都被教育了，都開始進入了某一種文化的狀態，這個政治結構在歷史上的帝國形態維持不住，就會崩潰，崩潰後重新建構的時候，思想就是一個重要的東西。儒家之所以面對二世之學要強調"虛實"的"實"，原因就在於此。在佛教或者是老莊思想來講，世間法的部分是應世，是不究竟的說法，是問題發生的時候我們怎麼去面對這個問題，它本身不是一個世俗世界的完美建構，所以在這種狀況下，中國在實際的運作上面來講，是中國的一個傳統的體制再加上各種狀況底下產生的各種變化再融合起來的體制，可是缺少一個世界的建構。所以理學的建構並不是一個反宗教運動，事實上在明代很多理學家是同時涉獵二世之學的，只是說在理學家建構的時候他不得不說要避二世之學，可是他最重要的是把世界隱含在秩序的系統中，用形而上學的方式呈現。所以在這個地方，朱子才完成了這個東西，我下面會有一篇文章，大概今年底出來，題目是《朱子理氣論之論欲分也及其有關存有之預設》，是說在朱子理氣論裏邊要把存有說、宇宙論、認識論區別開來，以及他對於"存有之為存有"的基本的預設是什麼，我們今天要從哲學的角度去解釋。以前懷疑理學說的原因是因為從"嘗試"去想,所以你很難理解理為什麼是"先在",就好像柏拉圖說 ideas 先在的時候,對於世俗的觀念沒有辦法接受。

如果這個說法是正確的話,我認為陽明之學是中古哲學的結束,同時是近代哲學的開始。我各講三個理由,這在我之前的文章裏有講到,現在不能夠詳細地講。首先解釋"陽明學是中古哲學的終結者"。陽明學的心學在作為所有理學的共同發展上,已經完成了朱子系統的另外一種可對立形態,這個形態是在理學的基本要求裏的另外的形態,而不是推倒了理學進入下一個階段,所以當這個對立形態出現的時候才凸顯朱子形態的特殊性,同時也凸顯了理學不是唯一的一個結果,所以在這一點上面來講,陽明學是屬中古哲學的發展的,這是第一個原因。而且我認為中古哲學是沒有第三個發展的,有人認為王船山也是中古哲學的發展,我認為這是不可能的。王船山講的不是張橫渠的學說,張橫渠影響了朱子,而他自己學說本身的差異性沒有辦法在理學裏建構完整的系統,因此我說陽明學是中古哲學的終結。第二個原因是它展現了整個中國中古後期儒家哲學的極致表現,就是在道體跟新體的觀念上面分別都主張一種特殊的圓滿性和恒常性,這個是中古哲學的特徵。到今天再講程朱、陸王的人,其實沒有辦法在這裏再堅持這個觀點,就是說現在要認為心體是具有圓滿性是沒有依據的,只有在中古的時候可以這樣提出來。在近代哲學裏,除非是宗教,如果是儒家哲學還要講智體或心體具有圓滿性,那就於理不合了。人如果是在演化中產生的物種,那他就是一個有限的存有者,他所有具備的生存條件都是有限的,又怎麼能具備無限的圓滿性呢? 不具有圓滿性就不會有恒常性。

那麼朱子說的今日格一物,明日格一物,到最後便豁然貫通是不可能產生的,那是推論系統,陽明學也是不能的,它是唯心哲學。在今天面對科學的發現的時候,講陽明學也會變成一種信仰。所以我們可以選擇中古哲學,但是我們沒有辦法不加以改造而把它變成現代哲學的形態。所以在今天來看,如果哲學還是接著講的話,那這些都要有所改變了。我的文章裏特別講到兩個人,一個是王船山,一個是方以智;我認為他們是在陽明學之後的近代哲學。清初以後整個形而上學就衰落了、停滯了,就統治者來講,是要恢復到中古統治秩序,中國的統治思維都是比較保守的,要維持這個國家,便要一直尊崇朱子。康熙是非常怕陽明學所造成的社會的動盪的,在這種狀況下回到經學，儒學的哲學性便衰落了。經學的最大問題是"禮"，也就是強化規範性統治，所以基本上形而上學是衰落了。當然在衰落的狀況下還有義理學，我在我的明清那本書裏講了六種形態。這個是第二點原因。第三點比較的是理學內部的問題，也就是陽明提出來的知行無間、知行合一的說法，它基本上解決了宋朝以來心性修養論裏面對於涵養跟察識哪個先拿個後的問題，這個問題朱子思考了一輩子。中間有一個關鍵：這裏是講能，卻沒有說明所以能。在選擇涵養跟察識的時候，我們認為它可以合一，便認為偏向某一邊的都是對於心的能認識不夠，可是並沒有說明所以能。在朱子學說裏，理是先在的，理跟氣的結合才有心，所以在這一點上那個所謂的覺體沒有出來，而陽明是把這個覺體推至形而上，即良知之體。那朱子怎麼辦？到了王船山就講"機"，有"在天之機"，有"在人之機"，便可以解決這個問題了，所以我認為王船山基本上是朱子形態的改進版，他變成動態主義了，他的"喜不先在"最重要一點就是把儀體的概念解構了，只有通理，沒有儀體，這個通理是氣跟神和、陰跟陽和，所以在他來講，是一種和諧性。存有學上面有這樣一個設論可是並沒有禮體的概念，因為朱子的禮體的概念是受佛教的影響，所以把朱子的靜態形而上學變成了動態主義的形而上學。以上三點是我認為陽明學是作為中古哲學的終結者的原因。

　　陽明學作為近代哲學的開啟的原因也有三點：首先，它強調我們良知本體的超越性跟自在性，把人的意識跟潛意識裏面所有的觀念的（神智）都認為是障礙本身的，這跟宋朝人不同。宋朝人認為，性動在的情上面，就是在"氣之所動"的念的反映裏面造成的累積。再來講為什麼似有似無？因為有善有惡的時候觀念在，渾化的時候是無善無惡的，這是層次上的不同，吵架時吵不到一塊的，"似無"和"似有"在哲學上是兩個層次。我有篇文章就在講這個問題，講這個分裂是怎麼來的，會在下一期的《陽明學》登出來；這篇文章主要就是講王龍溪跟王心齋，我認為他們兩個是可以相提不可以並論的，歷史上把兩個人混在一起講是不對的。在這一點上，陽明是更接近佛教的，也就是說當觀念的本身就是障礙。因此，中國的路不會是日耳曼觀念論，因為日耳曼觀念論的絕對理念有一個客觀性的東西即辯證運動，而中國史上是沒有的。佛家講的是"妄"，"真"與"妄"是各有因緣的。陽明有一個"性無定體"，這個大家都忽略了，因此陽明後學很多人講"真心之體"，比如羅念庵。陽明的"性無定體"、"召心不動"觀念很容易變成佛學,可是他不講"歸一",這就沒有宗教形式,便建構了一個純粹的唯心哲學。在這裏我們要去區別唯心哲學跟觀念論的差別,雖然它們都是idealism 的翻譯,但是因為"唯心"這兩個字是出於佛教,因此陽明是唯心哲學而並不是觀念論主義;他主張一種動態存有,因此陽明哲學在建構上不是個靜態的形而上學是個動態主義這是第一個原因。其次,陽明把每一個單一的個體即我們每個人存在的位格,詮釋為義理抉擇所從屬的主體,然後期待這個自我決定其命運的意志的承載者,同時成為社會的理想成員,這就是他的"拔本塞源"之論,也就是說他不是從天地萬物、社會以及人的群體性方面去講個體的責任,而是回歸到個人,認為個人才是一切意志的根源,這個觀念就具有近代性。陽明學在這一點上是有一點像日耳曼觀念論的。在日耳曼觀念論的早期的發展裏,其實有要求這個社會往文明的更高階段去發展的希望在內的;社會不只是去承擔一個功能,每一個人都希望這個人最後會成為一個文明發展的動力,所以在這一點上陽明學具有近代性。只不過在那個時代就會是變成迷信,因為那個時代的精英階層跟一般階層差別很大,所以它對於庶民的教化的影響還是一種庶民性的,這種哲學到了近代就會變成是一個道德的自我覺醒的一個承擔者,那就不只是庶民化了。最後,我認為陽明學的分裂是好的。因為陽明學的內部具有不同層次的意涵,所以講陽明學的人在結合到自己的經驗後便會產生分歧,這個分歧會導致分裂,而這個分裂同時也提供了近代哲學發展的空間。朱子的哲學是把別人的差異結合成一個系統,而陽明哲學則是打破一個開端,這個開端被打破之後便會產生不同的陽明學,這也是進步性的表現。在這裏有一個問題:從陽明之學、朱子之學的爭執,我們今天能聯繫到什麼? 這裏我要講到清初。在明朝的時候,西方的科學已經傳到中國了,特別是方以智對西方的科學所建構的理論有很深入的研究,這個是出乎大家意料的,所以我認為哲學史要延續到清初,只是我們一時之間都還在討論程朱、陸王的問題。王船山在經世之學上是有突破性的發展的,可是對於科學他不夠重視,所以他的哲學與方以智重視西方的哲學其實是沒有什麼相契的,所以方以智是很特別的,他講過一句話:"混沌之先,圖書象數先在",這個就好像是柏拉圖主義,可是差別在哪裏? 他這個"混沌"在形成世界以後會再壞,壞了以後再重新生成,前面種子所生成出來的東西會形成下面社會存在的原理,他的這個說法對我們未來討論問題具有很大的啟示。王船山哲學有一個特點就是他講的"演化論",我今年底要出版兩冊講王船山的書,這裏有一個很特別的問題:中國沒有科學問題怎麼會有"演化論"? 但這是真實存在的。"演化論"最初是在啟蒙時期討論的,是從自然哲學裏面結合了科學知識產生的,也就是說其實社會演化論是要早於科學演化論的,所以達爾文的"演化論"要到 19 世紀。可是用一種 Involutionlism 來對抗 Creationlism 是啟蒙時期的東西,所以在理學的環境裏面,這個問題是怎麼形成的? 是從認識論來的,是從程朱跟陸王的對峙來的,我不能夠詳細地講這個問題。然後我們要討論民國初年的認識論的問題,我認為,中國的哲學的發展的這一現代的認識論的建構是有一個歷史根源的,所以你很自然地會去討論宋明理學的問題,而討論理學的問題其實是有現代意義的,不只是去討論思想史過去的歷史問題。我認為在未來會有一個中國繼續發展的時候如何去重構價值系統的問題,這是需要一種昇華的哲學的。我認為,整個中國的近代史、成熟的近代史需要一個西方的(先進的哲學理論)。早期的近代的條件已經具備了,而中國的哲學也相應有這個發展,所以陽明哲學如果放到儒學史裏面,就並不是我說的定位,但如果把它放到整個中國的文明發展的近代哲學來講,它卻有這樣的地位,所以我們要從不同的脈絡來討論這個問題。這是我今天報告的所有內容。

(姚敏記録整理)

"國際陽明學研究中心"簡介

國際陽明學研究中心,是由餘姚市人民政府和中國社會科學院歷史研究所合作共建,以餘姚市人民政府爲行政主管單位的研究機構,於 2011 年 8 月 26 日正式在餘姚王陽明故居揭牌成立,開展日常工作。

爲了加強雙方對國際陽明學研究中心的領導和協調,建立了由雙方領導共同參與的中心組織機構,下設辦公室負責日常工作。

班子成員:

　　主任: 2 名;副主任: 4 名

秘書處:

　　秘書長: 2 名

辦公室:

　　主任: 1 名;研究人員: 3 名

爲提高國際陽明學研究中心的學術水準和國際知名度,緊緊把握國際陽明學研究的時代脈搏,本中心已聘請 8 名國內外一流的陽明學專家作爲客座研究員,聘期爲兩年。

爲推動陽明學及中國思想史研究,國際陽明學研究中心每年舉辦一次國際陽明學研討會,第一屆會議已於 2011 年 10 月 31 日在餘姚市順利召開。第二屆會議將於 2012 年 10 月 31 日—11 月 1 日继续在餘姚市召開。

本中心創辦有《國際陽明學研究》年刊,第壹卷已由中國社會科學出版社於 2011 年 12 月出版,第貳卷將於 2012 年 10 月由上海古籍出版社出版。《國際陽明學研究》設立由海内外及中國社科院歷史所與餘姚方面的專家學者組成的編輯委員會,確保刊物稿件品位及編纂品質和編輯進度。歡迎各界踴躍投稿,稿費從優。

地址:中國浙江省餘姚市舜江樓内

電話、傳真: 0574－62623205

網址:http://www.wangyangming.net

郵箱:gjymxyjzx@126.com

聯繫人:黃懿